王水照　朱剛　主編

新宋學

第六輯

復旦大學出版社

顧　問：曾棗莊　陶文鵬　楊海明　鄧喬彬

主　編：王水照　朱　剛

編　委（按姓氏筆畫排序）：
　　　　王兆鵬　沈松勤　周裕鍇　莫礪鋒
　　　　張　劍　諸葛憶兵　鍾振振　蕭瑞峰

執行編輯：侯體健

主辦單位：復旦大學中文系
　　　　　中國宋代文學學會

目錄

錢鍾書贈劉大杰《宋詩選注》批校本批語輯録 …………………………… 1

錢鍾書答《宋詩選注》日譯者問 …………………………………………… 4

王仲聞《全遼文》審稿意見（附徐調孚批復、陳述信函等）…………… 7

新出北宋石刻碑誌文獻芻論　何新所 ……………………………………… 11

論柳開的墓誌寫作——以八篇家族墓誌爲中心的考察　盧康華 ………… 25

歐陽修史學的歷代評説與影響　洪本健　王　永 ………………………… 40

宋嘉定間乞頒賜程靈洗廟號封爵等文書研究　李偉國 …………………… 86

想象與真實——論蘇軾《虔州八境圖八首并引》　王連旺 ……………… 100

江西風味何所似："江西詩派"内涵辨析　范金晶 ………………………… 111

山谷詩在日本五山禪林的流傳與閲讀——以萬里集九《帳中香》爲例
　［日］緑川英樹 ………………………………………………………… 132

詞臣生活與宋調書寫——論南宋詞科士人的詩歌　管　琴 ……………… 153

日本漢籍《放翁詩話》考論　葛　婷　卞東波 …………………………… 167

市河寬齋《陸詩意注》考論　李曉田 ……………………………………… 188

劉克莊的"江湖社友"——以嘉定詩壇爲中心　熊海英 ………………… 217

節奏的新變：宋代駢文獨特風貌的語言學闡釋　周劍之 ………………… 240

丹霞姊妹昔名盛，仕宦經行有遺篇——唐宋文士筆下的韶石山　趙曉濤 … 262

論李廌襄州之行的民間轉向　李法然 ……………………………………… 273

文史之間：《搜神秘覽》的筆記世界與宋代筆記寫作　趙惠俊 …………… 284

互見與内向轉型：論范成大的地方書寫觀念　葉　曄 …………………… 306

宋代文學文化視野中的朱熹　張萬民 ……………………………………… 320

文本空間與書寫策略——朱熹《張浚行狀》探微　宋薈彧 ……………… 333

論朱熹《楚辭集注》對屈原形象的重新塑造與南宋文學創作風尚
　宋立英 ………………………………………………………………… 345

范仲淹交遊研究：以其書帖爲例　方　健 ………………………………… 358

《蘇轍年譜》訂補　朱　剛 ………………………………………………… 391

旅日高僧一山一寧禪師的偈頌和書法藝術　［日］衣川賢次 …………… 450

補白：蘇軾詩詞中"孫郎"究指何人　李　貴 …………………………… 110

中國宋代文學學會理事會名單（第十屆）………………………………… 467

稿約 …………………………………………………………………………… 468

錢鍾書贈劉大杰《宋詩選注》
批校本批語輯錄＊

【扉頁題辭】

大杰道長以大作《中國文學史》相遺，余乃郵此奉正，非敢以雕蟲報雕龍，聊志永好耳。槐聚識，己亥仲春。（鈐印：槐聚、錢鍾書印、默存）

【批語】

第4頁，鄭文寶《柳枝詞》"不管烟波與風雨，載將離恨過江南"，注四：補"陳田《明詩紀事》乙簽卷十三作吳鎮詩。"

第43頁，文同《織婦怨》，"連宵停火燭"，注六：結尾處補"當然也可以解釋爲通宵紡織，燈也不息，因爲'停燈'的'停'字，在古代可以指'停止'或'滅絶'，也可以指'停留'或'保持'。（例如，朱慶餘《近試上張籍》：'洞房昨夜停紅燭'，方幹《贈趙崇侍御》：'閑話篇章停燭久'。）"

第45頁，曾鞏小傳　注三："賀裳《載酒園詩話》卷五"後補"王士禎《池北偶談》卷十四"。

第64頁，王令《暑旱苦熱》，"何忍身去遊其間"，注三"可是恨不能救天下人民大家脱離火坑，自己也就不願意一個兒獨去避暑了"改爲"可是作者自恨不能救天下人民大家脱離火坑，也就不願意一個兒獨去避暑了"。

第104頁，唐庚《訊囚》，"明日吾歸休"，注九，結尾處補"參看唐代元結《賊退示官吏》：'思欲委符節，引竿自刺船。將家就魚麥，歸老江湖邊。'"

第123頁，洪炎《山中聞杜鵑》，"言'歸'汝亦無歸處，何用多言傷我情"，注五：結尾處

＊ 整理者案：錢鍾書先生治學嚴謹，習慣對自己的著作不斷修訂、增補，故曾自謙爲"錢文改公"。《宋詩選注》是錢先生貢獻給學界的一部重要選本，自1958年9月出版以來，一再翻版，播響海內外，引起極大反響。此書實亦經過反復修訂、增補，始成最終面貌。去冬，舊書網出現錢先生1959年仲春贈劉大杰《宋詩選注》，是册扉頁有錢先生毛筆題辭三行與鈐印三方，書內共有二十餘處鋼筆批校，足見鄭重。經校勘，可知這些修改意見大多已爲後來再版所吸收，然前賢筆墨可珍，且讀者由此可具體感受錢先生治學之風與學術思考之細節，如與後來再版諸本修訂處相互參校，以見斟酌損益，當更富於研究價值。故整理公佈，以與學界共享。遠在大洋彼岸的陳一卿先生慷慨郵賜原件影印，陳廣宏先生热心助力，玉成美事，在此一併致謝！

補"《全唐詩》第十一函第八册無名氏卷一《雜詩》第十三首只說：'早是有家歸未得，杜鵑休向耳邊啼'；這兩個宋人向杜鵑反詰，用意曲折了一層"。

第170頁，周紫芝《禽言》，注一"姚椿《通藝閣詩續錄》卷五'采茶播穀謠'"後補："《山海經》裏寫禽類、獸類、以至於魚類（例如《東山經》的鮯鮯），常說'其鳴自呼'、'其名自號'等，可是後世詩人只把'禽言'當作題材"。

第190頁，楊萬里《初入淮河》，注二"汪元亮《水雲集》'湖州歌'第二十四首"後補"汪夢斗《北遊詩集》自序"；又，注四補"選《宋詩鈔》的呂留良憤慨整個中國都給滿洲人佔領，就把這個意思更推廣：'且把神州當極邊！'（《東莊詩集》之三《零星集》"讀薇占《桐江隨筆》再次原韻奉題"）。"

第196頁，陸游小傳，注三"陶望齡《歇庵集》卷十二"前，補"李夢陽《空同子集》卷六十二附載《山陰周祚書》"。

第203頁，陸游《春殘》"蕪菁花入麥畦稀"，注二，"所謂大頭菜"，改"菜"爲"芥"；後補"有黄花"。

第208頁，陸游《臨安春雨初霽》"素衣莫起風塵歎"，注四，"意思京城裏骯髒勢力"，"意思"後補"説"字。

第209頁，陸游《書憤》"樓船夜雪瓜洲渡，匹馬秋風大散關"，塗去"匹"，改爲"鐵"；注二，塗去"寫的情事是一虛一實"；在"大散關頭又一秋"後補"隱隱指宋高宗紹興三十一年秋宋人和金人在大散關的爭奪戰。"；注四"例如《劍南詩稿》"後補"卷七《病起書懷》：'出師一表通古今'"。

卷211頁，陸游《秋夜將曉出籬門迎涼有感》"三萬里河東入海，五千仞嶽上摩天"，注一"《劍南詩稿》"後補"卷十四《哀北》；"；"死前恨不見中原"後補"卷四十《秋懷》第十首"。

第215頁，《醉歌》"猶枕當年虎髑髏"，注一"白袍濺血尚依然"後補"卷十四《十月二十六夜夢行南鄭道中》：'雪中痛飲百檻空……奮戈直前虎人立'，"；"南沮水邊秋射虎"後補"或説在冬天，或説在秋天"；"或説劍刺"後補"或説赤手肉搏；"。

第228頁，范成大《田園四時雜興》"少住儂家漱井香"，注五"所以這裏從'花'生發出'香'來"後補"當然也根據《禮記·月令》裏'仲冬之月'節所謂'水泉必香'的字法"。

第245頁，范成大《湖上寓居雜詠》"小船搖曳入西陵"，注三全句塗去，改爲"即西湖上的西泠，《玉臺新詠》卷十《錢唐蘇小歌》所謂'西陵松柏下'"。

第255頁，裘萬頃《早作》"籬菊緘香待晚晴"，注一"天菊花"塗去"天"字。

第265頁，洪咨夔《狐鼠》"不論天有厭，但管地無皮"，注三"參看"後補"褚人獲《堅瓠廣集》卷二"。

第279頁，劉克莊小傳，"一個瘦人多吃了大魚大肉，肚子凸得鼓鼓的"改爲"一個瘦人飽吃了一頓大魚大肉，把肚子撐得圓鼓鼓的"。

第281頁，《築城行》，注二"參觀"，"觀"字改爲"看"。

第 295 頁，葉紹翁小傳，"龍泉人"後補"梁章鉅《南浦詩話》卷五考作'浦城'"。

第 302 頁，樂雷發《烏烏歌》"何人答中行？〔八〕何人縛可汗？"，將"〔八〕"移至"何人縛可汗"後。

第 305 頁，同上，注八"中正"二字刪去，改爲"這兩句是應用《漢書》卷四十八賈誼所上'痛哭流涕長嘆息'奏疏裏的話：'行臣之計，必繫單于之頸而制其命；伏中行説而笞其背。'中行説是把中國情報供給匈奴的漢奸"。

第 323 頁，同上，蕭立之《第四橋》"柔櫓風前語夜深"，注二"描寫更進一步了"，删去"了"，補"想像櫓或舵是在説話或奏樂"。

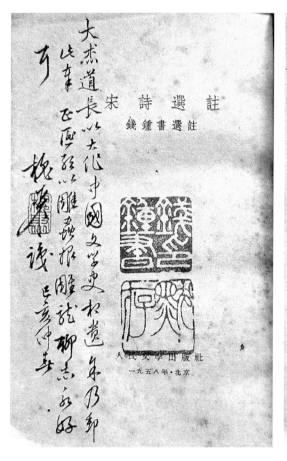

錢鍾書答《宋詩選注》日譯者問 *

▲ 號碼前面有"※"印的地方表示：
《宋詩選注》裏的記載與我調查的結果有一點出入。

（例）×第四首自注→○第五首自注
- 前面有"×"的部分是《宋詩選注》裏的記載。
- 前面有"○"的部分是我查對的結果。

【錢先生答】
　　全遵照你的"○"，因我當時單人匹馬，未能復核。

○"序"部分
※　（1）第一頁，注〔1〕
　　　　×第四首自注→第五首自注
　　（2）第3頁，第2行："役頻農力耗，賦重女工寒。"句
　　　　第2句中的"寒"字，怎麼把握纔好？
　　　　（a）冷的意思，（b）辛苦的意思，（c）其他。

【錢先生答】
　　"寒"字意頗深妙。"女工"是紡織布匹的；但由於"賦重"，織布的人自己却沒有布匹作衣服穿着蓋體，因而"寒"了。參觀19頁引于濆《辛苦行》："手織身無衣。"

---

　　* 整理者案：錢鍾書先生《宋詩選注》自出版以來，在日本學界一直擁有巨大影響力，然遲遲未有日譯本面世。20世紀80年代末，內山精也等日本學者組織讀書會，將該書譯成日文，逐次刊於《橄欖》雜誌。1989年冬，經王水照先生引介，時在復旦大學留學的內山到北京拜謁錢先生，暢談一個半小時之久。返滬後，意猶未足，內山又圍繞翻譯《宋詩選注》過程中的問題，起草了一份書面材料，寄呈錢先生。錢先生針對這些問題，一一親筆作書答復。茲將該份文獻整理公佈，期待對研究錢先生生平與學術有所裨益，且示永久紀念之意。

※ （3）第 5 頁，注〔1〕
×《天岳山房文鈔》→○《天岳山館文鈔》
（4）第 6 頁，注〔4〕：有關康與之《昨夢録》的記述

錢老師把《昨夢録》裏的情况説明如下：……兄弟被老人引入"西京山中大穴"，内有"大聚落"……

但就我所查對的兩個版本（古今説海、五朝小説）來説，該部分都作"出穴即"見"大聚落"。

第一次看錢老師的這條引文的時候，我認爲這條引文説明"在西京山中洞穴裏頭有大聚落"，但原書中却説"出穴"，如何理解？或者還有其他不同記載的版本？

【錢先生答】

"出穴"和我的理解不矛盾。"穴"内别有天地（參看《西遊記》的"水簾洞洞天"），"穴"只是"穴口"，不是"穴道"，進了"穴"，只仿佛進了門，穿過門房，便是庭院或天井（open air），然後是廳堂、内室等等。（參觀陶潛《桃花源記》："山有小口……便……步入……行四五十步，豁然開朗，邑室連接。"）

※ （5）第 10 頁，注〔1〕
×《後村大全集》卷 175 →○《後村大全集》卷 176
※ （6）第 12 頁，注〔1〕第 9 行
×蘇軾《上元侍飲樓上呈同列》第三首→○蘇軾《上元侍飲樓上呈同列》第一首
○　本編
（7）第 1 頁，第 2 行，關於柳開的生卒年

據我所見，關於柳開的生卒年，後來如下的兩種説法是比較一般的：

A. 947—1000 説：〔根據〕張景《柳公行狀》（《河東集》附録）
B. 948—1001 説：〔根據〕《宋史》卷 440 柳開傳

錢老師提出了（946—999）之説法，根據什麽樣的材料決定？

【錢先生答】

我已記不起了。你可據《行狀》糾正。

（8）第 1 頁，注 4 行：關於柳開的字

《宋詩選注》初版本作爲"紹元"，1982 年重慶第一次印刷本换爲"紹先"，1988 年湖北第五次印刷本又作爲"紹元"，1989 年北京第二版换爲"紹先"。這些文字上的改定有什麽樣的目的和意思？就老師的看法來説，"紹元"和"紹先"哪一個比較妥當？

【錢先生答】
"紹元"、"紹先"記載各異。我采"紹先",因"先"包含柳宗元是祖宗的意思,而"元"字犯了祖宗名諱,等於直呼祖名了。

---

(9) 第 2 頁,注〔2〕:有關文字異同
《宋詩選注》說:"《詩話總龜》前集卷四'稱賞'門引《倦遊録》作'骰'……"。
我看的兩種版本都作"骰",不作"骰"。這兩種是《四部叢刊》所收明刊本和《文淵閣四庫全書》本。人民文學出版社校點本(1987,8、周本淳校點)也作"骰"。
老師用哪一種版本來校勘了?

【錢先生答】
我記得根據《四部叢刊》。手邊也無其書,可能記錯了。請你加注糾正罷。

※ (10) 第 17 頁,注〔1〕
× 《和晏相公》→ ○《依韻和晏相公》
※ (11) 第 17 頁,注〔2〕
× 《四月十八日～》→ ○《四月二十八日～》
× 卷四十一《次韻和永叔嘗茶》→ ○卷五十六《次韻和永叔嘗新茶雜言》
※ (12) 第 19 頁,注〔1〕
× 慧明《五燈會元》→ ○普濟(或云慧門)《五燈會元》
(13) 老師在《模糊的銅鏡》裏說對《宋詩選注》裏所選的有些作品當時已經頗感不滿的事情。如果現在能編撰宋詩的選本的話,老師更要選什麽樣的作品,在《宋詩選注》裏的作品當中,哪一首老師要删除?

【錢先生答】
說來話長;又事隔數十年,懶於更提了。請原諒。

王仲聞《全遼文》審稿意見
（附徐調孚批復、陳述信函等）*

（一）王仲聞先生《全遼文》審稿意見

《遼文匯》一書，於一九五三年印行八百部。今由原編者補充，擬改名《全遼文》。

這一部稿子的最大問題，在於政治方面。書中收入了遼"賜高麗"敕書、祭文以及公牒等八十多篇，幾佔全書（此次補充者不計）六分之一，內容絕大部分是"上國"對"藩屬"之語。雖然它們出自明朝的朝鮮人鄭麟趾的《高麗史》，仍是不很妥當，大量發表，更不相宜。

其他問題也不少：

觀點問題：此書以帝后列前，不問其與非帝后者時代後先，似仍受過去各種總集封建觀點之影響。（稱某某宗或某某王而不著姓名，也是一例。）

內容範圍問題：有與《全唐詩》《全唐文》重出者（如卷四東丹王詩，見卷七百卅二李贊華詩，卷四盧文進，也見於《全唐文》卷八七零）；有宋人詩，如卷十之馬擴。此亦即遼人之範圍問題。他如李澣（五代人入遼）、李良嗣（遼人入宋），不問在中國在遼，作品一概作遼文，也有問題。此外，如卷五之《孫允中石棺題名》，只有官名、姓名、年月，不成文章，又卷九第六葉之《殘碑捐施名銜》，也是類似，決不能收。又如耶律楚材詩（從遼語譯成漢文詩）、姜夔詩（從舊遼人所述事寫成詩），也不宜收入。

誤收：如鄭定光《投潭中偈》（卷九），乃唐宣宗詩，見《詩話總龜》前集卷三；又卷九載鼓吹曲一首，乃金人邢具瞻作，見《三朝北盟會編》卷二百四十四引張棣《金虜圖經》。

斷句錯誤：如卷四第八頁《移文宋天池縣》；其他應斷而未斷者不少，如卷一第八頁十一行（不多舉例）。

編次混亂：不依時代先後，如耶律淳三篇，依次應以第三篇爲第一篇，第一篇爲第三篇。編者誤考年代，以保大二年所作誤爲保大三年，故有此誤（耶律死於保大二年，不可能有保大三年作品）。

---

* 整理者案：陳述輯校的《全遼文》是研究遼代文學、歷史較爲完備的文獻匯集，正式出版於 1982 年。然該書之出版背後有一番周折。茲整理公佈 1964 年王仲聞先生審稿意見、徐調孚批復意見以及作者陳述致中華書局兩函，既可反映王仲聞先生的學術觀點，也可透露當時特殊政治背景下學術出版之曲折。（遺憾中華書局致作者函有缺頁，輾轉尋求，尚未有得。）承王亮先生熱心提供文獻信息，特此致謝！

文字校改：如卷十之一李良嗣《秘遣人至雄州投蠟彈書》第一行"拜上安撫太師足下"，許本《三朝北盟會編》"太師"二字作"大師"。宋代例稱安撫爲帥，此"大師"疑是"大帥"之誤。此書改作太師。當時只有蔡京是太師，但不是安撫。以"大師"改爲"太師"，顯有問題。卷十第六葉第三行校語顯然有誤。

書中誤字也常見，似須由編者重閱校正。

他如引書不注卷數（以卷十位例，即有《册府元龜》、《資治通鑑》、《玉壺清話》、《圖繪寶鑑》等書），無傳本至書不著所出，如卷一第十一葉、卷九第三葉引《古今詩話》、卷一第三葉引秦再思《洛中紀異》（如爲輯本，或《說郛》本，似須說明）。（以上各項，俱不過舉例，不能全部舉出。）

原印本已有補遺兩葉，今又補遺，似不如全部重編重排，並由編者校閱全書一次，改正一切錯誤。

政治問題需要首先解決。此稿能否在現時出版，請……

補充意見

《遼文匯》卷十所引宋路振《乘軺錄》多條，乃宋出使之人記遼國接伴或館伴人之語，既不是文章，也不是遼人手筆，與《遼文匯》或《全遼文》之書名不相符合，似不應收。

編者強調這是史料書，要保存史料，而又命名爲《遼文匯》或《全遼文》，性質不確定，內容不免有問題。此書既名《遼文匯》或《全遼文》，似不能多照顧史料方面。

此書現在如考慮到政治影響，不能印行，似可商請編者同意將補編登於《文史》，免得有意見（雖然載入《文史》，編者未必能滿意），其中尚無外事問題。

王仲聞　三、二七

（二）徐調孚手稿

這部稿子，當初曾答應他可出（原是科學移轉的）。現在想來，最好退稿，否則也只能作爲內部發行。現在在覆信中最後一頁擬了兩份，前一頁是退稿的，後一頁是內部發行的。請選擇核簽。

調孚　27/四

（三）中華書局據王仲聞意見所擬正式致作者函

陳述同志：

您在去年兩次來信，並寄來《全遼文》補稿一册、前言三頁、後記一頁均收到。我們謹就科學印的《遼文匯》和補稿作了比較仔細的閱讀，現將意見奉陳於下。

1. 您去年3月10日的來信說："就書的內容說，它不會有政治問題。"我們覺得書中是存在政治問題的。《遼文匯》全書收入了遼"賜"給高麗的敕書、祭文以及公牒等八十多篇,幾佔全書篇目六分之一。這些文章,充滿了"上國"對"藩屬"的大國主義口氣。朝鮮在今天是我們的兄弟國家,在歷史上固然和我國有過不平等(闕)

(闕)

以之爲遼文,在體例上似有矛盾。又如卷十所受馬擴詩和據陸振《乘軺錄》摘出的《伴宋使雜談》等,均應視作宋人的作品,馬擴乃狄道人,非遼人,其詩收入遼文,似更不妥。其他如卷五《孫允中石棺題銘》、卷九《殘碑捐施名銜》只有官銜、姓名,似不能成爲文章。

2. 考訂。書中收入的作品,辨僞考索,也間有未諦。如卷九鄭定光《投潭中偈》是唐宣宗詩,見《詩話總龜》前集卷三,所據《圖書集成》當不可靠;同卷《鼓吹曲》一首不著撰人,但據《三朝北盟會編》卷二百四十四引張棣《金虜圖經》,知此曲爲金人邢具瞻所作。考訂有時也涉及編排,如卷三耶律淳三篇書誥,第一篇與第三篇應互易。耶律淳卒於保大二年,不得有保大三年之作。(闕)

(闕)

(四) 陳述致中華書局函

(1)

編者同志:

去年六月中,承　貴局商談《遼文匯》重印問題,並承同意將續補部分併入前書,擬名《全遼文》。

前書雖係 53 年所印,實是抗戰前排版,解放前修補。現在建國已十五周年,我們各種條件較解放前、抗戰前,均有天淵之別。就書的問題說,它不會有政治性問題,只會使修、資本主義國家驚嘆我們對於文獻搜集整理、印刷出版的努力。

前書已流入日本,他們在《東洋歷史事典》中曾有推譽。

現在由貴局排印,在版式、紙張方面,肯定會比以前好很多。最近和幾個朋友談到,都主張用綫裝,是否用原版拆補較爲省事,未知高見云何?現將續補部分隨函附來(共 53 頁,70 篇),並擬具三式,請來信關係。

后妃一卷散開,列帝各卷照舊。

第一式較好,二式較省事,若用平裝形式,是否將續補部分用原版式另排一本。

我希望知道貴局的意見。附件看過請退回。前書貴局如有存本,可隨附一郵來,以便

參考貴局意見編定奉上。又,何時排版,我希望能知道大概日期,以便安排時間參加一部分校對。敬

禮。

陳述　1964、3、10日

(2)

編輯部同志:

《全遼文》前言三頁、後記一頁,共四頁,請附入前稿。

如前稿已寄回,請看過寄回。

文内所説的臨時意見,希望聽到編輯部的意見,商定後纔算本書的辦法,前言希望你們(?)。致

敬。

陳述　六四、六、五日

新出北宋石刻碑誌文獻芻論*

何新所

石刻作爲中國古代文化的一種載體,在古代文史研究中佔據重要的地位。自宋代金石學發祥以來,石刻文獻一直是文史文獻研究中備受關注的部分。石刻圖錄的大量刊佈,有力地推動了古代文史研究的深入和進展。但由於石刻文獻的特殊屬性,其刊佈受諸多因素影響,造成了時代與地域的不平衡。宋代以前的石刻文獻的刊佈和研究,力度遠超宋代及宋以後。加强宋代及金元明清時期石刻文獻的刊佈和研究,具有重要意義和學術價值。

一、宋代石刻文獻的流傳保存及整理刊佈概况

宋代以前的石刻文獻的整理刊佈與研究,呈現出一種繁榮和集成的態勢。比如《漢碑全集》《漢代石刻集成》《漢魏六朝碑刻校注》《隋代墓誌銘彙考》《唐代墓誌銘彙編附考》《隋唐五代墓誌彙編》等。特别是唐代墓誌的研究,更是碩果累累。氣賀澤保規《新版唐代墓誌所在總合目録》(增訂版)收録 2008 年底前公開發表的唐代墓誌、墓誌蓋 8 737 方。近十年來,又有大量的唐誌出土刊佈,其總數已超過萬方。

相對於宋前石刻碑誌的大規模整理刊佈,宋代這方面的狀况却是比較滯後的。宋代碑刻墓誌的數量也没有一個比較可靠的統計。這裏我們試圖對於已知的宋代碑誌做一個簡陋的不完全的估計。

宋代是我國傳統金石學發祥之時,同時也留下了大量的碑刻題記墓誌等石刻文獻。歷代金石學、方志等著作中有很多相關記載。舉其最著者,《八瓊室金石補正》宋代部分有四十卷、《金石萃編》宋代部分有三十卷。《歷代石刻史料彙編》宋代部分收録石刻在 5 000 種左右。

《全宋文》所收與石刻相關的文章中,墓誌銘共約 3 950 篇,壙志、埋銘等 210 篇,塔銘等 170 篇,神道碑等 340 篇,墓表等 410 篇。共計近 5 100 篇。其所涉及的石刻文獻,除傳世文獻中的碑誌文之外,也吸收了不少金石學著作、方志及 20 世紀 90 年代前出土的墓

---

* 本文爲作者所編《新出宋代墓誌碑刻輯録(北宋卷)》一書前言。

誌,其所收出土墓誌,主要包括國家圖書館藏墓誌拓本、《千唐誌齋藏誌》、《江西出土墓誌選編》及《(一九四九——一九八九)四十年出土墓誌目録》所及之墓誌,其中還有一些遺漏,近二三十年新出土的墓誌則無從收入。據一份網絡流傳的《全宋文補遺》目録,其中涉及《全宋文》失收墓誌400餘篇。此外散見各處的宋代墓誌數量還有不少。

專門的宋代石刻拓本或録文的刊本,並不多見,基本都是見收於通代的墓誌碑刻書籍中,最爲集中的當屬《北京圖書館藏歷代石刻拓本彙編》一書,其中兩宋部分收石刻拓本1600餘種(墓誌有近200種)。其他重要的如《千唐誌齋藏誌》收宋代墓誌拓本85種;《江西出土墓誌選編》收宋代墓誌録文94種。《新中國出土墓誌》系列叢書共收宋代墓誌拓本204種。《寧波歷代碑碣墓誌彙編(唐五代宋元卷)》收136種,《秦晉豫新出土墓誌搜佚》及續編收81種,《麗水宋元墓誌集録》收62種,《臨海墓誌集録》收54種,《洛陽新獲墓誌》正續編收36種,《洛陽出土歷代墓誌輯繩》收20種,《衢州墓誌碑刻集録》收20種,《全唐文補編·千唐誌齋新收專輯》收15種,《蘇州博物館藏歷代碑誌》收15種。幾種宋代家族墓地考古報告裏,也集中收集了一部分宋代墓誌,如《富弼家族墓地》收14種,《安陽韓琦家族墓地》收9種,《北宋臨城王氏家族墓誌》收9種。新出的郭茂育、劉繼保編著《宋代墓誌輯釋》,有圖版和録文,收宋誌225種。

從目録的著録來看,《(一九四九——一九八九)四十年出土墓誌目録》收宋誌259種,《北京大學圖書館藏歷代墓誌拓片目録》收宋誌640種。已上各書所收,有部分重複的,但大體可以看出宋誌的出土及收藏情況。

雖然目前還没有宋代墓誌碑刻的具體的統計數字,但目前公佈的或有著録的宋代出土墓誌的數量應該在1000種左右,這些墓誌主要集中分佈於河南、浙江、江西、山西、陝西、山東等地。至於没有公佈的收藏於公私機構和藏家手裏的宋代墓誌,數目不得而知,但根據筆者掌握的信息和綫索,應該也在1000種以上。因爲宋誌歷來不受收藏者重視,其整理研究工作,任重而道遠。

二、本書所收北宋石刻概況

雖然近年來陸續出版了部分地區的宋代石刻文獻整理著作,如《江西出土墓誌選編》、《寧波歷代碑碣墓誌彙編》(唐五代宋元卷)、《廬陵古碑録》、《麗水宋元墓誌集録》等,但一則限於局部地區,再則多爲録文、解説,而没有清晰、完整的拓本可資對勘。鑒於此種情況,本書以個人近年來收藏的宋代石刻拓本爲基礎,將這些拓本影印、録文、解説,以期給學界提供圖片清晰、録文準確、解説扼要的研究文本,給宋代文史研究者提供便利使用的基礎文獻。

本人近年來收集的新出宋代墓誌、地券、經幢、碑刻等各種類型石刻拓片1500餘種,其中半數以上的拓片都未曾公開刊佈過,這是一批寶貴的文獻資源,其學術價值是不言而喻的。現在整理出版的是其中的北宋部分。本書在收録石刻拓本時,有兩個原則,一是收録範圍爲《北京圖書館藏歷代石刻拓本彙編》宋代部分所没有收録的石刻拓本,二是所有拓本均爲本人所收藏。

北宋部分共收録各種類型石刻拓本 451 種,録文考釋 60 餘萬字。所收拓本包括墓誌(含墓記、葬記、壙銘、改葬記)405 種,其他石刻拓本有經幢 10 種、塔銘 6 種、題名 3 種、墓磚 18 種,還有墓表、神道碑、寺廟碑銘、寺牒碑、造像題記、石棺銘等。這 450 種石刻拓本有三分之二尚未公開發表過。

本書以先進的技術對拓片進行高精度掃描,給讀者提供清晰可用的拓本圖像。對這些石刻的基本情況進行介紹,對於石刻涉及的主要人物和石刻的撰寫者、書寫者的生平事蹟進行介紹和考索,對於拓本相關的研究、著録情況予以説明,給使用者提供進一步研究的綫索。對石刻拓本進行録文標校,嚴格遵循石刻文獻整理的基本規範,以期給讀者提供準確可靠的閱讀文本。書後附人名索引,方便使用。

三、本書所收北宋石刻的文獻價值概述

有宋三百餘年,上自王侯將相,下至平民百姓,依照喪葬制度,多有墓誌隨葬。所記載内容十分廣泛,涉及政治、經濟、軍事、文化、風俗、宗教、民族、外交、地理以及墓誌主人的家族世系和生平事蹟等,或補史闕,或糾史謬。故集中整理宋代碑誌石刻資料的工作,十分迫切。

本書所收北宋石刻拓本,廣泛分佈於各個地區,其中以河南、陝西、山西、山東、江西爲最多。從内容上看,這些石刻内容極爲豐富,可以説涵蓋了當時社會文化的方方面面。舉其大者,涉及如下幾個方面:

(一)重要歷史人物的生平傳記。這些墓誌中,有一些北宋時期十分重要的政治家、思想家、文學家的墓誌,這些墓誌提供了這些人物生平的第一手資料,有些資料在傳世文獻中是没有或者不詳細的。北宋卷所收碑誌中,《宋史》有傳的有二十三位:藥元福、楊信(楊承信)、竇儼、張昭遠(張昭)、竇儀、党進、魏丕、張宏、裴濟、雷有終、雷孝孫、李若拙、馮拯、王貽矩、石中立、朱景、沈邈、李孝基、富弼、王拱辰、劉几、趙叔雄、趙顥。其中張宏、石中立、富弼、王拱辰、馮拯均是位至宰執的大臣,藥元福、楊信、党進則是五代宋初的重要軍事將領,竇儀、竇儼、張昭遠是五代宋初重要的文人。這些墓誌中很多資料都可以和正史裏的記載相印證,也可以補充很多正史裏所没有的信息。比如李若拙墓誌記載其兩次出使日南之事,《宋史》卷三〇七本傳云:

> 雍熙三年,假秘書監使交州。先是,黎桓制度逾僭。若拙既入境,即遣左右戒以臣禮,自是桓聽命,拜詔盡恭。燕饗日,以奇貨異物列於前,若拙一不留眄。取先陷蠻使鄧君辯以歸,禮幣外,不受其私覿。使還,上謂其不辱命。

> 至道二年,黎桓復侵南鄙,又詔若拙充使,至,則桓復稟命。

墓誌云:

> 日南國自征討不取之後,屯戍貪泉,積歲未解。雍熙中,黎桓服我德,懼我威,請罪納款,乞授真爵。太宗仁撫遠俗,遂以分閫可之。詔公借秘書監,持節往焉。車服儀注,悉從官給,遵路日具行人之式。搢紳詠皇華詩,餞於都門之南,榮觀者如堵焉。爰止海濱,黎桓備蘭舟桂楫,迎出天池,接於境上。冠蓋色目,尚存竊號,寮屬稱呼,仍多僭擬。公遣左右通好,責以臣禮,明諭受恩之則,俾改從事之官。黎桓聽伏,靡不稟正。公然後攬轡徐行,始相見焉。翌日,黎桓具軍容,抃舞拜命,士民歡呼曰:"復見漢之衣冠矣。"館穀浹旬,燕會朝夕,屢以大貝明珠間列罇俎。公略不流視,主帥官聯,愈增恭畏。因取先陷蠻蜑使臣鄧君辯以歸。交贄禮幣,費行方物,非書送者讓去。由是,臺中裝絶於他使。周歲復命,對敭日,面奏異域風俗,黎桓喜受正朔兩使之恩。太宗曰:"使於四方,不辱君命,卿得之矣。"所獲例物,連書上進,係權法者入公帑,餘皆回賜。
>
> 交州自公奉使後,朝廷累頒恩信,行人或非其人,黎桓多聚巨蟒侮之。至道中,來擾海隅,國家謂公前使得宜,亟召赴闕,借禮部侍郎,持節再往。黎桓郊迎曰:"萬里小國,疊降玉趾,瀟湘之會,何以加也。"公申明命,存大體,俾箕踞慢態,變爲肅容。南鄙頓安,時公之力。

其記載更爲詳細,可作爲邊疆史的重要資料。

(二) 一些新出家族墓誌,爲我們瞭解這些家族的世系、文化、婚宦等方面都提供了重要的資料。近年出土的宋代家族墓誌,最重要的如14方富弼家族墓誌(見《富弼家族墓地》)、9方韓琦家族墓誌(見《安陽韓琦家族墓地》)、9方臨城王氏家族墓誌(見《北宋臨城王氏家族墓誌》),這些家族墓誌的出土,使我們能夠更加深入詳細地探討宋代的家族文化。本書所收400餘方墓誌中,家族墓誌數量較多,很多家族之間又有各種聯繫,一些家族世居一地,構成了該地域最爲精英的群體。本書除了收入富弼家族的14方墓誌外,重要的家族墓誌還有很多,比如:新出晁氏家族墓誌有晁宗簡墓誌(李淑撰)、晁端仁夫人葉氏墓誌、晁端義墓誌、晁公改葬記(晁補之撰)、晁渙之墓誌(黃庭堅撰)、晁臨之墓誌(晁損之撰),豐富了我們對昭德晁氏家族的認識,可以和傳世文獻相比勘,補充糾正以前研究中的一些疏失;本書收入的新出范仲淹家族墓誌有范鈞、范垍、范純誠、范純禮妾馬氏等幾種,對於研究范仲淹及其家族有重要意義。另外本書所收家族墓誌多出自洛陽,比如富弼家族墓誌、馮拯家族(馮俊、馮拯、馮恕己、馮維清母李氏)墓誌、任布家族(任平、任述、任拱之夫婦、任升之、任氏十一娘、任氏十五娘)墓誌、石熙載家族(石中立、石從簡、石祖溫)墓誌、李謙溥家族(李中吉夫婦、李昭凝夫婦、李昭受、李昌世夫婦、李昌通妻)墓誌、張去華家族(張立、張津、張景晟、張毖)墓誌、李迪家族(李孝基夫婦、李孝直妻范氏、李侗)墓誌等,這些家族之間有着各種各樣的聯繫,構成了洛陽地方家族文化網絡,出將入相,落葉歸根,成爲地方文化精英,是地域文化的維持延續的最重要的力量。有些家族則不斷遷徙,分枝流派。比如蜀地儒者任玠,其子孫後來分佈於河南陝西各地,任乃孚墓誌(范鎮撰)云:

> 君家之狀曰:"漢任安十八代孫,世爲蜀人。曾祖令徽,不仕。祖稹,仕蜀,試秘書郎,與先生皆葬成都。"今君又葬於河南,屯田君葬長安,鄜縣令及職方君葬華陰,則先生之裔爲三任矣,後必有大者乎!

任玠葬於成都,其子任乃孚葬於洛陽,任允孚(屯田君)葬於長安,任中孚(鄜縣令)、任其孚(職方君)葬於華陰,因爲官宦和卒葬地的不同,一個家族便分枝散葉,分居各地。一個家族往往有自己的文化傳統,比如本書所收武功蘇氏家族(蘇通夫妻、蘇昕夫婦、蘇暉妻墓誌),蘇通墓誌云:

> 性沈默而有大志。不喜談章句,樂文武治世之道,故不肯從鄉里貢……交語以大趣而不畸碎,明韜謀而僻於言兵。其旨以正守權,施權正,循相生,終復無窮極。嘗曰:"使吾雖日迎百敵,無殆焉。"康定中,元昊内寇,西帥連討未平。先生興曰:"時矣,盍求之乎。"遂東遊京師,歷謁公卿間,能吐言論時事,而深究利病。且久,於志無所合。嘆曰:"吾道固已已者邪,於吾復何傷。"然終不能與碌碌者俱,因從道士遊,即其宫學老子説,而多畜丹砂諸寶石,庶夫成不死之藥。乃歸,買山於鄠杜之間,將退處以卒其志焉。

其子蘇昕墓誌云:

> 性強果勇邁,少而不羈。當康定、寶元之間,夏羌犯塞,守兵迎戰不利,西土騷動。君以謂智者盡其謀,勇者奮其力,則兵可強,敵可滅。於是學孫吴兵法,略究其義,而尤長於刺射之伎。既而西師解嚴,君遂退養於家,勤約甚有規法。然平居暇日,尚或躍馬戲劍以自娛,視不忘其志也。

不事科舉,好談兵法,可謂子承父志,也可見時代與地域文化之影響。

本書收有37種宋代宗室墓誌,有些爲《北宋皇陵》一書所失收,對於研究宋代宗室世系有重要價值。

（三）一些墓誌反映了北宋時期的重要歷史事件，對於研究北宋歷史具有重要的史料價值，像五代宋初的鼎革與平定北漢的戰爭、澶淵之盟、宋遼和議、西夏戰事、征討南蠻、王安石變法、川地戰事、地方兵變等。這裏以涉及宋夏戰爭和王安石變法的一些碑誌爲例，介紹一下這些碑誌的史料價值。涉及宋夏戰爭的有裴濟墓誌、蘇通墓誌、沈邈墓誌、張庚墓誌、張穆之墓誌、安愈墓誌等。裴濟咸平初知靈州，凡四年，終以孤城無援，城陷而歿。沈邈"改陝西都轉運使，按章澄清，官吏畏怗。權知秦州。會元昊講解，疆埸未附，於是畀公知延州。公親率將校，相地形嶮隘，塞廬關道，修安塞等五堡寨。絕賊奔逸，省戍卒數萬人，邊人賴之，仁宗降詔褒諭"，寢疾卒於治所。張庚墓誌對於當時邊事記載尤爲詳明：

> 元昊反，自陝以西，爭修城壁，設樓櫓；府吏既以此得賞，又築西關城七里，西關無可保而役費甚。君嘆曰："勞人而利賞，吾可不與邪！"將舉事而君奏罷之，人愈以德君。元昊入鄜延界，宿兵多而儲偫匱。詔君乘馹調發，君能稱緩急之宜而軍用集，除陝西轉運判官。仁宗召問邊事稱旨，賜五品服，給以裝錢，謂中書曰："張某材可用。"君平生敢爲，而一日遭人主知己，尤激卬無所不勉。開屯田，築籠竿城，爲軍運東西蜀餘錢饋邊，悉出君畫。又言，臣所部四路，惟涇、原二州地平，羌出入便，而山外人與蕃漢雜，其畜積富。賊必抄掠，宜增兵選將以戒。已而元昊果攻涇原，葛懷敏覆軍於定川，元昊遂取瓦亭歸。將入渭州，而州以老弱千人乘城。經略使王沿戰怖，請君間道馳至秦州，得兵六千人，兵朝入而元昊夕薄城下，賴以不驚。於是，詔君與將帥謀所以勝後之略，令乘馹歸奏。沿爲御史時，嘗以事彈樞密使。於是，樞密欲中沿以危法，白上曰："懷敏之敗，以沿不爲之救。"間以利動君，使對上如其指，君不應。既對，仁宗果問王沿狀，君曰："懷敏盡將渭兵以出，沿特保空城爾。"仁宗意悟，沿猶坐黜，而議者多君不可撓。

對於當時中央政府處置邊塞戰爭的一些內部人事糾葛有所揭示。安愈墓誌所記邊事亦多曲折細節，值得詳味。

與王安石變法有關的如姚奭墓誌、周育墓誌、李誠墓誌、王孝先墓誌等。姚奭墓誌（邵雍撰）記其反對青苗法云："時青苗法初下州郡，民情恟恟，莫知攸濟。君乃言曰：'報國以忠，不以私徇。若遂不言，無乃欺君乎？言之獲罪，死且何避！'於是悉條利害以獻，章奏不絕。雖未能罷其事，一路聞之，無不多之。"周育墓誌則記載了元豐時期撫州金溪地方官吏行福建鹽法，騷擾地方之事。王孝先墓誌，則反映了王安石改革中新黨治理黃河水患的史實。其中，蜀地隱士李誠墓誌特別值得關注，反映了北宋中期賦役改革的思想資源：

> 隱君少好學，有大志，天姿敏明，百氏之書靡不畢覽，一誦不忘於心，通經術，不好傳注，言必稱孔孟，視荀卿以下蔑如也。……平居，慨然有致君澤民之意。嘗謂：天

下農民困與徭役之不均,有田連阡陌而不知役者,有地粗容足而不免役者,有黔妻之貧而與猗頓齊費者,有顏淵之賢而與芻牧齊役者,遂著《平徭芻録》數千言,其法以量民之産隨賦均取,還以禄願仕於公之人,以代農役。書成,上府尹韓康公。康公大稱之,曰:"某幸若執政,必當行之。"饋酒以謝隱君。隱君復以詩謝之,其末章云:"願公麯糵成新釀,徧設通衢處處樽。"又嘗自爲《苦熱》詩,有"細思摇扇手,堪嘆負薪肩"之句。聞此詩者,咸知其有兼濟之意焉。其後韓康公嘗謂人曰:"以布衣有憂天下之心者,惟西蜀李誠而已。"神宗即位,患差役久弊,下詔中外,訪求利害。隱君上《平徭書》及《指掌書》萬餘言以應詔。明年,詣闕,又上《均安辯議》,其言蓋稽孔子所謂"均無貧,安無傾",以爲之法,假立問答凡五十有五,終始條例,曲盡均役之利。又上《大道一致書》《大中致用書》及奏議一十四篇,亦數萬言,大率以安民富國爲本。時曾魯公爲大丞相,隱君以《大中致用五議》上公。公器重之,曰:"學術淵博,有大科之才"。隱君辭曰:"大科之才,非所敢望。所敢望者,願公行其所言而已。"與司馬温公論議諸侯世國之事,温公以謂:"堯舜之時,固有之矣。"隱君曰:"按《禮記》:諸侯之有冠禮,夏之末造也。此則三代之前,諸侯未有世國矣。"温公曰:"善。"相與言古今治亂及當世之務,談辯泉湧,沛然莫禦。隱君出,温公喟然嘆曰:"西蜀有奇才如是耶!"其爲巨人所重類此。熙寧庚戌,就試春官,既中格,以感疾不克待廷試。聞者惜其垂成而歸,隱君恬然安命而已。及朝廷行免役新政,詔命有司參議立法。其士大夫得隱君緒餘,緣飾以獻,由是進擢者不可勝計。隱君首議,反以疾不與,命矣夫!

韓絳(康公)任成都府尹爲嘉祐八年至治平元年,其時李誠已提出了均賦役之法,神宗即位後,又上《平徭書》及《指掌書》,熙寧元年詣闕上《均安辯議》《大道一致書》《大中致用書》等,對於後來朝廷實行免役法,應該有所影響。

(四) 一些墓誌比較集中地反映了某一地域在北宋時期經濟、文化、教育、宗教、宗族、婚姻等方面的狀況。比如洛陽出土的北宋墓誌有近 200 種,爲我們深入瞭解北宋時期洛陽的地域文化、精英文化、家族文化、婚姻網絡、學術演變、城市地理空間等都提供極爲豐富的一手資料。在本書所收墓誌中非常引人注目的是出土於山西長治(北宋潞州、上黨)的近百種北宋墓誌,這些墓誌多是平民、下層官吏墓誌,雖然製作比較簡陋,誌文有雷同化的傾向,卻是一宗瞭解下層人民的生活、思想、經濟、信仰、婚姻的不可多得的寶貴資料。這些墓誌帶有強烈的地域文化色彩,反映出該地濃郁的商業文化氣息。《張延蘊墓誌》:"盤桓於貨殖之間,汩没於旗亭之下。"《張興墓誌》:"一業肆縑綃之貨,四民寬高尚之懷。"楊智墓誌:"君姿狀豐偉,氣度寬敏,喜事商販。貲貨稍完,至和三年中旅次于平原,時遘疫癘,卒於邸舍。"《申秀墓誌》:"世以耕桑爲業……乃亟謀徙居上黨,變農從商,能辨百貨之良窳,善察取息之根源,以勤以苦,而人得其百,而君得其千,不十數年間,驟立貲産,數倍於父祖之時。"也有數世爲商,成爲一地巨富的,如《吴驥墓誌》:"府君姓吴氏,名驥,字天驥,潞州上黨人也。曾大父凝、大父誼、父宗古,皆以商賈自業,而善逐時利,由是爲郡大姓。……君聞之,毅然獨執勞苦,甘麤糲,未始以一錢妄散。朝夕從事,不敢失其業,遂致資産豐羨,爲鄉社雄。君居常好與射利者遊宴,多得輸寫其心,故能積貲百倍。鄉人有識者,咸推譽之。屬國家問罪西夏,而調度不一,君能獨力幹辦,常爲諸豪先。"有由商而儒的,如《嚴文永墓誌》:"祖諱贇,自澤避居於潞,以商爲業,有心計,善謀生,貿易多塗,利原百出,當此之際,聚財巨萬。"至嚴文永時,"期數十年間,貨賄山積,鏹寶泉流,比及前代,家藏十倍。戶計郡籍,列居首等。自祖迄今,凡六世居義,閨門整肅,子孫詵詵,兄弟怡怡如也。和孝之譽,共聞鄉黨,一門之慶,孰可比焉"。《嚴文政墓誌》:"遠祖不樂仕宦,喜從商賈遊,嘗往來上黨間,久之,愛其風俗淳厚,遂徙家焉。""君生及冠,慨然有起家志,日訓諸季仲以治生事,舉有成算。性剛直難犯,廓然有量,不苟爲笑語。閨門之內,威愛兼隆,故其季仲率皆畏事。仲曰文嵩,卓有立志,而君特誘焉,繇此貲産日以豐盛。""男沆,克紹箕裘,而詩學優長,凡兩陪方物入貢天子,繼中魁選,鄉黨稱嘆,蓋嘉其善繼述也。"又如孫懷寶、孫用吉、孫用古父子3方墓誌。孫懷寶爲絳州平民,然善於治生,家貲巨富。多行仁義,償還兄長逋欠。其子孫能繼承其業,且逐漸能讀書業進士。《孫懷寶墓誌》云:

  君生而莊重謹密,其在垂髫時已異於常兒矣。既壯,負志操,以謂爲大丈夫者不□聲名,則當治貲産,厚衣食,以取巨富爲事,於是父兄以家事一切委之。及父歿,君常以至孝事母過人,凡有服食玩好之物,苟可以悅母之意者,君能力致而跪奉之。母愛且賢曰:"有兒如此,安有不大吾門者邪?"君乃務勤儉,自刻削,與母同力,俾夜作晝,不數十年間,一變其家,貲用益倍,鄉間稱君以爲善富。

其長子孫用吉,能繼父志,興大家業,誌云:

  及壯,父喪,事祖母以孝聞。繼而祖母終堂,宗族析居,凡己有者,悉與分焉。君當此時,竭力奉母,與弟用古合謀相輔,相其時勢,殖以貨財,賤則取之,貴則與之,不二十年間,錢餘於庫,米餘於廩,雖有公私用度之繁,家累巨萬,戶冠一城。

次子孫用古,協助兄長,致家巨富,教誡子弟,其長子孫彥則業進士,爲儒篤行,赫然可嘉。其誌云:

  父喪,□□□家,君遂小心竭力,以敬輔助之。由是謀畫盡忠信,明取捨,凡二十年。厚□□□産業,故家累巨萬,而戶籍於首。……至晚年,常慮子侄驕奢,屢以多術教戒。一曰無悖逆以亂親,二曰無鬥訟以毀身,三曰無耽惑以破貲,四曰無醺樂以廢時。識者取以爲濾。

在孫用吉墓誌中，撰寫者表述了自己對商人的看法，説："今之世，士以文取貴而紆紫腰金，商以利致富而長廊廣畝，其道雖不同，而成功一也。然則享富有能仁義者鮮矣，故孫君之美宜彰於後世。"這種將富和貴都視爲成功的看法，反映了北宋時期潞州一帶，商業活動比較繁榮，所帶來的人們思想意識上的一些變化。

（五）關於科舉與教育方面的一些資料。本書所收碑誌中，有一些新的資料可以補正《宋登科記考》的記載。粗略統計，可以補正《宋登科記考》的有近60人，其中爲誌主的有李若拙、張紳、衛濆、劉藏用、楊日休、朱文郁、高惟正、郭璪、朱景、盧震、劉舜卿、沈邈、蕭摠、任乃孚、張庚、張穆之、麻元伯、石起、劉几、王森、劉伯莊、吕大球、賈公直、趙揚庭、張好禮。比如《李若拙墓誌》的記載：

> 年十九，應拔萃，判入高□，除大名府户曹掾。時烈考在魏王幕府就甘旨也。年二十二，舉進士。故兵部侍郎、贈太師王公祐乾德中典誥掖垣，兼掌貢籍，詞宗公望，卿大夫無出其右。四年春，中第者六，公居其四，失巍峩者，抑少年也。然王公獨以雄文博學許之，曰："垂名不後於我矣。"尋授密州防禦推官。年二十七，應賢良方正能直言極諫科，太祖皇帝臨軒親試，條對聖目，日及申而奏成，太祖執卷曰："儒者有如是之才者？三千字，寫亦難了，況文理乎！"遷著作佐郎。

《宋登科記考》載李若拙建隆元年進士及第，據誌，及第年份當爲乾德四年(966)，開寳三年(970)應賢良方正能直言極諫科。

科舉是宋代士人最主要的出仕途徑，各個階層都把科舉入仕作爲振興或保持家族昌盛的重要手段，從而付出巨大努力。有的家庭往往需要經過幾代人的不懈努力，方能取得成效。比如《王珣墓誌》云：

> 君乃召諸子，誦其先人之言曰："吾家爲晉著姓，司空清白之節，久而未泯。考諸譜録，弈葉簪組。前世誥命，吾祖猶及見之。今華門圭竇，荒墜厥緒，汝曹能志此乎？"乃即其所居，闢屋構室，前後凡數楹，蓄聚圖史，延納名儒，俾授諸子。凡士之遊學於秦，莫不投蹟如歸。食有魚，出有輿者，日以十數輩。燕樂衎衎，維恐失其歡心。故君之諸子，學問宏深，聞見該洽。及旅試有司，皆嶄然見頭角矣。其後施予既廣，貲産日空匱，君恬然不屑意，所守如初。至元祐中，猶子知彰策名登科，子傅紹聖初繼登進士第，季子儔四預計偕，鄉閭之人皆交口稱道之。

除了科舉成功的士人之外，我們還看到很多科舉失意的例子，或者悲嘆運命不濟，或者放浪於詩酒之間。如《宋庭堅墓誌》云：

初應進士科,後改應明經。以不預薦,常憤畜自勵,謀欲決取榮名,登仕路,自顯於州閭間,逡巡躊躇,未得緣徑。聞朝廷新下詔,以斷案刑名取人,君遂忻然應之。考官撰案,其中所犯情罪,五刑備有,間設詞語情節,重複疑誤,使刑名難於裁決,試人之識別如何,稍不明辨,遂致差跌,自非深曉案情、刑統敕律、令文格式,未易應副。余時年方壯,少舜舉十餘歲,同預秋試罷,日暮方歸,余聞所試之案,舜舉口誦案辭數千言,敷陳首尾,情罪輕重,並所斷刑名,略無遺脱。余嘆其記敏如此,而竟不預薦,亦命也。自此遂不復應科舉,歸家訓督諸子,葺治生事。

可謂科舉之路,坎坷多舛。《徐之武墓誌》記其"不能屈意作時文,齟齬奇窮者數年",乃歸耕侍親,"時時劇飲,飲輒醉,放聲長吟,志適意暢,而寵辱紛紛曾不足芥蒂胸次,真可謂達士矣",也不過借酒澆胸中塊壘而已。《朱常墓誌》記其"遊太學不歸者五年,孑孑自立,不苟求知於人,人亦罕有知者",後自"京師歸,益難與人交。閉門讀書,不出者動經歲,鄰里故人罕見其面。既不利於進取,則於世事益漠然無意,時時獨酌取醉而已",其胸中之鬱結亦可窺見。或許我們在研究宋代科舉制度之時,對於這些科舉失意者,應該給予更多關注。

還有一些胸懷大志者,不願爲進士業,而期望通過干謁公卿,參加制舉考試,平步青雲。如任布之子任述,"爲人聰悟絕出,膽氣自負,妙筆札,能古文。始業儒,即恥及章句,故不爲進士禮部之辭,而潛力於六科大對之學。最慕孟子、韓先生道與文,正可繼聖人。每下筆,必踵孟躡韓,而宗諸孔氏也。舍是則空言累句無一作者,朋友多之。自幼追長,其爲益堅,著文凡七篇,大氏類子輿、況、雄之書。寶元己卯,袖七篇,副以大軸,往干太師相國呂公於天雄軍。公一見前席,閱所贄文,驚其不倫,許之老筆。是歲述赴掌西都之左藏,呂公因以書薦於洛尹尚書宋公綬,公待之如吕。王貳卿敭罷政柄,來出鎮也,述以下吏求謁,王公大奇之,面稱於衆曰:'兹任氏之令器矣。'"可惜命運不濟,二十四歲羸疾而卒。其父爲其所撰墓誌中不禁仰天號呼:"吾兒見器於大臣,得譽於朋友,才如是,志如是。當清時公朝,莫能粗展其有,使光大著見,爲吾門寵,今乃知作善之無益而明神可欺也已。"讀來令人歔欷!

(六)數量不菲的女性墓誌,提供了大量關於女性生活、婚姻、家庭教育、宗教信仰等方面的資料,對於宋代女性研究有重要意義。本書所收墓誌、壙記資料中,近半數是女性人物的生平資料,這無疑爲女性研究提供了大量的一手文獻。同時,所收墓誌中,還有20餘種鴛鴦誌(夫妻墓誌),對於我們認識宋代的家庭、夫婦關係,都有着重要作用。出自仕宦家庭的女性多有較高的文化修養,除了侍奉公婆、襄助丈夫之外,自然對於子女的教育也會起到重要的作用。如《潘稷夫人李氏墓誌》云:"夫人世儒族,昆弟侄從,繼繼登科甲,以故喜書札,精通白氏詩。晚好佛書,見山水秀絶之處,常欲褫俗累而居其間,性樂幽静蓋如此。""男四人:長承議也,林、瑜、豐,舉進士,瑜、豐蚤世,皆夫人教育以成之也。"又如

《宋奉國妻孫氏墓誌》,孫氏爲孫抃幼女,嫁宋祁第六子宋奉國。墓誌云:"(夫人)十歲誦書史,領略大義。習爲詩,句法奇古。逮長,端靖嚴毅,女紅之隙,嘗讀劉向《列女傳》以自規警。……喜爲詩文,與班、謝相上下。晚依祖道解《金剛經》四句偈,凡數百言,詮釋微奧,直徹至理。蓋其宿植德本,故發爲言辭,皆入三昧。"劉伯莊爲其妻陳婉所撰墓誌,則表達了其極爲痛惋之情:"陳懿柔静慧,得之自然,事其姑以孝,睦其族以義,予嘗慮有不及者,必以義理相勉。至於伏臘之須,米鹽之細,治之皆有序,而不以累予,故予獲助爲多。甘貧窶,薄嗜好,出見女曹飾金珠、曳羅繡,未識有羨色。嗚呼!生死常也。獨可悲者,予拙於生事,少思以儒學奮於時,四上而四黜,與之同困窮者有年矣。晚得一官而遽失之,不獲偕老,何天窮予甚也。夫人之憂患,非寓於言,則不足以寫其悲傷鬱結之情,故予誌其墓,又哀之以詩四章,予未能忘情者也,且異夫不及情者焉。"是所謂貧賤夫妻百事哀者也。

（七）宗教信仰、喪葬習俗方面的資料。所收拓片中有一部分是宗教性質的,如《佛光寺僧塔銘》《大宋故萬固寺主月公道者塔記》《龍門香山寺僧道元(元公)灰骨塔記》《佛頂尊勝陀羅尼經幢》等,也有涉及宗教信仰的,如《張好禮座化銘》等,對於研究宋代士人及民間宗教信仰,有很高的價值。宋代民間奉佛比較普遍,特別是女性奉佛,更爲普遍和虔誠,這與其生活空間有密切關係,如王曙夫人劉氏,"奉佛祇嚴,暮年苦足疾,亦策杖扶掖,旦旦詣精廬,爇香瞻拜。"而《楊昶墓誌》所記事蹟,則帶有傳奇色彩:

　　楊氏女名昶,字景延,道號净持。其先鄭人,自王父居洛,復爲洛人。父賢寶,見任右宣義郎。母譙郡張氏。女之生十四年而卒。其將生也,吾父夢人謂曰:"異域聖僧降於爾家。"頃有鼓吹前導,肩輿處子而至,覺而吾母遂產。及漸長,自修飭所爲,不類等列。貌豐潔,性恬淡,自生及終,不食魚肉,親者皆愛奇之。元祐五年十二月二十四日,以微疾逝,識者咸共悲嗟。復夢於其兄曰:"結緣既盡,我則當去,勿復念我。"自是更無影響。嗚呼!始終亦異矣!

該誌爲其兄所撰,從帶有夢徵的出生到夭亡,其間有濃郁的傳奇色彩,這或與其家庭虔誠奉佛有一定關聯。

士人之宗教信仰同樣值得關注。《王辯墓誌》記其在功名與崇佛之間的行走自如:"常悟浮圖教,以因果爲不無,印其書,恭自持誦及廣散之,又贊《金光明經》刻諸石。其言深達性命究竟之理,知造物者以生我爲勞而欲自逸。於是優遊園林,事文酒爲樂,手筆名公留題詩於亭榜,自著賦詩雜文甚多,人皆慕取之。""君連取五貢,侵尋八就春試,固欲仕矣,而不以此汲汲,遂逐僞而喪真。每退而厚佛事,談生理,順適其意,可謂圓機不器之士,而於語默出處,爲無媿憾也。"而《張好禮座化銘》則顯示出時人在儒佛二教之間的折中心態:

　　宣和五年歲在癸卯九月十七日,奉議郎致仕張公享年八十一,安居無恙,座化於河陽中城之私第。舉首平視,垂膝正履,左掐卯紋,右當佛印,眉本疏白而俄變濃黑,色本輕黃而復生紅潤,儀形儼然,若不亡之像。三城士民,觀者如堵,咸謂自昔座化未有如此之異常也。鄉曲之間,談不容口。雖鄰邦遠邑,至有市香結侶,不憚百里之勞,造門而願瞻其相者。郡守、別乘,爲之親奠,皆驚嘆嘉異。以謂自非方寸坦夷,夙不害物,陰德素積,以成證果之行者,何以致此?

誌中所記富有傳奇色彩。而按何種禮儀安葬張好禮,則成爲難題,最終,采取折中方法:

> 鄉人之議,欲俾塑真形,立供像,以徇俗情。殊不知送終厚葬,無使土親膚者,人子之大事也。既不可強毀其遷化之形,又不可特廢其厚葬之禮。於是括木爲樟,代其棺槨,置之禪榻,以坐於內,衣六品之服,備殮喪之具,謹遵常禮,而不敢少損。……蓋所以存人子不忍之孝心,全送終厚葬之大事,庶幾曲盡其情,而不廢其禮焉。

既不毀坐化之形,又衣以六品之服,特製棺槨,厚爲之葬,可算是曲盡情理,調和折中。

也有一些墓誌反映出道教信仰的,比如《黃嘉運墓誌》,黃爲洪州豐城人,因夢神人告誡只有勤禱上帝高真,方可益壽,長養子嗣,故"授上清籙,披上清服,設上帝高真之像而祀之。香燭之奉,夙夜匪懈。間遇旬日、本命誕辰,持課道經,或詞或默,惟減祿益算爲請。每謂:'華山者吾之所自出也,三仙即吾之祖矣,吾一歲一朝。'"近年出土的數量較大的宋代江西民間墓誌、壙記、地券,也比較多地反映出民間的宗教信仰。

四、本書所收北宋石刻的文學、藝術價值概述

本書所收石刻拓本除了上面所說的文獻價值,爲文史研究者提供基礎文獻資料之外,其文學價值、書法藝術價值、語言學價值亦不容忽視。

(一)文學研究價值。本書所收錄的450種石刻拓片,其中三分之二以上都是傳世文獻所沒有的,這無疑爲宋代文學研究提供了新鮮的資料。這些石刻拓本提供了很多知名人物的作品,提供了很多作家的生平信息,無疑對推動宋代文學研究的深入具有很高價值。其次,本書所收錄的壙記、券記、碑碣、買地券等,爲宋代文體學研究,提供了豐富資料,可以更爲深入地研究墓誌文體的細化的演變。再次,這些文章,具有重要的文章學的研究價值,特別是大量底層的、民間的墓誌,對於我們研究宋代底層的文學教育、文學思想、文章寫作都提供了難得的資料。

縱向地看這些碑誌文章,宋初無論是知名文人所撰寫的碑誌還是沒有撰書人名的民間墓誌,其文體都是駢儷,是唐末五代文體的延續。如果對本書所收墓誌作一粗淺的觀照的話,可以看到墓誌文體的演變軌蹟。文人所撰的墓誌,在天聖、景祐年間尚以駢儷爲主,

如馮拯墓誌（1023，宋綬撰）、馮恕己墓誌（1023，聶冠卿撰）、蘇昌嗣墓誌（1024，陳最撰）、劉藏用墓誌（1030，王復撰）、王德倫墓誌（1039，王景撰），較早出現的古文墓誌則有衛凓墓誌（1028，李寇撰）、宋武墓誌（1036，蘇舜欽撰），康定、慶曆之後，文人所撰士大夫墓誌，則基本都爲古文墓誌，駢儷的就不多見了。而山西所出北宋平民墓誌，早期多不署撰人名字，中期則出現一些由當地文人所撰寫的墓誌，其文體演變，比士大夫文人墓誌要滯後一段時間。《嚴文永墓誌》（1054，鄉貢進士楊儀撰）是較早的一篇用古文撰寫的山西民間墓誌，而駢儷化的民間墓誌，在山西民間持續了相當長的時間，如《河內郡宋君銘》（1080，無撰者名）。

在一些碑誌里，反映出不同階段文風的變化。如《石中立墓誌》："天子方好文，而虢略楊億，以雄渾奧衍革五代之弊，公與中山劉筠、潁川陳越推而肆之，故天下靡然變風。"記載石中立參與楊億所倡導的西崑詩文新風。又如《寧龔墓誌》云："端臣之文，辭簡理明，氣韻豪壯，若驚風怒濤，號震洶湧。讀之者心開意快，無不自足。然於經術，乃詣極理致，此人所難。"寧龔曾從尹材學《春秋》之學，亦反映熙豐時期文風之變化。有的墓誌也會提到誌主的文風和時風的格格不入。《蔡元卿墓表》："至江西胡氏□義學，與群士居，非禮不由，非道不談，君子願交焉。五年業成，復歸於齊，鄉老請薦之。時方尚雕蟲技，□以好古，不合於有司，退居淄川郡之北郊。"《徐之武墓誌》："君少聰慧，讀書屬文，一時儕類莫敢與之角，皇考君銳意欲成就之。崇寧初，所在興學，君以里選中有司……然不能屈意作時文，齟齬奇窮者數年。"《劉唐工墓誌》："公少以儒雅自將，屬文不追時好，再黜於有司，遂不復爲科舉學。"

本書所收碑誌中，也不乏名家之作，爲傳世文獻所不見者，如孫僅《李若拙墓誌》、宋綬《馮拯墓誌》、李淑《晁宗簡墓誌》、范鎮《楊日宣墓誌》《任乃孚墓誌》、謝景初《石用休墓誌》、宋敏求《李中吉墓誌》、孫洙《章岷墓誌》、章楶《李中吉夫人劉氏墓誌》《和鎮墓誌》、邵雍《姚奭墓誌》、陸經《范鈞墓誌》《范楫墓誌》《沈邈墓誌》《王貽矩墓誌》、程顥《李孝基墓誌》、范純仁《蘇澄墓誌》、楊畏《羅承嗣墓誌》《吳執中墓誌》、黃庭堅《晁渙之墓誌》、游師雄《安愈墓誌》、趙挺之《王孝先墓誌》等。也有一些雖已見收於作家文集，然出土碑誌和別集所收有所不同，可以互校者，如：蘇舜欽撰《宋武墓誌》、歐陽修撰《王汲墓誌》、晁補之撰《張鼎墓誌》等。一些地方文人所撰墓誌也值得關注，這些人的身份或爲鄉貢進士，或爲館客門生，本書所收山西出土墓誌中，劉伸撰有6方墓誌，裴淑撰有4方墓誌，對於研究中下層文人的寫作有一定的價值。

（二）書法藝術價值。這些墓誌拓片，無疑是具有重要書法價值的一手資料。特別是名人書丹的墓誌，更引人注目。如歐陽修撰書《王汲墓誌》，邵雍撰、王慎言書《姚奭墓誌》，范鎮撰、宋敏求書《任乃孚墓誌》；王安國撰、王尚恭書《張庚墓誌》；程顥撰，王慎言書並篆蓋的《李孝基墓誌》；范純仁撰、韓維書、楚建中題蓋的《蘇澄墓誌》；安燾撰、蘇轍書、文彥博篆蓋的《王拱辰墓誌》；韓維撰、孫永書、司馬光篆蓋的《富弼墓誌》，都是名人撰寫、名人書寫的藝術精品。本書收有3方以古文或篆書書寫的墓誌：陳恬篆書《賈正之（賈公直）妻蔡氏墓誌》、王壽卿篆書《范純禮妾馬氏墓誌》、陳晞篆書《彭汝礪母張氏墓誌》，都是出土宋誌中的書法精品，具有很高的藝術價值，特別是陳晞篆書《彭汝礪母張氏墓誌》，墓誌長92釐米、寬120釐米，全文近千字，篆書遒勁有力，刻工精美，該誌由彭汝礪好友熊本撰，其內容也頗爲重要，對於瞭解彭汝礪的家世、求學經歷、人際交往和政治傾向都很有價值，堪稱近年所出宋誌中的重要發現。另外，本書還收有數量頗多的山西、江西民間墓誌，其中不少墓誌書法樸拙，率意隨性，已經引起了書法界專家的重視。本書所收碑誌也可以補充北宋碑誌刻工的不少信息。另外碑誌拓本不同的形制、紋飾等，也爲藝術研究提供了一些新的素材。

（三）語言學研究價值。宋代是語言由中古時期向近古轉化的重要階段，白話要素比重越來越大，而在文獻刊刻中，俗字也大量出現。本書所蒐集的石刻資料，有很多來自民間，其間保存了大量的俗語、俗字、碑別字，這無疑可以爲語言學的研究提供重要的素材。

通過上面對於本書所收北宋碑誌的文獻價值和文學藝術價值的簡要介紹，可以看出本書的出版，會給唐宋文史研究者，書法愛好者，語言學、社會學、宗教學等方面讀者提供新的資料，促進相關的研究，產生良好的社會效益。

編者在收集宋代石刻拓本的過程中，甘苦備嘗，也結交了很多學界和收藏界的師友，掌握了不少的收藏綫索，持之以恒，或將有更多的收穫。但本書所收拓片只限於個人收藏，能力有限，尚不能全面反映近些年新出北宋石刻文獻的全貌，這是比較遺憾的。寄希望於以後有更好的墨緣，能將此工作繼續下去。石刻文獻的整理頗爲複雜繁難，能力所囿，本書肯定存在許多錯誤和不足之處，衷心希望得到各界專家的批評指正。

（作者單位：鄭州大學文學院）

論柳開的墓誌寫作

——以八篇家族墓誌爲中心的考察

盧康華

清人林雲銘《古文析義》評論歐陽修名篇《瀧岡阡表》,特別指出一個事實:"墓表請代作,與誌銘同用於葬日,此常例也。今乃自爲表於既葬六十年後,事屬創見,且其文尤不易作。……此廬陵晚年用意合作也。"①這在歷來分析品評歐公《阡表》的衆多文論、文評中,是一個頗爲平實而有見地的視角。的確,一般來說,墓誌銘、墓表這一類體裁的文章因受實用需求的限制,其寫作都是在逝者下葬前後之時,如此方可保證施用的時效性;同時對逝者家屬而言,記憶或記錄的墓主生平事實,也纔有可能保存得較爲清晰完備。歐陽修寫作《阡表》,是在父親入葬六十年後,實屬不易,該文成爲歐公名作,更是因此而增添了傳奇色彩。

但筆者由此聯想到的,是一位宋初的古文家柳開及其所撰八篇家族墓誌。關於柳開的諸多名號之變更、家族世系、生平事蹟、文學思想與創作諸端,已是文學史的一般常識,且學界已有多篇文章予以專門論述,②在此不再贅及。我們徑來討論他所作的八篇家族墓誌。③

需予説明的是,之所以由歐公《阡表》聯想及柳開之作,蓋因柳氏墓誌亦是在墓主逝去多年遷葬時所作。誠然,歷史上無論是早於柳、歐二人,還是晚於他們,一直都存在墓主逝去多年之後由家屬本人寫作或請人補寫墓誌銘(或重寫墓誌銘)的現象,但是,如柳開此八篇墓誌這般特殊的寫作個案,不易多見。

一、八篇家族墓誌的寫作背景

柳開《河東先生集》共存墓誌十三篇,其中八篇屬柳氏家族成員墓誌。

柳開一生,仕途極不平坦,一直沉於下僚,而且兩度入獄,其間又連遭至親家人的喪亡。他所寫書信中,有多封皆述及連喪家人却因宦途風波無力歸鄉營葬的悲痛與自責。如給皇帝的上書《在滁州陳情表》中云"鬢鬢雪染以渾多,骨肉星散而都盡"④,《知邠州上陳情表》云"父叔母妻,死不辦於遷葬;兄侄弟妹,生長見於暌離"⑤,其中尤以《上參政吕給事書》對歷年來家人喪亡的情形,描述得最爲詳盡:"開父……乾德三年卒於泗州官舍,至雍熙甲申歲,二十年矣。其間開母氏洎叔父三人、叔母氏、兄闢與諸嫂氏,又七人相繼亡殁。開以遊學從宦,生計牢落,竟未克襄葬事。……開在江南數年,每一念至,不覺心神絶死。前年,開自潤州得替歸京,以家在河北,曾具此二事,白於政事堂中。蒙執事賜以貝州之命,開甚爲獲所願也。到治所後,方經營婚葬。不三月,長兄閔卒於昭義軍節度推官。又不兩月間,次兄肩吾自知鄆州罷還闕下,行次唐州而卒。……開爲人子,父母叔孀兄嫂氏計十四人死而不葬餘二十年。弟妹成人,而又失婚嫁。名辱身困,豈爲孝乎?斯開不孝之罪也。"⑥其内心之苦痛,可想而知。因此,柳開連連給皇帝及當朝有力者上書,乞求赦免與奥援。終於在至道二年(996),他五十歲之時也即去世前四年,得到太宗皇帝的開恩照顧,賜予假期,歸魏料理葬喪事宜。張景在《柳開行狀》中記載:"明年(至道二年),葬尊幼二十三喪,求假歸魏,公遍撫其柩,盡哀而聲不絶者數日,皆自誌其墓。"⑦據張景所言,可以推測當時所作家族墓誌當遠不止此八篇,這一判斷雖無法得到確實的資料證明,但現存八篇墓誌即作於營葬期間,則大體可以確定。

爲便於直觀地瞭解這批同時寫成的墓誌之面貌,將相關信息表列於下:

篇 名	墓 主	關 係	逝世距寫作時間
宋故中大夫行監察御史贈秘書少監柳公墓誌銘并序	柳承翰,字繼儒	父親	乾德三年逝世,三十三年
宋故贈大理評事柳公墓誌銘并序	柳承昫,字繼華	仲父	乾德三年逝世,三十三年
宋故穆夫人墓誌銘并序	柳承贊妻穆氏	叔母	己丑年去世,七年
宋故河東郡柳公墓誌銘	柳承遠,字繼宗	叔父(異祖母)	二十六年
宋故前攝大名府户曹參軍柳公墓誌銘并序	柳承陟,字繼遐	堂叔	二十四年
宋故昭義軍節度推官試大理評事柳君墓誌銘并序	柳閔,字肩回	承贊子,堂兄	十二年
宋故朝奉郎守太子左贊善大夫河東郡柳君墓誌銘并序	柳肩吾(原名震)	承昫子,堂兄	二十年
宋故柳先生墓誌銘并序	柳闢	承昫子,堂兄	二十年

(注:爲便行文簡潔以及更清晰地標注墓主之名,引用篇名時,皆徑以"墓主+墓誌"表述,例如:《宋故中大夫行監察御史贈秘書少監柳公墓誌銘并序》引爲《柳承翰墓誌》。)

二、八篇墓誌的寫法

　　從上列表格中所呈現的信息,可以清晰地看到柳開父兄叔嬸八人之遷葬距逝世時間,皆有較長的年歲。雖不及歐陽修作《瀧岡阡表》距其父逝世長達六十年之久,但對一個人而言,二三十年的時間已屬曠遠,許多資料不免散逸,記憶也會模糊,因此下筆之時,定是要費一番躊躇。不同於歐公之作《阡表》的是,柳開面對的是同時寫作八篇(乃至更多)墓誌的特殊情況,他不僅要考慮如何避免墓誌文體制章法上"千篇一律"的雷同傾向,還要考慮如何纔能將多位墓主各自的面貌性情鮮明地呈現出來,避免"千人一面"之弊,同時,也要斟酌如何剪裁八位關係緊密的墓主之間重疊事蹟材料,以期更好地呈現出柳氏作爲一個共同體的家族命運與家族品格。這些因素綜合在一起,便成爲極其嚴苛的要求了。當然,作者也大可不必考慮這麼多,只需按照碑誌文的固定格套,將相關材料填充到"文本範本"中去,這樣最爲省事,而且古往今來,無數篇碑誌文即是用這種方法"填寫"出來的。但是,對柳開留下的這八篇墓誌作一深入考察,我們可以很確信地得出結論:他絕非機械地填寫,而是苦心孤詣,以極爲巧妙的手法構造每一篇作品。

(一) 語體之選擇

　　柳開在《東郊野夫傳》中自述學習經歷:"年始十五六,學爲章句。越明年,趙先生指以韓文,野夫遂家得而誦讀之。當是時,天下無言古者,野夫復以其幼,而莫有與其同好者焉。但朝暮不釋於手,日漸自解之。"⑧可見他一開始所從事的是流行的章句,也即駢文,而後轉從韓文入手,學習古文。至於何爲古文,他在《應責》中作了這樣的解釋:"古文者,非在辭澀言苦,使人難誦讀之;在於古其理,高其意,隨言短長,應變作制,同古人之行事,是謂古文也。"⑨也就是說古文在語體上應是"隨言短長,應變作制"的散體,而非講究駢偶聲律的駢體。通檢柳開《河東先生集》,毋庸置疑,其文章主體皆爲散體。但也不可忽略,他畢竟是生活在一個駢體文風居於主導地位的時代,而且最初的學習對象即是章句駢體,因此,他也善作駢體,應是事實。在一些需用駢體的場合下,柳開所作文章即明顯偏於駢儷,如給皇帝的上書《上皇帝陳情書》等,又如給宰執的書信《上符興州書》等,皆有很濃的駢偶之風。職是之故,他在創作這些墓誌時,在序的部分主要使用散體單行的古文語言形式,即應當視爲有所用心的選擇。祝尚書先生在舉柳開爲亡父所作《柳公墓誌銘》爲例時,指出該文"顯然受韓碑的影響"⑩,語言形式上之采用古文,即是其中一個方面吧。

(二) 素材與結構

　　柳開家族此八人事蹟有顯有晦,有的長期仕宦,履歷豐富,素材繁多;有的則從未任官,社會活動少,素材較爲缺乏。因此如何將豐儉不一的素材各自組織成文,極見結構文章的能力。

先以《柳承翰墓誌》⑪爲例。柳開父親柳承翰自10歲時即追隨後唐莊宗,至宋太祖乾德三年拜泗州通判,前後歷經"書考二十"、"事十帝四十年",經歷可謂豐富,若按碑誌文一般格式排比材料,亦足以鋪敘成文。但柳開在該墓誌銘中,一反習見套路,主體以人物對話的形式完成對墓主生平的叙述。該文巧妙地以"至道元年秋,上以開屢奏,去曹就邢,賜便葬於先人也"一句總起開頭,其實是將此墓誌推爲這一批家族成員墓誌有機組合中的"第一誌"之地位,是可以關聯、總領其他諸誌的作品。所謂"先人",在此非單指父親,而應包括其叔、嬸、兄諸人,是個複數意義上的稱呼。緊接這一句的是"抵魏,會永濟簿(柳)閏至,出先君乾德初上丞相書疏",通過與其弟柳閏的相遇,逗出這一方墓誌的主人"先君"及其留存下來的重要書面文獻《上丞相書疏》。接下來一個長段,即摘引《上丞相書疏》中"先君"對自己過去履歷的自述,以第一人稱形式叙述墓主自後唐莊宗同光年至宋太祖建隆年間絕大部分重要事蹟,給人以實錄之感。而且值得注意,所引《上丞相書疏》中有一句云:"非不愛公王將相名位,徒見以亂易亂,若覆杯水。不如田家樹一本疏木,尚得庇身廕族,積久存也。"以夫子自道的口吻,表現出父親坦誠率直而又審時度勢、知所進退的處世性格。

行文至此,柳開插入自己與兄柳閏的對話:

> 閏曰:"來歲子月葬,納此言先君壙中。"開泣曰:"汝知先君十歲時,後唐莊宗與梁爭,日來河上,捧帝硯筆,出入戰中,滅梁,分賞從臣,乃一命湯陰也,得緋。年二十二,學詩於隱者孟若水,從萬俟生授字學,爲文章。瀛王道幼識先君,止之曰:'君少爲令,有緋,何須舉進士乎?獲一第,不過作書記,向人案傍求殘食也。'先君納之。"

這一段對話,既提示該墓誌前半資料直接采自墓主的自述,同時也將墓主自述中闕漏的早年事蹟,以兄弟二人共同回憶、相互印證的口吻予以補充,提供兩個重要的時間節點,一爲10歲時追隨後唐莊宗,一爲22歲時的學習經歷,並且借助五代時期名人馮道之口,對墓主未走科舉之路的原因作出解釋。所謂"汝知",意味着柳開是以向兄長求證的口吻陳述父親的早年事蹟。而《上丞相書疏》所載内容畢竟止於上疏之前,父親在上疏之後的事蹟如何?對此柳開在與柳閏的對話中繼續予以叙述:"上丞相疏明年,拜監察御史。明年春,破西川,太祖召上殿……夏四月,開從之泗州。晦前夕,叔陟至。五月朔,先君疾;十日旦,去代。開因病甚,號擗絕死。叔撫而存之,即復護先君溯汴屆京師。及此三十三年也,爾閏後奉歸大名府縣。"雖已歷時三十三年,但在柳開的回憶中,關於父親生命最後一段時間的事蹟仍是記憶深刻,父親之得升遷與驟然去世、自己之哀慟難以自持,叔父之安慰與操勞、兄長之護喪回鄉,運用一連串小短句,呈現出極富匆遽感的語勢,猶如狂風暴雨傾襲而至,足見内心之悲痛,念念無可或忘。

墓誌除了要記載墓主的生平事蹟與履歷之外，自然還要發揮突顯才幹、表彰美德的功能。但是如分寸掌握不當，不免給人虛飾諛墓、不可憑信的觀感。而柳開在墓誌中突顯父親才能，表彰父親美德，能形象生動而又恰如其分。比較重要的兩處，一爲宋太祖召見時，太祖云："聞爾治家嚴而平，如朕治天下也。居官處，食井水外，無一有取。吏犯必責不貸，公事不枉而速。儼立危坐，人過促走，若睹神明。鄉黨親賓畏爾，不爲不善，不厚妻子，不疏弟姪，不私蘊，不妄前。朕知爾久也。"從治家、居鄉到爲官，舉凡一個傳統士大夫的生活所能涵蓋的各個方面，借皇帝之口給予全面的表彰，分量可謂重矣。而柳開在這段話之後，記其父從朝中歸來誠惶誠恐地説："上采聽人不濫，言事於上者必實不欺，何稱吾得是哉？"墓主謙抑自牧的姿態，使得宋太祖的表彰之辭顯得更加真實，在後世讀者心中也更易接受。

另一處爲柳開回憶父親與諸叔的一次聚談：

> 開記先君常與諸叔聚話，指汝弟兄語曰："吾湯陰時，征蜀，帝命汝母伯氏王公諱進爲招討副使，告行，曰：'帝欲與公屬大官。'公召吾，不往，報曰：'男兒當自立，不能學人因婦家覓富貴也。'同吾事帝者半爲王侯，其後番番相傾，朝爲賤人，夕爲貴臣。面垢未除，頂冠峨焉；門朱未乾，屍血流焉。初昵比比，漸異索索；以侵以諜，以陷以削。逐之以離，滅之以夷，因小敗家，及大累國。吾苟與斯輩同，安有渠得今日見眼前耶？載金連車，不如教子讀書。彎弓騎馬，功成無價。彈絲吹竹，身衣罔覆。累棋奕奕，舉口莫食。杯酒是味，不賊而斃。在家了了，出門皎皎。養兒勝虎，猶患不武。多學廣智，少宦諳事。爲官納貨，莫大此禍。侮文弄法，天誅鬼殺。以私害公，反必及躬。吾豈徒言哉！汝等勉之。"

柳承翰拒絶了妻兄的好意，不僅因他有"男兒當自立"的覺悟，不願"學人因婦家覓富貴"，而且也在於他對五代以來政局動蕩不安、翻覆無常的清醒認知。柳開記載父親一段基本以四字韻語構成的話語，很有家訓、格言的意味。如此一來，墓主明智、謙退的形象更是躍然紙上，贊美之詞表達得自然而然，毫不流露痕蹟。

總之，這是一篇將繁多的事蹟敘述得張弛有度的文章，以對話的方式打破了傳統墓誌逐節敷寫的格套。借用現代寫作學常用的語彙來描述，即此文在結構上存在正敘、倒敘、插敘、正面描寫、側面描寫諸手法，寫作手法可謂豐富。祝尚書先生評價此墓誌爲"柳開乃至宋初一篇優秀的碑文"[12]，洵爲確當。

此爲事蹟較豐富者的墓誌。那麼素材寥寥者的墓誌，柳開是如何結構的呢？《穆夫人墓誌》[13]的墓主爲柳開叔母穆氏。在過去的時代，婦女受限於一些因素，生活內容極其有限，在歷代的婦女墓誌中，所表達的無外乎相夫教子、孝敬長輩、克己持家等婦德，所以往往篇幅短小，形象乾癟。柳開叔母作爲一個傳統時代的女性，其生活內容與傳記素材也就不免貧乏。因此，柳開此文的寫法值得討論。

《穆夫人墓誌》以"晉開運元年，開叔父諱承贊卒。叔母穆，年二十有七，嫠居四十五年，歲己丑五月，歿於家。後七年，葬叔父墓中"開頭，簡略地叙述了叔母寡居多年的事實與去世的年月、移葬的時地。接着繼續運用極其簡潔的文字，説明柳氏家族墓地選擇大名府的緣起、柳開上書求得天子賜錢歸葬以及家族成員墓地方位的安排、叔母二子二女的情况。值得注意的是，他還在文中特別提及一個名爲王焕的華州進士，因王焕是襄助柳開辦理遷葬事宜的人，他用滿懷感激的筆觸寫道："焕，義者也，恭恪弗懈，成開之心。"行文至此，叔母的生平情况已介紹完畢，可謂簡略之極。這尚可接受，最難以理解的是，這一部分插入太多與叔母生平關係不大的話題，似有旁逸斜出、喧賓奪主、行文蕪雜的意味。但如前所述，柳開是將這一批家族成員的墓誌當作一個整體來對待的，因此他在寫作時有意識地剪裁材料，各墓誌之間存在呼應、補充與避讓的有機聯繫。他在事蹟較少的叔母墓誌中，填充關於柳氏家族墓地的説明，乃至提及襄助遷葬者的姓名與品行，而在其他人的墓誌中則予以省略，當是有意爲之，而非不善結構文章的表現。此其一。其二，柳氏家族墓地選擇大名府，乃是以"從叔舊塋爲諸父殯宫"[14]，也即叔父柳承贊早就葬於此處，之後柳開纔決定將其他人遷葬至此，可以推測，叔父之墓早有墓誌入葬，現在將家族遷葬一節放在與叔父關聯緊密的叔母墓誌中交代，也是得法。

柳開在墓誌最後寫了他兒時的一些見聞，再次讓温馨而傷感的回憶成爲墓誌書寫的内容：

> 開爲兒時，見我烈考治家孝且嚴，視叔母二子，常先開與閏。我母萬年君愛叔母猶己，勤勤循循，常懼有闕。乃叔母至老，我二兄至成人，不類諸孤兒寡婦。月旦望，諸叔母拜堂下畢，即上手低面，聽奉我皇考誡告之曰："人之家，兄弟無不義，盡因娶婦入門，異姓相聚，爭長競短，漸漬日聞，偏愛私藏，以至背戾，分門割户，患若賊仇，皆汝婦人所作。男子有剛腸者幾人，能不爲婦人言所役？吾見多矣。若等有是乎？"退則惴惴閉息，恐然如有大誅責，至死不敢道一語，爲不孝事。抵開輩賴之，得全其家也如此。嗚呼！君子正己直其言，居上其善也，家國治焉；小人枉己私爲言，居上不善也，家國亂焉。旨哉，君子也！

在這一段文字中，祖父之善待穆氏母子、柳開母親之關愛姒娣穆氏、柳開父親之訓導儆誡族中婦女，俱可見柳氏家族家法森嚴而又和睦團結、關照弱者的情景。墓誌内容看似寫了一群人物，寫出他們相互之間的恪守禮法與和睦友愛，但弦外之音很明顯：叔母穆夫人不僅是這樣一個恪守禮法、和睦友愛的家族的受益者，也是這種家風的維護者，是柳氏家族在亂世之中在整體上得以治理與保全不可或缺的一員。

如前所述，在女性生活圈相對狹隘、生活内容不免瑣碎的限制下，女性墓誌内容易顯單調、乾癟。但即便是寥寥數筆,不同的作家也有高下之判。蘇軾在爲乳母任采蓮所作墓誌中,不及任何瑣事,僅以精簡的語句概括了任氏對蘇家三代的恩義,研究者指出這是蘇軾碑誌文"簡而有法"與"録其大者"的寫作原則所決定。⑮柳開此篇,叙叔母,不及其他,而着重年輕喪夫、寡居四十五年之事實,亦可稱簡而有法,上引一段雖較具體瑣細,但亦足稱"大者",是關乎著柳氏家族興衰的大事。總之,《穆夫人墓誌》在墓主事蹟有限的情況下,仍寫出了不俗的格局,而且包含了深刻的治家理念。故而此文得到歷代文章總集、類書編撰者的青睞,頻頻入選《皇朝文鑑》《文章辨體匯選》《古今圖書集成》《誡子通録》等書,清人王梓材、馮雲濠所編《宋元學案補遺》亦將此文采入,足見其水準之高。

(三) 一篇墓誌之中夾誌他人之現象

史傳中有一類列傳形式稱爲"合傳",即將數人合列於一傳。如《史記》有《管晏列傳》《屈原賈誼列傳》等。在碑誌文體中,亦存在一類近似於史傳合傳的類型,稱爲"合誌",一般是碰到夫妻合葬的例子,墓誌即將二人生平事蹟合在一起,連帶叙述。⑯柳開所撰墓誌中,有幾篇存在"合誌"的傾向。當然,這一類墓誌不同於"合誌",也就無法稱爲"合誌"。循名責實,爲更準確地描述,可將這一現象稱爲"夾誌",也就是説以墓主爲中心,順帶雜入對另一相關人物生平事蹟的叙述。

試以《柳肩吾墓誌》⑰爲例,以見所謂"夾誌"筆法的面貌與特徵。柳開仲父柳承昀之子柳肩吾,初名震,因受到柳開起名肩愈字紹元的影響,乃改名肩吾,字象先,可見二人關係之深契。柳開在爲肩吾所作墓誌中,以簡要的筆墨叙述肩吾與翰林學士扈蒙之交遊,及其科舉仕宦經歷,最後以"大夫(肩吾)歸,病於路,抵唐州,子月卒於妻隴西縣君彭之家"作結。至此我們知道肩吾之妻爲彭氏。接下來一個段落,則是圍繞彭氏以寡母身份拖家帶口,奔走南北,辛苦鞠養六個孤兒,可以説這是個對柳氏家族作出很大貢獻的女性。

尤爲突出的是,在柳開筆下,彭氏是個性格堅毅、很有魄力與決斷力的女性。在柳開迎養寡嫂與諸孤,後來却不幸遭遇官司、謫知全州之時,彭氏對柳開説:

> 叔南行,將棄諸孤獨往也,稚騃闕訓與養,死不成人矣。叔提諸孤去,我寧獨居而遠吾子,即亦吾絶矣。叔孝人,忍若是乎!吾見諸家子,父死,若伯及叔字之不如己子,其猶路之人,寒且餓,弗干於心者,貴賤一也。即有子,伯叔鞠之,大不知報,及能立,奉諸父反仇怨之,不若破異門户,又多其類也,吾豈容爲哉!吾與諸兒當從叔去,炎荒遐陋,吾不辭焉。

這番話擲地有聲,讀之神情如在目前,讓人動容。在此後南來北往的宦旅奔波中,柳開一家便攜帶寡嫂諸侄,以期給侄兒更好的成長與教育環境。侄兒柳湜在柳開的影響之下,才學突出,後來中了進士,參加殿試時,他大聲應答:"臣,柳開侄也!"因此柳開在墓誌的最後感慨道:"柳氏於唐時爲大族,用儒學升科有名者常有人,唐滅即絶;至大夫(肩吾),於《登科記》中復有柳姓。"柳湜在柳開家族的科舉史上,有着不可忽略的地位。所謂"至大夫,於《登科記》中復有柳姓"云云,即以柳湜中進士一事,告慰亡兄後繼有人。自然,柳開的教育以及他的名聲對侄兒科舉成功,起到了提攜的作用,但最重要的還是取決於嫂子彭氏當初的決斷。

不僅如此,柳開筆下的彭氏還是一個性情剛烈、知恩圖報的女性。當柳湜科舉成名之後,得授長洲縣主簿之職,於是攜帶母親同去任所,彭氏不得已而離去,心情極其惡劣,不舍與慚愧兼而有之,她號哭道:"爲汝兒輩,使我南走萬里,脱死瘴鄉,幸歸,復挈我渡吴江,入蘇州,將不生返也。湜名,我子母棄叔去,吾無面視叔也。"當然,這一段話稍有語意模糊之處,或許當日家族内部關於柳湜是否應當攜母同往蘇州,曾起了很大的爭執。果真最後彭氏死於蘇州。當她病重之際,致信云:"爾諸子,叔成之,我泉下心安也。浚與淂二兒,與叔爲子。"這些語言,雖有柳開重述改寫的可能,但應該基本忠實於彭氏的原意與口吻,從中不難體會到她的愧疚與報恩心情,表現出慮事周全、深明大義的性格特徵。

通過以上的分析,可見柳開在此篇墓誌中運用的"夾誌"筆法的特色。通常來説,一篇墓誌的叙述主體應當是墓主,但在柳開此誌中,除首尾部分記載墓主柳肩吾的生平事蹟外,中間佔據全文較大份額的部分,則夾帶叙述其嫂彭氏鞠養諸孤過程中的種種艱辛不易,彭氏的面貌形象反倒較墓主更爲生動具體、飽滿充實。這不能不説是碑誌文寫作中一個新的變化。究其緣由,我們要知道,墓誌文不僅是用於傳其人的,也就是説設定的閲讀對象爲活着的讀者;同樣墓誌也是用於對逝者的告慰,其讀者還包括在另一個世界延續存在的逝者靈魂。[18]因此,面對泉下的兄嫂時,柳開不禁忘了那些活着的讀者,他獨獨要傾訴的對象只剩下逝者了,感情的力量衝決了碑誌文體格式藩籬的束縛,在簡略記述兄長事蹟之後,便轉向詳述彭氏事蹟,以這樣一種特殊的方式,告慰早逝的肩吾,因爲他那命運不幸而堅忍不拔的妻子,最終完成了鞠養諸孤長大成才的大任,理當得到尊重、愛戴,夫妻二人靈魂皆可得安息,如該誌銘文部分最後一句所表達的那樣:"同兆異室,乃尊乃戚。大夫與君,永安而吉。"

(四) 傳奇筆法之介入

吉川幸次郎指出:"在中國,由於社會的穩定,在史傳的'行事'叙述中表現强烈的感嘆變得越來越困難。這就不得不産生新的文學形式,以八、九世紀爲開端的碑誌傳狀及其他傳記形式,就這樣應運而生了。它的祖先是唐韓愈,直至以祖述者自任的明歸有光,都是注目於傳記人物一生中具有小説意味的事件而對之專心記述的。"[19]這一觀察是非常精準的。在碑誌文的發展歷史上,韓愈是一位重要的革新者,他將傳奇筆法運用於本來容易偏向僵硬枯燥的碑版文字中,增加了碑誌文的文學色彩。[20]柳開在這一方面明顯受到韓愈影響。他所作的這一組家族成員墓誌中,普遍皆寓傳奇筆法,注重墓主的奇聞異事,注重對一些具有小説意味的事件進行細節描寫,以此突顯人物的節概大義與性格特徵。

在《柳承陟墓誌》㉑中,柳開記述了一段極富傳奇意味的故事:

> 叔父年十八病,夢道士自空至,得藥吞之,曰:"後三十年當厄。"即愈,曰:"三十年足矣。"及期,正月,夫人孟氏卒,乾德三年也。曰:"是當厄矣,我兄在,往辭之。"四月至泗州。五月,我皇考歿。某先姑之壻楚州團練使王遜書來,告叔父曰:"汴流湍猛,舟溯多壞,爾兄之柩,當焚而歸。"叔父報曰:"我兄享禄四十年,乃爲天下知,無行負人,忍成煟爐還故園乎?汴若無神,舟有敗覆,我期抱柩同溺乎!"即届京師。後八年四月九日,叔父卒。

這一段文字,情節跌宕起伏,一波三折。先是讀至柳承陟的感嘆"是當厄矣,我兄在,往辭之"時,想來讀者的閱讀邏輯預設應是墓主的逝世吧,因爲此前已有"後三十年當厄"的預言。而殊不料,是年逝世的却是其兄柳承翰(即柳開父親)。但是,不幸中的萬幸,適逢墓主趕去辭别,所以得有機緣將其靈柩運回開封,而他自己則在八年之後纔去世。在柳開的叙述中,命運仿佛捉弄了每一個人,所謂"後三十年當厄"的預言竟然是指柳承翰之死,但若非這個糟糕的預言,那麼柳承陟就不會去向兄長辭别,也就可能因此讓柳氏家族陷入更爲痛心的境地:柳承翰的靈柩將以焚爲骨灰的方式纔能運回。正是由於柳承陟對兄長真摯的感情,冒死運柩,柳承翰纔得以保全屍骨。不過,在報應觀念盛行的社會環境中,我們也不妨認爲柳開叙述這個故事的真實用意是:夢中道士"後三十年當厄"的確是指柳承陟之死,但他因自己對兄長孝悌友愛的美好品行而得神明眷顧,化解了注定的厄運,多活了八年纔離世。命運之無常與行善之有報,一方面讓人感傷,一方面也讓人慶幸。傳奇筆法的運用,使得此墓誌文别具深味。

再如《柳承昫墓誌》㉒,其中牽涉到一椿五代時期極爲重要的政治事件。據《舊五代史·周書·王殷傳》載:"時中外以太祖(郭威)嬰疾,步履稍難,多不視朝,俯逼郊禋。殷有震主之勢,頗憂之。太祖乃力疾坐於滋德殿,殷入起居,即命執之,尋降制流竄,及出都城,遽殺之,衆情乃安。"㉓而據史書記載,在王殷赴朝之前,即已有將遭禍害的徵兆:"殷之入覲也,都人餞於離亭,上馬失鐙,翻墮於地,人訝其不祥,果及於禍。"㉔其實,所謂徵兆,不過是人們根據事後發生的事,回過頭去將先前某些偶然事件神秘化的結果。但王殷功高勢大,已然對周太祖郭威產生威脅,這種敵意的氣氛,或許王殷本人也該感受到了,並因此表現出滿腹狐疑、惴惴不安的情緒。按柳開《柳承昫墓誌》記載,王殷與柳家有姻親關係,因此與柳開仲父柳承昫關係友好,較有信任感。當他受郭威詔覲時,"深惑去就",便私下向柳承昫請求意見:"上召吾,往可也,不往可也?"柳緘默不答,於是王殷説:"汝不言,是吾往可也。"及入覲,即遭郭威殺害。人們或許會疑惑,其實柳承昫是預知王殷入覲之後的結局的,但爲何不明確勸阻。於是,柳開在墓誌中讓柳承昫以事件親歷者的身份,對此作出解釋：

> 鄴自唐莊宗後，歷變叛非一，生民破散。今主上英武，不類晉、漢。殷將不行，必須作亂，戈甲一臨，城潰族滅，非唯連我之家，其惟動國興戎，憂撓中夏。殷起即止殷不利耳，吾豈以苟殷一身而反爲國害乎？所以吾不答殷，以安家國也。

他對局勢的判斷從大處說有二：一是後周太祖郭威是個有作爲的明君，不同於前代昏聵的君主，後周的政治也不同於前代弒篡相仍的局面；二是郭威、王殷之衝突是無法回避的，那麼只有選擇將危害降至最低。這種判斷，從今天的歷史觀念看，仍具有一定的合理性。而從情上說，他選擇不答，實則是以消極的方式表達反對意見，已在不得已中保留了情義，但王殷自己作出了入觀的選擇。這一歷史事件在柳開筆下顯得更爲形象生動、跌宕起伏，同時人物各自的性格也得以充分呈現：柳承昀的明智、富有歷史的洞見力與王殷的優柔寡斷、心存僥幸形成鮮明對比。這種筆法在碑誌文中出現，是極爲可貴的。

（五）好以議論入墓誌

柳開生性好議論，今觀其文集，即多議論之體。而在墓誌中，柳開也喜好在叙事中融入議論，甚至有的篇目主體內容是以議論支撐起來的，這與傳統的碑誌文寫作有很大的區別。

《柳閔墓誌》①是柳開爲其堂兄柳閔所作。在這篇墓誌中，柳開以極其簡潔的筆法扼要叙述了柳閔的生平，然後即以主客問答的形式，展開他對關於喪葬的兩個問題的議論，一爲："子家唐時爲昌宗，誌諸父兄墓不錄其世系，何也？"他的回答是："唐季盜覆兩京，衣冠譜諜燼滅，迄今不復舊物。以姓冒古名家、己稱後者，殽混無別，吾寧學乎？苟其材，負販廝役，得時用爲王公卿士，是須古名家子耶？其不材，縱名家子，今何謂？"這就解釋了他在這批家族墓誌中何以一反碑誌文的體制要求以及碑誌文寫作的流行風尚，對墓主的世系略而不書。不僅如此，柳開在受其他人所託撰寫墓誌時，也將這一原則貫徹始終，如他爲孟玄喆、孫守彬等家世顯赫的皇族、名宦作墓誌時，也將其世系略而不書。第二個質疑是："爲父母葬，幸子孫貴，且舉世一也。子獨異之，但以子陪父兆，親親相近，從叔舊塋爲諸父殯宮，何也？"柳開爲這個問題準備了長長的一篇議論：

> 人身孕及生，以長暨立，煦之，育之，教之，成之，言語衣食，皆父母也。父母至老，給給不暇息心，欲窮區宇間美好爲子孫計，尚謂所不足，是父母於子亦多矣。而父母死猶爲少於己，曰："我父母葬須善地，要子孫貴富也。"已貴富者，即曰："我世世其不闕，葬父母是地穴當得也。"噫！是父母生死間，要皆利子孫也。是孝爲父母葬乎？是葬父母要己利乎也！言及是，子何爲擇地必可貴且富？人不見葬師家子上於人也。

> 惟其良田壤壤,不堙不崩,以直道行己身,以善事傳諸後,是於父母葬善也。吾忍將父母學人妄求己所不足者乎?

這一段議論的實質是闡述何謂真正的孝,是關於孝道思想絶好的一篇論説文。柳開甚至在其中用反諷的語氣嘲弄舉世滔滔擇善地而葬的流俗之輩,他們不過是心裏認爲"父母死猶爲少於己",也即希望將父母的利用價值最大化,連死後都不放過。以這樣的議論來排擊旁人的質疑,可見其特立獨行、善於反思、不苟流俗的性格特點。

以上兩個話題,應該是柳開在面對家族遷葬及每一篇墓誌寫作時兩個總的疑慮。但爲何是在柳閔墓誌而非其他人的墓誌中插入議論?最可能的緣由是,柳閔生平事蹟較少,也缺乏可渲染的傳奇事件,因此該墓誌篇幅自然短小,能夠容納這些議論,而如插入其他墓誌,則不免篇幅冗長。這一點,也佐證了文章開頭提出的一個意見:柳開是將這批家族墓誌作爲一個整體着眼的,彼此之間呈現互文互見的關係,可詳於此而略於彼。

柳開喜在墓誌中馳騁議論,除自己出場發表議論之外,他還常借墓誌中的人物發表議論。如前揭《穆夫人墓誌》中,他即借父親柳承翰之口發表關於女德與治家的議論,並因此得到後代關心此話題的各類總集、類書與選本的持久關注。又如《柳承遠墓誌》中,借"遁唐衰微,默處閭巷"的祖父柳舜卿發表關於"教育與家族興廢"的議論,《柳肩吾墓誌》中,借柳肩吾之口發表對於法律的見解。特別值得注意的是《柳承陟墓誌》,在此文中柳開塑造了墓主柳承陟好學不倦的形象,但當後漢宰相蘇禹珪見之,認爲他"文學材志過人",並提問何不積極求仕時,他發表了一通針對仕途百態的議論:

> 學以仕也,以某觀之,取公爲喻。公,仕之達者也,何利焉?晨鼓未警先朝矣,暮鼓已嚴後歸矣。能何惠及物?能何功寧邦?能何道佐君?能何術舉善?能何法除姦?能何策禦戎?獨言必是,誰必從之?獨謀必臧,誰必贊之?進退拳拳,善惡然然。動防止思,違憂徇疑。但不過爲妻子作快樂,恣貪欲,親朋賓僕,外爲氣勢,於身何利乎?公猶是,矧餘屑屑曰官人者耶?寸祿如絙縛人,不敢輒舉足。比之心閒身閒,如雲鵠飄飄下矚籠中雉耳!兄弟之義,國當散之,家當聚之,異是害矣。某有兄賢孝不貳,讀書樂道,終身不仕也。㉖

這段文字可謂絶妙可誦。墓主請蘇禹珪反觀自身出仕之後的處境,以一連串的反問,描繪出仕途上袞袞諸公庸碌無爲而又縛手縛脚、苦惱不已的畫面,言語尖刻而警醒,真不知名公蘇禹珪如何應答。而如將柳承陟的拷問放置到五代弑亂相仍、權臣身家朝不保夕的大背景之下,就更可體悟"公,仕之達者也,何利焉"一語的意味。據史載,蘇禹珪"性謙和,虛襟接物",是"純厚長者",史臣記其生平事蹟之後,云"及蘇逢吉夷滅,禹珪恬然無咎,時人以爲積善之報也"㉗,不能不説蘇禹珪是善於保全自我的,但與權力爲伴,如伴猛虎,真成

"籠中雉"，徒羨天際飄飄之雲鵠了，細味史臣語，不禁讓人感慨，得以保全性命竟是這輩達官貴人最幸之事，豈不悲哉！

因此，柳開以對比的方式成功地塑造了一個兀傲狷介、淡泊名利、孝友兄弟的墓主形象，筆法脱俗。

不過，值得進一步思考的是，柳開筆下的這些長篇議論，是真實的記録，還是他在寫作墓誌時添油加醋的發揮甚至是虚構？當然，在缺乏實質材料證明的前提下，我們很難解答。但如容從邏輯上稍作推測的話，應當説，畢竟這些家族成員去世皆有較長的年份，他們的談話内容大部分柳開未必親耳聽聞，很可能只是作爲家族内部口耳相傳的逸事流傳，柳開在寫作墓誌時，將他們的談話作爲素材，鋪陳發揮爲獨白式的長篇議論，以此更好地塑造人物的形象與品格。換個角度看，我們注意到柳開筆下人物發表的議論，往往有别於其他部分的語言形式，用語更爲整飭雅潔，講究文學修辭，甚至有些議論有用韻的現象（如柳承翰、柳承陟墓誌即是），因此，認爲這些内容是柳開用心寫出的，應當更爲接近事實。他的墓誌書寫策略，也就於此見一斑。

三、餘　論

以上，我們選擇了幾個角度，以散點透視的方式，呈現出柳開家族墓誌寫作的特點。在時間久遠、記憶模糊甚至事蹟鮮少的情况之下，柳開發揮了他在文學創作方面的才能，極富技巧地寫活了一群人物，他們的音容舉止、性格品德與命運浮沉，都隨着他的筆觸而活躍，讀之如在目前。

通常説，用於喪葬的墓誌文，如其作者是墓主家屬，由於感情因素的渗透，以及寫作者在參考文字資料時，尚有對墓主直接的見聞與記憶爲輔，故而獨立寫作的意識會更强烈，往往寫出的墓誌在體制上會有較大的靈活性，字裏行間會夾雜更多的感情，墓誌的文學色彩也會更加突出。而如作者是根據墓主家屬提供的世系、履歷、事蹟等原始素材或由這些原始資料加工而成的行狀，進行寫作，一方面，他勢必會考慮家屬的閲讀期待，另一方面，他在獲得資料便利的同時，資料本身對他也產生約束作用。因此，我們在研究墓誌文時，必須考慮這一文體在多大程度上反映了寫作者真實的寫作狀態，他是"創作"出來的，還是"填寫"出來的。

柳開所寫的八篇家族成員墓誌，從寫作上來説，他表現出的突破文體約束的特徵，既與他受到韓愈碑誌文新變的影響相關，也與他跟八位墓主之間是親屬關係有關，他無須受限於碑誌文體例，也無須過於考慮讀者的評鑒，較多地擁有"我覺得怎麼寫好就怎麼寫"的權利。這就是這八篇墓誌放在一起來看，總體呈現出獨特的文風面貌與不俗的閲讀魅力的原因。但是這樣説，是否就意味着柳開如受人之托，在墓主家屬的閲讀期待與行狀等寫作素材的雙重約束下，就會拘手拘脚，落入俗套呢？

柳開文集中還收有五篇不同於此八篇類型的墓誌。這五篇墓誌,除一篇替臧丙(字夢壽)代筆,可暫置勿論外,其他四篇皆是受墓主家屬所請。在這四篇墓誌中,柳開也展示出不俗的結構與筆法。如《宋故開府儀同三司檢校太師贈侍中孟公墓誌銘》[28],墓主爲後蜀皇帝孟昶之子孟玄喆,柳開以極其省淨的文字,模仿史傳筆法,予以叙述。但更主要的是,他非孤立地寫孟氏,而是將孟氏及其家族的命運浮沉,放置於宋初皇帝開疆拓土、平定海内的歷史大背景之下,墓誌開篇云"天下譬如人身,朝廷猶心腹也,四方猶四支也。心腹有疾,四支病不治;心腹無病,可治。口、耳、目,納邪蠱内,作疾心腹也。去是,跌打傷緩,封緘餌補,寧害焉",結尾云"有身有位、有家有國者,破亡黜辱,屬有道,得非道;謂聖朝降蜀也。屬非道,得非道。謂前蜀王氏降後唐也。是顛危有幸不幸也,元明惟仁全,有仁昏不义,若公,其幸歟",首尾之間,插入孟氏的世系、履歷、事蹟,如此,便讓他個人的命運與整個時代的風雲變幻關聯起來,在揚美孟氏的同時,也表達了對當朝國運的褒揚。再如《宋故中大夫左補闕致仕高公墓誌銘并序》[29],墓主爲高頔,却從高頔之子高南金參加科舉殿試寫起,以皇帝的兩句問話"高書記之子乎?""頔在乎?當老矣"引出墓主,並借皇帝之口表彰其才幹、品行,生動形象,極具現場感。

再舉一例,《宋故左屯衛大將軍樂安郡侯孫公墓誌銘》[30]墓主是宋初富商、太宗皇帝孫貴妃之父孫守彬,其人地位之顯赫,事蹟之繁多,自不待言,而家屬對墓誌之期待自然也高。但柳開將墓主的世系、履歷、子女等信息放在最後寫,而且壓縮至極其簡略的程度,在墓誌一開頭,他以"東南出海上諸國,西度羌戎外,朔越胡沙絶寒之塞,老稚人稱孫氏爲富貴家,於今六十年矣"一句總起,緊扣孫氏的身份特徵"富"與"貴",非常醒豁,接着即以兩個對稱的段落,分寫孫氏之"富"與"貴",在"他人富"、"他人貴"與孫氏之"富"與"貴"的鮮明對比中,突顯出"是孫氏爲富家,天下誰能與之也"、"是孫氏爲貴家,天下又誰能與之也"的結論,贊美墓主的身份與地位。平心而論,爲既富且貴的孫氏寫墓誌,要徇從人情,誇飾墓主,容易成爲俗格,但柳開巧妙地以對比的方式寫墓主,在誇飾墓主的同時,也爲自己表達對大多數"富貴"者的反思與批判留出了餘地,試看以下兩節文字:

他人富,但積穀積金,有宅有田;權藏畏詐,常如偷生;見府縣走役,曲屈言笑,詒奉周暇,其止得念,有動即逼;況貪夫賊官,廣踐本所,猶彪視羔,噴噴牙爪。

他人貴,但貪祈競竊,叨冒抑奪;勤恭惕易,便媚閑防;思奉乃尊,思遜乃患;持平失欺,持盈失傾;克公畏私,竭誠懼邪;一塗獲前,百歧却之;寸言見稱,幅辭攻之;位崇切心,權極危事;跌趾緩扶,踣肌即傷。

兩段文字,將那樣一類使用不當手段獲得富貴,又終日惴惴於失去富貴,心態失衡、可恨復可笑的人,描摹得形象具體,淋漓盡致。這篇墓誌所用的結構與筆法,在久遠的墓誌傳統中實屬不可多見。

由此可見,柳開的墓誌寫作,無論是滿懷感情的家族墓誌,還是受人之托的應酬之作,皆能得心應手,落筆脫俗,而且在結構形式上也做到了不拘一格,變化多端,突破了碑誌文體的格套束縛。

但長久以來,在碑誌文體研究領域,柳開的墓誌文寫作一直未能引起研究者起碼的關注與恰當的評價,究其緣由,與文學史研究中常常提及的柳開古文有"言苦辭澀"的弊端相較,如下幾方面的原因或許更爲主要吧:

1. 柳開所作墓誌存世量少,《河東先生文集》中所載僅十三篇;

2. 柳開所作墓誌主體是爲家族成員所作,一般研究者據之以考證其家世,興趣點不在墓誌文體本身的探求與闡發;

3. 柳開所作墓誌缺乏身份地位顯赫的墓主,名人效應影響下有所謂"文因人顯"的文學現象,在這一方面柳開顯然不佔優勢。

但是這些劣勢,不應成爲我們研究其墓誌寫作的障礙。當我們回到文學本位,立足文本分析,就能呈現出他在墓誌寫作上的特色與優長,並深深遺憾限於以上這些與文學才華無關的因素,柳開未能在墓誌寫作上創作出更多別具匠心的作品,塑造更多令人難忘的形象,開拓更爲深廣的疆域。

(作者單位:復旦大學中文系)

---

① 林雲銘評注《古文析義》卷一四,光緒二十七年聯墨堂重刻本,復旦大學圖書館古籍部藏。

② 祝尚書《柳開年譜》(載《宋代文化研究》第三輯)、《柳開與宋初古文運動》(收入專著《北宋古文運動發展史》,中華書局,2012年);陳鋒《柳開事蹟與宋初士林的豪橫之氣》(載《人文雜誌》2012年第4期)。

③ 從文體上看,墓誌銘包括序與銘兩個部分。鑒於本文討論的對象主要是序的部分,所以除非特殊情況,一般都用"墓誌"或"墓誌文"指稱研究對象。

④ 《全宋文》卷一一九,上海辭書出版社、安徽教育出版社,2006年,第266頁。按,中華書局2015年出版李可風點校《柳開集》,寫作此文時曾予參考,然經核對比勘,句讀多有不妥之處,故本文徵引《柳開集》采納《全宋文》本。

⑤ 《全宋文》卷一一九,第267頁。

⑥ 同上書,第323頁。

⑦ 同上書,卷二七一,第358頁。

⑧ 同上書,卷一二七,第391頁。

⑨ 同上書,卷一二六,第367頁。

⑩ 祝尚書《北宋古文運動》,中華書局,2012年,第39頁。

⑪ 《全宋文》卷一二八,第400—402頁。他處引用該文,不再另行出注。

⑫ 祝尚書《北宋古文運動發展史》,第39頁。

⑬ 《全宋文》卷一二八,第404—405頁。他處引用該文,俱不出注。

⑭ 柳開《宋故昭義軍節度推官試大理評事柳君墓誌銘并序》,《全宋文》卷一二八,第 410 頁。
⑮ 相關論述參柳立言《蘇軾乳母任采蓮墓誌銘所反映的歷史變化》,載《中國史研究》2007 年第 2 期。
⑯ 參楊向奎《唐代墓誌義例研究》相關章節,嶽麓書社,2013 年。
⑰ 《全宋文》卷一二九,第 412—414 頁。他處引用該文,俱不出注。
⑱ 曾鞏《寄歐陽舍人書》:"其辭之作,所以使死者無有所憾,生者得致其嚴。"曾氏即認爲誌銘之作當有兩個功能,一是針對逝者,一是針對生者,也即是説碑誌文的預設閱讀對象,既有生者也有死者。參陳杏珍、晁繼周點校《曾鞏集》卷一六,中華書局,1984 年,第 253 頁。
⑲ 吉川幸次郎《史傳的文學》,收入《我的留學記》,中華書局,2008 年,第 246 頁。
⑳ 關於這一命題,學界成果頗多,不具列。近來徐海容《韓愈碑誌文的"變體"風格》一文有較爲深入的討論,載《湖南科技學院學報》2012 年第 7 期。
㉑ 《全宋文》卷一二八,第 407—409 頁。他處引用該文,俱不出注。
㉒ 同上書,第 402—404 頁。他處引用該文,俱不再出注。
㉓ 陳尚君輯纂《舊五代史新輯會證》卷一二四,復旦大學出版社,2005 年,第 3803 頁。
㉔ 同上書,第 3804 頁。
㉕ 《全宋文》卷一二八,第 409—411 頁。他處引用該文,俱不出注。
㉖ 同上書,第 408 頁。
㉗ 參陳尚君輯纂《舊五代史新輯會證》卷一二七《周書·蘇禹珪傳》,第 3904—3905 頁。
㉘ 《全宋文》卷一二九,第 418—419 頁。
㉙ 同上書,第 420—422 頁。
㉚ 同上書,第 416—417 頁。

歐陽修史學的歷代評説與影響

洪本健 王 永

歐陽修是宋代著名的政治活動家,傑出的文學家和史學家。他歷仕仁、英、神宗三朝,不滿於五代的分裂動蕩,而慶幸國家的統一;有憾於時人之未能居安思危,而渴望國家的富强。作爲善於獨立思考的學者,他富於疑古和批判的精神,反對"五德終始"的君權神授説,以"雖曰天命,豈非人事"宣示進步的歷史觀。作爲名聞遐邇的一代文宗,他的修史活動格外引人注目,並成爲他一生事業的不可或缺的重要方面。

歐陽修的史學成就主要體現在《新五代史》的獨撰、《新唐書》的與人合撰和以《正統論》爲代表的史論創作上。由宋迄清,尤其是兩宋與明、清,對《新五代史》《新唐書》和《正統論》,諸多學者給予肯定或贊賞,有的也指出失誤與不足,認真且詳盡地加以評説者在在皆是;金、元兩朝亦不乏對歐公史學的評説,但更多地表現爲從接受的角度,顯現歐公史學的影響。歷代學者的諸多真知灼見構成了歐陽修史學研究頗爲豐富亦頗有價值的内容。

一、兩 宋

歐陽修逝世後,歐陽發這樣稱頌其父的史學成就:

> 先公既奉敕撰《唐書》紀、志、表,又自撰《五代史》七十四卷。其作本紀,用《春秋》之法,雖司馬遷、班固皆不及也。其於《唐書·禮樂志》,發明禮樂之本,言前世治出於一,而後世禮樂爲空名。《五行志》不書事應,悉壞漢儒災異附會之説。皆出前人之所未至。其於《五代史》,尤所留心,褒貶善惡,爲法精密,發論必以"嗚呼",曰:"此亂世之書也。"其論曰:"昔孔子作《春秋》,因亂世而立治法;余述本紀,以治法而正亂君。"此其志也。書成,減舊史之半,而事蹟添數倍,文省而事備。其所辨正前史之失甚多。[①]

以上文字出於子嗣之手,難免有溢美之處,如譽歐作《新唐書》與《新五代史》之本紀"用《春秋》之法,雖司馬遷、班固皆不及也"。又譽《新五代史》"書成,減舊史之半,而事蹟添數倍,文省而事備"。此外的評說，尚較客觀，能抓住要點。吳充《贈太子太師歐陽公行狀》，大致本此，關於《唐書》，稱"其爲紀，一用《春秋》法"，而未取"司馬遷、班固皆不及"的誇大之辭；關於《新五代史》，則概括爲"辭約而事備，及正前史之失爲多"。餘皆與歐陽發所述同。蘇轍《歐陽文忠公神道碑》稱："二書本紀，法嚴而辭約，多取《春秋》遺意，其表、狀、志、考，與遷、固相上下。"王偁《東都事略·歐陽修傳》與此同。韓琦《歐陽公墓誌銘》未專門言及史學，葉濤《重修實錄本傳》朱本亦是，而《神宗實錄本傳》墨本曰："至修作《唐書·志》《五代史》，叙事不愧劉向、班固也。"降及南宋，淳熙間所進《四朝國史本傳》曰："奉詔修《唐書》紀、志、表，自撰《五代史記》，法嚴詞約，多取《春秋》遺旨，殆與《史》《漢》相上下。"

北宋建安人陳師錫爲《五代史記》作序：

> 五代距今百有餘年，故老遺俗往往垂絶，無能道說者。史官秉筆之士，或文采不足以耀無窮，道學不足以繼述作，使五十有餘年間廢興存亡之蹟，姦臣賊子之罪，忠臣義士之節，不傳於後世，來者無所考焉。惟廬陵歐陽公慨然以自任，蓋潛心累年而後成書。其事蹟實錄詳於舊記，而褒貶義例仰師《春秋》，由遷、固而來，未之有也。②

"其事蹟實錄詳於舊記"，此亦宋人過度誇獎本朝人語。清代史學家王鳴盛著《十七史商榷》卷九三"歐法《春秋》"條曰："愚謂歐公手筆誠高，學《春秋》却正是一病。《春秋》出聖人手，義例精深，後人去聖久遠，莫能窺測，豈可妄效？且意主褒貶，將事實壹意删削，若非舊史復出，幾嘆無徵。師錫反謂舊史使事蹟不傳，來者無考，而推歐史爲詳於舊。語太偏曲，又何足信哉？"這段話應當說是公允的。

綜上所述，不管親友所作行實、碑銘，抑或官修之實錄、國史，對歐陽修的史學成就都有相當高的評價。簡而言之，謂歐學《春秋》，法嚴辭約，可追蹤班固、史遷。歐陽修爲文壇領袖、一代宗師，當世與近世的人，鑒於其卓絶的成就和崇高的威望，純述其撰史之貢獻與成績，而未言及些許缺點，且以上評論由於出自碑銘傳記之類，總體上對一代文宗皆偏於褒獎。這些都是不難理解的，也是我們必須注意到的。實事求是地說，歐陽修的史學成就固然突出，缺憾也在所難免，還是要一分爲二地作具體分析爲好。

清四庫館臣頗爲公允地指出：

> 歐陽修文章遠出居正等上，其筆削體例亦特謹嚴。然自宋時論二史者，即互有所主。司馬光作《通鑑》，胡三省作《通鑑注》，皆專據薛史而不取歐史。沈括、洪邁、王應麟輩爲一代博洽之士，其所著述，於薛、歐二史亦多兼采，而未嘗有所軒輊。蓋修所作皆刊削舊史之文，意主斷制，不肯以記載之叢碎自貶其體，故其詞極工，而於情事或不能詳備。③

當然,我們也看到,在兩宋一些史學、目錄學和筆記類的著述中,就有較爲客觀的全面的分析。正是由於歐史工於修辭而不詳於敘事,故分別作於北宋中期和南宋末至元初期的《資治通鑑》及《通鑑注》都喜從薛居正的《舊五代史》中取材。沈括、洪邁、王應麟等,也從薛史中采納了不少歷史資料。以洪邁爲例,《容齋三筆》卷七"五代濫刑"條,載石敬瑭濫殺無辜的幼童,曰"此事見《舊五代史》,新書去之"。卷一〇"朱梁輕賦"條曰:"朱梁之惡,最爲歐陽公《五代史記》所斥詈。然輕賦一事,舊史取之,而新書不爲拈出。"精於文辭而務爲簡約,意主斷制而略於事實,確是歐史的一大缺陷。

南宋前期的晁公武在《郡齋讀書志》中言及《新唐書》,曰:"議者頗謂永叔學《春秋》,每務褒貶;子京通小學,唯刻意文章;采雜說既多,往往抵牾,有失實之嘆焉。"④言及《五代史記》,曰:"國史稱其可以繼班固、劉向,人不以爲過。特恨其《晋出帝論》,以爲因濮園議而發也。"褒貶皆有,評論客觀。

南宋末期的陳振孫在《直齋書錄解題》中比較《新唐書》與《舊唐書》曰:

> 舊史成於五代文氣卑陋之時,紀次無法,詳略失中,論贊多用儷語,固不足傳世。而新書不出一手,亦未得爲全善。本紀用《春秋》例,削去詔令,雖太略,猶不失簡古。至列傳,用字多奇澀,殆類虯戶銑溪體,識者病之。⑤

陳氏又評《新五代史》曰:

> 諸臣只事一朝,曰某臣傳;其更事歷代者,曰雜傳,尤足以爲世訓。然不爲韓瞠眼立傳,識者有以見作史之難。案韓通之死,太祖猶未踐極也,其當在《周臣傳》明矣。⑥

此兩處評語亦據實而發,褒貶適當。可見,《新唐書》與《新五代史》固然成書不易,成績不能低估,但也明顯地存在許多不足。

歐陽修的史論以《正統論》三篇爲代表。南宋周必大組織編纂的《歐陽文忠公文集‧居士集》卷一六末丁朝佐校語曰:"考《正統論》,初有《原正統》《明正統》、秦、魏、東晉、後魏、梁論凡七篇,又有《正統後論》二篇、《或問》一篇、《魏梁解》一篇、《正統辨》二篇,當編定《居士集》時,删《原正統》等論爲上下篇,而繼以《或問》《魏梁解》,餘篇雖削去,而傳於世,今附《外集》。"丁氏介紹了歐陽修史論之著述及删訂的情況,見歐公爲文之認真嚴謹,此外,還可看出歐對"正統論"這一命題的高度重視。

《正統論上》明確反對以"五行之運有休王"來詮釋歷代王朝的更替,指出:"謂帝王之興必乘五運者,繆妄之説也。"《正統論下》謂正統分別於魏、東晉和五代之後"絕而復續。惟有絕而有續,然後是非公,予奪當,而正統明"。由此可見,歐對"五德之運"爲君權神授之謬説和論正統須强調絕統的客觀存在,有着十分清醒的認識,彰顯出他求真務實的進步的歷史觀,對後世的史學研究產生了深遠的影響。兩宋以降,由歐的《正統論》而引發的各種見解,不斷展開熱烈的爭鳴。以宋世而論,蘇軾、司馬光、朱熹等皆參與其中,從仁宗朝一直爭議至南宋之末。

(一) 宋人眼中的《新唐書》

趙與旹《賓退錄》卷五有疑問:

> 歐陽文忠公著《五代史記》,《梁太祖本紀》初稱溫,賜名後稱全忠,封王後稱王,至即位始稱皇帝。徐無黨注曰:"始而稱名,既而稱爵,既而稱帝,漸也。爵至王而後稱,著其逼者。"末帝而下,迄於漢、周諸帝皆然。而《新唐書》本紀,高祖之生,即稱高祖。太宗方四歲,已書太宗。二書出一手,而書法不同如此,未詳其旨。

二書不同的原因很清楚:《新五代史》是個人創作,而《新唐書》以"官高者"歐陽修領銜,實際上是集體創作。宋敏求詳記《新唐書》的編寫經過,頗有微詞:

> 慶曆四年,賈魏公建議修《唐書》,始令在館學士人供《唐書》外故事二件。積累既多,乃請曾魯公掌侍郎,唐卿分聱,附於本傳。五年夏,命四判館、二修撰刊修。時王文安、宋景文、楊宣懿、今趙少師判館閣,張尚書、余尚書安道爲修撰。又命編修官六人,曾魯公、趙龍閣周翰、何密直公南、范侍郎景仁、邵龍閣不疑與予,而魏公爲提舉。魏公罷相,陳恭公不肯領,次當宋元獻,而以景文爲嫌。乃用丁文簡。丁公薨,劉丞相代之。劉公罷相,王文安代之。王公薨,曾魯公代之,遂成書。初,景文修《慶曆編敕》,未暇到局,而趙少師請守蘇州,王文安丁母憂,張、楊皆出外,後遂景文獨下筆。久之,歐少師領刊修,遂分作紀、志。魯公始亦以編敕不入局。周翰亦未嘗至,後辭之。公南過開封幕,不疑以目疾辭去,遂命王忠簡景彝補其缺。頃之,呂縉叔入局,劉仲更始修《天文》《曆志》,後充編修官。將卒業,而梅聖俞入局,修《方鎮》《百官表》。嘉祐五年六月成書,魯公以提舉日淺,自辭賞典,唯賜器幣。歐、宋二公,范、王與余,皆遷一官。縉叔值秘閣。仲更崇文院檢討,未謝而卒。聖俞先一月餘卒,詔官其一子。初,編修官作志草,而景彝分《禮儀》與《兵志》,探討唐事甚詳,而卒不用。後求其本不獲。縉叔欲作《釋音補》,少遺逸事,亦不能成。⑦

這是一個爲時漫長的過程,主持者不斷變換,編寫者進進出出的人事更迭,不能不對《新唐書》的編纂造成不利的影響,體例不一、文風迥異等情況難免出現。由前引晁公武評《新唐書》語可知,宋祁、歐陽修特長與興趣不同,所主導的紀、志與列傳,風格自然大相徑庭。

關於《新唐書》的事增文省之説,宋人頗有異議。洪邁曰:"歐陽公《進〈新唐書〉表》曰:

'其事則增於前,其文則省於舊。'文貴於達而已,繁與省各有當也。"⑧《容齋續筆》卷一六"高德儒"條載:

> 唐高祖起兵太原,使子建成、世民將兵擊西河郡,執郡丞高德儒,世民數之曰:"汝指野鳥爲鸞,以欺人主取高官,吾興義兵,正爲誅佞人耳。"遂斬之,自餘不戮一人。……按隋大業十一年,有二孔雀飛集寶城朝堂前,親衛校尉高德儒等十餘人見之,奏以爲鸞,時孔雀已飛去,無可得驗。詔以德儒誠心冥會,肇見嘉祥,擢拜朝散大夫,餘人皆賜束帛,仍於其地造儀鸞殿。……《新唐書·太宗紀》但書云:"率兵徇西河,斬其郡丞高德儒。"尤爲簡略,賴《通鑑》盡記其詳。

《容齋五筆》卷二"唐史省文之失"條亦舉二例説明新書省去一字而影響了文意的表達:

> 楊虞卿兄弟怙李宗閔勢,爲人所奔向。當時爲之語曰:"欲入舉場,先問蘇、張,蘇、張尚可,三楊殺我。"而《新唐書》減去"先"字。李德裕《賜河北三鎮詔》曰:"勿爲子孫之謀,欲存輔車之勢。"《新書》減去"欲"字。遂使兩者意義爲不鏗鏘激越,此務省文之失也。

黄震也指出:"《新唐書》好簡略,事多鬱而不明。"⑨顯然,一味爲求簡而簡,以致記事太略,或"鬱而不明",甚至造成文意的偏差,是《新唐書》存在的一個重要問題。

《新唐書》與《新五代史》編成不久,吳縝即著有專書《〈新唐書〉糾謬》與《〈五代史記〉纂誤》,多方面指出其中的錯誤。王明清曰:

> 嘉祐中,詔宋景文、歐陽文忠諸公重修《唐書》。時有蜀人吳縝者,初登第,因范景仁而請於文忠,願預官屬之末,上書文忠,言甚懇切,文忠以其年少輕佻距之,縝鞅鞅而去。逮夫新書之成,乃從其間指摘瑕疵,爲《糾謬》一書。至元祐中,縝遊宦蹉跎,老爲郡守,與《五代史纂誤》俱刊行之。紹興中,福唐吳仲實元美爲湖州教授,復刻於郡庠,且作後序,以謂針膏肓、起廢疾,杜預實爲左氏之忠臣。然不知縝著書之本意也。⑩

其實,我們不必過多留意吳縝是否出於心懷不滿而對二書加以"糾謬"與"纂誤",關鍵是看他是否確實發現了錯誤,指出了問題。

吳縝列出《新唐書》之謬誤,一曰以無爲有,二曰似實而虛,三曰書事失實,四曰自相違舛,五曰年月時世差互,六曰官爵姓名謬誤,七曰世系鄉里無法,八曰尊敬君親不嚴,九曰紀志表傳不相符合,十曰一事兩見異同不完,十一曰載述脱誤,十二曰事狀叢複,十三曰宜削而反存,十四曰當書而反闕,十五曰義例不明,十六曰先後失序,十七曰編次未當,十八曰與奪不常,十九曰事有可疑,二十曰字書非是。①詳查《新書》,上述問題確實存在。

因歐陽修主要負責紀、志、表,下面也多從該部分來看看《新唐書》是否有"謬"需"糾"。《糾謬》卷三"節湣太子誅武三思事"條:

《中宗本紀》:"景龍元年七月辛丑,皇太子以羽林千騎兵誅武三思,不克,死之。"今按節湣太子及武三思傳,其三思父子皆已爲節湣所誅,止是太子之衆自潰,故太子被害耳,不得謂之誅武三思不克也,當云:"以羽林千騎兵誅武三思,已而衆潰死之。"如此,乃盡其實。

查《新唐書》卷八一《節湣太子傳》,節湣太子重俊率李多祚等殺武三思及其子崇訓並其黨十餘人,斬關入索韋后。后挾帝升玄武門,多祚兵不得進,於是士倒戈,斬多祚,餘黨潰。重俊亡入終南山,後爲左右所殺。吳縝糾謬無誤。

卷四"《穆宗紀》始封與《憲宗紀》異"條:

《穆宗紀》云:"始封建安郡王,進遂王。"今按《憲宗紀》,元和元年八月丁卯,進封子延安郡王宥爲遂王。《穆宗紀》以爲建安,《憲宗紀》以爲延安,二者必有一誤。

宥即穆宗,查《新唐書》卷八《穆宗紀》,載穆宗"始封建安郡王,進封遂王",吳縝所言屬實,兩紀必有一處錯誤。

卷六"范雲仙等官誤"條:

《武后本紀》云:長壽二年一月,殺內常侍范雲仙,三月殺白潤府果毅薛大信。今按《后妃傳》則云:監門衛大將軍范雲仙、白潤府果毅薛大信,未知孰是。

查《新唐書》卷一九一《安金藏傳》與卷二〇九《來俊臣傳》稱范雲仙"中官"、"內侍",與《武后紀》稱"內常侍"一致,則"監門衛大將軍"之稱有誤。此爲紀是而傳(《后妃傳》)非。

卷六"仇甫姓不同"條:

《藝文志·雜史類》中鄭言平《剡錄》一卷,注云"裘甫事"。今按本紀咸通元年正月,浙東人仇甫反,命安南經略使王式爲浙江東道觀察使以討之。八月己卯,仇甫伏誅。《王式傳》亦作仇甫。唯《藝文志》作裘甫,未知孰是。

今查《舊唐書》,多處皆稱"浙東草賊仇甫"。唐裴庭裕《東觀奏記》,宋王讜《唐語林》亦稱

"越人仇甫",則當以"裘甫"爲誤。此爲紀是而志非。

卷九"乾符五年五月風雹事紀志各有不同"條:

> 《五行志》第二十六卷:"乾符六年五月丁酉,宣授宰臣豆盧瑑、崔沆制,殿庭氛霧四塞。及百官班賀於政事堂,雨雹如鵝卵,大風雷雨拔木。"今按……本紀、表、傳及《五行志》第二十五卷,皆以爲乾符五年五月丁酉,獨《五行志》二十六卷以爲六年,則誤也。

查《新唐書》相關紀、表、傳、志,如吳縝所言,《五行志》二十六卷曰"六年"爲誤。又,同卷"武德時地震紀志日不同"條:"《高祖紀》:'武德二年九月己未,京師地震。'今按《五行志》乃十月乙未,未知孰是。"查《舊唐書·高祖紀》亦書"九月",應是紀是而志非。

從以上所舉各例看來,《新唐書》確實存在諸多瑕疵,吳縝經過相當仔細的排查、比對,發現了體例混亂、前後不一等問題。造成全書的缺憾,雖有客觀原因,但歐陽修和宋祁畢竟署名負領導之責,而紀、志、表的差誤,當由歐獨自承擔。⑫清四庫館臣評《新唐書》曰:"書甫頒行,吳縝《糾謬》即踵之而出,其所攻駁亦未嘗不切中其失。然一代史書網羅浩博,門分類別,端緒紛拏,出一手則精力難周,出眾手則體裁互異。爰從三史以迄八書,抵牾參差,均所不免,不獨此書爲然……吳縝所糾,存備考證則可,因是以病新書,則一隅之見矣。"⑬此評傾向於體諒編纂大型史書之難,不加苛責,從今天看來,書一問世,即有人糾謬,就能發現存在的問題,便於修訂,未嘗不是一件好事。

(二) 宋人眼中的《新五代史》

《新五代史》係歐陽修獨自編纂,由於歐早年貶夷陵時曾約尹洙合編⑭,後雖未果,仍有人對歐之獨撰持懷疑的態度。邵伯溫曰:"(歐)公與師魯於文雖不同,公爲古文,則居師魯後也。如《五代史》,公嘗與師魯約分撰……其後師魯死,無子。今歐陽公《五代史》,頒之學官,盛行於世,内果有師魯之文乎?抑歐陽公盡爲之也?"⑮邵伯溫並沒有提出任何可靠的證據,而眾所周知,歐的文才史筆均非尹洙能比。葉濤《重修實錄本傳》(朱本)曰:"尹洙與修亦皆以古文倡率學者,然洙材下,人莫之與。"這是客觀的評價。《河南先生文集》有尹洙所著《五代春秋》,歐當有所取法⑯,但懷疑《新五代史》内有"師魯之文",於坦蕩無私、光明磊落的歐陽修而言,就顯得極不公正了。王闢之講得很清楚:"歐陽文忠公與尹師魯議分撰,後師魯別爲《五代春秋》,止四千餘言,簡有史法。而文忠卒重修《五代》,文約而事詳,褒貼去取,得《春秋》之法,遷、固之流。"⑰

《新五代史》作爲歐陽修獨撰的史書,尚未公開之時,學富五車、眼界甚高的劉敞即給予好評,《觀永叔〈五代史〉》詩曰:

陵夷九易姓，禍亂森如蝟。儒術駭中絕，斯民遲攸墍。紛紜混朱紫，清濁誰涇渭？龍飛真人出，虎變斯文蔚。天意晚有屬，先生撥乎彙。是非原正始，簡古斥辭費。哀善傷獲麟，疾邪記有蜚。處心必至公，撥亂豈多諱？⑱

　　這裏前半説五代實屬亂世，後半贊歐史勇斷是非，簡約古雅，愛恨分明，有撥亂反正之功。王平甫也由衷地欽佩歐的史學造詣。吳坰《五總志》載："王介甫意輕《五代史》，一日，因平甫案間有之，遂問曰：'此書何如？'平甫曰：'以明白易曉之言，叙擾攘難盡之事，未易議也。'始誠其言，以爲切當。"

　　員興宗，南宋孝宗時人，他對歐史中"雜傳"與"傳"的分類以及關於馮道的評價有所質疑，書之於科考策問中，向考生求解，但對這部巨著亦大加褒揚："史之録，實録也。過實則誣，失實則漫，吾不知其爲史也。左氏簡以法，遷、固雖有法而不簡也。遷、固以次，吾無得焉。獨歐陽文忠之史，史之巨擘者也。觀其序云，自開平終顯德凡幾年，自河北放江南凡幾國，自梁祖至周帝凡幾戰，及其言貫而不亂，蓋其實録也。"⑲他佩服歐陽修的史才，認爲歐史能將紛擾不已的五代亂世井井有條地真實地加以記叙，"言貫而不亂"，實爲"史之巨擘"，與王平甫表達的是相同的意思。

　　晁公武評語已見前述，其中"國史稱其可以繼班固、劉向，人不以爲過"的論斷，反映出宋人對歐史學術地位的高度認可。與晁氏憾歐因濮議而於《晉出帝紀》中發慨一樣，葉夢得也發現歐史創作中的這種情感指向，以爲議濮王稱號時，臺諫"皆謂宜稱皇伯，此固顯然不可。歐陽永叔爲參政，尤詆之。《五代史》書追尊皇伯宗儒爲宋州刺史，所以深著其説。"⑳其實《唐六臣傳論》也有同樣問題，只是因存有慶曆黨爭的心結，就在篇中大發關於朋黨的感慨，此不可取，因爲史書撰寫理應客觀，主觀感情傾向過於強烈是不合適的。

　　歐史一個重大的遺憾是未能爲韓通立傳。韓通是反對趙匡胤陳橋兵變黃袍加身的後周將領，被趙匡胤手下的人殺害。但歐陽修作爲大宋臣子，不得不爲開國皇帝諱，在《新五代史》中隻字未書韓通事蹟。歐自有其苦衷，但作爲信史來説，韓通是繞不過的人。南宋周南所著《山房集》卷八載："（焦）千之學于六一先生，千之一日造公是劉貢父，公是問：'永叔《五代史》成書耶？'千之對：'書將脱稿矣。'公是問：'爲韓瞠眼立傳乎？'千之默然。公是笑謂千之：'如此，亦是第二等文字耳。'按國史，韓通爲周朝親將，盡節於所事，俗號韓瞠眼。"周南與陸游爲同時人，稱"公是劉貢父"誤，貢父號公非。王應麟《困學紀聞》卷一四、周密《齊東野語》卷一三，亦載此事。前文所引陳振孫評《新五代史》語謂"韓通之死。太祖猶未踐極也，其當在《周臣傳》明矣"，顯然暗諷歐明明可列韓通於《周臣傳》，因"作史之難"而不爲。

　　歐陽修以一代文宗參與修史，其高超的文字功力令人稱賞，南宋諸家尤爲欽佩。張鎡曰："人言歐公《五代史》其間議論多感嘆，又多設疑，蓋感嘆則動人，設疑則意廣，此作文之法也。"㉑周必大曰："昔公嘗自云喜傳人事，尤愛司馬遷善傳奇偉，使人喜讀，欲學其作。

厥後著《五代史》,辭氣遂與遷相上下。若予者,愛公之文,如公愛遷書也。"㉒林之奇曰:"《五代史記》事記簡而包括甚廣,如《安重誨傳》數句是一個議論;又載李克用臨終以三矢授莊宗,纔數語爾,包盡多少事! 如此等叙事,東坡以下未必能之。"㉓羅大經《鶴林玉露》甲編卷一曰:"《五代史》:漢王章不喜文士,嘗語人曰:'此輩與一把算子,未知顛倒,何益於國!'算子,本俗語,歐公據其言書之,殊有古意。温公《通鑑》改作'授之握算,不知縱橫',不如歐史矣。"又曰:"《五代史》:漢劉銖惡史弘肇、楊邠,於是李業譖二人於帝而殺之。銖喜,謂業曰:'君可謂僂羅兒矣。'僂羅,俗言狡獪也。歐史間書俗語,甚奇。"遣詞用語的通俗、流暢、生動,自然爲歐史之所追求,不管是叙事、議論,還是抒發感慨,一代文宗都是遊刃有餘的。

誠如清四庫館臣所指出,《新五代史》"褒貶祖《春秋》,故義例謹嚴;叙述祖《史記》,故文章高簡,而事實則不甚經意"㉔。王應麟曰:"歐陽子謂五代禮壞,寒食野祭而焚紙錢。按紙錢始於開元二十六年,王璵爲祠祭使,祈禱或焚燒紙錢,類巫覡,非自五代始也。古不墓祭,漢明帝以後,有上陵之禮,蔡邕議以爲禮有煩而不可省者。《舊唐書·元宗本紀》:'開元二十年,寒食上墓,編入五禮,永爲常式。'寒食野祭,蓋起於此。"㉕歐陽修在古時風俗、典章制度的考證方面較爲生疏,故劉敞有"可惜歐九不讀書"㉖之誚。葉夢得亦謂歐"多問《春秋》於原甫"㉗。吴縝對歐史中因"不甚經意"而出現的錯誤集中整理,成《五代史記纂誤》一書,凡三卷。清四庫館臣評曰:

> 歐陽修《五代史》義存褒貶,而考證則往往疏舛。如司馬光《通鑑考異》所辨晉王三矢付莊宗等事,洪邁《容齋三筆》所摘失載朱梁輕賦等事,皆訛漏之甚者。至徐無黨注,不知參核事蹟,寥寥數語,尤屬簡陋。縝一一抉其闕誤,無不疏通剖析,切中癥結,故宋代頗推重之。㉘

吴縝記歐史訛誤疏漏甚多,以下謹按事實誤、時間誤、人名誤等摘載《纂誤》的若干内容並加評説。

1. 事實誤

《纂誤》卷上《唐本紀》"明宗九事"條,先載歐史:"(天成元年三月)甲寅,軍變,嗣源入於魏,與在禮合,夕出,止魏縣。"後加按語:"《霍彦威傳》云:'明宗入城,與在禮置酒大會,而部兵在外者聞明宗反,皆潰去,獨彦威所將五千人營城西北隅不動。居二日,明宗復出,得彦威兵,乃之魏縣。'今此乃云,甲寅軍變,與魏叛兵合,夕出魏縣。二説不同,未知孰是。"查《新五代史》卷六《唐明宗紀》與卷四六《霍彦威傳》,所載各異屬實,二説必有一誤。又,《纂誤》卷下《雜傳》"王峻一事"條曰:"漢宗室蔡王信在許州,澶州軍變,太祖入京師,峻譖馬鐸率兵之許州伺變,遂殺信。今按《漢家人傳》云信'自殺',與《信傳》不同,疑《家人傳》誤也。"此條按語前乃引述《王峻傳》的有關内容,見《新五代史》卷五〇,説明蔡王信被王峻派遣的馬鐸所殺,只是稱《信傳》爲誤,當作《峻傳》。而卷一八《蔡王信傳》曰:"王峻遣前申州刺史馬鐸以兵巡檢許州,信乃自殺。"一爲他殺,一爲自殺,未知孰是。

2. 時間誤

《纂誤》卷上《唐本紀》"廢帝五事"條曰:"'(清泰三年)三月,河東節度使石敬瑭反。夏五月乙卯,建雄軍節度使張敬達爲太原四面都招討使。'今按《晋高祖紀》云,天福元年即清泰三年也,'五月,徙鎮天平,敬瑭果不受命'。今此乃書敬瑭反於三月馬胤孫爲平章事之下,然後書五月乙卯命張敬達討之。此二紀不同,必有誤者。"查《新五代史》卷八《晋高祖紀》,石敬瑭不受命是在五月,且"上表論廢帝不當立,請立許王從益爲明宗嗣"。"石敬瑭反"的時間,《唐廢帝紀》與《晋高祖紀》顯然不一,必有一處爲誤。又,《纂誤》卷中《唐臣傳》"周德威一事"條曰:"天祐七年秋,梁遣王景仁擊趙。今按天祐七年即梁開平四年也。以《梁太祖紀》《唐莊宗紀》《王景仁》《王鎔傳》校之,皆是開平四年冬十一月,獨此傳以爲秋,誤也。"查《新五代史》梁、唐二紀及《王鎔傳》,王景仁擊趙皆在天祐七年(或稱開平四年)冬(或稱冬十一月),《王景仁傳》載交戰在次年(乾化元年)正月,《纂誤》所云"皆是開平四年冬十一月",亦不嚴謹,然而指出"天祐七年秋"之誤,無疑是正確的。

3. 人名誤

《纂誤》卷下《雜傳》"王環一事"條曰:"'孟昶遣其秦州節度使高處傳以兵援環。'今按本史世家止有高彦儔,無處傳。《王環傳》數處皆誤也。"所言甚是。今中華書局校點本《新五代史·王環傳》"高處傳"下注曰:"本史卷六四《後蜀世家》、《九國志》卷七《後蜀臣傳》、《通鑑》卷二九二及《宋史》卷四七九《西蜀世家》皆作'高彦儔'。"又,卷下《後蜀世家》"孟昶一事"條曰:"李昊云:'唐德宗皇子評,生四歲而卒,贈揚州大都督,封肅王,此故事也。'今按唐肅王名詳,非'評'字也。此蓋李昊以犯知祥嫌名,故易之爲'評'耳,今《五代史記》不明述其因,而注者又不解之,讀者何從而知也。"查《新五代史·後蜀世家》,稱"唐德宗皇子評",而《新唐書·德宗紀》建中三年有"子肅王詳薨"的記載。同書卷八二《十一宗諸子》内有《肅王詳傳》。可知《纂誤》糾之有理,言之有據。

尚有稱謂誤者,如《南唐世家》"李景二事"條曰:"楚王馬希廣爲其弟希萼所弒,希萼自立。"《纂誤》按:"《馬希廣世家》,希萼乃希廣之兄也。"查《新五代史·楚世家》:"(拓拔)常數勸希廣以位奉其兄希萼,希廣不從。"同書中二人,孰爲兄,孰爲弟,莫知所從。至於其他失誤甚多,不一一列舉。

當然,《纂誤》本身也有一些錯誤,即所指出的差失,歐史並不存在。如卷中《義兒傳》"存孝二事"條,稱"李斥威"誤,當作"李匡威"。今檢歐史,實作"匡",非"斥"也。又,卷下《雜傳》"馮暉一事"條,指歐史有"是時隱帝昏亂"之語,"隱帝"爲"出帝"之誤。今檢歐史,乃稱"出帝"而非隱帝。如此無中生有,是吳縝使用的版本有問題,還是有其他原因,就不得而知了。總的看來,儘管存在這些缺陷,《纂誤》一書還是指出了歐史不少的疏忽錯謬之處,應該是值得肯定的。

(三) 關於《正統論》的爭論

歐陽修《正統論》是一篇十分著名的史論,在問世後就產生很大的反響。章望之著《明統論》表示異議,蘇軾有《正統辯論》爲歐公辯護,司馬光認爲章望之言"霸統"不無道理。陳師道也寫了《正統論》,暢抒己見。直至宋末,尚有周密著有《正閏》一文,闡述自己的觀點。

歐陽發在《事蹟》中概述其父觀點曰:

> 《正統論》破以秦爲僞閏,或以功德,或以國地不相臣屬,則必推一姓以爲主之説。以爲正者,正天下之不正;統者,統一天下之不一。至於各據地而稱帝,正朔不相加,則爲絶統。惟今天下於一者爲正統。統或絶或續,而正統之説遂定焉。

司馬光《傳家集》卷六一有《與郭純長官書》曰:"夫統者,合於一之謂也。"蘇軾《正統論三首》的《總論》申明:"正統之論曰:正者,所以正天下之不正也;統者,所以合天下之不一也。"都對歐公關於正統的定義給予肯定和支持。《正統論》作於康定元年(1040),時歐陽修雖官職未顯,但在政壇尤其是文壇,相當知名,到慶曆時,歐已被視爲文壇盟主,故《正統論》有不小的影響,當然也引起不小的爭論。章望之,字表民,以伯父章得象蔭爲秘書省校書郎,歐陽修爲之字表民,作《章望之字序》,時爲慶曆三年。此後,望之仕宦蹉跎,嘉祐五年(1060),歐又推舉其充館職。章望之好議論,嘗撰文與多位學者辯論,對歐陽修以魏、梁爲正統亦著文表示不同的見解。司馬光《答郭純長官書》,據《傳家集》編排,約作於熙寧、元豐間,曰:

> 光學疏識淺,於正閏之際尤所未達,故於所修《通鑑》,叙前世帝王,但以授受相承,借其年以記事爾,亦非有所取舍抑揚也。……夫正閏之論誠爲難曉,近世歐陽公作《正統論》七篇以斷之,自謂無以易矣。有章表民者,作《明統論》三篇以難之,則歐陽公之論,似或有所未盡也。歐陽公謂正統不必長相繼,有時而絶,斯則善矣。然謂秦得天下,無異禹、湯;又謂始皇如桀、紂,不廢夏、商之統,又以魏居漢、晉之間,推之本末,進而正之,此則有以來章子之疑矣。章子補歐陽公思慮之所未至,謂秦、晉、隋不得與二帝三王並爲正統,魏不能兼天下,當爲無統,斯則善矣。

司馬光稱"《正統論》七篇",當指歐康定(1040)時之所作,歐晚年編定《居士集》時,將《正統論》定爲上下兩篇。故章望之著《明統論》質疑歐陽修,當在歐編定《居士集》前。以其好辯論的個性,在《正統論》問世後,即會有所質疑,則《明統論》之作當離康定之世不遠。蘇軾《正統辨論》作於至和二年(1055)。由此大致可以推斷,《正統論》討論之熱持續了相當長的時間。

司馬光之"尤所未達"、"誠爲難曉",實際上暗示他對"正閏之論"並不贊成。他重視功業,強調應依功業而作客觀的評判。他在《資治通鑑》中說:"正閏之際非所敢知,但據其功業之實而言之。"㉙應該說,這比一味學《春秋》之褒貶而定"正閏"更爲科學。司馬光贊同歐陽修關於正統有絶有續、"不必長相繼"的觀點,自然也是從功業着眼。但他支持章望之"秦、晉、隋不得與二帝三王並爲正統"的看法,則有道德上的考慮,似與其甚重功業有異,而與章氏"霸統"之說同調。章氏曰:

予今分統爲二名,曰正統、霸統。以功德而得天下者,其得者正統也,堯、舜、夏、商、周、漢、唐、我宋其君也;得天下而無功德者,强而已矣,其得者霸統也,秦、晉、隋其君也。㉚

章氏對歐陽修認定"得天下而無功德者,强而已矣"的秦、晉、隋爲"正統",持强烈異議。蘇軾爲歐陽修辯護曰:

正統之論,起於歐陽子;而霸統之說,起於章子。二子之論,吾與歐陽子,故不得不與章子辯,以全歐陽子之說。歐陽子之說全而吾之說又因以明。章子之說曰,進秦、梁,失而未善也;進魏,非也。是章子未知夫名實之所在也。夫所謂正統者,猶曰有天下云爾。正統者果名也,又焉實之知?視天下之所同,君而加之,又焉知其他?……聖人得天下,篡君亦得天下,顧其勢不得不與之同名,聖人何耻耶?吾將以聖人耻乎篡君,而篡君又惡能耻聖人哉?章子曰,君子大居正,而以不正人居之,是正不正之相去,未能相遠也。且章子之所謂正者,何也?以一身之正爲正耶?以天下有君爲正耶?一身之正,是天下之私正也。天下有君,是天下之公正也。吾無取私正也。天下無君,篡君出而制天下,湯、武既没,吾安所取正哉?故篡君者,亦當時之正而已。㉛

通過上述的論辯,對立雙方的觀點已很清楚。歐陽修認爲"惟今天下於一者爲正統",換言之,能統一天下就是正統。秦統一天下,故不能"以秦爲僞閏",因爲就得天下而言,秦與夏、商無異。始皇與桀、紂一樣有天下,豈可稱僞稱閏?在正統的問題上,歐陽修雖然下了"正者,所以正天下之不正也;統者,所以合天下之不一也"的定義㉜,但他更看重的不是居天下之正,而是合天下於一。不以秦爲僞閏,就是明證。鑒於"五代之得國者,皆賊亂之君",但這不妨礙他們得國爲君,歐陽修强烈反對"獨僞梁而黜之"㉝,也是看重合天下於一的功業的明證。"正天下"者,道德也;"合天下"者,事功也。道德、事功,二者合一,自然最好,但往往難以兼全。道德,屬於個人的範疇;事功,關乎天下之太平。歐陽修在道德、事功難以兩全的情況下,更看重天下一統的事功,而非得國者個人的道德。所以,蘇軾對歐説的闡發，深得其精髓，即"正統者，猶曰有天下云爾"。"聖人得天下，篡君亦得天下"，以"得天下"言之，一也。就正統而言，"以天下有君爲正"，遠比"一身之正爲正"來得重要。司馬光雖然認可章望之區分正統與霸統，謂"秦、晉、隋不得與二帝三王並爲正統"，斥責了"得天下而無功德者"，可"補歐陽公思慮之所未至"，但實際上，也是看重事功的，他説："臣愚誠不足以識前代之正閏，竊以爲苟不能使九州合爲一統，皆有天子之名而無其實也。"㉞歐陽修與司馬光皆爲北宋名臣與史學家，生活於政治較爲昌明和穩定的北宋中期，欣喜於國家的一統，期盼於國家的強盛，着眼點自然在"九州合爲一統"了。

陳師道曰：

> 統者，一也。一天下而君之，王事也，君子之所貴也。……夫正者以有貳也，非謂得之有正與否也。夫天下有貳，君子擇而與之，所以致一也。不一則無君，無君則人道盡矣。㉟

此與蘇軾"天下有君，是天下之公正也"異曲同工，與歐陽修的"合天下之不一"毫無二致。所謂"天下有貳，君子擇而取之"，説的是有所比較取正於天下的意思。師道又云："以秦之暴，疾之可也，而不謂天下爲秦，可乎？奪其統，其誰與哉？"㊱此大抵沿襲了歐陽修反對"以秦爲僞閏"的觀點。師道還舉三國爲例闡述其正統觀：

> 漢，中邦之舊也，劉葛之所造也，君子之所向也，而地則四隅也。德遠而功邇，君子不得而私焉。吳、魏皆有志於天下，又皆功於民，而魏則中國也，於是與之，其得已乎！此曹魏之辨也。㊲

劉備雖"德遠"，但功不及居"中國"之曹魏，故正統不得已而與曹魏了。師道之立論大抵亦慮及從"中國"起家的大宋王朝，並未出歐、蘇之藩籬。

到了南宋，隨着宋室的衰微與偏安一隅以及理學的興盛，正統觀有所變化，代表人物自然是大儒朱熹。他編有《資治通鑑綱目》，以其理學所主導的正統觀，即以所謂"天理人心"衡斷歷史、評判人物，自然，一切以"天理人心"爲旨歸而合於"王道"。南宋遂昌人尹起莘爲《通鑑綱目》作《發明》，其序曰："是書之作，其大經大法，如尊君父而討亂賊，崇正統而抑僭僞，褒名節而黜邪佞，貴中國而賤夷狄，莫不有繫於三綱五常之大眞，所謂爲天地立心，爲生民立極，爲先聖繼絕學，爲後世開太平者也。"以"貴中國而賤夷狄"言之，夷夏之大防一旦融入關於正統的思考，南宋的正統論自然以"攘夷"爲重點，與歐陽修兼重道德、事功而尤強調後者不同，與司馬光"不得不取魏、宋、齊、梁、陳、後梁、後唐、後晉、後漢、後周年號，以記諸國之事，非尊此而卑彼"㊳也不同。

周密《癸辛雜識》後集有《正閏》一文曰：

正閏之説尚矣。歐公作《正統論》,章望之著《明統論》以非之。温公作《通鑑》,則朱晦庵作《綱目》以糾之。張敬夫亦著《經世紀年》,直以蜀先主上繼漢獻帝。其後,廬陵蕭常著《後漢書》,起昭烈章武元年辛丑,盡後主炎興元年癸未,又爲《吳魏載記》。近世如鄭雄飛亦著爲《續後漢書》,不過踵常之故步。最後,翁再又作《蜀漢書》,此又不過拾蕭、鄭棄之竹馬耳。

周密從歐公作《正統論》,直説到南宋多位學者著書以蜀漢爲正統之事。正統是十分敏感的話題,牽涉到對歷代頗有爭議的政權的看法,這自然與這些作者身處南宋王朝有關。南宋士人在宋金對峙的壓抑的氛圍中,基於對南侵夷狄的憎恨,尊蜀漢而貶曹魏,是可以理解的。"攘夷"的正統論自然與歐陽修"居正"、"合一"的正統觀大相徑庭了。

綜上所述,無論是從史書的編纂,還是從史論的構建看來,歐陽修在宋代的影響是巨大的。雖然歐的史學觀點引起不少的爭議,但總的看來,宋人對他的建樹有頗高的評價。

二、金　元

《新唐書》《新五代史》在文風和體例方面都有創新。在歷史觀念方面,歐陽修也站在了時代的前列,除了體現在史書的文字中,還表現在一系列史論文章中。這些成就,在金元史學界引起了較大的反響,金元史學對歐陽修史學貢獻的接受歷程不容忽視。章宗泰和七年,"詔新定學令内削去薛居正《五代史》,止用歐陽修所撰"。此又可見金朝對歐陽修史學成就的重視。金代後期學術界對歐陽修史學的研究和評點有所湧現,成果集中反映在趙秉文、王若虛、元好問三家的文集當中。

元好問自小就以韓、歐爲榜樣,歐陽修的後人元代歐陽玄《送振先宗丈歸祖庭詩序》曰:

近年奉詔修三史,一日於翰林故府攟金人遺書,得元遺山裕之手寫《壬辰雜編》一帙。中言:"安平都尉完顔斜烈,漢名鼎,字國器,嘗鎮商州。偶搜伏於竹林中,得歐陽子孫甚多,以歐公之故,並其族屬、鄉里三千餘人,悉縱遣之。"則知未嘗殲於金兵也。元遺山金士領袖,生平極重歐公,嘗有詩云:"九原如可作,吾欲從歐陽。"北人至今佩服其言。㊴

《壬辰雜編》是元好問私自纂輯的歷史資料雜編,目的是爲將來修史之用。《金史》的修纂,從元好問留下的文史雜著中取材甚多。上面所引文獻中可見,歐公的人格魅力,令女真將領也爲之傾倒,以致護佑了後裔子民,此事亦見於《金史》卷一二三《忠義傳三》。"九原"是忻州古稱,元好問爲太原秀容人,地屬古九原郡。身爲金代文學之殿軍,元好問在人生理想上也是希望如歐公一樣,成爲文學和史學雙方面巨手,只可惜他的史學才華淹没於金末的喪亂之中。

對歐陽修史學觀點較早論及的是趙秉文。趙秉文有一系列的"正名論"文章,其中的《魏晉正名論》講的是關於魏晉兩朝史書的修纂和人物的評定問題。由於這兩朝均爲篡位得之,致使忠姦難辨,真僞不分,正史的修纂者必然要面對這個與儒家觀念相悖的問題。作者開篇即慨嘆道:"善乎歐陽子之言曰:魏、晉而下,佐命之臣皆可貶絶,謂其二心於本朝也。遷、固而下,作史者何其蕩而無法也!"[40]下文就歐陽修所開的這個話題作出了客觀細緻的分析。金代對歐陽修的史學貢獻研究集中在趙秉文、王若虛和元好問等人的論著中,尤以王若虛爲突出,他的《滹南遺老集》史學部分有多卷内容關涉到歐陽修。而元代,圍繞着三朝史書的修撰,衆多學者對歐陽修《新五代史》的體例和《正統論》文章中的觀念進行了熱烈的討論。

(一) 金代王若虛對歐陽修史學成就的評論

金代後期,傑出的批評家王若虛以客觀理性的精神疑經辨惑,有了更多對歐陽修史學成就實證性辨析和論斷,在近千年的歐陽修研究史中閃現着不可磨滅的光彩。王若虛在評價歐陽修史學成就方面的貢獻如下。

1. 揭示歐陽修史書體例和文風上的創新

歐陽修與宋祁合撰《新唐書》,又獨撰《新五代史》,在史書體例上有較多創新之處,而這些做法又都本着合於事實的宗旨。在這方面,王若虛以自身任職史館的身份和經歷,也多有留心。但王若虛並非一味地認同歐公,而是有自己的評定:

> 予謂帝王本紀既追書尊號以冠其首,則一篇皆尊號爲主。初書其名曰"諱某",自後凡見其名,雖未即位,例皆稱帝,或稱上,此古今不易之體。而歐公乃以新意變之,既稱其父曰某,而復云生子曰某,始而稱名,次而稱爵,至即位乃書皇帝即位而稱帝,此則賓主不分,體統不一,不足爲法也。[41]

儘管在史書中關於帝王名號的稱呼上王若虛對歐陽修有所批評,但以今天的歷史觀點來看,我們不能不承認歐陽修所作出的革新更加具有實事求是精神。

朱熹論及歐修《唐書》曰:"公於修《唐書》最後至局,專修紀、志而已,列傳則宋尚書祁所修也。朝廷以一書出於兩手,體不能一,遂詔公看詳列傳,令删修爲一體。"[42]在這樣的背景下,歐公有不掩宋祁功名之美,但王若虛却持不同的看法,《滹南遺老集》卷二二《新唐書辨上》曰:

> 歐公與宋子京分修唐史,其文體不同,猶冰炭也。初,書成將進,吏白舊例止署局

中官高者一人姓名云某等撰,而歐公官高當書。公曰:"宋公傳列傳,用功深而爲日久,豈可掩其名?"於是紀、志書公,而列傳書子京。子京聞之,喜曰:"自古文人多相凌掩而不讓,此事前所未有也。"以予觀之,歐公正不肯承當耳。

歐陽修與宋祁共修《唐書》而與宋祁同署之事是千古美談,但王若虛却能脫略出道德評價的語境和宋儒的眼光局限,認爲不是歐陽修要分功,反而恰恰是不想淹没自己的史體風格。讀二人所分撰的篇章可見,宋祁文章求古,語義晦澀;歐文則平易自然,明白曉暢。關於二人成就高下的分別,王若虛另有多條評語詳加論定,他的三卷《新唐書辨惑》主要指摘的就是宋祁分承的列傳部分。歐公不肯"分謗"這份用心,即便真有,在歐陽修來說,可能是一生都不肯道破的,而王若虛代爲發之,功亦非淺。這種非常新穎的一家之言,王若虛是從自身任職史館時與雷淵等人的爭執經驗中得來。雷淵主張文風雄峭,而王若虛則主張造語平淡,這種類似的分歧在他們這裏是有直接衝突的,這也啓發了他對於歐、宋內心隔閡的揣測。

2. 討論歐陽修人物、史事觀念上的對錯

作爲著名史學家,歐陽修對歷史人物的議論往往會成爲後世熱議的話題,鑒於歐陽修的崇高地位,質疑和批評的眼光容易被遮蔽。對歐的史學觀念,王若虛有認同,也有質疑甚至是反對,相較於諸多史學家顯得更加冷靜客觀。《滹南遺老集》卷二九《臣事實辨》載:"陽城之事,退之、永叔皆論其非,而范純夫辨之,以爲實有所待,且譏永叔不成人之美,蓋以城之素行,非畏禍苟容者,又卒有沮延齡、救陸贄事,故爾云云。要之德宗之朝,不必待七年而後可,言爲臣之法,當以韓歐爲正。"陽城作爲失職的諫官,韓愈、歐陽修對他的揭露是有道理的,王若虛以歷史還原法指出,陽城在相對開明的德宗朝却默默無言,這是不能被理解爲有所等待的。

《滹南遺老集》卷二九《臣事實辨》載:唐哀帝時,朱全忠與宰相袁樞在用人問題上有爭議,朱全忠竟因此殺害袁樞。歐陽修高度評價袁樞道:"一太常卿與社稷孰爲重?使樞等不死,尚惜一卿,其肯以國與人乎?雖樞等不能存唐,必不亡唐而獨存也。"這引起了范純夫的不同看法,因爲袁樞本來是借朱全忠之力纔能回朝復相的,所以"樞乃全忠之黨,從其大而違其細,以竊天下之虛譽,非有忠義之心能爲社稷者也",後來葛勝仲又認爲朱之誅袁恰是因其難以制服,因此"雖因全忠言而復相,然能持之以正,則始進不足累也。當以歐陽子爲正"。王若虛認爲:"葛氏之言當矣,然歐公亦許之大過,所以起純夫之辨。若樞者有書生之直氣,而無不可奪之大節耳。"客觀地指出正是歐陽修對袁樞的評價不夠嚴謹纔引起了後世的爭議。

馮道是唐末時局中很有爭議的一個人物,歷仕後唐、後晉、後漢、後周四朝,事十君,三入中書,在相位二十餘年,對喪君亡國不以爲意,又很善於欺世盜名。直至北宋,胡瑗、王安石等人還從有利於生民的角度對馮道予以肯定。歐陽修《新五代史》卷四二《馮道傳》末云:"道既卒,時人皆共稱嘆,以謂與孔子同壽,其喜爲之稱譽蓋如此。"在《滹南遺老集》卷二九《臣事實辨下》中,王若虛認爲:"歐陽子爲《道傳》,鄙薄貶斥,若將不齒,然於此等亦以爲誠然不能辨。"歐公雖對馮道有不同流俗的書寫和觀點,却不能與時人深入辨析,王若虛對此感到不足,故言:"士大夫誦先王之書,食人主之禄,而敢昌言以馮道爲是者,皆當伏不道之誅也。"王氏在這裏表達了在忠義大節上對馮道強烈的批判立場。

對於各種具體的歷史事件,王若虛都能本着求真務實的原則進行評判。當然,由於金朝與北宋在軍事、政治、民族、文化等方面的差異,也體現出與歐陽修不同的評判原則,如《滹南遺老集》卷二六《君事實辨》:

> 宋主征李煜,煜遣徐鉉朝京師,言其師出無名,且曰:"煜以小事大,如子事父,未有過失,奈何見伐?"宋主曰:"爾謂父子爲兩家可乎?"鉉無以對而退。歐公載其事於《五代史》而論之曰:"嗚呼,大哉!何其言之簡也。王者之興,天下必歸於一統,可來者來之,不可者伐之,期於掃蕩一平而後已。"

對此,王若虛評曰:"歐公之言過矣,自古出師未嘗無名,而加人之罪者必有辭而後可。曲直之理,正所當較也。宋主此舉果何名而何辭哉?"在此基礎上,王若虛又提出自己的政權觀念:"天下非一人之所獨有也,此疆彼界,容得分據而並立。小事大,大保小,亦各盡其道而已。有罪則伐,無罪則已,自三代以來莫不然,豈必皆掃蕩使歸於一統哉?"三代以來征伐之事固未必然,但是王若虛的歷史理念是進步的。"宋主之初出師,撫曹彬背曰:'會取會取,彼本無罪,只是自家着他不得。'此則情實之語也。歐公一代正人,而曲媚本朝,妄飾主闕。在臣子之義雖未爲過,而史書垂世之言安可不出於大公至正邪?"王若虛對歐公的批評應該説是尖刻的,也深中封建時代知識分子的通病。他認爲折衷的處理辦法是:"不載可也。"宋主伐取南唐的辯白本是無賴之辭。歐陽修此處的書寫還是多少透露出一種不能超越本朝的局限,有悖於司馬遷的修史精神。由於政權的隔閡,王若虛能够看出其中的問題,並予以辯駁,而且加上宋主與曹彬的言論作爲反駁的論據,可謂言之有理、言之有據。

王若虛的史學主張非常鮮明,他嚴格遵循的準則就是實事求是、辨僞存真。《滹南遺老集》"辨惑"部分中就有大量的評論體現了這一點,如卷三〇《議論辨惑》中一則曰:"鄭厚以歐陽子作史辨太深而法太盡,予謂辨無太深、法無太盡,論其當否則可矣。"可以説,在對歐陽修史學成就的接受歷程中,王若虛是金代學者的傑出代表,其評點的價值高於同儕學者的相關評述。

(二) 金元史學界對歐陽修《正統論》的接受

歐陽修《正統論》系列文章批評了"五德終始説",提出了"絶統論"的主張,對金元史學界有深遠的影響。

1. 五德終始説的終結與嗣響

所謂"五德終始",是戰國時期的陰陽家鄒衍主張的歷史觀念。"五德"是指五行木、火、土、金、水所代表的五種德性。"終始"指"五德"周而復始的循環運轉。自秦漢直至宋遼金時代,"五德終始(亦稱五運)"這一基本理論框架一直是歷代王朝闡釋其政權合法性的依據,"故自秦推五勝,以水德自名,由漢以來,有國者未始不由於此説"[43]。但宋代以後,沿襲千餘年的"五德終始"説最終被儒家政治文化邊緣化。

最早對五運説提出系統性質疑的是歐陽修。"宋儒對五運説的反動始於歐陽修。在北宋中期儒學復興的時代思潮下,由歐陽修發起的正統之辨使五德轉移政治學説遭到了前所未有的衝擊。"[44]歐陽修早年所作《原正統論》稱"五運説"爲"不經之説"、"昧者之論",而在其晚年改訂的《正統論上》中則對其展開了正面的批判:"自古王者之興,必有盛德以受天命,或其功澤被於生民,或累世積漸而成王業,豈偏名於一德哉?……曰五行之運有休王,一以彼衰,一以此勝,此曆官、術家之事。而謂帝王之興必乘五運者,繆妄之説也。"諸家中,歐陽修對"五勝之術"的批駁最具代表性。歐陽修以儒家尚德精神痛批五運之説的謬妄,引發了北宋後期章望之、蘇軾以及南宋朱熹等人的討論。當代有學者指出:"歐陽修的《正統論》在理論上宣告了五德轉移政治學説的終結。"[45]在"天人合一"的思維籠罩下,社會變遷始終被附着以天命色彩,但宇宙自然的週期畢竟不可能與人世運轉的節奏完全同步,這便是五運學説的癥結所在,歐陽修在《五代史伶官傳序》中説:"盛衰之事,雖曰天命,豈非人事哉?"置天命於一旁,專注於人事的考察和討論,正是歐陽修、蘇軾等人歷史觀的出發點。這極大地解放了後世知識分子的思想,是宋儒思想解放運動的一個重要組成部分。

自金元兩朝開始,王朝德運這個話題僅僅限於知識分子圈内的一些討論,統治者對此重視程度大大降低。一個王朝的德運一般應該是在開國之初就定下來的,但是金代的"土德"是到章宗朝纔確定的。根據現存的記載,明昌六年(1195),金章宗首次命令朝臣廣泛議論本朝德運問題,但未有定論。承安四年(1199)至泰和元年(1201),經歷漫長的討論後依然爭執不下,至至泰和二年(1202)十月,章宗纔下令定金爲繼承北宋的土德。然而,到了宣宗朝的貞祐二年(1214),德運問題再次被皇帝提起,就此問題參與議論的都是當時的名流。《金文最》中所收以《德運議》爲題的文章作者有趙秉文、黄裳、完顔烏楚、王仲元、舒穆嚕世績、張行信、田庭芳等。爭議的焦點是金朝應爲金德還是土德、繼遼還是繼宋。隨着王朝的覆滅,其結論其實已不再重要。這次討論的真實目的是在蒙古大軍的威懾下,金朝統治者想以新的理論來恢復女真政權的元氣。

可能是受了金末此番議論的啓發,元代儒生較早就議及此事。郝經在《删注刑統賦序》中説:"國家今地過於金,而民物繁夥,龍飛鳳舞,殆四十年,改正朔、易服色、修制度之事,謙讓未遑。雖然,必欲致治,創法立制,其先務也。"[46]這篇文章可能作於憲宗三年

(1253),儘管郝經將正朔問題當作當務之急,但蒙古尚未正式行用漢法,更不可能理解王朝德運的真正含義。世祖忽必烈即位後,時任翰林修撰的王惲正式上疏建請討論本朝德運:"蓋聞自古有天下之君,莫不應天革命,推論五運,以明肇造之始……據亡金泰和初德運已定,臘名服色因之一新。今國家奄有區夏六十餘載,而德運之事未嘗議及,其於大一統之道似爲闕然……合無奏聞,令中書省與元老大臣及在廷儒者推論講究而詳定之。"㊼但這樣的議論並沒有引發當權者的重視。經過南宋和金代之後,整個社會文化都不再以德運爲要務的氛圍已經形成。

元代中後期討論德運的聲音很微弱。即便是以力主獨尊宋統而著稱的楊維楨在《正統辨》最後還特別申明:"若其推子午卯酉及五運之王以分正閏之説者,此日家小技之論,君子不取也,吾無以爲論。"㊽這個説法與歐陽修《正統論》一脈相承,説明歐陽修關於德運問題的觀念已經被元人普遍接受。

2. "絶統"説的奠定與呼應

什麽是真正的"正統"呢?《正統論下》曰:"凡爲正統之論者,皆欲相承而不絶。至其斷而不屬,則猥以假人而續之,是以其論曲而不通也。夫居天下之正,合天下於一,斯正統矣。"若不符合這一正統標準,則被排斥於正統王朝之外,是謂"正統有時而絶"。絶統説從根本上動摇了"五德終始"政治學説賴以成立的基礎。《正統論》被饒宗頤先生稱爲"古今一大文字"㊾,它在正統理論上的一大創造就是提出"絶統"説。歐陽修曰:"自堯舜以來三絶而復續,惟有絶而有續,然後是非公,予奪當而正統明。"㊿這樣就緩解了儒家歷史觀念在解釋歷史發展事實問題時的内在衝突,"歐陽修對正統的理論化是史學意識的具體表現,其中暗含了對德運終始學説的否定,有一種向經典儒學復歸的思想傾向。"(51)自漢代讖緯學説大興以來,天命再次讓位給人事。"這場討論的最大收獲就在於,它第一次將王朝的更迭由'奉天承運'的政治神話變成了'居天下之正'的政治倫理問題。"(52)在歐陽修的啓發下,纔有朱子的"無統"之説。清人何焯曰:"正統有時而絶,歐公千古特出之見。而朱子所謂三國、南北、五代皆無統之時,實因之也……而較之歐公所論尤密矣。"(53)

元代梁寅評論《通鑑綱目》,提出了"天下有道統有治統,至聖之育群英,道統之所以傳也。……道統傳者,其功在萬世;治統復者,其效在一時。"(54)梁寅的説法雖承接朱熹的觀點而來,但向前追溯,也不脱歐陽修觀點的啓發。"道統治統之説,是元代正統理論進一步發展的反映。歐陽修主張正統有續有絶,而梁寅的道統治統説從理論意義上使歐陽修的正統續統論明確化,這顯然是元朝正統論的新特點。"(55)元末明初王禕曾著有《正統論》一篇,據饒宗頤先生的觀點,"此文似作於元時","蓋仍本歐陽修舊説……並無新意"(56)。該文認爲五代不能承正統,"及宋有天下,居其正,合於一,而其統復續。故自建隆元年復得其正統。至於靖康之亂,南北分裂。金雖據有中原,不可謂居天下之正;宋既南渡,不可謂合天下於一。是非難明,而正統又於是絶矣。自遼并于金,而金又并于元,及元又并南宋,然後居天下之正,合天下於一,而復正其統,故元之紹正統,當自至元十三年始也。"(57)所以,北宋之後,事實上正統已絶。直到元朝併吞南北,正統方續。這是對歐陽修正統論的發揮,雖理論上並無新意,却將歐陽修的理論應用於分析實際問題。元代楊奂、危素等人也有同樣的做法。

總之,由前代的"正統"論到歐陽修的"絶統"論,再到朱熹的"無統"論,以至元代史學家的"多統"論,人們對正統問題的認識伴隨着歷史的發展和政權的更迭而不斷深化,最終形成了一個多元並包的格局。論題由歐陽修而發,却幾乎卷入了南宋和金元兩代所有的史學精英。蒙古族入主中原後所面對的政權文化歸屬危機,也給"正統"這個話題提供了深化的必要性和緊迫性。中華民族多元一體的政治格局在這個問題的討論中得以繼續深化。

(三) 元代史學界對《新五代史》的接受

歐陽修所撰《新五代史》等史書也包含着對歷史事件和人物的獨特觀念。一些新的觀念通過史書體例的改革昭顯於後世,並被元修《宋史》等據爲體例創新的藍本。他的《正統論》系列文章引發了金元士人長久的理論爭議,並直接影響到金元兩代史書的修撰和史學觀念的發展。

《新五代史》是元代史學修撰的範本,也是元代士人非常重視的史學著作。劉因曰:"《五代》二書皆成於宋,舊則薛居正,新則歐陽子也,新書一出而前史皆廢,所謂一洗凡馬空也。"㊳《新五代史》相對於《新唐書》而言,有更大的取代舊作的優勢,在元代影響也更大,對《宋史》的影響更大。

首先,看看歐陽修史論及《新五代史》對《宋史》修撰觀念的影響。

元人修端曰:"或曰歐陽氏,宋之名儒也,定立五代,不云《南史》。當時想曾熟議,奈何今復有此論(指五代之君通作《南史》)乎? 愚曰:'歐陽氏作史之時,遼方全勝,豈不知梁晉漢周授受之由? 故列五代者,欲膺周禪以尊本朝,勢使然爾。及作《十國世家》,獨曰周漢之事,可謂難矣。歐陽公之爲是言,厥有旨哉'","歐陽不合作《五代史》,合作《四代史》。司馬光《通鑑》當列東漢爲世紀,歐陽不宜作《十國世家》。嗚呼! 國家正閏固有定論,不圖今日輕易褒貶,在周則爲正,在金則爲閏,天下公論果如是乎?"㊴對於這個新穎的説法,楊維楨《正統辨》批評道:"千載歷數之統,不必以承先朝續亡主爲正,則宋興不必以膺周之禪,接漢接唐之閏爲統也。宋不必膺周接漢接唐以爲統,則遂謂歐陽子不定五代爲南史,爲宋膺周禪之張本者,皆非矣。"㊵言下之意,歐陽修撰《五代史》並非有正統即在其中的含義。這是一種"無統"論的主張,爲後世過渡到"多統"論作了鋪墊。

元初史學界對遼、金是否單獨成史存在較大争議。歐陽修論史書修撰,有"較其德與蹟"即道德與事功並重的原則。與此一脈相承,修端認爲,遼的轄地雖然略爲偏狹,但在實力上强於北宋而且立國比宋還早50多年;金又滅掉遼和北宋,佔據中原三分之二的土地,坐受四方朝貢百餘年,不應拿東晋十六國時期以臣伐君的劉淵、石勒等相比。劉、石等屬於以臣伐君,叛亂國家,作爲"載記"處理,是理所應當的。而金與南宋爲敵國,一直就不是君臣關係。所以,遼、金都不應入《宋史》爲載記,而應該修爲《北史》。修端雖未明言三史"各與正統",但仔細體會其中文意,實際上已包含這層意思。

有鑒於此,元中期文臣虞集又提出了回避爭論的設想:"間與同列議三史之不得成,蓋互以分合論正統,莫克有定。今當三家各爲書,各盡其言以核實之,使其事不廢可也,乃若議論則以俟來者。諸公頗以爲然。"[51]這一動議的提出,大約是文宗時期的事情。可見"三史"各自成書的辦法,當時史館中醖釀已久,並非脱脱的發明。直到至正三年(1343),脱脱終於采納了這種意見,以都總裁官之口提出"三國各與正統、各繫其年號"[52]的做法。這説明蒙古統治集團對"三史"修撰的絶對權威性,也從一個側面説明元朝史學的開放意識。

其次,看看《新五代史》對《宋史》修撰的直接啓發。

《新五代史》在編撰體例方面,較《舊五代史》有了很多變化。其中很值得注意的就是它打破了一朝一史的總體格局,按照本紀、列傳等分類統一編排,對五國各予本紀,又對列傳進行了更加細致的區分。這些成就對元修"三史"均有影響,尤其以對《宋史》的影響爲巨。

第一,對歷史評價的關注。《新五代史》的史論價值很高,在形式上,常以"嗚呼"領起,或處於本紀系列末,或處於新設類傳之開頭及結尾,歷史和哲學意藴是深厚的。《宋史》也非常重視史論文字,形式上分爲本紀的"贊曰"、列傳的"論曰"及部分類傳前面的"序"等,在理學思想的指引下,對歷史人物和事件進行議論和闡釋。

第二,對割據政權的處理。據《遼史》卷一○四《文學下》載,遼人對歐陽修《新五代史》將遼打入《四夷附録》極爲不滿。《宋史》卷四七八《世家序》曰:"王稱《東都事略》用東漢隗囂、公孫述例,置孟昶、劉鋹等於列傳,舊史因之。今仿歐陽修《五代史記》,列之世家。凡諸國治亂之原,天下離合之勢,有足鑒者,悉著於篇。其子孫諸臣事業可考者,各疏本國之下。"《新五代史》將五代之外的吴、南唐、前蜀、後蜀、南漢、楚、吴越、閩、南平、東漢十國政權列入"世家",這一點爲《宋史》所傳承。

第三,對列傳分類的影響。《新五代史》創立較多類傳名目的做法本身也被《宋史》所繼承,《宋史》中令人矚目地出現了"道學傳",這便是創新體例精神的重要成果。受《新五代史》設立"死節"、"死事"啓發,《宋史》的參編者歐陽玄也認爲"死節、死事,宜有別矣"。此見《宋史》卷四四六《忠義傳序》。故《宋史》中設有"周三臣"傳,以對死節、死事者進行褒揚。《新五代史》設"雜臣傳",多記"貳臣"事,譴責之詞比比皆是。《宋史》並無"雜臣傳",而在"叛臣傳"之外,另設"奸臣傳",意在表明"大義昭明,旋踵珍滅,蓋天道也。扶綱常,遏亂略",語見《宋史》卷四七五《叛臣傳序》。保留這些反面的歷史素材,也是用心良苦。

歐陽修《新五代史》的史學貢獻影響至元代的還有關於"改元"問題:"歐陽修《五代史記》於漢天福十四年論改元之無稽,謂一之爲元,乃理之自然,未嘗有法。元時吴萊因之著《改元論》上下篇。明初王禕亦作《改元論》。顧炎武《日知録》加以辯難,以爲説經者過於深求而實反之。"⑬王褘曰:"古有改正朔,而未嘗有改元。非無改元也,弗以是爲重事,而弗之異也。夫有國者,將以明一代之制度也,於是乎有改正朔。若稱元年而後累數之者,是蓋史官記述之常體,所以志夫人君在位之久近者也。"⑭這又是在注重史實人事原則下對歐陽修史學精神的繼承和發揚。儘管顧炎武對此不以爲然,但該文對歷代帝王相信天命、盲目改元做法的批判還是非常有價值的。

此外,歐陽修的其他討論歷史事件和人物的文章也受到元代學者的注意。比如趙盾許止弒君的問題,元人就此文章專門撰文曰:"……去之千載卒未有破其說者,至歐陽子始評而議之,真傑論也。然歐陽子以高才偉論不待考據本末,二人者弒君之情已不可遁矣。"即便如此,作者還是認爲:"以常情觀之,非考驗事實證據明白,未易輕信而不疑也。"⑮後文對此問題又加以引申論證。再如《王彥章畫像記》,元人將此文與歐公《新五代史》中傳記聯繫起來,曰:"嗟乎,公于彥章何惓惓若是哉?古之名將效死而不屈者不少矣,豈以記述之故而不能忘情耶?然亦太諄復矣。《春秋》之法深治亂賊之黨,公爲史也,自言有取於《春秋》,此獨未思耶?……凡人有所明亦有所蔽,歐公蔽於此,故明有所遺。韓通不見錄也,宜哉!"⑯作者深諳五代歷史,故能對王彥章和韓通等人際遇作此評論,對歐公文章表達遺憾也不無道理。

三、明 代

歐陽修的史學成就,明代學者有高低不一的評價。於《新唐書》之議論以貶居多,而於《新五代史》之態度則褒貶兩極,針鋒相對。引人注目的是,方孝孺在肯定歐陽修正統論說之時,將篡臣、賊后、夷狄之主政稱爲"變統",以取代北宋章望之的"霸統"之說;茅坤則對歐的絕統說存有異議。

(一)明人眼中的《新唐書》

關於《新唐書》,明人貶多於褒,指出其多有不足。"開國文臣之首"宋濂,肯定吳縝的《新唐書糾謬》,認爲待糾之謬尚多:

> 余讀歐陽子等所修《新唐書》,事多舛謬。如紀中載膠東郡公降封縣公,而傳中乃稱郡公。傳中敘天平節度四人,而紀中則云七人,此猶可也。宰相載於《世系表》,而于惟謙相中宗,鄭綮相昭宗,武十萬相武后,乃皆棄而不錄,此猶可也。觀其述作,繁者失於枝蔓,略者過於簡率,以致涣而無統,郁而弗章,則其所系者重矣。劉昫舊史,義例無法,固不足責,豈意新史亦復爾邪?吳縝《糾謬》蓋不得不作也。有若李泌在唐,建謀猷,輕爵祿,仿佛漢之留侯。新舊史皆略其事,且譏其好縱橫大言,以鬼道媚人主,取宰相,何其悖耶!……然而《唐史》之謬不止於此而已,縝之所未糾者尚多。⑰

楊慎謂《新唐書》謬誤處甚多，又特別指出《舊唐書》內容詳贍、記述大事具體完備的特點，而不滿於《新唐書》的過於簡略，以致要事不載、付之闕如：

> 五代劉昫所修《唐書》，因宋祁、歐陽修重修《唐書》，遂有新舊《唐書》之名。《舊唐書》人罕傳，不知其優劣。近南園張公《漫錄》中載其數處以舊書證新書之謬，良快人意。
>
> 余又觀姚崇十事要説，此其大關鍵，而舊書所傳，問答具備，首尾照應，千年之下，猶如面語。新書所載，則剪截晦澀，事既失實，文又不通，良可慨也。歐爲宋一代文人，而劉乃五代不以文名者，其所著頓絶如此！宋人徒欲誇當代以誣後世，不知可盡誣乎？⑱

楊慎提及張公《漫錄》，即成化甲辰進士張志淳所著《南園漫錄》。該書卷四《班史》以《漢書》與《史記》作比，喻《新唐書》一味求簡，以致"文義全萎"：

> 班固《漢書》與《史記》不同……偶觀《季布傳》曹丘生云："楚人諺曰：'得黄金百觔，不如得季布一諾。'"此即當時語，無容易者。班書減觔一二字，遂使文義全萎，豈直《新唐書》之病乎！

同卷《史易字》直接指出《新唐書》"易字"之弊：

> 《舊唐書·崔胤傳》言"胤制衣帶，手書，以通意於孫德昭"，其詞緩。《新書》作"斬帶爲誓"，其語急。誠使有據，則可矣；不然，何從以制衣帶爲斬，以通意爲誓哉！語言輕重在詞臣，此劉静修之所嘆也！

李夢陽認爲《新唐書》不如《舊唐書》：

> 歐陽人雖名世，《唐書》新靡加故，今之識者購故而廢新。⑲

何喬新以爲舊史、新史各有短長：

> 《唐書》舊史則劉昫之所撰，新史則歐陽修、宋祁之所修。以李義甫、許敬宗之姦邪，而與長孫無忌同傳；柳宗元、劉禹錫之阿附，而與韓愈同傳：此舊史之失也。新史改之，所以先君子而後小人也。劉蕡之鯁直，而載之《文苑》；陽城之卓異，而概之《隱逸》：此舊史之失也。新史易之，所以取大節而棄小節也。然委任不專，體制不一，故

紀有失而傳不覺，傳有誤而紀不知，予奪無定論，紀載無定統，此所以未愜人之意也。⑦

何良俊謂"《新唐書》歐陽公諸志序論甚好"⑦。王世貞則曰："歐陽修紀《新唐》而劉昫寢，志《五代》而盧多遜廢，則或以其文哉！"⑦此二位似多從歐的文名與文筆上看待《新唐書》。

（二）明人眼中《新五代史》

關於《新五代史》，明人評價亦呈兩極，但總的看來，褒多於貶。明初朱右給予好評：

《五代史》宋仁宗以盧多遜所修失實，命歐陽修復加刪述……其立例皆寓褒貶，爲法甚精，書減舊史之半，而事蹟稍增。議者以爲功不下馬遷，而筆力馳騁，反無駁雜之病；紀例精密則不及耳。公亦自謂《伶官傳》豈下於《滑稽》哉，誠無憾矣。⑦

朱氏又自述取《史記》《漢書》"叙贊論說緝而成帙，復以歐陽修《五代史》附焉，總若干卷，題曰《三史鉤玄》"，稱"歐陽修當一代文章宗匠，而尤注意於筆削，庶幾乎馬、班之亞歟！"⑦他把《新五代史》提到與《史記》《漢書》並列的高度。

楊士奇盛贊《新五代史》曰：

前史文章，卓然高出，爲世師法者，司馬遷《史記》、班固《前漢書》及公此書而已。而義例之精，《史》《漢》不及。⑦

楊氏謂《新五代史》甚至超過《史》《漢》，未免是對同鄉先賢的溢美之辭。

何喬新亦褒獎之至：

歐陽修作《五代史》，立例精密，取法《春秋》，文簡而能暢，事增而不贅。其爲論，必以"嗚呼"發之，蓋以亂世之書，故致其慨嘆之意也。觀其篇名曰"家人傳"，則帝王正家之義見矣；曰"梁臣傳"、"唐臣傳"，則忠臣不事二君之義昭矣；曰"死節傳"，則節義著矣；曰"一行傳"，則高尚見矣。自謂"夫子作《春秋》，因亂世而寓治法；予述本紀，以治法而正亂君"，則其托意亦甚高矣。議者以爲功不在馬遷之下，又謂筆力馳騁，無駁雜之說，豈虛語哉！⑦

何良俊亦極推崇：

自陳壽《三國志》後，惟歐陽公《五代史》平典質直，最得史家之體。即歐陽文字茅坤曰：

> 別有家刻《唐書》《五代史鈔》一帙，則僕故所讀歐陽永叔之文，而妄謂其史學歐獨得司馬子長家法。⑱

諸家對《新五代史》的推崇，包括取法《春秋》、立例精密、筆力馳騁、文簡事增，效仿史遷、得其家法等方面。

楊慎的觀點與上述諸家迥異，曰：

> 歐陽氏《五代史》譽之太過其實，至云"勝於《史記》"，此宋人自尊其本朝人物之言，要其實，未也。《史記》自《左氏》而下，未有其比。其所爲獨冠諸史，非特太史公父子筆力，亦由其書會輯《左氏》《國語》《戰國策》《世本》及漢代司馬相如、東方朔輩諸名人文章，以爲楨幹也。《五代史》所載，有是文章乎？況其筆力亦萎靡不振，不足爲司馬遷家奴，而云勝之，非欺天罔人而何？⑲

楊氏亦認爲《五代史》本學《史記》，但引古語曰："學乎其上，僅得其中。"⑳

王世貞與誇獎歐"立例精密"之說針鋒相對，指出《五代史》義例不當之處甚多：

> 歐陽公作《五代史》，而欲自附於《春秋》之筆削，創立義例，而其文辭頗爲世所喜，楊士奇稱之，以爲與司馬遷《史記》、班固《漢書》並，而義例勝之。予丞考其所謂義例者，亦不爲甚當。如朱梁、石晉、郭周皆起於叛臣，前後李唐皆起於夷狄，劉漢起於負國之大鎮，不過因其繼唐室之統，據中原之地，其大者尚不能半天下，小者三分之一，而延世不能過三紀年，或僅四五，亦何必盡仿古帝王之例而全予之？李昇、王建、劉巖之類，乘時鼎峙，去全忠輩等耳，又何必盡用僭竊之例而全削之？死節死事之人相距不甚遠，而分爲二；劉昊之爲漢，何不附於知遠後，而別爲國？㉑

對於《新五代史》的文筆，王世貞也不予好評：

> 至於文辭，尤索寞，腴不如范曄，雅不如陳壽，比之兩晉六朝差有法耳，尚不能如其平生之所撰碑誌，而何以齒《史》《漢》哉？一《安重誨傳》少欲閒以議論，而痕蹟宛然，詞旨遷拖，去《伯夷》《屈平》天壤矣。士奇之論私其鄉前輩耳，而耳觀者群和之，良可笑也。㉒

李長祥曰：

> 今謂歐陽文過司馬，指《五代史》乎？抑指諸文乎？若指《五代史》，其史在兩《漢書》、《三國志》以後惟有此書，而《史記》則五經後惟有此書爾。雖班固恐亦不得以與之頡頏矣，況范曄，況陳壽，又況歐陽？而欲以與陳壽、范曄、班固之所不逮爲五經後之一書者並論，且又以爲愈，然乎哉？㊧

胡應麟則以歷史發展的眼光，審視歐《五代史》的學術地位，解釋其所獲評價呈褒貶兩極的原因：

> 歐陽氏之史五代也，當時尊之，謂出太史公上。歷宋至元，無弗以上接班《書》，餘子弗論也。乃本朝楊用修列之司馬家奴，王元美擬之下里學究，胡毀譽懸殊至於斯極哉！余嘗以西京而下，史有別才，運會所鍾，時有獨造，故文之高下，雖以世殊，而作者遞興，主盟不乏，自春秋以迄勝國，概一代而置之，無文弗可也。若夫漢之史、晉之書、唐之詩、宋之詞、元之曲，皆代專其至，運會所鍾，無論後人踵作，不過緒餘。即以班、馬而造史於唐，李、杜而捻詩於宋，吾知有竭力而無全能矣。乃至陳壽、范曄之才，不過三國六朝中人之上者，其于昌黎、河東、廬陵、眉山兄弟，不同日語審矣。乃昌黎中書一傳，真足頡頏司馬，而意欲自開堂奧，盡削陳言，故太史之文不以馳驟於順宗，而以戲劇於毛穎，他可推已。河東段氏逸事，體法孟堅，餘率己調。眉山家世序論表策，其所偏精，而紀傳之文寥寥絕響。獨歐陽究心史學，摹勒班、馬，《五代》一書，差存勸戒，而以曄《書》壽《志》較之，猶將瞠乎塵後。是固時代所壓，未易超。然要亦史有別才，難於兼美也。不然，謂數君子之才，而出陳、范二子下，可乎？司馬君實嘗謂唐三百年巨公間出，遂無一人足與陳壽、范曄伍，而寧知歷宋逮明，而二書之懸揭自若也。吾固以西京而下，史有別才，而運會所鍾，時有獨造也。善乎李獻吉之言史曰："古史筆形神湧出，覽者躍如。《五代》雖成一家言，而無是也。"此歐史之定品也。㊨

胡氏肯定歐陽修對史學深所用心，故"《五代》一書，差存勸戒"，同時指出"史有別才"、"時有獨造"，韓、柳、歐、蘇之文才，陳壽、范曄固然難以比肩，而就史才而論，除各有擅長的領域外，還有時代先後的不同，歐陽修也難以企及班、馬、曄、壽等古之史家。所論實事求是，頗爲辯證。

關於馮道，因歐陽修在《新五代史》中給予筆伐，令其純以反面形象出現，宋時蘇轍即列舉其人在五代時憂國利民之行事，表達了不同觀點，謂"議者"當"誠少恕哉"㊥。明初徐一夔十分贊同蘇轍之見，點明"議者""蓋指歐公也"，認爲"穎濱之論，亦詩人忠厚之遺意，非立異也"㊦。王世貞《書馮道傳後》也指出，馮道"歷相十餘君而不死"，"彼非能賄免也，非阿諛取容也,又非有布衣之故也,彼蓋得莊、老之術,而善用之"。應該説,由於歐陽修受限於忠臣事一姓的觀念,未能對馮道作全面的分析和客觀的評價,纔引出弟子蘇轍以至明人的異議。

(三) 關於《正統論》的評説

明人對歐陽修關於正統的論斷十分重視。

王禕《正統論》發端即曰"正統之論,本乎《春秋》",與歐公同一思路。他認同歐公關於正統有絕有續的觀點:

> 當周之東遷,王室衰微,夷於列國,而楚及吳、徐並僭王號,天下之人幾不知正統之所在。孔子之作《春秋》,於正必書王,於王必稱天,而僭竊之邦皆降而書子,凡以著尊王之義也。故傳者曰君子大居正,又曰王者大一統,正統之義於斯肇焉。⑦

又曰:

> 所謂正統者,自唐、虞以來,四絕而四續,惟其有絕而有續,然後是非公,予奪當,而正統明也。嗚呼! 吾之説,至公大義之所存,歐陽氏之所爲説也。歐陽氏之説廢,則吾之説不行於天下矣。"⑧

歐陽修《正統論下》曰:

> 正統之序,上自堯、舜,歷夏、商、周、秦、漢而絕,晋得之而又絕,隋、唐得之而又絕,自堯、舜以來,三絕而復續。惟有絕而有續,然後是非公,予奪當,而正統明。

王禕的"四絕而四續",不過是承繼歐公"三絕而復續"的論斷,並添上對歐公去世後歷史所作的論述罷了。

在燕王朱棣入南京後,拒絕爲其起草即位詔書而被害的大學者方孝孺,亦認同歐公關於"居天下之正"、"合天下於一"的思考,云:

> 傳曰:《春秋》大居正,又曰王者大一統,此正統之名所由本也。於乎! 後之言正統者,其可戾《春秋》以爲説乎?⑨

方氏又曰:

> 天下有正統一,變統三。三代,正統也。如漢、如唐、如宋,雖不敢幾乎三代,然其主皆有恤民之心,則亦聖人之徒也。附之以正統,亦孔子與齊桓仁管仲之意歟!奚謂變統?取之不以正,如晉、宋、齊、梁之君,使全有天下,亦不可爲正矣。守之不以仁義,戕虐乎生民,如秦與隋,使傳數百年,亦不可爲正矣。若乎以呂后而據天位,雖革命改物,如僞周之武氏,亦不可繼統矣。二統立,而勸戒之道明,僥幸者其有所懼乎![90]

方氏在承繼歐説之時有所發明,將統區分爲二,即有正統,有變統,以變統取代宋代章望之所説的霸統。於是,"有天下而不可比於正統者三:篡臣也、賊后也、夷狄也"[91],皆被歸於變統之列。饒宗頤先生在《中國史學上之正統論》一書中,對此評價頗高,謂"方氏《釋統》之作,足與歐陽修媲美,實爲正統論之後殿,史學史上不可磨滅之大文章,須亟爲表揚者也"。

唐宋派大家歸有光曰:

> 統猶絲之有緒,王者一四海,其子孫雖衰,廟祀未絶,統固在也。故孔子作《春秋》,必書"春王正月",以周衰而統未絶也;朱子作《綱目》,必帝蜀而寇魏、吳,以漢衰而統未絶也。歐公辯秦不當爲閏,梁不得獨僞,固是。若以東晉爲非統,而欲黜之,議不無有未當焉。[92]

歸氏從德行方面對秦與梁雖看輕,但基於"合天下於一"的觀念,仍同意歐公"秦不當爲閏"的論斷。然而,從《春秋》的"尊王"出發,看重"王者"子孫承先人之緒,"廟祀未絶"的事實,認同朱子"以漢衰而統未絶"的觀點,不同意"以東晉爲非統",實際上放棄了對"王者一四海"這一正統所必備條件的堅持。

茅坤贊同歸有光的見解,曰:

> 歐陽之以秦不當爲閏,以五代梁不得獨爲僞,固是。而其以東晉爲非統,而直欲黜之者,恐亦未當也。於是歐陽公求其説而不得,從而爲之辭曰:"正統有時而絶。"愚特以爲統之在天下,未嘗絶也。[93]

歸、茅二位贊同歐公"秦不當爲閏,梁不得獨爲僞"的觀點,是正確的;但反對"以東晉爲非統",而不顧東晉未"合天下之不一"的事實,所見則流於偏頗了。茅坤"以爲統之在天下,未嘗絶也",完全推翻了歐公"正統有時而絶"的論斷,與客觀的歷史事實不符。

成化甲辰進士張志淳則對歐《正統論》中關於秦得天下,"其蹟無異禹、湯"的説法表示強烈的異議:

> 歐陽永叔因《五代史》帝梁而不黜,以爲欲着其罪,在不没其實,意亦可矣。至論正統,謂"秦親得周而一天下,其蹟無異禹、湯"。此何言耶?……若曰宋之取國亦不義,則比之秦、晉、隋、元,自還優也。歐陽公於梁則云,不失其實而其罪自着,却又強求秦世比之商、周,舛已。要之,有一統天下者,據實待以一統。其先有一統而正,其子孫猶可稱。而干其統者,又惡而未能混一,若魏之承漢、梁之承唐之類,自不足論。只於一統酌其賢愚善惡正不正而別之,斯於義例無偏,而可據矣。⑭

張氏基於道德的考慮,對秦得天下甚爲不屑,其實就"一天下"而言,肯定夏、商的開國之君,而否定"秦王掃六合,虎視何雄哉",顯然是不合理的。但張氏認爲"魏之承漢、梁之承唐",屬"惡而未能混一",是頗有道理的。

楊慎《廣正統論》曰:

> 遜志方子作《正統論》,大概以夷狄、篡弑、女主三者,非統之正,其論精且悉矣。因而廣其未備云……王通氏,嘗帝魏矣,歐陽氏嘗紀武曌矣,涑水氏嘗帝魏曹、寇武侯矣。曰:通也偏,劉子玄已駁之矣;歐之迷,伊川翁已正之矣;涑水也固,朱子已改之矣。三子之瑕也,尤也,可攻也,不可效也。

楊慎秉承方孝孺"變統"之說,對歐陽修主持《新唐書》的修撰,將"女主"武則天入紀持有異議,曰"歐之迷,伊川翁已正之矣"。此指程頤曰:"坤雖臣道,五實君位,故爲之戒云'黃裳元吉'……陰者,臣道也,婦道也。臣居尊位,羿、莽是也,猶可言也;婦居尊位,女媧氏、武氏是也,非常之變,不可言也。故有黃裳之戒,而不盡言也。"⑮

四、清　代

歐陽修史學的研究在清代獲得長足的進展,不僅研究者眾多,而且成果豐碩,主要有如下原因:一是隨着時代的發展,一些研究者在觀念上有所更新;二是乾嘉時期,考據學者潛心史學研究,成績喜人;三是清代諸多學者,包括主張義理、辭章、考據三者不可或缺的桐城派文人,留下了可觀的富於價值的文史筆記,不乏對史學的研究與考證;四是古文選評著作不勝枚舉,其中有不少評點歐公史著的文字。

(一) 清人眼中的《新唐書》

《新唐書》由歐、宋領銜集體編撰,因此前已有《舊唐書》,相形之下,《新唐書》成就明顯,而缺憾亦不少,故兩方面的評論在在皆是。譬如,同爲清初文士,傅山曰:"歐陽文忠公《宰相世系表》《兵志》極好,乃只稱其《五代史》,何也?"⑯田雯曰:"《新唐書》索然無味,不及《舊唐書》遠甚,直廢之可也。"⁹⁷評價呈現對立,田雯之語更趨極端。

《新唐書》的主編與參撰者,就是引人注目的議題。沈德潛曰:

> 新書之成,歐陽修固長筆削,而宋祁、范鎮、王疇、宋敏求以下,凡所分授,固各如其長者乎?且新書之成共十有七年,十年而歐陽修始任事,則未任以前,不皆盡當史裁也。又因體例不一,詔歐陽修看詳,改歸一例。歐以宋爲前輩,且日久功深,竟不易一字。是成書之初已多遺憾矣,而必能勝舊書乎哉?⁹⁸

王鳴盛也有同感,《蛾術編》卷九"宋歐修《新唐書》不同時"條,謂"二公修書,乃本不同時,即或同在局,而歐入宋出,如相避然"。至於其他未言及的參撰者,調進調出更是頻繁。李慈銘說得很客觀:"歐公於《五代史》全力爲之,《唐書》事出分撰,精神有所不暇耳。"⁹⁹趙翼也指出同樣的問題:

> 《新唐書》本紀及《五代史》皆歐公重修,然《五代史》系歐公私自撰述,從容訂正,故無遺議。《新唐書》則二百八十餘年事蹟,頭緒繁多,不暇檢校入細。試平心論之,宋景文於列傳之功實費數十年心力,歐公本紀則不免草率從事,不能爲之諱也。當日進呈時,宋仁宗即有旨,《舊唐書》不可廢,其早有所見歟!¹⁰⁰

人事之紛雜與變動,極大地影響了一部大型史書的編撰,此實爲《新唐書》注定不完美的客觀原因。

歐陽修與宋祁的分工及各有專長與不足,也是被關注的議題。吳偉業爲朱昭芑銘墓,引昭芑之言曰:"修《唐書》者,其病在分","歐陽主紀、志及表,宋主列傳,一書之內,矛盾異同。"¹⁰¹馮班將歐、宋作比較,曰:"平生不喜《新唐書》列傳,敘事全無條理。邇日讀之,其論贊大有不可及處,謂其公平。宋公未可輕議也。歐陽公文甚高,然用心不平,作史論則不便。"¹⁰²所謂"用心不平",當指歐公情感的傾向性太強,撰史書時主觀情感過於濃烈,如聯繫朋黨、濮議發論等。蔡世遠書《房玄齡杜如晦傳贊》後曰:"《新唐書》傳贊係宋子京所作,其餘表、志等乃歐陽公所作。子京作傳,語多造作,欲簡煉而欠穩者頗多。若其贊語,則立意既正,詞亦新煉,足追古作者。歐公文以舒暢勝,使之作贊,未必能過子京也。"¹⁰³又書《五代史伶官傳論》後曰:"摹仿(遷、固)二家,確守繩墨,惟歐公論贊。忠君愛國之心,形於筆墨,欲使人主有所規戒,後世有所勸懲。"¹⁰⁴他認爲歐、宋各有長短。以上論析符合實際,褒此貶彼,利於取長補短,但不必多所軒輊。

史評家向來喜作新舊《唐書》的比較,清人也不例外。王鳴盛著《十七史商榷》曰:"今平心觀之,二書不分優劣,瑕瑜不掩,互有短長。"¹⁰⁵又曰:"愚謂《新唐書》固遠勝舊書,何則?新書於《希烈傳》中,以希烈與梁崇義、李納、朱滔、田悅謂之'五賊'。舊書於史憲誠等傳論中,說河北凶横之狀,謂之魏、鎮、燕三鎮,謂魏博、鎮冀、幽州也,即李寶臣、李懷仙輩,皆跋扈無君。舊書乃與諸將平列,毫無分別,可乎? 故知新書所改是也。"⑩此言新書視人物作爲之不同,細加區分,並非一概而論,勝過舊書。《十七史商榷》卷八五"新改舊有是有非"條:

新於舊書不但增損改易其正文已也,即其標目名號、位置先後、分合編類,亦移動十之七八。平心而論,有是有非。今未暇覼縷,略舉幾事以明之。陳子昂舊入文苑是也,新改列傳非也;劉蕡舊入文苑非也,新改列傳是也;李巨用舊入文苑非也,新改叛臣是也;劉子元之孫滋,舊別爲傳非也,新改附《子元傳》是也;嚴挺之之子武,舊附挺之是也,新改爲父子各自別傳非也。陽城大有關係,當入列傳,舊在隱逸,固係大謬,新改卓行,尚嫌偏隘,皆非也。張嘉貞與其子延賞,相繼爲宰相,而俱不得爲賢。舊書因其事蹟頗多而各傳,固宜;新書因其皆無大功大罪而合傳,亦通,皆是也。

王鳴盛還以前代沿革爲例,指出新舊《唐書》之各有不足:"前代沿革,舊志太詳;新志惟舉唐之建置,於前代盡去之,又似太略。"⑩通過對史料的認真梳理和比較研究,王鳴盛對新舊《唐書》所作的"互有短長"的評價是令人信服的。

趙翼《廿二史劄記》指出新舊《唐書》的撰著實有難易之別:"論者謂新書事增於前,文省於舊,此固歐、宋二公之老於文學,然難易有不同者。舊書當五代亂離,載籍無稽之際,掇拾補苴,其事較難。至宋時,文治大興,殘編故冊,次第出見。"⑩加上"宋初績學之士,各據所見聞,別有撰述","又得諸名手佽助"⑩,顯然,歐、宋在獲得史料上比舊書作者擁有更多有利條件。如此分析,足見趙翼尊重客觀的實事求是精神。

《新唐書》做到"事增文省"嗎? 馮班將史遷與歐公加以比較:"子長質而不俚,然序論形勢,指說人情,分明如畫,文亦有餘也。歐陽永叔文太略,所以不及《史記》。"⑩其意指新書雖然"文省",但"事增"並未做到,反而"太略"。四庫館臣謂《新唐書》"本以補正劉昫之舛漏,自稱事增於前,文省於舊。劉安世《元城語錄》則謂事增文省,正新書之失,而未明其所以然。今即其說而推之,史官記錄,具載舊書,今必欲廣所未備,勢必搜及小說,而至於猥雜。唐代詞章,體皆詳贍,今必欲減其文句,勢必變爲澀體,而至於詰屈。安世之言,所謂中其病源者也。"⑪當然,說新書毫無"事增"之處,也是不客觀的。趙翼曰:"試取舊書各傳相比較,新書之增於舊者有二種:一則有關於當日之事勢、古來之政要及本人之賢否所不可不載者;一則瑣言碎事,但資博雅而已。"⑫《廿二史劄記》還舉出七十餘個例子,以明示新書增舊書之處。公平地看,一概而論地說新書"事增文省",並不恰當,只能說比起舊書,新書確有"事增文省"之處。

關於新書删舊書的問題,學者也有各自的看法。趙翼曰:

歐、宋二公不喜駢體,故凡遇詔誥章疏四六行文者,必盡刪之……夫一代自有一代之文體,六朝以來,詔、疏尚駢麗,皆載入紀、傳,本國史舊法。今以其駢體而盡刪之,遂使有唐一代館閣臺省之文,不見於世,究未免偏見也。[113]

王鳴盛曰:

《新唐書》本紀較舊書減去十之七,可謂減極矣。意欲仿班、陳、范也。夫文日趨繁,勢也,作者當隨時變通,不可擬古。紀唐而以班、陳、范之筆行之,於情事必有所不盡。邵遠平謂本紀出廬陵手,自一二行行幸除拜之外,紀載寥寥是矣。而其尤不滿人意者,盡削詔令不登,獨不思班紀尤多全載詔令,而唐紀反無詔令,惡乎可?且左史記言,右史記動,全削詔令,是記動不記言也。[114]

歐撰史書,過於求簡,以致"於情事必有所不盡",此全然屬實,不必為之諱。王鳴盛謂記言記動需要兼顧,亦不無道理,然記言務必精當,不能流於繁冗。四庫館臣曰:"若夫《史》《漢》本紀,多載詔令,古文簡質,至多不過數行耳。唐代王言,率從縟麗,駢四驪六,累牘連篇。宋敏求所輯《唐大詔令》,多至一百三十卷,使盡登本紀,天下有是史體乎?祁一例刊除,事非得已。過相訾議,未見其然。"[115]從修史簡練質實的角度看,四庫館臣的話似更在理些。

王鳴盛指出"新書盡黜舊書論贊"的問題:"舊論不過文法排儷,稍嫌板實,然評斷精絕,自足傳之久遠。新贊盡黜舊文,駕空凌虛,自成偉議,欲以高情遠識含跨前人。"[116]他還指出新紀居然未書極為重要的歷史人物:

新紀不但刊削叔文所建白,並且絕不見其名。蓋新紀之例,在內惟書宰輔之除拜、罷免、貶降、出外,故於三省長官、中書令、侍中、尚書令,書之為詳。其餘,惟由他官同三品、同平章事者,則書之。苟其不然,雖至執政,且不得書。[117]

此條顯然是批評新紀過於拘泥呆滯,欠靈活,以致自我束縛,連王叔文這樣的名人、永貞革新的領袖人物,居然闕而不書。

王鳴盛也指出新書有勝過舊書之處,《十七史商榷》卷八二"新食貨加詳"條,謂"《新食貨志》較舊志加詳,約幾倍之有餘,似勝於舊"。卷八三"論方鎮表"條,謂"方鎮之建置,分割移徙,最為糾紛。以唐一代變更不一,竟無定制,所以覽史者苦於眯目。舊書無表,新書特補《方鎮表》,開卷了然,此新書之最善者"。當然,對於"方鎮但表其地,未表其人"的不足,王氏也緊接着表達了自己的遺憾。

值得稱道的是,王鳴盛、趙翼、錢大昕三位史評家皆憑藉細密的考證,發現《新唐書》撰寫中的疏漏乖謬,其正訛糾錯之功,比之前代學者,堪稱有過之而無不及。

《十七史商榷》卷七六"新書殺某之例"條:"殺無罪,則書其官殺某人;而其人罪不至死,則不書官;罪當殺,則曰某人伏誅:此新書例也。然如《昭紀》景福二年,以杜讓能之忠,而去其官,但書殺。其下又云及户部侍郎杜巨集徽,何以巨集徽官,讓能不官乎?"明顯揭示了雖確定有"書法",但存在或遵法、或違法的自相矛盾。

《廿二史劄記》卷一八"新書改舊書文義處"條,言及《唐儉傳》曰:"舊書:儉勸高祖起兵,高祖曰:'天下已亂,言私則國存,言公則拯溺,吾將思之。'新書改云:'喪亂方剡,私當圖存,公欲拯溺者,吾當爲公思之。'是竟以公指儉矣。"此條批評《新唐書》撰者把舊書的文意都理解錯了。

《廿二史考異》主於糾謬,揭出新書的訛漏甚多。歐陽修承擔紀、志、表的編撰,我們不妨看看錢大昕涉及此三體的考異。《新唐書》中高祖、太宗、武后、睿宗、元(玄)宗、肅宗、代宗、德宗、文宗、宣宗、懿宗、僖宗、昭宗等紀,禮樂、車服、曆、地理、選舉、百官、兵、食貨、刑法、藝文等志,宰相、方鎮、宗室世系等表,錢氏均發現有失誤之處,謹各舉其考異之數例(下文中《唐書》均指《新唐書》),錄示於下。

《唐書》二《高祖紀》"周文舉據淮陽號柳葉軍"條:

> 按紀於武德四年十一月,書杞州人周文舉,殺其刺史王孝矩,叛附於黑闥。五年二月書汴州總管王要漢敗徐圓朗於杞州,執周文舉。豈別有一文舉乎?抑已降而復叛乎?若文舉於武德四年始叛,又不當預書於此也。

今檢《高祖紀》,錢氏所言屬實,紀中關於周文舉之記載甚爲乖謬,難以理解。

同上《太宗紀》"二十三年五月皇帝崩於含風殿,年五十三"條:

> 按《唐會要》,太宗以隋開皇十八年十二月戊午,生於武功別館。武德九年八月即位,年二十七。貞觀二十二年五月二十六日崩於翠微宮含風殿,年五十二。傳云五十三,誤也。

太宗開皇十八年(598)生,貞觀二十二年(648)卒,言五十三歲,確有一歲的誤差,見歐推算年歲之不嚴謹。

同上《武后紀》"永昌元年十月,殺嗣鄭王璥"條:

> 按《高祖諸子傳》,璥薨於希高祠,不云武后殺之。

今檢《高祖諸子·鄭惠王元懿傳》,言"長子璥,嗣王,爲鄂州刺史,薨。子希言嗣。"疑錢氏所見《唐書》版本有誤,將"薨子希言嗣"誤刻成"薨於希高祠",以致影響其分析。儘管如此,他仍敏銳地察覺此處未稱"武后殺之",從而指出紀、傳不一的問題。

同上《文宗紀》"開成三年十月,義武軍節度使張璠卒,其子元益自稱留後"條:

> 按《裴度傳》,易定節度使張璠卒,軍中將立其子元益。度遣使曉譬禍福,元益懼,束身歸朝。如傳所言,則元益未嘗自稱留後,紀所書失其實也。若從紀所書,則元益初未束身歸朝。度在河東,雖嘗遣使,於事無濟,不足書也。二者恐有一誤。

今檢《文宗紀》及《裴度傳》,所載確實自相矛盾。

《唐書》三《禮樂志》"貞元十七年,太常卿裴郁議"條:

> 《陳京傳》作"七年"。

今檢《禮樂志》及《陳京傳》,所議乃禘祫事,確如所言,誤差十年。

同上"高宗即位,景雲見河水清,張文收采古誼爲《景雲河清歌》,亦名《燕樂》"條:

> 按杜氏《通典》:貞觀中,景雲見河水清,協律郎張文收製《景雲河清歌》。《冊府元龜》載在貞觀十四年。誌誤以爲高宗時。

今檢《禮樂志》《通典》《冊府元龜》三書,所記屬實,則歌應作於貞觀時。

《唐書》四《地理志》一"警州,景福元年靈威節度使韓遵表爲州"條:

> 遵,當爲"遜"字之訛。《回鶻傳》:昭宗幸鳳翔,靈州節度使韓遜表回鶻請率兵赴難,即其人也。《五代史》:韓遜當唐末據有靈鹽,唐即以爲節度使。

今檢《地理志》與《回鶻傳》,皆如所云,"遵"誤,當爲"遜"。

《唐書》五《刑法誌》"左臺御史周矩上疏曰:'比姦憸告訐,習以爲常,推劾之吏,以深刻爲功,鑿空爭能,相矜以虐……周用能而昌,秦用刑而亡。願陛下緩刑用仁,天下幸甚。'武后不納"條:

> 此疏又見《酷吏傳》。此云"左臺御史",而彼云"右臺官",名小異。此云"后不納",而彼云"后寤,獄乃稍息",何其相刺謬也。

今檢《刑法誌》與《酷吏傳》,記載無誤,然傳屬《舊唐書》。若屬新書,則自相矛盾,謬更甚矣。查《資治通鑑》《文獻通考》皆持"太后頗采其言,制獄稍衰"之説,恐新書"武后不納"之説有誤。

《唐書》六《宰相表》下"開成四年五月,陳夷行罷爲吏部侍郎"條:

> 本傳作吏部尚書。

今檢《宰相表》及本傳,確實一爲"侍郎",一作"尚書",則新書表、傳自相矛盾,必有一誤。

《唐書》七《方鎮表》二"(元和)十二年,彰義軍節度復爲淮西節度"條:

> 是歲,裴度以宰相領節度事,度入朝,除馬總爲節度,史皆稱彰義軍,未嘗改名淮西也。

今檢《新唐書》卷一七三《裴度傳》,載元和十二年裴度"拜門下侍郎、平章事、彰義軍節度、淮西招討處置使"。卷七《德宗順宗憲宗紀》亦載元和十二年七月,"裴度爲淮西宣慰處置使"。顯然,裴度負"淮西招討"、"淮西處置"之責,乃彰義軍節度,非淮西節度,不存在"彰義軍節度復爲淮西節度"之事。

綜上所述,在清人的眼中,《新唐書》與《舊唐書》同是瑕瑜互見,難稱完美,不必揚此抑彼,強作軒輊。正因爲二書各有短長,故可起互補的作用。

(二) 清人眼中的《新五代史》

清人對《新五代史》相當關注,褒獎者有之,持相反意見者亦不乏其人。錢謙益曰:

> 歐陽氏之作《五代史記》也,上下五十餘年,貫穿八姓十國,事各有首尾,人各有本末,而其經緯錯綜,了然於指掌之間,則史家之法備焉。……以歐陽氏之史法,考之遷、固,若合符節,而其文章之橫發旁肆,與太史公掉鞅下上,則又其餘事焉矣。⑱

對歐公繼承史遷的成就,錢氏尤贊不絕口:"《五代史記》之文,直欲袙班而襧馬。《唐六臣》《伶人》《宦者》諸傳,淋漓感嘆,綽有太史公之風。"⑲他秉承明代歸有光、茅坤的"史遷風神"説:"僕初學爲古文,好歐陽公《五代史記》,以爲真得太史公血脈。"⑳

朱鶴齡對歐公"深究治亂之源,故其序五代之事,特起變例",亦甚贊賞:

> 傳義兒,戒亂本也;傳伶官,惜滅梁之功而自棄也;傳六臣,原唐之所以降爲五代也;六臣與義兒、伶官相次,著其類也;五代之臣,傳十一,而雜傳十九,明無適而非臣也;無適而非臣,故終五代無人臣焉,而惟王彦章以死節書。甚矣,其筆削嚴而垂戒

切也!⑫

趙翼肯定歐史取材甚廣，采證極博，不專據薛史舊本。他列舉歐公所采各朝《實錄》、范質《通鑑》、王溥《五代會要》、王子融《唐餘集》、路振《世家列傳》、鄭向《開皇紀》、孫光憲《北夢瑣言》、陶岳《五代史補》、王禹偁《五代史闕文》、劉恕《十國春秋》及《吳越備史》等書，謂足資考訂："旁參互證，則真偽見，而是非得其真。故所書事實，所紀月日，多有與舊史不合者。卷帙雖不及薛史之半，而訂正之功倍之。文直事核，所以稱良史也。"⑫此外，趙氏盛贊歐史"書法嚴潔，固爲諸史之最"⑬。又稱歐史"書法謹嚴"：

不閱《舊唐書》，不知《新唐書》之綜核也；不閱薛史，不知歐史之簡嚴也。歐史不惟文筆潔淨，直追《史記》，而以《春秋》書法寓褒貶於記傳之中，則雖《史記》亦不及也。其用兵之名有四：兩相攻曰攻，如《梁紀》孫儒攻楊行密於揚州是也；以大加小曰伐，如《梁紀》遣劉知俊伐岐是也；有罪曰討，如《唐紀》命李嗣源討趙在禮是也；天子自往曰征，如《周紀》東征慕容彥超是也。⑭

還稱歐史傳贊不苟作：

歐史紀傳各贊皆有深意。於《張承業傳》則極論宦官之禍，而推明郭崇韜之死由於宦官之譖。使崇韜不死，其所將征蜀之兵，皆在麾下，明宗能取莊宗之天下而代之哉？追原禍本，歸獄貂璫，可謂深切著明矣。⑮

吳德旋《初月樓古文緒論》於歐史亦贊美有加：一則曰："《史記》、兩《漢》、《五代史》，皆事與文並美者。其餘諸史，備稽考而已，文章不足觀也。"另一則曰："《史記》諸表序，筆筆有唱嘆，筆筆是豎的；歐陽文有一唱三嘆者，多是橫鬧的。"又一則曰："事外遠致，《史記》處處有之；能繼之者，《五代史》也、震川文也。"此爲桐城派文人的褒揚之詞。

直至清末，章廷華仍盛贊云："歐公《五代史》手眼獨出，漢以後最矜貴之作。"⑯

王鳴盛重視新舊《五代史》之比較。《十七史商榷》卷九三"薛係官書，歐係私撰"條，謂薛史"事蹟頗爲詳備，識見、斷制則薛不如歐"。此乃借比較突出兩書各有短長。"歐史喜采小說，薛史多本實錄"條云："大約實錄與小說互有短長，去取之際，貴考核斟酌，不可偏執。如歐史溫兄《全昱傳》，載其飲博取骰子，擊盆呼曰'朱三，爾碭山一百姓，滅唐三百年社稷，將見汝赤族'云云。……今薛史《全昱傳》亦不載博戲抵斥之語，歐公采小說補入，最妙。然則采小說未必皆非，依實錄未必皆是。"此條強調采小說與用實錄"互有短長"，關鍵在着筆時"考核斟酌"，靈活運用。卷九七"南漢事歐詳薛略"條指出，並非全是歐略薛詳，"僭偽諸國皆歐詳薛略，蓋薛據實錄，實錄所無，不復搜采增補，歐則旁采小說以益之"。所言甚是。

趙翼亦將新舊二史作比較,謂薛史"雖文筆迥不逮歐史,然事實較詳。蓋歐史專重書法,薛史專重敘事,本不可相無"。⑫說明二史各有特色,缺一不可,取長補短,十分必要。

對歐史的批評主要集中在以下兩點。

其一,記敘過於簡略,事蹟實多不備。

魏禧曰:"文欲略而後工者,則勢不得更詳。而歐陽修《五代史》亦於事爲略,至十國尤不備。"⑬此評可謂一針見血。朱彝尊曰:"歐陽子《五代史》,其初約尹師魯分撰,既而不果。師魯別撰《五代春秋》,載《河南集》。歐陽子諸帝紀,實取其材,蓋心折其辭之簡而有法,務削繁歸於要。然《司天》《職方》二考之外,舉凡禮樂、兵刑、職官、食貨諸大政,略焉勿書。即《通鑑》所載者,史反闕之,毋乃太簡也夫!"⑭章學誠批評直截了當:"歐公爲當代文宗,史學非所深造。"⑮他指出:"《五代史記》實無足矜……歐陽之病,在逐文字而略於事實。"⑯又聯繫歐學韓愈曰:"昌黎之於史學,實無所解,即其敘事之文,亦出辭章之善,而非有'比事屬辭'、'心知其意'之遺法也……歐陽步趨昌黎,故《唐書》與《五代史》,雖有佳篇,不越文士學究之見,其於史學,未可言也。"⑰章氏謂歐公"於史學,未可言"的論斷未免過於嚴苛,但歐學《春秋》,一味求簡,不能不說是修史指導思想有欠周全所致。凌揚藻曰:"惟過求高簡,而又欲采證極博,則未免有語焉弗詳,似轉鄰於舛誤脱漏之處。"⑱王贈芳評《五代史記》曰:"筆力純乎司馬,褒貶則取法《春秋》,在乙部書中,最爲前人所稱者也。惟公書義例謹嚴,而事蹟實多不備,不能不有待於注。而注家如徐無黨之倫,寥寥數語,於本書無能爲役。"⑲此亦實事求是之評。王闓運亦嘆曰:"歐九空修五代書,事文殘闕義粗疏。"⑳《四庫全書總目》卷四六《舊五代史》提要謂"修所作,皆刊削舊史之文,意主斷制,不肯以記載叢碎,自貶其體。故其詞極工,而於情事或不能詳備"。此評十分中肯。

其二,存在不少訛誤疏漏,吳縝糾錯應予肯定。

章學誠指出:"縝以年少輕佻,歐公拒之,當矣。然主裁史局,譬之大匠度材,宗楹棟梁,毋枉其質;負才如縝,即其苦心精核,豈易多得?不必能持大體,而付以檢討之職,責其覆審之功,自能經紀裕如,必有出於當日史局諸人之上,何歐公計不出於此耶?且其所謂年少輕佻,亦恐言議之間,英鋒銛鍔,有爲歐公所不能禦者,而因以年少輕佻目之,未必他有所不可也。嗟乎!秉局修書,有如此之才而不用,則十五年之擾擾,所與趨蹌而從事者,概可知矣。"㉑按吳縝撰《新唐書糾謬》與《五代史記纂誤》,糾正兩書錯訛甚多,章氏因此有感而發。俞正燮亦曰:"吳(縝)之《纂誤》,爲校正之書,甚有益於歐史。宋人乃謂吳有憾於歐,作此書。是以小人之腹度君子之心矣。真能覽歐史者,知徐注與此書非後人所能及也。"㉒章、俞二氏對吳縝之《纂誤》均有甚佳之評價,故爲歐未用吳縝而惋惜。《四庫全書總目》卷四六《五代史記纂誤》提要亦指出:"歐陽修《五代史》義存褒貶,而考證則往往疏舛……縝一一抉其闕誤,無不疏通剖析,切中癥結,故宋代頗推重之。"

清代三大考史著作《十七史商榷》《廿二史劄記》與《廿二史考異》,對《新五代史》均有糾錯補闕之功，錢大昕尤精於考證，故《廿二史考異》貢獻尤多。

《十七史商榷》間或指出歐史之誤，如卷九四《新舊五代史》二"不及哀帝之立非是"條曰："歐史《梁祖紀》上書弒昭宗，下書天子賜王迎鑾紀功碑，中間不及哀帝之立隻字，然則天子爲何人乎？非是。"同卷"各帝年數"條曰："（唐）廢帝注年五十三，考薛史本紀同，却於紀首言帝與莊宗同以唐光啓元年生，數至清泰三年自焚死，實五十二歲，則兩書亦皆以傳寫誤二作三。"顯見歐史有誤。

《廿二史劄記》亦指出歐史之誤，如卷二一《五代史》"歐史失檢處"條曰："唐昭宗之被弒也，《李彥威傳》則云，梁祖遣敬翔至洛，與彥威等謀弒之。《李振傳》又云：'梁祖遣振至洛，與彥威等謀弒之。'此必有一誤。《梁本紀》書朱友謙叛，殺同州節度使程全暉；而《全暉傳》則云全暉奔京師：是紀、傳兩不合。薛史則紀、傳皆稱奔京師，當不誤也。"歐史的確失檢。

《廿二史考異》所考出的歐史之誤就更多了，下略舉數條。

《五代史》二《安重誨傳》"但恨不與國家除去潞王"條："按重誨死於長興二年閏五月，而從珂之封潞王，乃在四年五月，重誨口中安得稱潞王乎？此亦歐史之失檢也。"此爲時間疏忽以致誤。

《五代史》二《康福傳》"乃拜福涼州刺史、河西軍節度使"條："福既代韓澄兼領兩鎮，而本傳不書朔方節度，但書河西節度，是舍重而舉其輕也。（按：今檢《新五代史》本傳，載康福爲"朔方、河西軍節度使"。）《五代史》於節度所領之刺史，例不書。獨此書涼州刺史，於例已不歸一，且又不書靈州長史，而書涼州刺史，蓋歐公於官制未甚了了，故刪節舊文而未得其要也。"此爲官制不熟而所書欠妥。

《五代史》四《王峻傳》"太祖入立，拜峻右僕射、同中書門下平章事"條："此真宰相也，例當書於本紀，失書。"此爲大事所書之處不當。

《五代史》四《馮道傳》"道相明宗十餘年"條："按明宗在位纔八年，道以天成二年拜相，相明宗止七年耳。而傳云十餘年，非其實矣。"此爲時間計算過於疏忽。

《五代史》五《職方考》"惠，南漢"條："按南漢析循州，置禎州。宋天禧五年避仁宗諱，改惠州。歐史於廟諱多不回避，如崔垂休、馬慶先皆直書其名而缺末一筆，蓋取古人臨文不諱之義。而此州名獨追避宋諱，失紀實之體矣。"此爲前代州名不應追避本朝之諱。

《五代史》六"莊，見素之後"條："顧張思曰：《五代世家》以韋莊爲見素之孫，《唐宰相世系表》韋莊爲待價之後，出逍遙公房，見素則出南皮公房，初非同系。二書皆出歐公之手而矛盾若此。"此爲一手所記而自相矛盾。

綜上所述，歐陽修撰《新五代史》有得亦有失，清人評之有褒亦有貶，要之，與薛居正舊史可取長補短，而不可偏廢其一。《四庫全書總目》卷四六《新五代史記》提要曰：

> 大致褒貶祖《春秋》，故義例謹嚴；叙述祖《史記》，故文章高簡，而事實則不甚經

意。……薛史如《左氏》之紀事,本末賅具,而斷制多疏;歐史如《公》《穀》之發例,褒貶分明,而傳聞多謬。兩家之並立,當如三傳之俱存。……修作是書,僅《司天》《職方》二考,寥寥數頁,餘概從删。雖曰世衰祚短,文獻無徵,然王溥《五代會要》搜集遺編,尚裒然得三十卷,何以經修編録,乃至全付闕如?……修之文章,冠冕有宋。此書一筆一削,尤具深心,其有裨於風教者甚大,惟其考證之疏,則有或不盡知者。

現在看來,此評較爲全面、公允,當然,"褒貶祖《春秋》"與叙事過於簡略有關,這一點是必須指出的。

(三) 關於《正統論》的爭論

關於《正統論》的爭論在清代十分激烈,僅饒宗頤先生《中國史學上之正統論》一書,就收録了清代學者涉及正統問題的專論二十多篇。各種觀點争相亮出,相互補充或駁難,尤以梁啓超的《論正統》,接受外來之民主觀念,以反封建、倡民權的激揚文字,掀翻舊説,闡述新見,極具震撼力。

清初,黄宗羲曰:"歐公謂正統有時而絶,此是確論。鹿門特以爲統之在天下,未嘗絶也。如此必增多少附會,正統之説所以愈不明也。"⑬魏禧則未循前説而自出新論,其《正統論》上篇曰:"古今正統之論,紛紜而不絶,其説之近是者有三:歐陽修、蘇軾、鄭思肖是也。"繼而曰:"天下不能一日無君,故正統有時絶而統無絶。絶其統,彼天下將何屬乎?而其予西晋,而不予東晋等,後唐、後漢於朱梁,石晋尤爲非是,此歐陽子之蔽也。偏安之主,篡竊之人,吾予以正統,彼正統者孰肯與之?"於是指出:

> 古今之統有三,别其三統,而正統之説全矣。曰正統,曰偏統,曰竊統。正統者,以聖人得天下,德不及聖人而得之不至於甚不正,功加天下者,亦與焉。偏統者,不能使天下歸於一統,則擇其非篡弑居中國而强大者屬焉。竊統者,身弑其君而篡其位,縱能一統乎天下,終不與之正統,而著之曰竊統。
>
> 是故因其實而歸之以其名者,正統也,唐、虞、夏、商、周、西漢、東漢、蜀漢、東晋、唐、南宋是也。正統絶,而其子孫無足以繋天下之望,而後歸之偏統,後唐、後漢是也。天下之偏統絶,雖亂賊固已正乎,其爲天子有天下,則不得不歸之竊統,秦、魏、西晋、宋、齊、梁、陳、隋、後梁、後晋、後周、北宋是也。
>
> 吾固折衷歐陽子"正統有時絶",鄭氏"篡正爲逆,奪不正非逆"之説,以明三統。三統明,然後天下之統不絶,偏安之主,篡弑之人,亦終不得以干正統,而正統之論定矣。

這是繼明代方孝孺"有正統,有變統"之後,針對歐陽修"正統有時而絶"之説,"折衷"而提出的"三統"觀點,跟歐陽修提出的"正天下之不正"、"合天下之不一"很不同調了。

葉燮不贊成"三統"之說,所著《正統論》下篇曰:

> 近時魏禧因霸統之言,又爲正統、偏統、竊統紛紜之說。統者,合天下於不一,既已偏矣,安得稱統?彼竊者盜也,盜竊人之藏而取其財,即其藏而稱盜爲主人可乎?竊而以統歸之,何異於是!故不知正之爲義,而爲借襲之說,與不知統之爲義,而爲分晰之論者,皆不得其本者歟!

此駁言簡意賅,頗爲有力,看來"三統"之說在道理上是很難成立的。

與宋以來諸多議者所強調的一樣,葉燮對歐陽修不偽梁持有異議,他不以朱溫之梁爲正,而比之羿、莽,爲偽爲賊,故其《正統論》上篇曰:"歐陽子文論,謂爲統明則可,謂爲正統明則不可。何也?夫正可以該統,而統不可以姦正。……歐陽子以統而該正,失輕重之衡,是非未明,予奪未當也。吾故曰所以明統,而非明正統。然正不明,而統亦且因之不明矣。"曾國藩持同樣的觀點,曰:"讀《五代史》,於歐公不偽梁一段,不謂爲然。"⑱宋實穎《黜朱梁紀年論》曰:"予讀《五代史》至《梁太祖本紀》,未嘗不廢書而嘆也。曰:嗚呼!歐陽公良史也,於是《紀》爲真失《春秋》之志矣。……朱全忠者,爲唐之何人乎?問其始,則盜賊也;問其終,則弒昭宗、弒昭宣、弒太后也。此其罪,比於王莽、安禄山尤爲過之。王莽不得爲新,安禄山不得爲燕,朱全忠獨得爲梁乎?"

李慈銘《越縵堂讀書記》卷一二亦有《正統論》:"正統之說,紛紜不決。歐陽文忠、司馬文正失之拘,楊鐵崖仍其腐說;楊升庵又失之偏,皆不能折衷於理。其中最難定者爲六朝五代。必以統歸晉、宋、齊、梁、陳,猶可說也。五代以朱溫、石敬瑭爲正統,則大謬於聖人矣。"該文於朱溫尤深惡痛絕,繼而曰:"唐之亡也,天祐、天復之號不絕於天下,而必尊崇朱溫之凶豎爲帝,尤害於理。"李慈銘批評歐在正統問題上"失之拘",即指歐過於堅持"不偽梁"。

不僅篡唐的朱梁被稱爲偽,甚至晉、隋亦被驅出正統之列。魯一同《通甫類稿》卷一《正統論》:"歐陽氏重以予人統,而不能不予晉、隋。彼晉、隋者,可謂得統矣,可謂得正乎?故曰尊而不辨。"這自然是因晉司馬氏爲臣而叛逆,從曹氏手中奪權,隋楊氏爲北周貴胄,却代周自立的緣故。在各有標準、難定一尊、諸說紛紜之際,魯一同快刀斬亂麻,認爲乾脆不要再說什麼正統不正統,故其《正統論》又曰:"莫若並去正統之名。去正統之名,而後可以惟吾所予,篡而得者謂之篡,盜而得者謂之盜,而皆不絕其爲君,而卒以不爲之正。"

儲欣《在陸草堂文集》卷一有《正統論》六篇,首篇曰:

> 初言正統者誰歟?歐陽子也。……歐陽子著論七篇,且繫其譜以號於衆,然後天

下學士大夫哄然而各爲説,故言正統自歐陽子興。其論曰:"正者,所以正天下之不正也;統者,所以合天下之不一也。"由歐陽子之言,三代之下,人之有此實以被此名者,何其難歟? 昔秦併諸侯,隋兼南北,晋武平吴,而海甸悉臣,庶幾合於一矣;然秦以暴,隋以竊,晋以篡弑,可謂能正天下之不正乎? 晋轉而東,趙宋竄而南,保守先祀,不失爲正;然天下以輿圖按之,可謂能合天下之不一乎? 此無異故,正與統兼焉,故難也。吾論統,勿務以正參之,如秦如隋,如晋武,吾與之可矣。吾論正,勿務以統參之,如晋之東、宋之南,吾與之可矣。惟兼而言之,則得之者希。得之者希,不得已有所寬假於其間,不欲與之,而姑與之,又從而爲之辭。……嗟乎! 天下閏秦、僞梁、詆訶魏晋之日久矣。歐陽子患其紛紛也,標正統以息天下之争,名立而天下之争益劇。

儲欣指出正統之論發端於歐陽修,認爲以正與統之相兼衡量之,符合條件者幾希,不妨以正以統分而論之。在衆説紛紜之中,找出一個折衷的辦法,而這是相當無奈的,於是他在《正統論》第三篇中主張正統之説"不如勿立而已"。這與魯一同"莫若並去正統之名"的取消説相爲呼應了。

儲欣的言説表明,清代有關正統的討論雖然熱烈,但已陷入無解的尷尬境地。這主要是因爲歐陽修的正統觀念,意在提供一個統一的標準,對有史以來、特別是漫長的封建社會裏所産生的各式各樣的政權,加以功業與道德二者兼有的評判。由於王朝頻繁更迭,後之取代前者情況各異,用劃一的標準作出這種評判相當困難,更何況作爲評判的標準並不單純,而含有難以相容的兩方面内容。正因爲如此,力圖對歐陽修始創的正統觀念作種種修正或補充或改變,都難以對各類新政權取代舊政權的性質作出合理的鑒定。故袁枚曰:"正統始於宋元,如歐公、楊鐵崖諸人,瀾翻千言,互相争論。又有有正無統,有統無正之説。……本朝儲同人先生,作論七篇,一掃而空之,殊快人意。"⑭

降及晚清,在"泰西"傳入的思想文化的影響之下,梁啓超突破數千年封建觀念的藩籬,作《論正統》一文,振聾發聵,令人耳目一新:

中國史家之謬,未有過於論正統者也。言正統,以爲天下不可一日無君也,於是乎有統。又以爲天無二日,民無二王也,於是乎有正統。統之云者,殆謂天所立而民所宗也。正之云者,殆謂一爲真,而餘爲僞也。千餘年來,陋儒齗齗於此事,攘臂張目,筆鬥舌戰,支離曼衍,不可窮詰。一言蔽之曰,自爲奴隷根性所束縛,而復以煽後人之奴隷根性而已,是不可以不辯。

統字之名詞,何自起乎? 殆濫觴於《春秋》,《春秋公羊傳》曰:"何言乎王正月,大一統也。"此即後儒論正統者所援爲依據也。庸詎知《春秋》之大義非一,而通三統實爲要端。通三統者,正以明天下爲天下人之天下,而非一姓之所得私有;與後儒所謂統者,其本義既適相反對矣。故夫統之云者,始於霸者之私天下,而又懼民之不吾認也,乃爲是説以鉗制之,曰此天之所以與我者,吾主而有特別之權利,非他人之所能幾也。

梁氏又曰:

> 泰西之良史,皆以叙述一國國民系統之所由來,及其發達進步盛衰興亡之原因結果爲主,誠以民有統而君無統也。借曰君而有統也,則不過一家之譜牒,一人之傳記,而非可以冒全史之名,安勞史家之嘵嘵争論也。然則以國之統而屬諸君,則固已舉全國之人民視同無物,而國民之資格,所以永墜九淵而不克自拔,皆此一義之爲誤也。故不掃君統之謬見,而欲以作史,史雖充棟,徒爲生民毒耳。

梁氏之論在當時不啻空谷足音,發人深省。他强調《春秋》大義是"通三統",表明"天下爲天下人之天下,而非一姓之所得私有",從而一針見血地指出,正統是從根本上顛倒了君民關係。確如其言,早在先秦時,孟子就聲言:"民爲貴,社稷次之,君爲輕。"⑪何以數千年之後,仍"以國之統而屬諸君",視舉國之民爲無物?歸根結底,正統乃國君役使百姓的理論。梁氏以爲,時至今日,不必再爲此"筆鬥舌戰"了,否則就是"自爲奴隸根性所束縛,而復以煽後人之奴隸根性而已"。他義正辭嚴地宣告:要掃除"君統之謬見",以免"爲生民毒耳",又以"泰西"的"發達進步",説明主張"民有統而君無統"的重要性。梁啓超《論正統》一文,以前無古人的眼力,撥開千載疑雲迷霧,爲由宋迄清關於正統的諸多争論作了劃時代的科學總結。

(作者單位:華東師範大學中文系;中國傳媒大學文學院)

---

① 歐陽發《事蹟》,見《歐陽文忠公文集·附録》卷五,《四部叢刊》本。下文吳充《行狀》載《歐集·附録》卷一、蘇轍《神道碑》、韓琦《墓誌銘》載《附録》卷二,葉濤《重修實録本傳》朱本、《神宗實録本傳》墨本載《附録》卷三、《四朝國史本傳》載《附録》卷四。王偁《東都事略》爲《文淵閣四庫全書》本。
② 《二十五史·新五代史》第 4 册《五代史記序》,浙江古籍出版社,1998 年,第 1005 頁。
③ 紀昀《四庫全書總目》卷四六《舊五代史》提要,中華書局,1965 年,第 411 頁。
④ 晁公武《郡齋讀書志》卷五"《新唐書》二百二十五卷"條,上海古籍出版社,1990 年,第 193 頁。
⑤ 陳振孫《直齋書録解題》卷四"《新唐書》二百二十五卷"條,《武英殿聚珍版叢書》本。
⑥ 同上書,卷四"新五代史七十四卷"條。
⑦ 宋敏求《春明退朝録》卷下,中華書局,1980 年,第 44—45 頁。
⑧ 洪邁《容齋隨筆》卷一"文繁簡有當",上海古籍出版社,1978 年,第 7 頁。
⑨ 黄震《黄氏日鈔》卷四四,耕餘樓刊本。
⑩ 王明清《揮麈録》後録卷二"吳縝著《唐史糾謬》《五代史纂誤》之因"條,中華書局,1961 年,第 100 頁。

⑪ 見吳縝《新唐書糾謬》目錄,《文淵閣四庫全書》本。
⑫ 《宋史·呂夏卿傳》稱夏卿"通譜學,創爲世系諸表,於《新唐書》最有功",前引宋敏求《清明退朝錄》稱劉彝叟"修《天文》《曆誌》",梅堯臣"修《方鎮》《百官表》",則《新唐書》誌、表爲多人共同編寫,但歐陽修、宋祁既然有分工,列傳題宋名,本紀、誌、表題歐名,理當各負其責。
⑬ 《四庫全書總目》卷四六《新唐書》提要,第 410 頁。
⑭ 見歐陽修《歐陽文忠公文集·居士外集》卷一七《與尹師魯第二書》,《四部叢刊》本。
⑮ 邵伯溫《邵氏聞見錄》卷一五,中華書局,1983 年,第 166—167 頁。
⑯ 見歐陽修《歐陽文忠公文集·居士外集》卷一七《與尹師魯第二書》。
⑰ 王闢之《澠水燕談錄》卷六,中華書局,1981 年,第 70 頁。
⑱ 載《公是集》卷九,《武英殿聚珍版叢書》本。
⑲ 員興宗《九華集》卷八《策問二道》,《四庫全書珍本初集》本。
⑳ 葉夢得《石林燕語》卷一,中華書局,1984 年,第 9 頁。
㉑ 張鎡《仕學規範》卷三五,《文淵閣四庫全書》本。
㉒ 周必大《廬陵周益國文忠公集·平園續稿》卷三五《彭孝子墓表》,清道光二十八年瀨塘別墅刊本。
㉓ 林之奇《拙齋文集》卷一,《文淵閣四庫全書》本。
㉔ 《四庫全書總目》卷四六《新五代史記》提要,第 411 頁。
㉕ 王應麟《困學紀聞》卷一四"五代時寒食野祭"條,遼寧教育出版社,1998 年,第 289 頁。
㉖ 見葉適《習學紀言》卷四九《呂氏文鑒》,《文淵閣四庫全書》本。
㉗ 葉夢得《避暑錄話》卷上,《學津討原》本。
㉘ 《四庫全書總目》卷四六《五代史記纂誤》提要,第 412 頁。
㉙ 《資治通鑑》卷六八《魏紀》一,《文淵閣四庫全書》本。
㉚ 章望之《明統論》語,引自郎曄編《經進東坡文集事略》卷一一《正統辨論中》,《四部叢刊》本。
㉛ 郎曄編《經進東坡文集事略》卷一一《正統辨論中》。
㉜ 《歐陽文忠公文集·居士集》卷一六《正統論上》。
㉝ 同上書,卷一六《正統論下》。
㉞ 司馬光《資治通鑑》卷六九,《文淵閣四庫全書》本。
㉟ 陳師道《後山集》卷一三《正統論》,《文淵閣四庫全書》本。
㊱ 同上。
㊲ 同上。
㊳ 《資治通鑑》卷六九,《文淵閣四庫全書》本。
㊴ 歐陽玄《圭齋集》卷二,《文淵閣四庫全書》本。
㊵ 趙秉文《閑閑老人滏水文集》卷一四,《四部叢刊》本。
㊶ 王若虛《滹南遺老集》卷二一《諸史辨惑下》,《四部叢刊》本。
㊷ 朱熹《晦庵集》卷七一《考歐陽文忠公事蹟》,《文淵閣四庫全書》本。
㊸ 《歐陽文忠公文集》卷一六《正統論上》。
㊹ 劉浦江《"五德終始"說之終結——兼論宋代以降傳統政治文化的嬗變》,《中國社會科學》2006 年第 2 期。
㊺ 劉復生《宋朝"火運"論略——兼談"五德轉移"政治學說的終結》,《歷史研究》1997 年第 3 期。
㊻ 郝經《郝文忠公陵川集》卷三〇《刪注刑統賦序》,《文淵閣四庫全書》本。
㊼ 王惲《秋澗先生大全文集》卷八五《請論定德運狀》,《四部叢刊》本。
㊽ 見陶宗儀編《南村輟耕錄》卷三,中華書局,1959 年,第 38 頁。

㊾ 饒宗頤《中國史學上之正統論》,上海遠東出版社,1996 年,第 39 頁。
㊿ 《歐陽文忠公文集》卷一六。
(51) 王曉清《宋元史學的正統之辨》,《中州學刊》1994 年第 6 期。
(52) 劉浦江《"五德終始"説之終結——兼論宋代以降傳統政治文化的嬗變》,《中國社會科學》2006 年第 2 期。
(53) 何焯《義門讀書記》卷三八《歐陽文忠公文上》,崔高維點校,中華書局,1987 年,中册第 682 頁。
(54) 梁寅《石門集》卷七,書目文獻出版社,1988 年,第 458 頁。
(55) 王曉清《宋元史學的正統之辨》,《中州學刊》1994 年第 6 期。
(56) 饒宗頤《中國史學上之正統論》,第 55 頁。
(57) 王褘《王忠文集》卷一《正統論》,《文淵閣四庫全書》本。
(58) 劉因《静修集》卷三《叙學》,《文淵閣四庫全書》本。
(59) 修端《辨遼宋金正統》,《元文類》卷四五,《文淵閣四庫全書》本。
(60) 陶宗儀編《南村輟耕録》卷三,第 33 頁。
(61) 虞集《道園學古録》卷三二《送墨莊劉叔熙遠遊序》,《四部叢刊》本。
(62) 權衡《庚申外史》卷上,《叢書集成初編》本。
(63) 饒宗頤《中國史學上之正統論》,第 55 頁。另參顧炎武著、黄汝成集釋《日知録》卷四"謂一爲元"條,上海古籍出版社,2006 年,第 192 頁。
(64) 王褘《王忠文集》卷四。
(65) 鄭玉《師山集》卷二《讀歐陽公趙盾許止弑君論》,《文淵閣四庫全書》本。
(66) 吴師道《禮部集》卷一八《王彦章畫像記後題》,《文淵閣四庫全書》本。
(67) 宋濂《文憲集》卷一二《題新修李鄴侯傳後》,《文淵閣四庫全書》本。
(68) 楊慎《升庵集》卷四七《二唐書》,《文淵閣四庫全書》本。
(69) 李夢陽《空同集》卷六二《論史答王監察書》,明萬曆壬寅刊本。
(70) 何喬新《椒邱文集》卷二《諸史》,《文淵閣四庫全書》本。
(71) 何良俊《四友齋叢説》卷五,中華書局,1959 年,第 47 頁。
(72) 王世貞《弇州四部稿》卷一一六《策問第三》,《文淵閣四庫全書》本。
(73) 朱右《白雲稿》卷三《史概》,《文淵閣四庫全書》本。
(74) 同上書,卷五《三史鈎玄序》。
(75) 楊士奇《東里文集》卷一〇《書五代史後》,清光緒三年刊本。
(76) 何喬新《椒邱文集》卷二《諸史》。
(77) 何良俊《四友齋叢説》卷五,第 47 頁。
(78) 茅坤《茅鹿門先生文集》卷八《與陳大西司理書》,明刊本。
(79) 楊慎《丹鉛總録》卷二五,明嘉靖三十三年甲寅門人梁佐校刊本。
(80) 同上書,卷一一。
(81) 王世貞《讀書後》卷三《書五代史後》,清乾隆丙子刊本。
(82) 同上。
(83) 李長祥《天問閣文集》卷三《與龔介眉書》,南林劉氏求恕齋刊本。
(84) 胡應麟《少室山房集》卷九八《史論五首·歐陽修》,《文淵閣四庫全書》本。
(85) 蘇轍《欒城集·後集》卷一一《歷代論五·馮道》,《四部叢刊》本。
(86) 徐一夔《始豐稿》卷四《蘇穎濱論馮道甚恕》,《文淵閣四庫全書》本。
(87) 王褘《王忠文集》卷四《正統論》。

⑧⑧ 同上。
⑧⑨ 方孝孺《遜志齋集》卷二《後正統論》,《四部叢刊》本。
⑨⓪ 同上書,卷二《釋統上》。
⑨① 同上書,卷二《後正統論》。
⑨② 歸有光《歐陽文忠公文選》評語卷四,清刊本。
⑨③ 茅坤《歐陽文忠公文鈔》評語卷一二,皖省聚文堂重校刊本。
⑨④ 張志淳《南園漫錄》卷八《正統》,《文淵閣四庫全書》本。
⑨⑤ 《伊川易傳》卷一《周易上經》"六五,黃裳元吉"條,《文淵閣四庫全書》本。
⑨⑥ 傅山《霜紅龕集》卷三六,清宣統三年山陽丁氏刊本。
⑨⑦ 田雯《古歡堂集》卷二一《廿一史》,《文淵閣四庫全書》本。
⑨⑧ 沈德潛《沈歸愚詩文全集·歸愚文續》卷二,教忠堂刊本。
⑨⑨ 李慈銘《越縵堂讀書記》史部之正史類《新唐書》,上海書店出版社,2006年,第344頁。
⑩⓪ 趙翼《廿二史劄記》卷一六《新舊唐書》"新唐書本紀書法"條,《續修四庫全書》本。
⑩① 吳偉業《梅村集》卷三四《朱昭芑墓誌銘》,《文淵閣四庫全書》本。
⑩② 馮班《鈍吟雜錄》卷四《讀古淺說》,《叢書集成》本。
⑩③ 蔡世遠《古文雅正》卷六,清光緒乙巳宏道堂叢刊本。
⑩④ 同上。
⑩⑤ 王鳴盛《十七史商榷》卷六九《新舊唐書》一"二書不分優劣"條,《續修四庫全書》本。
⑩⑥ 同上書,卷八五《新舊唐書》十七"新書創立體例遠勝舊書"條。
⑩⑦ 同上書,卷七九《新舊唐書》十一"前代沿革"條。
⑩⑧ 趙翼《廿二史劄記》卷一六《新舊唐書》"新唐書"條,《續修四庫全書》本。
⑩⑨ 同上。
⑩⑩ 馮班《鈍吟雜錄》卷四《讀古淺說》,《叢書集成》本。
⑪① 紀昀等《四庫全書總目》卷四六《新唐書》提要,中華書局,1965年,第410頁。
⑪② 趙翼《廿二史劄記》卷一七《新舊唐書》"新書增舊書處"條,《續修四庫全書》本。
⑪③ 同上書,卷一八《新舊唐書》"新書盡刪駢體舊文"條。
⑪④ 《十七史商榷》卷七〇《新舊唐書》二"新紀太簡"條。
⑪⑤ 《四庫全書總目》卷四六《新唐書》提要,第410頁。
⑪⑥ 《十七史商榷》卷七〇《新舊唐書》二。
⑪⑦ 同上書,卷七四《新舊唐書》六"新紀不見王叔文"條。
⑪⑧ 錢謙益《牧齋初學集》卷九〇《天啓元年浙江鄉試程錄·第三問》,《四部叢刊》本。
⑪⑨ 錢謙益《牧齋有學集》卷三八《再答蒼略書》,《四部叢刊》本。
⑫⓪ 同上書,卷三九《答山陰徐伯調書》。
⑫① 朱鶴齡《愚庵小集》卷一三《讀五代史》,上海古籍出版社,1979年影印本。
⑫② 《廿二史劄記》卷二一《五代史》"歐史不專據薛史舊本"條,《續修四庫全書》本。
⑫③ 趙翼《陔餘叢考》卷一三《五代史》,商務印書館,1957年,第227頁。
⑫④ 《廿二史劄記》卷二一《五代史》"歐史書法謹嚴"條。
⑫⑤ 同上書,卷二一"歐史傳贊不苟作"條。
⑫⑥ 章廷華《論文瑣言》,滄粟齋叢刻本。
⑫⑦ 《廿二史劄記》卷二一《五代史》"薛居正五代史"條。

㉘ 魏禧《魏叔子文集》卷八《十國春秋序》,易堂刊本。
㉙ 朱彝尊《曝書亭集》卷三五《五代史記注序》,《四部備要》本。
㉚ 章學誠《文史通義》外編二《唐書糾謬書後》,古籍出版社,1956年,第248頁。
㉛ 同上書,外編一《史學例議上》,第232頁。
㉜ 同上書,補遺《上朱大司馬論文》,第345頁。
㉝ 凌揚藻《蠡勺編》卷一三《五代史記》,《叢書集成》本。
㉞ 王贈芳《慎其餘齋文集》卷一七,清咸豐甲寅留香書屋刊本。
㉟ 王闓運《湘綺樓説詩》卷六,成都日新社,1934年,第24頁。
㊱ 章學誠《文史通義》外編二《唐書糾謬書後》,古籍出版社,第248頁。
㊲ 俞正燮《癸巳存稿》卷八《書五代史纂誤後》,遼寧教育出版社,2003年,第228頁。
㊳ 黄宗羲《南雷文案》卷四《答張爾公論茅鹿門批評八家書》,《四部叢刊》本。
㊴ 《曾文正公全集》第15册《求闕齋日記類鈔》卷下《文藝》,綫裝書局,2014年,第299頁。
㊵ 袁枚《隨園隨筆》卷四《諸史類》下"古無正統之説"條,《續修四庫全書》本。
㊶ 朱熹《孟子集注》卷七,《文淵閣四庫全書》本。

宋嘉定間乞頒賜程靈洗廟號封爵等文書研究

李偉國

近從婺源朋友程曉民先生處得見宋嘉定十五、十六年乞頒賜南朝梁陳程靈洗廟號、封爵文書，原件應爲元代稿本或抄本，共二十六頁，由收藏者裱爲經折裝兩册，頁次不盡正確，内容亦有缺失，但這一前此未見得珍貴原始文書，爲研究宋代文獻及新安地區社會狀況和民衆心態等提供了新的材料。

今謹就其内容性質及其作者、價值等問題論述如次。

一

文書内容可分爲三部分，第一部分主要摘自北宋程祁所著《程氏世譜》，第二部分抄録南宋嘉定十五、十六年地方士紳官吏乞頒賜南朝梁陳程靈洗廟號封爵文書，第三部分爲補充材料。

文書開首爲程靈洗三代譜録，此譜及下《程靈洗傳注》的主要内容均應爲宋程祁撰《程氏世譜》之一部分（理由見下文）。

程祁，字忠彦，浮梁（今江西景德鎮東北）人。元豐五年進士及第，調補玉溪掾。歷太學博士、都官員外郎，紹聖中自乞爲發運司幹當公事，隨父出使江南。政和中知吉州，宣和中累官朝散大夫、提點杭州洞霄宫。編有《程氏世譜》三十卷。其事蹟見其伯父程節傳附[①]及其所撰《京山縣新學記》《程氏世譜序》等文章中。

程祁工詩。宋周必大《二老堂詩話》下《程祁陳從古梅花詩》條：

政和中，廬陵太守程祁學有淵源，尤工詩，在郡六年，郡人段子沖字謙叔，學問過人，自號潛叟，郡以遺逸八行薦，力辭，與程唱酬梅花絶句，展轉千首，識者已嘆其博。……[②]

《程氏世譜》今已佚，存有三篇序言，可以考見編纂經過。其程祁前序云：

程氏望出廣平，其上世蓋高陽之諸孫也。在五帝世爲火正，爲祝融，爲和仲、和叔。逮及周成康之際，始受封爲程國。由周而下，世有聞人，見於傳記可考。唐末五代之亂，亡失舊譜，上世次序，不可復知。祁爲兒時，受教於先祖曰："程氏中微，不得祖譜。自吾有知，深忿惜之。今且老矣，子孫必當承吾志。凡遇同族，宜博采訪，期於必獲而後止。"且吾聞之先府君，以爲吾家盛德之後，蓋重安、忠壯公之系姓也。其後家君爲和州歷陽縣尉，故吳門光祿帥洪道過南豫，從容謂家君曰："吾姓同出黃墩，而譜書不傳，意其遺落民間，尚未泯墜。吾曹遊宦，先至歙郡，當力求之，毋忘以成書相寄也。"

熙寧十年春，家君由小著得請知歙之婺源。明年，歲在戊午，實元豐元年正月之九日，於歙縣得程氏數十家於黃墩，其豪曰志忠，率諸族父子兄弟迎謁道左，雖皆未學，然頗知禮，蓋有衣冠遺風焉。從而詢之，乃出《家譜》一卷，祖孫相傳，多歷年數，文字漫滅，世次不明。又得所謂相公墓及宅基、射鹿湖、浴馬池等處，里民談忠壯公遺事，歷歷可聽。其盛德在民，歲時相與祠事不絕。家君既拜墓下，又從歙令張世望借取《圖經》，因以考實所聞，蓋皆符合。居無幾，海寧族人程立亦獻其所藏世次一卷。兩家譜叙僅足以相補，詞多鄙野，不成句讀。或傳歙縣程璇家有善本，會其家因回祿之變，併以亡失。

先是，家君將之歙，留祁居家，自婺源至黃墩，嶺道回還，凡二百餘里。既行之三日，祁夜夢如迷途入一大墓中，意甚恐。適一古衣冠丈夫援手指之曰："道此可還而家也。"及寤，頗記其狀。比家君還自歙，述墓塋林隧之勢，如夢所睹。於是家君悉以所得程氏譜書付祁，曰："女當論次。吾讀舊譜，至荆州驃騎，有三世不修譜之戒，誠哉是言也。且忠壯精靈英爽，死且不朽。殆神有意屬女於夢寐，吾滋異之。"

祁奉命不自揆度，實始載其事於心，由是稽考史傳，以相證佐。一代定著爲一譜，以《開元譜》爲第一。其後十年，調補玉溪掾，其書粗成，然猶未敢以爲是也。東南族人或有好事者，隨輒取去，離析卷帙，遷附臆說，其所寫本，率多異同，往往標寫以爲祁所定，前後相詭，理出厚誣。元祐間，祁掌教衛學，暇日復加銓擇，鉛槧編簡，不去几案者垂又五年，乃能訖事。因竊嘆曰：程氏譜諜散漫無紀久矣，凡我同姓，宜所共惜。今以祁之固陋，其所論次，大懼不文，不足以發揚萬分之一。然其世序條例，頗用史法，井井條理，不爲不備也。倘宗人與我同志，或嗣有所見，或別有藏書，與今譜不同者，益以見教焉。以祁犬馬之齒或未衰也，尚庶幾改之，予日望之。③

序中所說的"先祖"，應爲程祁之祖父程遷，"先府君"指其伯父程節，"家君"則爲其父親程筠。

其後序云：

……洪惟我姓,上承黄帝、高陽之德,下繼火正、司馬之功,《鄭語》有之,史伯謂桓公曰:"天之所啓,十世不替。"黎爲高辛氏火正,以焞耀敦大,天明地德,光照四海,故命之曰祝融,其功大矣。成天地之大功者,其子孫未嘗不章。昆吾爲夏伯矣,豕韋爲商伯矣。以此考之,休父作武於周宣,肅侯贊畫於魏武,豫章同德於宋高,忠壯配享於陳祖,佐命之績,抑其世烈也夫!至若誠信侯感驅馳之義,結生死之契,殞首晦明,趙宗以基,雖昊天之所授,踐祚而撫運者必將保艾其後,以造無疆之服曆,彼屠岸賈何足以替之?如其隆替匪由人謀,則侯亦何力之有?然竊比夫斷鼇立極而取日於咸池者,豈不懋哉!宜乎元豐之詔著之典祀,加以顯服,寵於幽窀,光施於後人也。南宗疏遠,久不與中州接,洛陽宗國,風馬相遥,而黄墩宗人日失其序,譜牒蕪落,曾無以爲子孫藉口之實,亦遑議纘戎之事哉!祁不敏,蓋有志於此,而未之敢爲,束楮濡毫,日以望於宗盟,不爲不久也。然且未有爲之倡者,豈我前烈遂將隕墜於地與?何其寂寞而無紹也!用是不自揆,載其事於心。比者靈鑒其衷,遺譜薦出,補闕拾遺,證以史傳,上繫公孫之帝,下迄於昭代,隨其所聞,靡迂靡略,其所不知,蓋闕如也。書凡三十卷,作《世譜傳序》。④

程祁編《程氏世譜》,所據材料有程志忠提供的《家譜》一卷,然"多歷年數,文字漫滅,世次不明",海寧族人程立獻其所藏世次一卷,兩份家譜所叙"僅足以相補,詞多鄙野,不成句讀",從歙令張世望處借取的《圖經》,以及其父所得程氏譜書等。還有一些對相公墓及宅基、射鷹湖、浴馬池等處的實地考察情況和民間口耳相傳的逸聞軼事。光以上這些材料,是不可能編成三十卷的世譜的,程祁一定還使用了大量的史部和集部圖書資料。明代的程氏後人程敏政在其所著《新安文獻志》中多處提到《程氏世譜》一書,並對其部分材料的準確性提出了質疑,李邕《唐桂府長史程文英神道碑》跋云:

而宗人都官祁撰《程氏世譜》三十卷,其定著中山譜,亦止據《姓纂》不見此碑。雖曰《文苑英華》在當時卷帙太多,人所難致,編選未精,人所厭觀。然歐陽公辨博考索之功,亦容有如劉原甫之所少者,彼其定著歐陽氏譜,與唐世系表,本出一手,而自相矛盾,則亦何有於他人哉!至於祁之《世譜》,上下千有餘年,凡程氏之見於載籍者,錯綜而附麗之,事靡或遺,而文足以發,其辨博考索之功,要以爲難。顧乃妄爲忠壯五世孫名,以著於譜,而忠壯五世孫名載於邕碑而未亡者,反不之見,則其餘所定著又可知矣。⑤

又跋韓義賓《唐定州別駕程君士庸墓誌銘》云:

按此誌出趙明誠《金石續錄》,考明誠與都官祁實同時,而明誠集此錄數千卷,在當時最名博雅,祁不相聞,乃用他書雜定宗譜,而無取於是録,失之矣。予得此誌而據以訂祁譜之大失者有三。⑥

以下詳加考訂,文長不録。

雖然如此,《程氏世譜》編成於北宋後期,其文獻價值仍應予以肯定,今其書已佚,於此文書可見其部分内容,也是頗爲珍貴的。

二

以文書中之"程靈洗傳"與傳世史書相校,頗有長處。

如謂程靈洗"便騎善射","射",唐姚思廉撰《陳書》(以下簡稱《陳書》)《程靈洗傳》作"游",⑦唐李延壽撰《南史》(以下簡稱《南史》)同。⑧按程靈洗善射,傳中叙及,以作"射"爲長,今本《陳書》和《南史》誤。

又如"譙州刺史兼領新安太守","兼",同上書作"資",句讀作"譙州刺史資、領新安太守"。

清錢大昕對此有過研究,《廿二史考異》(清乾隆四十五年刻本)《陳書·徐世譜傳》條云:

"除通直、散騎常侍、衡州刺史資、鎮河東太守","鎮"當作"領",梁陳之間,往往有以刺史資領郡守縣令者,程靈洗以譙州刺史資領新安太守,徐世譜以衡州刺史資領河東太守,陳詳以青州刺史資領廣梁太守,熊曇朗以桂州刺史資領豐城縣令,黃法𣰰以交州刺史領新淦縣令,錢道戢以東徐州刺史領錢塘、餘杭二縣令,章昭達先除定州刺史,而後爲長山縣令,亦是以刺史資領縣令也。又有以刺史資監别州者,陳擬以雍州刺史資監南徐州,華皎以新州刺史資監江州是也。⑨

又《南史》卷三《黃法𣰰傳》條:

"梁元帝承制授交州刺史資領新淦縣令",按梁末增置之州多,而刺史資亦輕,又遥授非實土,故有以刺史資而領郡者,程靈洗以譙州刺史資領新安太守,徐世譜以衡州刺史資領河東太守是也,法𣰰以刺史資領縣令,又異數矣。⑩

是錢氏以"資"爲"官資",似亦可通。然在《陳書》《南史》和其他史書中,都沒有對"刺史資"作出官制角度的説明,且亦有作"兼領"者,如《陳書》卷一二《徐度傳》"以功除信威將軍、郢州刺史、兼領吳興太守",《南史》卷六七、宋王欽若等《册府元龜》卷三四五、宋鄭樵《通志》

卷一四四均同。錢氏未有論及。故錢氏的論述尚不能令人信服。

本文書出自北宋程祁《程氏世譜》，《陳書》和《南史》爲其主要材料來源，作"兼領"必有所本。上引兩處"刺史資"今本《陳書》和《南史》均如此，應爲《陳書》在前，《南史》因襲。中華書局正在修訂《二十四史》標點本，此點可提供參考。

三

本文書之《程靈洗傳注》有正文，有注文，正文爲引述歷史文獻，注文爲考辨。注文中多次出現的"祁按"和"釋切謂"，給出了有關此文書編撰者的綫索。其中有一處注文云："祁按：族人士忠爲家君言：忠壯公微時……"顯然，其中的"族人士忠"、"家君"和"祁"均爲忠壯公程靈洗的後人，那麼"祁"就是程祁無疑了。上文所引程祁《程氏世譜》前序有"熙寧十年春，家君由小著得請知歙之婺源。明年，歲在戊午，實元豐元年正月之九日，於歙縣得程氏數十家於黃墩，其豪曰志忠，率諸族父子兄弟迎謁道左，雖皆未學，然頗知禮，蓋有衣冠遺風焉"云云，亦可證。程志忠亦爲《程氏世譜》作序，見本書資料輯錄。又在以"釋切謂"開頭的注文中，有"族祖祁知而不之改者，不欲易舊譜之文也。今始注出於此"等語，則可知"釋"亦爲程姓，且爲程祁之孫輩。

四

《狀陳本縣乞行敷奏廟額封事》《本縣牒西尉親詣地所體究隣保實事狀》《轉運司臺狀》和《鄰保事狀》四篇爲南宋嘉定十五年和十六年地方文書。內容圍繞爲程嬰之裔孫程靈洗乞廟額、丐封爵之事，據《新安文獻志》方澄孫《開化龍山顯祐廟碑》，自元豐始有曰靈洗廟於黃墩，而"賜號世忠自嘉定始"，則上述文書之訴求，最終是得到了朝廷的批准了的，"淳祐二年七月，詔衢州開化縣立程巖將之廟於龍山，額曰'顯祐'，從其邦人之請也"，[11]則又爲一事。

至南宋末，宋恭帝又於德祐元年四月連下兩詔，封世忠廟神忠烈顯惠靈順善應公程靈洗遠祖東晉新安太守元譚爲忠佑公，封世忠廟神忠烈顯惠靈順善應公程靈洗妻董氏爲惠懿夫人。[12]是爲補充性的封爵。

其中嘉定十六年三月《轉運司臺狀》中提到的趙汝芷，《宋史·宗室世系十》有記錄，[13]據《(咸淳)重修毗陵志》，爲嘉定十年吳潛榜進士，[14]清趙宏恩《(乾隆)江南通志》卷一二〇選舉志記其爲常州人。[15]推官趙義，宋真德秀《西山集》卷七《申御史臺并戶部照會罷黃池鎮行鋪狀》有云："照對黃池一鎮，商賈所聚，市井貿易，稍稍繁盛，州縣官凡有需索，皆取辦於一鎮之內。諸般百物，皆有行名，人戶之挂名籍，終其身以至子孫無由得脫。若使依價支錢，尚不免爲胥吏減剋，況名爲和買，其實白科？今據張宣、趙義等四十三狀所陳，誠可憐憫。以區區鋪店，能有幾許財本？而官司敷配，曾無虛日，誠何以堪？照得在法置市，令司自有明禁，朝廷屢行申飭，不許創立行名。當司雖已嚴出榜文，不許州縣抑勒行鋪買物，然行名不除，終爲人户之害。牒本州帖縣鎮，將黄池鎮應干行名日下並行除免，仍給版榜，本鎮市曹釘挂曉示，如今後州縣鎮務等官吏輒敢科敷民户，收買一物一件，許徑詣本司陳訴，定將官員案劾，公吏決配施行。仍申御史臺、尚書户部，並移文諸司照會。嘉定八年十二月，因巡歷至黄池，鎮民遮道以千數，陳訴監鎮官史文林彌迴買物不償價錢等事，已將鎮史押送鄰郡根究。"⑯黄池鎮在寧國府，時間爲嘉定八年，地邇時近，文中所述之趙義與此文書中之趙義應爲一人。

他如待補國學生汪暐、二十五都保正吳文郁等無考。

五

三通缺題的文書，頗難查考其來源。

第七通"黎之後自伯符封廣平郡"云云，前後均缺，内容可見於宋胡麟《梁將軍程忠壯公碑》，現謹據《新安文獻志》録出，以供對照：

  陰陽愆違，水旱不節，誰其序之？天災流行，人物疵病，誰其禦之？明爲人福，幽爲神助，誰其屍之？凜凜乎克當其任者，吾忠壯公之神歟？

  公姓程，諱靈洗，字元滌。其先出於黄帝，重黎之後。自休父仕周宣王爲大司馬，封程伯。其後曰嬰，仕晉平公，有托孤之德，封忠誠君。東晉時諱元譚者，持節爲新安太守，有善政，詔賜宅於歙黄墩，子孫遂以爲桑梓。自元譚六世生天祚，仕宋爲山陽内史。九世生茂，仕梁爲鄆州長史。皆以忠勇聞。茂生誓，梁秘書少監。誓生寶惠，爲本郡儀曹，娶安定胡氏而生公。公性寬惠，孝於親，友於弟。待群下以恕，處鄉黨以義，别嫌明疑，定是正非，無得誰何者。

  所居之偏，其湖深廣，有神居焉。與吕湖爲鄰，吕湖有蜃，素爲居民之害。湖之神一夕爲黄冠見夢於公，曰："吕湖蜃稔惡於此，不早圖去，民其魚乎！明日吾復與戰，披帛於肩者，我也。以公義士，敢以相辱。公倘爲助，酬報敢後？"翼日公果率鄉之少年鼓譟於湖側而俟。有頃，湖水浩蕩，雲霧隱暗，兩牛角於灘上，而肩白者屈。公挽弓發矢中彼黑者，俄而陰晦廓清，湖波澄静。居不更夕，有巨魚死於吉陽灘下，即吕湖蜃也。至今號其灘曰蜃灘。自是吕湖漲塞，而居民之害除矣。越數日，有道士叩門候公，公爲具饌。道士曰："公嘗有德於我矣，又勞雞黍之勤，何以爲報？吾素習天機書，能卜善地，當隨我以行。"至黄牢山，以白石識之，曰："遷此可暴貴矣。"公於是爲太夫人壽塋焉。

  梁大寶間，侯景之亂，公據黟歙以拒之。侯景移軍，新安太守蕭隱奔依焉。公奉以主盟，景不得而陸梁也。其後平徐嗣徽，破王琳，走周迪，敗華皎，降元定，擒裴寬，與士卒同甘苦，雖節制甚嚴，而人樂爲之用。太清、承聖間，除散騎常侍、建威將軍。

累遷新安丹陽太守,歷譙州、青州、豫州刺史,巴丘縣侯,食邑千户。事武帝,以功授蘭陵、南陽太守,封遂安縣侯,遷太子左衛率。事世祖,爲豫州刺史,持節西道,授都督,食邑千户,鼓吹一部,班劍四十人。又遷中護軍,出都督鄖州。廢帝即位,進雲麾將軍,封重安縣公。卒,贈鎮西將軍、開府儀同三司,配享武帝廟庭,謚曰忠壯。夫人董氏。生子二十有二人。長文季,有高烈,傳於公後,餘多以功顯於時。今程氏散處四方者,其源皆出黄墩,國史家譜載之詳矣。故此可得而略也。

初,公微時,其聲名氣節達於朝廷。嘗負鏵視田,而詔使踵門,公置鏵水中以卜休咎,果得吉卜,今尚有鏵卜坑焉,其旁則公之宅也。今衆水潴爲深湖,湖之水清瑩可鑒,時有巨鱗聚浮其中,人不得而漁焉,號曰相公湖。不數百步,公之墓也。公嘗自營其兆域,以縑帛埋之墓前,祝曰:"吾子孫有能大吾門户,當生大木以爲休徵。"既而檆木生焉,今大且十圍,其一不知何代爲風雨所摧,旁出二枝,亦合抱矣,號曰千年木。鄉人遂於其下疊石爲壇,以奉祭祀,號曰相公壇。

公生爲黄墩人,死爲黄墩神。祈雨而雨,祈晴而晴。瘟火疾癘,有禱即應。黄墩之民,受公之庇爲不淺矣。曰牛一、曰羊一、曰豕一,與夫脯醢之薦,莫不時謹。故自夏四月至秋八月,土鼓鼕鼕,不絶其聲,展敬乞靈於祠下者又百餘社,陳莫薦醑,何其虔也!公之壇與里之社接宇,春秋戊祭,以公配焉。公之功德與勾龍氏相爲終始乎?暨今數百年而益大,故凡謁於廟者,皆願豐碑以識公之始末。

里人方汝舟實贊成之,捐金刻石,求記於麟。惟公歷事梁、陳,功業著矣,雲仍詵詵,以文章登顯位者,代不乏人,固有能發潛德之幽光以傳不朽者。乃屬記於麟,其不贅乎?蓋嘗證於夢寐,而僉謀所憑,何敢不勉?謹按圖經史氏,與夫講討村老之傳聞,端拜而特書之,庶幾後人益加嚴奉,永永不懈,亦使訪古者併有所考焉。嘉熙己亥孟秋既望謹記。①

第八篇"羅星光菁茅海鳧不足以"云云,應爲程祁《程氏世譜》所録。

第九篇"東北五里地名石岡"云云,中有"延祐中,裔孫太甓提舉程□復勒石重誌於墓"等語,説明此文書最早編撰於元延祐(1314—1320)年間,其時距宋亡(1279年)不遠。疑"裔孫太甓提舉程□"即前述程釋,若此推斷正確,則程釋爲元人,此文書成於元代初期。

這批文書中的程靈洗譜表和傳注等,内容應爲程祁《程氏世譜》的一部分,而此書今已佚,傳注中又引用了《歙縣圖經》等,乃宋代歙縣方志,今亦已佚,而四通南宋嘉定年間地方文件,更是前所未見的。故此文書具有較高的文獻價值。

(作者單位:上海人民出版社)

---

① 程敏政《新安文獻志》卷八〇行實《程待制節傳》,《文淵閣四庫全書》本。

② 周必大《文忠集》卷一七八《二老堂詩話》下。
③ 《程典》卷三〇。又見道光《休寧縣志》卷二〇。《全宋文》卷二六三三程祁,上海辭書出版社、安徽教育出版社,2006年,第122册,第152頁。
④ 《程典》卷三〇。《全宋文》卷二六三三程祁,第122册,第154頁。
⑤ 程敏政《新安文獻志》卷六二上行實。
⑥ 同上。
⑦ 姚思廉《陳書》卷一〇,中華書局,1972年,第1册,第171頁。
⑧ 李延壽《南史》卷六七,中華書局,1975年,第4册,第1632頁。
⑨ 錢大昕《廿二史考異》"陳書·徐世譜傳"條,清乾隆四十五年刻本。
⑩ 同上書,"南史·黄法𣰰傳"條,清乾隆四十五年刻本。
⑪ 程敏政《新安文獻志》卷四四。
⑫ 弘治《休寧志》卷三一。《全宋文》卷八三四五宋恭帝,第360册,第229、230頁。
⑬ 脱脱等《宋史》卷二二四《宗室世系十》,中華書局,1977年,第6622頁。
⑭ 史能之《(咸淳)重修毗陵志》卷一一,明初刻本。
⑮ 趙宏恩《(乾隆)江南通志》卷一二〇選舉志,《文淵閣四庫全書》本。
⑯ 《全宋文》卷七一五五真德秀,第312册,第365頁。
⑰ 程敏政《新安文獻志》卷六一。

附:宋嘉定間乞頒賜程靈洗廟號封爵等文書錄校

1. 程靈洗三代譜録

一仕陳譜	文季儀同威悼公
	文華太子舍人
	文慎鄱陽參軍
	文璨鄱陽太守
司空兼丹陽尹,贈	文秀尚書選部郎
鎮西將軍,開府	文和早卒
靈洗	文恭太子左衛率
儀同三司,重妄【注】、	文幹早卒
忠壯公,配食武帝。	文翼弋陽令
	文曾鎮北胄曹
時居黄墩	文繡海寧令
	文奇中郎將

以下第二代尚有:文瑾壽昌令、文藻光禄勳、文愷早卒、文瑶建安司馬、文琮南平參軍、文震早卒、文養豫章太守、文瓊餘干尉、文饒太子左衛率、文禎駙馬都尉。

第三代爲:子承、子鬻襲封入隋、子同、子俊長林丞、子廉、子敬豫章將軍、子澄、子琳江夏尉、子瑶恩平令、子猷、子思、子元王通門人、子壽襲臨安侯、子威、子榮、子仁、子成。

【校注】
"妄",據後文當作"安"。

2. 程靈洗傳注

右謹按譜,諱靈洗祖,字玄滌,少以勇力聞,步行日二百餘里,便騎善射【注一】。梁末,海陵、黟、歙等縣及鄱陽、宣城界多盜,近縣苦之。靈洗素爲鄉里所畏伏,悉召里中少年,聚徒據黟、歙山險,以拒群盜。前後守張恒使捕劫盜【注二】,每獲焉。及侯景別將攻新安,太守湘西侯蕭隱不能支,奔依巖軍,靈洗大喜,具軍容郊迎,奉以主盟,軍威大振。孝元帝於荊州承制,又遣使間道奉表。會劉神茂自東陽建義拒賊,靈洗攻下新安,與神茂相應。元帝授持節、通直散騎常侍、都督新安郡諸軍事、雲麾將軍、譙州刺史兼領新安太守【注三】,封巴西縣侯,食邑五百户。及神茂爲景軍所破,景將呂子崇進攻新安【注四】,靈洗退保黟、歙。及景敗,子崇退走,靈洗復據新安,進軍建德,擒賊將趙桑乾。以功授持節、散騎常侍,加都督青、冀二州諸軍事,青州刺史,增邑並前一千户,將軍、太守如故。仍詔領所部下楊州,助王僧辯鎮防。遷吳興太守,未行。魏牛謹帥師伐梁,圍元帝於江陵,僧辯命引兵隨侯瑱西援荊州爲前鋒。荊州陷,還都,會陳高祖誅僧辯,夜襲右頭城。靈洗曰:"兵以夜至,逆順未明。"遂帥所領逆戰於西門外甚力。陳軍□□【不利】。高祖乃遣使招諭,且疏僧辯過惡,靈洗乃倒戈受命,高祖深義之。□□□□【紹泰元年,授】使持節、信武將軍、蘭陵太守、常侍如故,仍助征京口。及平□【徐】嗣□【徽】有功,除丹陽太守,封遂安縣侯,增邑並前共一千五百户,仍鎮□□【采石】。注 以上元載《事梁譜》。 及王僧辯既平,遂與陳高祖定君臣之契。永定元年,從周文育、侯安都擊王琳,敗績於沌口【注五】,皆爲所執,總以一長鎖繫而囚之於溢城。明年八月,王琳在白水浦,文育等賂其守者,得上岸步投陳高祖,皆復其官。尋詔靈洗兼丹陽尹,出爲高唐、太原二郡太守,仍鎮南陵。遷太子左衛率。高祖崩,王琳前軍東下,靈洗於南陵擊破之,虜其兵士,獲青龍十餘乘。以功授持節、都督南豫州沿江諸軍、信威將軍、南豫州刺史。世祖天嘉元年,太尉侯瑱等相次敗王琳於柵口,靈洗乘勝逐北,據魯山,詔徵爲左衛將軍【注六】,餘如故。四年,周迪寇臨川,以靈洗爲都督,自鄱陽別道擊之,迪走,潛竄山谷。五年,遷中護軍,常侍如故,出爲持節、都督郢、巴、武三州諸軍事、宣毅將軍、郢州刺史。廢帝即位,進號雲麾將軍。華皎之反也,遣使招誘靈洗。時朝廷方倚之爲重,聞皎有使者,中外皆懼。會靈洗斬其使以聞,由是忠赤暴白,士庶歸仰,朝廷深嘉其意【注七】,增其守備,給鼓吹一部,又使其子文季領水軍助防。是時周遣其將長胡公拓跋定率步騎助皎攻圍,靈洗嬰城固守。及皎退,乃出軍躡定,定不□□□□□【獲濟江,以其】衆降。周沔州刺史裴寬度常年水至之處,立大水沿岸□□□□靈洗引兵至其城下,分佈戰艦,四面攻之,相持旬日,雨水暴泓,所立木表,皆可通舟。靈洗乃以大艦臨迫,晝夜攻之,苦戰三十餘日,死傷過半,女垣崩盡,遂克之,擒裴寬。詳見《裴寬傳》。以功進號安西將軍,改封重安公,增邑前後二千户,復加司空兼丹陽尹。光大二年,薨於州,壽八十四。贈鎮西將軍、開府儀同三司,諡曰忠壯。公性嚴急,御下甚苛刻,士卒有小過【注八】,必以軍法治之【注九】,造次之間,便加箠楚。然號令分明,能與士卒同甘苦,衆亦以此依附焉。 注 《陳書》云:"程靈洗父子並御下甚嚴苛,治兵整肅,然與衆同其勞苦,不私財利,士多依焉,故臨戎克辨。" 宣帝太建四年,論佐命功,以周文育、侯安都及靈洗方漢三傑,配食武帝廟庭。注 祁按:《南史》以靈洗及徐慶、杜稜配享武帝,與此說不同。釋切謂文育則以兵敗而爲下所殺,安都則以無禮而爲上所誅,是皆死有餘責者矣。死有餘責者,國家之罪人也,焉可以配享宗廟哉?是文育、安都不得預大烝之祭明矣。夫稜、慶雖無大功,亦無大過,然陳之佐命功臣,鮮有能保其終者,故以靈洗配武帝,而稜、慶預焉,此陳廟之典祀也。後世之人,評品當時人物,以文育、安都、靈洗皆有才略,足爲一世冠,故以方漢三傑,此後世之公論也。以文育、安都同得配食,此作譜者之誤也。族祖祁知而不之改者,不欲易舊譜之文也。今始注出於此。

按《歙縣圖經》記忠壯公宅在黄墩湖東,俗呼相公宅,墓在湖西北,俗呼相公壇,又浴馬池、射鴈湖、鼓吹臺基址俱在。黄墩湖闊二十餘丈,長三十丈,湖有神,常與呂湖鬭鬥。忠壯公有勇力,善射,夜夢玄衣道人告曰："我今被呂湖蜃所困，明日當復來，玄滌能助我，必有厚報。"公曰："何以自之？"道人答曰："白練肩者，我也。"夢中諾之。明日，集村中少年，鼓噪於湖上，湖中波濤洶激，大聲如雷，有二牛奔鬥。其一甚困而肩且白，忠壯公彎弓射中黑牛，俄而陰晦斯廓，湖水皆變。明日，有人見黑蜃斃於吉陽灘下，即呂湖蜃也，號其灘曰蜃灘。未幾，忠壯公偶它出，有一道人訪其母丐食，母爲設饌，食訖，謝勞母曰："設食無以爲報，吾善識墓地。"俾母隨行至山上，以白石誌之，曰："葬此可以暴貴。"言畢而去。忠壯公用其言，遷葬於其處。墓在湖北黃牢山南，有楮木大且十圍，鄉民立祠木下，號"千年木"。注　祁按：族人士忠爲家君言：忠壯公微時，黃墩神見夢曰："呂湖有蜃，苦我良甚。我在尚敢爾，況已殺我，彼得自恣，必盡噆黃墩諸村矣。以君義士，敢以煩君，非以自爲也，鄉曲之不存，亦君之憂也。果能相許，必有厚報。"以夢中許之。明日，集里中少年於湖上，大伐山木，爲桄榸以俟。須臾果有二物如牛，觸於波上，公射殺其一。今相公湖底，有古榸椿無數，如有行列，每年大水，木石漂掛，及水過，宛然尤在。漁人商賈，往來皆避之，雖誤觸，必有微戒，故今號"相公木"。呂湖蜃已死，公亦不以爲意。居無何，因事出外，太夫人居家。一日（下缺）

（上缺）公夫人童氏，伎妾二十餘人。性好播植，躬耕稼穡，至於水陸所宜，刈獲早暮，雖老農不之及。嬪媵無遊手，並督之紡績。至於散用貲財，亦不儉吝，蓋其性分然也。　注　以上參用《南史》本傳及《圖經》等文。　子男二十二人，夫人生文季、文禎、文華、文秀、文藻，諸姬生文慎、文璨、文和、文恭、文幹、文翼、文曾、文肅、文奇、文瑾、文愷、文瑤、文琮、文震、文養、文瓊、文饒。　按譜，文禎太康中爲招遠將軍，行義安郡太守，忠壯公加班劍，授持節桂州諸軍事、桂州刺史，封臨安縣開國侯，食邑五百戶，尚武帝長興公主，加駙馬都尉，留衛京師。生五子，曰子壽、子威、子榮、子仁、子成。子壽襲侯，餘以公主子禔負，皆拜官。陳亡，入隋，不得志。□□□□□補小桂令，遷太子舍人。文秀爲尚書選部郎，文藻爲光祿勳。□□□□爲朝廷所器使，而文禎尚公主。童夫人出入宮中，見其從容丐文華等左右，以故雖累除授，但食其俸，不莅事也。文慎爲鄱陽王府中兵參軍。文璨猿臂善射，其母鄱陽周氏。忠壯公之討周迪也，文璨留成鄱陽，朝廷擢授威遠將軍，行鄱陽太守。同母弟文瑾、文瑤、文琮、文瓊。文瑾爲壽昌令，文瑤爲建安王司馬，文琮爲南平王府中兵參軍，文瓊爲餘干尉。文和、文幹、文愷、文震皆蚤卒。文恭累官太子左衛卒【率】，文翼爲弋陽令，文曾爲鎮北府冑曹，文肅爲海寧令，文奇假中郎將使高麗，渡海溺水死，文饒爲太子左衛卒【率】。隋平陳，衣冠子弟北渡，故忠壯公諸子孫無聞於隋。

譚文季祖字少卿，附傳於父。幼習騎射，多幹略，果敢有父風。弱冠從父征討，必先登陷陣，忠壯公與周文育、侯安都爲王琳所執，武帝召陷賊子弟厚遇之，文季最有禮容，深見嗟賞。永定中累遷通直散騎常侍、句容令【注十】。世祖即位，除宣衛【惠】始興王府内中直兵參軍。是時始興王爲楊州刺史，鎮治【冶】城，府中軍事，悉以委之。天嘉二年，除貞毅將軍、新安太守，仍隨侯安都東討留異。【異】黨向文政據有新安，文季率□□【精甲】三百，徑往攻之【注十一】。文政遣其兄子瓚來拒，文季與戰，破之。文政遂降。□□□□□【三年，始興王】伯茂出鎮東州，復爲鎮東府中兵參軍，帶剡令。四年，陳寶□□□□□【應與留異連】合，又遣兵隨周迪出臨川，世祖遣信義太守余孝頃自海道□□【襲晉】安，文季爲之前軍，所向克捷。寶應平，文季及父並有功，還，轉府諮議參謀，領中直兵，出爲臨安太守，尋乘金趨車助父鎮郢城。華皎平，功居多。及忠壯公薨，文季盡領其衆，起復超武將軍，仍助防郢州。文季性至孝，雖軍旅奪禮，而毀瘠彌甚。太建二年，爲豫章内史，將軍如故。服闋，襲封重安公，隨都督章昭達率軍伐後梁荆州。後梁主蕭巋告急於周，周發兵救之，巋與周軍多造舡艦於青泥水中，時水暴漲漂疾，昭逹【達】遣文季與錢道戢以輕舟襲之，盡焚其舟艦。　注　祁按：《實錄》作程文秀，與本傳不同，作錄者之誤也。　昭逹【達】伺巋軍士稍怠【注十二】，又遣文季夜入其外郭，殺傷甚衆。既而周兵大出，巴陵内史雷道勤拒戰死之，文季僅以身免。師還，以功加通直散騎常侍、安遠將軍，增邑五百戶。五年，從都督吳明徹北伐齊，至秦郡前江浦通滁水【注十三】，齊人並下大柱爲柀栅水中【注十四】，文季領驍勇拔開其栅，明徹引大軍自後而至,遂克秦郡。又遣文季圍涇州,屠其城。進攻盱眙,拔之,仍隨明徹圍壽陽,殺其刺史王琳。文季臨事謹飭【注十五】,御下嚴整,前後所克城壘,悉皆迮水爲堰,土木之功,動踰數萬。凡置陣後,必身先將吏,夜臥早起,こ暮不休。軍中服其勤幹。每戰必自領前鋒,齊人深憚之,謂之程彪。以功加□□□□□□進號明威將軍,增邑五百戶,又進號武毅將軍。八年,爲持節、都督譙州諸軍事、安遠將軍、譙州刺史。其年,又督北徐州諸軍事、北徐州刺史,餘如故。九年,又隨吳明徹北伐,於呂梁作堰。十年春,敗績【績】於彭城,爲周所囚,仍授開府儀同三司。十四年,自周逃歸,至渦陽,爲邊吏所執,送付長安,死於獄中。是時朝廷與周絕,不能知也。至德元年,後主方知其的,贈散騎常侍、重安縣開國侯。詔曰:"故散騎常侍程文季纂承國緒,克荷家聲,早歲出軍,雖非元帥,啓行爲最,果敢有聞【注十六】。而覆喪車徒,早□從黜削。但靈洗之立功捍禦,久而見思;而文季之埋魂異域,有志可憫。言念勞舊,傷茲廢絕,宜存廟食,無使餒而【注十七】。可降封重安縣侯,食邑一千戶,以子嚮襲封,諡曰威悼侯。"二年,再下詔曰:"承聞北信故重安威悼侯,自脫虜庭,乃心上國,有願不遂。埋沒非所悼情,失圖良深慨嘆。可特贈開府儀同三司,還爵爲公。"儀同夫人王氏父子剛,鄱陽人,生九子,曰子承、子嚮、子同、子俊、子廉、子敬、子澄、子瑤、子琳。在周又娶武功蘇浩女,生三子,曰子獸、子思、子元。後主詔訪儀同諸子,時子承早亡,子同□□□執於周,即以尋陽太守子嚮爲新安內史,襲重安侯。禎明中,領□□□□丞相張悌素與儀同不平,往往惡子嚮,于是悌言於後主,以罷兵,使歸朝。子嚮日飲醇酒,陽狂以免。□隋晉王入陳,百官泥首請死,晉王召子嚮尉之曰:"陳忘爾祖父功,甚矣,卿又病良苦。"子嚮俯伏涕泣,對曰:"家國之事,一至於斯。承大王之明,得早自裁,下臣之幸也。"晉王爲之斂容,從入隋,授開府。子俊至德中爲長林丞,子廉爲東宮左衛卒【率】,子敬爲豫章王府中兵參軍,子琳隋文帝時爲江夏尉,子瑤爲恩平令。儀同之□子同、子澄、子獸、子思並見殺。蘇夫人獲免,遺腹生子元,寄食舅族,少長嗜學,爲太學生。其後王通以大儒教授汾、晉間,子元因門人薛奴【收】見之於絳,通與之言《六經》,元退謂收曰:"夫子載進彝倫,一正皇極,微夫子吾其失道左見矣!"遂師事焉。通門人數百,子元最爲通所鑒識,號稱入室。注　釋按:文中子門人數百,惟程元、仇章深得奧旨,時稱程仇,以比顏曾。詳見《文中子》。　唐貞觀初,房玄齡、杜如晦言於大【太】宗帝,有意召見之矣。會子元以病卒於家。

【校注】

　　一　便騎善射　　詳見正文二。
　　二　前後守張恒使捕劫盜　　"張",唐姚思廉撰《陳書》(以下簡稱《陳書》)第一冊卷一〇《程靈洗傳》第171頁作"長",較長。
　　三　譙州刺史兼領新安太守　　詳見正文二。
　　四　景將呂子崇進攻新安　　"崇",《陳書》第1冊卷一〇《程靈洗傳》第171頁及《册府元龜》卷三五二等作"榮"。
　　五　敗績於沔口　　"沔",《陳書》同上書172頁作"沌"。
　　六　詔徵爲左衛將軍　　同上書175頁校記二:"左衛將軍"各本並訛"衛士將軍",今據《南史》改。
　　七　朝廷深嘉其意　　"意",同上書172頁作"忠"。
　　八　士卒有小過　　"過",同上書173頁作"罪"。
　　九　必以軍法治之　　"治",同上作"誅"。
　　十　永定中累遷通直散騎常侍句容令　　"常侍",同上作"侍郎"。
　　十一　徑往攻之　　"徑",同上作"輕"。
　　十二　昭達伺歸軍士稍息　　"伺",同上書174頁作"因"。
　　十三　至秦郡前江浦通滁水　　"滁",同上底本作"塗",改作"涂",175頁校記三云:據《南史》及《通鑑》

改。按涂水即滁水,《通鑑》胡注云"涂,讀曰滁"。
 十四　齊人並下大柱爲栰栅水中　　"栰",同上作"杙"。
 十五　文季臨事謹飭　　"飭",同上作"急"。按下文爲"御下嚴整",作"飭"爲是。
 十六　果敢有聞　　"果敢",同上書175頁作"致果"。
 十七　無使餒而　　"餒",同上作"餧"。

3. 狀陳本縣乞行敷奏廟額封事

　　待補國學生汪暐等　　右暐等切見
　　朝廷祚德廟累加程嬰爲忠翼强濟孚佑公,良由下官之難,能全趙祀,故今　聖子神孫,瓜瓞萬世,嬰之功嵩嶽不磨,國家報之亦與社稷相爲長久。嬰有裔孫程靈洗,居於歙之休寧,削平僭亂,功著史册,封開府儀同三司,謚曰忠壯,配享陳武帝廟,墓在歙縣二十五都仁愛鄉長沙里,里人號曰大梁相國忠壯程公墓。大宋開基,其護邊境,振軍旅,所以陰相國家甚至。環墓百餘里,萬家生靈,時以爲命,過其墓祠,不敢仰視。淳熙庚子,旱魃爲虐,嘉定戊寅,螟蝗蔽天,里人列拜祠下,其應如答。其餘水潦災旱,與夫疾疫流行,每歲有祈,無不立應。里人築祠奉之,今三百年,而其子孫散漫數州,爲執政,爲從臣,不可殫紀,往往沮抑里人,不容聞之朝,以乞廟額,以丐封爵。然暐等謀之父老,一謂新安千里,蒙其惠利,今三百年乃寂然不效毫髪之報,且英靈赫如,惠我黎庶,而使朝廷略不聞之,則暐等之罪,濯髪不足數。是以不揆草芥,謹錄狀申
　　判縣大署先生,伏乞台判備申使府,乞使齊備申轉運司,備申省部,特賜敷奏,頒降廟號,賜以封爵,永爲新安百姓祈福之地,以昭祚德之靈,以助炎圖之固。不勝幸甚。伏候台旨。　嘉定十五年二月　日。待補國學生汪暐狀。

4. 本縣牒西尉親詣地所體究隣保實事狀

　　二十五都保正吳文郁等,今蒙宣尉大署躬親到地所,准縣牒,據學生汪暐等陳乞,體究程相公事實,保奏封贈廟額等事,逐一對衆供通下項。
　　一對衆舉據隣人村老汪仁義等供通:大梁相國忠壯公程靈洗,世居新安海寧縣、係祚德廟忠翼强濟孚佑廣烈公程嬰裔孫,仕於梁、陳兩朝、贈鎮西將軍、開封儀同三司,謚曰忠壯,大建四年配享武帝廟廷,《南史》列傳可表,的實不虛。
　　一對衆供通:忠壯公墓祠在縣二十五都仁愛鄉長沙里,號曰大梁相國忠壯程公墓,環墓二百餘里,萬家生靈,時以爲命。墓地在地名黄墩,官司經界第五源二十一號,量計二畝一十四步,東至路,西至程十九園,南至路及大溪,北至程丙園,刻石立碑可表,的實不虛。一對衆供通:忠壯公委係程嬰裔孫,有家譜及《新安志》可表。大宋開基以來,其邊護强,振軍旅,陰相國家,功不淺渺。淳熙庚子、辛丑,旱魃爲虐,民不聊生,偏告郡縣之餘,里社禱於忠壯公祠下,雨即隨至,稿而復甦。嘉定戊辰、己巳年間,蝗蟲之來,蔽空滿野,公私樸滅,幾於無策。里社郡禱忠壯公祠下,隨即蝗蟲斂退,不留於境者數百里。歲在甲戌、乙亥,旱傷最甚,物無生意,民不遑居。郡禱公祠,指揮風雲,霧霈雨澤,其應如答。黎庶人民,悉蒙惠利。今三百年來,有二百餘社,每年自夏及冬,或喧鼓吹、備鞍馬以迎請,或設牲醴、立牌位以祭祀,委是顯赫,着人耳目,靈應不可殫紀。衆証的實不虛。
　　右今對衆逐一供稱在前,並係的實。乞賜
化筆,備申縣衙施行。如稍有異同,甘罪不詞。謹狀。

時嘉定十六年二月　　日,保正　吳文郁　狀。

5. 轉運司臺狀

　　　徽州據歙縣申,當縣據待補國學生汪暐等連狀,陳乞體究忠壯公事實,乞行敷奏廟額等事,本縣曾委地分西尉躬親前詣地所體究事實去後,據從事郎歙縣西尉趙汝芷狀申,遵從縣牒指揮,躬親前至仁愛鄉二十五都,喚集耆老汪仁義等,對衆逐一體究。據耆老汪仁義狀供在前,乞行備申保明事狀,申縣乞施行,本縣所承西尉趙從仕所申事理,備載保明,委是詣實申州,州司所據申乞除已保明具狀,於今月初六日排發字號入遞具申。
　　　有【右】謹具申。
轉運使衙,伏乞　　台旨,檢點已申事理,乞賜敷
奏施行。謹狀。
嘉定十六年三月　　日,從仕郎徽州軍州推官趙義狀。

　　　　　　　　　　　　　　　　　　　　　　　　　儒林郎徽州軍州判官秦鐩。

6. 鄰保事狀

　　　歙縣二十五都吴宏等,今蒙轉運使臺委請鄱陽縣知丞中大躬親到地所,據待補國學生汪暐等陳乞,核實程相公實蹟,保明敷奏封贈廟額事項,逐一供通於下。
　　　一對衆供通:忠壯公世祖元潭,仕晉成帝,以襄州刺史持節出守江南,爲新安太守,朝廷詔賜田宅於歙城西地名黃墩,自後子孫遂以爲桑梓。八世孫法曉,仕宋爲海寧令。十世孫道樂,仕齊爲承奉郎。十三世寶惠,仕梁爲本郡義(下缺)

7. (缺題)

　　　(前缺)黎之後,自伯符封廣平郡,四世休父仕周宣王爲大司馬,□四世嬰仕晉平公,有託孤之德,封忠誠君。四十七世元潭,仕晉成帝,爲襄州刺史,持節江南,爲新安太守,有詔賜宅於歙黃墩,子孫遂以爲桑梓,故爲歙人。自元潭七世法曉,仕宋爲海寧令,九世道樂,仕齊爲承奉郎,十二世寶惠,爲本郡義曹,公視之如三代也。寶惠娶安定胡氏,有子五人,而公爲主器,公性寬惠,孝於親,友於弟,待群下以恕,處鄉黨以義,別嫌明疑,定是正非,無得而誰何者。所居之偏,其湖深廣,有神居焉,與呂湖爲鄰。呂湖有鼉,素爲民害,湖之神一夕爲黃冠見夢於公曰:"呂湖鼉稔惡於此,不早圖去,民其魚□□□□□□帛於肩者,吾也。以公義士,敢以辱□□□□□□□□□□鄉之少年,鼓譟(下缺)

8. (缺題)

　　　(前缺)羅星光菁茅海凫不足以□□□□□陸不足以襲香璀璨於九門之上,而容與乎三堦之旁者。□時異事改,貌存質昧,孰知無用之物,而不爲斯世所載。陸並根莠,濕兼蒿艾。王曰殖表,則有蟠肪之酷;樵豎載欷,則有薪蒸之晦。文異溝中之斷,音乖爨下之桐。心類死灰,首如飛蓬,豈復有意於上林之積翠而禁籞之摛紅者哉!天嘉昌明,萬物咸睹。姬姜在御,不棄魁楚。王鮪登庖,旁徵魴鱮。曾是散財,託兹遼宇。卿雲甘露之所濡,白日陽春之所曜。天雞晨翔,銅枝夜照。倘窮年之若斯,敢儕儴於往操。

願齪俛於鴻私,瞰青廂而就槁。瞥意本自況,極爲文士所傳詠。娶吴興沈氏,生一子曰寶惠。諱寶惠祖,武帝末年,擢太學博士,及朱異用事,議納侯景,乃嘆曰:"難將作矣。"謀舉族還鄉郡,諸人猶豫不決。俄丁少監之憂,遂盡室歸黄墩。時湘西侯蕭隱守歙,辟起復爲議曹椽,享年四十八。娶安定胡氏,生四子,曰靈洗、常伯、天願、天旺。注　一本云:寶惠有五子,中子曰天慶,蚤世無後,故但言四子。　胡夫人早孀,善撫諸子,以至成立。其後侯景内噬,人皆以議曹有先見之明云。

祁論曰:衝飈之激,川無恬波,崑岡之烈,玉石併焚。議曹　察朱異之詔進,審侯景之必叛,脱履國門,斂板鄉郡。抑天將啓忠壯公之業,光賁祖宗而誘其裹歟?不然,則寧武子蘧伯玉之閒,張季鷹其人也。

贊曰:顒顒君子,于時之蒙。鴻飛遵渚,亦有斯容。椒聊之謡,有賁其實。肆爾令聞,宜其家室。

9. (缺題)

(前缺)東北五里,地名石岡,而夫人之墓在焉。前后峰巒奇秀,山中樹木,無敢樵采者。每歲忠壯公生日後,鄉民必迎神像至此,以寓拜掃之意。延祐中,裔孫太醫提舉程□復勒石重誌於墓。浴馬地在墓左小澗邊,有石自然成紋,號上馬臺。□□□池湮塞將盡,即浴馬處也。又按胡麟《碑記》云,公嘗負鐸視田,□□□□□,公置鐸水中,以卜休咎,果得吉兆,因名曰鐸卜坑。今考鐸□□□□□湖也,傍有山田三丘,不滿一畝,猶屬於廟,即公之所視。其□□□□蛭。　又《記》云:公自營其兆,以縴帛埋其前而祝曰:"吾子孫蕃盛,□□□木以爲休證。"俄而生□楮本。今譜注云:以二帛椎埋而祝之,其帛俄椎萌芽成二楮木。二説釋竊謂楮木生子可食,理性脆裂,非可爲帛椎者。且於理稍遷誕。當以理縴帛祝使自生木爲正。字本作楮,譜作楮木者,省文也。大抵譜與《碑記》往往小異,蓋譜尚質而記則文致之耳。釋又按:北山家廟忠壯公遺像,自上世相傳,不知其年代,絹幅不甚破壞,式冠朝服,儀制甚古,眉目聳而豐,□髯短而白,襆頭帶上指,□領紫袍,内紅白團花襯衣,金帶朱鞋,金魚鐵券,皂靴象笏,與黄墩塑像不同。蓋廟始建於宋寧宗嘉定末,則以前無像可知,且有二象各異,小者襆頭紫袍,金帶皂靴,只如近代公服,係初建廟時所塑,大者衮冕高坐,乃理宗寶祐五年封八字公後所設。又爲冠帔夫人之像於後殿,則深知其無所據矣。釋愈欲以此遺像刻石立於廟中,並記其事以貽永久,世難而未能,常切以爲慊。

想象與真實

——論蘇軾《虔州八境圖八首并引》

王連旺

熙寧九年(1076)十二月,41歲的蘇軾結束了在山東密州的任期,迎來了繼任者孔宗翰,他們雖是初次見面,但在此四個月之前已有詩文唱和了。①孔宗翰來密州赴任之前爲虔州知州。虔州位於章、貢二水交匯之處,城墻久爲水浸,隱患重重。鑒於此狀,孔宗翰在虔州主持城墻修繕工程,"伐石爲址,冶鐵錮之。由是屹然,詔書褒美"②。在完成這項造福一方的水利工程後,孔宗翰立於城頭之上鳥瞰四方,作《虔州八境圖》,一來記録虔州城上的四望之景,二來爲自己主持的這項工程留念。他在離任時將這幅作品帶到了密州,在蘇軾臨行之時請他觀賞並"求文與詩",但蘇軾並没有立刻應孔宗翰之請創作詩文。

元豐元年(1078)十二月,蘇軾在徐州知州任,孔宗翰罷京東路提刑後知陝州③,途經徐州時來看望蘇軾,蘇軾作《送孔郎中赴陝郊》詩爲其送行,並作《虔州八境圖八首并引》④以應孔氏熙寧九年之請。孔宗翰將蘇軾的詩作寄送到了虔州,並請人刻石。

紹聖元年(1094)年八月,蘇軾赴貶所惠州時途徑虔州,當地的士大夫告訴蘇軾,他的《虔州八境八首并引》曾被刻石,但現已不存,於是請蘇軾再書舊作,以便於刻石。距離創作這組詩歌的元豐元年,已經過去十七年了,蘇軾上次是依圖作詩,並未親臨虔州,而這次在遊覽實景之後,自有一番感慨,不但重新書寫了舊作,還爲組詩寫了跋文。至此,這組緣起於熙寧九年,完成於紹聖元年的由引文、詩文、跋文構成的作品纔得以最終完成。

由上述可知,蘇軾的《虔州八境圖八首并引》在創作之時,並未親臨虔州觀景賦詩,而是依圖作詩,以詩記圖。創作之時既可以以圖中景物爲素材進行描寫,也可以適當地發揮想象進行新的景象創造。但不論哪種方式,都不是取法自然,與實地創作相比,缺乏臨場感即"我"的存在,且多有虚擬成分。本稿即以此爲切入點,討論《虔州八境圖八首并引》中的想象,並通過與蘇軾途經虔州時創作的作品進行比較,探討想象與真實之間的差異。

一、知州的邀請

在宋代,爲新建的亭臺樓閣作文命名,並刻石留念,既能説明亭臺樓閣建設的來龍去脈,亦能增加地方的人文氣息,當然還有"標榜"善政的效果。以蘇軾爲例,在他與孔宗翰有交集的熙寧九年(1076)至元豐元年(1078)前後,曾舉行過兩次大型的文人集體創作活動。第一次是在熙寧八年(1075),蘇軾在密州知州任期間修繕了舊臺,蘇轍作《超然臺賦》爲其命名,之後蘇軾自己創作了《超然臺記》,還盛邀當時著名文士多人進行同題作賦,並刻之於石。⑤第二次是在元豐元年(1078),蘇軾上任徐州後遇上了黃河泛濫,他組織軍民抗洪搶險非常得力,因此得到了朝廷的褒獎。⑥爲了紀念這次抗洪活動修建了黃樓,蘇軾將朝廷的詔書刻石立於樓上,然後邀請親友作詩賦刻石記之,還有眾多文人聞訊而來爲其題詩。

歐陽修去世以後,蘇軾成爲文壇盟主,自然少不了受邀爲各地的亭臺樓閣等題詩作記。僅就受孔宗翰之請創作《虔州八境圖八首并引》的元豐元年(1078)而言⑦,七月十五日應鄉人之請作《眉州遠景樓記》,稱贊眉州太守黎錞的善政。七月二十二日,爲滕令范純粹作《滕縣公堂記》。八月十三日,爲杭州的表忠觀書《表忠觀碑》用於刻石。九月,爲滕縣時同年新建的西園題詩。十一月初八,爲張天驥作《放鶴亭記》。十一月十九日應蒙令王競請,作《莊子祠堂記》。十二月,爲湖州沈沔的天隱樓題詩等,數量很多。

由此可見《虔州八境圖八首并引》僅是蘇軾當年眾多亭臺樓閣作品中的一例而已,但是這組作品有其特殊之處,即作品是書於孔太守親自繪製的《虔州八境圖》上,是題畫詩的形式,但是舊王本却將此詩歸入"古蹟類"而非"書畫類"。日本中世禪僧萬里集九提出了疑問:

> 若論分類,此八首可編書畫部中,而今在古蹟部,未知如何也。《王維吳道子畫》之詩在《八觀》之中,而不能拔之,故在古蹟之部,不足可以疑也。⑧

萬里集九認爲《王維吳道子畫》雖然是描寫書畫類的作品,但其被收錄在了《鳳翔八觀》之中,所以無法獨立出來置於書畫部中,而《虔州八境圖八首》就找不到合適的理由被列於"古蹟類"了。其實,之所以被列入"古蹟類"或許是有道理的,萬里集九還評價這組詩"此八首題畫圖之上詩,而一句遂不及丹青之事,可爲千載之法者乎"⑨,或許他的這個評價就可以作爲組詩不列入"書畫類"的理由。

一般的亭臺樓閣尚且需要題詩作賦,孔宗翰修繕城牆這樣的大工程更無須多言了,他邀請蘇軾題詩,必是基於蘇軾在文壇的地位及影響力,如此一來,虔州的勝景與太守的善政美名便可以搭載蘇軾詩歌的影響力遍播天下了,這纔是知州邀請蘇軾創作組詩的動因,而不是品評自己繪畫作品的優劣。換言之,這組作品不是對《虔州八境圖》品頭論足,而是通過該圖提供的虔州景觀信息及視覺印象爲詩人提供一些素材,進而對知州善政下的虔州形勝進行詩意描寫。且看詩引:

《南康八境圖》者,太守孔君之作也。君既作石城,即其城上樓觀臺榭之所見而作是圖也。東望七閩,南望五嶺,覽群山之參差,俯章、貢之奔流,雲烟出沒,草木藩麗,邑屋相望,雞犬之聲相聞。觀此圖也,可以茫然而思,粲然而笑,嘅然而嘆矣。蘇子曰:"此南康之一境也,何從而八乎?"所自觀之者異也。且子不見夫日乎?其旦如盤,其中如珠,其夕如破壁,此豈三日也哉。苟知夫境之爲八也。凡則寒暑、朝夕、雨晹、晦冥之異,坐作、行立、哀樂、喜怒之變,接於吾目而感於吾心者,有不可勝數者矣,豈特八乎?如知夫八之出乎一者也,則夫四海之外,詼詭譎怪,《禹貢》之所書,鄒衍之所談,相如之所賦,雖至千萬未有不一者也。後之君子,必將有感於斯焉。乃作詩八章,題之圖上。

虔州在北宋屬江南西路,自南朝至隋期間稱南康郡,因此蘇軾引文中稱這幅畫爲《南康八境圖》。由組詩引文可知,《虔州八境圖》並非是由八幅獨立的圖畫構成的組圖,而只是一張圖畫而已。這就需要作者從一幅圖畫中找到八個焦點作爲創作的素材,這顯然是有難度的。蘇軾在看到圖畫時也提出了疑問:"此南康之一境也,何從而八乎?"還好,孔宗翰的答復非常有哲理,並且爲蘇軾的創作提供了靈感。若以一幅靜態畫面爲描寫對象,無非是整體描寫與部分描寫,用這種方法也可以完成創作,但孔宗翰爲蘇軾舉的例子是"且子不見夫日乎?其旦如盤,其中如珠,其夕如破壁,此豈三日也哉",同樣是一個太陽,在三個不同的時間點會呈現出三種不同的形象。換言之,畫雖然是靜態的,但如果發揮想象,讓畫中靜態的時光流動起來,那麼畫中的風景自然會隨之變化,至於怎麼變化,就要靠詩人的才華及豐富的想象力去營造這流光幻影了。

二、畫外的觀賞與想象

坐看奔湍繞石樓,使君高會百無憂。三犀竊鄙秦太守,八詠聊同沈隱侯。

此爲組詩的第一首,描寫使君(孔宗翰)穩坐於高臺之上,大宴賓客慶賀工程竣工,任憑章、貢二江合流之水激拍新築成的城牆亦不必爲安全憂慮,可謂高枕無憂。這樣的實際工程比起秦朝蜀守李冰通過埋石犀來鎮壓水精的巫術行爲要高明多了,因此有足夠的理由可以傲視李冰。沈約梁時封建昌縣侯,謚曰"隱",第四句中的沈隱侯即指沈約。齊隆昌元年(494),沈約除吏部郎,出爲東陽太守,曾作《東陽八詠》來歌詠當地景勝。可見,以八首組詩對某地之景勝進行歌詠的歷史可追溯到沈約,而大行其道則在北宋。[⑪]

蘇軾自己也曾從事過類似的創作,他在任職鳳翔通判期間作《鳳翔八觀》,歌詠鳳翔古蹟名物,目睹實景進行創作,運用古詩詩體,篇幅宏大,論述詳實。而這次就不同了。首先是題畫詩這種體裁類型限制了詩人的詩體選擇,詩歌要書於畫上,之後還要刻之於石,因此篇幅短小的絕句便成了詩人的首選。而正如上文提及，這組詩不能簡單地以題畫詩視之，孔宗翰請蘇軾題詩的動機醉翁之意不在酒，頗有借助這位大文豪的文筆爲自己揚名之嫌，蘇軾又豈會不清楚他的心思，於是在《其一》便開宗明義，道明了孔宗翰在虔州的政績，爲組詩的主旨定下了基調，而紀昀評價《其一》爲"此首確是開端"，蓋言此首統領全篇之意。

《其一》第一、二句是孔知州大宴賓客的場景，三、四句是蘇軾對其善政的褒美。可以推測，知州的宴會應在正午時分，而《其二》中的"還"、"暮靄"、"落日"則提示時間已由正午的宴會變化爲落日時分：

> 濤頭寂寞打城還，章貢臺前暮靄寒。倦客登臨無限思，孤雲落日是長安。

與《其一》相比，《其二》的時間有變化，但地點仍然是石樓之上，詩中的主人公仍然是知州即第三句中的倦客⑪，趙克宜評點此詩"戀闕之思，自然流露"⑫，當是着眼於第三、四句而言的，這兩句化用李白的《登金陵鳳凰臺》"總爲浮雲能蔽日，長安不見使人愁"，只不過李白表現的是鬱鬱不得志，而遙望長安（代指開封）的孔知州更像是一個思君的忠臣。

到了《其三》，看不出時間的變化，只不過視綫有所轉移：

> 白鵲樓前翠作堆，縈雲嶺路若爲開。故人應在千山外，不寄梅花遠信來。

白鵲樓位於八境臺北⑬，嶺路指大庾嶺，師民瞻注曰："大庾嶺梅，南枝落，北枝開，寒暖之候異故也。嶺在虔之西南。"⑭由此可見，此二句並非想象之語，而是觀圖而言。但第三、四句就是作者才華的施展與想象的發揮了，大庾嶺以梅花知名，蘇軾用了一個很美的典故。據《荆州記》記載："魯凱與范曄相善，自江南寄梅一枝，詣長安與曄，並贈詩曰：'折花逢驛使，聊贈一枝春。'"⑮第三句中的"故人"是誰我們不得而知，而第四句沒有現身的梅花接受者可以肯定是孔宗翰。那麼問題來了，"故人"所在的"千山外"在哪裏？梅花接受者孔宗翰又在何方？萬里集九的《天下白》中引用了江西龍派、瑞溪周鳳的兩種不同看法：

> 有兩説。其一，《續翠》（江西龍派著，又名《天馬玉津沫》）云："孔之故人也。孔今隔千山萬山而在密，虔州之故人因道路遠未寄來梅花之信於密州也。千山之中必有大庾嶺也。"其一，北禪（瑞溪周鳳）云："孔在虔之時嶺外之故人未寄來梅花信於孔也。"⑯

以上兩種説法都有一定的道理，但瑞溪周鳳的解釋更有説服力。因爲這是題畫詩，知州應該是畫中的知州，而非現實中的知州。縱使畫中的時間在作者的想象中有所推移，但孔知

州不應跳出畫外。正是因爲蘇軾在想象中設置的"故人"不是確定的某一人,所以讓我們產生了疑惑。再看《其四》:

> 朱樓深處日微明,皁蓋歸時酒半醒。薄暮漁樵人去盡,碧溪青嶂繞螺亭。

時間繼續推移,一片日落西山的晚景,山林水邊已不見漁夫、樵夫的身影。皁蓋是黑色的車蓋,《後漢書·蔡邕傳》引司馬彪《續漢志》言"中二千石、二千石皆皁蓋,朱兩轓"。在漢代郡太守的俸禄多爲二千石,因此此處可以理解爲以"皁蓋"指代知州。⑰又前注中所提的趙卞《章貢臺記》中有言"望闕、鬱孤,軒豁於前;皁蓋、白鵲,瞰臨左右",又知"皁蓋"與《其三》中的"白鵲"一樣,同爲樓閣名稱。此處是知州宴會賓客至黄昏微醉而歸呢?還是知州從皁蓋樓(亭)遊玩一番,醉意半醒而歸呢?兩種説法都可以講通,或許此處是一語雙關的用法。再看《其五》:

> 使君那暇日參禪,一望叢林一悵然。成佛莫教靈運後,著鞭縱使祖生先。

《翰苑遺芳》引趙次公佚注云:"第五篇蓋以言大庾嶺有禪刹也。虔有慈雲、天竺二寺。"⑱虔州有禪刹,是參禪學佛的便利之地,可是忙碌的知州哪裏有時間去參禪,只能望而興嘆。第三、四句引用了兩個典故,委婉地勸誡知州不用急於追求功名,適當地放下忙碌的政務,去參禪静修一下未嘗不是一件好事。

前五首叙事寫景的過程可由兩條綫貫通,一是孔宗翰始終在畫面之中,二是時間及視綫是推移變化的,連貫起來看的話就像一段流動的畫面,主人公是知州,在時間的推移下畫面的背景在不斷變化。之後《其八》中的景色由白天轉入夜晚,在時間的推移方面和前五首是連貫的,但這條時間軸在《其六》《其七》中没有明顯的連貫性,出現了"停頓感"。此外,《其六》至《其八》中已看不到太守的身影,更像是畫面中局部景觀的描寫。先看《其六》:

> 却從塵外望塵中,無限樓臺烟雨濛。山水照人迷向背,只尋孤塔認西東。

塵外指塵外亭,《翰苑遺芳》引舊注曰:

> 《地誌》云:"龔公山在贛縣北百八十里,隱士龔亳所棲,龔公山頂塵外亭,今在州治東,形勢最高絶,凡四境之山川可以放閲。"

從高聳的塵外亭上向塵世中望去,無數的樓臺隱現在迷蒙的烟雨之中,美麗的山川使人眼花繚亂，竟然迷失了方向，要依靠孤塔來辨識東西。紀昀評價這首詩"實景寫得如畫"，其實只評對了一半，"寫得如畫"是真，而却非據"實景"而言。首句中的"塵外亭"確是實際存在的，但末句中的"孤塔"就不得而知了。就連擅長注釋地理名物的趙次公對"孤塔"也產生了疑惑："第六篇蓋以大庾嶺有禪刹也。孤塔不見所載。圖有之矣。且因先生詩見之。"⑲或許是趙次公失考，抑或是蘇軾的虛構。查注引趙與虤《娛老堂詩話》云：

> 歐陽文忠公詩云"山浦轉帆迷向背，夜江看斗辨西東。"東坡亦云"山水照人迷向背，只尋孤塔認西東。"身遊山水間，果有此理。二公可謂善於形容者矣。

由此可知，第三、四句高度地化用了歐陽修的詩句。歐陽修江上夜行，以星斗爲坐標辨別方向。蘇軾的詩歌寫的是白天的景色，只能換一個參照物進行套用，至於這個參照物是真是假，或許並不是那麼重要。接下來看《其七》：

> 雲烟縹緲鬱孤臺，積翠浮空雨半開。想見之罘觀海市，絳宮明滅是蓬萊。

同《其六》的塵外亭一樣，《其七》的鬱孤臺也是實際存在的，⑳濛濛細雨漸停，鬱孤臺被霧氣環繞，山上郁郁蔥蔥的樹木如飄浮在空中，紅色的宮殿若隱若現，猶如之罘的海市蜃樓一般。蘇軾在寫這首詩的時候並沒有見過蓬萊的海市蜃樓，只不過是將聽聞的信息以文字的形式對這幅畫進行視覺化呈現，如此一來，蓬萊的海市蜃樓轉便移到了雲霧迷蒙的鬱孤臺之上了，這是純粹的想象而非依圖寫景。

前五首中的出現了"落日"、"日微明"，説明畫面中的天氣是晴朗的。在一幅畫中陰晴並存並非沒有可能，但孔太守的畫中恐怕沒有這樣的場景。前引組詩詩引中説："凡則寒暑、朝夕、雨暘、晦冥之異，坐作、行立、哀樂、喜怒之變，接於吾目而感於吾心者，有不可勝數者矣，豈特八乎？"我們看到了"寒暑、朝夕"（時間的推移）、"坐作、行立"（知州的移動）、"哀樂、喜怒"（知州宴請賓客的喜悦和思緒的變化），而《其六》《其七》相對於前五首，則實現了"雨暘、晦冥"（天氣由晴天變爲陰雨）的轉換。下面看最後一首《其八》：

> 回峰亂嶂鬱參差，雲外高人世得知。誰向空山弄明月，山中木客解吟詩。

前七首都各自有聚焦點，而到了第八首視野被極度放大，已看不見具體某人或某景。高低不同的山峰連綿延伸，把整個虔州城圍在當中，一片無人之境，不知道在幽秘的深山中是否有隱士高人的存在，亦不知山中是否有人欣賞這一輪明月，也許此刻，只有山裏的草木精靈在吟誦詩歌。

紀昀評價《其一》時説"此首確是開端"，在評點《其八》時又説"此首確是末章"。説《其一》"確是開端"是因爲定下了褒美孔太守的基調,而説《其八》"確是末章"是基於什麼理由呢?紀昀在評點《和文與可洋川園池三十首》的最後一首《北園》時對組詩的整體佈局作過解釋,[21]但記述過於籠統,還是有些不明。趙克宜評價《其八》説"拈一瑣事入詩,頗有餘味"[22],用帶有餘味的一首詩作爲末章,此時無聲勝有聲,可見組詩開合之妙。

三、從觀賞者到畫中人

紹聖元年(1094)四月起,蘇軾五遭貶謫,從端明殿學士、翰林侍讀學士知定州被貶至寧遠郡節度副使惠州安置。[23]定州處北方幽燕之地,而惠州却遠在嶺南,兩地相隔數千里。蘇軾一路南下,於同年八月七日進入了虔州境,經過惶恐灘,[24]後到達州治所在地虔州。蘇軾給當時虔州知州黃元翁的書信中提及:"到治下當做陸行,必留數日款見也。"[25]此後他遊覽鬱孤臺、廉泉、塵外亭、天竺寺等地領略虔州風光。[26]當地的士大夫請蘇軾再書《虔州八境圖八首并引》,蘇軾欣然同意,並爲組詩寫了跋文,如下:

> 南康江水,歲歲壞城。孔君宗翰爲守,始作石城,至今賴之。軾爲膠西守,孔君實見代,臨行出《八境圖》求文與詩,以遺南康人,使刻諸石。其後十七年,軾南遷過郡,得遍覽所謂八境者,則前詩未能道其萬一也。南康士大夫相與請於軾曰:"詩文昔嘗刻石,或持以去,今亡矣,願復書而刻之。"時孔君既没,不忍違其請。紹聖元年八月十九日眉山蘇軾書。

從跋文可知,蘇軾到達虔州後遍覽了八境,並認爲自己十七年前寫的組詩"未能道其萬一",這種説法雖然有些誇張,但反映出"依圖作詩"與"實地觀景寫詩"的差別所在。"依圖作詩"是作者站在畫外看畫裏的世界,是從第三者的角度觀察與叙述,而一旦進入實地成爲畫中人,情況便大不相同了,第三者變成了主人公,觀察的角度和思維的主體都發生了變化。比如組詩是蘇軾作爲局外人觀察虔州景勝,又屢屢站在孔宗翰的立場進行思索,想象其情緒變化,這雖是囿於主題的不得已而爲之,但僅從寫景這一角度來講,二者的區別也是明顯的。

下面以《其六》出現的"塵外亭"及《其七》出現的"鬱孤臺"爲例,看一下當蘇軾看到實景之後是如何描寫的。先看《鬱孤臺》:

> 八境見圖畫,鬱孤如舊遊。山爲翠浪湧,水作玉虹流。日麗崆峒曉,風酣章貢秋。丹青未變葉,鱗甲欲生洲。嵐氣昏城樹,灘聲入市樓。烟雲侵嶺路,草木半炎州。故國千峰外,高臺十日留。他年三宿處,準擬繫歸舟。[27]

這首詩總共八聯，除了首聯與最後兩聯是敘事以外，其餘五聯的篇幅都是寫景的。《其七》在描寫鬱孤臺時將"絳宮明滅是蓬萊"的幻境挪移至鬱孤臺之上，是純粹的想象之作，而蘇軾置身於鬱孤臺上，將親眼所見的景象化爲文字時，畫面中的元素更加豐富、真實了。山被鬱鬱蔥蔥的樹木覆蓋，風吹之下綠浪湧動，水流在山勢陡峭處直瀉而下，晨光下的崆峒山，秋風裏的章貢江，山明水秀。八月秋氣漸濃，是枝葉變色、萬物衰敗時節，而在南方的虔州却絲毫體會不到這種變化，枝葉"丹青"依然，水中的魚蝦亦是非常活躍，山間的霧氣瀰漫出去，城上的樹木若隱若現，激流拍打灘邊的聲音穿透了整個城市。作者切身的季節體驗感在一静一動之中妙趣横生。

第三至第十句，"上句言山，下句言水"㉘，山水互换，遠近推移，大量寫景却毫無堆砌之感。"烟雲侵嶺路，草木半炎州"是朝南遥望之景，是蘇軾要赴任的貶謫之地，雖然是寫景，其中必然有情思的寄託。"故國千峰外，高臺十日留"，"故國"即四川眉山遠在千峰之外，在這風景秀美的高臺之上，也僅僅是短暫的停留。末聯道出何處是"我"的安身之地呢？希望有朝一日能在此秀美之地終老一生。全詩首尾敘事，中間寫景，敘事寫景之間體現出强烈的臨場感，即"我"的存在，"我"的所見、所聞、所感、所思盡在其中，這是"依圖作詩"無法呈現的。這些特點在《塵外亭》㉙詩中也有很好的體現，諸如第三至六句"山高惜人力，十步輒一憩，却立浮雲端，俯視萬户麗"，用自我的登山體驗刻畫山勢的陡峭高拔，比起《其六》對塵外亭風景的意境式描寫更具真實感。

《其五》的首聯爲"使君那暇日參禪，一望叢林一悵然"，説明了圖中有寺院的風景，蘇軾對寺院也只能停留在學禪的角度，而不能深入畫中的寺院進行細致描寫。而真到了虔州的天竺寺以後，那裏的一些遺蹟唤起了蘇軾少年時代的記憶。《天竺寺并引》：

予年十二，先君自虔州歸，爲予言："近城山中天竺寺，有樂天親書詩云'一山開作兩山門，兩寺原從一寺分。東澗水流西澗水，南山雲起北山雲。前臺花發後臺見，上界鐘清下界聞。遥想吾師行道處，天香桂子落紛紛'。筆勢奇逸，墨蹟如新。"今四十七年矣。予來訪之，則詩已亡，有石刻存耳。感涕不已，而作是詩。

香山居士留遺蹟，天竺禪師有故家。空詠連珠吟疊壁，已亡飛鳥失驚蛇。林深野桂寒無子，雨浥山薑病有花。四十七年真一夢，天涯流落涙横斜。

組詩《其五》有"叢林"，《其六》有不知名抑或並不真實存在的"孤塔"，都是一筆帶過，並無具體描述。而蘇軾真正到了虔州的天竺寺以後，塵封四十七年的回憶被眼前的白樂天詩刻石所唤醒，蘇洵曾告訴過蘇軾天竺寺白樂天墨蹟的事情，而如今墨蹟已被刻石取代，父親蘇洵也已過世多年，自己年近六旬却被貶謫嶺南，多變無常的世事，讓新愁舊緒在一瞬間迸發，感嘆出"四十七年真一夢，天涯流落涙横斜"，詩人此時的情感是真摯而複雜的，而這種觸景傷情、睹物思人的情感是無法在"依圖作詩"中被誘發的。

小　　結

　　萬里集九在組詩題注中提及，詩人把没有見過的事物寫得有鼻子有眼的[⑩]，言中了組詩的創作是很有難度的，但這並没有難倒蘇軾。蘇軾以孔宗翰所製的一張圖畫爲背景，將褒揚知州的善政這一主綫貫穿其中，讓静態的畫面時光流轉、陰晴變幻，如此一來，流動感與故事性躍然紙上，作爲一個畫外的觀賞者能做到如此程度已經難能可貴了。

　　明代的李蓘(1531—1609)編纂過一部叫作《宋藝圃集》的宋詩選集，該集成書於隆慶元年(1567)，其中收録了蘇軾的這組詩，[⑪]但並未全部采納，而是選録了《其二》《其三》《其四》《其七》。李蓘的選詩視角，可以爲我們提供另一種分析思路。李蓘曾將自己的詩集命名爲《儀唐集》，可見他是崇尚唐詩的，這也符合他所生活的明代中晚期崇唐黜宋的文壇風氣。作爲題畫詩，《其一》叙事性過强，《其八》過於空泛，没有具體景物的描寫，或許是首尾二首落選的原因。《其五》[⑫]《其六》落選的原因抑或是含有説理性，與唐詩的尚情的風格有所牴牾。其實，並非蘇軾缺少才情，而是缺乏實地的觀察和體驗，所謂"以才學爲詩"亦是在畫外的觀察與想象過程中不得已而爲之的，詩人一旦進入畫中，將實景真情化爲詩歌，風格就大不相同了。

　　作爲觀賞者的蘇軾一旦變爲畫中人，在親眼所見、親身所感爲題材而創作的詩歌中，畫面感表現得更加真實豐富，觀察更加細致入微，個人情感的流露也十分自然。將組詩與蘇軾紹聖元年八月在虔州創作的詩歌進行比較，可以了解蘇軾的想象式創作與體驗式創作之間的差異。

　　首先是立場即詩人在詩中扮演的角色不同。創作組詩時，蘇軾是旁觀者，用第三方的視角去描述《虔州八境圖》，因此詩歌中作者的存在感非常薄弱。而蘇軾在虔州根據真實體驗進行創作時，在詩中扮演了主人公的角色，因此作品中充滿了作者的自我存在感，以至于"我"所看見的風景比起想象的要更自然、真實。

　　其次，僅從寫景來看，組詩主要以《虔州八境圖》爲信息源，寫景的視角以虔州全境爲基點，多爲鳥瞰式描寫。而進入虔州以後創作的詩歌，則以實地觀察爲信息源，是從虔州内部看虔州，多爲近距離觀察，因此細微的描寫很多。雖然有《鬱孤臺》等登高遠望的作品，但也是從鬱孤臺觀望四方，而非從遠方看鬱孤臺。此外，《虔州八境圖》的信息量畢竟有限，因此進行組詩創作時選擇了七言絶句。與之相比，虔州實地的信息量要豐富許多，可供詩人盡情取材，因此詩體多選用了較爲自由的古詩。

　　最後，景在詩中的意義不同。組詩雖然是題畫詩，意却在畫外，場景的描寫可視爲頌揚孔知州的空間設置，是知州善政的組成部分。而虔州作品中的景則是作者對實景的忠實記述與認知，在作品中起着觸發詩人心靈與思考的催化劑作用。

　　通過以上三點比較，基本上明確了蘇軾的詩歌創作在想象與真實之間的表現差異，而比較的目的並非要評價想象式創作與體驗式創作孰優孰劣,而是將兩種創作方式比較鮮明地顯現出來,這對於研究蘇軾同類詩歌具有一定參考意義。

(作者單位:日本筑波大學大學院人文社會科學研究科)

---

① 孔凡禮《蘇軾年譜》卷一五,中華書局,2005 年重印版,第 377 頁。熙寧九年八月十五日條:"飲超然臺,和孔宗翰(周翰)題詩,時宗翰乞密。"這首和詩題爲《和魯人孔周翰題詩》。
② 《宋史·孔道輔傳》,中華書局,1977 年,第 9886 頁。
③ 孔凡禮《蘇軾年譜》卷一七,第 390—391 頁。
④ 孔凡禮點校《蘇軾詩集》卷一六,中華書局,2009 年重印版,第 791—796 頁。本稿所引詩均據此本。
⑤ 朱剛、李棟《從個人唱和到群體表達》,《江海學刊》2012 年第 3 期。該文對蘇軾在密州、徐州組織的異地同題創作活動有詳盡的論述。
⑥ 孔凡禮《蘇軾年譜》卷一七元豐元年五月四日條:"朝廷降詔獎諭蘇軾去歲徐州捍水功。刻詔於石,爲敕記。"(第 396 頁)
⑦ 據《蘇軾年譜》卷一七統計。
⑧ [日]笑雲清三編、中田祝夫整理《四河入海》第 1 册,勉誠社,1970 年,第 925—926 頁。
⑨ 同上書,第 925 頁。
⑩ [日]内山精也《宋代八景現象考》對此現象進行過詳盡的考察,可供參考,載中國詩文研究會編《中國詩文論叢》第 20 號,2001 年,第 83—110 頁。
⑪ [日]瑞溪周鳳,載《四河入海》第一册,第 914 頁。日本中世禪僧瑞溪周鳳在其《脞説》中引用舊説注"倦客"曰:"倦客指孔周(宗)翰也。"
⑫ 趙克宜《角山樓蘇詩評注彙鈔》卷七,曾棗莊主編《蘇詩彙評》,四川文藝出版社,2000 年,第 647 頁。
⑬ 查慎行引《贛州志》:"八景臺,在郡治東北,下瞰奔流。白鵲樓,在八景臺北。趙清獻《記》云:'望闕、鬱孤,軒豁於前;皂蓋、白鵲,瞰臨左右。'"載《蘇軾詩集》卷一六,第 793 頁。趙清獻即趙抃(1008—1084),嘉祐七年(1062)六月二十三日在虔州任作《章貢臺記》,據此可知,白鵲樓在北宋已有之。
⑭ 《蘇軾詩集》卷一七,第 793 頁。
⑮ 同上。
⑯ [日]萬里集九,載《四河入海》第 1 册,第 916—917 頁。
⑰ [日]小川環樹、山本和義《蘇東坡詩集》,第 441 頁。
⑱ [日]大岳周崇,載《四河入海》第 1 册,第 919 頁。
⑲ 《四河入海》第 1 册,第 923 頁。《一韓聽書》引趙次公佚注。
⑳ 參見前注引趙抃《章貢臺記》。
㉑ 紀昀總評這組詩歌説:"此八首與《洋川三十首》同法。"關於這個"同法",紀昀在評點《和文與可洋川園池三十首》之《北園》時説:"三十首,各自爲意。然《湖橋》,確是總起,此首確是總結,而又各自遷本位,不着痕蹟,此佈局之妙。"載《蘇軾詩集》卷一四,第 679 頁。
㉒ 趙克宜《角山樓蘇詩評注彙鈔》卷七,《蘇詩彙評》,650 頁。
㉓ 孔凡禮《蘇軾年譜》卷三三。
㉔ 《蘇軾詩集》卷三八《八月七日,初入贛,過惶恐灘》,第 2052—2053 頁。

㉕ 孔凡禮點校《蘇軾文集》卷五七《與黃元翁一首》,中華書局,1996年,第1716頁。
㉖ 《蘇軾詩集》卷三八有《鬱孤臺》《廉泉》《塵外亭》《天竺寺并引》,第2053—2056頁。
㉗ 同上書卷三八,第2053—2054頁。
㉘ [日]瑞溪周鳳《脞説》,載《四河入海》第1册,第946—947頁。
㉙ 《蘇軾詩集》卷三八《塵外亭》,第2055頁。
㉚ [日]萬里集九《天下白》云:"先生未見虔州,只依圖而賦。日本の諺ニ、ミヌ京モノガタリト云ヤウナ。"(拙譯:就像日本的俗語裏所講的"説得跟見過似的,説得有鼻子有眼的。")載《四河入海》第1册,第911頁。
㉛ 李蓘《宋藝圃集》卷四,《文淵閣四庫全書》本。
㉜ 紀昀評價《其五》:"此首純是宋格,語亦少味。"

蘇軾詩詞中"孫郎"究指何人

李 貴

　　蘇軾詩詞中共五處出現"孫郎"一詞,典故來源及具體所指並不相同,《蘇軾全集校注》(以下簡稱《校注》)相關注釋有正有誤,札記如下,尚祈方家指正。
　　古籍中之"孫郎",早期多指孫策,典出三國故事。《三國志·吴書·孫策傳》載,袁術常嘆曰:"使術有子如孫郎,死復何恨!"裴松之注引《江表傳》:"策時年少,雖有號位,而士民皆呼爲孫郎。"蘇軾亦有此用法。孔凡禮點校《蘇軾詩集》(以下簡稱《詩集》)卷三一《次韻答劉景文左藏》:"但空賀監杯中物,莫示孫郎帳下兒。"《校注》録《三國志·吴書·張昭傳》裴松之注引《典略》云,劉荆州嘗自作書欲與孫伯符,以示禰正平,後者嘲笑謂:"如是爲欲使孫策帳下兒讀之邪?"並解釋説,時劉季孫(字景文)以西京左藏副使權兩浙西路兵馬都監兼東南第三將(見蘇軾文《乞擢用劉季孫狀》),故以孫策爲喻(第5册,第3444頁)。此其一。其二,《詩集》卷四一《客俎經旬無肉,又子由勸不讀書,蕭然清坐,乃無一事》:"從今免被孫郎笑,絳帕蒙頭讀道書。"《校注》先引《三國志·吴書·孫策傳》所載袁術之嘆語,復詳録裴注引《江表傳》:時有道士琅邪于吉,往來吴會,立精舍,燒香讀道書,製作符水以治病,吴會人多事之,策即令收之,並論求情者:"昔南陽張津爲交州刺史,舍前聖典訓,廢漢家法律,嘗著絳帕頭,鼓琴燒香,讀邪俗道書,云以助化,卒爲南夷所殺。此甚無益,諸君但未悟耳。"卒斬之(第7册,第4877—4878頁)。所注皆中的。
　　蘇軾另外三處"孫郎"用例却典出孫權。《詩集》卷二〇《遊武昌寒溪西山寺》:"離離見吴宫,莽莽真楚藪。空傳孫郎石,無復陶公柳。"《校注》第4册第2195頁注曰:"孫郎,指(下轉第261頁)

江西風味何所似:"江西詩派"內涵辨析

范金晶

呂本中《江西宗派圖》的製作，確認了文學史上江西詩派的存在。宋室南渡之後，《江西宗派圖》產生很大影響，江西詩風籠罩了整個詩壇。南宋終始，江西詩風都是詩壇上不可忽視的存在。即使是南宋後期四靈、江湖詩派對江西詩風的反撥，也從另一個方面證明了江西詩派的在場。楊萬里説，江西詩派能夠匯聚在一起，成爲一個詩派，是"以味不以形"。也即，並非因爲籍貫江西，而在於有着共同的江西之味。可是，"江西之味"究竟是什麼呢？究竟什麼樣的詩，纔可算作在江西詩派影響下寫出來的詩？是精神內蘊，是一套寫詩方法，是重句法、押險韻、用僻典、點鐵成金等作詩技巧，還是生新瘦硬的審美取向？要想釐清江西詩派的影響，評判它的優劣，一個關鍵問題就是，江西詩派的核心特質與共同特徵究竟是什麼。只有搞清楚當人們在使用"江西"來表示一個詩派的時候，對它的內涵有着什麼樣的理解，纔能真正認識江西詩派在南宋詩歌中的影響，繼而理解南宋詩歌史。

對這個問題，每位研究者或許都有自己的認識。但不得不承認，目前並没有一個判定什麼是江西風味的統一標準。無論古人今人，往往因判斷標準不同而得出完全相反的結論。例如，楊萬里與江西、晚唐的關係一直爭訟不清，于北山《試論楊萬里詩歌的源流和影響》[1]，認爲楊詩本質上與江西詩無甚區别。胡明《楊萬里散論》[2]，却認爲楊萬里堅决地與江西詩派决裂，詩風受白居易影響最大。本文所要做的，便是辨析"江西風味"內涵的幾個層面。事實上，只有釐清問題在不同層面的含義，真正的學術討論纔能開始。

一、治心養氣：精神內蘊

對於北宋中後期的詩歌，應該將其放在中唐到北宋的歷史變革之中來理解。主體精神的昂揚，是這個時代士大夫最根本的特徵。從中唐開始，以科舉進身的士大夫們發起了復興儒學的運動，在文學上表現爲古文運動，以及中唐詩歌的新變與北宋宋詩特徵的形成。[3]當然，從中唐到北宋並不是一個連貫的過程，其中也有過斷裂。但是北宋自慶曆一代士大夫開始，便上繼中唐韓柳精神，更新並深化儒家學説，努力以儒家理想改造社會。范仲淹、歐陽修、司馬光、王安石、蘇軾、二程等，便是這個過程中收獲的士人楷模與文學、史學、哲學結晶。

在《中國轉向內在》④一書中,劉子健觀察到北宋與南宋之間的斷裂,認爲存在一個由外向到內在的轉向。我認爲促使轉向發生的關鍵因素,在於新舊黨爭。北宋新舊黨爭不同於歷代之處在於,它並非君子小人之爭,黨爭雙方都是士大夫,他們只是施政方針與文化原則不同,但都認爲自己是正義的。當意見不同時,雙方沒能找到合理的解決方案,最終黨爭愈演愈烈,導致了慘烈的結果。黨爭在士大夫實現理想的過程中發生,有着複雜的成因,反映出儒家思想、士大夫文化的內在痼疾。人們在當時未必認識到它的意義。在新舊黨輪番執政的反復中,伴隨着文字獄的出現,士大夫的心態從"先天下之憂而憂,後天下之樂而樂",逐漸轉向"簞食瓢飲"式的自我完善。⑤可以説,這個轉變在王安石—蘇軾—黃庭堅的過渡中,體現得最爲明顯,三人如光譜的漸變般折射出這個思想歷程。

王安石兩次拜相,并在神宗授意下展開大刀闊斧的改革,可謂實現了君臣遇合的理想。他晚年退居金陵,一意作詩。這樣的態度,固然有政治家退任後不問世事的姿態,但不同於早年書寫政治的直露,王安石晚年詩婉轉流麗,對仗極工,被譽爲精絶。⑥將此轉變理解爲從政治風波中抽身之後的淡然,關注重心由政治真正轉向文學,更爲合適吧。蘇軾與王安石在元豐八年達成的諒解,證明二人都有着磊落的人格,更象徵着對政治外在性的確認。蘇軾雖然一生在政治風波中沉浮,然而他對佛教般若空觀的接納加深並佐證了其"人生如夢"的心靈體驗,人生際遇虛幻不實,他真正熱愛並從中得到樂趣的,是詩文創作與藝術欣賞。黃庭堅的政治熱情不如二人高漲,他的政治理想並不在"補袞",對他來説,能做一名爲政簡要的循吏即可,而人生的真正意義在於求道,在於內在的自我完善,只要認清了這個"真如",人生際遇、外在得失,都不能撼動自己的內心。從王安石到黃庭堅,政治色彩逐漸弱化,價值取向逐漸由實現改造社會的理想,轉爲內在道德的完善。他們的安身立命之處,逐漸從"國家"中抽身出來,轉向對個人信念的持守。正是在這個意義上,黃庭堅表達過對王安石私德的欣賞:"真乃視富貴如浮雲,不溺於財利酒色。"⑦

黃庭堅在寫給青年後輩潘淳的信中,借一個比喻闡述了他基於儒家經學的人生觀:

> 遠者不可以無資,故適千里者三月聚糧,又當知所向,問其道里之曲折,然後取塗而無悔。鈎深而索隱,温故而知新,此治經之術也。經術者,所以使人知所向也。博學而詳説之,極支離以趨簡易,此觀書之術也。博學者,所以使人知道里之曲折也。夫然後載司南以適四方而不迷,懷道鑒以對萬物而不惑。(《與潘子真書》,《黃庭堅全集》第481—482頁)

他認爲經術的意義,是使人明瞭生命應有的方向。司南指示北方,它是個絶對的方向,人的所有行爲,不過是努力向聖人之道這個北方前進。在理學生成的時代背景中,他或許算不上一位反思者,然而他是儒家思想堅定的實踐者。黃庭堅從儒學中習得一套修身的思想方法,如孝悌、忠信、事事反求諸己等,正如他在《論語斷篇》中的論述:"由學者之門地,至聖人之奧室,其塗雖甚長,然亦不過事事反求諸己,忠信篤實不敢自欺,所行不敢後其所聞,所言不敢過其所行。每鞭其後,積自得之功也。"⑧對他來說,求道是人生的根本目的,而求道的關鍵,是在日常生活中將這些道德原則不斷地付諸實踐。對黄庭堅來說,儒家思想,解答了人該爲了什麽而生活的疑問;參禪問道的佛家思想,使他破除了對生死的疑慮。⑨黄庭堅一生,都是儒家思想堅定的踐行者,同時也是一名虔誠的佛教徒。他的思想,建築在對自己認定的信念的持守與踐行上。所以外在的際遇,無論是中舉的歡樂,或是黨爭中的貶謫,並不能真正撼動他的内心。正因爲早早形成了以求道爲目的的人生觀念,踐行符合信念的道德原則,黄庭堅在紹聖元年新黨復歸,查問其所修《神宗實録》時能夠問心無愧,對所提出的三千多條質疑隨問隨答,不憂不懼。黄庭堅與蘇軾都乃曠達之人,但蘇軾是將人生際遇乃至一己之身,都視作夢幻不實,黄庭堅的曠達則是建立在對自身信念的持守之上。寵辱不驚,心外無物,又事母孝篤,友愛兄弟,便是黄庭堅留給後世的人格形象。

從中唐到北宋的這場儒學復古、詩文革新運動,最初談性、命,是在佛教思想的參照下,彌補儒家學説的欠缺,而理學逐漸生成的過程,二程學説在南宋的接受與傳承,到最後成爲定於一尊的國是,正與"中國轉向内在"的過程表裏相合。也就是説,原始儒學本是側重道德修養與治國之術的,關注性、命等内在話題是出於佛教精妙義理的刺激,然而理學生成之後在南宋得到傳承,並後繼有人,出現朱熹這樣的大儒對其發揚光大,使得它固定下來發生極大影響,是與中國的轉向相應的。

在精神氣質上,江西詩派繼承了黄庭堅持守自身信念,與政治保持距離的文化人格。江西詩派的同氣相求,是在徽宗朝的政治高壓下發生的,他們的立場不可能完全脱離黨爭環境。但是通常元祐舊黨會被視爲道義上正確的一方。一方面,徽宗時蔡京當權,政治敗壞,黨禁成爲他排除異己的手段。若想要取重於時,便須以王安石新學爲是。王安石道德文章固佳,但是新黨人物的學問人品整體不如舊黨也是事實。另一方面,元祐舊黨貶謫地方,蘇軾、黄庭堅、蘇轍、程頤等人,都吸引了不少年輕人追隨。人天生就是具有對正義的渴望的,對生活在他們身邊以及貶謫地的年輕人來説,他們的學問人品所產生的感召,耳濡目染的熏習,是更強大的精神力量。在社會價值觀紊亂的時期,青年一代選擇追隨元祐人物,不僅僅是出於黨爭立場,更爲根本的是文化價值認同。例如江西詩派中的臨川人饒節,少時與謝逸相善,後來早早離開家鄉,到黄州從潘邠老遊。後至京師入太學,有文學之名。元符末爲曾布門客,曾布很器重他。徽宗即位後,曾布任尚書右僕射,饒節没有趁此機會請他引薦自己,反而請求起用蘇軾、黄庭堅等人,最後没有成功便辭别而去。饒節是一位少有大志的人物,年輕時的他懷有滿腔熱情,卻無處施展,"既不遇,縱酒自晦,或數日不醒,醉時往往登屋危坐,浩歌慟哭,達旦乃下。又嘗醉赴汴水,適遇客舟,救之獲免"⑩。他在這個時代找不到出路,崇寧間遂與汪革同拜入吕希哲門下,二人與謝逸、謝薖,爲吕本中"臨川四友"。饒節後在吕希哲的指點下見香巖智月禪師,悟道出家,成爲一名有道高僧,爲江西詩派三僧之一。汪革也是一位操行出衆的人,"人常咬得菜根,則百事可做"⑪便是汪革的名言,他中舉之後拒絶蔡京的籠絡,一直輾轉各地做學官。任宿州學官時,因仰慕吕希哲,與饒節拜入其門下。大觀四年(1110)年僅四十歲便逝世,引起江西詩友的傷痛。

雖然有洪芻、韓駒、高荷等少數幾位氣節有虧的人物⑫,但是總的來説,江西詩派的詩人們在艱苦的時代,互相激蕩,不求聞達,或沉淪下僚,或隱居不仕,默默持守着自身信念。劉克莊《江西詩派小序》⑬便説徐俯"諸人所以推下之者,蓋不獨以其詩也",説二謝"老死布衣,其高節亦不可及",二林"兄弟皆隱君子,不但以詩重",晁沖之"家世貴顯,而叔用不宜於此時陪伊優之列,而甘隨於薦之後,可謂賢矣"。他們不苟合於時,堅守氣節的精神品質,的確得到了後世的注意與贊許。直至南宋末年,江西派詩論家方回論詩首重"格高"。格高的内涵,一方面即是與道德修養、精神境界相關。

南宋政治中,不再有明顯的黨派紛争,紹興初産生分歧的兩個問題,首先是主戰還是主和,其次是推崇元祐之學還是新學。秦檜看準了高宗意圖,堅決主和,并由尚元祐之學轉爲倡王安石新學。隆興和議之後,秦檜獨攬大權,如同徽宗朝的蔡京一樣開始了權相政治。從理論上説,每位官員都在國家的官僚制度中承擔了相應的職責,丞相不過是責任最大的一位。但是秦檜越過自身權力的界限,干涉其他官員的行爲,政治運轉的原則成爲他的個人意志,失去了正直與公平。吕本中與秦檜原本私交不錯,因議政不合遂罷爲宮祠,寓居江西上饒。江西爲南宋三個文學中心之一,匯聚了吕本中、曾幾、韓駒、王庭珪等人,他們在政治上主戰,反對秦檜,文化上推崇元祐之學,推廣了江西詩風。在南北宋時期,可以説是黨禁促使文學從朝廷轉向民間,從此文學不再必然與廟堂之高聯繫在一起,詩人們往往通過師友傳承匯聚在一起。陸游拜曾幾爲師,便是出於政治與文化立場。

南宋時期,親近和贊賞江西詩派的,往往有着理學背景。例如,楊萬里師從王庭珪,後受張浚指點,以誠齋爲名。上饒二泉中的較長者趙蕃,主要生活於孝宗、光宗、寧宗朝。趙蕃像前輩曾幾一樣,有着較强的江西宗派意識,經常在詩文中强調宗派傳承。趙蕃持身甚正,淡泊名利,早年從劉清之學,後拜入朱熹門下。朱熹認爲他較爲"懇惻"⑭,評論他的詩,希望他能夠深察義理。趙蕃的確對此十分熱衷,常常冒着失却詩意的危險,將道學寫入詩中。理學家陸九淵對江西詩派也頗爲欣賞,稱江西詩派自黄庭堅起"益大肆其力,包含欲無外,搜抉欲無秘,體制通古今,思致極幽眇,貫穿馳騁,工力精到,一時如陳、徐、韓、吕、三洪、二謝之流,翕然宗之,由是江西遂以詩社名天下,雖未極古之源委,而其植立不凡,斯亦宇宙之奇詭也。開闢以來,能自表見於世若此者,如優曇花時一現耳"⑮。

可見,代代相承的江西氣脈,既指儒學(南宋之後漸漸轉變爲理學)修養,也指堅守信念、不苟合於時的氣節,而持守信念不爲紛繁時勢左右,講究立身處世的大節,又是以儒學修養所賦予的人生觀念、所涵養出的浩然之氣爲根本的。現代研究者中,伍曉蔓便認爲,對元祐精神的繼承,對立身信念的持守,是江西詩派作爲一個群體的根本特徵。

二、領略古法生新奇:作詩方法

此處可以析出兩種含義:一是黃庭堅教人學詩的一套程序,二是呂本中提出的"活法"。

1. 山谷示人的學詩程序

黃庭堅教人作詩,所示的一套方法,是以經術涵養心性,多讀古人書錘煉精神以達到"不俗",並學習各種文類的體制,最終自成一家,與古人比肩。所以他十分看重閱讀,一方面,只有讀萬卷書,與古人的精神世界對接,纔能夠超凡絕塵,脫落世俗。另一方面,閱讀也是掌握文章體制、提高語言能力的方法。

想要把黃庭堅這一套學詩程序解釋清楚,首先必須了解黃庭堅的詩學觀。黃庭堅對文學的看法,基本上來自儒家的文藝美學觀,這便包含着道德與藝術之間的矛盾。黃庭堅的解決方法,是詩人主體提高精神涵養與道德自律,使自己的思想具備合倫理性,而以這樣的主體投身世界,隨其所遇發爲呻吟調笑之聲。在倫理上對詩人主體的要求與自律,反而使詩人"獲得來自於倫理領域的一種信任,使他釋然地以一個倫理的人的身份來創作文學,而不必惕然地擔心自己創作是否處處體現了載道的功能"[16]。這個實踐起來當然是很困難的,並不是每個人都願意並且能夠將自己的想法控制在一定範圍之內。但是就黃庭堅來說,他確實是將道德修養內化成了自律,走出了這樣一條路。另外,黃庭堅也不是經學家,對於道德問題並沒有那麼苛刻,相對來說他更加注重"向道而行"的信念。在此基礎上,黃庭堅將詩歌的本質理解爲倫理主體的抒情行爲:"詩者,人之情性也,非強諫爭於庭,怨忿詬於道,怒鄰罵坐之爲也。其人忠信篤敬,抱道而居,與時乖逢,遇物悲喜,同牀而不察,並世而不聞,情之所不能堪,因發於呻吟調笑之聲,胸次釋然,而聞者亦有所勸勉,比律呂而可歌,列干羽而可舞,是詩之美也。"[17]

由此也就可以理解,黃庭堅教人學詩,總是從讀經、治心養性開始。對他來說,按照儒家經典過一種求道的生活,是每個人應有的責任,也是一位真正的詩人所必備的修養。是什麼把一個人與世俗區別開來? 黃庭堅認爲就是在於對道的追求。而讀書,是進入古聖賢精神共同體的方式。通過對經術的閱讀與踐行,可以說是入門以正,走上了正確的道路。然後再輔之以廣泛的閱讀,促進知識的廣博與思理的精微。僅憑一己之身的直接經驗,對世界的認識是有限的,而通過閱讀獲得間接經驗,與前人的思考對話,以此加深自己精神世界的寬度與厚度,在宋人看來是必須的。以這樣的心地作文章,自然與世俗之作不同。黃庭堅認爲:"士大夫處世,可以百爲,唯不可俗,俗便不可醫也。"那麼,怎麼纔能算是不俗呢? 真正的君子,"胸中有道義,又廣之以聖哲之學","視其平居無以異於俗人,臨大節而不可奪,此不俗人也;平居終日,如含瓦石,臨事一籌不畫,此俗人也"。[18]"不俗"是黃庭堅鑒賞詩文的重要範疇,既指精神境界,也是指詩文的高妙。他把爲文與爲人融爲一體,因爲在他的詩歌觀中,詩文本來就是合倫理的詩人主體的抒情行爲。他書蘇軾《卜算子》(缺月挂疏桐)後跋曰:"東坡道人在黃州時作,語意高妙,似非喫烟火食人語,非胸中有萬卷書,筆下無一點塵俗氣,孰能至此。"又評劉景文詩:"胸中有萬卷書,筆下無一點俗氣。"[19]將讀書與不俗聯繫起來,是因爲黃庭堅相信,通過閱讀與古聖賢的精神共同體相接,使道義之氣橫亘胸中,是超越現實到達審美境界的不二法門。

接下來"以其日力之餘玩其華藻"[20],通過不斷觀摩、模擬經典來學習古人的文章體制。他指導後輩學詩時,往往說對方在今人中已算出衆,但當在古人中求擅場,說明黃庭堅寫作詩歌,並不是爲了求得一時聲名,而有着與古人經典之作比肩的意識。他評論王彦周詩文時說:"意所主張甚近古人,但其波瀾枝葉不若古人耳。"開出的藥方是:"意亦是讀建安作者之詩與淵明、子美所作未入神爾。"[21]我認爲此處"主張"指的是詩歌的立意,或如黃庭堅所言"氣格"[22],意思是對方通過治心養氣,心地與境界已略近古人,然而"波瀾枝葉",也即語言表達、結構佈局,不能夠完滿地表現其立意。黃庭堅主張通過學習古人的經典之作,提高運用語言的能力,掌握每種文類的創作方法。王直方本來是向蘇黃學詩的,作了兩篇楚辭給他看,山谷便打了個比方:"如世巧女,文繡妙一世,設欲作錦,當學錦機,乃能成錦。"[23]各種文體本身是有相通之處的,都要求詩人之心的敏感與高超的語言能力,然而一位詩人的想象、巧思再怎麼精妙,也要掌握了楚辭的表達方式之後,纔能將靈感與妙悟融入其中。不同的文類有着不同的體制,對文體作出如此思考,確實是極爲專業的寫作者或理論家。

但是學古的最終目的,是自成一家,所謂"隨人作計終後人,自成一家始逼真"[24]。黃庭堅有强烈的創新意識。他付出大量心力,了解詩歌傳統,把握詩歌史的流變,最終是要自成面貌。黃庭堅有意避開了唐詩已經定型的圓融之美,他不是寫不出這樣的詩,而是有意要創造出新的審美風格。北宋詩歌大家中,黃庭堅的自覺意識是最强的。雖然在討論江西詩派的形成時,我並不同意所謂"蘇軾爲天才,不可學,而黃庭堅講法度,可按部就班有所成就"的說法,但是在自覺創新這一點上,歐陽修、蘇軾的確可以説是作詩時憑借其天才、興致之所至,不回避前人的造語與構思,蘇軾詩中甚至還有十字中八九字都與前人相同者,這在黃庭堅詩中是難得出現的。[25]

以經術固其根本,以精深的閱讀涵養心地,模擬古人以學習經典,最終自成一家,便是黃庭堅示人的、也是自己實踐的一套學習作詩的方法。

黃庭堅雖然經常教人學詩,但是並不像我們現在做研究說的這樣具體和連貫。他經常是通過書信指導後輩,每封信中所說的,也不過是些片段而已。所以他對學詩方法的意見,並不是作爲一個整體,而是作爲一些觀念得到傳播,進而影響南宋詩人的。他的四個外甥洪朋、洪芻、洪炎與徐俯,因幼年失祜,受過他較多指導。洪朋、洪芻的詩歌中,都有着要涵養心性、淡泊自守的觀念。徐俯是四甥中最出色者,他的詩及詩論雖大部分亡佚,但是曾季貍從徐俯遊,在《艇齋詩話》中記載了不少徐俯的詩論,略可窺其對詩歌的意見。徐俯論詩,一是重熟讀《文選》,二是強調要"中的"。曾季貍説,時人都向蘇黄學習,最多及老杜,獨徐俯見識不同,教人學《文選》。據周裕鍇《宋代詩學術語的禪學淵源》㉖的分析,"中的"作爲學詩的比喻,是指通過對前人優秀作品的參究,悟得詩歌藝術的真諦。韓駒、吕本中、曾幾,都是對南宋初詩壇影響較大的詩人。韓駒年輕時曾遍訪名家,受過蘇轍和黄庭堅的指導,對於自己被列入江西宗派圖並不是很滿意。韓駒尤爲強調的,是讀書、學古人、自成一家:"學詩當如初學禪,未悟且遍參諸方。一朝悟罷正法眼,信手拈出皆成章。"㉗學詩正如學禪,在尚未悟道之時,要不斷拜會名家,涵詠和體會經典作品,從中培養自己的鑒賞力與創造力,悟道之時,自然可以靠積累與識鑒作出高妙詩作。"學詩須是有始有卒,自能名家,方不枉下工夫。如羅隱、杜荀鶴輩,至卑弱,至今不能泯滅者,以其自成一家耳。"㉘可見,江西宗派圖中的詩人們,都有着廣泛閲讀以拓寬精神世界、錘煉語言與審美風格的意識,而他們自成一家的精神,正好實踐了山谷的教導。

事實上,南宋詩壇普遍強調要轉益多師。以楊萬里爲例,他學詩的過程就是一個不斷揚棄前人的過程,從"江西諸君子"到陳師道的五言律詩、王安石的七言絶句、唐人絶句等,不斷摒棄舊我,尋找新的典範,實際上代表着他在詩歌上的不斷進境,最終獲得頓悟,創造出生動活潑的"誠齋體"。批評蘇黄、江西派的嚴羽,也強調要"熟參"漢魏、晉宋、南北朝以至各階段之唐詩,他不同於江西、晚唐詩之處,只是參究的榜樣、最高的詩學理想不同,但都要通過對經典作品的吟詠參究,來掌握寫詩的方法。

其實至少從司馬遷開始,就力圖"成一家之言"。宋人強調自成一家,還是出於立言以傳不朽的傳統觀念,正如宋祁所言:"文章必自名一家,然後可以傳不朽。"㉙蘇軾亦曾告訴李之儀:"凡造語,貴成就,成就則方能自名一家。"㉚楊萬里一生學詩凡幾變,變化背後是強烈的創新精神。姜夔亦認爲"一家之語,自有一家之風味"㉛,無論大家小家,形成自己獨特的風格,便足以在文壇立足。

可見,從遍參古人到自成一家,是南宋詩壇的普遍觀念。南宋人的詩歌觀念未必直接來自黄庭堅,然而人們從各個渠道學習了解最後產生的認識,却符合黄庭堅的學詩觀念,正説明黄庭堅作爲宋代詩人的典範,上承北宋士大夫集體的文化遺產觀念,不僅僅以其詩歌,也以其對詩歌創作的認識,影響了一代詩壇,成爲人們對詩歌創作的基本觀念。

2. 吕本中"活法"論

"後山論詩説换骨,東湖論詩説中的,東萊論詩説活法,子蒼論詩説飽參。入處雖不同,然其實皆一關捩,要知非悟入不可。"㉜江西詩派諸人都倡導博學多識,從對前人作品的大量閲讀中把握詩學的真諦,經由法度到達自由。其中,吕本中的"活法"論在南宋產生了很大影響,不少人將其理解爲江西詩派的核心詩論與宗派法門。

吕本中早有此思想,《外弟趙才仲數以書來論詩因作此答之》:"前時少年累,如燭今見跋。胸中塵埃去,漸喜詩語活。孰知一杯水,已見千里豁。初如彈丸轉,忽如秋兔脱。旁觀不知妙,可愛不可奪。"(《全宋詩》第18056頁)紹興三年(1133)作《夏均父集序》時系統表達,此文雖然東萊集中已不存,却因劉克莊在《江西詩派小序・吕紫薇》中載録得以保存:

> 學詩當識活法。所謂活法者,規矩備俱而能出於規矩之外,變化不測而亦不背於規矩也。是道也,蓋有定法而無定法,無定法而有定法。知是者則可以與語活法矣。謝玄暉有言:"好詩流轉圜美如彈丸。"此真活法也。近世惟豫章黄公首變前作之弊,而後學者知所趣向,畢精盡知,左規右矩,庶幾至於變化不測。

一般認爲,此論乃針對江西末流而發。紹興元年(1131)吕本中與曾幾論詩時便指出:"近世江西之學者,雖左規右矩,不遺餘力,而往往不知出此,故百尺竿頭,不能更進一步。"㉝黄庭堅示人的學詩方法,主要是上文所述的一套學詩程序,他强調治心養性與師法古人,很少談論具體的詩歌技巧。但是黄庭堅對技巧的運用非常純熟,當時便有不少人以蘇黄爲典範,對其詩法作出總結,如惠洪《天厨禁臠》中概括的用事法、造語法、用事補綴法等。將黄庭堅的創作與詩論所構成的活生生的詩學體系,條列爲固定的詩法,結果便失却了其中靈活運用的慧心,墮落爲僵化的技巧。吕本中有鑒於此,提出了"活法"論。

吕本中雖然創作了《江西宗派圖》,爲江西詩派重要詩論家,但是他論詩並非一味崇黄,黄庭堅詩是他認爲最應師法的詩歌典範,但他晚年詩學視野更加開闊,對此有所修正。檢視其《贈趙承國論學帖》㉞《童蒙師訓》中的詩論,他一直倡導的,是從傳統經典《詩經》、《楚辭》、漢魏詩入手,要講究老杜至蘇、黄的次第,熟讀以見其體式,避免齊梁間的綺靡氣味。尤其是對蘇、黄不可偏廢,"自古以來語文章之妙,廣備衆體,出奇無窮者,唯東坡一人;極風雅之變,盡比興之體,包括衆作,本以新意者,唯豫章一人,此二人者當永以爲法"㉟。提出"活法"論,正如周裕鍇在《宋代詩學通論》中所言,一方面是把握住了黄庭堅"覆却萬方無準"的詩學精神,在掌握法度之後,要超出法度,不爲法度所局限;另一方面,"活法"與天機、妙悟相接,可謂以蘇濟黄,"語廣而意圓,要之可視爲蘇黄詩學的合題,補裨江西末流拘泥句法之弊"。㊱江西詩風逐漸由生新瘦硬轉爲流暢圓美。

"活法"論得到了曾幾的大力推揚:"學詩如參禪,慎勿參死句。縱横無不可,乃在歡喜處。……居仁説活法,大意欲人悟。常言古作者,一一從此路。豈惟如是説,實亦造佳處。其圓如金彈,所向若脱兔。風吹春空雲,頃刻多態度。"㊲陸游也從曾幾處得聞此論:"我得茶山一轉語,文章切忌參死句。"㊳"活法"論廣爲流傳,南宋的詩人及詩話著作中常有論及,多有從此悟者。劉克莊便認爲此乃"天下之至言"㊴,楊萬里生動活潑的誠齋體,是真正發揚了活法精神。所謂對江西詩派能入而後出,往往也是指從"活法"入,而後變化萬端,培育出自己的詩學風格。另一方面,"活法"容易被人理解爲率易。呂本中本是以活法調節法度與自由的緊張關係,能夠在掌握規矩(文章法度、體式)之後不拘泥於規矩,又"出新意於法度之中"⁴⁰,從心所欲而不逾矩,前提都是對法度的精熟。

　　錢志熙在《活法爲詩——江西詩派精品賞析》中,將活法作爲江西詩派作詩的法門,認爲"活法"的含義很豐富,"用典使事、寫景抒情、結構機軸,處處皆有活法可言"⁴¹,對江西詩派來説,詩中見活法,是詩歌成功的標誌。莫礪鋒《江西詩派研究》認爲,"江西詩派在風格論方面的觀點並不完全一致","只有黄庭堅所提出而爲整個詩派所繼承發展的關於詩人藝術修養過程的理論,也即從'有法'到'無法',從'學'到'悟'的一系列觀點,纔是江西詩派詩論的主要精神,堪稱爲江西詩派的主要綱領"。⁴²

三、"句裏宗風":作詩技巧

　　黄庭堅論詩歌、書法、繪畫,其中的道理往往是相通的。他評論《摹鎖諫圖》:"陳元達千載人也,惜乎創業作畫者,胸中無千載韻耳。"此圖據傳是閻立本所作,十六國時漢帝劉聰行事荒唐,陳元達拼力死諫,將要被問斬,他用鐵鏈把自己鎖在樹上,最終被皇后救下,畫面表現的就是最後千鈞一髮的瞬間。黄庭堅説,作畫之人缺少道義之氣,陳元達這樣的忠義之士,垂千載而不朽,但圖上此人的相貌神氣,豈是能死諫而不悔的? 雖然如此,"畫筆亦入能品,不易得也"⁴³。表現出黄庭堅對詩歌、藝術的一個重要看法:技巧很重要,但技巧之外的識度、涵養更重要。黄庭堅對詩學問題有着持久而深入的思考,但他無意寫作理論著作,縱觀《黄庭堅全集》,談論、品鑒詩文雖多,但往往都是從抽象原則的把握着眼,很少談到下字、對偶等具體的技巧。他認爲作詩要有規矩、法度,並非不重視技巧,却強調要超越技巧,技進於道。大巧若拙,韻勝、入神、不俗,比巧奪天工更重要。他没有寫作詩話、詩格等著作,也許正是出於避免將技巧規定爲法度,僵化運用規則的局面。但是黄庭堅對詩歌傳統最深入的變革,也是最大的創新之處,在於對語言的思考與運用。在11世紀語言竟獲得相對獨立的地位,人們對語言本身有過如此的思考與實踐,這個現象有時候真讓人吃驚。正是因此,黄庭堅身後有不少人對其詩論作出總結,需要注意的是,總結成條文的詩論容易被讀者與學詩者接受,促進山谷詩歌觀念的傳播,但是也將山谷詩的"無法"轉爲定法,漸漸淪爲僵化的技巧,也使人們形成對江西詩風的刻板印象。

1. 句法

　　黄庭堅談論較多的是句法。將"句"與"法"聯繫起來,首見於杜甫詩"佳句法如何"⁴⁴。從蘇黄開始,"句法"得到較多運用。黄庭堅對句法尤爲重視,可謂是他思考詩歌法度的中心問題,他常以此論詩:"寄我五字詩,句法窺鮑謝。""句法俊逸清新,詞源廣大精神。""(梅堯臣)用字穩實,句法刻厲而有和氣。"⁴⁵並教人學詩要着意於句法:"請讀老杜詩,精其句法。"周裕鍇認爲,黄庭堅的"句法"論,包含從初學者的稍入繩墨,到超越法度自由創造三個階段,⁴⁶這自然是結合了對黄庭堅詩學精神及學詩程序的理解而作出的闡述。黄庭堅始終思考的幾對矛盾,便是法度與自由、俗與真、技與道等。

江西詩派也喜歡談論句法,陳師道、韓駒等人都論過句法。吕本中説:"前人文章各自一種句法。"⁴⁷我認爲吕本中在這裏所説的"句法",與黄庭堅的理解相同,是指詩歌不同於文的、特殊的語言組合方式,並且每位詩人富有個性的思維方式也會融合其中,所以成熟的詩人"各自一種句法"。例如,蘇軾"秋水今幾竿"⁴⁸,以竹竿的長度來衡量秋水的深度,暗示秋意已深,自己却還未辭官還鄉、歸隱山林。如果直接説秋意已深或自己要辭官,未免過於直露,借用竹竿探秋水的意象來言説,"竿"作量詞,竹竿成了衡量秋水的尺度,富有想象力,也顯得深婉有餘味。這是蘇軾兩千多首詩中普通的一首,不算刻意精心之作,只是順應他思維方式的詩句而已。又如黄庭堅"夏扇日在摇"、"行樂亦云聊",⁴⁹打破了正常語法,將賓語"夏扇"、"行樂"前置,動詞"摇"(摇動)、"聊"(勉强)放在句末,起强調作用。我們通常所説詩人的風格,除去題材因素之外,就是由語言組合方式表現出來。描寫同樣的内容而采取的不同表達,包括意象的選取、語序的選擇、所運用的字句及修辭方式等,最能展現詩人的個人特徵。若要自成一家,就需要熟讀經典作家的經典作品,體會學習其中藴含的語言結構,最終尋找到適合自己思維、氣質的句法表達。

從北宋後期開始,句法成爲詩話中普遍關心的話題。但是正如錢志熙所言,黄庭堅身後闡發其詩論的後學們,不能完全掌握他包藴深厚美學境界的詩歌思想,往往將他生動、靈活、豐富的詩學體系,拆分成具體條文與規則。例如,范温曾追隨山谷,《潛溪詩眼》是山谷影響下的詩論著作。黄庭堅對工與拙的看法較爲辯證,認爲陶淵明詩"不煩繩削而自合",然而"巧於斧斤者多疑其拙,窘於檢括者輒病其放",蓋"若以法眼觀,無俗不真;若以世眼觀,無真不俗"。⁵⁰但《潛溪詩眼》論工拙却説"老杜詩凡一篇皆工拙相半",將其簡化爲一半精工一半簡拙的方便法門。又如惠洪《天厨禁臠》,總結出"錯綜句法"、"折腰步句法"、"絶弦句法"等。

2. 點鐵成金、奪胎換骨

兩者可謂是黄庭堅影響最大的詩論⁵¹,皆爲面對前人文化遺産的處理方式,"點鐵成金"一般是用典,"奪胎換骨"未必是用典。通常認爲的黄庭堅用典特徵,還有用典廣博、用僻典等,其實蘇軾詩亦是如此,這是與宋代發達的文化息息相關的。北宋建立之初,便匯集文臣編撰了四大類書。兩宋經濟發達,文化興盛,是封建社會發展的成熟時期,而印刷術的進步,使普通人也可以獲得藏書,歷史上非官修的私人目録學著作便首次出現於兩宋時期。之前的時代,書籍都是作爲不宣之秘,十分寶貴,被朝廷收集起來藏於秘閣,一般民衆能得到的書籍是很少的。而蘇黄均爲館閣之士,本來就是文士中的佼佼者,在閲讀常見書的基礎上,還可以得睹朝廷所藏之書,⁵²其詩歌廣泛涉獵經史子集,是閲讀範圍擴大的自然結果。另外，士大夫中普遍的禪悅傾向，使得佛教典籍的閱讀也成爲基本修養的一部分。他們與佛教僧人的交往，尤其是與禪僧的問答，使得佛教知識與思維方式深深印入他們腦海。反映在詩歌中，便是相對前人來說來源廣泛的用典，以及對佛道典故的大量運用。所以，用事博、用僻典，其實是蘇、黃作爲北宋詩歌頂峰的代表，所共同具備的特徵。真正屬於黃庭堅獨創，並對詩歌傳統作出了巨大變革的，是"點鐵成金"、"奪胎換骨"之法。

"點鐵成金"出自黃庭堅《與洪駒父書》，本指"取古人之陳言入於翰墨"[53]，它可以包含兩種用法，一是用其語，亦不迴避它原本的意義；二是用其語，刻意避免原來語境的含義。第一種用法其實是普通的用典，所以這層含義逐漸被忽略，後人更爲關注它"師其辭而不師其意"的第二種用法，朱熹稱其爲"錯本旨"。例如《左傳》中"深山大澤，實生龍蛇"，杜預解釋爲"非常之地生非常之物"，後人常用"龍蛇"來表示人才，而黃庭堅用其語來描寫月光："寒藤古木被光景，深山大澤皆龍蛇。"[54]《左傳》是非常典雅的出處，然而黃庭堅並沒有運用這個典故本身的意義，他只是借用了"深山大澤"、"龍蛇"的字面，來完成"朦朧月光之下，深山大澤的輪廓看起來像龍蛇一般"的比喻，並且因爲借用五經之一的《左傳》，語言頗爲雅健。這在用典的歷史上可謂突破性進展，在此之前，典故在使用時雖然會凝聚成簡練的典面，但它的含義依然是典籍中的故事（或在原意上進行合理衍伸，如上文《左傳》之例）。"點鐵成金"出現之後，人們開始區分"語典"和"事典"。[55]語典只"用其字面"，像搭積木一樣，表現的意義是自己組合出來的，無形中增加了語言的獨立性，嚴羽指責的"以文字爲詩"，很大程度上是由於"點鐵成金"的運用。而"無一字無來處"的觀念，慢慢轉化對用事廣博的追求，刺激人們產生尋找字詞出處的強烈熱情。

"奪胎換骨"見於惠洪《冷齋夜話》："山谷曰：詩意無窮，而人之才有限。以有限之才，追無窮之意，雖淵明、少陵不得工也。然不易其意而造其語，謂之換骨法；規模其意而形容之，謂之奪胎法。"[56]據周裕鍇的解釋，"奪胎"、"換骨"都是借鑒前人詩意（文意）而加以點化，但"奪胎"往往是在前人之意的基礎上又有演繹發揮，"換骨"則是用不同於前人的新鮮語言重新表達其意。[57]詩意的創新一直是宋人關注的問題，梅堯臣提出要"意新語工"，王安石便慨嘆："世間好語言，已被老杜道盡；世間俗言語，已被樂天道盡。"[58]但是在此之前，詩人們都是創造新意，力求與前人不同，而無人提出如"奪胎換骨"般輾轉挪移之法。"奪胎換骨"思維與禪宗中的公案評唱及頌古創作有一脈相承之處，惠洪拈出此論，實與其禪宗背景有關。

此兩法產生的真正影響，是培養了人們學習、談論詩歌時尋找字句出處與詩意來源的熱情，這是宋詩話最爲熱衷的兩個話題。甚至吳開《優古堂詩話》，雖未冠以奪胎換骨之名，實則專以尋找詩意相似之句爲能事。楊萬里《誠齋詩話》曰："初學詩者，須學古人好語，或兩字，或三字。""詩家用古人語，而不用其意，最爲妙法。"[59]均以黃庭堅《詠猩猩毛筆》爲例。南北宋之際的任淵注釋山谷內集，便着意注出字詞出處，並抉發詩意來源。例如《有聞帳中香以爲熬蠍者戲用前韻二首》其一："海上有人逐臭。"[60]任淵先注出其事：

"《吕氏春秋》曰:'人有臭者,其親戚、兄弟、妻妾無能與居焉,自苦而居海上。人有悦其臭者,晝夜隨而不去。'"注出其事的同時也注出了"海上"一詞的出處。又注其語所出:"曹子建《與楊德祖書》曰:'海畔有逐臭之夫。'《列子》曰:'海上有人好鷗鳥者。'"注出"逐臭"、"海上有人"的出處,不僅對詞語溯源,也對詞語的排列組合溯源。任淵還特意爲山谷詩創造了新的注釋體例:以"用其字"等方式標出山谷"師其辭不師其意"之處,以"用其意"等方式抉發出詩意來源。

点鐵成金在當時便受到誤會,山谷因是書法家,有時書他人詩難免記錯字句,例如紹聖四年(1097)的《謫居黔南十首》,與白居易詩幾乎相同,曾紆認爲是點化白詩而成,乃點鐵成金之妙法,喜愛得常常向人口誦。范廖以此問山谷,山谷云:"庭堅少時誦熟,久而忘其爲何人詩也。嘗阻雨衡山尉廳,偶然無事,信筆戲書爾。"聽説曾紆以此爲點鐵成金之法後大笑:"烏有是理! 便如此點鐵!"⑥ 從中也可以看出,中國古代某些觀念、詞語的流行,往往並不具備經作者準確界定過的含義,人們對它的理解是很模糊的。"點鐵成金"與"奪胎換骨"之法,是在有足夠閱讀積累與熟練掌握詩歌技巧的前提下,才能運用得得心應手。它所產生的弊病就是,在"無一字無來處"觀念的影響下,爲了運用兩種方法而去拆分字句,以書本作爲詩歌的源泉,一方面引起了抄襲之譏,另一方面導致詩思的嚴重滯澀。"無一字無來處"的思維有時如同魔咒,將作詩之人困在典籍的魔方中,找不到與詩神相接的觸點。在楊萬里發展出自己的詩歌風格之前,他從學習江西諸君子到學陳師道五字律、王安石七字絕句,但"學之愈力,作之愈寡"。最終,他抛開觀念束縛,捕捉自己對萬事萬物的新鮮感受,纔算是走出了江西派的牢籠,開始能夠運用技巧表現自己,而不是被技巧所掌控。金代王若虛對黃庭堅與江西詩派的批評尤爲激烈,認爲點鐵成金與奪胎換骨不過是"剽竊之黠者耳"⑥。

3. 下字

從晚唐苦吟詩人開始,煉字就很盛行了,"吟安一個字,撚斷數莖鬚"⑥,賈島與韓愈關於"推"、"敲"的推敲也成爲一段佳話。宋人也重下字,但是與唐人有所不同。錢鍾書指出:"唐人詩好用名詞,宋人詩好用動詞。"⑥周裕鍇在此基礎上敏鋭地觀察到,唐人詩多錘煉名詞,而宋人詩多在連接名詞的"聯繫字"上下功夫,"聯繫字"多爲動詞或形容詞。⑥籠統地説,唐詩是意象型詩歌,是通過意象的拼貼組合來表現的,成熟到一定程度之後,意象往往固化。宋詩則是尚意型詩歌,宋人更新唐詩的方式不是沿襲陳舊的意象,而是重視意象之間的聯繫,通過準確、傳神的字眼表達出來。如,據歐陽修《六一詩話》記載,北宋前期杜詩尚未成爲公認的經典,陳舍人偶得杜詩舊本,《送蔡都尉》詩有"身輕一鳥",下缺一字。陳公與賓客各以字補之,有"疾"、"落"、"起"、"下"等。後來得一善本,原來是"身輕一鳥過","陳公嘆服,以爲雖一字,諸君亦不能到也"。⑥又如王安石"春風又綠江南岸"對"綠"字的選擇,以及蘇軾對陶淵明"采菊東籬下,悠然見南山"是"見"還是"望"的辨析,都表現了對詩句中關鍵字眼的重視。

可以説，黃庭堅對煉字的認識，前承了北宋詩人的集體觀念，又受到禪宗觀念影響，他強調"安排一句有神"⑰、"置一字如關門之鍵"⑱，重視關鍵字眼給全句、全篇帶來的盤活作用。山谷稱贊陳師道作文"深知古人之關鍵，其論事救首救尾，如常山之蛇"⑲，關鍵字眼在全文中的作用，如畫龍最後所點之睛，又如女媧用泥巴造人後所吹的一口氣息，給文字注入了生命力。黃庭堅還有句眼之論，亦與下字之法相關，是談杜詩時提出："拾遺句中有眼。"句眼有一層含義是"識"、"正法眼"，與下字無直接關係，此處不論。需要關注的是它的其他含義。周裕鍇認爲，句中之眼是指"處於詩句結構的關鍵位置，能使詩句生動靈活、新警不凡的字眼"⑳，與圍棋中將一片棋子盤活的氣眼類似。

江西派詩人較爲關心煉字問題。汪革不滿王安石多用聯綿詞："荊公詩失之軟弱，每一詩中，必有依依嫋嫋等字。"㉑潘邠老提出"響字"，認爲七言詩第五字、五言詩第三字爲響字，"所謂響者，致力處也"㉒，即句式的關鍵之處，如"圓荷浮小葉，細麥落輕花"的"浮"、"落"二字。潘邠老是江西詩派中學杜最力的詩人，作詩精苦，此論自然是他思索詩歌的經驗之談，但是將七言第五字、五言第三字固定爲"響字"，已經很類似詩格中的僵化之論，吕本中便提出異議，以"活"矯之："予竊以爲字字當活，活則字字自響。"㉓吕本中認爲黃庭堅學杜的佳處便在於"禪家所謂死蛇弄得活"㉔。

當然，不止江西詩派，宋代詩論家幾乎都會論到下字問題，並且對它有所推進。例如對虛字的運用，《石林詩話》論下字便舉杜甫"江山有巴蜀，棟宇自齊梁"的"有"、"自"爲例㉕，《對床夜語》指出："虛活字極難下，虛死字尤不易。"㉖羅大經《鶴林玉露》亦總結説："作詩要健字撐拄，要活字斡旋。……撐拄如屋之有柱，斡旋如車之有軸。"㉗宋末元初的方回，論詩尤重虛字："凡爲詩，非五字七字皆實之爲難，全不必實，而虛字有力之爲難。"認爲作詩如全用實字反而無味，要學會運用虛字，"句之中以虛字爲工，天下之至難也"，認爲對虛字的運用，乃宋人勝於唐人之處。虛字的使用，如陳師道詩"欲行天下獨，信有俗間疑"，增加了句式的靈動性，提高了文字的叙述能力，雖有以文爲詩的嫌疑，但若能與詩意融合無間，不失爲有效的寫作方法。以此思想爲基礎，《瀛奎律髓》的一大特色，就是對關鍵字眼加以圈點。

4. 聲律

這個問題包含兩個方面：一是押險韻、窄韻；一是拗律。

平水韻是參照唐宋詩人的用韻情況，在唐韻基礎上合併而成，故而平水韻雖不是唐宋時的韻書，却可以拿來討論唐宋詩歌的用韻情況。王力《漢語詩律學》將平水韻分爲寬韻、中韻、窄韻、險韻。窄韻字數較少，但是未必難寫，如五微、十二文、十五删，非常合用，故詩人們也愛用。險韻包括三江、九佳、三肴、十五咸，字數也少，還不太合用。這是現在對險韻、窄韻的定義，在當時人們也有認識，歐陽修曾論韓愈工於用韻："蓋其得韻寬，則波瀾横溢,泛入傍韻,乍環乍離,出入回合,殆不可拘以常格,如《此日足可惜》之類是也。得韻窄,則不復傍出,而因難見巧,愈險愈奇,如《病中贈張十八》之類是也。"⑱

窄韻、險韻,其實就是難度更大的韻。次韻詩的風行,使得窄韻、險韻由於難度大,成爲詩人們因難見巧、在詩戰中取得勝利的方式。詩歌唱和南北朝時期便已出現,但是一般和意不和韻;中晚唐時期元白、皮陸唱和,開始使用依原唱韻脚而和的次韻;進入北宋,梅堯臣、王安石都寫作了不少次韻詩,蘇黃更是將次韻運用到了極致,他們的詩歌中近三分之一都爲次韻詩。黃庭堅被公認爲精於詩歌,在元祐末能與蘇軾並稱"蘇黃",在多場次韻交戰中展示出的精湛功力與絕妙詩思起到關鍵作用。次韻至少一來一往,多人參與的次韻更是如同打擂臺,功力高下一目了然。例如黃庭堅的名詩:"我詩如曹鄶,淺陋不成邦。公如大國楚,吞五湖三江。"⑲開頭便運用奇特的比喻,將蘇軾的詩歌比作泱泱楚國,而自己只是淺陋小邦。接下來又稱讚蘇軾的詩歌與人格,最後筆鋒一轉,爲兒子求蘇軾孫女爲妻,有暗示自己並不能與蘇軾並肩,甘作後輩之意。此詩乃長達二十句的古詩,從十七字的三江韻中選出十字,難度可想而知,故而此詩作爲險韻名作,以及"堅城受我降"句與蘇軾原唱"寸心不自降"中對"降"字的處理,一直是宋詩話中津津樂道的話題。

拗律的出現,自然是在律詩體式成熟之後。在詩歌史上,五律醞釀於齊梁,在初唐詩人手中成熟,七律的出現與成熟較晚,在杜甫手中纔逐漸定型。⑳杜甫一方面確立了律詩體式,一方面也創作拗律,對律詩正體作出突破與創新。這些拗律多作於杜甫到夔州之後,但數量並不多,且往往拗而不救。中晚唐詩人,如杜牧、李商隱等,開始有意識創作拗體。而宋人對此十分關注。黃庭堅創作了一百五十餘首拗律,張耒稱讚他:"以聲律作詩,其末流也,而唐至今詩人謹守之。獨魯直一掃古今,直出胸臆,破棄聲律作五七言,如金石未作,鐘磬聲和,渾然有律呂外意。近來作詩者頗有此體,然自吾魯直始也。"周裕鍇認爲,這是因爲律詩成熟之後,一些寫法成爲套路,難免陳陳相因,有平滑之弊,拗體矯正了軟熟,讓人覺得有"峻直之風"㉑,"詩才拗,則健而多奇;入律,則弱爲難工"㉒。惠洪也認識到"於當下平字處,以仄字易之",則"其氣挺然不群"。㉓所以對拗體的關注,也是與宋代儒學復興運動的精神相關的。

方回對黃庭堅最爲關注的就是這一點。《瀛奎律髓》專門設了"拗字"、"變體"類,所選以杜甫、黃庭堅,以及江西詩派詩人爲主,整本《瀛奎律髓》只選山谷詩35首,此兩類便有8首。據李飛躍統計,《全唐詩》中律詩占的比例是39%,而中晚唐存詩一卷以上者,律詩比例竟然達到84%。㉔可見北宋伊始,詩人們的確面對着律體占領詩壇的局面,而歐陽修等人的詩文革新,主要是復興古體,而黃庭堅作爲北宋最具代表性的詩人,不僅僅究心古體,也着意於律體的革新,常中寓變,變中出奇,達到極高成就。除了用典方式的創新、詩意與想象出奇等方面,格律的拗折、對律詩句法的破棄也是重要因素。音節的拗折,也被江西詩派所繼承。

人們對江西體詩歌的認識,往往來自上述特徵的綜合,側重形式方面。江西派詩歌,正如曾刊刻山谷詩集的黃㙭所言,有着"句裹宗風"[85]。楊萬里曾舉數聯早年焚毀的江西體詩示人,尚可窺見他所認爲的"江西體":"露橐蛛恓緯,風語燕懷春","立岸風大壯,還州燈小明","疏星煜煜沙貫月,綠雲擾擾水舞苔","坐忘日月三杯酒,臥護江湖一釣船"。[86]有意違背自然語言,講究對仗,下字生澀,語序曲折,不合格律,放在江西派詩歌中,算是不錯的。而江西末流之詩,因功力未到,往往"聲韻拗捩,詞語艱澀"[87]、"音節聱牙,意象迫切"[88]。

從以上所論可以看出,黃庭堅的詩論對宋人的影響非常巨大,而發生影響的具體形式,是奠定了宋人對詩歌的基本認識,他所思考的詩學問題也成爲宋人所關心、不斷加以討論的問題,他對詩學問題的具體意見後人未必聽從,但是他影響了一代詩學的基本方向與視野。黃庭堅詩論並不是憑空而來的,是在北宋詩歌面目日漸獨立的進程中誕生,吸收了歐梅、蘇軾等人對詩歌的認識與思考,並作了持久的努力與探索。可以說,黃詩成爲宋詩最爲典型的代表,不僅僅由於其詩歌所達到的成就,更是他在詩歌史上承前啓後的位置與現實影響力所致。

四、取樸拙而避華美:審美取向

黃庭堅的審美取向,並非唐詩渾融之美。雖然求奇、求新、求變,但是從他的全部創作與詩學體系來看,他的審美是很包容的。

黃庭堅詩的典型風格,被形容爲"生新瘦硬"、"透僻拗折",這的確是構成黃庭堅個人風格的重要方面。唐詩一般以造境爲上,黃庭堅詩中較少描摹物象,而以意脈貫穿。如黃庭堅的題畫詩:"野次小崢嶸,幽篁相倚綠。阿童三尺箠,禦此老觳觫。石吾甚愛之,勿遣牛礪角。牛礪角尚可,牛鬥殘我竹。"[89]以意象爲主的傳統詩歌,意象本身便是風景,將凝聚着意象的部件(字詞)適當排列,便自然成爲一幅圖畫,如"明月松間照,清泉石上流"、"野曠天低樹,江清月近人"。但是黃庭堅此詩,讀者讀了他所列出的部件,並不能在腦子中將其激活並還原爲一幅圖畫,它們排在一起,只如未通電的元宵彩燈。能使它五光十色、活靈活現的"電",是作者黃庭堅貫穿其中的"意"。

但是,黃庭堅還有着風流蘊藉、幽默詼諧的一面。山谷詩中對雙井茶江湖風味的描繪、對猩猩毛筆的巧妙吟詠、對玉版紙的由衷讚賞、對畫師妙墨的會心把玩、對花卉的愛憐、觀覽寺廟的經驗,無一不作爲元祐文化的代表,書寫着文人士大夫的精神世界。這個世界雅致而精妙,不一味推崇富貴,却充滿了對日常生活的審美性玩味與詩意提升。例如,黃庭堅在京師見到"類女工撚蠟所成"的臘梅,便戲作小詩詠之,"體薰山麝臍,色染薔薇露"[90],兩句分寫其香與色,由此臘梅盛於京師。作爲日常生活用品的薰香、佩香,早在《楚辭》的時代便在貴族中盛行,但是焚香成爲儀式,並與精神上的頓悟聯繫起來,是源於佛教中的拈香儀軌。北宋時,焚香煎茶成爲文人的生活情趣,黃庭堅尤其如此,聞香在佛教五觀中爲"鼻觀",他最終還在禪宗典籍中留下聞木犀香悟道的故事。黃庭堅作過不少與香有關的詩,"一穟黃雲繞几,深禪想對同參"⑪,被蘇軾稱爲"燒香偈子"⑫。另外,黃庭堅的感情其實是很豐富的,尤其對親友至爲孝篤,晚年貶謫時與其兄元明的一組觸字韻唱和,"萬里相看忘逆旅,三聲清淚落離觴","本與江鷗成保社,聊隨海燕度炎涼"⑬,真摯感人。但是黃庭堅心地頗爲豁達,加以擁有堅定的宗教信仰,很少流露細膩哀傷之情,哪怕是觀賞嬌柔清雅的水仙花,在感受到"凌波仙子生塵襪,水上輕盈步微月"的風韻之後,却"坐對真成被花惱,出門一笑大江橫"⑭。相對於沉淪日常瑣事,他心中更常具備的狀態,是"落木千山天遠大,澄江一道月分明"的豪氣,與"萬物隨波流,金石終自止"⑮的堅定。所以黃庭堅並不枯淡,他的風格是非常豐富的。

如果説黃庭堅早年尚未能脱盡模擬習氣,進入元祐時期之後,在蘇軾及蘇門文人群的影響下,他的詩歌愈發開闊,變化多端,而晚年貶謫,他對詩歌的理解又有進境,作詩雖不算太多,却剥落浮華,愈顯老成。黃庭堅一直是一位自覺學習古人經典作品,並且不甘居後、要在古人中求擅場的詩人。黃庭堅始終思考的美學命題,便是巧與拙、俗與真的對立,對他來説,俗纔是作詩大忌,而風格盡可以多樣。在這一點上,他的立場與蘇軾是一致的。拙、真、自然,是最高的審美理想,所以陶淵明成爲蘇黃共同尊崇的詩歌典範。但是它並不是容易得來的,而是千錘百煉,在對詩歌技巧精熟之後方可達到,是經歷了"見山是山見水是水"、"見山不是山見水不是水",復歸"見山只是山見水只是水"⑯的最高境界。如蘇軾所言:"凡文字,少小時令氣象崢嶸,采色絢爛,漸老漸熟乃造平淡,其實不是平淡,絢爛之極也。汝只見爺伯而今平淡,一向只學此樣,何不取舊日應舉時文章看,高下抑揚,若龍蛇捉不住,當且學此。"⑰

但是,這樣的平衡並不容易把握。

陳師道是江西詩派中成就僅次於山谷的重要詩人。他自幼喜作詩,有詩千餘首,中年睹山谷詩,遂盡焚其稿而學焉。但是陳師道自身的天資、氣質,使他強調樸拙的方面,《後山詩話》説:"寧拙毋巧,寧樸毋華,寧粗毋弱,寧僻毋俗。"陳師道也是較早強調學杜的詩人,他的五言詩的確學到了杜甫的神氣,真摯樸素,錢鍾書説"他的情感和心思都比黃庭堅深刻,不像他有着許多浮華的意思",就是在於這一點。黃庭堅的常態是與道共在的堅定,不會長期浸潤在苦悶與憂愁之中,山谷詩有着思想的澄澈,却並不以濃郁的情感讓人同情和感動。而陳師道的詩歌很老實,表現他的困窘常至難堪的地步,也實在地寫出自己的感受。紀昀便説,像"折腰真耐辱,捧檄敢輕投"這樣的話,他人是不肯寫的,故而"彌見其真,彌見其高"。⑱也是因此,錢基博説"詩境至師道而益仄","庭堅危仄之中,自有驅邁;而師道瘦硬以外,別無興會。庭堅尚致力二謝而得其雋致,師道則一味韓、黃而益爲瘦硬"。⑲蘇軾曾稱陳師道詩:"凡詩須做到衆人不愛、可惡處,方爲工。今君詩不惟可惡,却可慕,不惟可慕,却可妬。"⑳不過,陳師道的詩雖然枯淡,但背後的情意極真、極深,也算是自成一家了。

上文曾談到王安石、蘇軾、黃庭堅如同光譜的漸變一般，反映了北宋後期文人心理由外向的政治熱情轉向內在的道德修養。比起他們，陳師道可以説完全失去了對外向的關注，他由於不喜王安石新學便放棄科舉，生活窮困潦倒，而終日或"與諸生徜徉林下"，或閉門覓句、蒙被吟詩。在行爲方式上，他的確應該歸入江西派所屬的下一個時期。江西詩派詩人大多數活動於徽宗朝，沉淪下僚或隱居不仕，生活本身較爲單調，又普遍藴含耿介之氣，故而他們的詩歌，也有着"瘦硬"特徵。總的説來，一方面抒發孤高之情，以陶淵明式的人格作爲理想，另一方面同氣相求，相互砥礪和支持。從黃庭堅到江西詩派中的陳師道、潘大臨、汪革等人，樸拙、枯淡的一面愈發得到強調。他們繼承了黃庭堅注重人格修養的一面，而失落了他的風流藴藉，所以有人將江西派的謝逸與黃庭堅對比："山谷却得工部之雄而渾處，有才者便可壓成，故謝無逸古硬處不減魯直所作，然魯直却有涵蓄，膾炙人齒頰處。如題淵明云'平生本朝心，歲月閲江浪'；如'百書不如一見面，幾日歸家兩慰心'；如'立朝無物望，補外儻天幸'。無逸却無此等句。"⑩

南渡後，吕本中、曾幾以活法矯江西派生硬之弊，他們的詩歌，轉而清新流暢，活潑起來。但是從審美取向上來説，吕本中還是強調樸拙："初學作詩，寧失之野，不可失之靡麗；失之野不害氣質，失之靡麗不可復整頓。"⑬吕本中詩歌的内容主要是日居所見引起的細微感受，並非像晚唐詩一樣聲色大開，且由於儒學修養，往往藴含着安貧樂道之意，平淡、清新，而意味深長。如《夜坐》一詩："所至留連不計程，兩年堅卧厭南征。荒城日短溪山静，野寺人稀鸛鶴鳴。藥裹向人閒自好，文書到眼病猶明。較量定力差精進，夜夜蒲團坐五更。"⑭靖康之亂後，吕本中隨父逃難，輾轉江西、湖南、廣西等地，此詩便作於逃難期間。雖然戰亂頻仍，流離失所，他在詩歌中流露出的並不是怨天尤人，而是安静地注視着兵荒馬亂及自身的病痛，他的心境不但未被擾亂，反而在外部與自身的混亂中體味到安閒，並堅持修禪來鍛煉定力。語雖平常，却有着深厚的治心養性之功。

南宋中後期，晚唐、江湖派先後興起，與江西派共佔詩壇，江湖派中最出色的詩人劉克莊對兩派優劣認識得很清楚，認爲當代流行的江西體詩"資書以爲詩，失之腐"，而晚唐體則"捐書以爲詩，失之野"⑮；方回也爲江西派辯護説："粗則有之，俗則一點無也。"⑯然而取生而避俗，取樸拙而避華美，却作爲江西派總體的審美取向，成爲人們的共識。

（作者單位：四川大學圖書館）

---

① 《南京師範學院學報》1979 第 3 期。

② 《文學評論》1986 年第 6 期。

③ 此處對古文運動及其背後精神的理解，參考朱剛《唐宋"古文運動"與士大夫文學》第五章"吕本中政和三年帖的批評史意義"一節，復旦大學出版社，2013 年。

④ 劉子健《中國轉向内在：兩宋之際的文化内向》，趙冬梅譯，江蘇人民出版社，2002 年。

⑤ 可參閲朱剛《從"先憂後樂"到"簞食瓢飲"——北宋士大夫心態之轉變》,《文學遺産》2009 年第 2 期。
⑥ 不少宋人都注意到這一點,如葉夢得《石林詩話》:"王荆公少以意氣自許,故詩語唯其所向,不復更爲涵蓄,如'天下蒼生須霖雨,不知龍向此中蟠',又'濃緑萬枝紅一點,動人春色不須多','平治險穢非無力,潤澤焦枯是有材'之類,皆直道其胸中事。後爲群牧判官,從宋次道盡假唐人詩集,博觀而約取,晚年始盡深婉不迫之趣。"何文焕輯《歷代詩話》,中華書局,1981 年,第 419 頁。
⑦ 《跋王荆公禪簡》,劉琳等校點《黄庭堅全集》,四川大學出版社,2001 年,第 696 頁。
⑧ 《論語斷篇》,同上書,第 506 頁。
⑨ 黄庭堅《與胡少汲書》:"當深求禪悦,照破生死之根,則憂畏淫怒無處安脚。"同上書,第 477 頁。
⑩ 陸游撰,李劍雄、劉德權點校《老學庵筆記》,中華書局,1979 年,第 20 頁。
⑪ 吕本中《師友雜誌》,《叢書集成初編》本,中華書局,1985 年,第 4 頁。
⑫ 參看伍曉蔓《從韓駒官樣文章看江西詩派的文學品格》(《四川大學學報》哲學社會科學版 2005 年第 6 期)、《江西宗派研究》(巴蜀書社,2005 年)第九章高荷一節。
⑬ 丁福保輯《歷代詩話續編》,中華書局,1983 年,下引分别見於第 479、481、483 頁。
⑭ 黎靖德編《朱子語類》卷一四〇,中華書局,1986 年,第 8 册,第 3332 頁。
⑮ 陸九淵《與程帥》,《象山先生全集》卷七,商務印書館,1935 年,第 102 頁。
⑯ 錢志熙《黄庭堅詩學體系研究》,北京大學出版社,2003 年,第 41 頁。
⑰ 《書王知載朐山雜詠後》,《黄庭堅全集》,第 666 頁。
⑱ 《書繒卷後》,同上書,第 674 頁。
⑲ 《書劉景文詩後》,同上書,第 662 頁。
⑳ 《書贈韓瓊秀才》,同上書,第 655 頁。
㉑ 《與王彦周書》,同上書,第 468 頁。
㉒ 出自黄庭堅《跋書柳子厚詩》:"予友生王觀復,作詩有古人態度,雖氣格已超俗,但未能從容中玉珮之音,左準繩右規矩爾。"同上書,第 656 頁。
㉓ 《與秦少章覯書》,同上書,第 483 頁。
㉔ 《題樂毅論後》,同上書,第 712 頁。
㉕ 現存山谷詩中,《謫居黔南十首》與白居易詩略同,但是它是黄庭堅默寫白詩,並無意以爲己詩。記錯是有的,但並不是點化。
㉖ 《文藝理論研究》1998 年第 6 期。
㉗ 韓駒《贈趙伯魚》,《全宋詩》第 25 册,第 16588 頁。
㉘ 魏慶之編《詩人玉屑》卷五引《陵陽先生室中語》,上海古籍出版社,1978 年,第 122 頁。
㉙ 胡仔編《苕溪漁隱叢話》前集卷四九引宋祁《筆記》,人民文學出版社,1962 年,第 333 頁。
㉚ 李之儀《姑溪居士文集》卷四〇《跋吴思道詩》,《宋集珍本叢刊》第 27 册,綫裝書局,2004 年,第 89 頁。
㉛ 姜夔《白石詩説》,《歷代詩話》,第 683 頁。
㉜ 曾季貍《艇齋詩話》,《歷代詩話續編》,第 296 頁。
㉝ 吕本中《與曾吉甫論詩第二帖》,《苕溪漁隱叢話》前集卷四九,第 333 頁。
㉞ 陳鵠撰、孔凡禮點校《耆舊續聞》,中華書局,2002 年,第 304 頁。
㉟ 吕本中《與曾吉甫論詩第二帖》。
㊱ 周裕鍇《宋代詩學通論》,上海古籍出版社,2007 年,第 223 頁。
㊲ 曾幾《讀吕居仁舊詩有懷其人作詩寄之》,《全宋詩》第 29 册,第 18594 頁。
㊳ 陸游《贈應秀才》,錢仲聯校注《劍南詩稿校注》,上海古籍出版社,1985 年,第 2115 頁。

㊴ 《江西詩派小序・吕紫薇》,《歷代詩話》,第485頁。

㊵ 蘇軾《書吴道子畫後》,孔凡禮點校《蘇軾文集》,中華書局,1986年,第2210頁。

㊶ 錢志熙《活法爲詩——江西詩派精品賞析》,吉林文史出版社,1997年,第18頁。

㊷ 莫礪鋒《江西詩派研究》,齊魯書社,1986年,第214頁。

㊸ 黄庭堅《題摹鎖鍊圖》,《黄庭堅全集》,第728—729頁。

㊹ 杜甫《寄高三十五書記》,仇兆鰲注《杜詩詳注》,中華書局,1979年,第194頁。

㊺ 《寄陳適用》、《再用前韻贈子勉四首》其三(宋任淵等注、劉尚榮點校《黄庭堅詩集注》,中華書局,2003年,第1103、576頁)、《跋雷太簡梅聖俞詩》(《黄庭堅全集》,第662頁)。

㊻ 參見周裕鍇《宋代詩學通論》“句法:行布佺期近,飛揚子建親”一節,第200—211頁。

㊼ 《童蒙詩訓》,郭紹虞輯《宋詩話輯佚》,中華書局,1980年,第586頁。

㊽ 蘇軾《送曹輔赴閩漕》:“我亦江海人,市朝非所安。常恐青霞志,坐隨白髮闌。淵明賦歸去,談笑便解官。我今何爲者,索身良獨難。憑君問清淮,秋水今幾竿。我舟何時發,霜露日已寒。”王文誥輯注、孔凡禮點校《蘇軾詩集》,中華書局,1982年,第1593頁。

㊾ 黄庭堅《招子高二十二韻兼簡常甫世弼》《次韻答常甫世弼二君不利秋官鬱鬱初不平故予詩多及君子處得失事》,《黄庭堅詩集注》,第794、1576頁。

㊿ 黄庭堅《題意可詩後》,《黄庭堅全集》,第665頁。

(51) “奪胎换骨”見於惠洪《冷齋夜話》,它是否屬於黄庭堅有争論,參見下列論文:莫礪鋒《黄庭堅“奪胎换骨”辨》,《中國社會科學》1983年第5期。周裕鍇《惠洪與奪胎换骨法——一樁文學批評史公案的重判》、莫礪鋒《再論“奪胎换骨”説的首創者——與周裕鍇兄商榷》,均見於《文學遺産》2003年第6期。但是無論是誰提出,奪胎换骨的方法黄庭堅的確是運用了,被認爲是黄庭堅詩論,還擴大了它的影響。

(52) 蘇黄都寫過。黄庭堅《東觀讀未見書》,《黄庭堅詩集注》,第372頁。

(53) 黄庭堅《與洪駒父書》:“自作語最難。老杜作詩,退之作文,無一字無來處。蓋後人讀書少,故謂韓杜自作此語耳。古之能爲文章者,真能陶冶萬物,雖取古人之陳言入於翰墨,如靈丹一粒,點鐵成金也。”(《黄庭堅全集》,第475頁)

(54) 黄庭堅《八月十四日夜到坑口對月奉寄王子難子聞適用》,《黄庭堅詩集注》,第1147頁。

(55) 或者説“語用事”與“意用事”。例如《詩人玉屑》卷七有“用其意用其語”條:“有意用事,有語用事,李義山‘海外徒聞更九州’,其意則用楊妃在蓬萊山,其語則用鄒子云‘九州之外,更有九州’。如此然後深穩健麗。”(第150頁)

(56) 《冷齋夜話》,張伯偉編校《稀見本宋人詩話四種》,江蘇古籍出版社,2002年,第17頁。

(57) 《宋代詩學通論》乙編第三章《師古與創新:“出入衆作,自成一家”》,第187頁。

(58) 《苕溪漁隱叢話(前集)》卷一四引《陳輔之詩話》,第90頁。

(59) 《誠齋詩話》,《歷代詩話續編》,第140、141頁。

(60) 《黄庭堅詩集注》,第122頁。

(61) 佚名《道山清話》,《叢書集成初編》本,中華書局,1985年,第10頁。

(62) 王若虚《滹南遺老集》卷四〇《詩話》,《叢書集成初編》本,中華書局,1985年,第257頁。

(63) 盧延讓《苦吟》,《全唐詩》卷七一五,上海古籍出版社,1986年。

(64) 《談藝録》第一九篇“改詞”,第244頁。

(65) 周裕鍇《宋代詩學通論》,第500—502頁。

(66) 《歷代詩話》,第266頁。

(67) 《荆南簽判向和卿用予六言見惠次韻奉酬四首》其三,《黄庭堅詩集注》,第578頁。

(68) 《跋高子勉詩》,《黄庭堅全集》,第 669 頁。
(69) 《答王子飛書》,同上書,第 467 頁。
(70) 周裕鍇《中國禪宗與詩歌》,上海人民出版社,1992 年,第 156 頁。
(71) 《艇齋詩話》,《歷代詩話續編》,第 286 頁。
(72) 《童蒙詩訓》,《宋詩話輯佚》,第 587 頁。
(73) 同上。
(74) 張戒《歲寒堂詩話》,《歷代詩話續編》,第 463 頁。
(75) 《石林詩話》,《歷代詩話》,第 420 頁。
(76) 范晞文《對床夜語》,《歷代詩話續編》,第 418 頁。
(77) 羅大經《鶴林玉露》甲編卷六"詩用字",中華書局,2008 年,第 108 頁。
(78) 《六一詩話》,《歷代詩話》,第 272 頁。
(79) 黄庭堅《子瞻詩句妙一世乃云效庭堅體蓋退之戲效孟郊樊宗師之比以文滑稽耳恐後生不解故次韻道之子瞻送楊孟容詩云我家峨眉陰與子同一邦即此韻》,《黄庭堅詩集注》,第 191 頁。
(80) 參看李飛躍《中國古典詩歌平仄律的形成與嬗變》,《中國社會科學》2015 年第 3 期。
(81) 范晞文《對床夜語》卷二:"五言律詩固要貼妥,然貼妥太過,必流於衰。苟時能出奇,於第三字中下一拗字,則貼妥中隱然有峻直之風。"(《歷代詩話續編》,第 418 頁)
(82) 吴沆撰、陳新點校《環溪詩話》卷中,中華書局,1988 年,第 131 頁。
(83) 《天厨禁臠》,《苕溪漁隱叢話》前集卷四七轉引,第 319 頁。
(84) 李飛躍《中國古典詩歌平仄律的形成與嬗變》,《中國社會科學》2015 年第 3 期。這個數據是根據《全唐詩》的電子檢索系統得出的,另外還可以參看施子愉發表於 1944 年的《唐代科舉制度與五言詩的關係》一文所列的表格(《東方雜誌》第四十卷第八號,第 39 頁)。
(85) 黄埒《紹定刊山谷黄先生大全詩注跋》,《黄庭堅全集》附,第 2411 頁。又曹勛《跋山谷書》:"涪翁詞翰自是一種家風,讀之使人增宗派之氣。"(《松隱文集》卷三二,《嘉業堂叢書》本)
(86) 《誠齋江湖集序》,楊萬里著、辛更儒箋校《楊萬里集箋校》,中華書局,2007 年,第 3257 頁。
(87) 陳巖肖《庚溪詩話》卷下,《歷代詩話續編》,第 182 頁。
(88) 劉克莊《後村詩話》後集卷二引游默齋序張晋彦詩。《叢書集成續編》第 199 册,臺北新文豐出版公司,1989 年,第 731 頁。
(89) 《題竹石牧牛》,《黄庭堅詩集注》,第 352 頁。
(90) 《戲詠蠟梅二首》其二,同上書,第 202 頁。
(91) 《有惠江南帳中香者戲答六言二首》其一,同上書,第 120 頁。
(92) 蘇軾《和魯直燒香二首》:"四句燒香偈子,隨風遍滿東南。不是聞思所及,且令鼻觀先參。"《蘇軾詩集》,第 1477 頁。
(93) 《和答元明黔南贈别》《罷姑熟寄元明用觴字韻》,《黄庭堅詩集注》,第 424、597 頁。
(94) 《王充道送水仙花五十枝欣然會心爲之作詠》,同上書,第 546 頁。
(95) 《登快閣》、《賦未見君子憂心靡樂八韻寄李師載》其七,同上書,第 1144、899 頁。
(96) 青原惟信禪師語,普濟編《五燈會元》,中華書局,1984 年,第 1135 頁。
(97) 《與二郎侄一首》,《蘇軾文集》蘇軾佚文彙編卷四,第 2523 頁。
(98) 方回選評、李慶甲集評校點《瀛奎律髓彙評》卷六"宦情類"陳師道《除棣學》,上海古籍出版社,1986 年,第 251 頁。
(99) 錢基博《中國文學史》,中華書局,1996 年,第 570 頁。

⑩ 葉夢得《石林燕語》,中華書局,1984年,第117頁。
⑪ 陳模著、鄭必俊校注《懷古錄校注》,中華書局,1993年,第11頁。
⑫ 《童蒙詩訓》,《宋詩話輯佚》,第594頁。
⑬ 《全宋詩》第28冊,第18188頁。
⑭ 劉克莊《韓隱君詩序》,《後村先生大全集》卷九六,《四部叢刊》本。
⑮ 《瀛奎律髓彙評》呂本中《寄璧公道友》評,第1753頁。

山谷詩在日本五山禪林的流傳與閱讀
——以萬里集九《帳中香》爲例

[日] 緑川英樹

前　言

　　日本中世紀室町時代(1338—1573)，以"五山"①爲首的禪宗寺院中漢詩文研究十分盛行。經過具有相當學養的五山僧衆之手，日本人自編的漢籍注本在這一時期大量湧現，被稱爲"抄物"。抄物大體可分爲兩類：一類主要是以講稿或聽課筆記爲基礎，采用接近當時口語的文體寫成，並且大多使用假名，這種和文體的抄物被稱爲"假名抄"。另一種則主要是對原典進行詞句解釋、考訂典故來源、補充相關資料，這種漢文體的抄物被稱爲"漢文抄"。實際上，假名抄與漢文抄混雜在一起的抄物也同樣存在。這裏以《四河入海》爲例，《四河入海》一書以爲蘇軾詩作注聞名，是由東福寺的僧人笑雲清三(1492—1520)匯集先行的四種抄物，並附上笑雲自己的學説而編成的。這四種抄物之中，大岳周崇所著的《翰苑遺芳》、瑞溪周鳳所著的《坡詩脞説》、萬里集九所著的《天下白》爲漢文抄，而與此相對應的，一韓智翃對桃源瑞仙的講義記録《一韓翁聞書》一書(即《蕉雨餘滴》)爲和文抄。②

　　對於抄物的研究，以往大多偏重於和文抄，將其視爲反映室町時代口語情況的語言學資料，在語法、詞彙、方言等方面的研究得到了有力推進。從資料的發掘到影印、標點、索引編撰等一系列基礎性工作，多半是由日語專家擔當完成的，這一説法並不過分。③近年來，學者們不僅將抄物作爲口語資料，更是從日本漢學的角度出發，利用抄物進行研究，從新視角來探討五山時期文學及思想的學術成果也開始逐漸出現。然而，與和文抄相比，目前對漢文抄的關注仍相對較少，特別是從中國文學或注釋學的角度來研究抄物的嘗試，筆者認爲尚有不足。

　　抄物的範圍非常廣泛，包括自經史子集四部至佛典、和文書等諸多内容。其中，深受五山禪林推重的北宋詩人黄庭堅(1045—1105，字魯直，號山谷道人)詩集的抄物，總稱爲"山谷抄"。本文將主要以山谷抄中最爲重要的漢文抄——萬里集九所編《帳中香》二十卷、叙一卷爲對象進行考察,分析其注釋文本體例、特徵及其文獻價值,從中略窺山谷詩在五山禪林是如何被閲讀以及接受的。

一、山谷抄諸本與《帳中香》

根據柳田征司全面的考察可知,現今流傳的山谷抄大約有十四至十六個文本系統。④此外,被視爲山谷詩中别具一格的《演雅》詩的單行抄物也同樣存在,加上此類,又多增加了二至五個文本系統。與此相比,同樣深得五山僧喜愛的蘇軾,其詩文的相關抄物僅有八種文本系統。可見較之蘇軾,黄庭堅的抄物實際上存在多達兩倍以上的多樣的注釋文本内容。

在數量如此龐大的山谷抄中,現摘選其中主要文本,列目如下:

表1

書　名	編者	抄寫者	成書時間	語言	備　注
《帳中香》	萬里集九(1428—?)	笑雲清三(1492—1520)	明應八年(1499)跋	漢文	寫本藏於東福寺、西尾市巖瀨文庫、國立國會圖書館、天理圖書館等。大多爲慶長、元和年間(1596—1624)的古活字版。國立國會圖書館藏本在網絡上有電子圖像版。⑤
《山谷抄》	一韓智翃(生卒年未詳)			和文	京都建仁寺兩足院藏。寫本,六册。《續抄物資料集成》中收録影印本。⑥《抄物小系》本爲對幾乎是同樣内容的正保四年(1647)整版的標點整理本。⑦
《山谷幻雲抄》	月舟壽桂(1460—1533)	林宗二(1498—1581)等⑧	永禄二年(1559)以前	漢文	兩足院藏。寫本,二十一册。山口洞春寺藏有嘯岳鼎虎自筆本(存卷1—2、5—8、10—12)傳世。⑨
《黄氏口義》	林宗二	林宗二	永禄三年(1560)至十年(1567)	和文與漢文各一半	兩足院藏。寫本,五册。漢文中大部分依據《幻雲抄》,和文部分大多依據一韓的《山谷抄》。

(續表)

書　名	編者	抄寫者	成書時間	語言	備　注
《黄烏鉢抄》	未詳			和文	陽明文庫藏。寫本,五册。卷11中部爲止基本依據一韓的《山谷抄》,此後部分爲獨立内容。
《山谷詩集注》	彭叔守仙(1490—1555)			漢文	米澤市立米澤圖書館藏。寫本,十一册。根據《帳中香》與月舟講本《幻雲抄》而成。網絡上可見電子圖像版。⑩

　　以上所舉六種山谷抄,均有室町末期的寫本流傳下來。從成書時間的角度來説,本文的主要論述對象《帳中香》年代最早,並被後繼出現的《山谷幻雲抄》《黄氏口義》等山谷抄頻繁地轉載引用。到了江户時代,《帳中香》仍以古活字版單行,流傳不絶。由此可見,日本人在閲讀山谷詩的時候,此書乃是極其重要的參考注本。

　　下面簡單介紹《帳中香》的編者(講者)萬里集九的生平事蹟等。

　　萬里集九,正長元年(1428)九月九日出生於近江淺井郡(滋賀縣長濱市),俗姓速水,"萬里"爲道號,法諱"集九"。他生於重陽節,因此得名"九"。萬里幼年時進入京都五山之一東福寺永明院,成爲喝食行者(也即僧童),十五六歲左右轉入相國寺,師從臨濟宗一山派的大圭宗价。除了佛道修行以外,萬里還參加了相國寺的"友社"和建仁寺的"薔薇洞"等詩社,潛心鑽研詩文,並與横川景三、桃源瑞仙、景徐周麟等人交遊往來。隨後,應仁之亂爆發,京都變爲一片戰場,相國寺大半化爲灰燼。失去居所的萬里四處流浪,最終寄身於美濃鵜沼(岐阜縣各務原市)的南豐山承國寺。文明十二年(1480),在鵜沼結一茅庵,命名爲"梅花無盡藏"(此語出自南宋陸游《看梅歸馬上戲作》)。與承國寺春澤軒的梅心瑞庸結下深交,大抵也在這一時期。在這數年前,萬里還俗娶妻,生了兩個兒子。還俗之後,便不再使用法諱"集九",而改用"漆桶子"、"漆桶萬里"、"梅庵"、"椿巖"等别號。

　　在美濃期間,萬里得到了治理當地的齋藤妙椿及其外甥齋藤妙純的庇護,度過了一段安寧的生活。到了文明十七年(1485)九月,應武將太田道灌之邀,萬里趕赴江户(東京都)。然而,太田道灌因爲遭人誣陷,不久便被主君暗殺,由此關東地區争亂四起。萬里暫時滯留在江户,三年間講解《黄太史集》二十卷,在這種情況下,聽講者寥寥無幾,即所謂"國既亂""聽者稀"⑪。長享三年(1489),62歲的萬里最終回到了鵜沼,整理山谷詩的講稿,以《帳中香》爲題完稿成書。對照南宋紹定五年(1232)黄㽻所寫的《山谷詩集注》跋文:

"自紹定五年壬辰至本邦長享三年己酉,凡二百五十年。"(《帳中香》卷二〇下 40a)[12]可從中得知其成書時間。萬里的詩文集有《梅花無盡藏》七卷[13]。《帳中香》以外的抄物,另有蘇軾詩的注本《天下白》二十五卷、《三體詩》的注本《曉風集》八卷流傳至今。萬里卒年未詳,大約於永正三四年(1506—1507)前後在鵜沼逝世。[14]

長享三年,《帳中香》完稿,明應八年(1499)夏的跋文中記載有笑雲清三抄寫之事。其跋云:

> 胡苕溪漁隱云:"陳履常有一聯曰:'此生精力盡於詩,末歲心存力已疲。'與司馬溫公《進資治通鑑表》云:'臣之精力盡於此書'之語相合,豈偶然耶?"余亦於《帳中香》而盡精力,猶如司馬、履常二公也。但玉石之區別,同日亦可語之乎哉!
>
> 惠卓大慈派下之笑雲三公侍史,連載儆余梅花之鄰扉而勤學,臂不離案,手不釋芸,扣《前漢史》之玄奧,欲進李唐之張巡,暗讀不錯一字之活步。其餘暇騰書《帳中香》二十有一卷,朱墨縱橫,毫髮無遺失者。石建曰:"書馬者與尾而五。"密能守其法矣。吁!學者叢中之烏缽曇也。(《帳中香》卷二〇下 43a—b[15])

前一段引自《苕溪漁隱叢話·後集》卷三三"陳履常"條。笑雲是伊勢(三重縣)人,是萬里的朋友桃源瑞仙的弟子,曾擔任過京都東福寺(惠日山)大慈院的塔主。明應七、八年(1498—1499)間,笑雲住在美濃鵜沼,與萬里比鄰而居,在研習《漢書》的同時,又幫萬里抄寫《帳中香》《天下白》,傳之後世。據傳,笑雲的親筆本現今收藏於東福寺中(筆者未見)。[16]

關於山谷詩在日本的接受,芳賀幸四郎指出:"山谷詩在何時,經由何人介紹到我國的,目前仍未發現可作爲確定證據的史料。"但概括而言,與南北朝時期(1336—1392)已開始流行的東坡詩相比,山谷詩在五山禪林的普及晚了一百年左右。芳賀又指出:"(山谷詩)大約是在應仁之亂前後開始急速地流行起來的。……室町中期五山禪僧的代表性人物幾乎都對山谷詩進行過注釋,其盛行一時之況可從中得知。"芳賀根據萬里在江戶與美濃鵜沼講授山谷詩這一事實,還說道:"可以説萬里確實是當時講授山谷詩的最高權威,山谷詩在這樣(邊鄙)的地方都流行着。"[17]從中見得山谷詩在當時的普及情況。

歷經十餘年,應仁之亂終於結束。這一時期,在離京都較爲偏遠的地方,出現如此詳細的蘇、黃詩集注本,也不足爲奇。當然,這一現象的出現,是以戰亂爲契機,作爲知識分子的五山僧很多離開京都,將五山文化擴散向地方的結果。反過來說,也因爲地方已經具備了支持五山僧教養與學問研究的知識條件基礎,這一點更爲值得關注。實際上,鵜沼南豐山承國寺中的大量藏書,爲萬里的注釋工作提供了很大的幫助。[18]

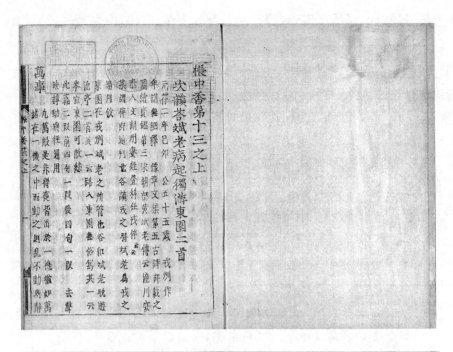

《帳中香》卷一三上（日本國立國會圖書館藏古活字版）

二、《帳中香》的底本選擇與校勘

萬里集九雖説過"玉石之區別，同日亦可語之乎哉"這樣的謙辭，但毫無疑問，《帳中香》是萬里一生的心血所在。在對山谷詩的注釋過程中，萬里應該是得到了笑雲這樣的助手的協助。加之承國寺豐富的藏書環境,雖然離開了五山禪林,但仍有龐大數量的文獻可以供萬里隨時參照、引用。

關於《帳中香》中所引的文獻問題,張淘在《萬里集九〈帳中香〉引書之文獻價值》[19]中已探討過,詳見張氏論文。本文針對《帳中香》所依據的黃庭堅集,特別是着眼於文本選擇的意義進行考察,同時希望對張氏的見解稍作補充。考慮到展開論述的方便,本文論點與先行研究或有重複之處,這一點望各位讀者諒解。

萬里在解釋山谷詩的過程中,在數種版本的黃庭堅集中選擇何種作爲底本,《帳中香》卷一開頭部分如是記述道:

> 古本小板題號云"山谷黃先生大全詩注卷第一",增注大板題號云"山谷詩集注卷第一"。某師承用小板,故就小板作抄,大板之事亦不可不引之也。(《帳中香》卷一上 4a)

從上文記述中可以得知,萬里手頭有"古本小板"(《山谷黃先生大全詩注》)與"增注大板"(《山谷詩集注》)。因爲是從老師那裏繼承了"小板",《帳中香》因此也以"小板"爲底本,但也不能不用"大板"進行對校。實際上,萬里在《帳中香》全書中,不厭其煩地指出過"古本小板"與"增注大板"的文字異同。

《山谷黃先生大全詩注》與《山谷詩集注》,同屬黃庭堅集的"詩注本"系統,是對《內集》二十卷的詩作進行注解的任淵(生卒年未詳,字子淵)注本。此兩種均在中國國內有宋元刻本流傳,後又流入日本,作成了五山版。無論是宋元刻本或是五山版,與《大全》相比,《詩集注》是更加大型的版本,字的排布也很舒朗。[20]因此,稱前者爲"小板",後者爲"大板",並無不當之處。另外,所謂的"增注",是對原本的任淵注進行增補而成的。例如,《山谷詩集注》卷一《贈別李次翁》"觀物慈哀,蒞民愛莊"二句的任淵注云:"《魯論》曰:'臨之以莊則敬。'又云:'不莊以蒞之,則民不敬。'"但這一條注解中"又云"以下凡十一字,未見於《山谷黃先生大全詩注》的元刻本及五山版中,[21]應是黃㲼重刻時附加的部分。

《帳中香》中其他個別部分中,有如下的校語:

> 某謂:日本增注并小板作"奉同"。唐本增注并小版目錄作"奉呈"。推詩意見之,則以"奉同"爲優也。(寫本《帳中香》卷六[22])
> 凡增注有二板,其一唐,其一和,往往字異,唐本爲稀也。(《帳中香》卷八上 7b)
> 某謂"公孫弘等",大板并唐本小板作"等"字,可也。日本小板"等"字訛作"詩",不可也。(《帳中香》卷一四上 7b—8a)

也就是說,"小板"與"增注大板"中各自有"唐本"(或許是宋元刻本)、"和(本)"(五山版),

萬里併用這四種任淵注進行校勘。

黃庭堅集中,除"詩注本"系統以外,另有"全集本"系統文本,㉓萬里將《豫章文集》與《豫章外集》作爲參校本使用。

> 《豫章文集》,或大字魁本,或小字。余所見大字魁本三十卷。其第一賦類,自二至十二皆詩,自十三至三十皆文,蓋古詩二百十五首、律詩二百首、絕句百九十四首、六言四十七首、挽詞三十三首,子淵注之,凡總計六百八十九首。《年譜》附云:近世編《豫章・前集》,詩凡七百餘首,詳見前矣。
>
> 又《外集》或大字魁本,或小字,或有注,余所見大字魁本十五卷,自一至八皆詩,古詩三百四十二首、律詩百三十四首、絕句百八十九首、六言十一首,總計六百七十六首;自第九至十五皆雜文。子淵不注焉。《内》《外》合凡一千三百六十五首。(《帳中香》叙部中11b)
>
> 但《豫章文集》有二種:其一部魁本大字,其一部小本細字。某只見魁本而不見小本。(《帳中香》卷八上37a—b)
>
> 今大字《豫章文集》三十卷,第十卷載《黔南》此十篇,天社所云"此五篇,今《豫章集》有之"云云,與大字《豫章文集》異者也。今大字《外集》,與大字《豫章文集》三十卷,已上四十五卷,洛之南禪寺雲門庵常住文庫有之,丁亥(應仁元年)騷屑以來,歸東濃鵜沼承國精舍全用齋之什物。(《帳中香》卷一二下20a)

由上可知,《豫章文集》與《豫章外集》中有"大字魁本"與"小字"("小本細字")二種,萬里親眼所見當是"大字魁本"的《豫章文集》三十卷與《豫章外集》十五卷。從最後的記述中可見,這一文本曾藏於"五山之上"的京都南禪寺塔頭雲門庵的書庫,應仁之亂後,歸入美濃鵜沼的承國寺中。依上文所述,萬里充分利用了承國寺優渥的漢籍收藏條件。

針對萬里所見的大字魁本《豫章外集》十五卷,張淘論文中這樣論述:"現存宋元明刊黃庭堅外集有:内閣文庫十七卷本、天理圖書館十四卷本、《山谷全書》十四卷本。書目著錄如《直齋書錄解題》《郡齋讀書志》亦爲十四卷,而無十五卷之説。"同時又將《帳中香》所引《外集》篇目與現行的十四卷本一一對比,得出了如下結論:"從對比可看出,《帳中香》中所引十五卷本《外集》,第八卷乃爲四、五、六、七卷合成,因而自第九卷以後,各卷内容相當於前卷。"㉔

對張氏所言"《帳中香》中所引十五卷本《外集》,第八卷乃爲四、五、六、七卷合成"這一結論,筆者基本認同。然而,針對其作爲前提的"無十五卷之説",恐仍有探討的餘地。首先,萬里所見大字魁本《豫章外集》十五卷,與日本國立公文書館(内閣文庫)藏本㉕屬於同一系統的文本。如以下所示,内閣文庫藏本篇目結構與萬里所言"自一至八皆詩……自第九至十五皆雜文"這樣的構成大體契合。而實際上内閣文庫本並非十七卷本,而是十五卷本,此一點張氏論文中記述有誤。另外,内閣文庫本的卷一四和卷一五並非"雜文",而是

"律詩",這一點與記載稍有不合。但此二卷的内容分别與十四卷本的"外集補"卷三、四相對應,萬里或許將這部分看成了補遺吧。

内閣文庫本《外集》的構成

卷一至四	(缺)
卷五	古詩
卷六	律詩
卷七	律詩
卷八	絶句、六言
卷九	哀詞、墓表、碣、記銘
卷一〇至一三	(缺)
卷一四	律詩
卷一五	律詩

確實,《内閣文庫漢籍分類目録》中著録《外集》十七卷,指出末尾卷一六至一七爲缺卷,[26]然實際上全書原本便僅有十五卷的可能性很高。這一點上,加藤國安已作了相當細緻的考察,[27]無須贅言。這裏將其論據歸納概括爲以下三點:

1. 市橋長昭(1773—1814,近江西大路藩主)將内閣本《外集》獻納給江户幕府以來,與現今相同,僅存共七册;

2. 第七册的外題中僅有"山谷外集　十四五"的墨筆,並無如第四册中"山谷集　二十四之六／二十七以下缺"這樣的"缺"的表記;

3. 内閣本的卷八設有"絶句"一部,因此比十四卷本多了一卷的内容。

張氏未能發現十五卷本《外集》的存在,只與現行十四卷本進行對比,或是由於受到此前閲覽條件的限制,也不無道理。倒不如説,基於"某謂:宋寧宗慶元己未,校官黃汝嘉(注:山谷子孫)所修山谷詩《外集》第四(注:黃汝嘉所修有十二卷,蓋除文。《豫章外集》十五卷添文編之)《古詩部》載此篇"(《帳中香》卷九上 30a)這樣的零碎記述,張氏作出"此大字本當是據黃汝嘉所刻江西詩派十二卷本添文而編成,可能參照了小字本《豫章外集》,因此收詩内容大致相同,但卷數不同"這樣的推測,是非常值得參考的意見。

宋元以來,歷代的黃庭堅《外集》,一般均爲十四卷本。天理圖書館藏南宋刻本《外集》也爲十四卷(存卷一至六),通行的《山谷全書》本亦然。可以説内閣文庫藏十五卷本幾乎是唯一的例外。但歷代的書目中,如《直齋書録解題》卷二〇《詩集類》下中著録"《山谷集》三十卷、《外集》十一卷、《别集》二卷",云"江西所刻《詩派》,即《豫章·前、後集》中詩也。《别集》者,慶元中莆田黃汝嘉增刻"[28],與萬里如上的記述對照,非常有趣。這裏的《外集》十一卷果真與黃汝嘉所修的《外集》"十二卷"有怎樣的關係,是否據只録詩的《江西詩派》

本加入文再編而成,仍是個謎。或者說也有將"十二"誤寫爲"十一"的可能性。㉙無論哪一種解釋,爲了闡明内閣本《外集》的來歷與文獻價值,《帳中香》及其他山谷抄或許都能夠提供一些有價值的綫索。

另外,張氏對大字魁本《豫章文集》三十卷並無特别的討論。内閣文庫《豫章先生文集》和《四部叢刊》本《豫章黄先生文集》均是三十卷本,但其篇目排列差異較大。對比《帳中香》所引的《豫章文集》的卷次、篇目,可以一目瞭然地判斷出這也是與内閣文庫本同一系統的文本,㉚這裏加以補足。

三、《帳中香》爲何只注《内集》的詩

(一) 深受重視的《内集》任淵注

如上所述,萬里集九以任淵的《山谷黄先生大全詩注》二十卷("小板")爲底本編撰了《帳中香》,在參校了不同版本的同時,詳細記録了文字異同、卷次等信息。可以説這一點如實展現出了萬里作爲文獻學家的嚴謹態度。另一方面,又不禁令人抱有一些疑問——《帳中香》或者説所有的"山谷抄",爲何僅以《内集》二十卷的詩作爲注解的對象呢?儘管萬里其實是有機會翻閲《外集》的㉛,爲何並没有對《外集》中的詩進行注解的嘗試呢?

接下來的記述,表明了萬里是如何看待《山谷黄先生大全詩注》(即《内集》)的:

> 此集二十卷,先生自三十四歲(元豐元年戊午,先生三十四歲)至崇寧四年乙酉六十一歲,其間凡二十八年之所作,而是爲《内集》,退聽堂以後之詩也。但卷首兩三篇,則退聽堂以前之所作㉜矣。天社之任淵注之具古、律、絶及四言、六言、歌行、挽詞等之衆體,相纂而編之,故云"大全"。(《帳中香》卷一上 5a)

《内集》是元豐元年(1078),黄庭堅從 34 歲開始,一直到崇寧四年(1105)61 歲之間大約二十八年間的作品,主要收録了黄庭堅居住在退聽堂之後,中年到晚年時期的詩作。恐怕基於任淵《目録年譜》(卷一,《古詩二首上蘇子瞻》)中"建炎中,山谷之甥洪炎玉父編其舅文集,斷自退聽堂始,退聽以前蓋不復取,獨取《古風》二篇冠詩之首"這樣的記述進行理解的。神宗於元豐八年(1085)駕崩,此時黄庭堅41歲,正住在汴京醋池寺南的退聽堂,開始進入館閣從事《神宗實録》的編纂工作。在此之前的年輕時期的作品大多未收録在《内集》中。正如《内集》卷二《神宗皇帝挽詞三首》的任淵《目録年譜》中"自此以下詩,皆入館後所作"所説那樣,退聽堂以前的詩在《内集》中僅收録三十四首。

這裏先簡單地梳理一下黄庭堅集及其注本的概况,特别是以《内集》與《外集》的關係爲中心進行討論。黄庭堅死後僅二十三年,即南宋建炎二年(1128),他的外甥洪炎(1067—1133,字玉父)開始進行文集的編纂。在《豫章黄先生退聽堂録序》中,洪炎這樣寫

道:"竊意少時所作雖或好詩傳播尚多,不若入館之後爲全粹也。"㉝可見他將黃庭堅在退聽堂以後("入館之後")的詩看作"全粹",非常重視。這也可以說是《內集》的原型了。之後,任淵將其詩歌部分加以注釋,采用編年體的形式,並在卷首目錄中附上年譜。任淵的自序寫於政和元年(1111),而由紹興二十五年(1155)附上許尹的序可見,實際上任淵注大體是在這一時期纔正式問世。到了紹定五年(1232),黄㙦將增注本(《山谷詩集注》二十卷)付梓刻印出版。

另一方面,《內集》中遺漏的作品,收錄在李彤所編的《山谷外集》十四卷中。距離洪炎的編纂,並未相隔太長時間,大體可推定成書於建炎或紹興年間(1127—1162)。㉞以《外集》的詩歌部分爲對象的注釋出現稍晚,如史容(1139—1210?)的《山谷外集詩注》十四卷(後改編爲十七卷)。根據其孫史季溫的跋可知,現在流傳的版本是淳祐十年(1250)的修訂本。但是,史容只對李彤《外集》十四卷中,從卷一到七收錄的詩加以注釋,將卷一一到一四的詩排除在外。

世間流傳的大量黃庭堅作品中,從洪炎有意采錄了退聽堂以後的詩中可以看出,這是對作品的價值判斷、甄選的意識在起作用。換言之,《內集》乃是山谷創作的神髓所在,儘管《外集》中有一部分是佳作,但年輕時期不成熟的作品或是通俗作品比較多,這一點自然存在着優劣之別。

實際上,黃庭堅生前也有將自己的文集大致區分爲《內》《外》二篇的構想:

> 建中靖國元年冬,觀此書於沙市舟中。鄙文不足傳世,既多傳者,因欲取所作詩文爲《內篇》,其不合周、孔者爲《外篇》,然未暇也。它日合平生雜草,蒐獼去半,而別爲二篇,乃能終此意云。㉟

這裏記述了黃庭堅希望將他自己所說的"其不合周、孔者",也就是不合乎儒家標準的作品收錄在《外篇》。但是因爲"未暇"的緣故,並不清楚黃庭堅自身有沒有能夠實現這一想法,但他的意圖對洪炎編纂文集產生了一定程度的影響,這一點也不足怪。南宋的劉克莊(1187—1269)曾這樣稱贊山谷詩:"其《內集》詩尤善,信乎其自編者。"㊱表明了當時詩壇的接受態度,《內集》的流傳或多或少反映出了黃庭堅自身的編輯意圖。㊲

誠然,有些文本是由《內》《外》二部集子構成的,可以上溯到《莊子》的《內篇》《外篇》(另有《雜篇》)的區別。黃庭堅模仿這一體例的意識,史容在《山谷外集詩注引》中已經明確指出了:

> 山谷自言欲仿莊周分其詩文爲《內》、《外》篇,意固有在,非去此取彼。今《內集》詩已有注,而《外集》未也,疑若有所去取焉者,茲豈山谷之意哉?……建炎間,山谷之甥洪玉父爲胡少汲編《豫章集》,獨取元祐入館後所作,蓋必有謂,未可據依,此續注之

所不得已。㊳

　　黃庭堅自己認爲,《莊子》的《内篇》"法度甚嚴",因此評價《外篇》《雜篇》中二十六篇文章爲"解剥斯文"㊴,如果史容的記述是事實的話,恰恰是"意固有在",這裏可以説是存在着價值判斷、優劣之别。

　　南宋時期,除了史容以外,還有爲《外集》作注的人。如眉山處士任驥(字天成)對《外集》十二卷的詩進行注釋。洪咨夔(1176—1236)爲任驥寫序的時候,開篇果然提到了模仿《莊子》的分類這一點:

　　　　其集嘗擬《莊子》分《内》《外》篇,《外集》如韓淮陰驅市人背水而戰,暗與兵法合;《内集》如諸葛武侯八陣,奇正相生,鬼神莫窺其奥,彙分之意嚴矣。君子之學日進而日新,日新而日化。進則人,新則道,化則天。逝者如斯,不舍晝夜,正以是也。文與詩亦然。論詩者不泝其始,無以知其進而新;不極其終,無以知其新而化。《内集》斷自入館以後,極其終矣;《外集》起初年《溪上吟》,泝其始也。㊵

　　此序的後段中講道,收録年輕時期詩的《外集》也有一定的價值,與《内集》合讀,可以看出詩人從少年到老年的變化、進步的過程,可知"日新日化之功"。並且,將《外集》比喻爲韓信背水一戰,《内集》比作諸葛亮的八陣圖也是十分巧妙的,從中也固然可以看出將"鬼神莫窺其奥,彙分之意嚴"的《内集》放在比《外集》更爲重要的地位這一意識。相反,如黄䕲(1150—1212)所云"今所傳《豫章文集》即洪氏所次,而先生平生得意之詩及嘗手寫者多在《外集》,䕲竊識之"㊶,《外集》的詩纔正是黄庭堅"平生得意之詩"這樣的不同結論,似未得到主流意見的認可。

　　南宋以來,在黄庭堅集的編纂過程中,一般認爲《内集》比《外集》質量更高,並且更能夠反映黄庭堅自身的編纂意圖。這種情況大概在日本五山禪林中也是如此,故而在編撰山谷抄的時候,優先考慮選擇《内集》二十卷的任淵注。

(二) 流傳較少的《外集》史容注

　　《帳中香》僅以《内集》任淵注爲對象,推測另一個原因是,史容的《外集》詩注尚未得到重視,或者説是較少流傳到日本。

　　在室町時代的日本,《豫章外集》確實在一定程度上得到流傳。連住在美濃鵜沼的萬里集九都能從承國寺所藏的書中取來翻閲。然而令人感到意外的是,《外集》史容注在五山禪林的流傳數量却似乎寥寥無幾。實際上,日本宫内廳書陵部藏元刻本正是現存最早的《山谷外集詩注》,《四部叢刊續編》中也有收録。此本保留了改編爲編年體以前的宋本系統的體例,文獻價值極高。卷首有嘉定元年(1208)錢文子的《史氏注山谷外集詩序》,其

後記載了上述史容的《山谷外集詩注引》,並附有元至元二十二年(1285)"文江泉溪後學"羅嘉續的八行梓語,有云:

> 書市所刊山谷詩,止於《內集》,而《外集》缺焉,革後併《外集》板不存在。本齋昨雖續刊《內集》,每以《外集》未完爲欠事。今得蜀中《外集》善本,史君容撰注,重新繡梓,與同志共之。

從末尾處"建安熊氏　萬卷書堂"的兩行木記中可以看出,這一版本是根據蜀刻善本在福建的書肆中刊印的坊刻本。當時,山谷詩的刊行只限於《內集》,而《外集》的版本則極其稀少,在此約二百年後,《帳中香》成書的日本長享三年(1489)這一時間,或許情況也未發生太大變化。翻檢漢籍目錄可以發現,《外集》史容注在日本流傳的痕蹟極少,除了幾種朝鮮活字本流入日本之外,和刻本完全沒有。[42]這一點可以説與《內集》任淵注從江戶時代(1603—1868)以來多次被翻刻、不斷閲讀的情形形成了鮮明的對照。管見所及,筆者尚未發現五山僧所作的山谷抄中提到史容注的用例。第二部分所舉的如下記述中,只提到了任淵並未注釋過《外集》,恐怕萬里連史容注的存在都不知道吧。

> 又《外集》或大字魁本,或小字,或有注,余所見大字魁本十五卷,自一至八皆詩,……總計六百七十六首;自第九至十五皆雜文。子淵不注焉。(《帳中香》叙部中12a)

另外,《山谷幻雲抄》序的卷首有《山谷先生詩文編集異同》一項,云:

> ○《內編》有二部:一部合詩文,先生自編。一部洪玉父、朱敦儒、李彤受胡直孺命,合詩文編集(今二十卷詩集是也/今《豫章文集》是也)。彤,徒冬切。　○《外集》:李彤再爲《外集》,今詩文。　○《別集》:黄䇹爲《別集》,今詩文。……　○無《內》《外》等名:洪炎集不取詩,是古集也。　已上五部。[43]

月舟壽桂能掌握的山谷集共有五部:《內編》二部(山谷自編本和洪炎等所編本)、《外集》一部、《別集》一部,還有"無《內》《外》等名"的舊本一部。其中還是沒有言及《外集》史容注。

由此可見,萬里及其他五山禪僧未有機會親眼見到史容注,或許是沒有以《外集》詩爲對象的抄物的最大原因。然而,不僅限於山谷抄,在原本龐大數量的中國漢詩文集中,五山禪僧以何種標準選擇注釋對象呢?

針對這一問題,堀川貴司提出了兩個觀點,可謂卓見。第一個觀點是,如《三體詩》《古

文真寶》等初學書,杜甫、蘇軾、黄庭堅的詩集等,"越是禪僧的必讀書,製作抄物的可能性越高"。下面第二個觀點更值得重視:

> 這裏希望加入另一個視角來進行探討,那就是已經在中國成書的注釋本不是更容易成爲注釋的對象麽?實際上采取對"原注"(姑且用以稱呼中國人的注)進行讀解、批評這樣模式的抄物非常多;並没有針對如對李白、白居易這樣比較經常被閲讀的詩人集的抄物,這兩點也可以作爲佐證。㊹

確實,李白和白居易的詩集雖説是與杜甫、蘇軾、黄庭堅的作品一樣被看作必讀書,然而令人奇怪的是,李白和白居易詩集的抄物並不存在。嚴格來説,雖有白居易的《長恨歌》與《琵琶行》的單行本抄物,但並非以《白氏文集》爲原典,而是摘自《古文真寶・前集》的文本。至於李白集,雖説當時已有南宋的楊齊賢注、元代的蕭士贇補注《分類補注李太白詩》二十五卷,但事實上在中世紀日本流傳似乎很少。如此看來,五山禪僧對中國的漢詩文集解讀的過程,首先經歷對中國傳來的既成的注釋進行咀嚼的階段,然後以對其進行再注釋及修正補充的形式展開。

當然,作爲外國讀者也不可避免地存在着語言理解方面的制約,或許對全部未經注釋的作品進行準確解讀存在一定困難。正是有了既成的注釋作爲前提,纔能夠對其進行修正補充,並提供有關作品解讀的多方面的信息,甚至有時候出現了脱離作品本身,轉移話題,將諸多詩話和類書東拼西凑的情況。抄物中常常出現繁蕪冗長、賣弄學識的現象,無疑都是因爲采用了再注釋這種形式的緣故。

綜上所述,(一)南宋以來,《内集》被認爲是經過黄庭堅自己删定而成,大多收録比《外集》具有更高價值的作品;(二)與《内集》任淵注在五山禪林得到廣泛流傳相對的是,《外集》史容注的存在却鮮爲人知;(三)禪僧們當中存在以中國傳來的既成的注釋爲對象編寫抄物的傾向。因此,《帳中香》只對《内集》的詩加以注釋,也可以説是必然的選擇。

四、萬里集九對山谷詩中禪的觀照

那麽,最後一部分將在探討僧人萬里集九如何把握作爲詩人的黄庭堅的基礎上,來看一下《帳中香》中對山谷詩進行解釋的具體實例。

下面要舉出的是,萬里爲黄庭堅的畫像所寫的《山谷先生畫像贊并叙》。畫像的創作者也是同時代的禪僧,也就是被萬里稱贊爲"丹青之妙,無出其右者"的水墨畫家雪舟等揚(1420—1506?)。其叙曰:

> 《豫章先生本傳》略云:"宋興以來,一人而已。"公哉斯論矣!韓青所編《春渚紀

聞》舉先生之前身,"昔爲誦法(花)[華]之一女子也。"《西清詩話》云:"《豫章集》一似參曹洞下禪,墮在玄沙窟裏。"劉後村云:"豫章蒐獵奇書,作爲古律,自成一家。雖隻字片句不輕出,爲本朝詩家之宗祖,在禪學中(此)[比]得達磨也。"劉舉山云:"(預)[豫]章之詩,如優曇鉢花,時一現耳。"

吁!諸評已如是之也矣。謫居黔南,凡四霜。量移戎州,寓無等院,搆槁木寮、死灰庵,而安筆研。後遂赴宜州,毫髮芥其胸,故先生作自贊云:"似僧有髮,似俗無塵。"㊺

這篇叙文的寫作年代不詳,根據市木武雄的注解可知,萬里在文明十三年(1481)秋,也就是54歲的時候,在美濃的正法寺與雪舟相識,或許是那一時期的作品,也就是萬里東遊江户講解山谷詩的五年前的事情。

叙中所列舉的文獻當中,《豫章先生本傳》的作者佚名。《帳中香》的叙部中 4a 記述云"某謂:《豫章先生傳并贊》,魁本大字《豫章文集》三十卷目錄首載之",幾乎是引用了這篇文章的全文,贊的部分中提到:"山谷自黔州以後,句法尤高,筆勢放縱,天下之奇作。自宋興以來,一人而已矣。"㊻。

接下來引用宋人何薳(號韓青老農)《春渚紀聞》、蔡絛《西清詩話》、劉克莊(號後村)、劉舉山(按:"陸象山"之誤)對山谷的評價。值得注意的是,這些都是借用佛教用語來比喻黃庭堅及其作品的評語。㊼特別是將黃庭堅在禪學中的地位比作達磨,其他詩序中也有提到説:"黃魯直乃詩家之達磨大師也。"㊽也就是説在萬里的眼中,黃庭堅在詩歌創作中踐行禪法,或者説是"似僧有髮,似俗無塵"㊾的在家居士的同時,被認爲是接近於禪宗中的達磨祖師那般境界的詩人。

黃庭堅與禪之間的關聯,經歷了三個較大階段。第一個階段是在元豐七年(1084)三月,40歲的黃庭堅順路到泗州(江蘇省盱眙縣)僧伽塔時,作了一篇《發願文》,發誓戒掉酒色肉食。這之後,他過上了佛教徒式的生活。前面提到過的《豫章先生傳并贊》中也引用了《發願文》的誓詞,全文則收錄在黃庭堅的文集中。㊿但是,直接將這個故事與黃庭堅的文學軌蹟相聯結起來,是《帳中香》叙部中所引《普燈錄》卷二三的記述。有曰:

(黃庭堅)出入宗門,未有所向。好作豔詩,嘗謁圓通秀禪師,秀呵曰:"大丈夫翰墨之妙,甘施於此乎!"秀方戒李伯時工畫馬事,公銷曰:"無乃復置我於馬腹中耶!"秀曰:"汝以豔語動天下人婬心,不止馬腹,正恐生泥(梨)[犁]中耳。"公悚然悔謝,由是絶筆。惟孳孳於道,著《發願文》,痛戒酒色,但朝粥午飯而已。(《帳中香》叙部中 10b—11b)[51]

從上可見,黃庭堅年輕時好作"豔詩",在被圓通法秀禪師訓斥後,便不復再作了,並可知以此爲契機戒除了酒色肉食。寫作《發願文》的第二年，黃庭堅回到汴京，寓居在退聽堂。也就是説，洪炎所編、任淵加以注釋的《内集》的作品，即"退聽堂以後之詩"，實際上同時也是作《發願文》立下誓言之後的詩。當然，這裏也應有對於年輕時歌詠的"豔詩"之類進行否定與删削。黃庭堅作爲參禪居士選擇了嶄新的生活方式這一點，可以説是五山禪僧重視《内集》的又一個重要原因。

黃庭堅與禪相關的第二個階段，是在元祐六年（1091）秋。爲母親李氏服喪的緣故，黃庭堅回到故鄉洪州分寧（江西省修水縣），拜訪住在黃龍山的晦堂祖心（1025—1100），並與之進行問答。黃庭堅向晦堂尋求提示開悟的"徑捷處"時，晦堂反問他如何理解《論語·述而》中的"二三子以我爲隱乎？我無隱乎爾者"一句。苦惱於如何回答的黃庭堅，某一天，在陪晦堂在山中散步的時候，突然聞到一陣濃郁的巖桂盛開的香氣。於是晦堂就又發問：

> 心（晦堂）曰："聞木犀香麼？"公（黃庭堅）曰："聞。"心曰："我無隱乎爾。"遂釋然，即拜之曰："和尚恁麼老婆心切。"心笑曰："只要公到家耳。"

晦堂的本意是借用孔子的話讓黃庭堅明白，自己並没有什麽隱瞞。然而黃庭堅仍迷惑不解。這次，晦堂讓他聞到了木犀花香。就在這一瞬間，黃庭堅終於恍然大悟，從此體悟到了禪宗要義絶不神秘，最重要的是用直觀去感受體驗，而不是思考詮釋。

第三階段是在紹聖元年（1094）十二月，因在《神宗實録》中非難新法，黃庭堅被貶黜到涪州、黔州（重慶市）等地。據傳，晦堂的門人死心悟新（1043—1114）曾問道："新長老死，學士（黃庭堅）死，燒作兩堆灰，向甚麼處相見？"黃庭堅竟無言以對。直到貶官黔州的路上，纔突然開悟，參透禪關。黃庭堅給死心寄送的書簡中，記録了當時的體驗：

> （黃庭堅）報以書曰："往年嘗蒙苦苦提撕，長如醉夢，依稀在光影中。蓋疑情不盡，命根不斷，故望崖而退矣。謫官在黔南道中，晝卧覺，忽然廓爾尋思。被天下老和尚謾了多少！惟有死心道人不肯，乃是第一相爲也。不勝萬幸！"

以上是《帳中香》叙部中所引《普燈録》的主要内容。萬里在注釋中有意將詩和禪相關聯，並認爲，讀者通過編年體《内集》二十卷的研讀，能感受到黃庭堅自中年到晚年修禪、開悟的歷程。當然，這種詩禪相關的認識本來就是受到宋人"學詩渾似學參禪"的詩論的影響，進而五山禪僧他們也將詩歌創作看作參禪學佛的重要途徑，由此就迎來了五山禪林文學的隆盛期。㉜經歷了應仁之亂這樣的國家與禪林秩序崩潰的大事件後，禪僧們似乎毫不感到詩與禪的關係存在糾葛或者矛盾。萬里毫不猶豫地宣稱："詩是（五）[吾]家（盤）[般]若經。"㉝又説："詩熟則文必熟，文熟則禪必熟。"㉞"應仁之亂前後開始急速地流行"的山谷詩（《内集》），對五山禪僧而言，不單單停留在宋代文人的作品這一層面，而是被看作"準佛典"(内典)和學習參禪的參考書來看待,萬里正是以編撰抄物的方法來表現出這種詩禪相關的認識。

《帳中香》中,引用《景德傳燈錄》和《嘉泰普燈錄》等佛書的同時,處處可見揭示黃庭堅和禪的關聯的注釋。而最爲如實地展現出萬里這樣的山谷詩禪觀的是卷首處"黃氏世系"之後給出的禪宗法系。正如下表所示,萬里直接將蘇軾與黃庭堅放入了臨濟宗黃龍派之中。這完全是襲用《五燈會元》卷一七中對蘇、黃的定位⑤:

表 2

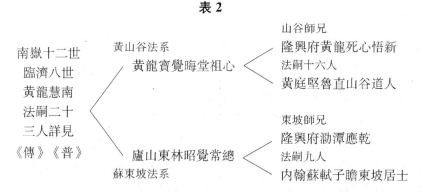

在眾多禪意盎然的山谷詩作品中,這裏以最晚年的《次韻答斌老病起獨遊東園二首》其一(《山谷黃先生大全詩注》卷一三)爲例,來看一下萬里是如何加以注解的:

> 萬事同一機,多慮乃禪病。排悶有新詩,忘蹄出兔徑。蓮花生淤泥,可見嗔喜性。小立近幽香,心與晚色靜。

根據任淵《目錄年譜》可知,這首詩是元符二年(1099)詩人55歲的作品。當時,黃庭堅在戎州。此詩的前半四句中,任淵注僅僅列舉了《楞嚴經》、《景德傳燈錄》、《圓覺經》、《莊子》、僧肇注《維摩經》等的出典,並無大意說明和具體分析。

針對任淵注中這樣的注釋態度,元代方回毫不留情地予以批評:"任淵所注,亦多鹵莽。止能注其字面事料之所出,而不識詩意。"⑤"多鹵莽"這樣的評價或許有些言重了,然而確實可以說任淵注中對"詩意"的解釋相當冷淡。另一方面,與方回的評價恰恰相反,陳振孫則大力擁護任淵注,指出其"大抵不獨注事而兼注意,用功爲深"⑤。但平心而論,任淵注對"意"的說明未必周到。

與任淵注相比,《帳中香》將詩的大意以簡單易懂的方式進行說明。轉錄於下:

> 凡萬般是非、得喪,皆出於"一機",猶如萬緒在一機之中,而動之則亂;不動則靜也。故"多慮"乃是"禪病"。禪以安靜爲本也。斌老能會此意,得萬事於一機,反多慮於安靜。前四句舉揚題所云"病起"二字,"多慮"二字受"萬事"字。"禪病"即"多慮"

也。若起佛見法見,則文殊亦被貶向鐵圍。
　　一篇大意,樵云:人間之得喪、悲歡、窮達、富貴,皆是同一機,僅計校思量,則禪病也。何以排多慮哉?作詩聊除之耳。若吾宗於蒲團上提撕"趙州無"⑱,而排此。作詩,則儒者之所爲也。作詩排之,是忘蹄出兔徑也。"多慮乃禪病"之時,本有之性,少不失之。及其排之,亦不失之,譬如蓮華於泥而不染也。"小立近幽香,心與晚色靜",言未悟之時,則幽香皆是爲愁媒;及其悟,則是道場也。(《帳中香》卷一三上1a—b)

關於開頭第一、二句,人因"多慮",故而生出了"禪病",是因爲對佛法過於執著,正如文殊被放逐到鐵圍山那樣,反倒並不能說是好事。⑲用禪宗公案來比喻"禪病"帶來的後果,大概是經常接觸禪籍的萬里纔有的注解方式吧。

接下來,萬里引用前輩五山僧惟肖得巖(1360—1437,號樵雲)的説法作爲文章全體大意。萬里首先參照先行的抄物,分別探討異説,並將自己的解釋以"某謂"提示出區別,東坡詩的抄物《天下白》中也全部使用這一形式。⑳這首詩的第二首中,云:"此篇有深意。先輩之説,往往齷抹而無滋味。"這樣不留情面的批評也不少,只是這裏似乎贊同第一首中惟肖的解釋。

那麼,如何解讀第三、四句"排悶有新詩,忘蹄出兔徑"呢?任淵注引《莊子·外物》,云"蹄者所以在兔,得兔而忘蹄。言者所以在意,得意而忘言",認爲是直接的沿襲。"蹄"與爲了捕捉"兔"的道具(手段)一樣,都是得"意"便可忘"言",也就是説不需要語言表現。因此,"排悶"了之後,"詩"什麼的便大可不要了。"兔徑"一詞出自《永嘉證道歌》,云:"大象不遊於兔徑,大悟不拘於小節。"㉑這句話的意思是,大象不會從兔子出没的小路上來往,大徹悟便不再拘泥小節。因此,詩歌創作只不過是揭示禪之大道的次要手段。今人陳永正注云"山谷認爲寫詩也是多餘的,這是禪宗的觀點,心即是佛,不立語言文字"㉒,這樣的解釋看似有道理,但與萬里的看法仍有些距離。萬里這裏所引惟肖的説法,雖然將寫詩這個行爲看作"儒者之所爲",但他並不認爲是多餘之物而一概否定。實際上,"禪病"也好,"新詩"也罷,最爲根本的要有如出淤泥而不染的蓮花般"本有之性"(即"心")。

對這兩句,萬里接下來又進一步解釋:

"悶",蓋萬事及多慮禪病等也。排遣彼舊端之是非、得喪以新詩,則必忘物我。忘物我,則亦忘新詩也。實得兔而忘蹄,則亦忘兔之謂也。斌老已病起,忘物我,且又忘所以忘物我之者也。(《帳中香》卷一三上2b)

爲了達成明悟自性、自我超脱的目的,首先需要"忘物我"。做到了"忘物我",纔能够有"忘新詩"。這好比説,不僅將作爲手段的"蹄"忘掉了,連同作爲目的的"兔"也一起忘掉了。

然而在萬里看來,即使最後到了"忘新詩"的境地,詩歌創作本身決不是多餘的,反而應當將其看作有效手段來積極利用。這一段注釋似可視作《帳中香》的寫作宗旨,同時也表明了萬里對山谷詩中禪的觀照。

代　結　語

本文主要論述《帳中香》與黄庭堅集的流傳及其關聯,並闡明以《内集》任淵注爲對象的抄物的編寫原因。最後一部分中,試圖分析萬里集九對黄庭堅詩與禪的理解。然而未能詳細列舉並展開具體事例的討論,深以爲憾。希望今後有機會能夠對《帳中香》進行更爲全面、細緻的探討。

如前言所述,迄今爲止,日語語言學與日本漢學的研究者不斷推進了抄物的研究,今後也有必要唤起從中國文學、中國思想等新的角度對抄物進行文獻學、注釋學方面的探討。日本的抄物研究領軍人物、日語語言學家柳田征司,將抄物這種資料比作"無數種類的草木繁茂着的肥沃原野"⑧。本文篇幅有限,而抄物的"沃野"却始終一望無際地延伸着。

(作者單位: 日本京都大學文學研究科)

---

① "五山"指日本鎌倉、室町時代仿效中國南宋時期的五山制度而設立的禪宗寺院。京都五山爲天龍寺、相國寺、建仁寺、東福寺、萬壽寺,另有位於"五山之上"的南禪寺。鎌倉五山有建長寺、圓覺寺、壽福寺、浄智寺、浄妙寺。"五山"之下還有"十刹"、"諸山"等分布設立在全國各地的禪寺。

② 詳見中田祝夫《四河入海解説》,《四河入海》(12),勉誠社,1972年,《抄物大系》别刊。中文的介紹性文章,可參池澤滋子《〈四河入海〉——日本四僧的東坡詩注》,載《宋代文化研究》第九輯,巴蜀書社,2000年。

③ 作爲日語史研究的代表性成果有: 來田隆《抄物による室町時代語の研究》(清文堂,2001年)、柳田征司《室町時代語資料としての抄物の研究》(武藏野書院,2008年)等。

④ 柳田征司《抄物目録稿(原典漢籍集類の部)》,載《訓點語と訓點資料》第113輯,訓點語學會,2004年。

⑤ "(日本)國立國會圖書館デジタルコレクション(國立國會圖書館電子資源庫)"網址:
《帳中香》寫本　http://dl.ndl.go.jp/info: ndljp/pid/2608101
《帳中香》古活字版　http://dl.ndl.go.jp/info: ndljp/pid/2605731

⑥ 《山谷抄》,收入大塚光信編《續抄物資料集成》第六卷,清文堂,1980年。

⑦ 《丁亥版癸卯本　山谷詩集鈔》Ⅰ—Ⅶ,收入高羽五郎編《抄物小系》14,1976年私家版。

⑧ 根據蔦清行《兩足院所藏〈黄氏口義〉の構成と成立について》(載《訓點語と訓點資料》135輯,2015年)來推定,《山谷幻雲抄》的抄寫者除了林宗二以外,可辨認出其子林宗和等人的多種筆蹟。此處依蔦氏的説法,《山谷幻雲抄》的成立時期在林宗和卒年永禄二年(1559)以前。

⑨ 根據根ヶ山徹《月舟壽桂講〈山谷幻雲抄〉考》(載《東方學》第145輯,2008年),兩足院藏本和洞春寺藏本

《山谷幻雲抄》,均是對祖本月舟講本加筆增訂而成的。彭叔所編《山谷詩集注》,據説是比較忠實地書寫記録了月舟講解的講本。另,洞春寺藏本已經影印出版,題爲《嘯岳鼎虎禪師自筆本山谷詩抄——長州毛利洞春寺藏》(正宗山洞春寺,2006年)。

⑩ 可見於"米澤善本完全デジタルライブラリー(電子圖書館)"。以下爲網址:http://www.library.yonezawa.yamagata.jp/dg/AA129.html

⑪ 《芳林主盟叔悦禪師,作詩見謝〈黄(大)[太]史集〉二十卷講畢矣,云國既亂,云聽者稀……》詩,《梅花無盡藏》卷二,收入玉村竹二編《五山文學新集》第六卷,東京大學出版會,1972年,第734頁。

⑫ 本文所引《帳中香》抄文,卷次及頁碼依據日本國立國會圖書館藏古活字版。

⑬ 參見市木武雄《梅花無盡藏注釋》共五册及《别卷》,續群書類從完成會,1993—1999年。市木氏此書可以説是對萬里集九現存全部的作品進行注釋的辛勞之作。但是,關於中國古典的語注及出典考察中仍存在錯誤不足之處,亟待將來進行修訂補充。

⑭ 關於萬里集九的生平、事蹟,可參照中川德之助《萬里集九》(吉川弘文館,1997年),市木武雄、梅田薰《〈梅花無盡藏〉の世界》(鵜沼歷史研究會,2005年)。

⑮ 又見《梅花無盡藏》卷七,《五山文學新集》第六卷,第1001頁,題爲《笑雲三公侍史所膳書〈帳中香〉跋》。按:此跋文在寫本《帳中香》中未收。

⑯ 阿部隆一《東福寺藏笑雲清三自筆稿本〈四河入海〉、萬里自筆跋文清三書入〈帳中香〉外》,原載《文獻》第4號,1960年;後收入《阿部隆一遺稿集》第二卷《解題篇》一,汲古書院,1985年。

⑰ 芳賀幸四郎《中世禪林の學問および文學に關する研究》,第二編第二章《大陸文學の鑒賞と研究》,日本學術振興會,1956年,第288—289頁。

⑱ 《帳中香》卷一上11b:"某(指萬里)在洛社而諸老及交遊之間,借《東都事略》,只見其涉獵之一兩奏而已,如隔搭癢。海内騷屑(指應仁之亂)之後,構小築於岐陽之鵜灣(鵜沼)、講坡、谷二集之次,彼全書就刺隱翁借取,一一繙之。"記載了從刺隱翁(指春澤軒的梅心瑞庸)那裏借閲《東都事略》之事。另外,《還春澤之書籍》又云:"《十七史》全部四十五册、《史記》五十六册、《漁隱前集》五十卷、《後集》四十卷、《詩林廣記·前集》十卷、《後集》十卷,還春澤。以《漢書》之《前集》《後集》以上十九册,還南豐之方丈。"見《梅花無盡藏》卷四,《五山文學新集》第六卷,第870頁。

⑲ 張淘《萬里集九〈帳中香〉引書之文獻價值》,載《域外漢籍研究集刊》第七輯,中華書局,2011年。

⑳ 《中華再造善本總目提要》(國家圖書館出版社,2013年)中著録《山谷黄先生大全詩注》元刻本:"框高十九.五釐米,寬十三.三釐米。每半葉十一行,行二十字。"(金元編·集部,第1210頁)。與之相對,《山谷詩集注》南宋紹定五年黄㽦刻本爲:"框高二十三.一釐米,寬十七.五釐米。每半葉九行,行十六字。"(唐宋編·集部,第639頁)川瀨一馬《五山版の研究》上卷附二《解説篇(五山版書目解題)·二漢籍(外典)の部》(日本古書籍商協會,1970年,第471—472頁)中著録《山谷黄先生大全詩注》:"匡郭内,縱六寸二分,横四寸二分五釐";《山谷詩集注》:"匡郭内,縱七寸一分五釐,横五寸四分五釐",可看作根據同一版式翻刻而成。

㉑ 《帳中香》卷一下14a:"大板注有一十一字增。"

㉒ 古活字版《帳中香》中這部分缺失。

㉓ 黄庭堅集另有"類編本"系統,即南宋乾道年間麻沙守劉仲吉宅刻本《類編增廣黄先生大全文集》五十卷(存卷一至一二、一九至五〇),此書爲"天下孤本",日本已無存其流傳形蹟。

㉔ 張淘《萬里集九〈帳中香〉引書之文獻價值》,第159—163頁。

㉕ 《豫章先生文集》三十卷(存卷五至九、一六至一七、二〇至二一、二四至二六);《外集》十五卷(存卷五至九、一四至一五)。收入《日本國立公文書館藏宋元本漢籍選刊》9、10,鳳凰出版社,2013年影印。現在,

㉕ "國立公文書館デジタルアーカイブ"中可以下載電子圖像版（https://www.digital.archives.go.jp/）。
㉖ 《內閣文庫漢籍分類目錄》，內閣文庫，1971年改訂版，第336頁。
㉗ 加藤國安《黃庭堅〈外集〉〈外集詩注〉〈外集補〉考——宫內廳、內閣文庫藏宋元刻本に關連して》，載《名古屋大學中國語學文學論集》第23輯，2011年。
㉘ 陳振孫著，徐小蠻、顧美華點校《直齋書錄解題》卷二〇《詩集類》下，上海古籍出版社，1987年，第592頁。又卷一五《總集類》著錄"《江西詩派》一百三十七卷、《續派》十三卷"，云："自黃山谷而下三十五家，又曾紘、曾思父子詩。詳見《詩集類》。"（第449頁）
㉙ 國會圖書館所藏寫本《帳中香》亦作"十二卷"，與古活字版同。按：宋人洪咨夔《豫章外集詩注序》（《平齋文集》卷一〇）曾提到："以《內集》有任子淵注，因注《外集》十二卷。"可見，南宋時確有十二卷本《外集》。
㉚ 如《醇道得蛤蜊……》詩，《帳中香》卷一上35a云："《豫章文集》第九《絕句部》載之。"此詩見內閣文庫本卷九、《四部叢刊初編》本卷一一。又如《寄黄幾復》詩，《帳中香》卷二上6b云："《（預）〔豫〕章文集》第七《律詩部》載之。"此詩見內閣文庫本卷七、《四部叢刊初編》本卷九。
㉛ 明應二年（1493），萬里在《葦牧野説》中，關於他與東福寺的年輕的景雪藏主交流之事，有如下記載："話柄常及黃（大）〔太〕史之優曇鉢花之《內》《外》集者連月矣。"可見《外集》也作為話題的對象。見《梅花無盡藏》卷七，《五山文學新集》第六卷，第977頁。
㉜ 國會圖書館藏寫本《帳中香》卷一無"而是為內集退聽堂以後之詩也但卷首兩三篇則退聽堂以前之所作"二十八字。
㉝ 洪炎《豫章黃先生退聽堂錄序》，劉琳、李勇先、王蓉貴校點《黃庭堅全集》，四川大學出版社，2001年，第四册，第2380頁。
㉞ 祝尚書《宋人別集敘錄》卷一一《豫章黃先生文集》，中華書局，1999年，第506頁。
㉟ 《題王子飛所編文後》，《豫章先生文集》卷二六，日本國立公文書館（內閣文庫）藏本。
㊱ 劉克莊《江西詩派小序·黃山谷》，《後村先生大全集》卷九五，《四部叢刊初編》本。
㊲ 《直齋書錄解題》卷二〇《詩集類》下"《山谷編年詩集》三十卷、《年譜》二卷"中記載："今《外集》所載數卷，有晚年刪去者，故任子淵所注亦惟取《前集》而已。"（第592頁）《前集》即《內集》。
㊳ 史容《山谷外集詩注引》，《山谷外集詩注》卷首，《四部叢刊續編》本。另外，殿本《山谷內集詩注》卷首載任淵《山谷內集詩注序》中有云"近世所編《豫章集》，詩凡七百餘篇，大抵山谷入館後所作。山谷嘗仿《莊子》，分其詩文為《內》《外》篇，此蓋《內篇》也。晚年精妙之極，具於此矣"，與史容《引》中的記述頗為相似，但宋元刻本或是五山版的任淵注中不見此序，是否當真為任淵所寫，真偽不詳。
㊴ 《莊子內篇論》，《豫章先生文集》卷二〇，日本國立公文書館（內閣文庫）藏本。
㊵ 洪咨夔《豫章外集詩注序》，《平齋文集》卷一〇，《四部叢刊續編》本。
㊶ 黃䔿《黃山谷年譜》卷一，學海出版社，1979年據《適園叢書》影印，第31頁。另，《黃山谷年譜》序中引用了李彤的話："昔山房李彤季敵於《豫章外集》有言：雖先生晚年刪去，後學安敢棄遺？"（第1頁），表示了黃庭堅晚年自己刪去的作品收錄在《外集》中。
㊷ 藤本幸夫《日本現存朝鮮本研究·集部》，京都大學學術出版會，2006年，第479—482頁；長澤規矩也《和刻本漢籍分類目錄》（增補補正版），汲古書院，1976年，第174頁。
㊸ 建仁寺兩足院藏寫本，第一冊。又見彭叔所編《山谷詩集注》序（米澤市立米澤圖書館藏本，第一冊），但文字稍有不同。
㊹ 堀川貴司《五山文學研究—資料と論考—》，笠間書院，2011年，第165頁。
㊺ 《山谷先生畫像贊》，《梅花無盡藏》卷三上，《五山文學新集》第六卷，第759頁；《梅花無盡藏注釋》第二

册,第 143 頁。

㊻ 《帳中香》叙部中 4a 中已指出,《山谷老人刀筆》卷首、胡仔《苕溪漁隱叢話》後集卷八(按：現行本卷三三)、黄震《黄氏日抄》卷六五《讀文集》七中收録有節略本。又見蔡正孫《詩林廣記》後集卷五“黄山谷”、馬端臨《文獻通考》卷二三六“經籍”六三等。

㊼ 各自出處爲：何薳《春渚紀聞》卷一雜記“坡谷前身”條、胡仔《苕溪漁隱叢話》後集卷三三“張芸叟”條所引《西清詩話》(又見《詩林廣記・後集》卷五“黄山谷”條)、劉克莊《江西詩派小序・黄山谷》(《後村先生大全集》卷九五)、羅大經《鶴林玉露》卷三丙編“江西斯文”條所引象山語(又見陸九淵《與程帥》,《象山先生全集》卷七)。按：《帳中香》叙部中 10a—13a 均引用了這些記載。

㊽ 《武之球上人借畫工之手……》詩,《梅花無盡藏》卷二,《五山文學新集》第六卷,第 709 頁。

㊾ 《寫真自贊六首》其六,《豫章黄先生文集》卷一四,《四部叢刊初編》本。

㊿ 《發願文》,《豫章先生文集》卷二一,日本國立公文書館(内閣文庫)藏本。

(51) 正受《嘉泰普燈録》卷二三《賢臣》下;又見惠洪《禪林僧寶傳》卷二六《法雲圓通秀禪師》、普濟《五燈會元》卷一七《黄龍心禪師法嗣・太史黄庭堅居士》等。按：黄庭堅《小山集序》云:“余少時間作樂府,以使酒玩世。道人法秀獨罪余以筆墨勸淫,於我法中當下犁舌之獄”(《豫章先生文集》卷一六)。據此,“豔詩”(“豔語”)當指山谷的詞作。

(52) 芳賀幸四郎《中世禪林の學問および文學に關する研究》第二篇第一章《禪僧の文學觀》,第 245—256 頁。

(53) 《正月一日試分直》詩,《梅花無盡藏》卷三上,《五山文學新集》第六卷,第 756 頁。

(54) 《答仲華丈六篇詩序》,《梅花無盡藏》卷六,《五山文學新集》第六卷,第 915 頁。此語出自方回《三體詩序》。

(55) 《五燈會元》卷一七《臨濟宗・南嶽下十三世》上載“太史黄庭堅居士”和“内翰蘇軾居士”。但周裕鍇指出:“《五燈會元》卷一七將蘇軾列爲臨濟宗黄龍派東林常總禪師之法嗣,此乃編撰者釋普濟爲壯臨濟宗聲勢之所傳,實不足信。考蘇軾一生行蹤交遊,實與雲門宗爲近。”詳見周氏《禪門宗風與宋詩派别》,原載《宋代文學研究叢刊》創刊號,麗文文化事業股份有限公司,1995 年;後收入《文字禪與宋代詩學》第二章第二節,高等教育出版社,1998 年。

(56) 方回《瀛奎律髓》卷二四《送别類》,李慶甲集評校點《瀛奎律髓彙評》,上海古籍出版社,1986 年,第 1085 頁。

(57) 《直齋書録解題》卷二〇《詩集類》下,第 593 頁。

(58) 出自著名的“趙州無字”公案。例如《古尊宿語録》卷二二《黄梅東山(法)演和尚語録》云:“上堂,舉僧問趙州:‘狗子還有佛性也無?’州云:‘無。’”

(59) 《碧巖録》卷三(第二十六則)引唐代南泉普願之語:“文殊、普賢,昨夜三更,起佛見法見。各與二十棒,貶向二鐵圍山去也。”

(60) 《天下白》叙云:“《芳》《脞》《翠》之三部,乃坡集之日、月、星也。凡好學者,而孰不借其餘光? 故彌綸夏、夷之間,今不悉録也。三大老,若有異説,則舉‘某謂’之二字以判矣。加之,史傳、小説、詩話、圖經、大梵之悉曇、扶桑之假名有益於本集,而三大老不載者件件纂焉。”見《四河入海》第一册,第 63 頁。

(61) 轉引自《景德傳燈録》卷三〇《銘記箴歌》。

(62) 陳永正選注《黄庭堅詩選》,生活・讀書・新知三聯書店(香港),1980 年,第 198 頁。

(63) 柳田征司《日本語の歴史 4　抄物、廣大な沃野》,武藏野書院,2013 年,第 6 頁。

詞臣生活與宋調書寫
——論南宋詞科士人的詩歌

管琴

宋代詞科是爲選拔起草制誥人才而設立的科目，始設於哲宗紹聖時期，初名宏詞科，大觀年間改稱詞學兼茂科，高宗紹興三年開始固定爲博學宏詞科，試以十二種應用文體。南渡以後，詞科的繁榮帶動了四六文寫作的繁榮，詞科出身士人如孫覿、"三洪"（洪适、洪遵、洪邁）、周必大、吕祖謙、真德秀等均是南宋的四六大家。作爲一個時間跨度較長的文學群體，詞科士人之文以典雅博贍爲風格，以潤色宏業爲旨稱，以四六爲主，兼及散文，推動了南宋應用文的繁榮。詞科士人在詩歌方面並無專習，也無統一的詩歌宗旨與流派，但南宋詞科士人中，北宋末中詞科的孫覿、李正民、劉才邵南渡後皆存詩多首，紹興年間中詞科的洪适、洪邁、周麟之、周必大等皆能詩。另外如曾試詞科而不中的韓元吉與洪咨夔[①]，也是南宋時期頗有代表性的詩人，方回稱韓元吉詩與尤、楊、范、陸相伯仲[②]，洪咨夔也是南宋學江西的一大家[③]。他們的詩歌也可進入本文的考察範圍。本文將南宋詞科士人之詩作爲一整體而論，乃是基於這樣一種考慮：詩文相通，詞科人士均習詞學，其所習內容與所試內容均高度趨同，館閣與翰苑掖垣也成爲與其詩歌書寫有關的場景，往往帶有一些相似的特點。出於對詞學的偏擅，詞臣群體本身也構成了一個較爲特殊的詩人群體。不過，如果想從這些詞臣的詩歌中推導出一些高度規律性的特點，意義也不大。本文以概括、探討南宋詞科士人詩歌的一些主要特點爲主，並不追求面面俱到。

一

如從共性的一面去尋找，詞科出身士人詩歌的顯著特點可以總結爲以下幾個層面。

首先，詞科出身士人作有較多的頌聖詩與所和御製詩。詞科出身士人因多擔任館閣、翰苑掖垣之職，不惟擅長四六文，詩作也往往有顯著的翰苑掖垣風格，與其爲文旨趣相似，這是其身份與所處仕履環境所決定的。他們寫有大量的應制詩，如徽宗時詞臣慕容彦逢作有《恭和御製臨池詩》《恭和御製朵樓特宴之什》《恭和御製以節近嘉平時雪驟應詩》《恭和元日受寶詩二首》《恭和御製回鑾詩二首》等，趙鼎臣有《宣和四年五日辛亥詔以神宗皇帝所書鼎説十二字藏於延英閣臣鼎臣賦詩以紀事》《代擬和御製喜雪詩》等，均是對徽宗朝臺閣文學活動的記載。南渡後的升平時期，御前侍從文人也有紀述備於雅頌，如李正民《大宋中興雅》、劉才邵《賦得登瀛洲》《賦得春色滿皇州》《慈寧壽慶曲》④、周麟之《郊祀慶成》《太廟觀芝草》等。周麟之《太廟觀芝草》其一有句云："紹復祖宗全達孝，感通天地契精誠。"⑤全篇幾乎爲潤色宏業之作。就連其憂時憫農的作品如《憂旱》一詩，如"中興天子食不違，側身感天天與祥"等句，也完全是詞臣本色。淳熙五年九月，孝宗幸秘書省觀書，時任著作佐郎的呂祖謙有《恭和御製秋日幸秘書省近體詩》相和，並有《賀車駕幸秘書省二首》，不乏"獨爲斯文回一顧，坐令吾道重千鈞"等頌聖之語，翰林學士周必大作七律《恭和御製幸秘書省詩二首》，大抵也是同一手筆。淳熙十二年三月，洪邁扈從孝宗遊玉津園，應制詩有"天公的有施生妙，帝利堪同造物誇"（《車駕幸玉津園晚歸進詩》）之句，孝宗作詩與洪邁相和，爲一時館閣盛事。嘉定四年正月，朝廷宴金國使者，秘書郎、翰林權直真德秀作《金國賀正旦使人到闕紫宸殿宴致語口號》二首，同樣是七律應制詩，其内容基本上是四六文的衍伸。詞學與應制詩在表情達意上出於同一源流，應制詩沾染詞學特點，也是出於必然。

　　此外，詞臣的一些來往應酬詩作雖未直接頌聖，但往往隱含有朝臣的身份。這些詩作雖然往往在内容與風格上多千篇一律，不見性情之自然流露，但它們也並非無謂之作。南渡以至中興時期，慕容彦逢、孫覿、周麟之、周必大等詞科出身的士人，其詩作和詞科所作的文章一樣，往往具備强烈的道德功能與張大國體的表彰功能，爲中興盛德張目。南宋詞科雖然取士大體較北宋更爲嚴格，但入等詞科的士人在仕履上大多較北宋爲順利，入翰苑掖垣、甚至宰輔者人數衆多。據筆者統計，南宋詞科出身士人入職館閣或翰苑掖垣的比例接近80%，幾乎是北宋時的兩倍。基於明確的身份視角，他們在詩歌的道德功能方面的表現也顯得更加全面、深入。周麟之《參政大資毗陵張公挽詩十首》其一稱美同爲詞科出身的張守"中興誰第一，勳烈在旂常"，其二稱"德望三朝老，才華一代宗"，這類以頌美爲主題的詩作無疑具有强烈的道德功能。紹興二十九年，高宗生母韋太后去世，右僕射湯思退作顯仁皇后挽詩，周必大稱賞説：

　　"虞妃從梧野，啟母祔稽山。"無一閒字。蓋顯仁初以賢妃從徽宗北狩，其後祔徽宗，葬會稽之永祐陵。虞妃謂徽宗也，啟母謂高宗也，用事可謂之切。高宗山陵，予進挽詩，取法焉。其云"生年同藝祖"，謂創業中興之主，皆丁亥生也。"慶壽似慈寧"，謂母子皆嘗慶八十也。然不若岐公之工。⑥

湯思退與周必大均爲詞科出身，詞科之文本身不但具有某種直接的道德功能與施用意圖，在修辭上也具有一定的程式，應制詩也一樣，多有具體繁富的修辭，通過對典故、辭采的鋪排與剪裁，達到典雅富贍、筆力千鈞的效果。

其次,詞科人士因其遭際,多有一些描述詞臣生活的作品。以學士院宿直題材爲例,這類詩作書寫一時一地之境遇,往往由眼前景物而起,寫一些符合詞臣身份的感受。當然,許多詩作較多地步軌前轍,少有主觀情性之體現。宿直環境與詞人身份密不可分,涉及自身時,往往包含詞臣的經歷與自我期待。如周必大乾道六年所作《夜直玉堂讀王仲行正字文編用入館新詩韻》:"君王憐舊土,館殿有新除。努力功名會,燕然欠大書。"夜直讀書之餘,以詞學風旨相勉。寓直題材也多有懷人之作,如李正民《挽綦内翰》其二:"鼇禁凝嚴地,雍容侍北扉。花磚朝直晚,蓮燭夜分歸。玉節恩雖異,金甌事已非。飄零舊僚友,華髮老漁磯。"回憶與綦崇禮共值翰苑時的場景,經歷國事散亂,人事也已面目全非,詩歌中也流露出相應的人生感慨。周必大《夜直懷永和兄弟》:"玉堂清冷夜初長,風雨蕭蕭憶對牀。徹道傳呼鐘鼓密,夢魂那得到君傍。"懷人之深,以致形諸夢寐。對夢境的描寫在宋代宿直題材詩作中自有傳統,如北宋時王禹偁"寓直掖垣休入夢,常參幕次且吟詩"(《幕次閑吟》其一),范祖禹"十年曾向伊川卧,長憶閑中夢寐安"(《翰林寓直》),曹勛"梅梢影轉三更月,身在蓬壺夢不成"(《禁直偶作三首》其一)等。翰苑掖垣之外,也有對寄贈之人夢境的懷想,如秦觀"寓直西掖垣,滄洲長入夢"(《送楊康功守蘇》)。朝夕爲詞學之事,也會形諸夢寐,這在詞臣詩歌中也有記錄,如慕容彦逢《答王及之賢良見寄》一詩云:"心醉歸來書文室,却怪前宵夢椽筆。"寓直寫夢,從一個較爲封閉的特定環境到夢境的咫尺千里,場景變化間流露出一種迷離惝恍的情致。場景與空間包括實際的空間與想象的空間,詞臣往往在這兩种空間的轉换中作些文章。以淳熙三年周必大次韻韓元吉之七絕二首爲例:

> 禁直惟聞漏鼓催,潮聲遙聽訝蛟雷。忽傳傑句天邊得,如對洪濤海上來。
> 大筆真能挾風雨,人才何敢助涓埃。古今奇觀須秋半,好約重銜伯雅杯。
> 　　　　　　　　(《次韻天官韓尚書七月十八日風雨中觀潮予内直不赴》)

周必大詩中寫自己雖因寓直而不得同行,讀韓之觀潮詩,拜服於其大手筆,筆挾風雨既是寫實也是頌揚。"禁直惟聞漏鼓催,潮聲遙聽訝蛟雷。"與寓直述夢詩一樣,同樣突出在一個實際的狹小空間内想象另一個空間時所造成的詩境變化。在兩种空間内做文章,成爲由北宋至南宋詞臣寓直詩的一個特色。

環境對作家創作的影響不言而喻。韋勒克、沃倫在《文學理論》一書中述及文學與社會的關係時稱:"作家的社會出身、立場和意識形態等這些問題,如果我們加以系統地研究,將通向作家類型或某一特殊時空下的作家類型的社會學。我們可以根據作家與社會進程的結合程度而將作家加以區分。"⑦長期處於某種環境之下,耳濡目染,與這種環境相適應的文學操習也間有體現。詞臣日常所作,無論是贈人或叙寫自身生活,往往離不開館閣與翰苑。這既流露了他們的詞臣身份,在詩歌酬贈間又促進了對彼此身份的認同與期待。周必大紹興二十七年中詞科,紹興三十年九月召試館職,赴學士院試策,除秘書省正

字,自此入館閣、登翰苑。他後來在贈人詩歌中回憶這段經歷時稱:

> 當年給札踏金鑾,重到依然九月寒。學士策詢學士策,秘書官試秘書官。自憐綠鬢非前度,尚喜青衫總一般。寄與浙東程閣老,莫矜紅旆笑儒酸。
> (《紹興庚辰九月二十三日與浙東權帥同年程龍圖并試玉堂庚寅歲由少蓬寓直摛文發策試館職亦九月也有懷泰之輒寄四韻》)

致仕後的慶元二年,他還在詩裏回憶早年詞臣經歷:"病渴相如思苦遲,至今夢怯草麻時。"(《楊子直示還壽皇御批制草熟狀將以新詩嘆服匠手走筆奉酬既謝厚貺且爲王春度玉墀之祝》)經歷了多年的詞臣生涯,不僅其詩歌題材與酬贈對象與館閣翰苑生活已不可分割,其詩學旨趣亦深受詞學浸染,詩歌的着眼點與切入點往往與其四六出自同一機杼,可視作典型的詞臣之詩。再以劉才邵的《德元盛暑中觀刈稻憩於茂林間愛其繁密因加芟治名曰綠陰軒以詩相示戲爲作此》一詩爲例:

> 山中熊館作比鄰,夢裏蟻城真別墅。葱帳不容逋客歸,藥房閑詠騷人語。月鈎斜挂褰雲箔,霞綺高長當朱户。瑶砌無塵透曉霜,珠簾隔霧連天雨。洞門雖開亦非開,當空鑿出高崔嵬。憑虛公子見之喜,便約亡是公同來。更容明月作不速,賓主談辯聲如雷。

劉才邵此詩雖然寫野外築亭之事,却並無閑逸之趣。其中引憑虛公子事,即是將漢賦中的人物與場景直接代入詩中。居江湖而不忘廟堂,是相當一部分詞學人士共同的趣味。

再次,詞科出身士人對風教也多有留意。他們中有些人仿效新樂府,通過詩歌補察時政,抒下情而通諷諭。這方面的代表作有周麟之的《中原民謡》,這組詩是他於紹興二十九年冬使金時所作,詩前小序中説:

> 及往返中原數千里,觀人心之向背,測天地之逆順,考事物之廢興,得之謳吟者,蓋不一而足,何其慨然思舊德之深,望王師之切也。然則聖天子中興,恢復疆土,綏靖宇內,兆已著矣,北胡其能久乎。於是因所聞見,論次其事,檃括其辭,爲《中原民謡》十首,庶乎如古所謂抒下情、通諷諭、宣上德、廣風化者。異時太史采詩,或可以備樂府之闕云。

序中明確指陳這些詩歌上承白居易新樂府而來,有直接的寫作目的。組詩共收錄《燕京小》《迎送亭》《金瀾酒》等十首七言樂府,每首詩前撰有小序,説明其寫作由來,顯示出其是有爲而作。⑧《燕京小》一詩就真切反映了中原民衆不見故國的悲傷,詩云:"汴都我宋興王宅,二百年來立宗祐。一朝飛瓦下雲端,盡毀前模變新飾。故老慟哭壯士謹,吾寧忍死不忍觀。只恐金碧塗未乾,死胡濺血川原丹。"語言直露,沉痛之感昭昭然如在目前。十首樂府的寫作角度也並不一致。《燕京小》《迎送亭》《造海船》等直接寫北地民謨,《金臺硯》則從叙事起筆,意在抒懷。是詩先抒發感慨道:"向此畫見限華裔,今乃接眕皆夷歌。"之後鋪陳北宋御林景象。接着叙述此時有人來獻金臺硯,謂此硯非翰林主人不能當。緊接着轉入對自身身份的叙寫:"雅稱揮毫白玉堂,夜掃黄麻追灝噩。"末二句:"歸家請辦千斛墨,異時擬勒燕山銘。"又儼然回到了朝廷重臣的身份,視角在不知不覺中發生了轉換。可以看到,這類詩作中雖然書寫民謨,但作者的身份之感尚未完全褪去,仿效白體的特點也是很明顯的。白居易以諫臣身份創作新樂府,其中有以詩歌獻諫、諷喻的自覺。周麟之的樂府詩自覺學習前人,以今題書寫時事,記錄民生,其中亦有些篇章不脱詞臣體制。另如真德秀,集中也有《浦城勸糴》《會三山十二縣宰》等描摹民生疾苦之作。詞臣常以史上或前朝故事勸諫君主,而以詩歌勸諫,亦是詩教的重要表現,這類詩歌着意含蓄,以發揚温柔敦厚的詩教爲其意旨。

以上概括了詞人詩歌的一些共通特點。詞科士人久任詞臣,大多强調爲文有體,如周必大於文章屢稱"議論正平,辭氣和粹"⑨等,即顯示出這樣的偏向。他們的詩作也不免流露出類似的旨趣。周麟之在紹興末年擔任兩制時,其代言之體以典雅穩重著稱,其詩風也有此特色。趨同化的寫作模式與繁富的修辭方面的應用,不僅與他們在館閣掖垣的身份有關,恐怕也與其詞學訓練存在一些關聯。這種詞學訓練往往始於早年,而在他們其後擔任詞臣的經歷中得到强化。

二

身在館閣、翰苑或掖垣,詞臣與同僚間往往有一些酬唱性質的詩歌,在題材、修辭手法等方面有一些鮮明特點。宋代最具典型意義的館閣唱和詩應屬景德年間楊億、劉筠、錢惟演等人掀起的西崑體風潮。西崑詩人摹寫義山,具備統一宗旨。而詞科士人與同僚之詩歌並無統一的詩學宗旨,但在學識與詞章方面,均尚博雅。其館閣翰苑的詩歌與旨趣也即大致如慕容彦逢《和吴顯道》一詩所概括:"同心有名儒,攝官在戎慕。學識造淵醇,詞章致炳鑠。"無論是題材、修辭還是旨趣,都有近似之處。唐代常以"大手筆"稱詞臣,宋代則往往以"文儒""儒宗"等稱賞,相互推挽、酬唱之功能於唱和詩中表現尤甚。它們的突出特點是,其中的比擬與形容往往既可送諸同朝爲官的友人,又可形諸自身。

慕容彦逢的《次韻鮮于學録太一宫海棠》、李正民的《和同院蠟梅》三首等,均是與僚友的同一賦題詠物之作。這部分詠物之作往往突出禁垣特色,如劉才邵的七古《燈下見梅花》,其詠梅的背景是"疏響遥傳玉漏聲,華燈屢續蘭膏炷",寫梅花也注意點明時下環境:"珠宫宴罷恰歸時,瑶臺月下相逢處",結尾"何當盡取貢玉堂,免使空傷碧雲暮"一句,也與全詩主旨扣合。乾、淳以後,周必大、洪邁與胡銓、范成大等有館閣唱和詩多首。周必大是典型的詞學人士,其詩有濃烈的詞學特點。將其與楊萬里的唱和詩相比較,能夠清楚地看到這一點。嘉泰二年,他與楊萬里同賦瑞香花,兩首詩姑錄於下:

  針來大筍束仍攢,作麼開時色兩般。荀令金爐炷沉水,昭容紫袖襯中襌。同花異葉株株異,一種欒枝節節欒。雪裏寒香得三友,溪邊梅與畹邊蘭。
(楊萬里《瑞香盛開呈益國公二首》其二)

  灞橋忍凍兩眉攢,漢殿含香別一般。粉面固宜垂紫袖,錦裳何必着中襌。禁庭侍史令同宿,宮帽花枝故自欒。咀嚼新詩懷舊直,剌貪寧不愧何檀。
(周必大《次韻楊廷秀待制瑞香花》)

同是詠花,旨趣有所不同。楊作較爲口語化,清新本色;周作則用典較多,較爲持重。

  此類唱和詩的內容往往與中興國事密切相關。紹興三十二年三月,洪邁假翰林學士,充賀金登位國信使。周必大作《送洪景廬舍人北使》,詩云:

  嘗記揮毫草檄初,必知鳴鏑集單于。由來筆下三千牘,可勝軍中十萬夫。已許乞盟朝渭上,不妨持節過幽都。吾君甚似仁皇帝,宜有韓公贊廟謨。

前段頌揚洪邁的文章與氣節,末句頌聖,歸於曲終奏雅。作於乾道五年的《邦衡再和再次韻》,起首亦謂"金華絶出氣凌霞,不愧君王坐賜茶",即使是詠物也出於詞臣視角。另如《胡原仲正字特改官除宮觀館中置酒餞別會者七人以先生早賦歸去來爲韻人各賦一首僕得早字》一詩,於同僚間餞飲所作,同樣兼具頌聖與贈友功能。宴請新科舉人的鹿鳴宴場合之詩作,往往涉及對朝廷設科的稱揚與舉子前程的鼓勵。如韓元吉《鹿鳴宴》勉勵舉子"勳業肇端登鳳沼,詞章接武侍甘泉";周必大《鹿鳴宴坐上次錢守韻》一詩稱:"制舉巍科世有賢,聞孫傳來中興年。貢才合益諸侯地,寵餞真開刺史天。有弟已容持布鼓,無能仍許鷙栀鞭。太平故事西崑體,指日皇都萬口傳。"不僅稱譽舉子名中高科,更以異日之爲西崑體相稱勉。

  詞科人士對西崑體的見解頗有微妙之處,南宋時,吳泳、魏了翁、車若水等人對西崑體多持否定意見,往往將西崑體視爲北宋詩文革新之前的一種負面的詩歌風氣,但南宋也同時存在對西崑體所持另一種見解,這方面以周必大爲代表,他認爲西崑體實則是可以師法的對象。他在另一首詩中有"花來北固無新唱,詩到西崑有故家"之説(《錢文季狀元去春用揚吉州子直韻賦玉蕊詩老悖久稽奉酬今承秩滿還朝就以爲餞》)。"惟本朝承五季之後,詩人猶有唐末之遺風,迨楊文公、錢文僖、劉中山諸賢繼出,一變而爲崑體。"[⑪]則又將西崑派作爲北宋詩格矯變之正面典型,這就明顯區別於北宋以來通行的崑體批評,也暗含其詞學立場。詞學士人在詩歌方面並未像西崑體形成流派,但詞科體與西崑體,無論在場景、氛圍還是旨趣方面均有相近之處。雖然西崑體多受批評,但其後的詩人對其也有學習借鑒,這方面學界已有揭示。⑪西崑體本身也可作爲翰苑掖垣文體可資借鑒的一種詩歌體式存在,詞臣的詩歌也未必不得西崑體沾溉,他們對此有不一樣的認識,是可以理解的。

同爲詞科出身、行蹟接近的士人之間,往往相互稱賞、推激,詩歌是很好的表達媒介。如韓元吉贈湯思退的《送湯丞相帥會稽》,其二曰:"久知燕許文章大,要自皋夔事業賢。"其三曰:"疇昔追風幸執鞭,詞場好在筆如椽。"湯思退也是詞科出身,後黨附秦檜,官至尚書左僕射。韓元吉的贈詩以燕許手筆、詞場事業相譽,突出的是其詞學的一方面。此詩用筆尚有分寸,像《湯丞相生日二十韻》中稱揚其"文筆超三古,聲名溢九州。宏才自伊呂,餘事豈應劉",則近乎阿諛。周必大《洪景嚴樞密挽詞二首》其二論洪遵詞學曰"召試曾叨對巨題,代言今忝繼前規","玉堂賴有綸章在,時展前篇慰所思",周、洪二人皆爲詞科出身,仕履相近,其推挽不乏自重自勉之意。與其文近似,他們在詩中也常常偏重於從"大手筆"的角度推重對方,如孫覿的《大資政張公挽詞四首》其一:"大筆文章手,飛揚獨妙年。判花森玉筍,視草對金蓮。"韓元吉稱葉衡"望實諸公右,文章百代師"(《葉少保挽詞六首》其二)。他們在論及前朝文事時,以經綸事業相推尊,如李正民《章季萬送示其祖內制次元叔韻詩》:"運際熙豐政日新,近臣摛藻捲天門。當年翰墨文章妙,晚歲經綸德業尊。紀事豐碑推大手,憂民溫詔盡嘉言。大門接武登鼇禁,猶喜交遊到子孫。"論及對方政事、學養時,往往以晁、董爲譬,如"願公淬筆參晁董,大對親瞻晬穆顏"(劉才邵《和李仲孫韻因以奉勉》)。或推許對方爲"真儒"、"儒宗",如"賴有媧皇補天手,一時爭誦魯真儒"(孫覿《和劉守林宗喜晴二首》其一),"中朝舊德號儒宗,鳳閣鸞臺揖下風"(李正民《寄宣守內翰汪彥章》),"庶府咨沿革,諸儒見典型"(韓元吉《故端明尚書汪公挽詞二首》其一)。論及科目、勉勵後學時,則以文采日新、立登要路相勉,如"國朝制策得群賢,隆棟才高異衆椽。溫詔久頒崇舊典,英辭初喜見新編"(劉才邵《次韻蕭元隆見寄二首》其一),"諸儒方講升平事,策足須登要路津"(李正民《寄艾若訥》)等。

歸根結底,館閣與翰苑掖垣唱和詩自唐至宋之所以不免,其實質在於王夫之所說的"身之所歷,目之所見,是鐵門限"⑫。詞臣期待視野中的頌聖與酬唱詩,試圖在理想的層面上發揮沈德潛說的"設教邦國,應對諸侯"這類從詩歌起源上即具備的特點⑬。與四六文一樣,詞人的詩歌往往承擔着應世的實際功能。

三

直接書寫詞藝的作品,詞科士人也有不少。這些詩歌或推揚詞藝,或叙寫個人在詞科方面的經歷。李正民《邦求假僕制稿示詩褒拂次韻爲謝》一詩曰:

漫試詞科久綴文，誤升禁掖掌絲綸。判花舊職懷先德，留草私家愧古人。珍寶未能逃拙澀，詔書何以變温純。相如多病辭源涸，紫橐同君再拂塵。

自謙由詞科誤入禁掖，而綴文之行爲實則早有淵源。"珍寶未能逃拙澀，詔書何以變温純。"由拙澀變爲温純是其理想之制書體式。最後兩句亦是自謙。在述及自己的詞科經歷時，雖然用語常常較爲謙抑，但其實也是自我勉勵，使朝廷官書能夠像兩漢時期那樣温純、典雅，也是南宋制詔復古思想的反映。

他的另一首《少遊》詩云："少遊詞藝域，文陣欲橫行。"李正民少習詞學，登進士第後與其弟李長民繼中詞科，此詩也是夫子自道。他另有《示艾若訥》："文章自昔爲難事，詞賦於今豈易工。入室升堂方盡善，取青配白漫稱雄。師資未省逢勍敵，衡鑒應宜探古風。顧我平生章句學，强談文律愧空空。"此處他將所習詞學稱作章句學，對詞學的本旨有所揭櫫。又如，葛勝仲在《近闢禄隱軒建瓢飲亭季父以詩寄題和韻》一詩中自述早年詞科經歷云："稚節争名翰墨場，中年習隱水雲鄉。"洪适的唱和詩也多從詞藝的角度稱賞對方，如《次韻李舉之風雨中書事四絶句》其一："挂壁鳴琴久斷弦，强反書帙本相便。詞源顧我非流峽，藻思如君已挆天。"《次韻蔡瞻明木犀八絶句》其八："黃絹家聲映古今，隨和發彩驚詞林。"均論及詞藝。

與翰苑藩垣詞人相關的詩作，也緊緊扣住他們早歲中異科的經歷與後來詩文創作的關係，紹興十二年、十五年轟動朝野的"三洪"齊中詞科事件，在詩文中受矚目尤多。韓元吉《故資政殿大學士樞密洪公挽詞二首》其一曰："世學推東楚，文名冠異科。弟兄聯玉筍，父子擅金坡。"既點明其詞科身份，又强調是兄弟並重，深得一時之榮。周必大《送劉子和教授赴贛州兼簡府主洪景廬二首》其二稱洪邁"余事哀丁志，多聞重乙科"，既點明其中詞科，又表明其以儒術爲本，贊其學問博通多聞，以餘事作筆記小説。紹興十五年，洪邁中博學宏詞科，長兄洪适寫詩誌喜：

倚欄春晝静，花柳自芳香。消息三州遠，塵埃兩地忙。鵲聲傳近喜，鴻影憶初行。抄得新書策，歸時補墨莊。

（《得二弟消息》）

所謂"鵲聲傳近喜"，即是指洪邁中詞科一事。連中兩科在南宋時特爲榮耀之事，深受時人所羨。孫覿爲周麟之所作的《樞密周府君挽詞》曰："少日聲名冠兩科，弁星争看切雲峨。回翔禁路聯三組，獨步樞庭擁萬戈。飲馬直須臨瀚海，洗兵端欲挽天河。"則將詞科出身與入職樞密府之後的豐功偉業均予點明。韓元吉《故端明尚書汪公挽詞二首》其一曰："未冠登華選，高文動漢廷。持身嚴斧席，慮世炳丹青。庶府咨沿革，諸儒見典型。"這些對自身或他人詞藝的品評，其實也是對詞學本身與其社會功能的認識與强化。

詞科重讀書，重記問。記誦之學雖然爲以儒爲業之理學家棄爲無用，但對於詞學却是不可或缺的部分。在詩歌中，也時常有詞科的這一特點出現。如慕容彦逢《贈明智大師》中的"閲書一再過，覆誦絶遺誤"，也是對對方記誦精絶的褒贊。還有一些寫讀書人功力之勤、眼光之高的，如孫覿《題鄒次魏青藜堂》中的"磊落載五車，望海無津涯"、"冥搜理窟邃，妙解鋸屑霏"，《次魏惠書二小詩代簡》其一中的"議論輕餘子，文章自一家"等。

　　詞學需輯綴典章故實，詞科出身人士也大多有寬博的知識面，這在詩歌中也有所體現。部分詞科人士的詩歌具有騁才使能的傾向。如紹聖三年中詞科的劉弇，詩歌多佶屈聱牙，喜用險韻，色調奇麗陰郁，用語瘦硬，兼及李賀詩的瑰怪，又具宋詩以醜拙爲美的特點。其《元豐辛酉七月九夜大風四十韻》一詩形容風起之情景，險怪之詞頻出：

　　　　須臾霾風贔屭起，便覺怒竅呺喧闐。茫茫平地駕輷輘，礧石雜下麗礁顛。訓狐投隅狗走竇，拔木僵仆踵不旋。鏗轟時聞擲飄瓦，洶沸錯以池羹煎。

同樣是寫風，周麟之的《終風行》在用字上却平易許多，不似劉弇之狂怪：

　　　　北風駕寒萬竅號，聲如八月江上濤。又疑大鵬上青霄，南溟水來摶扶摇。昆陽陣敗虎豹嗥，撼城飛瓦千兵逃。焚輪夜起狂終朝，直憂卷屋掀重茅。

比較起來有所不同。劉弇這樣詩風生僻以至狂怪的畢竟還是少數，南宋詞人中幾不可見。

四

　　當然，詞科所擬文字爲代言之應用文，文有規矩，不可便擬，但詩歌中除却頌聖、應制等題材，還有相當一部分詩歌題材可以抒發個人情志、展現才情。即便同是詞科出身，詩歌宗法也不一，詩風也會多樣化。這方面，與其更具體而個人化的詩人性情與不同的詩歌表達方式有關。雖然詞科人士大多久處廟堂，日常以制詔文章爲主要創作文體，但他們並非純粹的臺閣應制文人，他們中間許多人都有着地方任職或是被貶他鄉的經歷，憂心世道民瘼，在詩歌中也會出現對時局與社會真實的記録。特別是兩宋之交，時局板蕩，詞科士人也在詩歌中記録了這一段經歷，書寫國破家亡、生靈塗炭的悲傷。例如李正民，中年時經歷國家喪亂，民生的慘痛與身世的飄零於詩歌中有所流露。"國家不幸詩家幸"，洵非虚語。《寄和叔》其二曰："阮公痛哭到途窮，碧海相望西與東。流落真同土木偶，奔馳方類馬牛風。烏衣舊會嗟難繼，黄耳家書杳不通。桂樹連蜷猿嘯苦，王孫何久滯山中。"國破家亡，流落西東，音書難達，一任萍梗，詩人心中充滿了途窮日暮之感。這些都真實地描繪了當時的混亂與作者的心境。《次韻許希文》亦是此種寫法："少年豪氣壓詞場，晚喜松筠耐雪霜。但見貂裘嗟季子，焉知素髮老潘郎。黄公壚畔山河邈，陶令門前草木長。邂逅正當戎馬際，共驚飄泊在他鄉。"前半部贈人，稱贊對方詞學與節氣兼具，後半部則隱含身世之意。此外，《寄張子安》《寄艾若訥》《再寄曹明甫》等詩皆涉及對歸隱的嚮往、對年歲不與的感慨。他的這類唱和詩擺脱了狹窄的翰苑掖垣場景，對家國、對詩文的體驗藴含其中，也因此具備厚重之力，得其佳構。葛勝仲《次韻元述》一詩云："漂迫身如不繫舟，芙蓉湖上懶回頭。干戈時幸逃新鬼，嚴壑人能識故侯。"也是當時形勢的真切反映。再如中興題材，李正民雖有《大宋中興雅》這類純爲頌聖的詩作，但集中也有另辟角度來描寫中興的，其《中興》一詩云："中興功業竟如何，決勝終疑算未多。使者出疆思陸賈，君王當饋憶廉頗。深思社稷堪流涕，聞説風塵合枕戈。自嘆書生無遠略，五湖烟浪整漁蓑。"既寫時事，也兼有詠懷的性質。

寄贈詩中，再以洪咨夔贈崔與之的《送崔先生東歸》爲例。洪咨夔曾從崔與之治蜀，兩人關係並非尋常同僚可比，其贈與之詩也因有此深厚的感情，在追憶往昔時，則有一種鮮明、動人的力量。"暑發采石磯，寒登籌邊樓。孤燈語中夕，民瘼何當瘳。明年護全蜀，後車旅枚鄒。熟聆老規模，劍須鑄知收。……十年甘苦客，從我宜如由。可歸猶未歸，魂斷楊花洲。"其中夾議國事，完全出於治邊之臣的甘苦之言。詩的後節蒼勁中不乏雍容，用力較爲深邃。贈真德秀的《送客一首送真侍郎》，詩中遍布風雨、梧桐、斜陽、孤鴻、重雲等意象，幾乎是用景物組織起了整篇詩作。此類詩歌則能脱去翰苑掖垣體式，而純以比興爲主體。《續洗兵馬上李制置》則仿照杜詩寫法，意象之繁複與語氣之跌宕差近似之。詩中營造出兩軍相持的緊張氣氛："王師北渡衈泗口，胡馬南牧摇青平。擁城敗將死蝸縮，護堡羸卒飛猱驚。"極力渲染戰争一觸即發的氣氛，再描寫形勢的變化"尺兵寸鏃不待施，已覺目中無此虜。四旬頡頑鬪困獸，一夕倉皇竄飢鼠。不聞令狐戛刁斗，但見龜山撑窣堵"的場景，繼而又宕開一筆，描述"麥畦黄裹栗留風，秧甽青邊勃姑雨。老農想見太平年，買酒煮茶相勞苦"，接着寫勝利情景："黄旗紫蓋祥光開，宫柳飛絮公歸來。平淮勒碑字如斗，鐃歌奏曲聲如雷。"最後再表達"從今着手快經理，一洗河洛無纖埃"的願望。全詩文氣拗折，雖以兵馬爲題，但並不一味寫戰時情景，而時有穿插，特別能夠在意想不到之處別起一筆，使詩歌情勢富有變化。另外如《送商總郎》《送興元聶帥》等詩，均包含平戎殺虜、力圖中興等内容。周麟之也有《破虜凱歌六首》《破虜凱歌二十四首》等，其主題也都是在局部領地收復的歷史形勢下，表現官兵的激昂士氣。

詞科昌盛的南渡之後，正是江西詩派風行之時。"奪胎换骨""點鐵成金"的詩歌技巧也被詞學人士移入詩歌中，多有一些打破正常的詩歌語序、生新瘦硬的筆法。如孫覿《宿天寧寺》："屋漏我無愧，室暗那可欺。老僧對清夜，洌風動伽梨。諄諄面墙壁，皎皎分澠淄。燎蚊隔烟語，聞雞起蓐炊。我來何所見，興盡意輒隨。相逢不相識，聊問姓名誰。"詩風輕快，生新可喜。《再用前韻四首》其二："萬事破除惟有酒，半生勞苦坐看書。青鞋雲水扁舟去，朱轂風塵一夢餘。戰格連雲胡騎滿，斷弦挂壁舊交疏。春泥活活朝天路，猶有和公擅一車。"也是明顯受黃庭堅的影響。另如七古《簡澤民》、五古《示長文》、五律《次韻周士春晴二首》等詩都有此種特點。再如韓元吉《新晴梅花可愛欲招明遠少稷凍醪未熟》一詩:"癡兒了事不能閑,猶喜騷人共往還。歲晚真成廢書史,雪晴哪得負江山。多情春與梅花厚,一醉天於我輩慳。謄作新詩催酒熟,曲池冰斷水潺潺。"沿襲山谷詩瘦硬奇矯、注重鍛煉字面的特點,以夭矯之筆推陳出新。洪适《次韻李舉之立春四絕句》其三曰:"雪後疏梅正壓枝,春來朝日已暉暉。癡兒公事何時了,一醉花前心似飛。"亦是用山谷詩句。洪适還喜在詩中打破原有句序,如《懷孫邦求》:"官居二年有十月,別思一日真三秋。"《懷李氏昆弟二十韻》云:"舉之登詞壇,龍虎榜未揭。"《樞弟挽詩三首》其一曰:"詞掖君先達,臺階我後來。"不用尋常句序,追求生新瘦硬,顯見江西本色。其《擬古十三首》規模漢魏樂府,清汪師韓《詩學纂聞》以爲"詞未爲工,而古意不失",即是很中肯的評價。洪适在《題信州吳傳朋郎中遊絲書》中自述其文學觀念:"作古要須從我始,直欲名家自成體。手追心摹前無人,一掃塵蹤有新意。縱橫經緯生胸中,落紙便與遊絲同。""作古"並不止步於追摹,而是要在摹擬名家的過程中自成一體。洪适的詩學觀念脱不開南宋前期詩壇主流詩學觀念的烙印,但他力争在古體中求新,也有自己的特點。這一點上,李正民也有類似認識,他認爲爲詩之法必汲古而取之(《寄聞人茂德》)。學江西的還有洪咨夔,其《六月六日宿觀音寺次朝南韻》:"微管仲其左衽矣,舍安石如蒼生何。須君快草三秦檄,盡爲先生袪宿痾。"《送陳倅》一詩云:

　　泊然無營如子雲,撓之不濁如黄憲。清静勿擾如曹參,躬行不言如石建。古人與稽今人居,外若不足中有餘。治中别駕寄途耳,用則天下皆華胥。東風昨夜收雨脚,楊柳亭前小盤礴。楚江君去定思君,有酒一杯須滿酌。

起首四句即是同一結構的散句,給人以生新立異之感。後四句則一氣呵成,打破了詩歌前半片的結構,結尾收束有力,顯現出綿思不盡的情緒。洪咨夔的詩歌有鍛煉字面的特點,並且能够以氣驅遣,將造意的特殊化、語言的陌生化、語序的淆亂化結合起來,形成一種意勢飛動、出意新奇的詩歌特點。其實江西詩派與詞科考試所取一樣,均以掉書袋爲本領,所不同者,前者將之融於詩,后者將之融於文;前者以思力驅遣書中典故,后者以典故裝綴具體事宜。詞科方面的鍛煉在詩中較顯著的表現除了像劉弇那樣以冷僻意象、語句入詩之外,還有重要的一種類型,就是像洪咨夔這種注重詩勢與字面的鍛煉,遠宗老杜,近法江西,用熟稔老成的詩藝呈現複雜的時勢與個人情懷。詞科人士的這些詩歌也豐富了典型的宋調。

　　與其他文體一樣,詩歌也脱不出時代思想的烙印,詞學人士詩歌亦不乏理學影子。劉才邵《醉經堂爲段成之作》:"六經藴妙理,深醇道之源。"韓元吉《戊辰三月清明後三日見葉丈於石林承命賦詩作古風一首》云:"千載發詞源,一點詣真理。"韓元吉既跟隨尹焞學理學,早年亦習詞科。這首詩作於紹興十八年(1148),其時韓元吉正當而立,其中已經流露出理學與詞學相融合的端倪。從詞學而出,詣理學真旨,兩者並無扞格。將理學思想浸入詩歌,或在詩歌中評述理學人士。這種折中、調和的論調,在南宋較爲多見。詞學士人如吕祖謙與真德秀,均以理學名世。吕祖謙較少在詩中直接説理,而真德秀的詩歌則近散文、喜説理,理學色彩較爲濃郁。他論詩沿襲理學解詩傳統,勸王埜"餘事作詩人,毋顓鎪句工"(《送王子文宰昭武》其四)。其贈友詩也常充斥以道學話語,如贈湯漢詩稱:"聖經如杲日,群目仰輝耀。利欲滑其中,雲霧隔清照。正須澄心源,乃許窺道妙。周程千載學,敬静兩言要。幾微察毫芒,根本在奥窔。"(《送湯伯紀歸安仁》)幾乎全以理學語言組織。感興喪失的結果是詩歌本身韻味也受其戕害。當富含理學氣味的詩歌與作者詞臣身份結合時,偶爾會呈現新的特點,如真德秀《長沙新第呈諸學士》:

  莫清彼瀟江,莫峻彼衡嶽。澄光挾秀氣,日夜相回薄。月吸珠含胎,虹貫玉生璞。子方有苗裔,温然粹而愨。一童與三何,雙鳳兩鸑鷟。奮身辭草萊,正論吐諤諤。彤庭拜恩歸,天香尚盈握。良才國之寶,一見我心樂。平生功名會,萬里初着脚。永肩致主念,更勉經世學。錙銖分義利,毫縷辨純駁。相期激清風,與俗洗氛濁。誰歟指其南,是邦有先覺。

此詩感興從瀟江、衡嶽相起,叙述與抒情較爲平輔直叙。"永肩致主念,更勉經世學"這類詩句也充滿了道學氣,但全詩的語氣與視角又是出於詞臣。他的《志道生日爲詩勉之》《贈岳相師》《贈旴江張平仲》《送永嘉陳有輝》等詩也是類似寫法,《詠仁》等詩則完全以理學語言組織,距離情性更遠。

  理學入詩,大致有幾種途徑,除以上所舉真德秀詩那樣直接陳述程、朱理學外,第二種則是以正面的義理相表彰、勸勉,行之以氣。如洪咨夔《挽李貫之郎中》其一:"剛大平生氣,誠明問學功。不爲官所餌,寧以道而窮。論事馮唐力,憂時賈誼忠。朝陽無此鳳,何止哭江東。"贊揚李道傳的剛正之學、論事之才與憂世之心。以理學中的誠明、誠敬、養心等語入詩,知人論世。第三種情況是以物觀理,引入詩人觀物的理趣。洪咨夔另有《落棗》一詩云:"楊柳天機淺,櫻桃世態深。空山鳩問答,肥水鶩浮沉。格物知窮理,觀時會省心。最憐誰氏女,沙裏日淘金。"以理學視角静觀世間萬物,得格物窮理之趣。洪氏此類詩作重比興、重感發,將機趣與物象相融合,較之那些索然無味的理學詩風,顯得要自然些。《讀書樓》二首其二則將詞學與理學的融合表露得更爲明顯:

  引却蜂衙一事無,求師尚友聖賢俱。激昂意氣《中興頌》,收斂身心《太極圖》。畬火明邊飢虎過,渡船聲外老鸇呼。江南雲水寬多少,萬里深山着此臞。

所謂"激昂意氣《中興頌》,收斂身心《太極圖》",分別代表了詞學與理學的不同層面。洪咨夔于理宗端平年間擔任兩制,所作制詔多受時人傳誦,《中興頌》即代表其詞學的一面。另一方面,他又服膺理學,其理學思想於《臨安諸友招講東山啓》等文中有所表現。詞學與理學在同一士人身上的混融與兼得狀態表明,南宋中後期詞學人士在受業過程中已經出現了一些新的特點。

除却有明顯詩學宗尚的作品之外,許多詞科人士的作品也有一些清新可喜的詩作,或是寫景狀情如在目前,或是説理論物切於事情。清人賀裳稱賞吕祖謙七絶組詩《春日》得句之雅靚:"一川晚色鷺分去,兩岸烟光鶯唤來。徑欲卜居從釣叟,垂楊缺處竹門開。"[14]周必大《許陸務觀館中海棠未與而詩來次韻》:"莫嗔芳意太矜持,曾得三郎觱篥吹。今日若無工部句,慇懃猶惜最殘枝。"亦頗有思致。另如洪咨夔《分歧四絶呈及甫》其二云"送君一程歸,别我數里隔。定非愛雞黍,前例無此客"等,出語自然,生動有味。像韓元吉的詩歌,亦多寫景、酬唱之作,詩風清新灑落。有些清新自然或是氣象峥嶸的作品似乎一本唐人,而那些説理議論、飽含機鋒禪趣的作品,則又是明顯的宋調了。

可以看到,在翰苑掖垣題材之外,詞人之間的詩歌風格也并非完全同一。他們在四六文中的詞學色彩體現較多,但就詩歌而言,每個個體受詞學束縛的程度並不一樣,則呈現出不一樣的風格。有些詩人經歷南渡之亂,在詩中寄託了較多的家國情感與人生況味,有的受江西詩派或中興詩風的影響較爲明顯,隨着南宋中后期的道學昌明,詞學士人也在詩中涉及義理。這也是跟隨時代出現的新的特點。

以上大體從幾個層面分析了南宋詞科士人的詩歌特徵與詩歌風格。一方面,由於在科舉出身與仕履方面較爲接近,詞科士人的館閣翰苑詩歌在寫作背景、形式、内容、風格方面有異曲同工之妙;另一方面,因各人詩學造詣深淺的不同與書寫趣味的不同,其詩歌表現方式無疑也各有差異,如洪适的擬古、韓元吉的學歐學蘇等。以四六見長的詞科人士,其詩歌普遍有着重偶句、重比事的特點,與其四六的寫作技巧頗爲相通。詩學背景也是不可忽視的因素,主要在以下兩方面形塑着詞科人士的詩風:一方面是時風與前代詩歌的影響,主要是江西詩派以及部分白體、誠齋體等,像周麟之、周必大的詩歌受白體影響、洪咨夔詩受江西詩風影響,注重詩意與字面的鍛煉;另一方面,則是理學思潮的滲入,像真德秀、洪咨夔等人的詩歌,頗富理趣。但是直接以講義、語録體爲之還是沿用理學的觀物視角,包含不同的表現方式,不可一概而論。可以看到,南宋詞科士人雖未形成統一的詩學門派與詩學宗旨,但詞臣生活與宋調書寫作爲兩個主導層面,在其詩歌中已多有表露。

(作者單位:《北京大學學報》編輯部)

---

① 周必大《詞科舊稿自序》:"值高宗更化,湯中丞鵬舉知貢舉,人憚其嚴,懷挾傳義頓絶。予與韓無咎頗記

① 舊書,而韓筆力遠出予右。初聞欲取二人,衆議不同。予偶中選。"(《全宋文》第 230 册,上海辭書出版社、安徽教育出版社,2006 年,第 186 頁)又,陳振孫《直齋書錄解題》卷一八《南澗甲乙稿七十卷》:"(元吉)與其從兄元龍子雲皆嘗試詞科,不利。"(上海古籍出版社,1987 年,第 537 頁)韓元吉與周必大於紹興二十七年同應詞科,只取必大一人。另,《咸淳臨安志》卷六七:"(洪咨夔)應博學宏詞科。有司奇其文,時相惡人以科目自致,報罷。"(清道光十年錢塘汪氏振綺堂本)洪咨夔嘉定七年曾舉博學宏詞科。
② 方回選評、李慶甲集評校點《瀛奎律髓彙評》卷二〇,上海古籍出版社,2005 年,第 829 頁。
③ 錢鍾書稱:"他(洪咨夔)的詩歌近江西派的風格,也受了些楊萬里的影響,往往有新巧的比喻。"(《宋詩選注》,人民文學出版社,1989 年,第 237 頁)
④ 劉才邵《慈寧壽慶曲》中有"誰云高高難感格,一德協謀天所因。皇帝盛德動天地,丞相嘉謀無比倫"之語,丞相指秦檜,"一德協謀"指紹興間議和之事。《四庫全書》本《檆溪居士集》中作按語説:"史謂才邵爲時相所忌,出知漳州,而此詩乃頌檜如此,想是授旨而作。"劉才邵獻此曲以侑觴,是出於高宗旨意還是一意頌聖,尚未可知,或非完全出於己意。但無論如何,此類阿諛奉承之作,助長了當時的諂諛之風。清人沈德潛論古詩中如《卷阿》"頌美中時寓責難,得人臣事君之義"(《説詩晬語》卷上,《清詩話》下册,上海古籍出版社,1978 年,第 528 頁),薛雪論韓偓《中秋禁直》詩中爲皇帝不能親賢遠佞而憂心(《一瓢詩話》,《清詩話》下册,第 710—711 頁),此類則爲南渡頌聖詩中所不可及。
⑤ 本文所引宋詩,皆出自《全宋詩》(北京大學出版社,1991 年),不再一一出注。
⑥ 周必大《二老堂詩話》,《文忠集》卷一七七,《四庫全書》。
⑦ 〔美〕勒内·韋勒克、奥斯訂·沃倫《文學理論》,劉象愚、邢培明、陳聖生、李哲明譯,浙江人民出版社,2017 年,第 87 頁。
⑧ 四庫館臣謂《中原民謡》"盛陳符讖"、"附會牽合",持批評態度(永瑢等《四庫全書總目》,中華書局,1965 年,第 1367 頁)。
⑨ 周必大《平園續稿》卷一四《程洵〈尊德性齋小集〉序》,《全宋文》第 230 册,第 163 頁。
⑩ 周必大《平園續稿》卷七《跋宋待制焕寧軒自適詩》,《全宋文》第 230 册,第 409—410 頁。
⑪ 參見祝尚書《論後期"西崑派"》(《社會科學研究》2002 年第 5 期)、《從宋代臺閣體的繁衍看文學體派的形成機制》(《北京大學學報》2013 年第 2 期)、段莉萍《後期"西崑派"研究》(巴蜀書社,2009 年)等。
⑫ 王夫之《薑齋詩話》卷下,《清詩話》上册,第 9 頁。
⑬ 沈德潛《説詩晬語》卷上,《清詩話》下册,第 523 頁。
⑭ 賀裳《載酒園詩話》,郭紹虞編選、富壽蓀校點《清詩話續編》上册,上海古籍出版社,1983 年,第 446 頁。《全宋詩》所收呂祖謙《春日七首》其六,"晚"作"曉","唤"作"帶"。

日本漢籍《放翁詩話》考論

葛　婷　卞東波

一、江户詩壇宋詩風之興起與《放翁詩話》之刊刻

　　江户時期是日本漢詩最爲發達的時期,從慶長年間至慶應末兩百多年間,其詩風幾度變遷。日本學者對這一時期詩壇的詩風變化多有論述,從文學史的分期上來看,有所謂"三期説"和"四期説",這一點松下忠先生在《江户時代的詩風詩論》一書中已經有很全面的總結。而無論是何種分期法,在江户時代後期,大約在明和(1764—1771)、安永(1772—1780)、天明(1781—1788)至文化(1804—1817)前後,宋詩風潮已經在江户詩壇上有了很大的影響。神田喜一郎(1897—1984)認爲從寬政初(1789)至慶應末(1868)主要爲"宋詩時代",前川三郎、友野霞舟等也都在他們的文學分期中劃分出"宋詩時代"。[①]

　　然而宋詩的流行不是一蹴而就的。江户時代的早期,漢詩創作還不是很發達,文學處於儒學的附庸地位。日本的儒學起源雖然可以追溯到推古天皇時代聖德太子所頒佈的《十七條憲法》,其所用語彙很多是由"五經"和《論語》中的文句改作而來[②],但是儒學成爲主流的官方學術還是從德川幕府時期開始。正如永田廣志所説:"儒學是在豐臣—德川時代作爲從佛教的統治下,從僧侶的教養之一的地位,並從神、儒、佛、老的混合物中獨立出來的意識形態開始發展起來的。"[③]儒學,特別是朱子學成爲江户幕府所推重的主流意識形態,既是適應了當時政治體制的需要,同時也是其本身不斷發展的結果。江户初期的儒學家很多都是僧侶出身,如藤原惺窩(1561—1619)、林羅山(1583—1657)、山崎闇齋(1618—1682)等,最初他們也是在寺院受教育,後來纔"脱禪爲儒"。[④]江户時代的漢詩人多兼具儒學家身份,如藤原惺窩雖然對詩文有一定的興趣,但是也不免從儒學的角度去思考文學的意義:"大抵四六文辭等,雖非志道者之所必,古今之變亦因焉可知,非玩物喪志,如何?"(《惺窩先生文集》卷一一《與林道春》)並且他對中國詩歌沒有特別的偏好和提倡。但是漸漸也有一些詩人和儒學家開始對詩文重視起來。被稱爲江户時期第一位"專業詩人"的石川丈山(1583—1672),曾經林羅山的介紹入藤原惺窩門下學習程朱之學,但晚年潛心於詩文創作,曾在京都比叡山之麓建詩仙堂,寬文十二年(1672)亦卒於此地。石川丈山提倡盛唐詩

歌,推崇李杜,這也是日本江戶時代第一位提倡唐詩的詩人。他提倡盛唐而却晚唐:"大拙翁云:'蓋欲學作詩,先習盛唐人詩,初學者不宜看晚唐人詩。'"(《北山紀聞》卷一《詩教》)他並不提倡宋詩:"觀近人之詩,無斧削痕而天然渾成之詩蓋寡也。詩能無痕爲好,該學而至此境地。學宋人詩則難至於此,唯宜學盛唐。宋詩氣格高而難學,唐詩混純而圓活,學而無損矣。"(同上)可以看出,他認爲學詩當學盛唐,認爲宋詩斧鑿痕跡比較重,不如唐詩天然渾成。同時期提倡唐詩的還有"木門"的詩人,如木下順庵(1621—1698)、室鳩巢(1658—1734)、祇園南海(1676—1751)等。但是隨着以荻生徂徠(1666—1728)爲代表的"古文辭學派"(又稱爲蘐園學派)開始佔據思想界的主流,他們推崇明詩的主張也漸漸彌漫到整個詩壇,僞托明人李攀龍所編的《唐詩選》也頗爲流行。這一段時期,大約從元禄(1688—1703)至天明(1781—1788),對唐詩和明詩的提倡和鼓吹風行一時。

荻生徂徠,名雙松,字茂卿,號徂徠、蘐園、赤城翁,江戶城(今東京)人⑤。徂徠是江戶時代中期最有影響力的思想家,初信奉朱子學,到中年時期,受明人王世貞(1526—1590)、李攀龍(1514—1570)等人復古思想影響,開始研究古文辭學,其主張從享保年間一直到明和、安永時代風靡一時。他門下弟子衆多,使得以他爲首的古文辭學派成爲江戶時期影響最大的思想學派之一。其思想主張也從儒學的領域擴散到文學領域,徂徠等人崇尚李、王的古文辭學説,認爲文必周秦之古文,古詩則漢魏,近體則盛唐。此外,在此基礎上,徂徠等人還倡導明詩,這與荻生徂徠推崇李、王思想相關,徂徠的弟子服部南郭(1683—1759)曾云:

漢魏自盡漢魏,不知後有唐;唐自盡唐,未能前盡漢魏,明人並兼之……此集也,範而出之,有漢魏有唐,其它不取也。後君子有知明而不必明者乃得焉。是亦所以知明乎?是亦所以知漢魏與唐乎?此徂徠先生之所以有選也,此先生之教也。⑥

這裏是説漢魏詩和唐詩各有其特質,而明詩則兼而有之,明詩乃是學習漢魏唐詩的階梯,這也是徂徠選擇明詩的原因。徂徠在提倡明詩的同時,對宋詩却持排斥的態度,認爲"宋調"易而冗,受到注疏之學的影響。

古文辭學派提倡明詩的主張在當時有着非常大的影響,友野霞舟(1791—1849)《錦天山房詩話》中云:

寶永、享保之際,詩人大率慕仿嘉(靖)、隆(慶)七子,以高華相矜,故刻飾雖美,飽飣可厭,其弊也,黄茅白葦,彌望皆是也。⑦

可見在享保之際,明詩對日本詩壇的影響已經到了競相摹寫的地步。雖説古文辭學派的影響力很大,但是擬古蹈襲之風的盛行,也遭到不少人的詬病。所以到了江戶中後期之後,一些漢詩人開始轉而反對古文辭之説,提倡"清新自然"的宋詩,宋詩開始在江戶詩壇上流行起來,《錦天山房詩話》就説:"寬政以降,世崇宋調,詩風一變。赤羽餘焰,幾乎滅熄。"⑧當時提倡宋詩的詩人主要有横谷藍水(1719—1778)、井上金峨(1732—1784)、葛飾蠹庵(1738—1784)、六如上人(1734—1801)、山本北山(1752—1812)、雨森牛南(1756—1816)、村瀬栲亭(1744—1818)、市河寬齋(1749—1820)、菅茶山(1748—1827)、賴山陽(1780—1832)、大窪詩佛(1767—1837)、長野豐山(1783—1837)、朝川善庵(1781—1849)、菊池五山(1769—1849)等人,其中最有影響力和代表性的應該是山本北山和市河寬齋。

山本北山出生於江户,名信有,字喜六,號北山、奚疑翁、孝經樓主人等。他反對李、王和荻生徂徠等人的古文辭學説,認爲明詩多剽竊唐詩,提倡清新的宋詩。他在《作詩志彀》中論述中國詩壇的變遷時説:

> ……沈佺期、宋之問等相尋而起,以流麗矯六朝餖飣之習……於是盛唐之詩起。唐之殷璠《河岳英靈集》云:"開元十五年之後,聲律風骨備矣是也。"上之所好及於下,自太白、子美以下,王維、岑參、李頎、孟浩然諸子並出,矯以闊大渾成。……故中唐之詩,專於情實也。情實之弊涉於俚,故晚唐人欲以奇僻勝……故晚唐之詩益小也……至東坡、歐陽大變舊襲,無法不取,無物不收,於情無所不暢,於境無所不詠,滔滔莽莽,如若江河。今人徒見其不以唐詩爲法而薄黜之,不知其不以唐爲法之處,即出自唐也。⑨

這裏頗有爲宋詩正名的意味,而且對宋詩"大變舊襲,無法不取,無物不收,於情無所不暢,於境無所不詠"的取徑頗多贊揚。山本北山認爲,宋詩没有沿襲唐詩之法,但這種"不以唐爲法"的態度正符合唐詩的創新精神。

從上面的引文我們也看出,雖然山本北山鼓吹宋詩,但是對於唐詩他也是提倡的,所反對的只是古文辭學派所提倡的復古之説。市河寬齋亦是如此,他初期學習古文辭學,學明詩,後來轉學唐詩,又轉向學宋詩。從寬政年間(1789—1800)開始,他開始積極提倡宋詩,曾説:

> 昌平辭職之後,跧伏東郊之外,君子交絶,生徒日謝。於是得大展力於所好。與一二從遊之士,盟結吟社,日以爲娱樂。社名江湖,取之宋人之流派。曰吾輩不坐朝,不與宴。幸生太平之世,沐浴含鼓之澤。即得爲知道之庶人則足矣。何必爲效時好,截取唐人試帖中語,以沾沾自喜邪?於是元白皮陸,蘇黄范陸,從各所好,不爲之涯岸,只以得興趣爲貴。⑩

從這封書信中,可以看出寬齋的詩學傾向,他離開當時的官學昌平坂學問所之後,與一二好友吟詩結社,並將詩社取名爲"江湖",正得名於晚宋時期流行一時的詩學群體——"江湖詩派"。所謂"時好",就是當時古文辭學派提倡的學習明詩的風尚;所謂"截取唐人試帖中語",則痛擊古文辭學派擬古蹈襲之風。寬齋之所以與一二同好結成明確學習宋詩的詩社,正是基於對當時詩學風尚的不滿。寬齋拈出唐元稹、白居易、皮日休、陸龜蒙,宋蘇軾、黄庭堅、范成大、陸游等詩人,主要是主張學詩不專主一家,而是"只以得興趣爲貴"。"興趣"更主要來源於自身的感悟與觸動,而非來自於模擬與蹈襲。

當時以寬齋爲首的日本"江湖詩社",崇尚宋詩的清新平淡,反對古文辭派的"格調"說,大窪詩佛曾云:

> 寬齋先生嘗論詩云:"詩本風情,不求之風趣而求之格調,抑遠矣哉!"⑪

又云:

> 明和之末,蘐園餘焰未盡,詩人動率以格調。寬齋先生作《北里歌》三十首,以見性靈之詩莫不可言者。⑫

明和(1764—1771)末年,古文辭學派在江户詩壇仍有一定的影響力,但正是在市河寬齋等人的努力下,江户的詩風開始轉變,所謂能見"性靈"的宋詩開始興起,當然這裏的"性靈"是相對於摹擬、蹈襲的明詩而言的。大窪詩佛自己也以宋人詩論爲創作的主旨:

> 詩貴平淡。平淡,詩之上乘也。然平淡不經奇險中來,則徒是村嫗絮談耳,全無氣力焉。故學詩先覓奇險,而後温雅,而後平淡。詩到平淡,而詩之能事畢矣。東坡云:"凡爲文當使氣象崢嶸,五色絢爛,漸老漸熟,乃造平淡。"周少隱云:"不但爲文,作詩者亦當取法於此。"⑬

"詩貴平淡"這一主張,讓人想起宋代梅堯臣"作詩無古今,惟造平淡難"⑭之説,而梅堯臣也是宋詩風氣的開創者和革新者之一。上面所引蘇軾之語見於周紫芝的《竹坡詩話》,他也極力支持這一主張。大窪詩佛欣賞的是由奇險而脱胎出的平淡之詩,因爲若不如此,詩歌則像老嫗的絮語,没有氣力。在當時提倡宋詩的一派有很多人學習宋詩,好爲奇詩,好用奇字,爲提倡唐明詩之人所詬病。⑮詩佛雖然也主張詩歌用奇語,但是他認爲詩歌上乘之作乃"絢爛之極歸於平淡",與蘇軾所言爲文之道理相同。與大窪詩佛同在江湖詩社的菊池五山,也同樣對宋詩持稱賞、學習的態度。

總而言之,在山本北山、市河寬齋等人的推動之下,江户時期的詩風爲之一變,宋詩之風已然成爲主導。而對宋詩的推崇,必然會導致對宋代詩人的熱愛、追捧,從而他們的詩作、文集自然成爲爭相閲讀的對象。在這種詩壇風氣下,對宋人文集的翻刻成爲一時的風尚,這也是提倡宋詩一派的詩人爲捍衛自己的觀點所進行的實際行動。當時書肆的出版廣告云：

> 國家文明之化在數，詩文一變，僞詩廢而真詩興。宋詩者，真詩也，故應時運，新刻宋詩以行於世，鐫書目開列於左方：《蘇東坡詩鈔》《黄山谷詩鈔》《陸放翁詩鈔》《范石湖詩鈔》《巾箱本聯珠詩格》《真本聯珠詩格評注》《宋詩鈔》《元詩鈔》《宋詩礎》《增訂宋詩礎》《秦淮詩鈔》《三大家絶句》《宋詩詩學自在》。⑯

比較值得注意的是，當時人認爲宋詩是"真詩"，而模仿唐詩、明詩的詩爲"僞詩"。故當時大量選録宋詩的宋元時期的詩歌總集《瀛奎律髓》《聯珠詩格》流行一時，久保善教《木石園詩話》云："至延天之時，宋詩盛行，《瀛奎律髓》《聯珠詩格》幾於家有其書矣。"⑰《瀛奎律髓》《聯珠詩格》的流行與當時詩壇上崇尚宋詩的風氣有關，而二書所收詩歌也以宋代詩人爲主，宋詩佔這兩部總集的主流。文化年間所刊《聯珠詩格》有跋語云：

> 先生（山本信有）嘗唱清新之真詩，海内風靡。吾輩亦應時運，所刻真詩書目如左。（下略）⑱

這裏提到的"真詩"無疑還是指宋詩，而且指稱宋詩爲"清新"之詩，這與當時詩壇對宋詩的主流看法是相同的。黄遵憲《日本雜事詩》卷一自注云："七絶最所擅場，近市河子静、大窪天民、柏木昶、菊池五山皆稱絶句名家。"大窪天民（詩佛）與柏木昶（如亭）之所以擅長作七絶，與他們對《聯珠詩格》有深入研究有關，前者是《聯珠詩格》文化元年（1804）的校刊者，後者是享和三年（1803）《聯珠詩格譯注》的譯者，他們在七絶上的修養無疑受益於《聯珠詩格》。

從上引的書肆廣告可以看出，當時除了對蘇、黄感興趣之外，再有就是對南宋的中興詩人也比較關注，他們的文集也在此時被大量翻刻，據筆者與沈津先生編著的《日本漢籍圖録》⑲，當時在日本刊刻的南宋"中興"詩人文集有：

○名公妙選陸放翁詩集前集十卷後集八卷
　宋陸游撰　羅椅選　承應二年（1653）京都田中莊兵衛刊本
○放翁先生詩鈔八卷
　宋陸游撰　清周之鱗、柴升選　日本大窪行、山本謹、中野正興校　享和元年（1801）江户須原屋伊八郎、須原屋善五郎等刊本
○放翁先生詩鈔八卷
　宋陸游撰　清周之鱗、柴升同選　日本大窪行校　享和元年（1801）刊本
○增續陸放翁詩選七卷
　宋陸游撰　宋羅椅原選　宋劉辰翁續集　日本源之熙增訂　文化五年（1808）江

户須原屋茂兵衛等刊本

　　○增續陸放翁詩選七卷

　　宋陸游撰　宋羅椅原選　宋劉辰翁續集　日本村瀨之熙增訂　文化八年(1811)京都田中莊兵衛、梶川七郎兵衛等刊本

　　○范石湖詩鈔六卷

　　宋范成大撰　清周之鱗、柴升同選　文化元年(1804)江户須原屋伊八郎等刊本

　　○石湖詩一卷(田園雜興)

　　宋范成大撰　江户刊本

　　○范石湖四時田園雜興詩鈔一卷

　　宋范成大撰　日本清田默校　明治十二年(1879)清田默刊本

　　○石湖居士蜀中詩二卷

　　宋范成大撰　日本松本慎校　寬政十二年(1800)京都山本長兵衛、淺野佐七郎刊本

　　○石湖居士蜀中詩二卷

　　宋范成大撰　日本松本慎校　寬政十二年(1800)京都瑶芳堂北村莊助刊本

　　○江湖詩鈔三卷

　　宋楊萬里撰　文化元年(1804)京都梶川七郎兵衛、江户若林清兵衛等刊本

　　○楊誠齋詩鈔五卷

　　宋楊萬里撰　清吴之振、吴自牧輯　日本大窪行等訓點　文化五年(1808)京都植邑藤右衛門、大阪河内屋八兵衛等刊本

　　○誠齋題跋一卷

　　宋楊萬里撰　日本平光胤編　文政五年(1822)京都楠見甚左衛門等刊本

　　並且,陸游作爲南宋詩人中成就最高的詩人之一,他的文集也是被翻刻最多的。[20]

　　市河寬齋晚年對詩歌的喜好轉向宋詩一派,特別是南宋初期的"中興"詩人。其中,他對陸游詩歌的"興趣"最大,因此他對陸詩的研究也就相應地比較多。市河寬齋著有《陸詩考實》及《陸詩意注》二書[21],其中,《陸詩考實》三卷,首卷收錄《宋史·陸游傳》及與陸游詩文集相關的題跋文章,並附市河寬齋所作的《陸放翁年譜》;第二卷爲入蜀詩,第三卷爲出蜀詩。《陸詩意注》又名《劍南詩醇意注》,凡六卷,並有《劍南詩稿補逸》一卷,附於書末。該書對清人所編《御選唐宋詩醇》(内府本)中的陸游詩歌進行了注評。市河寬齋對於陸游詩歌的愛好還體現在他自己的詩歌創作中,郝潤華教授總結寬齋詩歌受陸游詩影響時,概括了以下幾點:首先寬齋有與陸游同題而作的詩歌,如《書事》《觀村童戲溪上》《偶作》等;其次寬齋的詩歌常常化用陸游詩歌中的句子,如他的《矢倉新居作》中"烟波近處占幽情"化用了陸游《烟波即事》"烟波深處卧孤蓬"之句;最後在意境的化用上也取法於陸詩。[22]同

爲江湖詩社的大窪詩佛也對陸游頗爲推重,他曾在陸游生日時作詩《十月十七日陸放翁先生生日也清王雨豐曾設位自訟齋奠以酒果賦詩紀事今兹丙戌冬同藩士石黑竹香招予及奥山榕齋岡部菊厓嘉藤楢山以修其事因次雨豐韻賦四首》,其二云:

> 白首康強如樂天,官途敷歷似坡仙。縱無功業留千歲,不用公論待百年。西蜀豪遊從俗笑,茶山妙訣賴君傳。文章不朽雖非志,此道宗師誰間然。㉓

此詩作於陸游生日之時,他將陸游比爲白居易和蘇軾,認爲他老而彌堅似白居易,仕途上遭遇各種挫折似蘇軾,即使没有留下千秋功業,但是陸游一生豪遊恣肆,在文章上已然是一代"宗師",不用百年,天下自會有公論。從這首詩可以看出詩佛對於陸游的欣賞和傾倒,對陸游的成就也評價頗高,認爲陸游得曾茶山詩歌妙處的真傳,而且相信其文章自可"不朽"。

正如我們所知,江户時代初,德川幕府實行閉關鎖國的政策,日本成爲一座對外封閉的孤島。直到1636年纔頒佈法令特許中國和荷蘭的商船於九州長崎停泊貿易。嚴紹璗先生指出:"十七世紀至十九世紀中期,中國與日本的商人,便是在這種特殊的條件下,從事漢籍貿易,當時的長崎,便成爲中國文獻典籍東傳日本的主要基地。一些嚮往中國文化的日本人,前後相繼遊學於此。"㉔日本學者從中日貿易中得到中國剛出版的文獻典籍,很快便可以付梓刊刻。如清人所編的《宋四名家詩鈔》,《四庫全書總目》云:"《宋四名家詩》,無卷數,内府藏本。國朝周之鱗、柴升同編。之鱗字雪蒼,海寧人。升字錦川,仁和人。是編選蘇軾、黄庭堅、范成大、陸游之詩,分體排次。"㉕此書在中國刊刻後,就東傳到日本,現在日本許多藏書機構,如國立國會圖書館、東京大學總合圖書館、東北大學圖書館、内閣文庫、神户市立圖書館、新瀉大學圖書館等皆有收藏。在享和前後,購買到此書的日本學人山本謹在山本北山、大窪詩佛等人的請求下謀求在日本翻刻此書。宋四名家詩中,首先刊刻的便是陸游的詩歌,山本謹在《放翁先生詩鈔》的序言中云:

> 予素藏南宋《四名家詩抄》,山本公行、大窪天民嘗請刻之。余乃出贈曰:"余固好詩,然一生大業,不在於斯小枝。夫詩以振起後進者,二子畀當之。"二子攜歸,先謀刻陸。居無幾,陸刻卒業,乃求序於余。㉖

山本北山也爲此書作序，他在序言中首先歷數自東坡至放翁詩歌之淵源，認爲詩歌如水流，淵源越深則生潛龍、玄珠，再言及刊刻《放翁先生詩鈔》的經過：

> 今兹庚申夏，予與天民見謹，取清周雪蒼、柴錦川《放翁詩鈔》，相會謹綠陰茶寮，將本集以下《劍南詩抄》、《放翁詩選》前後集讎校，旁及《宋詩紀事》《宋詩抄》《瀛奎律髓》等凡有放翁詩者焉，然校書如掃落葉，隨掃隨在，還是讀書境一快樂也。

山本北山和大窪詩佛在庚申年（寬政十二年，1800）與山本謹相會於山本謹的綠陰茶寮，將《放翁先生詩鈔》與陸游的其他詩集、詩選進行校對，並且還參考了《宋詩紀事》《宋詩鈔》和《瀛奎律髓》中的放翁詩。然後北山還將此詩鈔與羅椅編的《放翁詩選》前集十卷、劉辰翁編的後集八卷、楊大鶴《劍南詩鈔》①等相比較，認爲前兩者乃去放翁不遠，但其時《劍南詩稿》流傳不廣，因此選詩甚少；而後者之選專取陸詩中憤激之辭，沒有考慮到學詩者的需要。因此，他認爲《放翁先生詩鈔》乃是學詩之人的善本。可見日本學人對放翁詩的刊刻，並非對清刻本的直接翻刻，而是用陸游的別集及各種宋詩總集相比較、校勘後纔刊行的，所以現存和刻本《放翁先生詩鈔》天頭還有很多校語。此書在享和元年（1801）刊刻以後，在日本流傳漸廣，今天仍有很多刊本保存下來。

如上所言，宋代詩風在江户詩壇流行後，對宋人詩文著作的刊刻也成爲一時風尚，除此之外，中國詩話、詩論在日本的翻刻與流行也是值得注意的一個現象。據松下忠先生統計，在寶曆八年（1758）至天保七年（1836）期間，日本刊行的詩話著作有四十六種，②這其中就包括多種宋代詩話，如文化十三年（1816）京都葛西市郎兵衛等刊《宋三家詩話》（《六一詩話》《温公續詩話》《中山詩話》）、享和二年（1802）江户昌平坂學問所刊《藏海詩話》一卷、享和元年（1801）江户堀野屋仁兵衛等刊《全唐詩話》六卷等。詩話詩論的流行也因應於詩學的興盛，學詩者需要詩話詩論作爲指導，論詩者也需要用詩話來闡述自己的詩學見解。《放翁詩話》之刊行就是在江户詩壇對宋詩，特別是對以陸游爲代表的南宋中興詩人的推崇，以及大量宋人文集、詩話被翻刻的背景下刊刻出來的。

總而言之，江户中後期，詩壇詩風由崇尚唐、明詩轉向推崇清新的宋詩，提倡宋詩的山本北山、市河寬齋、大窪詩佛一派成爲詩壇的主力。他們欣賞宋詩不事蹈襲、清新的一面，因而對宋代詩人的作品多有閲讀、品評、研究乃至刊刻。陸游作爲南宋最偉大的詩人之一，他的詩歌也受到了包括山本北山、市河寬齋、大窪詩佛等日本漢詩人的青睞，因此他的文集在江户晚期之後，多次被刊刻。脱胎於陸游《老學庵筆記》的《放翁詩話》在此時編纂成書並被刊刻，亦是時代風氣使然。

二、《放翁詩話》的成書與内容

《放翁詩話》初刻刊行於文化十年（1813），由日本學人黑琦貞孝與飯村孫從陸游的筆記《老學庵筆記》中輯録出與詩學有關的論述，編爲一書。此書刊刻以後流行較廣，目前在日本還有很多的藏本。據筆者檢索京都大學人文科學研究所開發的"日本所藏中文古籍資料庫"，大阪大學附屬圖書館、東北大學圖書館、宮城縣圖書館、市立米澤圖書館等均藏有文化十年京都植村藤右衛門、大阪泉本八兵衛、江户山城屋佐兵衛刊本，此外靜嘉堂文庫還藏有天保四年（1833）刊本，文教大學越谷圖書館藏文政八年（1825）刊本。

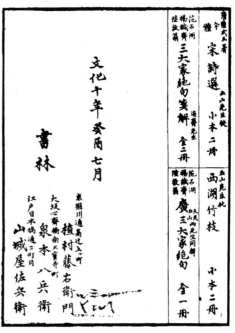

筆者寓目的《放翁詩話》乃文化十年刊本，此本每半葉十行，行二十一字，左右雙邊，上下單邊，單黑魚尾，白口。版心刻"放翁詩話"，下記頁碼。不分卷。扉頁書大字"放翁詩話"，左右並有小字，右書"詩佛先生、五山先生同閲"，左書"璞齋先生、岳麓先生同校"、"玉山堂發兌"。書前有大窪詩佛、朝川善庵所作的序言。卷首題"放翁詩話"，次行題"宋陸游務觀"；卷末題"常陸璞齋黑琦貞孝、岳麓飯村孫同校"。黑琦貞孝與飯村孫的生平不詳，只是從卷尾所題，知二人爲常陸（今日本茨城縣大部分地區）人，璞齋應爲黑琦之號，其字爲玉純；岳麓爲飯村之號，其字爲子德。根據大窪詩佛及朝川善庵爲此書所作的序言，或可探討此書刊刻的意義。大窪行序云：

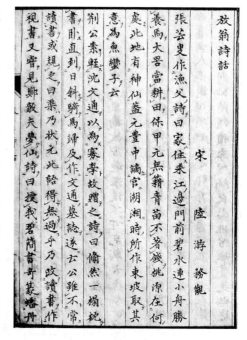

南宋詩人可比李太白者，獨陸渭南一人而已。今世詩家以尸而祝之有故哉。其著述傳於今者，有《渭南集》《南唐書》《家聲舊聞》《入蜀記》《老學庵筆記》等，可謂備矣。其詩之存於今者，一萬一千首，可謂富矣。蓋渭南之深於詩如此，而無深論詩之書，豈不闕典哉？璞齋、岳麓二人就筆記中，鈔其涉於詩者，刻之石，曰《放翁詩話》。凡學渭南詩者，先讀之而知其意所在，則益信其足與太白爭衡也。則二人之功，豈獨爲渭南補其闕典而已哉。癸酉夏五詩佛老人大窪行書。

癸酉即文化十年（1813），正是《放翁詩話》刊刻的那一年。大窪行（1767—1837），字天民，號詩佛、瘦梅、詩聖堂、柳坨居士、江山翁等，通稱柳太郎。自幼好詩，拜山本北山爲師，後加入市河寬齋組織的江湖詩社，與菊池五山、小島梅外、柏木如亭被稱爲江湖詩社四才子，又與寬齋、如亭、五山被稱爲江户四詩人，並與如亭開二瘦詩社，宣導清新的宋詩。在此序中，他認爲陸游是南宋可以比肩詩仙李白的唯一一人，雖然陸游著述十分豐富，文集、筆記、詩歌皆流傳廣泛，尤其詩歌數量達一萬一千首，但是却没有專門論詩之作。因此璞齋、岳麓二人將其筆記中有關詩歌的内容輯録爲《放翁詩話》一書。他認爲，對於學詩者來説，若先讀此詩話再讀陸游的詩歌，便知道放翁用意所在，明白陸游詩歌能與李太白詩歌爭衡的原因所在了。此書刊刻的目的不僅在爲陸游詩歌補充闕典，而更在於表彰陸游詩歌的價值與意義。從這段話可以看出，大窪詩佛對陸游的推重，這可能也是他在日本刊刻《放翁先生詩鈔》的原因所在。

朝川善庵之序云：

　　宋詩人學杜子美者多矣，東坡、山谷、後山、放翁皆其人也。而陸放翁詩本於曾茶山，茶山之學出於韓子蒼，子蒼則淵源於山谷。乃其文章淵源有所自來也。然山谷之詩，字句過求出奇，而氣之渾厚，至放翁則渾厚有餘，而豪逸不逮東坡矣。要之，東坡豪逸，山谷新奇，放翁渾厚，皆其所長。而於老杜則同矣。後世詩人俎豆三家有以也。常陸黑崎玉純善作詩，又善論詩。其詩其論出入三家，而深歸依放翁矣。頃與飯村子德就《老學庵筆記》摘録其論詩者，名曰《放翁詩話》，是善昔人以吴子良《林下偶談》作《吴氏詩話》，以何孟春《餘冬序録》比《餘冬詩話》之意也云。文化癸酉夏四月，江户朝川鼎題於小泉書院之善庵，河三亥書於小山林堂。

朝川善庵（1781—1849），名鼎，字五鼎，號善庵，私謚學古先生。他是服部南郭門人片山兼山（1730—1782）之子，父早歿，隨母改嫁入朝川家，遂改姓朝川。善庵拜山本北山爲師，以學經義爲主，但同時也非常好詩。他與大窪詩佛等爲好友，曾於文化三年（1806）與詩佛、松井梅屋一起校刻了《蘇東坡詩鈔》，而此次又與詩佛一起爲《放翁詩話》作序，可見他們在詩學思想上應該比較接近。此序也作於文化十年，約與詩佛所作同時。此序的書者"河三亥"即市河寬齋長子市河三亥。市河三亥(1779—1858),字孔陽,號米庵、樂齋、百筆齋、亦顛道人、小山林堂、金洞山人、金羽山人、西野子等,通稱小左衛門。市河米庵是江户時代後期著名的書法、漢詩人,其書法與卷菱湖(1777—1843)、貫名海屋(1778—1863)並稱爲"幕末三筆"。市河三亥實際上代表的是其父市河寬齋,故此書刊刻的背後其實是受到市河寬齋主導的江户江湖詩社及其崇尚宋詩的詩學思想的影響。

善庵在序中十分推崇杜甫,認爲東坡、山谷、後山、放翁等人皆自學杜甫詩而來。並且,他認爲放翁的詩歌也淵源於山谷,從而建立了黄庭堅—韓駒—曾幾—陸游的詩學譜系。陸游早年詩學江西詩派,如果追溯起來的話,確實可以説他的詩學導源於黄山谷,不過中年以後,陸游已經偏離江西詩派的矩矱,用他自己的話説是"我昔學詩未有得,殘餘未免從人乞。力孱氣餒心自知,妄取虛名有慚色……詩家三昧忽見前,屈賈在眼元歷歷。天機雲錦用在我,剪裁妙處非刀尺。"(《劍南詩稿》卷二五《九月一日夜讀詩稿有感走筆作歌》)。可見,放翁詩學經歷了一個自我頓悟的過程。善庵將陸游詩風格概括爲"渾厚",這也是與東坡詩豪逸、山谷詩新奇比較後得出的結論。此序還透露出,《放翁詩話》實非有其書,也並非日本人創作出的一部專門評論陸游的詩話,而是黑琦璞齋與飯村岳麓摘録陸游《老學庵筆記》中論詩之語纂輯而成的書,其體例與摘録吴子良《林下偶談》爲《吴氏詩話》、摘録何孟春《餘冬序録》爲《餘冬詩話》相同。詩佛、善庵兩序並没有説到黑琦璞齋與飯村岳麓刊刻《放翁詩話》的背景,但從詩佛、善庵對宋詩的推崇,以及他們與市河寬齋等人的關係可以看出,此書之刊印正是因應當時詩學風氣的結果。

《放翁詩話》是從《老學庵筆記》中輯録而出的,要考證《放翁詩話》,那麼推源溯流,我們也要考察一下《老學庵筆記》流傳於日本的軌蹟。

《老學庵筆記》的成書時間,據陸游幼子陸子遹所言:"《老學庵筆記》,先太史淳熙(1174—1189)、紹熙(1190—1194)間所著也。"[29]此書在陸游生前並未刊行,直到宋理宗紹定元年(1228)年纔由陸子遹將它與陸游的其他作品一起刊刻,共十卷,這也是唯一的宋本。明代的刻本主要有《稗海》本、《津逮秘書》本、收入陶宗儀《説郛》中的節編本,以及吴江周元度的刻本。清代的刊本有很多,如《學津討源》本、《四庫全書》本等。[30]而此書何時傳到了日本呢?據筆者推測,《老學庵筆記》至遲在15世紀時就已經傳入日本。五山禪僧瑞溪周鳳(1391—1473)在他的日記中有這樣的記載:

(寬正五年[1464]七月)十四日,蔭涼箴首座來問,就渡唐,自公(足利義政)方將乞書籍,有可録呈其名之命,不知日本未渡書,縱雖先來最稀有者,何書可録呈耶?予曰:"當加思惟耳。"後便記十五部送之:《北堂書鈔》一百七十三卷,虞世南撰;《兔園策》十卷,同世南撰;《史韻》四十九卷,錢諷正初撰;《歌詩押韻》,楊咨編;《遯齋閒覽》,陳正敏撰;《老學庵筆記》十卷,陸游撰;《范石湖集》,《文獻通考》所載。此外《楊誠齋文集》、張舜民《畫墁集》《揮塵録》《實退録》《百川學海》《三寶感應録》《教乘法數》《類

説》,此八部,予曾見贈一本,然不聞有別本,以爲希矣。㉛

從這篇日記上來看,有遣明使將到中國,使者將向明政府乞贈書籍,因此幕府將軍下令使人撰寫未傳至日本的稀有書籍("未渡書")名單。瑞溪周鳳經過思考,列出了十五部書籍,其中就有陸游所撰寫的《老學庵筆記》。在此時,《老學庵筆記》可能還未傳入日本。而此事在中國史籍中亦有記載。明英宗天順八年,日本室町幕府第八代將軍足利義政(1436—1490)任命建仁寺住持天與清啓爲正使,遣貢舶三艘來華朝貢。天與清啓在啓程之前,曾先行約請東福寺僧人應曇西堂、等持寺僧人周繼西堂等,共同録列未曾東傳而又希冀得到的中國圖書目録,並由瑞溪周鳳寫表文。其文曰:"書籍銅錢,仰之上國,由來久矣。今求二物,伏希上達,以滿所欲。書目見於左方:《教乘法數》全部,《三寶感應録》全部……《老學庵筆記》全部。"㉜此次所求書籍,明朝政府均全部贈予,據説天與清啓在回程遇到劫匪被打劫一空,而明朝政府又照單全補了一份。㉝因此,《老學庵筆記》傳入日本的時間大約就在此時。㉞

《放翁詩話》輯録《老學庵筆記》一共 114 條,其編録順序與《老學庵筆記》完全相同,但文中並無編者的注釋按語,全爲原文之内容。詩話、筆記之體本有相通之處,將陸游論詩之語輯出爲詩話,確有可取之處。從學術史來看,《放翁詩話》脱胎於《老學庵筆記》,也並非獨創,宋代即已有了類似的例子。張伯偉先生在《中國古代文學批評研究》一書中,討論了詩話與筆記的關係,他認爲,詩話和小説在體制上關係緊密,特別是宋代以後的筆記,論詩評文的成分更多。後人從前人筆記中輯出論詩之語命爲詩話的例子也有很多,如《玉壺詩話》之於《玉壺清話》,《吴氏詩話》之於《荆溪林下偶談》,《容齋詩話》之於《容齋隨筆》,《侯鯖詩話》之於《侯鯖録》等。㉟

考察《放翁詩話》内容,與歐陽修所提出的"以資閑談"的主旨非常契合,與典型的宋詩話無異。錢仲聯先生在《宋代詩話鳥瞰》一文中將"詩話別集"分類爲"記事爲主"、"評論爲主"和"考證性"三類,㊱《放翁詩話》的内容也可粗分爲這幾種,如記事類:

  僧可遵者,詩本凡惡,偶以"直待衆生總無垢"之句,爲東坡所賞,書一絶於壁間。繼之山中道俗隨東坡者甚衆,即日傳至圓通,遵適在焉,大自矜詡,追東坡至前途,而途中又傳東坡《三峽橋》詩,遵即對東坡自言:"有一絶,却欲題三峽之後,旅次不及書。"遂朗吟曰:"君能識我湯泉句,我却愛君三峽詩。道得可咽不可漱,幾多詩將豎降旗。"東坡既悔賞拔之誤,且惡其無禮,因促駕去,觀者稱快。遵方大言曰:"子瞻護短,見我詩好甚,故妒而去。"徑至棲賢,欲題所舉絶句,寺僧方礱石刻東坡詩,大垢而逐之,山中傳以爲笑。

此條記東坡賞僧人可遵"直待衆生總無垢"一句詩,然此人恃"賞"生驕,對東坡大放厥詞,直讓東坡後悔不迭。此事頗爲諧趣,爲詩話中閒談逗趣之言。

又評論類:

>   劉長卿詩曰:"千峰共夕陽。"佳句也。近時僧癩可用之云:"亂山争落日。"雖工而窘,不殆本句。
>
>   世言荆公《四家詩》,後李白,以其十首九首説酒及婦人,恐非荆公之言。白詩樂府外,及婦人者實少,言酒固多,比之陶淵明輩,亦未爲過。此乃讀白詩不熟者,妄立此論耳。四家詩未必有次序,使誠不喜白,當自有故。蓋白識度甚淺,觀其詩中如"中宵出飲三百杯,明朝歸揖二千石","揄揚九重萬乘主,謔浪赤墀金鎖賢","王公大人借顔色,金章紫綬來相趨","一別蹉跎朝市間,青雲之交不可攀","歸來入咸陽,談笑皆王公","高冠配雄劍,長揖韓荆州"之類,淺陋有索客之風。集中此等語至多,世但以其詞豪動人,故不深考耳。又如以布衣得一翰林供奉,此何足道,遂云:"當時笑我微賤者,却來請謁爲交歡。"宜其終身坎壈也。

第一例評論僧癩可用劉長卿詩句,第二例則論李白詩。世傳王荆公言李白詩歌多論酒及婦人,因此認爲他的詩在四家之末。放翁則認爲李白的詩歌並非如此,乃是有人妄論,白詩的缺點在於其識度甚淺,淺陋有索客之風。末句似有嘲諷之意。

再如考證類:

>   柳子厚詩云:"海上尖山似劍鋩,秋來處處割愁腸。"東坡用之云:"割愁還有劍鋩山。"或謂:可言"割愁腸",不可但言"割愁"。亡兄仲高云:"晉張望詩曰:'愁來不可割。'此'割愁'二字出處也。"
>
>   韓退之詩云:"夕貶潮陽路八千。"歐公云:"夷陵此去更三千。"謂八千里、三千里也。或以爲歇後,非也。《書》:"弼成五服,至於五千。"注云:五千里,《論語》冉有曰:方六七十,如五六十。注亦云"六七十里,五六十里"也。

愁是看不見,摸不着之物,當然不能用作"割"的賓語,但詩歌的語言不同於日常語言,愁之能割,正顯出詩人的想象力。在第一例中,陸游考證了"割愁"的出處和用法,指出了坡詩與柳宗元詩之間的淵源,但陸游又引用其兄仲高之詩,指出比唐人更早的六朝人詩中的出處,這是典型的"指出前人的前人"[㊲]。蘇軾顯然用的是江西詩派所言"奪胎换骨"法,用其語而不用其意。第二例則考證詩歌中路途等數字用法的實指和虛指問題,認爲"八千"、"三千"等皆是實指路程。

總而言之,《放翁詩話》是和刻本宋詩話中比較特殊的一種,它是由日本人從中國書籍中輯録並刊刻而成的,而非原創。它與其他和刻本宋詩話不同的是,它的編纂刊刻包含了日本學者對它的取捨和研究,其中透露出當時日本詩壇詩風的偏向和愛好,是漢籍在日本的一次深入交流。同時,它的内容符合典型宋詩話的特點,却是和刻本宋詩話的另一種典型。

三、《放翁詩話》與《老學庵筆記》之比較研究

《放翁詩話》雖是從《老學庵筆記》中輯録出的,但《老學庵筆記》版本衆多,日本現存有《陸放翁全集》本、《説郛》本、《歷代小説筆記選》本、《津逮秘書》本、《宋百家小説》本、《學津討原》本、《稗海》本等各種版本。現在可見的整理本主要有 1979 年李劍雄、劉德權點校的中華書局《唐宋史料筆記叢刊》本,2002 年青島出版社出版的王欣點評本,2003 年三秦出版社出版的楊立英點校本。筆者將《放翁詩話》與中華書局本《老學庵筆記》進行了比勘,發現兩者還是有不少的差異,我們通過對比,來推測《放翁詩話》據以輯録的底本。

中華書局本《老學庵筆記》是以解放前商務印書館《宋元人説部書》中所收《老學庵筆記》爲底本,而商務印書館本是以穴硯齋鈔本爲底本,校以《津逮秘書》本、周元度刻本及何義門校本而成的。中華書局以此本爲底本加以標點,覆校《津逮秘書》本,並增校了《説郛》本及《學津討原》本個別地方的異文。筆者將《放翁詩話》與中華書局本《老學庵筆記》對校,得出異文如下(排列按《放翁詩話》之順序):

内　　容	考　　證
杜少陵在成都有兩草堂,一在萬里橋之西,一在浣花,皆見於詩中。萬里橋故居遂湮没不可見,或云房季可園是也。	"浣花",《學津》本作"浣花居",《稗海》《津逮》本作"浣花";"萬里橋故居遂湮没不可見",點校本、《稗海》本作"萬里橋故蹟湮没不可見"。《放翁詩話》同《津逮》本。
予語之曰: 此意古人已道,但不如公之詳耳。	"此意古人已道",點校本無"人"字。諸本皆有"人"字。
魯直在戎州……然亦疑"笛"字太不入韻,及居蜀久,習其語音,乃知瀘戎間謂"笛"爲"曲"。故魯直得借用,亦因以戲之耳。	"曲",點校本、《稗海》本作"獨"。《放翁詩話》同《津逮》本。
洪駒父竄南島有詩云: 關山不隔還鄉夢,風月猶隨過海身。	"南島",點校本、《稗海》本作"海島"。《放翁詩話》同《津逮》本。
護聖楊老説……又云: 平旦粥後就枕,則粥在腹中,暖而宜睡,天下第一樂也。	點校本、《津逮》、《稗海》本皆無"則"字。

(續表)

内　　容	考　　證
吴幾先嘗言……故以五月勝。不然止云六月,亦豈不佳哉。	點校本、《津逮》、《稗海》本"五月"後皆有"爲"字。
阮裕云:非但能言人不可得,正索解言人亦不可得。	"正索解言人"點校本作"正索解人",《津逮》本、《稗海》本同《放翁詩話》。
湯岐公自行宫留守,出爲會稽,朝士以詩送行,甚衆。	"爲",點校本、《稗海》本作"守"。《放翁詩話》同《津逮》本。
會稽法雲長老重喜……拾得新麻縫壞衲,不知身在寂寥中。	"新",點校本作"斷"。
晁以道與其弟季比同應舉,以道獨拔。時考試官葛某眇一目,以道戲作詩云:没興主司逢葛八,賢弟被黜兄薦發。細思堪惜又堪嫌,一壁有眼半壁瞎。	"半壁瞎",點校本、《稗海》本作"一壁瞎"。《放翁詩話》同《津逮》本。
唐拾遺耿緯《下邽喜叔孫主簿鄭少府見過》詩云……近歲均州刻本輒改爲"仇香"。	"刻",點校本、《稗海》本作"版"。《放翁詩話》同《津逮》本。
茶山先生云:"……'雲向無心能出岫'。要字、能字,皆非淵明本意也。"	"向",點校本、《稗海》本作"尚"。《放翁詩話》同《津逮》本。
歐陽公、梅宛陵、王文恭集皆有《小桃》詩……便須索酒花前醉……曾子固《雜識》云:"正月二十,開天章閣賞小桃。"	"須",點校本、《稗海》本作"當"。"正月二十開",點校本、《稗海》本"開"作"間"。《放翁詩話》同《津逮》本。
予參成都議幙……相與同樂。薛許昌亦嘗以成都幕府來攝郡,未久罷去。	"相與同樂",點校本、《稗海》本作"日相與同盤桓"。《放翁詩話》同《津逮》本。
東坡贈趙德鱗《秋陽賦》云:"生干不土之里,而詠無言之詩。"蓋寓"時"字也。	"生干不土之里",諸本"干"皆作"於",《放翁詩話》誤。
故都里巷間,……宋文安公《宫詞》曰:"三十六所春宫館,一一香風送管弦。"	"一一",諸本皆作"二月"。《放翁詩話》誤。
張文昌《成都曲》云:"錦江近西烟水緑,新雨山頭荔枝熟。萬里橋邊酒家多,遊人愛向誰家宿。"	"酒家多",諸本皆作"多酒家"。《放翁詩話》誤。

(續表)

內　　容	考　　證
山谷《水仙花》二絶"淡掃蛾眉簪一枝"及"只比江梅無好枝"者,見於李端叔集中,恐非端叔所及也。	"恐",點校本、《稗海》本作"然"。《放翁詩話》同《津逮》本。
李虚己侍郎,字公受,少從江南先達學作詩,後與魯致堯倡酬。	"魯致堯",諸本皆作"曾致堯"。《放翁詩話》誤。
先君入蜀,時至華之鄭縣,過西溪。唐昭宗避兵嘗幸之,其地在官道旁七八十步,澄深可愛,亭曰西溪。蓋老杜詩所謂"鄭縣亭子澗之濱"者。	"亭曰西溪",點校本、《稗海》本作"亭爲西溪亭",《放翁詩話》同《津逮》本。"蓋老杜詩",點校本、《稗海》本、《津逮》本皆作"杜工部詩"。
予游邛州天慶觀,有希夷詩石刻云……	"希夷",點校本、《稗海》本作"陳希夷"。《放翁詩話》同《津逮》本。
世言荆公《四家詩》……世但以其詞豪動人,故不深考耳。	"其詞豪動人",點校本、《稗海》本、《津逮》本皆作"其詞豪俊動人"。《放翁詩話》疑脱。
杜牧之作《還俗僧》詩云:"雲髮不長寸,秋寒力更微。獨尋一徑葉,猶挈衲殘衣。日暮千峰里,不知何處歸。"	"不知何處歸",點校本作"不知何日歸"。《放翁詩話》同《稗海》、《津逮》本。
漢嘉城西北山麓有石洞,泉出其間。	諸本"石洞"前皆有"一"字。《放翁詩話》疑脱。
歐陽公謫夷陵時,詩云:"江上孤峰蔽緑蘿,縣樓終日對嵯峨。"蓋夷陵縣治下臨峽江,名緑蘿溪。自此上泝,即上牢、下牢關,皆山水清絶處。	點校本無"下牢"二字。《稗海》、《津逮》本皆有"下牢"二字。
老杜《哀江頭》云:"黄昏胡騎塵滿城,欲往城南忘城北。"……荆公集句,兩篇皆作"欲往城南望城北",或以爲舛誤,或以爲改定,皆非也。	諸本"荆公"前皆有"然"字。《放翁詩話》疑脱。
宋白尚書詩云……又云:"對花莫道渾無過,曾與常人擧好詩。"	"曾與常人擧好詩","與",點校本、《稗海》本作"爲"。《放翁詩話》同《津逮》本。
白樂天詩云……宋太素尚書自翰苑謫鄜州行軍司馬,詩云:"鄜州軍司馬,也好畫爲屏。"	點校本、《稗海》本"詩云"前有"有"字。《放翁詩話》同《津逮》本。

（續表）

内　　容	考　　證
賀方回狀貌奇醜，色青黑而有英氣，俗謂之賀鬼頭。	"鬼頭"，點校本、《稗海》本作"兔頭"。《放翁詩話》同《津逮》本。
先君讀山谷《乞猫》詩，嘆其妙。晁以道侍讀在坐，指"聞道狸奴將數子"句，問曰："此句何謂也？"……"故人家生畜必數之曰：'生幾子？''將數子'猶言將生子也，與杜詩語同而意異。"以道必有所據，先君言當時偶不叩之，以爲恨。	"此句何謂也"，點校本、《稗海》本無"句"字。《放翁詩話》同《津逮》本。"生畜"，點校本、《稗海》本前有"初"字。《放翁詩話》同《津逮》本。
唐人詩中有曰《無題》者，……近歲呂居仁、陳去非亦有曰："無題者，乃與唐人不類，或真無其題，或有所避，其實失於不深考耳。"	"或真無其題"，"無"字點校本、《稗海》本作"亡"。《放翁詩話》同《津逮》本。
《孫策傳》：張津常着絳帕頭。帕頭者，巾幘之類，猶今言襆頭也。韓文公以紅帕首，已爲失之。	諸本"韓文公"後皆有"云"字。《放翁詩話》疑脱。
東蒙蓋終南山峰名。种明逸《東蒙新居》詩亦云："登遍終南峰，東蒙最孤秀。"	"种明逸"，點校本無"逸"字，諸本皆有"逸"字。點校本此處脱誤。
東坡在黄州時，作《西捷》詩曰……氣格如此，孰能辨之，以爲果東坡作耶？	"辨"，點校本、《稗海》本作"辦"，似誤。《放翁詩話》同《津逮》本。
東坡絶句云："梨花澹白柳深青，柳絮飛時花滿城。惆悵東闌一株雪，人生看得幾清明。"紹興中，予在福州，見何晋之大著，自言嘗從張文潛，每見文潛哦此詩，以爲不可及。	諸本本"自言嘗從張文潛"後有"遊"字。《放翁詩話》疑脱。
楊朴處士詩云："數個胡荽徹骨幹，一壺村酒膠牙酸。"	點校本、《稗海》本"膠"字後有兩小字注"去聲"。《放翁詩話》同《津逮》本無。

從這些異文可以看出：

第一，《放翁詩話》與點校本相異較多，點校本是以穴硯齋鈔本爲底本，此本是根據陸氏家刻本而鈔出的本子，《放翁詩話》不大可能以此爲底本。點校本同於《稗海》本甚多，可能《稗海》本刊刻的底本與穴硯齋鈔本的底本同；

第二，《放翁詩話》有多處與點校本不同的地方，而與《津逮》本相同，如上文所列舉的多數條目，可以推測《放翁詩話》所用《老學庵筆記》的底本是《津逮》本；

第三，《放翁詩話》有些異文是明顯錯誤，如"宋文安公《宫詞》"條："宋文安公《宫詞》曰：三十六所春宫館，一一香風送管弦。""一一"當作"二月"。"張文昌《成都曲》"條："張文昌《成都曲》云：錦江近西烟水緑，新雨山頭荔枝熟。萬里橋邊酒家多，遊人愛向誰家宿。""酒家多"當作"多酒家"。"李虚己"條："李虚己侍郎，字公受，少從江南先達學作詩，後與魯致堯倡酬。曾每曰……"據後文可知，"魯致堯"爲"曾致堯"之誤。此外，上表所列數條《放翁詩話》皆出現脱文。

最後，點校本也有一些訛誤，如"東坡在黄州"條，"東坡在黄州時，作《西捷》詩曰……氣格如此，孰能辨之，以爲果東坡作耶"，"辨"字點校本就誤爲"辦"字，乃形近而誤。"東蒙"條，"東蒙蓋終南山峰名。种明逸《東蒙新居》詩亦云"，點校本"种明逸"脱"逸"字。

除去黑琦璞齋和飯村岳麓所輯的《放翁詩話》，陸游詩話，在日本還有近藤元粹《螢雪軒叢書》中的輯集本。

近藤元粹(1850—1922)，字純叔，别號螢雪軒主人，日本伊豫國(今愛媛縣)人。他是日本近代著名的漢學家，涉獵廣博，成果豐碩，他整理中國歷代詩話58部編成《螢雪軒叢書》[38]，其中以宋明詩話爲主，收録少量唐、元、清詩話，還有部分爲從各書輯録而成的書。收録於第五卷的《老學庵詩話》就是屬於末一種。在第五卷的卷首，近藤氏作序曰：

> 宋陸放翁《老學庵筆記》十卷，其名嘖嘖於文林。往時常陸人黑琦璞齋、飯村岳麓二子，就筆記中鈔出其涉於詩者刻之，名曰《放翁詩話》。蓋效仿昔人以吴子良《林下偶談》作《吴氏詩話》，以何孟春《餘冬序録》作《餘冬詩話》，以洪容齋《容齋隨筆》作《容齋詩話》之例也。而取筆記檢之，遺漏頗多，别風淮雨之訛亦不尠。余補訂批評，改曰《老學庵詩話》，以置於叢書第五卷之首云。南州外史識。[39]

近藤元粹嘗見黑琦璞齋與飯村岳麓所鈔《放翁詩話》，將其與《老學庵筆記》校之，認爲其遺漏和錯訛不少，因此加以訂補，改名爲《老學庵詩話》，編入《螢雪軒叢書》。他不但增加了一些《老學庵筆記》中他認爲有涉於詩的内容，還在書旁加上了自己的評語和校語。現將《老學庵詩話》與《放翁詩話》進行對比，結合近藤的評點，來考察他對《放翁詩話》的增補以及增補的價值。

首先，《老學庵詩話》在《放翁詩話》的基礎上，增補了"張芸叟過魏文正公舊莊"、"李莊簡公泰發奉祠還里"、"饒得操詩"等39條内容。

其次，除去這些增補的内容外，《老學庵詩話》與《放翁詩話》所據的《老學庵筆記》顯然不是同一版本。如上表中的"杜少陵在成都"條，"萬里橋故蹟湮没不可見"，《放翁詩話》與《津逮》本作"萬里橋故居遂湮没不可見"，而《老學庵詩話》作"萬里橋故蹟湮没不可見"，同於《稗海》本。"洪駒父竄南島"條，"洪駒父竄海島有詩云"，近藤元粹有校語云："'海島'一作'南島'。"從上文所列之表可見，"海島"，《津逮》本同《放翁詩話》作"南島"，《老學庵詩話》同《秭海》本作"海島"。"湯岐公"條,"湯岐公自行宮留守,出守會稽","出守"《津逯》本同《放翁詩話》本作"出爲",《秭海》本作"出守"。"晁以道"條,"一壁有眼一壁瞎","一壁瞎"《津逯》本同《放翁詩話》作"半壁瞎",《秭海》本作"一壁瞎"。"唐拾遺耿緯"條,"近歲均州版本","版本"《津逯》本同《放翁詩話》作"刻本",《秭海》本作"版本"。從這五條異文,可以發現《老學庵詩話》所用的《老學庵筆記》文本基本同於《秭海》本,而非《津逯》本。但也有例外,"魯直在戎州"條,"乃知瀘戎間謂'笛'爲'曲'",近藤批云:"'曲'一作'獨',恐非。"此處,《津逯》本作"曲",《秭海》本作"獨"。所以筆者推測,《老學庵詩話》的底本可能是《秭海》本,但又用了《津逯》本作校勘。

最後,《老學庵詩話》最有價值的應該是每頁天頭處近藤元粹所作的批語,此書的批語略可分爲校勘記和評論兩類。校勘記體現了近藤參校他本所作的一些考訂,有的僅是點出文本的異文,如"張文昌《紗巾》詩云"條上有:"'巾'一作'帽'。"有的則是下確切判斷,如"予參成都議幙"條批云:"一本無'日'字。'同盤桓'作'同樂',俱非。""歐陽公梅宛陵王文恭集"條批云:"'開'一作'間',訛文耳。"還有的則是不確定的闕疑,如"會稽法雲長老重喜"條批云:"'歸'一作'掃',似是。"

近藤元粹對於詩話正文內容的批評較爲散亂。有些是對詩話所記軼事作出評論,如"王安石素輕沈文通"條:"及作文通墓誌,遂云:公雖不常讀書,或規之曰:'渠乃狀元,此語得無過乎?'乃改'讀書'作'視書'。"近藤元粹批云:"恃自家讀書以凌忽他人,是安石之癖,無他,是錄其不真讀書耳。改一字文意全別,乃知字句在推敲,詩文皆同。"本條他的重點不是對王安石的批評,而在於得出詩文當推敲的感慨。有一些則是對所引詩歌的簡短扼要的評論,如"岑參在西安幕府詩"條,《老學庵筆記》云,岑參與韋應物詩歌"語意悉同,而豪邁閑澹之趣,居然自異"。近藤評曰:"品評確當。"這是對陸游詩論的贊同,認爲其點評恰當。又如"茶山先生云"條,《詩話》云:"荆公多用淵明語而意異,如'柴門雖設要常關,雲尚無心能出岫'。'要'字、'能'字,皆非淵明本意也。"近藤點評曰:"安石鄙野之心,埋其肺腑,安得領淵明本意哉?"王安石之詩用字與陶淵明有相同之處,但近藤認爲,王氏未得陶公"本意",只是語彙上的相同。《老學庵筆記》引用曾幾的話,是文學上的批評,而近藤則旁及人格上的批評,兩者的批評立場差異很明顯。還有一些評語是近藤對《詩話》中所引詩句的點評,體現出他的文學品味,如評"張文潛言"條中所引之詩句"用舍時焉耳,窮通命也歟"云:"'用舍'一聯尤妙。"評"种彝叔"條中詩句"北蕃群犬窺籬落,驚起南朝老大虫"云:"'俗語'入詩,亦奇。"

在近藤生活的明治時代,中國詩歌受重視程度已經不如明治之前,但近藤却滿懷熱情地評點了數十家中國詩人之詩,可以說他的評點完全是超功利,甚至是超越當時現實的,體現出一位漢學家的藝術眼光。他的評點也是建立在研究基礎之上的,這可以從他廣搜衆本進行校勘上看出。他的評點雖然大部分是所謂"印象式"的,不成體系,但也體現出他個人對中國詩歌、中國詩學的獨特欣賞和認知。就本書而言,也是研究明治時期,日本對陸游詩論的接受最好樣本。

綜上所述,《放翁詩話》是在江户晚期宋詩風勃興的背景下,由當時推崇宋詩派的日本學者發起輯集和刊刻的,它是日本詩壇宋詩風發展的産物,同時也對宋詩風的流行起着一定的推動作用。《放翁詩話》的刊刻是當時"陸游熱"的一個縮影,對於研究江户時期陸游的接受和評價有着重要的作用。同時,作爲一種特殊類型的"宋詩話",《放翁詩話》在江户時期的流傳也爲研究宋詩話的域外傳播提供了新的訊息。而對《放翁詩話》内容和版本的具體研究,使我們瞭解了其成書過程和流傳,也可以爲研究漢籍東傳提供新的素材。

(作者單位:南京大學文學院)

---

① 參見松下忠《江户時代の詩風詩論:明·清の詩論とその摂取》(明治書院,1969年;中譯本,范建明譯《江户時代的詩風詩論——兼論明清三大詩論及其影響》,學苑出版社,2008年)。松下忠總結"三期説"有佐久節説、神田喜一郎説、富士川英郎説、芳賀矢志説,"四期説"有中村幸彦説、次田潤説、前川三郎説、友野霞舟説等。

② 參見朱謙之《日本的朱子學》,生活·讀書·新知三聯書店,1958年,第3—4頁,朱謙之在書中舉出聖德太子所製《十七條憲法》中數語均出自《五經》《論語》,如第一條"以和爲貴"本《禮記·儒行》及《論語》"禮之用和爲貴"等,認爲其所受儒學之影響極大。

③ 永田廣志《日本哲學思想史》,商務印書館,1978年,第35頁。

④ "脱禪爲儒"是江户初期很多儒者的共同經歷,源了圓《近世儒者的佛教觀——近世儒教和佛教的交涉》云:"藤原惺窩、林羅山、山崎闇齋,本是禪僧。與禪宗寺院有着千絲萬縷的關係,對儒者來説這是個切身的問題。而他們倡導的儒學又與佛教有着不可分離的關係,正是因爲通過佛教,纔建立了儒教。"載玉城康四郎編《仏教の比較思想論の研究》,東京大學出版會,1979年,第732頁。

⑤ 對於荻生徂徠比較系統的研究,參見王青《日本近世儒學家荻生徂徠研究》,上海古籍出版社,2005年。

⑥ 《南郭文集初編》卷七《唐後詩序》,《近世儒家文集集成》第7卷,東京ぺりかん社,1985年,第65頁。

⑦ 池田四郎次郎編《日本詩話叢書》第九卷《錦天山房詩話》,東京文會堂書店,1920—1922年,第392頁。

⑧ 同上書,第406頁。

⑨ 同上書第八卷《作詩志彀·詩變總論》,第52—53頁。

⑩ 市河寬齋著、市河三陽編《寬齋漫稿·與源仲温先生》,東京遊德園,1926年,第89—90頁。

⑪ 《日本詩話叢書》第三卷《詩聖堂詩話》,第434頁。

⑫ 同上書,第435頁。

⑬ 同上書,第441頁。

⑭ 朱東潤《梅堯臣集編年校注》卷二六《讀邵不疑學士詩卷杜挺之忽來因出示之且伏高致輒書一時之語以奉呈》,上海古籍出版社,1980年,第845頁。

⑮ 孫立先生描述了釋六如好文字之學,所作詩歌,追求文字尖新,引領了一些詩人追求奇字爲詩中裝飾,遭到了江户詩壇的廣泛批評。釋六如著有《葛原詩話》,後有豬飼敬著《葛原詩話標記》、津阪孝綽著《葛原詩話糾繆》批評其説。參見孫立《日本詩話中的中國古代詩學研究》,北京大學出版社,2012年,第112頁。

⑯ 長澤規矩也編《和刻本漢詩集成·宋詩篇》第15册,東京汲古書院,1976年,第233頁。

⑰ 池田四郎次郎編《日本詩話叢書》第七卷,第 518—519 頁。
⑱ 卞東波《唐宋千家聯珠詩格校證》附錄一,鳳凰出版社,2007 年,第 940 頁。
⑲ 沈津、卞東波編著《日本漢籍圖錄》,廣西師範大學出版社,2014 年。
⑳ 關於陸游詩文集在日本的研究,參看陸堅《陸游在日本》一文,《文史知識》2005 年第 11 期。
㉑ 關於此二書的研究,參見都軼倫《市河寬齋〈陸詩考實〉研究》,《文獻》2015 年第 1 期,第 141—153 頁。郝潤華《市河寬齋及其〈陸詩意注〉》,《文獻》2003 年第 4 期,第 170—177 頁。
㉒ 參見郝潤華、許琰《市河寬齋與日本的陸游詩歌研究》,《文史知識》2005 年第 11 期。
㉓ 大窪詩佛《詩聖堂詩集二編》卷一〇,富士川英郎、松下忠、佐野正巳編《詩集日本漢詩》第 8 卷,東京汲古書院,1985 年,第 488—489 頁。
㉔ 嚴紹璗《漢籍在日本的流佈研究》,江蘇古籍出版社,1992 年,第 58 頁。
㉕ 《四庫全書總目》卷一九四"宋四名家詩"提要",中華書局,1965 年,第 1770 頁。
㉖ 宋陸游撰,清周之鱗、柴升編,大窪詩佛、山本謹等校《放翁先生詩鈔》,享保元年(1801)刊本。
㉗ 按:山本北山稱《劍南詩鈔》爲本邦人鶴芝田所編。然考編《劍南詩鈔》者爲清人楊大鶴。楊大鶴,字九皋,號芝田。"鶴芝田"應爲楊大鶴。
㉘ 《江户時代的詩風詩論》,第 59—61 頁。
㉙ 此據瞿鏞《鐵琴銅劍樓藏書目録》卷一六所載陸子遹跋語,黄丕烈《士禮居藏書題跋記續》所載陸子遹語無"紹熙"二字。
㉚ 關於《老學庵筆記》版本的詳細研究,參見李劍雄、劉德權點校本《老學庵筆記》前言,中華書局,1979 年,第 3 頁。又王永波《〈老學庵筆記〉版本小考》,《古典文學知識》2016 年第 3 期。
㉛ 瑞溪周鳳《卧雲日件録拔尤》,東京大學史料編纂所編《大日本古記録》第 13 册,東京巖波書店,1961 年,第 156 頁。
㉜ 田中健夫編《善鄰國寳記・新訂續善鄰國寳記》,東京集英社,1995 年,第 234 頁。
㉝ 關於日本遣明使與書籍交流的研究,參見朱莉麗《行觀中國——日本使節眼中的明代社會》,復旦大學出版社,2013 年;陳小法《入明僧策彦周良與中日"書籍之路"》,載王勇等著《中日"書籍之路"研究》,北京圖書館出版社,2003 年,第 42—61 頁。
㉞ 横川景三(1429—1493)於日本文明七年(1475)代表室町幕府將軍足利義政向明憲宗進《遣唐表》(參見玉村竹二編《五山文學新集》第一卷,東京大學出版會,1967 年,第 274—278 頁),向明朝奏討銅錢和書籍,稱"敝邑所須,二物爲急"。其中日本向中國討要的書籍共有十二部,包括瑞溪周鳳在明英宗天順八年(1464)上表所求的《老學庵筆記》等書。關於索書的理由,横川云:"書籍焚於兵火,蓋一秦也。"所謂"兵火",即日本國內長達十年的應仁之亂(1467—1477)。此時戰亂仍未停息,而十幾年前從明朝傳入日本的包括《老學庵筆記》在內的大量漢籍焚毀於戰火。可見,《老學庵筆記》東傳日本,頗多曲折。而日本兩次向中國索求此書,或也可窺見當時日本國內對此書的格外重視。
㉟ 張伯偉先生《中國古代文學批評方法研究》,中華書局,2002 年,第 464—465 頁。
㊱ 錢仲聯《宋代詩話鳥瞰》,《古代文學理論研究叢刊》第三輯,上海古籍出版社,1981 年。
㊲ 美國學者薩進德《後來者能居上嗎:宋人與唐詩》指出宋人與唐人爭勝的六種策略,其中就有一種"指出前人的前人",載莫礪鋒編《神女之探尋:英美學者論中國古典詩歌》,上海古籍出版社,1994 年。
㊳ 王兵《論近藤元粹的中國詩學批評》(《日本研究》2010 年第 1 期)有相關介紹。卞東波、查雪巾在《〈冷齋夜話〉日本刊本考論》(《宋代詩話與詩學文獻研究》,中華書局,2013 年)一文中也考察了《螢雪軒叢書》本《冷齋夜話》。
㊴ 近藤元粹編《螢雪軒叢書》第五卷,東京青木嵩山堂,1906 年。

市河寬齋《陸詩意注》考論

李曉田

南宋詩人陸游晚歲在《放翁自贊》中言:"身老空山,文傳海外。"①而陸游詩文集確也曾東傳日本、朝鮮等東亞漢文化圈諸國②,並一度爲日本漢詩人所推崇。五山時期,日本詩壇尊崇杜甫和蘇軾、黄庭堅,而進入江户時期,詩風發生了轉變。先是石川丈山(1583—1672)及木下順庵(1621—1698)、室鳩巢(1658—1734)、祇園南海(1676—1751)等積極提倡唐詩,後來以荻生徂徠(1666—1728)爲代表的"古文辭學派"(或稱"蘐園學派")登上詩壇,推崇明詩的主張也漸漸嶄露頭角。大約從元禄(1688—1703)至天明(1781—1788),對唐詩和明詩的提倡、鼓吹佔據了詩壇。徂徠在提倡明詩的同時,對宋詩持排斥的態度,認爲"宋調"易而冗,受注疏之學的影響頗深。在享保(1716—1735)之際,日本詩壇因受明詩影響,擬古蹈襲之風盛行,遭到詬病。因此,隨着江户漢詩學的演進,對唐詩、明詩的提倡走向衰落,對宋詩的倡導漸漸佔據了詩壇的主流。提倡宋詩的詩人有横谷藍水(1719—1778)、井上金峨(1732—1784)、葛飾蠹庵(1738—1784)、六如上人(1734—1801)、山本北山(1752—1812)、雨森牛南(1756—1815)、村瀬栲亭(1744—1818)、市河寬齋(1749—1820)、菅茶山(1748—1827)、賴山陽(1780—1832)、大窪詩佛(1767—1837)、長野豐山(1783—1837)、朝川善庵(1781—1849)、菊池五山(1769—1852)等,其中市河寬齋當屬最有影響力和代表性的日本漢詩人之一。明和(1764—1771)末年,在寬齋等人的努力下,江户詩風爲之一變,宋詩之風已然成爲主流,宋代詩人的文集也成爲當時日本漢詩人爭相閲讀的對象。其中以放翁爲代表的南宋中興詩人更是受到格外關注,③這一時期日本詩壇出現了許多與陸游相關的漢籍文獻,其中市河寬齋撰著的《陸詩意注》就是一部非常重要的研究陸詩的著作。

一、市河寬齋與《陸詩意注》

關於寬齋的生平事蹟,日本學者松下忠先生的著作中有比較詳盡的介紹:"市河寬齋,上野國(今群馬縣)甘樂郡人,名世寧,字子静(又字嘉祥),稱小左衛門,號寬齋,別號西野、半江、江湖詩老等。私諡曰文安先生。林述齋所撰《市河子静墓碣銘》《事實文編》第三、

《寬齋先生遺稿》等所收)稱'市河',《近世先哲叢談》稱'市川',後世兩者都用。寬延二年(1749)生,文政三年(1820)卒,七十二歲。"④寬齋晚年喜好南宋中興詩人,尤好放翁,分別著《陸詩考實》和《陸詩意注》,其筆記《半江暇筆》中也多有論及放翁處。

寬齋的兩種與放翁詩相關的著作,前賢時彦已經對其進行了一些研究。如一海知義最早作了相關介紹與研究⑤;而國内則有郝潤華教授一系列的研究,她所撰的《市河寬齋及其〈陸詩意注〉》⑥《陸游詩歌與日本江户文學——以市河寬齋爲中心考察》⑦《日本江户時期市河世寧所輯陸游佚詩》⑧等三篇論文以市河寬齋《陸詩意注》爲中心,介紹了寬齋生平及著作,對《陸詩意注》的編次特點與注詩特色進行了研究,從化用詩句、同題創作、意境取法等方面初步考察了寬齋漢詩對陸游詩的接受,是研究陸游與日本漢文學關係的先行者,具有重要的借鑒意義;後又有金明蘭《市河寬齋撰著〈陸放翁年譜〉考》⑨,發現市河寬齋還有《陸放翁詩醇》首卷這部陸游研究著作,並整理出了其中的七條凡例,比較了首卷中的放翁年譜與寬齋《陸詩考實》中年譜的異同,爲《陸詩意注》與《陸詩考實》的研究提供了新資料;都軼倫《市河寬齋〈陸詩考實〉研究》⑩一文則對《陸詩考實》一書的編次、注釋特點、編著背景等進行了研究論述,並初步探討了寬齋所著《考實》與《意注》二書之間的關聯,對本文的研究也頗有啓發。

前賢的研究爲筆者作更深入的探討提供了幫助,具有重要意義。不過,其中也有些許白璧微瑕,如據筆者考證,市河寬齋著《陸詩意注》,是對清高宗《御選唐宋詩醇》(内府本)中所選的陸游詩進行注解,原封不動地保留了原書中在部分詩篇末作的點評(詳見下文)。而郝潤華教授在研究《陸詩意注》時,把這些清人評語誤作日本寬齋所評,並進而用較多筆墨去對此分析研究寬齋的選評特色及其文學觀,而都軼倫在研究《陸詩考實》時也延續了這一思路,似要對此作一廓清。而《陸詩意注》的評注特色及《意注》與《詩醇》的關係也需要被重新審視。另外,先行研究更多關注《意注》的注解特色,其價值與不足則言及不多,筆者認爲對此仍有可探討的空間,這也是本文着力的重要方面。

筆者所見的《陸詩意注》凡六卷,分卷安排完全遵照《御選唐宋詩醇》所選的六卷陸游詩。但卷六後附有《劍南詩稿補逸》一卷,據寬齋序言,是卷爲其所輯汲古閣本《劍南詩稿》中未收的陸詩,共有"古詩三首、律詩五首、絶句三首及句一"。又據金明蘭文中所引寬齋曾孫市河三陽的《市河寬齋先生》"文政二年己卯　先生七十一歲"條内容:"至於《陸詩意注》,不知是否先生之稿本,東京幸田氏藏其抄寫本首卷,卷一至六及補逸存於前橋高橋氏書架上。後者神山氏於淺草沽獲之,付梓活字後,原物遺之高橋氏。刊本恨缺首卷云云。"⑪則完整的《陸詩意注》應還包括一部未刊刻的寫本首卷。且據金明蘭所引《寬齋翁一百年萬庵翁十三年　追福紀念陳列目録》及《國書總目録》等文獻,可知此卷一般被稱作《陸詩意注》首卷或《陸放翁詩醇》首卷,"由凡例七條、《陸放翁詩醇》首卷正文、《陸放翁年譜》組成,最後附有寬齋的按語。"⑫金明蘭先生將這七條凡例全部鈔録並作了初步的分析。通過研究,筆者發現此七條凡例對於研讀《陸詩意注》(六卷)以及理解寬齋注詩特點等具有重要意義,故將其作爲附録,附於文末。

因未能見到《陸放翁詩醇》首卷,而郝潤華教授已著文探討過《陸詩意注》卷末所附《劍南詩稿補逸》一卷中寬齋所輯陸詩的輯佚價值,故本文對寬齋《陸詩意注》所作的討論,集中在寬齋所注的六卷文本上,是對《意注》内容主體的研究。今本《陸詩意注》的扉頁有"明治庚戌孟夏刊於香雨書屋"字樣,則該書刊刻於日本明治四十三年(1910)。而首卷七條凡例末有"七十一翁寬齋河世寧謹識"語,那麼寬齋應是在去世前一年(1819,日本文政二年)完成了此書,較之《陸詩考實》的成書要晚五年。⑬可以說,《陸詩意注》是寬齋平生研讀、注解陸游詩歌的最後結晶,具有重要的意義。又據上文可知,此書應爲神山氏所刊活字本。而書中也確有一些明顯的活字痕蹟,如卷一《繫舟下牢關遊三遊洞二十八韻》詩:"滴乳成微泓"句下注引放翁《入蜀記》中文字,其中"蜀"字倒置等。

二、《陸詩意注》與《唐宋詩醇》之關係

市河寬齋在卷末的《劍南詩稿補逸》序中言"毛氏父子有功於公,可謂勤矣。余每檢諸書,有得公詩,必比校本集",表明毛晉、毛扆汲古閣本《劍南詩稿》在其研究陸游詩歌中具有重要作用,而此本《劍南詩稿》也是最通行的陸游詩歌全集本。那麼《陸詩意注》六卷是否以毛本《劍南詩稿》爲底本進行詩歌的選取呢?經過筆者比勘考校,發現並非如此。《陸詩意注》中所選詩的文字與《劍南詩稿》中的時有不同處,却與《唐宋詩醇》中的文字相同。如卷五《贈道流》,《劍南詩稿》卷三一題作《贈道友》⑭;此詩詩末自注云"唐含元殿與慈恩塔南北相直",《劍南詩稿》中"元"作"光"⑮,誤。又,《唐宋詩醇》中"玄"皆改作"元",應是避諱,如卷三《道室夜意》句"齋心守元牝",用《老子》語"谷神不死,是謂玄牝"⑯,應作"玄";又卷六《漁父》末句"元真不可逢,悠然寄遐想",《校注》則作"玄",而《意注》中皆如《詩醇》作"元"。卷三《江上散步尋梅偶得絕句》首句"小南門外野人家","小南門"下有"原注:萬里橋一名小南門",與《詩醇》相同。而《校注》本中此題共有絕句三首,《詩醇》所選爲第三首,而此句自注的位置與此不同,在第二首末。⑰故《陸詩意注》中詩歌文字應是本自《唐宋詩醇》。且《意注》首卷題作《陸放翁詩醇》首卷,其第六卷卷末有"劍南詩醇意注卷之六終"語,都從書名上表明《意注》與《詩醇》之間具有緊密的關聯性。

《唐宋詩醇》由清高宗敕編,儒臣梁詩正、錢陳群、陸宗楷、陳浩、孫人龍、張馨、徐堂等人共同編選評注,選李白、杜甫、白居易、韓愈、蘇軾、陸游六家詩,共四十七卷。其中選陸游詩五百多首,編爲六卷。根據卞孝萱先生《兩本〈唐宋詩醇〉之比較研究》一文,《唐宋詩醇》有内府本(乾隆十五年編定,十六年刻成)與《四庫全書》本(乾隆四十六年寫定)兩個版本。⑱内府本有乾隆二十五年、光緒七年等幾種翻刻本,流傳較廣泛;四庫本則只有幾部抄本,見者不多。内府本與四庫本在文字上有許多不同,卞先生主要就其中杜甫詩部分進行了對比研究,而筆者將兩本中的陸游詩部分加以對比,⑲發現亦有不同:《四庫全書》本《詩

醇》無圈點，而内府本有圈點；《四庫全書》本《詩醇》中陸詩第五卷《觀畫山水》後無詩評"潘問奇曰：頷聯渾成雄健，在此老又爲一種"，第六卷《古意》第二首絕句後無詩評"工於用古"四字；又，兩本《詩醇》在文字上亦存在一些不同，如《送全州趙都曹》詩中"霜葉無停聲"，四庫本中"葉"作"桑"，《滄灘》詩中"霧斂蘆村落照紅"，四庫本中"霧"作"露"等。此類文本相異處約有130條，應是四庫本抄寫不精所致。而《陸詩意注》中圈點與評語是與内府本完全一致的。則市河寬齋《陸詩意注》所據底本應是内府本《御選唐宋詩醇》，且保留了原本的評語及圈點。不過《詩醇》每卷前都有該卷所選詩的目録，而《意注》則無。

如此，市河寬齋所著《陸詩意注》是陸游詩的選注本，其中詩篇並非寬齋自選，而他只是對内府本乾隆《御選唐宋詩醇》中陸游詩進行了注解。放翁詩内容宏富，卷帙浩繁，其傳播與閱讀多有不便；後代詩人又認爲其集未加删削，良莠蕪雜，故從宋至清，湧現出諸多陸詩選本或包含放翁詩的詩歌選集。至於市河寬齋爲何選擇《唐宋詩醇》爲注詩的底本，理由在《陸放翁詩醇》首卷凡例一、二條中有詳盡的説明，大致可總結爲兩點。一是其餘常見的陸詩選本在寬齋看來，都有各自的缺陷，如羅椅、劉辰翁《精選陸放翁詩集》按詩體分列，而不依編年次序，使人讀之茫然不解；曹學佺《歷代詩選》又不專選放翁，去取漫然；吳之振《宋詩鈔》只選詩中浩瀚崒崔者；周之鱗、柴升《宋四名家詩》又專采詩中纖巧可喜者；楊大鶴《劍南詩鈔》亦多收放翁晚年頹放之作。二是《御選唐宋詩醇》在寬齋看來，有其獨到之處：首先，《詩醇》選詩，"專在采於感激悲憤、忠君愛國之誠，發揚於詩者"，符合詩教傳統；其次，《詩醇》編選時以年月爲先後，符合放翁自輯詩集的本意，故寬齋特愛之。

根據張伯偉先生《中國古代文學批評方法研究》[20]一書的研究，選本和評點都是我國古代重要的文學批評方法。而《唐宋詩醇》中就采用了選本與評點相結合的詩歌批評方式。至於其編選特色，莫礪鋒先生《論〈唐宋詩醇〉的編選宗旨與詩學思想》[21]一文已經有了深入研究，本文將集中討論《詩醇》中對所選陸游詩的評點。在《唐宋詩醇》（内府本）中，一般被選的每首詩中都有或圈或點，而評語則只有約兩百則。考察其中評語與圈點的關係，發現如果是詩後評語中明確贊賞的詩句，《詩醇》一般都會加以圈點。如卷五《觀畫山水》詩後評語云："潘問奇曰：'頷聯渾成雄健，在此老又爲一種。'"《詩醇》即在此詩頷聯"騎驢白帝城邊雨，挂席黄陵廟外秋"下加圈；卷六《秋晚湖上》詩後評語云："結句善於運化，有縹緲之韻。"《詩醇》即在最後兩句"從來未識蘇司業，愁絶西風滿酒旗"下加點。但也有例外，如卷六《幽居春晚》詩後評語云："三四從上轉下，機軸一貫。"《詩醇》却並未在頷聯句"未尋内史流觴地，又近龐公上塚時"下加圈點，而是在頸聯"花發遊蜂喧院落，筍長馴鹿入藩籬"下加點。不過這種情況僅有一二次，幾乎可以忽略不計。故，《詩醇》中的圈點也許只在表明選注者的喜好褒揚，更多地充當用以強調評語之意的輔助角色。故《唐宋詩醇》中的評語相對更能體現出編選者詩歌批評之意。而寬齋對《唐宋詩醇》中陸游詩作注，也原原本本地保留了内府本《唐宋詩醇》中置於詩篇末的詩評以及對詩歌的圈點。結合寬齋注語進行研究，發現《意注》對《詩醇》中的評語並不僅僅只是保留而已，《意注》注語與《詩醇》評語之間有着更深層次的關係。

　　首先,是《陸詩意注》對《唐宋詩醇》中評語的合理利用。當詩歌中出現的名物、典故、人物等在《詩醇》評語中已有解釋,《意注》便不再贅語,但云"見下"或"事見下評語"等。如卷一《送曾學士赴行在》"白著民碎魄"句下注云:"解見下評語中。"而《詩醇》此詩下評語即云:"《(新)唐書·劉晏傳》:'州縣取富人都漕輓,謂之船頭;主郵遞,謂之捉驛;稅外橫取,謂之白著。'"又卷三《辛丑正月三日雪》詩後評語云:"'龍團笑羔酒',用陶穀事,妙於不覺。"故《意注》此句下無注。又卷三《寄朱元晦提舉》題下注云:"朱熹,字元晦,新安人,事詳下本傳中。"詩後評語云:"《宋史》文公本傳云云。"

　　其次,《意注》注語在解讀詩歌時,往往與《詩醇》評語的意見保持一致。如卷六《讀史》詩後評語云:"保泰持盈之指,借明皇發之,不落言詮,自近風雅。"首句"民間斗米兩三錢"句下注云:"唐玄宗開元十四年,大有年,東都斗米十五錢,青齊五錢,粟三錢。"二者都認爲此詩用玄宗時事。而《劍南詩稿校注》引《貞觀政要》云"唐太宗貞觀三年,斗米價三四錢"[②],認爲此句應是用唐太宗時故事。可見《意注》與《詩醇》在對詩歌中典故的注解上保持一致。又,卷三《幽居春夜》詩後評語云:"頸聯圓妙,有彈丸脱手之樂。"頸聯即"三弄笛聲初到枕,一枝梅影正橫窗"。《意注》句下注云:"幽居春夜之情景。"按,此詩即題作"幽居春夜",則注語之意,應是以爲此聯寫出了春夜情景交融之態,恰是一詩之最緊要句。評語與注語所表述的角度不一,但於一詩中"詩眼"的把握上保持一致。又,卷三《龍興寺弔少陵先生寓居》"扈蹕老臣身萬里,天寒來此聽江聲"句下注云:"按,此篇公爲弔少陵古蹟作,其實以自況也。"詩後評語云:"張完臣曰:'草草'二字,狀盡衰世景象,謂之'詠少陵'可,謂之自詠亦可。"二者都認爲陸游此篇借弔少陵故居而抒發個人鬱鬱不得志的情感懷抱,在詩意的解讀上保持一致。

　　不過注語與評語的解釋也並非完全一致,有一例中《意注》注語修正了《詩醇》評語的"錯誤"。卷五《小舟遊西涇度西岡而歸》"小雨重三後,餘寒百五前。聊乘瓜蔓水"句下注云:"《九州記》:'三月桃花水,四月瓜蔓水。'"詩後評語云:"但《水衡記》以'五月爲蔓水',此屬一時誤用。"評語認爲"瓜蔓水"應在五月,據詩中前兩句,則此時時節應是四月,故放翁誤用典故。而《意注》則找到了"四月瓜蔓水"的出處,認爲放翁並沒有誤用。按,至於"瓜蔓水"到底應爲幾月,放翁是否誤用,都尚無定論。不過《劍南詩稿校注》中注釋言:"《宋史》卷九一《河渠志》一:'五月瓜實延蔓,謂之瓜蔓水。'"[③]爲評語觀點提供了一種證據。

　　還有,《詩醇》評語與《意注》注語的批評側重點往往不同,互相參看,將更有助於加深對陸詩的理解。如卷六《舟中作》"晤語無人與遣愁"句下注云:"僻境乏知友。""出門聊復弄輕舟"句下注云:"故獨遊。""山穿烟雨參差出,水赴陂塘散漫流"句下注云:"寫湖中景象大者。""隔葉雌雄鳴谷鳥,傍林子母過吳牛"句下注云:"寫湖邊風物小者。""數家清絶如圖畫"句下注云:"承上四句。""炊黍何妨得小留"句下注云:"如此好景,不得不留連。"注語逐句點明詩人出遊之緣由、遊玩所見不同景物、遊興未盡的留連之情,道出了詩作之層次遞進與謀篇佈局,是從整體上把握詩歌;而詩後評語云:"盧世㴶曰:'寫景閑雅。'"關注點只在中四句寫景詩句,更偏重"句"而非"篇"。又,就對寫景四句的批評而言,二者的關注點亦有差異:《意注》將此二聯中景物細分出"湖中"與"湖邊"、"景象大"與"風物小"的區别,是從内容上理解詩意,發現其中不同,點明詩人所用的對比手法;而《詩醇》則用"閑雅"二字,從詩的風格角度來概述此四句。若將注語與評語二者綜合,就可以從整體與部分、内容與風格等方面出發來全面理解陸詩。

　　《唐宋詩醇》利用選詩、評語和圈點三種方式完成了對陸游詩的批評,而市河寬齋在凡例中稱其選擇《唐宋詩醇》(内府本)作爲《陸詩意注》注詩底本的理由是,前者在詩歌編排和選擇上符合自己的心意,也即肯定了《詩醇》對陸游詩歌的選擇。但其對於《詩醇》中評點的態度,却未有直接的文字説明。這或許會導致讀者以爲寬齋選擇爲《詩醇》作注,僅僅只是看中了其對詩歌的編選。通過上文研究《意注》注語對《詩醇》評語的繼承利用、二者在品評詩歌與解讀詩意時觀點的高度契合、甚至注語對評語少見的修正等,可看出《意注》注語對《詩醇》的評語在注解詩歌和理解詩意時,應是有意識地在借鑒和承襲。即使偶或提出異議,也是前者對後者高度重視的一種體現。也即寬齋對《詩醇》的評語不是存而不論的,反而態度是贊同並承繼的,頗似中國古代經典注疏中的"疏不破注",二者之間有這樣的内在關聯。至於上文説到《詩醇》止於評點,而《意注》則重在注解,注語與評語的側重點不同,結合二者則對於陸詩的解讀能更上一層臺階。也即注語與評語可以相輔相成,互爲發揚,這是二者之間的另一層關聯。至於《詩醇》(内府本)中的圈點,前文已言及《詩醇》中的評點以評語爲主,圈點只起輔助作用,則本文對《詩醇》評語的討論,也就大致涵蓋了其圈點。又因圈點自身的特殊性,較難進行深入討論,考之《意注》中注語,亦未有相關討論或説明,故推測寬齋對《詩醇》中圈點的態度,較之於評語,似更傾向於存而不論。

　　綜上所述,市河寬齋《陸詩意注》以乾隆《御選唐宋詩醇》(内府本)爲底本對陸游詩歌作注,前者對後者選詩、評語、圈點三方面的詩歌批評都是認同並承繼的,對後者詩歌批評中體現出的學術意見和詩學觀念也是延續的,而其偏重意注的方法也可對後者的詩歌批評作補充。可以説,《陸詩意注》是對《唐宋詩醇》全方位的認可、繼承與進一步的完善。

三、《陸詩意注》中注釋的特色

(一)《陸詩意注》引書特點

　　在《陸詩意注》中常會出現注文文字與所引原書文字不完全相同的情況,一般是原書引文較長,則注語就只擇取與詩歌相關的緊要部分,或對原文作刪削總結。如卷二《題宇文子友所藏薛公鶴》題下注云:"《唐》:薛稷,字嗣通,蒲州汾陰人,以書名天下,畫又絕品。歷太子少保、禮部尚書。"注語取自《新唐書》卷九八《薛稷傳》[㉒],其中記録薛稷官職履歷頗多,但寬齋却不言及其他職務。細究之,詩中有"宮保妙筆窮化機"一句,"宮保"二字即指薛稷曾任太子少保一事。故注者在題注中注明,在此句下則再不費筆墨,只言"薛公畫鶴,獨至其妙"而已,其用心若此。又,卷一《題十八學士圖》題下注云:"《唐書》:高祖以秦王功高,特置天策上將,以秦王爲之開府,置屬開館,以延文學之士"云云。題注取自《新唐書》卷一〇二《褚亮傳》㉕,原文較之注文甚長,但注者在擇取後,注文中只言及置天策上將等事,至於詩句注釋,"東征歸來脱金甲,天策府開延豪英"句下注即云:"天策,已見。"與中國古代典籍中的"互見法"很是相似。

還有,對於詩中所用的部分語詞或典故,注者往往只點出出處。如卷一《十月一日浮橋成以故事宴客凌雲》"巷無居人亦何怪",句中注云:"《詩經》語。"按,此出自《詩經·鄭風·叔于田》:"叔于田,巷無居人。豈無居人?不如叔也,洵美且仁。"㉖"衆賓共醉忘燭跋"句下注云:"用《禮記》語。"按,此出自《禮記》卷二《曲禮上》:"燭不見跋。"㉗卷四《秋雨排悶十韻》:"浮雲會消散,鼓笛賽西成"句下注云:"西成,《尚書》字面。"按,《尚書》卷二《堯典》:"平秩西成。"㉘卷二《題宇文子友所藏薛公鶴》"回首幸脱乘軒譏"句下注云:"乘軒,出《左傳》。"按,《左傳·閔公二年》:"冬十二月,狄人伐衛。衛懿公好鶴,鶴有乘軒者。將戰,國人受甲者皆曰:'使鶴!鶴實有禄位,余焉能戰?'"㉙此外,還有出自《論語》、《莊子》、《孟子》、《史記》、《漢書》、《三國志》、《晋書》、《搜神記》、王粲《登樓賦》、杜甫詩、李白詩等中的典故,注語皆如此般簡單。寬齋此類注語如此簡單,應是其"典故乃其次也"的注釋原則的體現。至於爲何不重視注釋典故,寬齋在凡例中有解釋:"蓋典故,學老各各所記,且有《韻府》《類函》諸書具在,一搜索而可得之。唯其事稍僻者,分注不得詳悉。"

《陸詩考實》中注語會對諸如李白、杜甫、蘇軾、黄庭堅等人人耳熟能詳的大詩人出注,注明其字號、籍貫、作品、官職等,如《龍興寺弔少陵先生寓居》詩注引《唐才子傳》語介紹杜甫云:"杜甫,字子美,京兆人。官左拾遺,後棄官,流落劍南,自號少陵。"考慮到"對於熟悉中國古代詩歌的讀者而言確實不必注出",故論者認爲"《陸詩考實》所定位的應是日本讀者","寬齋編撰此書的主要目的,是向日本讀者介紹和傳播陸游詩歌,擴大陸詩的影響。這一注釋特點,與他之後的《陸詩意注》是相沿承的"。㉚市河寬齋著《陸詩意注》時,對於詩中出現的如杜甫、黄庭堅、梅堯臣、朱熹等人物也的確會作比較詳細的注釋,這應是延續了《考實》的注解習慣。但《意注》中又有如上文所言的常常只言"用某某故事"或"用《某某》語"等寥寥數字來點出典故出處、並不詳注的情形,這與《陸詩考實》有很大不同。如《意注》卷一《移船》"無勞問亭驛,久客自知津"句下注只云"《論語》字面"四字,而《考實》此句句下注則引用《論語》中原文,非常詳細地解釋了典故,云:"長沮桀溺耦而耕,孔子過之,使子路問津焉。長沮曰:'夫執輿者爲誰?'子路曰:'爲孔丘。'曰:'是魯孔丘與?'對曰:'是也。'曰:'是知津矣。'"㉛通過對比,發現從《陸詩考實》到《陸詩意注》,寬齋致力於面向日本讀者介紹和傳播陸游詩歌的初衷没有改變,但對典故注釋由詳到簡的變化,也反映出時隔五年後再注陸詩，寬齋的注釋風格更加簡潔，注釋重點也從典故考證上轉移。《考實》和《意注》中儘管選注了一些相同詩篇，但此部分並非相同工作的重複，隨着注者著書思路的轉變，它們帶給讀者的感受和啓發也是不同的。

（二）注詩特點

《陸詩意注》的注文，就形式而言，分爲題注與句注，題注接題而下，句注在詩句末隨文而下，作雙行小字夾注，偶也有對詩中字詞所作的注釋穿插在一句之中。就内容而言，一方面是對詩歌寫作時間、地點、背景及詩歌中出現的地名、人名、典故等作注釋，且注者解釋説明時有所側重，正如其首卷凡例三所言："此編亦以推知公事蹟爲先。次地理、次出處、次宦蹟、次推考唱和人之事蹟，典故乃其次也。"另一方面，則是對詩句意旨與詩歌藝術的分析、評論，具有賞析意味。若注文中注釋與賞析内容都包含時，則一般注釋文字在前，賞析文字在後，有時二者中間以"○"作區分。就方式而言，有引據文獻與寬齋自注兩類，且前者往往爲注釋之用，後者則用作詩歌賞析。

寬齋在爲陸詩作注時，解讀細緻入微，往往能發人所未發。如卷三《書雨》題下注云："不言'聽雨'、'苦雨'，而云'書'，可見其意有所感。"展現出注者對"詩題"的敏感與關切。又，卷三《忠州禹廟》尾聯云："欲歸頻悵望，回棹夕陽時。"句下注云："夏禹大德，坐此僻陋，所以欲歸不能。"對詩人欲歸不能、頻頻悵望的緣由作出了解釋。又，卷三《別建安》七言絶句第二句"驛亭燈火向人明"句下注云："尋常燈火，殊覺其明，可知歸鄉之喜更甚。"注解能道出詩語中曲折情致。又，卷三《聞雁》"過盡梅花把酒稀"句下注云："愛梅花之極。"放翁愛梅，集中《尋梅》《送梅》詩特多，而此句寫因梅花過盡，詩人酒興亦大減，的確從側面道出詩人愛梅之深。

同時，寬齋注詩時能緊扣詩題，着力分析詩之内容與章法。如，卷四《秋雨北榭作》"秋風吹雨到江濆，小閣疏簾曉色分"句下注云："破題。"卷四《小雨》"細細濕春光，霏霏破夕陽"句下注云："破題。"卷四《溪上醉吟》"行行不知溪路深，但怪素月生遥岑"句下注云："吟行溪中，不覺至日暮。不著醉字，而其醉可知。""不辭醉袖拂花絮，與子更醉青蘿陰"句下注云："醉而又醉，無限興趣。"寬齋分析詩句，緊扣詩題中的"醉"字，逐句解析放翁詩意之妙。又，卷四《初夏遊凌氏小園》"風和海燕分泥處，日永吳蠶上簇時"句下注云："風和、日永，已見結末之意。"按，此詩結末，詩人以爲"從來夏淺勝春日"，夏初時節"風和日永"，故勝却春日。注者細緻分析，故能察見詩人巧妙鋪墊之安排。又，卷四《月下小酌》"草樹已秋聲"句下注云："風生。""郊原喜晚晴"句下注云："天闊。起二句，分呼次聯。"按，次聯即"風生雲盡散，天闊月徐行"。卷五《初冬感懷》"水瘦河聲壯，萁枯馬力生"句下注云："後聯，受前冬景意，而有欲渡河之勢，以唤起結末。"注語注重分析各聯之間的緊密關聯，可察見詩人匠心。

還有，寬齋注語在注解的同時亦有評點意味，可謂"注中有評"。一些注文雖寥寥數字,但却能作出精準扼要的精彩賞析。如卷六《懷舊》"琴書昔作天涯客"句下注云:"昔。""襄笠今成澤畔翁"句下注云:"今。""夢破江亭山驛外"句下注云:"昔。""詩成燈影雨聲中"句下注云:"今。"每句句注只一字,全詩不過用"今"、"昔"二字作注,但此二字點出了全詩所道内容,即在今憶昔,今昔比對。又,卷五《夢中作遊山絕句》"霜風吹帽江村路,小蹇迢迢委轡行。忽到雲山幽絕處,穿林啼鳥不知名"句下注云:"只是妙。"讀此三字,可想見注者拍案稱奇却又一時尋不得字句來形容詩之絕妙時的情態,甚是有趣。又,卷四《東關》"三更酒醒殘燈在,卧聽蕭蕭雨打篷"句下注云:"能言閑寂之狀,使讀者如身在其中。"卷六《送子龍赴吉州掾》"人誰樂離別,坐貧至於此"句下注云:"至第六句,始説入本意,使人不忍讀。"寬齋此類注,從自身讀詩感受出發,不着一字褒貶,但其贊賞態度却十分鮮明,能使讀者更覺親切自然,也有助於加强讀者對詩歌的感受與理解。

此外,寬齋在注陸游詩時,不時會在注語中化用典故,以典注詩,如卷一《太息》"切勿輕書生,上馬能擊賊"句下注云:"有據鞍顧眄之勢。"卷三《夜泊水村》"老子猶堪絕大漠"句下注云:"有倚鞍顧眄之意。"卷五《晨起》"豈以七尺軀,顧受世俗衰"句下注云:"有倚鞍顧眄之勢。"考之,此注實化用了《後漢書·馬援傳》中語:"二十四年,武威將軍劉尚擊武陵五溪蠻夷,深入,軍没,援因復請行。時年六十二,帝憫其老,未許之。援自請曰:'臣尚能披甲上馬。'帝令試之。援據鞍顧眄,以示可用。帝笑曰:'矍鑠哉是翁也!'"㉜但更值得注意的是,寬齋在此用以注陸詩的典故,放翁也曾在詩歌中多次運用,如《劍南詩稿校注》卷一《寄陶茂安監丞》"永州太守鬢毛殘,矍鑠猶能起據鞍"㉝、卷一九《嚴州大閱》"雖慚江左繁雄郡,且看人間矍鑠翁"㉞、卷六九《老景》"年來更小點,不據伏波鞍"㉟等,俱用馬援故事。諸如此類,用放翁習用典故來爲原本未化用典故的陸詩作注,在寬齋注語中還有多處,如卷二《登灌口廟東大樓觀岷江雪山》"姓名未死終磊磊,要與此江東注海"句下注云:"逝者如斯,何問我髮之種種。"按,"髮之種種"出自《左傳·昭公三年》:"齊侯田於莒,盧蒲嫳見,泣,且請曰:'余髮如此種種,余奚能爲?'"㊱而《劍南詩稿》卷五《長歌行》"金印煌煌未入手,白髮種種來無情"㊲下句、卷四七《儒生》"雖云髮種種,未害腹便便"㊳上句等,俱用此典。又,卷五《歲暮感懷》"歸鄉更多感,朋舊盡凋喪"句下注云:"如丁令威還遼東。"按,此典出自《搜神記》卷一:"丁令威,本遼東人,學道於靈虚山,後化鶴歸遼,集城門華表柱。時有少年舉弓欲射之,鶴乃飛,徘徊空中而言曰:'有鳥有鳥丁令威,去家千年今始歸。城郭如故人民非,何不學仙塚累累。'遂高上衝天。"㊴放翁詩中亦屢用丁令威化鶴歸來之故事,如《劍南詩稿》卷七《待青城道人不至》"且伴千年化鶴仙"㊵、卷一四《居山》"遼天渺歸鶴,千載付茫茫"㊶、卷五九《甲子秋八月丙辰》"萬里老鶴歸遼天"㊷等。又,卷五《春晚雜興》末句"正須遣萬事,莫遣片時醒"句下注云"欲日日醉如泥",此用漢周澤故事,放翁詩中常用之,如卷一一《雙清堂醉卧》"客裏逢秋醉似泥"㊸、卷一七《宿石帆山下》"繫船禹廟醉如泥"㊹等。又,卷五《夜坐》"百年鉛槧老諸生",句下注云"安心爲老蠹魚",按放翁不時以"蠹魚"自比,如卷一九《寒夜讀書》:"來生恐墮蠹魚中"㊺、卷四一《燈下讀書戲作》"吾生似蠹魚"⁴⁶等。

　　考《陸詩意注》注語中所用典故，其出處見於《詩經》、《左傳》、《尸子》、《論語》、《史記》、《後漢書》、《北齊書》、《搜神記》、魏武樂府、陶淵明詩、杜甫詩等，經史子集都有涉獵。這些典故都是放翁反復、大量運用於其詩歌創作中的，而寬齋用放翁習用典故來爲原本未化用典故的陸詩作注，可謂別有匠心，獨創一格。此舉一方面使得注語多了幾分古雅，令人玩味；另一方面，寬齋化用故事非常巧妙，非但不會妨礙讀者理解詩歌，還能在準確點破詩意的同時，利用典故本身承載的文學内涵，爲詩句賦予更深遠廣闊的意味。此外，這樣還可以使熟悉陸詩的讀者聯想起使用同一典故的放翁詩句，從而加深對放翁詩的理解，從某種程度上說，這不只是"以典注詩"，更是一種新穎的"以陸注陸"。如卷五《歲暮感懷》"歸鄉更多感，朋舊盡凋喪"句下注云："如丁令威還遼東。"原詩並未用典，明白如話，詩人感舊懷親，慨嘆歲月無情，物是人非，詩意亦無難解之處，本是放翁詩中尋常語。但寬齋化用丁令威故事爲此二句作注，以丁令威化鶴歸鄉比擬詩人年邁衰弱回歸故里，二者經歷是相似的，悲涼蒼茫的情感是共通的，用典可謂精當。又，放翁在其他詩篇中屢用丁令威故事，借此表達"物是人非事事休"之感，故當注者在此點出詩人與丁令威故事之間的聯繫，讀者可自然而然回憶起詩人那些運用同一典故、表達相似感情的大量詩篇，進而更好地理解和體會放翁的情感與思想。可以說，寬齋此類注語，架構起了本詩與他篇及詩人三者之間的橋梁，是注解詩歌的一種創新手段，值得表而出之。

　　最後，寬齋爲陸詩作注，其注文的語言也很有特色，需要仔細品味。其中，對修辭的講求運用，如對偶、排比等修辭手法，是《陸詩意注》的重要語言特點。下面試分別舉例作分析。

　　對偶手法的運用，如卷六《郭西》"鵲下川原黑"句下注云："宿鳥多故。""船行浦漵空"句下注云："泊船發故。""橋燈搖水影"句下注云："低。""樓角散天風"句下注云："高。""野眺飛埃外"句下注云："目明。""漁歌冷翠中"句下注云："耳清。""不須嘲病翼，要是脫樊籠"句下注云："在官如鳥在樊籠，雖病如何飛翔自在。"前六句詩注都兩兩成對。又，卷四《四鼓酒醒起步庭下》"重滴竹杪露"句下注云："聞。""疎見樹罅星"句下注云："見。""壞甓啼寒蛩"句下注云："聞。""深竹明孤螢"句下注云："見。"此處更甚，四句詩注僅用"聞"、"見"二字。《意注》中對偶的運用，一方面以簡潔明白爲底色，寥寥數字，點到爲止，乾淨清爽。另一方面，用對偶句式所注的詩句也原本用了同樣的修辭手法，這樣注語與詩句在形式上又是對稱的，頗有趣味。最重要的是，這些注語往往能道出放翁作詩之章法規律，如《四鼓酒醒起步庭下》一詩，四句都寫夜晚所見庭下之景物，首句言寒露滴下，寫聽覺，爲所聞；次句言樹間星光，寫視覺，爲所見；三四句亦如是。故而"聞"、"見"二字道出了詩人寫作此詩時視聽結合，由目及耳的巧妙安排。

　　排比手法的運用，如卷三《蔬圃》"山翁老學圃，自笑一何愚"句下注云："笑其遲。""磽瘠纔三畝"句下注云："地甚小。""勤劬賴兩奴"句下注云："人甚少。""正方畦畫局"句下注云：“如棋局。”“微潤土融酥”句下注云：“和如酥。”“翦辟荆榛盡”句下注云：“作械柸。”“鉏犁磊塊無”句下注云：“小石盡。”“過溝橫略彴”句下注云：“架獨木。”“聚甓起浮屠”句下注云：“原注：拾園中瓦礫作小塔。”“隙地成瓜援”句下注云：“下瓜種。”“餘功及芋區”句下注云：“種芋魁。”“如絲細生菜”句下注云：“藝芥菘。”“似鴨爛蒸壺”句下注云：“種子。”“此事今真辦，東歸不爲鱸”句下注云：“公歸家，欲爲農圃，不必比張翰。”按，《唐宋詩醇》評此詩云：“排比瑣事，點染閑情。雖云遊戲，亦斐亹可觀。”而觀寬齋注文，幾乎全用動賓結構的三字句，亦如原詩之"排比瑣事"，趣味盎然。又，卷四《秋興》"老子雖貧未易量，風流猶在小茅堂"句下注云："一世風流，當在其中。""蒲萄錦覆桐孫古"句下注云："《鄴中記》：錦，有葡萄紋錦。古琴一張。""鸚鵡螺斟玉瀲香"句下注云："酒杯一枚。""千點荷聲先報雨"句下注云："一池雨香。""一林竹影剩分涼"句下注云："一坐叢竹。""秋來便有欣然處，新種蓴絲已滿塘"句下注云："猶有好下物在，豈得謂之貧哉。"觀前六句詩注句式安排，顯見寬齋注詩時對語句的匠心巧思，且如"一池雨香"等句，也頗有詩意，令人稱賞。

除却語句的排比，注者有時還會在語詞上運用此種修辭。如卷三《豐城高安之間憩民家》詩"有無鄰里通"句下注云："相助。""笑語婦子樂"句下注云："相安。""濁醪時相就，青蔬缺鹽酪"句下注云："相招。"又，卷三《大醉梅花下走筆賦此》"出郊索一笑，放浪謝形役"句下注云："不如出郊外爲放遊。""把酒梅花下，不覺日既夕。花香襲襟袂，歌聲上空碧"句下注云："郊外花盛開，醉酒放歌。""我亦落烏巾，倚樹吹玉笛"句下注云："即是放浪。"注語凡三處，分別有"放遊"、"放歌"、"放浪"三詞，別有一番安排。

總之，《陸詩意注》具有解讀細致深刻，注重分析詩歌章法安排，"注中有評"，"以典注詩、以陸注陸"，恰當運用對偶、排比等修辭手法的注詩特色，注語明白曉暢又古雅可愛，令人稱賞，體現了市河寬齋對放翁詩的精深研讀，以及其嚴謹細致、別有匠心的注詩態度。

四、《陸詩意注》的學術價值

寬齋此書題作"陸詩意注"，"意"似包含兩層含義，一即對放翁詩疏通大意，解讀詩旨；一作"私意"解，通"臆"，如《論語·子罕》篇中"子絕四：毋意，毋必，毋固，毋我"①之"意"，爲寬齋謙辭；而"注"，即對放翁詩中語典等作注釋。通過深入研究《陸詩意注》，並將其與《劍南詩稿校注》等著作進行對比研究，發現《意注》在對解讀陸詩和注釋陸詩方面都能提供幫助，也即《陸詩意注》具有"意"與"注"兩方面的價值。

（一）可對解讀陸詩提供新的思考

不同於《校注》以注釋爲主，偶有詩意解讀的注解方式，《意注》中對詩句、詩篇之意的講解佔有很大比重，且寬齋作爲日本漢詩人，其對陸游詩歌的體會也時常會爲讀者帶來驚喜，而這也是《陸詩意注》的重要價值所在。試舉例如下：

卷二《寓驛舍》"繞庭數竹饒新筍，解帶量松長舊圍"句下注云："物尚如此，人何堪。"按，國內學者一般將此句視爲"巧對"，從對偶的修辭手法、纖巧可喜的風格方面加以理解。但寬齋注語却重意解，從物之變化，自然聯想到人之變遷。"人何堪"三字，更有悲嘆之感在。

卷二《同何元立賞荷花追懷鏡湖舊遊》"花深不見畫船行，天風空吹白苧聲"句下注云："'亂入池中看不見，聞歌初認有人來'意。"按，以詩注詩也是寬齋常用的注釋方式。寬齋此語，以爲放翁詩句與王昌齡《采蓮曲》中句有異曲同工之妙，似未有人道出。

卷二《遊圓覺乾明祥符三院至暮》末句"俊鷹解條即萬里，豈比倦翼方知還"句下注云："大物逍遥大處，何比燕雀缺起？"按，《校注》注釋此句，引陶淵明語"鳥倦飛而知還"，雖注出了後句詩語之出處，但此二句用對比手法，表現高下對比之意却不能道出。故《意注》用《莊子·逍遥遊》中故事作注，似更爲準確。

卷二《幽居晚事》尾聯"歸去自佳留亦樂，夢中何處是吾鄉"句下注云："出處觀作一夢，何更拘拘。"按，《意注》未將此處"夢"字解作尋常睡夢，反而認爲此字是佛家所言"如夢幻泡影"之意。若依寬齋作此解，則此詩詩意將更進一層，意味也更雋永。

卷三《夜泊水村》："腰間羽箭久凋零，太息燕然未勒銘。老子猶堪絶大漠，諸君何至泣新亭。一身報國有萬死，雙鬢向人無再青。記取江湖泊船處，卧聞新雁落寒汀。"末句後注云："自在寂寞之境，忽聽新雁，所以思起恢復之北來事。"注語解釋詩人興感之由，是聞雁而思恢復，故生感慨，認爲放翁此詩用倒叙手法，亦可爲一解。

卷三《自妙相歸將至杜浦堰舟中作》頷聯"寺閣疏鐘動，漁村遠火明"下注云："宛然《楓橋夜泊》之光景。"亦未有人道出。

卷四《臨安春雨初霽》"世味年來薄似紗"句下注云："公家居八年，久忘世情。""誰令騎馬客京華"句下注云："自堪怪。""小樓一夜聽春雨，深巷明朝賣杏花"句下注云："京師客中風趣。""矮紙斜行閑作草，晴窗細乳戲分茶"句下注云："京中旅況。""素衣莫起風塵嘆，猶及清明可到家"句下注云："'京洛多風塵，素衣變爲緇。'個是久客之嘆，非如公陛辭畢日，急速歸家。"按，此詩是放翁詩中名作，歷代陸詩選本中幾乎都有此篇，而從古到今對此詩的賞析評品文字亦不少。據張毅先生《陸游詩歌傳播、閱讀研究》第一章中《陸詩選例分析》一節所言，在民國以前，選家與讀者一方面欣賞頷聯的風韻與頸聯的工整，另一方面又批評全詩的前後不渾成、意脈不連貫，認爲有湊泊之嫌。⑧但20世紀以來，放翁"愛國詩人"的標籤被不斷強調，現代注者也因爲對陸游愛國精神認知的加深，解讀出放翁此詩雖表面閑適，實際表達了因被投降派打壓而壯志難酬的憤慨情緒，使得《臨安春雨初霽》有了連貫且完整的詮釋。而寬齋解讀此詩，也是從整體上進行把握，逐句串講：首句言詩人本長年閑居家園，於世俗繁華紛鬧已盡忘；次句言如今却又作客京師，今昔出處變化令自己心生疑惑驚詫；中四句分别叙寫作客京華時的有趣見聞與個人旅況；最後兩句抒情，言長久作客，難免興嘆。將寬齋此解與國內的兩種解釋對看，他既能給予一套完滿的解釋，又能以"客京華"爲中心來解讀詩歌,並認爲詩人所生感嘆是"久客之嘆",這相較於"愛國詩人陸游壯志難酬的憤慨"而言,更平淡日常。在寬齋看來,這首詩只是詩人陸游對個人聞見與一時心境的記錄。故此解析也別是一家。

卷五《讀隱逸傳》:"終南處士入都門,少室山人補諫垣。畢竟只供千載笑,石封三品鶴乘軒。"首句《意注》以爲用宋陳摶事,第二句用宋種放事。而《校注》以爲首句用唐盧藏用事,第二句用《舊唐書·李渤傳》故事。[49]二解都通,可兩存。

(二)可對《劍南詩稿校注》中的注釋作補充

錢仲聯先生著《劍南詩稿校注》,爲放翁九千多首詩作注,彌補了國内放翁詩無注這一空白,厥功甚偉。不過,通過研究《陸詩意注》,發現儘管此本是市河寬齋於兩百年前所作,但其注文中仍有一些可補充《校注》,進而可不斷完善對陸詩的注釋。試舉例如下。

卷二《塞上曲》"笑把出門去,萬里行無前"句下注云:"《南史》:'所向無前。'"按,《南史》卷六七《蕭摩訶傳》中有此語。[50]可補《校注》。

卷三《贈宋道人》詩題下注云:"按,本集有《寄邛州宋道人》詩,自注:'宋與余在臨邛鴨翎鋪同遇異人,宋遂棄官學道。'蓋其人。"而《校注》注云:"宋道人未詳。"[51]故可補《校注》。

卷三《數日喧妍頗有春意予閒居無日不出遊戲作》"射場草緑雉媒驕"句下注云:"李商隱詩:'春場鋪艾帳,下馬雉媒嬌。'"[52]可補《校注》。

卷三《遊萬州岑公洞》"大業征遼發閭左"句下注云:"《秦本紀》:'秦發閭左'注:'里以富强爲右,貧弱爲左。'"按,注語出處有誤,應出自《史記》卷四八《陳涉世家》。[53]又,"軍興書檄煎膏火"句下注云:"杜詩:'今彼征斂者,迫之如火煎。'"[54]均可補《校注》。

卷三《阻風》"吾道無淹速,風伯非所尤"句下注云:"韓愈《訟風伯》文:'我知其端兮,風伯是尤。'"[55]可補《校注》。

卷三《長風沙》"驚濤駭浪高吹花"句下注云:"木華《海賦》:'駭浪暴灑,驚波飛薄。'"[56]按,此語實應出自郭璞《江賦》,但仍可補《校注》。

卷三《雨夜》"銅爐一炷海南沉"句下注引范成大《桂海虞衡誌》云:"鷓鴣斑香,亦得之於海南沉水。"[57]可補《校注》。

卷四《月下小酌》詩有"傳杯甕面清"句,"甕面"之意,《劍南詩稿校注》未作解釋,而《陸詩意注》此句句下注云:"《鴻書要録》:'江東云"缸面",猶河北稱"甕頭",謂初熟酒也。'"按,《鴻書要録》已不傳,此句應是寬齋轉引自清人陳元龍所著《格致鏡原》卷二二,[58]可補《校注》。

卷四《秋興》詩有"葡萄錦覆桐絲古"句,《意注》句下注云:"《鄴中記》:'錦有葡萄文錦。'"按,應是轉引自《玉臺新詠箋注》卷六何思澄《南苑逢美人》"風卷葡萄帶"句下注語,[59]其中《鄴中記》前本有"陸翽"二字,是作者名。仍可補充《校注》。

卷五《齋中弄筆偶書示子聿》"焚香細讀斜川集"句下注云:"《斜川集》十卷,東坡之子蘇過所著。然此所云者,恐當指淵明集中有《遊斜川詩》。"按,《校注》以爲是指蘇過《斜川集》。然放翁集中《正月五日出遊》詩中有句云"且繼斜川五日遊"⁶⁰,正出自陶淵明《遊斜川》詩序:"辛丑歲正月五日,天氣澄和,風物閑美。與二三鄰曲,同遊斜川。"⁶¹則此"斜川集"當是指陶詩,應以《意注》之説爲確。

　　卷五《乾道庚寅予始入蜀》詩"蜀船曾繫挂猿枝"句下注云:"蘇詩:'何人解作挂猿枝。'"⁶²《校注》無注,可補。

　　卷五《春晴自雲門歸三山》"人賣山茶先谷雨"句下注云:"《學林新編》:'茶之佳者,(摘)造在社前,其次火前,其下則雨前,謂谷雨前也。'"⁶³可補《校注》。

　　卷五《夜聞姑惡》題下注云:"范成大《姑惡》詩序:'姑惡,水禽,以其聲得名。世傳姑虐其婦,婦死所化。'"⁶⁴可補《校注》。

　　卷五《冬晴與子坦子聿遊湖上》"海山山下百餘家",《校注》以爲"海山"指蓬萊山,而《意注》此句句下注云:"《府誌》:'海山,在府城西南十五里,山多桑竹,下有居民三四十户,以釣漁爲業。'"按,《嘉泰會稽志》卷九:"海山多桑竹,下有居民三四十户,以漁釣爲業。"⁶⁵《萬曆紹興府志》卷四:"海山,在府城西南十五里,多桑竹。"⁶⁶《意注》應是綜合此二者後作注。似以《意注》爲確。

　　卷六《後寓嘆》"輕車已老豈須侯",句下注云:"《漢書》:'李廣,從弟蔡,元朔中爲輕車將軍,擊匈奴右賢王有功,封爲樂安侯。'⁶⁷言公已老矣,何更望擊虜封侯哉。"《校注》以爲此處是放翁將李廣與李蔡事混用,誤用李廣難封的典故。按,放翁學力精深,尤通史典,詩中亦屢用李廣難封之事,似應不會犯如此淺易的錯誤;且用《意注》之注解,放翁用李蔡事,亦可通,故此處應亦《意注》爲是。

　　卷六《頃歲從戎南鄭屢往來興鳳間暇日追懷舊遊有賦》"村墟蜀語參"句下注云:"《隋志》:'順政語帶蜀音。'"按,應是轉引自《明一統志》卷三四《漢中府志》⁶⁸,可補《校注》。

　　卷六《小園獨酌》"豈須落佩與頹冠"句下注云:"梅聖俞詩:'醉憶曩同吾永叔,倒冠落佩來西都。'⁶⁹歐陽永叔《憶山示聖俞》詩:'頹冠各白髮,舉酒無情袖。'"⁷⁰《校注》認爲用杜牧《晚晴賦序》,可互補。

(三)"詩書合一"與"詩中有畫"

　　日本揖斐高《市河寬齋略年譜》:"(市河寬齋)原名山瀨新平。父山瀨蘭臺,曾任川越藩士,以文雅見稱,好儒學及書法。"⁷¹郝潤華《市河寬齋及其〈陸詩意注〉》中言:"其子市河米庵(1779—1858)是江户時代後期著名書法家,崇尚宋代米芾與明代董其昌書法,以楷、隸見長,主要著作有《米庵墨談》等。"⁷²雖未有直接的證據表明寬齋對書法創作或評品有較高的造詣,但其父山瀨蘭臺雅好書法,其子市河米庵又以書法名世,其門風家學如此,由此可想見寬齋本人亦應浸淫藝術氛圍中,受到翰墨熏染,對書法品評有自己的獨到之處。故而在其注陸詩中與書法相關的詩句時,並不會略過不言,而是能利用其書法知識來加以注解。

如,卷二《醉後草書歌詩戲作》"墨翻初若鬼神怒,字瘦忽作蛟螭僵"句下注云:"懷素字體。""寶刀出匣揮雪刃,大舸破浪馳風檣"句下注云:"魯公筆法。"按,放翁在《題宣律詩畫像》中自言其書法淵源,云:"草書學張顛,行書學楊風。"[73]二者可參看。

卷二《龍湫歌》"鱗間出火作飛電,金蛇夜掣層雲中"句下注云:"宛然處翁筆勢。"原詩詩意本與書法無關,但寬齋此注借用書法筆勢爲放翁詩句作注,是有意識地將書法與詩歌相結合來進行解讀,體現了"詩書合一"的觀念。

卷三《草書歌》"今朝醉眼爛巖電,提筆四顧天地窄。忽然揮掃不自知,風雲入懷天借力"句下注云:"孫過庭論書五合,恐未說到此'神合'。"按,唐孫過庭《書譜》云:"一時而書,有乖有合,合則流媚,乖則雕疏。略言其由,各有其五:神怡務閑,一合也;感惠徇知,二合也;時和氣潤,三合也;紙墨相發,四合也;偶然欲書,五合也。"[74]寬齋此注又從書法境界的角度來評說,將放翁此詩表現的書法狀態概括爲"神合",並認爲超越了古人論書的五層境界。若非是對書法與詩歌並有造詣,能將對二者的理解融會貫通,恐不能道出此說。

此外,寬齋在注放翁詩時,還注重詩與畫相結合,體現出"詩中有畫"的藝術觀。

如,卷一《風雨中望峽口諸山奇甚戲作短歌》"太陰殺氣橫慘淡,元化變態含空蒙"句下注云:"宛然米家畫法。"按,鄧椿《畫繼》卷三:"(米友仁)其所作山水,點滴烟雲,草草而成,而不失天真,其風氣肖乃翁也。"[75]又,《石渠寶笈》卷四二云:"米家畫法多以烟雲掩映爲工,而元暉機趣超逸。昔人評其草草中不失天真,所作《瀟湘白雲圖》久膾炙藝苑。近於收藏家雜卷中購得之,展覽一過。夜雨方霽,曉烟欲出,迷離空闊,景狀不啻置身三湘七澤間。"[76]據此,米家畫法以表現雨後山水的烟雨迷蒙、變幻空靈而見長,正與放翁此二句詩所描繪的景物特色一致,而寬齋將放翁詩句比作米家烟雲,不但十分恰當,而且利用詩畫互證,也可加深對詩句的理解。

再如卷一《遊山西村》"山重水複疑無路,柳暗花明又一村。蕭鼓追隨春社近,衣冠簡樸古風存"句下注云:"民俗淳厚,中四句宛然一幅《桃源圖》。"《草書歌》"槌床大叫狂墮幘"句下注云:"醉態如畫。"卷四《園中絕句》"溪北溪南飛白鷗,夕陽明處見漁舟"句下注云:"真個活畫水墨山水。"《舍北望水鄉風物戲作絕句》"西風沙際矯輕鷗,落日橋邊繫釣舟"句下注云:"自然是好個秋景粉本。"也都是寬齋"詩中有畫"、詩畫互證藝術觀的體現,不再一一分析。

(四)對劉辰翁評語的評論及放翁詩的考訂

劉辰翁是南宋著名文學批評家,曾點評過陶淵明、杜甫、李白、王維、孟浩然、韋應物、王安石等詩人的詩作,也選評過放翁詩,編爲《精選陸放翁詩集》後集八卷。市河寬齋在《陸詩意注》中就選錄了一些劉辰翁的放翁詩評,並結合自己的研究考證,對其不妥處提出了商榷意見,如卷一《成都行》題下注云:"按,公在嘉州,將終年,故思成都豪華,作此詩也。劉辰翁評'歸越後作'者,誤甚。"按,應以寬齋所言爲是。

《意注》中亦偶會對詩文文本作考證與校訂，提出自己的見解或問題，雖不過寥寥數處，但因其新穎獨特，也很有價值。列舉如下。

卷五《春晴自雲門歸三山》"乍行春野眼增明，漸減春衣體倍輕。人賣山茶先穀雨，鴉隨燔祭過清明。柳塘水滿雙鳧戲，稻隴泥深一犢行。晚到三橋泛舟去，掩關不復畏重城。"詩末注語云："按，此詩重押'明'字，未詳何據。"作爲漢詩人，寬齋利用自己的詩學知識對放翁作詩押韻提出了疑問。

卷六《春雨》"春陰易成雨，客病不驚寒"句下注云："'驚'，本集及抄皆作'禁'，爲是。"按，注語中"抄"當是指寬齋所藏的村上漫甫手抄本《劍南詩抄》。根據陸堅的文章[⑦]，此抄本題識云："元禄戊寅（十一年，1698）首夏十一日謄寫畢，冬嶺村漫甫，時年七十五。"寬齋子市河米庵還有題識："此爲前哲村上漫甫手寫本，先考平日最所鍾愛者，有詩云：'放翁八十尚能書，漫甫七旬書亦奇。二老風流今在眼，免教年少自矜持。'文政辛巳（四年，1821）冬十月，男三亥謹記。"又，卷六《西村晚歸》"小屋花垂盡，平隄草次迷"句下注云："'次'，本集諸本皆同，恐當'欲'字訛。"寬齋此説未有人提出，竊以爲此説可資參考，亦可補校《劍南詩稿校注》。可見，寬齋在著《陸詩意注》時，至少利用了汲古閣本《劍南詩稿》、手抄本《劍南詩抄》、乾隆《御選唐宋詩醇》等多種放翁詩的文本，對文字作了非常仔細的比勘校證工作，纔能校正諸本之誤，提出自己的學術意見。因此類校勘性文字數量很少，故寬齋背後所做的大量工作也較難被察覺，其學術價值更是容易被忽略。

五、《陸詩意注》的不足

據文獻記載，在市河寬齋爲陸游詩歌作注之前，中國曾有宋代史溫作《陸詩選注》十卷、《續集》一卷，宋末聞仲和作《注陸放翁劍南句圖》，清人許美尊作《陸詩選注》等放翁詩選注本，可惜都未能傳世，這也意味着寬齋所注陸詩不但是日本，也是整個東亞漢文化圈中現存最早的陸詩注本。再加上寬齋對放翁詩的注解細緻深入，頗具學術價值，故此本《陸詩意注》在陸游詩歌研究史上的重要意義不言而喻。但其在刊刻、注釋及詩意解讀方面，也還有一些錯誤，雖瑕不掩瑜，然指出其不足，補正其缺點，也是研究應有之意。

（一）刊刻之誤

或許是活字本之故，《陸詩意注》的刊刻存在排版錯誤、文字錯訛、脫衍倒乙等舛誤。下文將一一指出。

1. 排版錯誤

市河寬齋在首卷凡例四中言："乾隆御評與本文平頭，群下評語共低一字，皆從《詩醇》之例。"即《陸詩意注》的詩文與評語的格式都應與《唐宋詩醇》（內府本）保持一致。但將二本作一比較，發現《意注》中却有些許不同，如卷二《十二月十一日視築堤》本爲七言古詩，然第七句"今年樂哉適歲豐"在刊刻時却未能緊隨第六句而下,而是另起一行頂格,誤甚。又,卷四《梅花絕句》本是從原集十首五言絕句中選擇了第二、第四首,但在刊刻時未能重起一行將第二首首句頂格,故使兩首絕句混作一首五言八句詩,容易使讀者產生迷惑。又,卷五《感舊》"夜涉南沮水"與"凜凜隆中相"應是兩首五言律詩,刊刻時亦未能重起一行將第二首首句頂格。

結合對詩語與注語之間行文邏輯的加以理解,發現注語的位置有時安排得並不妥當。雖不可見市河寬齋原稿,但知此應不是注者之失,而是刊刻者之誤,故將此種情形也視作排版錯誤。如卷三《小雨極涼舟中熟睡至夕》首句"舟中一雨掃飛蠅",注語"無妨睡者"四字位於"一"字下,應誤,當置於句末。又,卷三《初秋夢故山覺而有作》"老翁延我入"下注語云:"父老真率,勸酒於公。夢中事,止此。"按,"老翁延我入,苦謝柿栗微。幸逢歲有秋,一醉君勿違"四句皆言夢中老翁勸酒事,故應置注語於"君勿違"之下。又,卷三《乍晴風日已和泛舟至桑埭徘徊西村久之》"數家茅屋晝掩門,不聞人聲聞碓聲"注語"農事是勤"四字置於"茅"字之下,誤,應置於"碓聲"之下。"身似龐公不入城",注語"隱操高"三字位於"似"字下,誤,應置於句末。"東阡南陌餘餕生",注語"唯在郊外"四字位於"南"字下,誤,應置於句末。《意注》中此類錯誤約有十處,不再一一列舉。且基本都出現在卷三,他卷中極少,尚不知其緣故。

2. 文字錯訛

此是《陸詩意注》中最多見的刊刻錯誤。《陸詩意注》是爲《唐宋詩醇》(內府本)作注,但除評語基本與《詩醇》一致外,《意注》中的詩文和放翁自注的文本與《詩醇》也有不同,應是活字本刊刻不精所致。現分別舉例如下:一是《意注》中的詩文文字錯訛,如卷一《送全州趙都曹》"全"誤作"金";卷三《江上散步尋梅偶得絕句》"紅稻不須鸚鵡啄","紅"誤作"江";卷五《感秋》"古來真龍駒,未必置天閑","必"誤作"心";卷五《讀前輩詩文有感》:"我無前輩千鈞筆","千"誤作"于","鈞"誤作"釣",末句"此事要須推大手","手"誤作"午";卷六《思蜀》"柳拂驛牆思鳳集","牆"誤作"檣"等。二是《意注》中的放翁原注文字錯訛,如卷一《病中簡仲彌性唐克明蘇訓直》自注云:"三君皆有歸志,故云。""志"誤作"思";卷二《寓驛舍》自注云:"予三至成都,皆館於是。""是"誤作"此";卷三《感舊絕句》自注云:"鵝黃,廣漢酒名。""廣"誤作"黃"等。

《意注》中最重要的是寬齋的注語,但其中字句的訛誤更甚。試舉例如下:卷一《以石芥送劉韶美禮部》"風味可人終骨髓"句下注云:"《唐》:蕭璃骨髓亮直。"考之,注語引文出自《舊唐書》卷六三,"蕭璃"應作"蕭瑀"。⑱又,卷三《峽口夜坐》"螢火飛熠熠"句下注云:"已出峽口,風柳頌異。"後四字殊難解。因寬齋《陸詩考實》中部分文字與《陸詩意注》是相同的,故考之《考實》,其中作"出峽,風物頓異",如此則可利用《考實》爲《意注》作校正。又,卷一《松滋小酌》"騷客久埋骨"句下注云:"屈原廟,在歸州東。又有屈原定宋玉宅。""屈原定"三字殊難解。考之,《明一統志》卷六二《荊州府》:"屈原廟,在歸州東。"又:"宋玉宅,在歸州舊治東五里。"其前有"屈原宅,在歸州北一百里"。⑲則"屈原定"應是"屈原宅"

之誤。又，卷六《直舍獨坐思成都》"錦城花絮送吴船，屈指東歸又幾年"句下注云："公自蜀歸，至今二十七年。"按，此詩作於嘉泰二年（1202）冬，而放翁於淳熙五年（1178）二月出蜀，故東歸應有二十五年，而非二十七年。

3. 脱衍倒乙

此種錯誤相對很少，遍考全書，其中缺字、衍字、字序顛倒者也不過各二三例。仍分類羅列如下：一是缺字，卷二《梅花》"高堅政要飽憂患"句後應有"放棄何遽愁荒遐"句，《意注》無。又，卷四七言絕《題四仙像》第三句應爲"神仙不死成何事"，《意注》少"不死"二字。又，卷四《過杜浦橋》題下注云："以下七首，淳熙十年，公在鄉作。"按寬齋之意，應是"淳熙十一年"，少"一"字。二是衍字，卷一《沙頭》題下注云："《明統志》：沙市城，在荆封州府城東南十五里，相傳楚之故城，舊址尚存。"此見於《明一統志》卷六二《荆州府》⑱，"封"字爲衍字。又，卷一《劍門城北回望劍關諸峰青入雲漢感蜀亡事慨然有賦》"危機變化亦逡巡"句中，"化"字下有一"信"字，"巡"字下有一"屈"字，二字字號皆略小於詩文文字，應是衍字。三是字序顛倒，卷三《夜寒》"忽記山陰夜雪時"句下注云："不免往時思在鄉日。"語意不通，應作"不免思往時在鄉日"。又，卷三《書懷絕句》"手挈軍持取澗泉"句下注云："子嶽陽江東汲寒泉。賈島詩：'我有軍持憑弟。'"注語語意不通。考之，此處應是引用賈島詩《訪鑒元師侄》："我有軍持憑弟子，嶽陽溪裏汲寒流。"⑲刊刻誤致前後句顛倒。

（二）注釋錯誤

市河寬齋《陸詩意注》在對詩歌中出現的一些地名、典故以及詩歌的創作年月和地點作注釋時，時有注解錯誤的情況發生。

1. 釋地理有誤

對放翁詩中的地理名詞作注，是市河寬齋在注陸詩時非常重視的一點，也是寬齋注語中花費筆墨較多處。寬齋在注釋地名時，一般多參考《明一統誌》，在注釋蜀中地理時，還會同時參考曹學佺《蜀中廣記》，在注釋山陰地方時，會參考《嘉靖山陰縣誌》和《萬曆會稽縣誌》。雖資料貧乏，且未有宋時方誌，但《陸詩意注》在解釋放翁詩中出現的地理名詞時却很少犯錯，只有一二處，頗爲難得。現羅列如下。

卷六《與兒輩泛舟遊西湖一日間晴陰屢易》詩末句云"傷心六十餘年事，雙塔依然在翠微"，《意注》引《明一統誌》，認爲"雙塔"指雷峰塔與六合塔，而《校注》則引《咸淳臨安志》，認爲是雷峰塔與保俶塔。⑳按，六合塔在錢塘江岸，不在西湖邊；而雷峰塔在夕照山，與在寶石山的保俶塔隔西湖而望，與詩中"雙塔依然在翠微"的句意相合，故"雙塔"所指應以《校注》爲是。

卷六《西村》詩首句云"亂山深處小桃源"，句下注云："山間幽深，看做桃源。"而《校注》以爲"小桃源"當是指桃源庵。此處當以《校注》注釋爲確，不過《意注》此說於詩意亦通，似可兩存。

2. 釋典故有誤

《陸詩意注》中注釋典故有誤時，多是引用文獻時將典故的出處注解錯了。現將釋典有誤處及其正確出處舉例如下。

卷一《寄酬曾學士學宛陵先生體》"庭中下乾鵲，門外傳遠書"句下注云："陸賈《新語》：乾鵲噪而遠客至。"按，此見於舊題葛洪《西京雜記》卷三引陸賈云："乾鵲噪而行人至，蜘蛛集而百事喜。"⑧陸賈《新語》中並無此語。但《佩文韻府》卷七云："《新語》：'乾鵲噪而行人至。'"⑭不知寬齋所據，是否爲此説。

卷一《送曾學士赴行在》"織羅士破膽"句下注云："《唐·酷吏傳》：當時以告訐爲功夫，號曰'羅織'。"按，此見於《新唐書》卷一二四《姚崇傳》，原文作"當是時，以告言爲功，故天下號曰'羅織'"。⑧並不見於《酷吏傳》。

卷一《度浮橋至南臺》"白髮未除豪氣在"句下注云："《世説》：陳元龍事。"按，此見於《三國志》卷七《魏書·陳登傳》："後許氾與劉備並在荆州牧劉表坐，表與備共論天下人。氾曰：'陳元龍湖海之士，豪氣不除。'"⑧並不見於《世説新語》。

卷二《對酒》"九環寶帶光照地"句下注云："《隋書·禮儀志》：'侯王貴臣，多服九環帶。'"按，此注語見於《佩文韻府》卷六八"九環帶"之注⑰，而《隋書》中無。寬齋注釋時應是直接轉引自《韻府》，而未核查原典。

卷二《龍眠畫馬》題下注云："《鶴山集》：'伯時留意畫馬，每欲畫，必觀群馬，以盡變態。'"按，魏了翁集中無此語，考之，應出自宋李綱《梁谿集》卷九《羅疇老所藏李伯時畫馬圖》詩末自注。⑱而《佩文齋書畫譜》卷五〇中言此語出自《鶴山集》⑱，則《意注》或是轉引自此書。

卷五《舟中》"報人風雨有鼉鳴"句下注云："《晉安海物記》：'鼉欲雨則鳴，故里俗以鼉識雨。'"按，此語出自陸佃《埤雅》卷二《釋魚》："今狖將風則踴，鼉欲雨則鳴，故里俗以狖識風，以鼉識雨。"⑳

卷六《恩封渭南伯》詩"虛名定作陳驚坐"句下注云："陳驚坐，事見《世説》。"按，考之《世説新語》，並無其事，應是出自《漢書》卷九二《遊俠傳》⑪。

導致此類錯誤出現的原因，應是寬齋在注釋詩歌時，本就並不重視出典。且在出典時又常常會參考《佩文韻府》《淵鑒類函》《佩文齋書畫譜》之類的工具書，資料多轉引而少查原典。

此外，《陸詩意注》中注典錯誤還有一種情形，即寬齋注文中的典故是有誤的，混淆了其中涉及的人物、時間等。試校正數例如下。

卷一《寄酬曾學士學宛陵先生體》"細讀味益久，炙轂出膏腴"句下注云："《史記》：鄒衍事。"按，此見《史記》卷七四《孟子荀卿列傳》，原文作："騶衍之術迂大而閎辯；奭也文具難施；淳于髡久與處，時有得善言。故齊人頌曰：'談天衍，雕龍奭，炙轂過髡。'"⑫應是淳于髡事。

卷三《夜泊水村》"太息燕然未勒功"句下注云："漢霍去病伐匈奴有功，勒石立燕然山。"按，燕然勒功應爲後漢竇憲故事，出自《後漢書》卷二三《竇憲傳》⑬。

卷三《春遊》末句"歸來意頗豪，古錦有新句"句下注云："如此豪興宜矣，新詩如錦。"

《校注》以爲此處用李賀故事。按，放翁詩中屢用此故事，如卷七《馬上》："堪笑年來向詩懶，還家古錦只空囊。"㉞故應以《校注》爲是。

卷六《初夏閑居》"親詔憂民已放丁"，句下注云："時將伐金，故有此事，放丁爲農事。"而《校注》引李心傳《建炎以來繫年要錄》及《宋史》等史料，以爲"放丁"應指"浙路身丁錢，自今永興免除"㉟。

3. 詩歌繫年等有誤

陸游年譜，現存最早的應是清趙翼（1727—1814）所著《甌北詩話》卷七中的《陸放翁年譜》。市河寬齋也頗重視對放翁年譜的編著，《陸詩考實》與《陸放翁詩醇》首卷中都各有一本寬齋所著的《放翁年譜》，是日本最早的陸游年譜。且寬齋在首卷凡例六言"陸集未聞有年譜"，則其應未見到甌北所作《陸放翁年譜》。寬齋在注《意注》六卷放翁詩時，稱"以推知公事蹟爲先"，並爲此參考了許多文獻資料，諸如《劍南詩稿》、《渭南文集》、《老學庵筆記》、《入蜀記》、《陸游詞》、《宋史》、范成大《吳船錄》、羅大經《鶴林玉露》、周密《齊東野語》與《浩然齋雅談》、劉辰翁《精選陸放翁詩集》等，用力甚勤，頗有價值。但結合國內對放翁事蹟作考察的研究著作，如趙翼《甌北詩話》㊱、于北山《陸游年譜》㊲、歐小牧《陸游年譜》㊳及錢仲聯《劍南詩稿校注》等，發現寬齋在《意注》中的一些詩歌繫年是錯誤的，而這應是市河寬齋在推知放翁事蹟時弄錯了時間地點，進而在爲陸詩繫年時也沿襲了同樣的錯誤。現將《意注》中與諸本中標示的時間地點不一的詩歌用表格的形式列舉如下：

卷	詩　題	《甌北詩話》	《陸詩意注》	《劍南詩稿校注》	《陸游年譜》	《陸游年譜》	備　注
卷一	《送曾學士赴行在》		按曾墓誌，紹興二十六年知台州，踰年，召赴行在所。蓋公此時送之也。	紹興二十六年四月作於山陰。	紹興二十六年三月，曾幾改知台州。《送曾學士赴行在》一詩，或即此時所作。	紹興二十七年夏四月，曾幾以薦召赴行在，至則以老病乞辭，加直秘閣，仍知台州。	此詩寫作時間有兩說，作於紹興二十六年或二十七年，未有確論。
	《新夏感事》		時公家居。（按，此詩在《送曾學士赴行在》之後，則注者應以爲其至晚作於紹興二十七年。）	紹興二十六年四月作於山陰。			

(續表)

卷	詩題	《甌北詩話》	《陸詩意注》	《劍南詩稿校注》	《陸游年譜》	《陸游年譜》	備注
	《留題雲門草堂》	紹興二十四年甲戌,先生年三十,試禮部被黜。	紹興乙亥春,禮部考試,公被秦檜顯黜,歸隱雲門山中。檜死後,再將就試,因出山時所作。	此詩紹興二十六年冬作於山陰。	紹興二十四年,甲戌,試禮部,名列第一,以論恢復而語觸秦檜,復爲秦氏所黜落。	宋高宗紹興二十四年(公元一一五四)甲戌,先生三十歲。三月,試禮部,被黜。返里,居雲門寺。	《意注》之説誤。
	《度浮橋至南臺》	紹興二十八年戊寅,先生年三十四,官福建寧德縣主簿。	放翁以紹興二十九爲福州寧德主簿。	在紹興二十八年爲福州寧德主簿。	紹興二十八年,始出仕,爲福州寧德縣主簿。	宋高宗紹興二十七年十一月,先生赴福州寧德縣主簿任。	《意注》之説誤。
	《東陽道中》	紹興三十年庚辰,先生年三十六。以薦者除敕令所删定官,遷大理司直,兼宗正簿。	紹興三十一年,公以薦赴京道中作。	此詩紹興三十年北歸途中經東陽作。	紹興三十年,正月,自福州北歸。	宋高宗紹興三十年,正月,先生卸主簿任,還山陰。	《意注》之説誤。
	《寄張真父舍人》		公在京作。	此詩隆興元年秋作於山陰。			
	《病中簡仲彌性唐克明蘇訓直》		時公家居。	此詩隆興二年作於鎮江。			
	《晚泊慈姥磯下》		乾道二年秋,公自鎮江别駕轉洪州,以下二首,道路舟中作。	此詩乾道元年七月作於赴隆興通判任長江途中。	乾道元年七月,改任通判隆興軍事。	宋孝宗乾道元年七月,先生改通判隆興軍府事。	《意注》之説誤。

(續表)

卷	詩　題	《甌北詩話》	《陸詩意注》	《劍南詩稿校注》	《陸游年譜》	《陸游年譜》	備　注
	《隨意》		乾道三年四月，公以言者論罷歸。以下七首，公在鄉作。	此詩乾道二年秋作於山陰。	乾道二年，言者論務觀"力説張浚用兵"，免歸。	宋孝宗乾道二年春：先生居隆興府任。言者論其交結臺諫，鼓唱是非，力説張浚用兵，遂免歸。以二月初離任，取路經臨川、玉山入浙，於五月間抵里。	《意注》之説誤。
卷二	《萬里橋江上習射》		淳熙三年，公在成都所作。	淳熙四年正月作於成都。	淳熙三年。	淳熙三年。	
	《出塞曲》		同上	同上	同上	同上	
	《偶過浣花感舊遊戲作》		同上	同上			
	《樓上醉書》		同上	同上			
卷三	《遊諸葛武侯書臺》		淳熙四年，公在蜀中作。	淳熙五年正月作於成都。			《劍南詩稿校注》此詩前有《丁酉除夕》《正月二日晨出大東門是日府公宴移忠院》詩，淳熙四年爲丁酉，故此詩作於淳熙五年，應以《校注》爲是。
	《黃鶴樓》		公至此，已七月。	六月。			《劍南詩稿》中此詩後有《六月十四日宿東林寺》詩，故應以《校注》爲是。

(續表)

卷	詩題	《甌北詩話》	《陸詩意注》	《劍南詩稿校注》	《陸游年譜》	《陸游年譜》	備注
	《沂溪》		出蜀道中作。	淳熙五年九月歸山陰後作。			
卷六	《出東城並江而歸》		嘉泰三年，公在京作。	嘉泰二年冬作於臨安。			
	《春前六日作》		開禧三年，公在家作。	開禧二年冬作於山陰。			

由表格可見，卷一繫年錯誤大多在放翁被黜、初仕及初次被罷免時所作詩歌，數目並不多，往往是寬齋將放翁當時事蹟發生的年份弄錯了，或早一年，或晚一年。而卷二至卷六的一些詩歌，因其創作時段大約都在一年新舊更替時，至於是作於年末或明年初，對於理解放翁詩意並無大影響，也就無關緊要了。

(三) 詩意解讀有誤

《陸詩意注》中寬齋注語內容多是對詩歌大意的逐句或逐段講解，注解細緻，對於讀者理解放翁詩意有重要的參考價值。但書中有些許解讀似有不妥，仍值得商榷。現羅列如下。

卷一《遊錦屏山謁少陵祠堂》"文章垂世自一事，忠義凜凜令人思"句下注云："忠臣義士，而以文章傳，可悲可傷。"按，的確放翁的理想抱負並不只是作一位詩人，而是要能忠心報國，以忠臣義士之名、復土保民之功，永垂青史。而放翁敬重少陵，一方面是因其傳世詩章照耀千古，無人能匹，另一方面是因少陵"一飯未嘗忘君"的憂國憂民情懷令其仰慕。但此二句詩重在稱其"忠義"，却並無貶低"文章"之義。而寬齋此語，似將"詩人"與"忠臣"作爲對立面，認爲放翁爲只以詩篇文章被世人傳誦而感到悲憤哀傷，則是誤解了放翁對老杜的態度，誤解了放翁之意。

卷二《山中得長句戲呈周輔並簡朱縣丞》："支筇負笠出復没，喜動婦人驚提孩。"句下注云："深山中逢婦女抱嬰兒，可驚，可怪。"按，聯繫上下句，此應是指詩人遊山中，忽隱忽現，似仙非怪，容易讓婦女兒童驚駭。且《醉後草書歌詩戲作》中亦有"紙窮擲筆霹靂響，婦女驚走兒童藏"[59]相類似之語，故寬齋此解甚誤。

卷三《南窗睡起》第二首"夢從隴客聲中斷"，句下注云："聽降虜歌。"按，據《校注》所引《本草綱目》："鸚䳇亦作鸚䳇，李昉呼爲隴客。"[60]寬齋應是不知此典，誤將"隴客"解作"降虜"，進而誤解了詩意。

卷四《探梅》詩於紹熙三年冬作於山陰,其中有句"蓬山把酒今三年",《意注》句下注云:"蓬山,在山陰。"而《校注》注爲:"蓬山,宋人稱秘書省爲蓬萊道山,或稱蓬山,或稱道山,或稱大蓬。"並釋其所本,可見於《後漢書·竇章傳》:"是時學者稱東觀爲老氏藏室、道家蓬萊山。"李賢注:"老子爲守藏史,復爲柱下史,四方所記文書皆歸柱下,事見《史記》。言東觀經籍多也。蓬萊,海中神山,爲仙府,幽經秘録並在焉。"按,考之方誌,南宋《(寶慶)四明志》卷一六《慈溪縣志》云:"香山,舊名大蓬山,又名達蓬山,縣東北三十五里,山峰有巖,高四五丈,狀如削成,有石穴深三丈,其巖有三佛蹟。或云上多香草,故以爲名;又云秦始皇至此,欲自此入蓬山,故號達蓬。"則浙江只有"大蓬山"或"達蓬山",而未有"蓬山"。又,考之詩人本集,"蓬山"凡數見,如卷二一《喜楊廷秀秘監再入館》言"公去蓬山輕,公歸蓬山重",卷七五《挾書一卷至湖上戲作》言"曾典蓬山四庫書"等,其中所指皆與《校注》所釋相合。故寬齋此處以"蓬山"爲山名,誤。

卷五《雜感》"自嗟不及東家老,至死無人識姓名"句下注云:"深恥野老終身無人知。"按,《劍南詩稿校注》卷二〇《醉題》詩云:"歸耕只要無人問,安用文章海内傳。"此詩作於淳熙十五年嚴州任所,是時放翁已有歸隱田園、卜鄰野老之意。故寬齋認爲放翁以野老無人知而爲恥,則誤矣。

結　　語

《陸詩意注》是在日本江户時期宋代詩風興起的文學背景下,由當時詩壇領袖市河寬齋爲向日本介紹和傳播陸游詩歌而作的陸詩注本。《意注》不但以内府本乾隆《御選唐宋詩醇》爲底本作注,全面認可和繼承了後者對陸游詩歌的批評,並且其偏重意注的注詩方法也進一步完善和發揚了《詩醇》的詩學思想。《意注》注詩時,引書涉及經史子集,涉獵廣泛,用力精深,其注語具有解讀細緻、注語注重詩歌章法、"注中有評"、"以典注陸、以陸注陸"、恰當運用對偶和排比等修辭的特點。儘管有一些刊刻及注釋、解讀錯誤,但《意注》對語典出處的注釋和對放翁詩意的細緻獨特解讀,都能對現有的相關著作內容作補充,也爲更好地理解陸游及其詩歌提供了幫助。此外,寬齋具有"詩書合一"與"詩中有畫"的藝術觀,在此觀點影響下,他對部分放翁詩句的解讀便有了更廣闊的藝術維度,更能啓發讀者在今後研讀放翁乃至其他詩人的作品時,也可試將"詩"、"書"、"畫"三者加以綜合分析,體味不同藝術作品之間的奇妙化學反應。同時,寬齋在研究放翁詩時,把多種放翁詩的文本作對比,一方面利用文本之間的差異而對《唐宋詩醇》中的文字作校訂,另一方面,即使在文本一致的情況下,也能利用自己的詩學知識對放翁詩中的一些不符合詩學規律的用字提出自己的疑問或見解。注者的這些思考在今天仍然值得研究者繼續作探討。這都是《陸詩意注》的價值和重要性所在。而研究市河寬齋《陸詩意注》,認識日本漢詩人理解中的陸游詩歌,發掘這些注解具有的價值,可使我們利用域外文學研究的寶貴資料,借異域之眼、他山之石,爲未來的陸游及其詩歌研究提供更廣闊的空間和道路。

(作者單位:南京大學文學院)

---

① 陸游著,馬亞中、涂小馬校注《渭南文集校注》第 3 册,浙江古籍出版社,2015 年,第 27 頁。
② 按,陸游詩文集何時東傳日本、朝鮮,現在並無相關研究成果。據嚴紹璗《日藏漢籍善本書録》記載,日本所藏陸游詩文别集如《陸放翁全集》《渭南文集》《劍南詩稿》等基本都是明刊本。據祝尚書《宋人别集敘録》的考證,陸游《劍南詩稿》《渭南文集》等只在南宋和明朝時期刊刻。而考日本書目如《日本書目大成》《江户時代所刊書林出版書籍目録集成》等,也並未有宋本陸游詩文别集的相關記録。而南宋羅椅、劉辰翁所選《陸放翁詩集》在日本現存最早有五山版,據日本學者甲斐雄一《關於日本所藏〈名公妙選陸放翁詩集〉》一文的注釋,推斷五山版《陸放翁詩集》是在 14 世紀後半出版的,而五山版是翻刻的元本,元本在 14 世紀前半出版,則有可能元本《陸放翁詩集》在 14 世紀中期左右傳入日本。又五山時期江西龍派(1375—1446)編《新選分類集諸家詩卷》、慕哲龍攀(?—1424)與瑞巖龍惺(1384—1460)編《續新編分類諸家詩集》都分别選録了陸游 60 多首七言絶句,其中許多詩只見於《劍南詩稿》,《陸放翁詩集》中並不包含。江西龍派等人的活動年代又早於明毛晉(1599—1659)汲古閣本《劍南詩稿》誕生的年代,則有可能江西龍派等人選詩時參考的就是宋刊本《劍南詩稿》,也即《劍南詩稿》至遲在 14 世紀後半期也已經傳入了日本。另外,葛婷在碩士學位論文《和刻本宋詩話研究》中也考證了《老學庵筆記》至遲在五山時期、明英宗天順八年(1464)後不久就傳入日本。
③ 除了陸游之外,其他的中興詩人,如楊萬里、范成大也受到重視,當時刊刻了很多中興詩的詩集,張伯偉先生與卞東波師合著《風月同天:中國與東亞》(江蘇人民出版社,2017 年,第 224 頁。)一書中就羅列了許多當時翻刻刊行的南宋三大家詩選,如大窪詩佛(1767—1837)、山本謹(1771—1855)編的《宋三大家絶句》,大窪詩佛、菊池五山編的《廣三大家絶句》,菅原琴、梁川卯編的《宋三大家律詩》,以及陸游的《名公妙選陸放翁詩集》、《放翁先生詩鈔》、《增續陸放翁詩選》,范成大的《范石湖詩鈔》、《石湖詩》、《田園雜興》)、《范石湖四時田園雜興詩鈔》、《石湖居士蜀中詩》等。按,書題中的"三大家"即指范石湖、楊誠齋、陸放翁。
④ [日]松下忠著、范建明譯《江户時代的詩風詩論——兼論明清三大詩論及其影響》,學苑出版社,2008 年,第 501 頁。
⑤ [日]一海知義著、彭佳紅譯《陶淵明·陸放翁·河上肇》,中華書局,2008 年。
⑥ 郝潤華《市河寬齋及其〈陸詩意注〉》,《文獻》2003 年第 4 期。
⑦ 郝潤華《陸游詩歌與日本江户文學——以市河寬齋爲中心考察》,《南京政治學院學報》2004 年第 4 期。
⑧ 郝潤華《日本江户時期市河世寧所輯陸游佚詩》,《文獻》2000 年第 4 期。
⑨ 金明蘭《市河寬齋撰著〈陸放翁年譜〉考》,《域外漢籍研究集刊》第八輯,中華書局,2012 年。
⑩ 都軼倫《市河寬齋〈陸詩考實〉研究》,《文獻》2015 年第 1 期。
⑪ 金明蘭《市河寬齋撰著〈陸放翁年譜〉考》,《域外漢籍研究集刊》第八輯,中華書局,2012 年。
⑫ 同上。
⑬ 都軼倫《市河寬齋〈陸詩考實〉研究》:"《陸詩考實》共三卷,爲市河寬齋六十六歲(日本文化十一年,1814)時所作。"
⑭ 陸游著、錢仲聯校注《劍南詩稿校注》,上海古籍出版社,2005 年,第 2081 頁。

⑮ 同上書,第 2082 頁。
⑯ 朱謙之《老子校釋》,中華書局,1984 年,第 25 頁。
⑰ 《劍南詩稿校注》,第 741 頁。
⑱ 卞孝萱《兩本〈唐宋詩醇〉之比較研究》,《中國典籍與文化》1999 年第 4 期。
⑲ 按,筆者所用內府本《唐宋詩醇》爲清乾隆十五年武英殿刻四色套印本,見於《四庫提要著錄叢書》第 204、205 冊,北京出版社,2010 年。《四庫全書》本爲《景印文淵閣四庫全書》第 1448 冊。
⑳ 張伯偉《中國古代文學批評方法研究》,中華書局,2002 年。
㉑ 莫礪鋒《論〈唐宋詩醇〉的編選宗旨與詩學思想》,《南京大學學報》2002 年第 3 期。
㉒ 《劍南詩稿校注》,第 2941 頁。
㉓ 同上書,第 1379 頁。
㉔ 《新唐書》,中華書局,2000 年,第 3131 頁。
㉕ 同上書,第 3186 頁。
㉖ 朱熹《詩集傳》,中華書局,2011 年,第 63 頁。
㉗ 鄭玄注、孔穎達疏《禮記正義》,北京大學出版社,1999 年,第 53 頁。
㉘ 孔安國傳、孔穎達疏《尚書正義》,北京大學出版社,1999 年,第 34 頁。
㉙ 楊伯峻《春秋左傳注》,中華書局,2009 年,第 265 頁。
㉚ 都軼倫《市河寬齋〈陸詩考實〉研究》,《文獻》2015 年第 1 期。
㉛ 程樹德撰,程俊英、蔣見元點校《論語集釋》,中華書局,1990 年,第 1265—1271 頁。
㉜ 《後漢書》,中華書局,2000 年,第 563 頁。
㉝ 《劍南詩稿校注》,第 93 頁。
㉞ 同上書,第 1460 頁。
㉟ 同上書,第 3866—3867 頁。
㊱ 《春秋左傳注》,第 1242 頁。
㊲ 《劍南詩稿校注》,第 467 頁。
㊳ 同上書,第 2844 頁。
㊴ 干寶撰、李劍國輯校《新輯搜神記》,中華書局,2007 年,第 39—40 頁。
㊵ 《劍南詩稿校注》,第 600 頁。
㊶ 同上書,第 1166 頁。
㊷ 同上書,第 3403 頁。
㊸ 同上書,第 898 頁。
㊹ 同上書,第 1366 頁。
㊺ 同上書,第 1490 頁。
㊻ 同上書,第 2580 頁。
㊼ 程樹德撰,程俊英、蔣見元點校《論語集釋》,中華書局,1990 年,第 573 頁。
㊽ 張毅《陸游詩歌傳播、閱讀研究》,復旦大學出版社,2014 年,第 43—53 頁。
㊾ 《劍南詩稿校注》,第 2541—2542 頁。
㊿ 《南史》,中華書局,2000 年,第 1101 頁。
51 《劍南詩稿校注》,第 687 頁。
52 見馮浩箋注、蔣凡標點《玉谿生詩集箋注》,上海古籍出版社,1979 年,第 556 頁。
53 《史記》,中華書局,2000 年,第 1567—1568 頁。

(54) 仇兆鰲注《杜詩詳注》中華書局,2015 年,第 2055 頁。
(55) 劉真倫、岳珍校注《韓愈文集彙校箋注》,中華書局,2010 年,第 255 頁。
(56) 李善注《文選》,上海古籍出版社,1986 年,第 560 頁。
(57) 范成大著、方健整理《桂海虞衡志》,《全宋筆記》第五編,大象出版社,2012 年,第 105 頁。
(58) 陳元龍《格致鏡原》,《文淵閣四庫全書》第 1031 册,第 303 頁上。
(59) 穆克宏點校《玉臺新詠箋注》,中華書局,1985 年,第 257 頁。
(60) 《劍南詩稿校注》,第 2984 頁。
(61) 逯欽立校注《陶淵明集》,中華書局,1979 年,第 44 頁。
(62) 查慎行補注、王友勝校點《蘇詩補注》,鳳凰出版社,2013 年,第 848 頁。
(63) 王觀國《學林》,《文淵閣四庫全書》第 851 册,第 208 頁上。
(64) 范成大《范石湖集》,中華書局,1962 年,第 21 頁。
(65) 施宿等《嘉泰會稽志》,《文淵閣四庫全書》第 486 册,第 178 頁上。
(66) 蕭良幹修,張元忭、孫鑛纂,李能成點校《萬曆〈紹興府志〉點校本》,寧波出版社,2012 年,第 78 頁。
(67) 《漢書》,中華書局,2000 年,第 1863 頁。注文有删改,原文作:"初,廣與從弟李蔡俱爲郎,事文帝。景帝時,蔡積功至二千石。武帝元朔中,爲輕車將軍,從大將軍擊右賢王,有功中率,封爲樂安侯。"
(68) 李賢等《明一統志》,《文淵閣四庫全書》第 472 册,第 856 頁下。
(69) 朱東潤編年校注《梅堯臣集編年校注》,上海古籍出版社,2006 年,第 561 頁。
(70) 李逸安點校《歐陽修全集》,中華書局,2001 年,第 15 頁。
(71) [日] 揖斐高《市河寛齋・大窪詩佛》,巖波書店《江户詩人選集》第五卷附録,1990 年。
(72) 郝潤華《市河寬齋及其〈陸詩意注〉》,《文獻》2003 年第 4 期。
(73) 《劍南詩稿校注》,第 3112 頁。
(74) 孫過庭《書譜》,中華書局,2012 年,第 91 頁。
(75) 鄧椿著、黄苗子點校《畫繼》,人民美術出版社,1963 年,第 21 頁。
(76) 張照、梁詩正等《石渠寶笈》,《文淵閣四庫全書》第 825 册,第 599 頁上。
(77) 陸堅《陸游在日本》,收入《陸游與越中山水》,人民出版社,2006 年,第 142 頁。
(78) 《舊唐書》,中華書局,2000 年,第 1627 頁。
(79) 《明一統志》,《文淵閣四庫全書》第 473 册,第 294 頁下。
(80) 同上。
(81) 賈島《長江集》,上海書店,1987 年,第 71 頁。
(82) 《劍南詩稿校注》,第 3146 頁。
(83) 舊題葛洪撰《西京雜記》,中華書局,1985 年,第 21 頁。
(84) 張玉書、陳敬廷等《御定佩文韻府》,《文淵閣四庫全書》第 1012 册,第 182 頁上。
(85) 《新唐書》,第 2463 頁。
(86) 《三國志》,中華書局,2000 年,第 172 頁。
(87) 《御定佩文韻府》,《文淵閣四庫全書》第 1023 册,第 23 頁下。
(88) 李綱《梁谿集》,《文淵閣四庫全書》第 1125 册,第 569 頁。
(89) 孫岳頒等《御定佩文齋書畫譜》,《文淵閣四庫全書》第 821 册,第 175 頁上。
(90) 陸佃著、王敏紅校點《埤雅》,浙江大學出版社,2008 年,第 11 頁。
(91) 《漢書》,第 2764 頁。
(92) 《史記》,第 1842 頁。

㉓ 《後漢書》，第 543 頁。
㉔ 《劍南詩稿校注》，第 559 頁。
㉕ 同上書，第 3736 頁。
㉖ 趙翼著，江守義、李成玉校注《甌北詩話校注》，人民文學出版社，2012 年。
㉗ 于北山《陸游年譜》，中華書局，1961 年。
㉘ 歐小牧《陸游年譜》（補正本），天地出版社，1998 年。
㉙ 《劍南詩稿校注》，第 377 頁。
⑩ 同上書，第 955 頁。
⑪ 同上書，第 1592 頁。
⑫ 《後漢書》，第 549 頁。
⑬ 《（寶慶）四明志》，《文淵閣四庫全書》本。
⑭ 《劍南詩稿校注》，第 1591 頁。
⑮ 同上書，第 4129 頁。
⑯ 同上書，第 1529 頁。

附錄：《陸放翁詩醇》首卷凡例

凡例一：

陸詩之有選，以羅椅、劉辰翁爲始。雖時距放翁未遠，去取頗不苟，而編以各體分列，絕不拘本集之序次，使後世讀者茫乎不知所由。在元時，未聞有舉陸詩者。明弘治中，翻刻羅、劉選本，跋稱放翁集鈔本尚存，然聞而未嘗見，獨羅、劉選本轉相抄錄，迄今漸出，而印本則見亦罕矣。乃知《劍南詩稿》，久已隱匿，抄本且不易得也。曹學佺《歷代詩選》收陸詩八卷，然其意在籠掠十二代，而非專於陸詩，故去取漫然，固其所也。至崇禎中，海虞毛晋始影刻宋本《劍南詩稿》，於是乎陸詩再現於世，可謂陸詩之忠臣矣。而後選於陸詩者，相繼而出。吳孟舉《宋詩鈔》輯陸詩千百二十二首，楊大鶴《劍南詩鈔》二千百八十二首，周之鱗、柴升《宋四名家詩》取陸六百三十七首。雖諸家各具鑒裁，以余視之，吳氏本意在援宋詩於塗炭，故其於陸詩亦唯舉其浩瀚峯崒者，以見其爲大宗已；如周柴二氏者，意在爲學詩者，故務采纖巧可喜之詞，皆非專爲陸詩者矣。獨楊氏則不然，意專於陸詩其言云，一家不妨單行也。故所采輯，已過於本集十之二，可稱勤矣。然沈德潛《晬語》尚譏之，以爲唯收放翁晚年頹放之作。嗚呼！選詩固亦難哉。余特愛乾隆《唐宋詩醇》，其書固非爲放翁一家者，然其意專在采於感激悲憤、忠君愛國之誠，發揚於詩者。故《風》《雅》之後，千百年間，唯舉此六君，乃是文王作人之誼，宜以教人民也。余注陸詩，置前數選家，而獨有取於《詩醇》者，乃爲此故已。

凡例二：

本集列詩，雜類諸體。從年月爲前後，乃是公所自編輯之意也。後世選家，或錯綜次第，或各體分抄。雖意在爲後學者，殊失公自輯之本意。今一從《詩醇》，用本集之次序者。

凡例三：

公詩集未聞有注本，余自忘僭妄，往年已注入蜀、出蜀詩二卷。其例在以己意揆公意，故此編亦以推知公事蹟爲先。次地理、次出處、次宦蹟、次推考唱和人之事蹟，典故乃其次也。蓋典故，學老各各所記，且有《韻府》《類函》諸書具在，一搜索而可得之。唯其事稍僻者，分注不得詳悉。然淺寡聞未得詳者闕如，以待大方君子補之。

凡例四：

乾隆御評與本文平頭，群下評語共低一字，皆從《詩醇》之例。唯劉辰翁評語，《詩醇》所不載者，或割入句中，或付分注之末。

凡例五：

首卷載《宋史》公本傳，次舉諸説部語及公事蹟者，以補其不足者。若夫諸書有訛誤者，引證以明之。欲詳公事實者，庶乎其有助矣。

凡例六：

李、杜、韓、白諸集注本，既皆有年譜，是其所以明事略也。陸集未聞有年譜，余不自揆，參考本集，旁采諸説部，次爲年譜一卷，付之首卷之末，亦唯不過，欲有助於讀此編者已矣。

凡例七：

本集所逸詩，毛晉既編逸稿，其子扆亦編續添，以補刻本集之尾。余編此編，每檢諸書，有得公逸詩，必別抄録。然僅僅數首，不足別刻以傳之，今補刻此編之後，以示同志者。

七十一翁寬齋河世寧謹識

劉克莊的"江湖社友"

——以嘉定詩壇爲中心

熊海英

劉克莊"擅一世盛名,自少至老,使言詩者宗焉,言文者宗焉,言四六者宗焉",①是宋代最後的文壇盟主。四庫館臣論及"江湖末派"時,特地明言其"以劉克莊爲領袖",②似乎他與這一詩人群體關係之密切,不同於一般泛泛而言的詩壇與盟主。

劉克莊曾言"自丱角走四方,江湖社友多所款接"③,可見少年時期就與江湖詩人交遊。他詩名早著,據《墓誌銘》云:"桂閫以准遺足其考,時《南嶽稿》《油幕箋奏》初出,家有其書。葉公正則評公詩,許以大將旗鼓。"④《行狀》云:"公歸自桂林,迂道見南塘於三山,讀公《南嶽稿》,稱觴不已,自此遂爲文字交。"⑤劉克莊出入桂林是嘉定十四至十五年(1221—1222)間,此時其詩集已廣泛流播。淳祐十年(1250)守制里居時作《梅花百詠》,江湖詩人多與唱和。據《跋徐貢士百梅詩》回憶:"余二十年前有百梅絶句,和者甚衆。或縉紳先生、或江湖社友,體制各異。出而用世者,其言瀏麗;處而求志者,其言高雅。"⑥即使退歸鄉里(寶祐四年),"江湖社友猶以疇昔虛名相推讓,雖屏居田里,載贄而來者,常堆案盈几,不能遍閲"⑦;又或致以殷勤問候:"江湖社友應相問,爲説蕭蕭雪鬢新"⑧,"京洛飲徒煩借問,江湖社友謬推高"⑨。得享高壽的劉克莊,自少至老六十餘年間交往的江湖詩人幾乎延續三個世代,不能勝數。

南宋後期的所謂"江湖詩人"的確推崇劉克莊。如鄒登龍《寄呈後村劉編修》云:"衆作紛紛等噪蟬,先生中律更鈎玄。如開元可二三子,自晚唐來數百年。人競寶藏南嶽稿,商留金易後村編。倘今舐鼎隨雞犬,凡骨從今或可仙。"胡仲弓《王用和歸從莆水寄呈後村》云"江湖從學者,盡欲倚劉牆";《悟枯崖將過莆城參訪後村書此贈行》云"吟單何日起,持鉢倚劉牆";吳龍翰奉劉克莊爲師,《見劉後村先生》其三云"詩瓢行脚半天下,多謝先生棒喝功",《上劉後村書》呈詩求品題,《聯句辨》有"瓣香"劉師之語;蒲壽宬有《投後村先生劉尚書》;此外朱南傑《學吟夜坐書懷》云"挑燈看徹後村詩,忽爾憧憧百所思";許棐《讀南嶽新稿》云"細把劉郎詩讀後,鶯花雖好不須看";武衍《劉後村被召》云"細評南嶽稿,遠過後山詩";薛嵎《雲泉詩石窗通上人南遊並謁劉後村》云"所師郊與島,知己又應難";戴復古《寄後村劉潛夫三首》之一云"朝廷不召李功甫,翰苑不著劉潛夫。天下文章無用處,奎星夜夜照江湖";陳起《史記送後村劉秘監兼致欲見之悰》云"憶昔西湖濱,別語請教條。囑以馬遷史,文貴細字雕";周端臣《代上劉郎中》云"詩從南嶽吟逾老,名得西山薦益高"……容不贅舉。故錢鍾書先生《容安館劄記》438則言:"後村才高位尊,實爲江湖派宗主。"⑩

不過,尊奉劉克莊爲宗主只表明江湖詩人一方面的態度,劉克莊提到這一群體的時候,或曰"詩人滿江湖"⑪,或言"今詩人如麻粟"⑫;《答趙檢察書》云:"足下若欲與今世所謂詩人角勝負,固足以勝之矣。"⑬推辭求序求跋者時或云"余之脫籍久矣"⑭,顯得不以爲然、略不經意。看起來雙方的態度並不對等。

平心而言,劉克莊與江湖詩人的淵源的確深遠,他對江湖詩人的態度也很複雜;更重要和根本的是,與劉克莊一生相伴隨六十餘年的江湖詩人群體本身是動態發展變化着的。由此帶來諸多值得深究的問題,比如究竟什麼樣的人屬於江湖詩人?被指爲江湖派領袖、宗主的劉克莊,到底與江湖詩人群體有何關聯呢?筆者打算從最基本的事實開始着手清理:最初的江湖詩人是哪些?劉克莊跟他們的關係是怎樣的?

大約在73至77歲期間,退居鄉里的劉克莊受到戴復古侄孫戴頤的謁見,他帶來戴復古的遺稿和自己的詩卷,希望得到劉克莊的題跋。這使劉克莊回想起年輕時與戴復古等詩朋結社交遊的往事,《跋二戴詩卷》云:

> 余爲儀真郡掾,始識戴石屏式之。後佐金陵閫幕,再見之。及歸田里,式之來入閩,又見之。皆辱贈詩。式之名爲大詩人,然平生不得一字力。皇皇然行路萬里,悲歡感觸一發於詩。其侄孫頤橐其遺稿示余。追念曩交式之,余年甫三十一,同時社友如趙紫芝、仲白、翁靈舒、孫季蕃、高九萬皆與式之化爲飛仙。余雖後死,然無與共談舊事者矣。頤詩亦有石屏風骨,諸公多稱之。昔禮樂有二戴,余謂詩亦有之。敬尊石屏曰大戴,頤曰小戴。⑮

劉克莊爲真州錄事參軍是嘉定九年(1216),十年入李珏江淮制置使幕府(據程章燦《劉克莊年譜》),跋文提供了一份此期(1216—1218)交遊"社友"的名單:戴復古、趙師秀、趙庚夫、翁卷、孫惟信和高翥。

嘉定十二年(1219),劉克莊監南嶽廟,回鄉閒居,與陳宓(1171—1226)、方信孺(1177—1222)、翁定等同遊。此時孫惟信亦依方信孺寓居莆田,故劉克莊集中卷二有《戲孫季蕃》《同孫季蕃遊淨居諸庵》等作。其他社友或亦曾到閩探訪,如高翥有《同劉潛夫登烏石山望海有懷方孚若柯東海陳復齋舊遊》,就是回憶此期遊閩經歷。

劉克莊有《何君墓誌銘》涉及此期遊從之事,云:

> 嘉定己卯,余歸自江淮閫幕。里中耆舊尚多,相與飲予於復齋陳公(宓)之月樓。酒酣,陳公語余曰:吾近得一詩人。余曰:豈江湖社友乎?陳公曰:非也。翌日,余

见陈公,復問詩人安在?君出揖,一黑瘦髯□□□□□□□□警策。余驚曰:君讀書多,落筆工,逢掖中未易得見,乃着短後衣從事於轅門乎?君曰:何氏四世於此矣。……某幼嗜詩書,大父恐其不武,始捐書習馳射擊刺之事,而舊讀根皆已根着於心,至老不忘。遇感時傷事,憂憤激切,必於詩焉泄之。⑯

何君名伸,有子何謙,皆是詩人,與劉克莊同里。劉克莊有《跋何謙詩》。何伸身任武職而嗜詩,與劉翰、潘柽相類。從此文中可知,嘉定十二年(1219)劉克莊所言"江湖社友"並不包括一般詩人,而有特定所指。

嘉定十七年(1224)劉克莊入都改官,結識陳起,有詩《贈陳起》:

陳侯生長繁華地,却似芸居自沐熏。煉句豈非林處士,鬻書莫是穆參軍。雨簷兀坐忘春去,雪屋清談至夜分。何日我閑君閉肆,扁舟同泛北山雲。⑰

《南嶽稿》旋刊入《江湖集》。理宗即位後,劉克莊知建陽縣:"寶慶初元,余有民社之寄,平生嗜好一切禁止,專習爲吏。勤苦三年,邑無闕事,而余成俗人矣。"⑱寶慶三年(1227)"江湖詩禍"起,朝廷下詔禁詩,劉克莊坐廢十年。因此筆者擬以寶慶三年(1227)爲下限,梳理劉克莊與數位江湖社友的交遊行蹟兼及創作情形,以見江湖詩人爲主體的嘉定詩壇風貌。

一、劉克莊與戴復古

戴復古一生多次出遊,大概嘉定三年(1210)到寶慶三年(1227)是他激揚詩名的重要階段。嘉定三年,戴復古攜詩卷再往臨安,干謁當世公卿,交接詩友名流。樓鑰時任參知政事,爲其詩卷作序(見弘治本《石屏詩集》卷首,樓鑰序是諸序跋中最早的),謂言其時士人爲應舉而重文輕詩,戴復古之父獨能以詩自適,不爲舉子業。他主張"詩窮而後工"(參戴復古《辛未元日上樓參政攻媿齋先生》卷六)。戴復古還拜訪了鞏豐、楊萬里之子楊長孺、胡銓孫胡槩(仲方)等。三年後,他又攜新編詩卷前往武義,拜訪奉祠居鄉的鞏豐(?—1217)。鞏豐閲石屏詩"爲之廢睡,挑燈熟讀。仍爲摘句,猶未能盡",並爲其第二部詩卷作跋。本年(嘉定七年,1214)起居舍人兼直學士院真德秀題戴復古詩卷云:"戴君詩句高處不減孟浩然。予叨金鑾夜直,顧不能邀入殿廬中使一見天子,予之愧多矣。"著作郎楊汝明也爲戴復古詩集題跋:"陶元亮責子不好紙筆,杜子美喜其子新知句律,詩人之眷眷於傳業如此。式之再世昌其詩,東皋子可無愧矣。"獲得朝中位居清要的士大夫交口贊譽,戴復古從而擁有了詩名。他有句云"白髮半頭驚歲月,虛名一日動公卿"(《春日二首呈黄子邁大卿》),自謙中也有幾分自矜。

戴復古往京城交遊公卿、激揚詩名時,劉克莊剛剛補將仕郎調靖安簿(嘉定二年)。嘉定九年到十一年(1216—1218)間,他們在真州初識,又在金陵聚首。作爲已成名的詩人前輩,戴復古對青年俊彥劉克莊不吝稱道,其《寄劉潛父》七絕云:"八斗文章用有餘,數車聲譽滿江湖。今年好獻南郊賦,幕府文章有暇無。"自注"時在建康作制幹,唐人詩'芳譽香名滿數車'"。紹定二年(1229)戴復古入閩,曾與劉克莊會面。其《寄後村劉潛夫》其三云:

> 客遊仙里見君時,擁絮庵中共説詩。別後故人知我否,年幾八十病支離。

可知其時是冬天,故與劉克莊擁被論詩。劉克莊紹定初年(1228年春—1232年冬)家居時有《送戴復古謁陳延平》,可能就是這次會面時所作:

> 倉部當今第一流,艱難有詔起分憂。城危如卵支群盜,膽大於身蔽上游。應是孔明親治事,豈無子美可參謀。君行必上轅門謁,爲説披蓑弄釣舟。⑲

從詩意可知,戴復古將前去謁訪"陳延平",劉克莊爲他作了類似介紹信的詩歌。據《石屏詩集》卷首戴敏詩後附陳昉(字叔方)跋云:"紹定之己丑,叟來閩中,攜其先人遺稿僅一篇一聯耳,俾予題其後。"陳昉是永嘉人,紹定中爲浦城令(1228—1232),他到任便強力治盜匪,賑飢荒,保境安民,與劉克莊描述相合。《南宋群賢小録》云:"永嘉之作唐詩者,四靈之後,則有陳叔方。"因爲是浙東同鄉又是詩人,所以戴復古前去謁訪吧。

戴復古和劉克莊年齡相差二十歲,一個終身布衣,一個身在仕途,可考明具體時地的會面即上述三次,詩歌往來則存有數首。在共同的"社友"之外,他們的朋友圈也有一部分重疊,例如江西詩人宋自適、宋自遜兄弟,朝中官僚真德秀、趙以夫等,其他泛泛交遊就數不勝數了。

二、劉克莊與"四靈"之趙師秀和翁卷

紹熙四年(1193),葉適(1150—1223)爲門人徐璣之父作墓銘,然後到京城任職。次年冬由吏部員外郎升國子司業。慶元二年(1196)罷黨禁,嘉泰二年(1202)"學禁"、"黨禁"弛,三年十一月除兵部侍郎。今"四靈"詩集中,徐璣(1162—1214)有《上葉侍郎十二韻》,趙師秀(1170—1219)有《葉侍郎寄芍藥》等詩。"開禧北伐"失敗後,葉適以"附韓侂胄用兵"罪名奪職奉祠。嘉定年間一直居家治學,著述教授。徐照(1160—1211)曾與同遊,有《浄光山四詠呈水心先生》。嘉定四年徐照卒,葉適爲作墓誌;七年徐璣卒,爲作祭文、墓銘。十二年(1219)趙師秀卒,嘉定十六年(1223)葉適去世。故知葉適對"四靈"的提攜揄揚和詩歌交遊大約始於紹熙之初,持續到嘉定末年。

趙師秀是太祖八世孫,紹熙元年(1190)進士及第。他取得功名和擁有詩名時,劉克莊

尚在總角之年。趙師秀去世後劉克莊方受葉適褒揚,許建大將旗鼓。從二人生平軌蹟來看,能爲詩友唱和的交疊時空絶少。劉克莊在《趙仲白墓誌銘》中提到趙師秀曾與趙庚夫、潘檉論詩。戴復古也曾在平江府孟侍郎藏春園與趙師秀終日論詩(《哭趙紫芝》尾聯"憶在藏春圃,花邊細論詩"自注)。如果説 1216—1218 年間,劉、趙曾爲社友,則可能是在趙師秀寓居於西湖畔時,劉克莊曾往來臨安;也可能趙師秀出遊途經真州或金陵,恰逢其他詩朋而聚合酬唱。可以推想在這樣的詩會中,他們不太可能是平交姿態,現在也没有唱酬之作留存。趙師秀去世後,劉克莊作的挽詩《哭趙紫芝》云:

奪到斯人處,詞林亦可悲。世間空有字,天下便無詩。盡出香分妓,惟留硯付兒。傷心湖上塚,誰葬復誰碑。[20]

反映了當時在他心目中趙師秀作爲一代詩壇領袖的地位。

然而劉克莊對於其他"江湖社友"的詩歌,始終予以贊賞之詞,唯獨對趙師秀的評價前後變化最大:

序翁定《瓜圃集》:近歲詩人,惟趙章泉五言有陶阮意,趙蹈中能爲韋體。如永嘉詩人,極力馳驟,纔望見賈島、姚合之藩而已。余詩亦然,十年前始自厭之。[21]

序趙漕汝鐩《野谷集》:古人之詩大篇短章皆工。後人不能皆工,始以一聯一句擅名。頃趙紫芝諸人尤尚五言律體。紫芝之言曰:一篇幸止有四十字,更增一字,吾末如之何矣。其言如此。以余所見,詩當由豐而入約,先約則不能豐矣。自廣而趨狹,先狹則不能廣矣。《鴟鴞》《七月》,詩之宗祖,皆極其節奏變態而後止,顧一切束以四十字,可乎?[22]

序一大約作於紹定初年;序二作於嘉熙元年以後。在完成於寶祐四年(1256)之前的《詩話後集》中,劉克莊對趙師秀的詩句也多有指摘,如:

李雁湖悼亡云:一杯謾道愁能遣,幾度醒來錯喚君。然元稹已云:怪來醒後傍人泣,醉裏時時錯問君。此猶是暗合。若四靈"唐碑入宋稀"與唐人"隋柳入唐疏"之句則是明犯。[23]

晚唐賈島《送朱可久歸越中》有"吳山侵越衆,隋柳入唐疏"之句,劉克莊認爲趙師秀的"瀟水添湘闊,唐碑入宋稀"(《送徐道暉游湘水》)襲用了賈島的句式。當趙師秀的句式被襲用時,劉克莊改變了評價的角度:

> 建人朱復之字幾仲,多材藝,爲詩有思致。初夏云:"忽聽夏禽三五弄,新紅突過石榴枝。"秋日云:"紅蕖老去羞明鏡,推讓朱榮上蓼梢。"視趙紫芝"一樹木犀供夜雨,清香移在菊花枝"之句,尤覺工致。㉔

待到老退歸鄉後(73—77歲之間),劉克莊在《跋二戴詩卷》中稱趙師秀爲"社友",其後跋《林子昂》微示肯定,云:

> 近世理學興而詩律壞,惟永嘉四靈復爲言苦吟,過於郊島,篇帙少而警策多,今皆亡矣。㉕

咸淳元年至四年(1265—1269)作《詩話新集》,摘姚合五、七言聯對,云:

> ……亡友趙紫芝選姚合、賈島詩爲《二妙集》,其詩語往往有與姚、賈相犯者。按賈太雕鐫,姚差律熟,去韋、柳尚争等級。㉖

劉克莊認爲賈島過於雕鐫,姚合易成格套。姚賈五律不及韋柳,而趙師秀止步於姚賈——這是劉克莊對趙師秀的最後評價。"四靈"詩一度風靡天下,其中翹楚趙師秀對於青年劉克莊而言,無疑是必須仰視的詩人領袖;趙師秀去世後的四十年間(1220—1260),劉克莊對趙師秀屢有酷評,直到年逾古稀纔稍假辭色。在生命的盡頭,終於平視之稱爲"亡友"。劉克莊對趙師秀評價的轉變,當然與其詩歌取向、詩學觀念的發展變化密切相關,從中也可窺見他作爲詩人的自我價值評定、自我身份確立的心路歷程,意義重大。

"四靈"中除了趙師秀,劉克莊還認識翁卷:"永嘉多詩人,四靈之中,余僅識翁、趙。四靈之外,余所不及識者多矣。"㉗翁卷似乎也是四處浪遊、行蹤不定的。戴復古有《湘中遇翁靈舒》云:"天臺山與雁蕩鄰,只隔中間一片雲。一片雲邊不相識,三千里外却逢君。"劉克莊在1223—1224年冬春之際有詩《贈翁卷》:

> 非止擅唐風,尤於選體工。有時千載事,只在一聯中。世自輕前輩,天猶活此翁。江湖不相見,纔見又西東。㉘

此時"四靈"惟存翁卷,劉克莊視之爲前輩,又説已經不爲世人看重。從結句可知他們甚少見面。或許是受葉適和趙汝談的意見影響,劉克莊特地指出翁卷精於唐律之外,尤工選體。大概自從葉適在《徐道輝墓誌銘》中惋惜"其不尚以年,不及臻乎開元、元和之盛"開始十餘年間,詩壇的風向已經改變了。

三、劉克莊與同鄉的趙庚夫和翁定

趙庚夫生平見於劉克莊所作《趙仲白墓誌銘》：

仲白諱庚夫，宗室潁川郡王之後。曾大父某，知鄂州。大父某，父某，始爲閩人。仲白少玉立，風度如仙。書一覽默記，盡卷不脫一字。爲文章神速。兩試禮部不中，第用取應補官。久之不調，畿漕辟嘉興府海鹽縣酒務。府公王舍人介檄權青龍鎮。勢家或爲大商地，匿税巨萬。仲白捕治之急，勢家誣訴於外臺，下吏鍛煉，成其罪，坐停官。王舍人抗論力爭於朝，不報。

仲白既廢，杜門苦學，貫穿百氏，特邃於《老》《易》。喜緯書，坐一榻下，籌布著不已。以爲世道隆替，人事成壞，皆繫乎數。從方士受水丹，心獨神其術。談禪尤高，朋友莫能詰難。其平生志業無所洩，一寓之詩。叢稿如山，和平沖澹之語，可咀而味；憤悱悲壯之詞，可愕而怒；流離顛沛之作，可怨而泣也。會中朝有知仲白前事冤者，得復元官。於是淮蜀交辟，而仲白死矣。

仲白性不妄交，與潘檉、趙師秀論詩，曾極論《參同契》，輒暗合。遇貴公張讌，廣座命題，衆賓方嚬呻營度，仲白已飛筆滿軸，神色自得。蓋其所挾高，未嘗蘄壓人；而每出人上，故愛仲白者寖少，嚴而忌之者衆矣。

仲白家貧，不屑治生。烏帽唐衣，自號山中翁。所居隙地纔丈許，而花竹水石之玩皆備。古梅一株，終日吟嘯其下。其歸自海鹽，新脫酷吏手，行李蕩失，妻子奔踣藍縷。猶以兩夫舁一鶴自隨。晚客京城，聞鶴死，惋惜不食，賦詩甚哀，其情致風味如此。嗚呼，斯人不可復見矣。

予觀昔之文人若相如、李白，世稱薄命。然所爲文，親蒙天子賞識，給劄捧硯之事，極一時之榮焉。近世林逋、魏野，皆以匹夫名字流入禁中，數下詔書徵聘。仲白才追昔人，會開禧、嘉定間，天下多事，三邊用武，君相所急多材健功名之士，而山林特起之禮，其廢已久。由是仲白阨窮終身。其文不達於天子，徒爲閑人退士、衲僧羽客誦詠嘆息之具而已。

仲白卒於嘉定己卯二月壬戌，年四十七。十一月庚申，葬於城西七里甘露山。配顧氏，國子博士杞女，有高才，與仲白如賓友。男時願，女二人。時願哭謂予："子幸銘吾先人。"念昔與仲白遊二十年，嘗約歲晚入山讀書。仲白棄予而夭，行而無所詣也，疑而無所訂也，瑕而莫予攻也，怠而莫予鞭也。嗚呼，悲夫！仲白既明數，前知死日，訪其友寺丞方公信孺求棺。及死，方公捐美櫝殮之。仲白詩最多，自刪取五百首。所著有《周易老子注》《山中客語》《青裳集》。予早知仲白，顧今學退才盡，銘其墓有愧色。至於拊其家，教其孤，行其文字於世，方公責也。銘曰：

> 萬山四圍,君藏於斯。所埋者骨,不埋者詩。後千百年,陵谷或夷。讀君集者,必封崇之。㉙

墓銘之外,又有《祭趙仲白文》《挽趙仲白二首》《與客送仲白葬回登石室》等作,此後還有《過永福精舍有懷仲白》等懷念之詩。蓋因劉克莊與趙庚夫相識最早,《南林葉寺丞》云:

> 我昔定交,詩境山中。又因二君,友萬竹翁。共燈夜雨,聯轡春風。三賢如龍,乘雲騰空。留我殿後,齒髮髫童。居誰晤言,出安適從。㉚

詩境乃方信孺(1177—1222),山中即趙庚夫(1173—1219),皆與劉克莊同鄉。交遊之始纔十三四歲,至二人辭世時交情已達二十年。趙庚夫有《道中逢潛夫》云:

> 相逢投草舍,對雨話移時。衣濕全無火,囊空各有詩。客程樵可問,日課僕皆知。未別情先惡,那堪遠別離。

可見彼此情誼甚篤且都癡迷於詩。劉克莊《送仲白》云:

> 官舍蕭條葦蓋簷,拾薪獨有一長髯。同來社友因飢瘦,遠作參軍得俸廉。國士交情窮乃見,故人詩律晚方嚴。中年各要身强健,別後寒衣切記添。㉛

詩中稱趙庚夫爲"社友"。程章燦《劉克莊年譜》定此詩作於嘉定九年(1216),劉克莊時在真州錄事參軍任。辛更儒則定爲後村在江淮制置使幕府時作(嘉定十年前後),二者時間相差不遠,與《跋二戴詩卷》所言也吻合。此後趙庚夫應聘往淮南,到官未久而卒。

趙庚夫與趙師秀皆宗室之後,嘉定間皆擅詩名,"紫芝仲白"並稱,又同年而卒。相較於趙師秀,劉克莊在趙庚夫身後對其詩屢加稱道,評價愈高。如:

> 或詠杜鵑云:"自占高枝惜羽毛,聲聲却勸別人歸。"似有所諷。不若亡友趙仲白"君家自在劍山外,莫浪江南勸路人"之句,尤微婉也。㉜

《跋山中別集》云:

> 始余請南塘選仲白詩,南塘更以屬余,苦辭不獲。南塘詩評素嚴,而余尤縛律,每去取一篇,常三往返然後定。有全篇皆善而爲一字半句所累者,皆不錄。故集止百篇。後十餘年見南塘,持論稍寬,惟余縛律如故。又二十年,余益衰老,從時願求仲白

遺稿，熟復喟然而嘆曰：天乎！余之有罪也。蓋《國風》《騷》《選》，不主一體，至沈謝始拘平仄，詩之變，詩之衰也。仲白之志，常欲歸齊梁而返建安、黃初，蛻晚唐而追開元、大曆。於古體寓其高遠，於大篇發其精博，於短章窮其要妙。雪夜感興等作，咄咄逼子昂太白。顧專取律體，而使仲白之高遠者、精博者皆不行於世；所謂要妙者，又多以小疵遺落，天乎！余之有罪也。

乃雜取百篇爲別集，以誌余過。凡仲白集外之棄餘，皆它人卷中之警策也。初選余年三十三，再選六十八矣。時願字志仁，以甲科郎教胄子，出倅福、泉云。㉝

在《趙仲白墓誌銘》中，劉克莊提到趙庚夫生前曾手自删擇，取五百首編爲詩集。他去世後，趙汝談和劉克莊即精擇其律體百篇爲一集，題爲《山中集》。㉞三十五年後，年近古稀的劉克莊又選趙庚夫詩百首爲《山中別集》，不局限於律體，而尤重其古體長篇和精妙絕句。前後兩集的增删升降之間，反映三十餘年間詩歌風氣以及劉克莊自己詩歌觀念的轉變。

翁定字應叟，建安人，與趙庚夫和劉克莊是同鄉。嘉定十二年（1219）劉克莊監廟回鄉時，有詩《贈翁定》云：

相逢乍似生朋友，坐久方驚隔闊餘。遍問諸郎皆冠帶，自言別業可樵漁。住鄰秦系曾居里，老讀文公所著書。十七年間如電瞥，君鬚我鬢兩蕭疏。㉟

翁定年長於劉克莊，二人早年即相識，此次爲劉克莊離鄉十七年後重逢，翁定布衣居鄉，頗有田屋產業，其子已屆弱冠。

劉克莊在莆田與翁定、孫惟信等觀瀑、遊寺，往往唱和，有詩如"客詫瀑奇邀往看，僧誇寺僻約來遊。何當與子分峰隱？飢嗅巖花渴飲流"㊱，方信孺則是他們遊樂的金主，劉克莊《跋孚若贈翁應叟歲寒三友圖》對此有所揭示：

孚若晚擯不用，賜金揮盡。婢奴寵姬皆辭去。然好客愈篤，往往質笥衣，鬻廐馬以續車魚之費。後無可質鬻，客亦辭去，惟余與應叟一二人留其門，悲夫，尚忍言之！應叟歸道城南，行西淙之下，謁新丘，登舊山，臺傾池平，竹樹枯死。余知其必發羊曇之哀，動唐衢之哭也。諸人既跋詩畫，余獨記舊事，且繫小詩：易結千金客，難扶六尺孤。憑君傳掬淚，一爲灑西埔（孚若葬處）。㊲

翁定饒有家財田產，也曾外出漫遊，偶然與"四靈"中的翁卷相遇，翁卷即有《送翁應叟》：

逢君亦姓翁，莫即是吾宗。遠自刺桐里，來看孤嶼峰。雖云相識晚，宛若故情濃。回首秋風路，閩山復幾重。

由是可知,"江湖社友"的經濟狀況、生活形態是各有不同的。

四、劉克莊與高翥

劉克莊集中有《老妓》《老將》《老馬》等"老詩"。㊳《老將》云:

> 昨解兵符歸故里,耳聽邊事幾番新。偶逢戲下來猶識,欲説遼陽記不真。兒覓寶刀偏愛惜,奴吹蘆管輒悲辛。夜寒忽作關山夢,萬一君王起舊人。

方回《瀛奎律髓》選此詩並《老儒》等其餘一共十首,批注云:

> 後村自注謂秋崖方君作八老詩,内三題四十年前已作,遂不重復。別賦二題,足成十老。謂老僧、老儒、老道士、老農、老巫、老醫、老吏也。……蓋寶祐五年(1257)丁巳,後村年七十一時詩。㊴

"四十年前"即1217年,正是劉克莊在真州或金陵時。《瀛奎律髓》又選劉後村《寄高九萬並寄孫季蕃二首》,方回批語云:

> 高九萬詩俗甚,爲老妓詩二首,尤俗於後村。孫季蕃老於花酒,以詩禁,僅爲詞。皆太平時節閑人也。㊵

高翥《老妓》詩今不存。但《菊礀集》中有與後村同題同韻之《老將》詩:

> 垂頭終日坐當門,兩臂蒼龍隱墨紋。笑撚白鬚傳陣法,手攤黃紙説君恩。中年主帥皆爲鬼,晚歲虞兵見領軍。每勸兒孫學刀箭,解衣教看舊瘢痕。

大概可以推測《老將》《老妓》《老馬》詩是劉克莊與高翥等"江湖社友"的同題共作,不過目前的資料僅存高翥之詩。

高翥(1170—1241)字九萬,號菊礀,世居餘姚,其父選、叔邁紹興間皆登科第入仕。他幼習舉業,不第輒棄去,大概是性情灑脱不羈,又瓣香道學家尹焞(尹焞終身不應舉,朝廷賜號"和靖處士")之故。高翥壯年漫遊錢塘、金陵、彭蠡等東南之地,所到輒與詩友唱酬,大概因此與劉克莊結識。他不止一次到過江西南昌,與宋自適昆仲、黃行之兄弟雅集,其《清明日約宋正甫黃行之兄弟爲東湖之集》云:

> 自在嬉遊遍四方，不曾孤負獨春光。醉眠芳草衣裳冷，笑嚼名花齒頰香。既是烟霞令久任，豈應風月斷來章。故人尚有閑情不，相伴湖邊舉一觴。

道途中也曾相互寄書致意，《冬日書懷用正甫韻》云：

> 慣將雙手托虛空，歲事雖窮道不窮。身健不知行路遠，心安還與在家同。客攜酒至一樽綠，兄寄書來三印紅。看罷兄書斟客酒，閑愁無事置胸中。

高翥還曾到福建莆田與陳宓、方信孺、劉克莊等遊從，《潛夫約中途遣詩相送至江山無耗寄詩督之》大概是返程中所作：

> 望詩十步九回頭，目斷江山望未休。所幸臨行曾舉似，僅能記憶可遮羞。碧雲漏日村村雨，紅樹吟風葉葉秋。不見夜光生欷處，客身却恨欠遲留。

事實上高翥在經濟上依賴陳宓扶助。陳宓字師復，號復齋，福建興化人，丞相陳俊卿之子，《宋史》有傳（陳宓少嘗登朱熹之門，長從黃榦遊。嘉定七年監進奏院，後出知州府，俱有惠政，以直秘閣主管崇禧觀致仕。著有《論語注義問答》《春秋三傳鈔》《續通鑑綱目》等稿數十卷）。陳宓去世後，高翥有《挽陳復齋》《山中哭復齋》等詩，之後又有《同劉潛夫登烏石山望海有懷方孚若柯東海陳復齋舊遊》詩追憶往事。失去陳宓資助後，高翥的生活頓失依靠。劉克莊有《贈高九萬并寄孫季蕃》言及其經濟困頓、田屋皆無：

其一

> 諸人凋落盡，高叟亦中年。行世有千首，買山無一錢。紫髯長拂地，白眼冷看天。古道微如綫，吾儕各勉旃。

其二

> 菊磵說花翁，飄蓬向浙中。無書上皇帝，有句惱天公。世事年年異，詩人個個窮。築臺並下榻，今豈乏英雄。㊶

其《別高九萬》更不諱言高翥為陳宓食客的身份：

> 花翁徒步悲詩境，菊磵春糧哭復齋。眾客食魚彈鋏去，幾人白馬素車來。尋思舊事成三嘆，斷送諸賢入八哀。信矣兩生俱烈士，有金當為築高臺。㊷

大概此後高翥不再四處浪遊，只在"長安市上僦樓居"。春雨對酒，燈下讀書，覺得"閑裏身心儘自如"(《小樓雨中》)。但有時又"嘆息閑身不自如,長年借屋客中居。事多只爲人情熟,貧甚還因世法疏"(《嘆息》)。劉克莊贈詩勸解説:"劉生勸高叟,世事不兩全。飢且拾落英,渴且斟寒泉。快吟三千篇,多活五百年"。⑬

高翥晚年可能獲得了一筆資助或是自己有所積蓄,築舍於西湖之濱,名之爲"信天巢",有《題信天巢集》云:

> 信天巢小僅容身,中有圖書障俗塵。不與世爭閑意氣,且隨時養老精神。破鐺安穩齊鐘鼎,短褐參差比縉紳。渴飲三杯飢二飯,主人日用未爲貧。

從詩意來看,心境超脱坦然。他的生活仍然是讀書爲學,詩酒酬唱爲樂,如《清明日招社友》:

> 面皮如鐵鬢如絲,依舊粗豪似向時。嗜酒更拚三日醉,看花因費一春詩。生前富貴誰能必,身後聲名我不知。且趁酴醾對釃醁,共來相與一伸眉。

或訪葛天民不遇:"行盡白雲三十里,詩人又在白雲南","主人不見從誰賞,折得繁枝自插歸"(《訪銛朴翁不遇二首》);或喜杜仲高遷來作鄰居:"河水通船堪載酒,桐陰近屋可修書","我亦買山湖上住,效芹時擬貢園蔬"(《喜杜仲高移居清湖》)。朝中公卿偶爾詩酒宴集,高翥亦曾與會。其《毋自欺齋夜宴》即寫此種情形:

> 毋自欺齋清更嚴,齋中人物斗之南。七朝宰相得瞻仰,四海詩人交笑談。古調喜聽琴再弄,深杯休惜酒重添。玉堂今夜無宣唤,且與江湖作小參。

座中有斗南宰相之尊、玉堂翰林之貴,與四海詩人聚首,談詩論詞。"小參"是禪師登壇説法,表恭敬之意。猜想座中貴人,不知是鄭清之還是真德秀(端平元年真德秀爲禮部尚書,翰林學士知制誥兼侍讀,二年拜參知政事);聽講者中,也許有戴復古、孫惟信、劉克莊等人。

嘉熙元年(1237),翁際可(名逢龍,即吴文英胞兄)通判平江府,與府君方子萬聚合詩人爲雅集。高翥時年67,亦與會,即席賦詩。戴復古有詩述及此事:

> 客星聚吴會,詩派落松江。老眼洞千古,曠懷開八窗。風流談奪席,歌笑酒盈缸。楊陸不再作,何人可受降。

詩題爲"諸詩人會於吴門翁際可通判席上,高菊磵有詩,僕有客星聚吴會,詩派落松江之句,方子萬使君喜之,遂足成篇"。戴復古所言"詩派",當指與會詩人,也可以籠統説是江湖一派,大概是他們日常交往的詩友吧。假如要推測可能有哪些詩人參加的話,根據戴復古的《閲四家詩卷,四家者翁際可、薛沂叔、孫季蕃、高九萬也》:

> 閲盡四家詩卷子,自然優劣在其中。石龜野鶴心相合,菊磵花翁道不同。鳴鳳翱翔上霄漢,亂蟬蕭瑟度秋風。一篇論盡諸家體,憶着當年犟睡翁。

薛沂叔(泳)師法趙師秀,翁際可亦煉字琢句爲事,皆爲"四靈"、"姚賈"體。也許薛泳和孫惟信亦皆在席中吧。"楊陸不再作,何人可受降",可知他們追慕前輩風流,是以楊萬里和陸游爲詩伯的。

就在本年(1237),戴復古爲兒子迎歸家鄉安度晚年。四年後(1241)高翥辭世。也許這次詩會是他們這一輩"江湖社友"謝幕之前的盛事了吧。

五、劉克莊與孫季蕃

孫惟信(1179—1243)的身後事是右相杜範、知臨安府趙與𥲅和虛齋趙以夫⑩爲他料理的。杜範、趙與𥲅和"江湖社友"葬孫惟信於水仙王廟之側,且爲建祠堂,故戴復古《孫季蕃死諸朝士葬之於西湖之上》云:"卜宅西湖上,花翁死亦榮。"孫惟信留下遺言,請劉克莊爲他作墓銘。劉克莊撰《孫花翁墓誌銘》云:

> 季蕃客死錢塘,妻子弟兄皆前卒。故人立齋杜公、節齋趙公,與江湖士友葬之於西湖北山水仙王廟之側,自斂至葬,皆出姚君垣手。姚,虛齋趙公婿也。録季蕃遺言,介婦翁徵銘於余。烏虖,吾亡友之命也,其敢以衰落辭?
> 季蕃孫氏,名惟信,季蕃字也。貫開封。曾祖升、祖可、父頎,皆武爵。季蕃少受祖澤,調監當不樂,棄去。始昏於婺,後去婺遊四方,而留蘇杭最久。其言以家爲繫縲,一身之外無它人,以貨爲贅疣,一榻之外無長物。居下竺廡院,躬爨而食,書無乞米之帖,集無逐貧之賦。終其身如此。自號花翁。名重江浙,公卿間聞孫花翁,至爭倒屣。所談非山水風月,一不挂口。長身縕袍,意度疎曠,見者疑爲俠客異人。其倚聲度曲,公瑾之妙;散髮横笛,野王之逸。奮袖起舞,越石之壯也。尤重氣義,嘗客孟良甫(猷)、方孚若家。孟死,猶拳拳其子孫。孚若葬,徒步赴義。其卒以淳祐三年九月壬寅,年六十五,葬以其年臘月乙卯。杜公輔臣,趙公大京兆也。季蕃一布衣,以死托二公,卒賴二公以葬。且築室買田祠焉,天下兩覽之。
> 季蕃長於詩,水心葉公所謂"千家錦機一手織,萬古戰場兩鋒直者"也。中遭詩禁,專以樂府行。余每規季蕃曰:王介甫惜柳耆卿繆用其心,孫莘老譏少遊放滋,得

無似之乎？季蕃笑曰：彼踐實境，吾特寓言耳。然則以詩沒節，非知季蕃者。以詞沒詩，其知季蕃也愈淺矣。初，季蕃與趙紫芝、仲白、曾景建、翁應叟諸人善，而余亦忝交遊。追念疇昔挽紫芝，季蕃同吟；銘仲白，季蕃書丹；誄浮若，季蕃會哭。已而景建、應叟俱死，今銘季蕃焉！稷下之談幾絕，鄴中之舊略盡，惟余歸老後村，左耳與臂遂偏廢矣。未知它日銘余而誄餘者誰也。豈不悲哉。銘曰：

  昔眉山公，欲以和靖，配水仙王，其論已定。余評季蕃，和靖之亞。儻分半席，無不可者。伯鸞要離，異世同調。盍不躋君，偕侑新廟？[45]

劉克莊的確是知花翁者。孫惟信出身仕宦之家，父祖皆武職，他蔭補入仕，不耐監當之職卑事繁(《宋史·職官志七》：監當官掌茶鹽酒稅場務征輸及冶鑄之事，一般與新進士或貶謫之官)，故棄去。一開始，孫惟信在經濟上依賴孟猷(字良甫)。孟猷是元祐皇后曾孫，曾知婺州，直龍圖閣江東運副。葉適《故運副龍圖侍郎孟公墓誌銘》載："良甫平居嚴己恕物，不立岸限，後進晚學，幽人野士，有善意者，日滿其門。喜爲詩，無風月狀浮劣之語。"[46]他喜愛詩歌，多招致詩人，除孫惟信以外，戴復古和趙師秀也曾在其府上作客，論詩終日(見前文引《哭趙紫芝》尾聯"憶在藏春圃，花邊細論詩"自注)。孟猷卒於嘉定九年(1216)。戴復古有詩《靜寄孟運管招客，皆藏春侍郎故人，因與花翁孫季蕃話舊有感》：

  來訪藏春宅，因登靜寄堂。異香熏寶鼎，清樂送瑤觴。穿行過花所，尋梅見海棠。白頭思往事，無語立斜陽。

孟猷卒後，孫惟信轉依方信孺。方信孺嘉定十年(1217)任淮東運判兼提刑兼知真州。其間正值劉克莊在真州、金陵任職，可能他們結識交往始於此時。嘉定十二年劉克莊回鄉，孫季蕃亦客於莆田方信孺府，數人相與宴遊酬唱，劉克莊留下若干詩篇，如《戲孫季蕃》：

  少日逢春一味癡，輕鞭小袖趁芳時。常過茶邸租船出，或在禪林借枕欹。名妓難呼多占定，好花易落況開遲。身今惟悴投空谷，悔不當年秉燭嬉。[47]

又如《同孫季蕃游淨居諸庵》其一：

  舍俗依空事梵王，韶顔寂寂度年芳。門前草色迷行徑，院里花陰接步廊。弓樣展來靴尚窄，黛痕剃出頂應涼。當時若使窺鸞鏡，一步何因出洞房。[48]

此時他們依傍貴人、生活無憂，身爲青年俊彦，風流自許，故有數首嬉遊放任之作，不免輕倩側豔。嘉定十五年(1222)方信孺卒,前文引劉克莊《贈高九萬并寄孫季蕃》及《別高九萬》皆言及高、孫二人失去經濟扶助人以後生活窘迫。劉克莊又有詩《送孫季蕃》:

> 家在吴中處處移,的於何地結茅茨。囊空不肯投箋乞,程遠多應税馬騎。短劍易錢平近債,長瓶傾酒話餘悲。衡山老祝淒涼甚,明日無人共講詩。㊾

《月下聽孫季蕃吹笛》比之爲“病創凍馬嘶荒塞,失侶窮猿叫亂山”,“可惜調高無聽者,紫髯白盡鬢毛斑”,㊿憐其失去依靠、漂泊江湖的困境。

從劉克莊所作墓誌銘可知,孫惟信晚年主要居留於蘇杭一帶。大概是“江湖詩禍”(1227)的教訓,孫惟信不再作詩、專意爲詞。(51)《詩話後集》録孫49歲自壽詞有句云:“小謝屐,唐衣眉山帽”,“百屋堆錢都不要,更不要衮衣茸纛。但要酒星花星照,鶻突到老”,(52)正作於“江湖詩禍”之後。

在“江湖社友”中,孫惟信與劉克莊年齡差距稍小,性情又詼諧曠達(戴復古比之爲“詼諧老方朔,曠達醉淵明”),也許因此二人交情更好。孫惟信去世後的二十餘年間,劉克莊屢有傷悼懷念之作。寶祐五年曾夢見與孫惟信同遊廬山(《余平生不至廬山,六月廿八日夜夢同孫季蕃遊焉。林木參天,瀑聲如雷。山中物色良是,一刹甚幽邃。傍人告曰此中有不出院僧。余與季蕃欣然訪之,語未終而覺。將曉矣,窗外簷溜淋浪,紀以二詩》)。(53)淳祐三年(1243)作《哭孫季蕃二首》。其一:

> 歲晚湖山寄幅巾,浩然不見兩眉顰。看花李益無同伴,顧曲周郎有後身。厚禄殷勤營葬地,隱君歡喜得吟鄰。看來造物於君厚,判斷風光七十春。

其二:

> 每歲鶯花要主盟,一生風月最關情。相君未識陳三面,兒女多知柳七名。自有菊泉供祭享,不消麥飯作清明。老身獨殿諸人後,吟罷無端雪涕横。(54)

寶祐四年(1256)家居,作《夜檢故書得孫季蕃詞有懷其人二首》,其一云:

> 貪聽譙更夜未眠,偶拈一卷向燈前。鳳簫按譜聲聲葉,鮫帕盛珠顆顆圓。洛叟曾規秦學士,蜀公晚喜柳屯田。江湖冷落詞人少,難起花翁傍酒邊。

其二:

中年豪宕以詞行,醉墨淋漓一座傾。昔競捧箋求少蘊,今誰灑酒弔耆卿。戴花起舞生無悶,薦菊爲餚死亦清。愁絕水仙祠畔路,萋萋原草幾枯榮。⑮

景定五年(1264)夏秋《自題長短句後》云:

春端帖子讓渠儂,別有詩餘繼變風。壓盡晚唐人以下,托諸小石調之中。蜀公喜柳歌仁廟,洛叟譏秦媟上穹。可惜今無同好者,樽前憶殺老花翁。⑯

孫惟信中年後以詞行世,故劉克莊諸詩皆把他比作柳永、秦觀。從詩中可知孫惟信晚歲居西湖畔,以吟風弄月、看花度曲爲事。年輕一輩已經不知道他本是出色的詩人(陳三指陳師道)。想到數十年間"社友"相繼離世,惟己獨存,劉克莊倍覺寂寞傷感。其實淳祐到景定年間,明明"詩人滿江湖,人人爲詩,人人有集",登門訪謁者絡繹不絕,劉克莊却言"江湖冷落",正因爲這些人並不是他真正的"江湖社友"吧。

六、劉克莊與曾極

在《孫花翁墓誌銘》中,劉克莊回憶道:"初,季蕃與趙紫芝、仲白、曾景建、翁應叟諸人善,而余亦忝交遊。"在其早期所作《南嶽舊稿》一百首中已經出現的"江湖社友"名單中的詩人,除了翁定、趙庚夫以外,只有曾極。

《詩話續集》"李壁詩"條(景定三年告老歸鄉後作)云:

李雁湖詩,程滄州(程公許)守宜春,刊於郡齋。余不及識公,初筮豫章,公謫居臨川,從曾極景建得余詩。簡景建云:劉君詩兼鮑庾之清俊,前與其父同舍,不知其郎君詩筆如此。⑰

所記是嘉定三年(1210),值劉克莊以祖父恩蔭補將仕郎、調隆興府靖安縣簿。李壁謫居臨川,從曾極處得到劉克莊詩,頗表欣賞。推想劉克莊與曾極的詩歌交遊肇始於此。如果更早,則可能是劉克莊父劉彌正知撫州臨川縣時,即嘉泰年間(1201—1204),劉克莊其時年約15—18歲,始與宋氏昆季結交,而曾極與宋自適昆仲也是朋友,據戴復古詩題《伏龍山民宋正甫湖山清隱乃唐詩人陳陶故圃,曾景建作記,俾僕賦詩》(《石屏詩集》卷一)可知。

本年(1210)劉克莊有《舟中寄景建》(據程章燦《劉克莊年譜》):

低篷小雨夢殘時,忽憶同尋楚老祠。夜過豐城占斗氣,想公別後有新詩。⑱

嘉定十四年(1222)劉克莊入桂闔,曾極送行並贈詩,劉克莊有《曾景建自臨川送予至豐城,示詩爲别,次韻一首》云:

> 追程送我劍池邊,亹亹清談晋宋前。豈意白頭趨幕日,乃逢紫氣出關年。夜深續炬俱忘寢,地冷吹薪久未然。臨别祝君加帽絮,高峰雪後尚童顛。(59)

可見二人情誼很深。

曾極出身臨川世族,《宋詩紀事》卷六七言是"文定公宰之後"。雍正《江西通志》載云:

> 曾極字景建,臨川人。父滂字孟博。四方宗陸氏者,自滂與李德章始。極志氣豪放,朱文公得其書及詩大異之,謂其文似老蘇、大蘇。嘗遊金陵,題行宫龍屏,忤時相史彌遠,謫道州卒。李心傳爲上言:曾極久斥可念。上曰:非爲江湖集者耶?有旨歸葬。所爲詩文有《春陵小雅》《金陵百詠》。(60)

曾極之父師從陸九淵,曾極則受到朱熹欣賞,與蔡文定交好。慶元三年(1197)朝廷頒"僞學之禁",五十九人入黨籍,朱熹去職罷祠,蔡元定(1135—1198)貶湖南道州編管。曾極餞之云:"四海朱夫子,徵君獨典型。青雲《伯夷傳》,白首《太玄經》。有客憐孤憤,無人問獨醒。瑶琴空鎖匣,弦斷不堪聽。"朱熹手書其詩,在《與蔡季通書》中(《晦庵别集》卷一)謂"景建詩甚佳,顧老拙不足以當之"。事實上曾極詩文早有聲名:曾協助李壁注王荆公詩,與趙汝談交遊賡和,也曾與戴復古同遊金陵,作《金陵覽古詩》一百首。戴復古有《同曾景建金陵登覽》詩言及此云:

> 興廢從誰問,雲烟過眼空。籲嗟六朝事,想像半山翁。百景饒君詠,三杯許我同。登臨無限意,多在夕陽中。

劉克莊《詩話後集》稱許曾極之詩云:

> 亡友臨川曾景建博學强記,無所不通,工詩,有《金陵百詠》。同泰寺云:此身終屬侯丞相,誰辦金錢贖帝歸。澄心堂紙云:一幅降箋何用許,價高緣寫宋文章。荆公書堂云:愁殺天津橋上客,杜鵑聲裏兩眉攢。皆峭拔有風骨。其少作云:九十日春晴意少,一千年事亂時多。佳句也。(61)

曾極因詩得罪,具體原因有兩説:《鶴林玉露》和《齊東野語》皆謂陳起《江湖集》中所收《春》詩"九十日春清景少,一千年事亂時多"被指謗訕。《宋史·羅必元傳》則認爲是《金陵百詠》中《古龍屏風》"乘雲遊霧過江東,繪事當年笑葉公。可恨横空千丈勢,剪裁今入小屏風"一詩觸怒了時相史彌遠。

寶慶三年(1227),曾極流放道州(舂陵),其間著有《舂陵小雅》,今已不傳。他有詩寫流放生活,云"鬢絲半是吴蠶吐,襟血全因蜀鳥流","家山千里雲千疊,十口生離兩地愁"。大概未攜家眷隨行照料之故,曾極在道州取妾生子,終卒於此地,享年僅60歲,⑫以此推知其生年約爲1170年。劉克莊有《得曾景建書》,言及其在道州娶妾、煉丹、飲酒、得病之事:

聞君別後買傾城,酒戒中年亦放行。遠使忽來知病起,近書全未説丹成。莫嫌身去依劉表,曾有人甘殺禰衡。何日斷原荒澗畔,一間茅屋對寒檠。⑬

朱熹與蔡元定曾共同參訂《參同契》一書。或許與服膺朱子學有關,曾極與趙庚夫亦曾"論《參同契》,輒暗合",又同好神仙内丹之説。趙庚夫《落魄》云"有錢即買丹砂煉,無病猶將素問看",英年早逝後只留下"零落燒丹訣,凄涼哭鶴詩"。⑭曾極去世則令劉克莊驚詫"丹家之壽反不及常人"。

劉克莊淳祐初(1241—1243)奉祠家居,作有《懷曾景建二首》,其一云:

造物生才自昔難,此君夭矯類龍鸞。聖賢本柄藏椰子,佛祖機鋒寓棘端。疇昔諸人多北面,暮年萬里着南冠。傷心海内交遊盡,篋有遺書不忍看。

其二云:

曾有舂陵逐客篇,流傳哀動紫陽仙。安知太白長流處,亦在重華野葬邊。碎板一如坡貶日,蓋棺不見檜薨年。誰云老眼枯無涕,聞説臨川即泫然。⑮

曾極爲人有豪氣,詩文亦有膽氣,故劉克莊喻爲李白。詩中暗將"江湖詩禍"比爲"烏臺詩案",史彌遠比作秦檜。據詩意可知曾極卒時,史彌遠還在世。

曾極家業殷富,頗饒資財。他在臨川縣銅陵山華子岡建有紅泉精舍,作有《遊華子岡紅泉碧澗》,又有《紅泉精舍》詩:

十里長松一幅巾,温湯浄濯滿衣塵。石門隔斷世間事,仙窟能容鶴上人。已主謝公爲北道,更依華子作西鄰。紅泉可酒兼宜茗,便合躬耕老此身。⑯

曾極還資助宋自達在南昌西山營建居所"梅谷",流放道州途中爲宋自達撰作《梅谷序》。⑰曾極卒後,宋自達"到舂陵即有詩弔曾景建"(樂雷發《題豫章宋德甫遊湘詩卷》)。

身爲地方大族之後,廣交當世名流,詩文聲名早著,曾極却布衣未仕。從上文所舉詩意來看,似乎他早已決定放棄俗世功名。而從他對時事的關心來看,似乎不至於早有隱退的選擇。筆者姑且作一大膽推測:也許因爲與陸九淵、朱熹及其門人交往關係密切,送行蔡元定的詩歌影響又很大,在慶元、嘉泰的"黨禁"、"學禁"期間(1196—1203),正值青年曾極參加科舉考試,因受到"黨籍"人士的牽連而不得不放棄科舉。當然這只是猜測,還需要更多證據。

七、劉克莊與宋自適、宋自遜昆仲

不在劉克莊"江湖社友"的名單之中,但自少至老與劉克莊交好的詩人還有宋自適、宋自遜昆仲。

嘉泰年間(1201—1204),劉彌正知撫州臨川縣,劉克莊隨侍父側,因此與宋氏兄弟熟悉,還曾登堂入室。其《宋自達詩》題跋云:"金華宋氏有丈夫子六人,僑居豫章。余少皆識之。謙甫尤知名,八龍之絶小,五虎之最怒者。"⑱謙甫即宋自遜,因爲被方回特別點名而成爲最有名的"江湖謁客"之一。

劉克莊對宋氏昆仲的詩歌都表欣賞,爲他們各自的詩集和家集《宋氏絶句詩》都作過題跋。其中大概宋自遜與劉克莊年輩相若,在世最久,交情最深,劉克莊《題宋謙父詩卷》云"交遊一老今華髮,疇昔諸昆最白眉",⑲淳祐五年(1245)還爲宋自遜新建專壑堂作記。

從宋氏諸人的詩作來看,宋自適、自道等始終安居於南昌,宋自遜則曾經出遊,中年後亦回家安居。除劉克莊以外,宋氏昆季與曾極、戴復古、高翥等俱有交遊,多次結社雅集,也與許多江西本地詩人來往唱和。具體情形參見拙文《江湖詩人宋自遜的家世生平與交遊創作考論》。

八、劉克莊與薛師董

薛師董(1185—1219),字子舒,是劉克莊在江淮制置使幕府時交好的詩友,其《憶毛易甫薛子舒》寫到當時宴遊雅集的情形:

> 昔在江東會集時,二君獨許話心期。春風蕭寺同登塔,落日荒臺共讀碑。百吏染毫供草檄,萬花圍席看題詩。那知數尺無情土,別後雙埋玉樹枝。⑳

薛師董英年早逝於嘉定十二年(1219),劉克莊有《哭薛子舒二首》,其一云:

> 醫自金壇至,猶言疾可爲。瀕危人未信,聞死世皆疑。友共收殘稿,妻能讀殯儀。

借來書册子,掩淚付孤兒。

其二:

忍死教磨墨,留書訣父兄。讀來堪下淚,寄去怕傷情。墓要師爲誌,詩於世有名。夜闌秋枕上,猶夢共山行。⑪

薛師董出身永嘉望族,其父薛叔似開禧間任兵部尚書,湖北、京西宣撫使,除端明殿學士,是永嘉學派宗師薛季宣(1134—1172)從侄,《宋史》卷三九七有傳。而陳傅良和從弟陳謙從學於薛季宣,與薛叔似同爲乾道八年進士,又同朝爲官,陳傅良之女嫁薛叔似長子薛師雍,次子薛師董則娶陳謙之女,薛陳結爲通家之好。

薛師董天才穎拔,知名當時。他師從葉適,⑫與"四靈"詩人熟悉,薛師石(1178—1228)(狀元木待問之婿)則是其族兄。嘉定五年(1212)任船場監當官,翁卷、趙師秀集中皆有《送薛子舒赴華亭船官詩》,薛師石有《送子舒弟之官華亭》,周文璞亦有《送薛子舒》云:

龍泉餞語餘,便使借船居。津吏方抽木,官人但載書。潮通白矶石,身近碧京魚。一卷新文就,皋禽亦自如。

後被罷,久無所授,至嘉定十年(1217)左右纔就任建康府户部贍軍中酒庫。⑬此後薛師董與同在金陵的劉克莊、蘇泂、周文璞等爲詩友交遊唱和。曾有詩題蘇泂《金陵雜興二百詠》,兹舉其中數首:

其二
劉郎之後更蘇郎,不枉隨人入建康。秦水鍾山幾相識,前年忽識好文章。
其三
方泉週四半生癡,語輒驚人不自奇。渠句卻題君集後,要尋梨木共傳之。
其六
定林草木也風騷,曾睡山中聽桔橰。春雨江湖八年事,空腸只憶吃絲糕。
其七
尊嘉堂上崔嵬老,制閫新開欲辟吾。又約來遊遊不得,風流輸與五雲蘇。

薛師董、劉克莊在金陵與詩友交遊的情形可見一斑。

小　結

嘉定十七年（1224）以前，是劉克莊浪遊江湖，以作詩人爲職志的階段。㉔在真州和金陵任職（1216—1219）以及奉祠居鄉（1219—1221）期間，戴復古、趙師秀、翁卷、曾極等較他年長，已經成名的一群詩人恰好也涉江渡淮、泛舟湖海，來往和停留於真州、金陵、莆田和臨安，以詩會友。依據《跋二戴詩卷》和《花翁墓誌銘》列出的名單，劉克莊青年時期交遊較密的詩人有戴復古、趙師秀、翁卷、趙庚夫、翁定、高翥、孫惟信、曾極，再加上宋氏昆仲（以自適和自遜爲首）以及薛師董，一共十餘人，劉克莊稱爲"江湖社友"，晚年追憶之作中皆以"亡友"相稱。

這群"江湖社友"大多出身仕宦之家，如趙師秀、趙庚夫係宗室子孫；高翥、孫惟信、宋氏昆仲、劉克莊、薛師董等人的父祖皆有功名爵禄；他們在理學方面也各具師友淵源，如高翥之父受業於程門高弟尹焞，高翥《拜尹和靖先生墓》云"瓣香再拜公應鑒，自愧傳衣忝嫡孫"，以嫡傳自居。曾極之父師從陸九淵，曾極受朱熹教導，與蔡元定交好；同爲閩人，翁定愛讀文公之書，趙庚夫深於易學；宋自適兄弟之父是吕祖謙高弟；永嘉詩人多服膺葉適；劉克莊以真德秀爲師……真正出身平民、"學無根柢"，惟以能詩爲長技的，只有戴復古一人而已。回溯劉克莊激揚詩名的經歷，正是與這些"江湖社友"遊從期間。不過，無論從年齡還是詩名來看，在當時的這群"江湖社友"中，真正的領袖應當是趙師秀。劉克莊、薛師董、宋自遜最爲年輕，實際處於從屬地位。

劉克莊在暮年屢次言及"江湖社友"猶以"昔日虛名"相推戴，"雖屏居田里，載贄而來"。其實他心裏明知推舉他的這些詩人並不是他青年時期的"江湖社友"，所推戴的其實也並非"昔日虛名"——而是淳祐六年（1246）除秘書少監，入館閣爲詞臣，主盟天下文壇的今日地位和聲名。所以面對滿江湖、如麻粟的"詩人"們的干謁求品題、攀附門墙，劉克莊一再聲明"脫籍已久"，無暇作詩，在自己與後來的"江湖社友"之間劃出界限。

（作者單位：湖北大學文學院）

---

① 林希逸《後村先生劉公行狀》，劉克莊著、辛更儒校注《劉克莊集箋校》卷一九四，中華書局，2011年，第7548頁。
② 《欽定四庫全書總目・梅屋集提要》，中華書局，1997年，第2178頁。
③ 劉克莊《虞德求詩》，《劉克莊集箋校》卷九八，第4131頁。
④ 洪天錫《劉克莊墓誌銘》，同上書，卷一九五，第7568頁。
⑤ 林希逸《後村先生劉公行狀》，同上書，卷一九四，第7562頁。
⑥ 同上書，卷九八，第4137頁。

⑦《送謝昕》,《劉克莊集箋校》,卷九六,第4071頁。
⑧《答括士李同二首》,同上書,卷二六,第1419頁。
⑨《病起十首》其七,同上書,卷三五,第1864頁。
⑩ 錢鍾書《容安館劄記》,商務印書館,2003年,第996頁。
⑪《毛震龍詩稿》,《劉克莊集箋校》卷一〇九,第4539頁。
⑫《黃有容》,同上書,卷一一二,第4650頁。
⑬ 同上書,卷一三四,第5384頁。
⑭《李敏膚行卷》,同上書,卷一〇一,第4234頁。
⑮ 同上書,卷一〇九,第4525頁。
⑯ 同上書,卷一五六,第6127頁。
⑰ 同上書,卷七,第415頁。
⑱《陳敬叟集序》,同上書,卷九四,第3973頁。
⑲ 同上書,卷九,第508頁。
⑳ 同上書,卷三,第195頁。
㉑ 同上書,卷九四,頁3975。
㉒ 同上書,卷九四,第3983頁。
㉓ 同上書,卷一七四,第6749頁。
㉔ 同上書,卷一七五,第6756頁。
㉕ 同上書,卷九八,第4139頁。
㉖ 同上書,卷一八四,第7031頁。
㉗《賈仲穎詩》,同上書,卷九四,第3985頁。
㉘ 同上書,卷七,第416頁。
㉙ 同上書,卷一四八,第5825頁。
㉚ 同上書,卷一四〇,5591頁。
㉛ 同上書,卷一,第45頁。
㉜ 同上書,卷一七六,第6826頁。
㉝ 同上書,卷九六,第4054頁。
㉞《山中集》已佚。《直齋書錄解題》卷二〇《山中集》:"莆田趙庚夫仲白撰。兩上春官不第,以取應得右選,不得志而没。劉潛夫誌其墓,擇其詩百篇,屬趙南塘序而傳之。"
㉟《劉克莊集箋校》卷二,第121頁。
㊱《答翁定》,同上書,卷二,第138頁。並參《別翁定宿瀑上》,同上書,卷三,第153頁。
㊲ 同上書,卷九九,第4148頁。
㊳ 同上書,卷二,第84—86頁。
㊴ 方回選評、李慶甲集評校點《瀛奎律髓》卷二七,上海古籍出版社,2005年,第1213頁。
㊵ 同上書,卷四二,第1502頁。
㊶《劉克莊集箋校》卷八,第468頁。
㊷ 同上書,卷九,第524頁。
㊸《題高九萬菊澗》,同上書,卷九,第522頁。
㊹ 趙以夫(1189—1256)嘉熙二年知慶元府兼沿海制置副使,同知樞密院事。官終禮部尚書兼侍讀。有《虛齋樂府》68首傳世,與戴復古、孫惟信、劉克莊皆有唱和。王可喜、王兆鵬《南宋詞人趙以夫生平及詞作

編年考》(《詞學》第30輯)考定：嘉定八年至十年曾入淮東轉運判官方信孺幕，寶慶元年(1225)主管西外睦宗院，與孫惟信唱和，有《賀新郎·次孫花翁乙酉》。端平元年知漳州，戴復古來訪，《訪漳州趙用父使君》："幸遇故人爲太守，客來不憚路程遥。"十月爲《石屏詩序》："采前輩理致，守唐人格律。"淳祐三年秋與劉克莊唱和《沁園春·次劉後村》，淳祐四年有《東皋子詩跋》，戴復古終年之前還曾寄詩與他。

㊺ 《劉克莊集箋校》卷一五〇，第5923頁。

㊻ 葉適《水心集》卷二二，《文淵閣四庫全書》本。

㊼ 《劉克莊集箋校》卷二，第98頁。

㊽ 同上書，第117頁。

㊾ 同上書，第122頁。

㊿ 同上書，第123頁。

(51) 方回在《瀛奎律髓》卷二〇引後村《梅花》詩稱："……初，彌遠議下大理逮治，鄭丞相清之在瑣闥，白彌遠，中輟。而宗之坐流配。於是詔禁士大夫作詩，如孫花翁惟信、李蕃之徒，寓在所，改業爲長短句。紹定癸巳，彌遠死，詩禁解。"(第844頁)

(52) 《劉克莊集箋校》卷一七六，第6829頁。

(53) 同上書，卷二五，第1394頁。

(54) 同上書，卷一三，第792頁。

(55) 同上書，卷二三，第1272頁。

(56) 同上書，卷三四，第1852頁。

(57) 同上書，卷一八〇，第6931頁。

(58) 同上書，卷一，第73頁。

(59) 同上書，卷五，第299頁。

(60) 《(雍正)江西通志》卷八〇，《文淵閣四庫全書》本。

(61) 《劉克莊集箋校》卷一七五，第6755頁。

(62) 《王隱君六學九書序》，同上書，卷九五，第4009頁。

(63) 同上書，卷三，第191頁。

(64) 《挽趙仲白二首》，同上書，卷二，第95頁。

(65) 同上書，卷一三，第793頁。

(66) 《(雍正)江西通志》卷一五四，《文淵閣四庫全書》本。

(67) 《跋宋自達梅谷序》，《劉克莊集箋校》卷一〇一，第4244頁。

(68) 同上書，第4245頁。

(69) 同上書，卷一六，第925頁。

(70) 同上書，卷三，第193頁。

(71) 同上書，卷一，第23頁。

(72) 葉適《薛子舒墓》，《水心集》卷七。另有《祭薛子舒》，見卷二八。

(73) 葉適有《薛子舒罷官，久無所授，端明得謝，始换乘務郎》，見《水心集》卷七。

(74) 侯體健《劉克莊的文學世界》認爲從嘉定元年(1208)至紹定元年(1228)二十年間，劉克莊社會角色爲"遊士"，此後身份轉變(復旦大學出版社，2012年，第93頁)。

節奏的新變：
宋代駢文獨特風貌的語言學闡釋*

周劍之

　　語言是文學的載體，一類文體的變遷，通常會在語言形式上有所體現，甚至在許多時候以語言的變化最爲直觀。就駢文而言，其文體特點原本就與語言表現有直接的關聯。駢文不但以駢對爲根本特徵，而且具有藻飾、用典、裁句、調聲等語言方面的諸多講究。所謂"閱之有璧合珠聯之采，讀之有敲金戛玉之聲"①，駢文"采"與"聲"的形成，都要落實爲具體的語言要求。儘管駢文的演變涉及方方面面因素，但無論是創作語境的變化還是創作觀念的改變，最終都會反映到語言形式上。因此，語言學是駢文研究的重要視角之一，從語言學角度來考量駢文的風格演變，不但有助於揭示駢文的歷史發展脈絡，而且有助於突顯駢文作爲"美文"的美學特質。

　　宋代駢文具有獨特的風格面貌，故前人往往單列"宋體"或"宋四六文"，以與六朝駢文、唐代駢文相區別。②關於宋代駢文的特點，現當代研究者論述已多，意見也比較統一。最有代表性的，是劉麟生《中國駢文史》的幾點歸納：一曰散行氣勢於駢句中見之，二曰用虛字以行氣，三曰用典而仍重氣勢，四曰用成語以行氣勢，五曰喜用長聯，六曰多用議論以使氣。③這幾條意見貼合宋代駢文創作實際，也比較全面，因此後來人論宋四六的特點，大體不出這一範圍。而以上特點，也往往被歸結爲一個總體傾向，即認爲宋代駢文的最重要特徵就是融合古文特點，化散入駢。陳寅恪稱宋四六是"用古文之法，作駢儷之文"④；瞿兑之《中國駢文概論》說宋代駢文是"以古文作法來作的駢文，也可以說是白描的駢文"⑤；張仁青《中國駢文發展史》也認爲宋代駢文"可謂駢文中之散文"⑥。宋代駢文融合駢散，這一點毋庸置疑。然而，在這一簡單明瞭的事實之下仍然隱藏着許多深層的困惑：駢與散究竟如何融合？在哪些層面上融合？采取了怎樣的融合方式？融合之後與此前相比有怎樣的變化？與此前駢文中駢句散句的關係有何不同？……實際上涉及很複雜的問題。儘管複雜，但有一點可以明確，無論怎樣的駢散融

---

　　* 本文爲中央高校基本科研業務費專項資金資助項目"宋代駢文文體研究"（SKZZX2013074）、國家社會科學基金重大項目"中國古代散文研究文獻集成"（14ZDB066）、中國社會科學院"中華思想通史"項目的階段性成果。

合,都會在駢文的語言層面有所體現。語言學的研究視角,可以爲解答這些問題提供重要的綫索。

語言的節奏是本文選取的切入角度。之所以選擇節奏,是出於駢文駢對的基本特徵。儘管駢文的主要特點包括駢對、藻飾、用典、裁句、調聲等在内,但駢文最本質的特徵仍是駢對。駢對的關鍵,在於兩句之間的一一對應,包括字數、詞性、句式的吻合、平仄的呼應等。駢對的表現實際上可以有多種形式,宋代新體駢文的形成,從語言的角度也可以説,是駢對形式的發展。六朝駢文的對句以相對較短的對句爲多、以雙音節節奏爲多、以實詞性對偶爲多;而宋代駢文長對句多、單音節節奏多、多用虛詞對偶,對偶句型也更多變化,或形成多重的複合對偶、或兼用重複、排比的句型等。而這些不同,可以通過駢文節奏的考察獲得直觀的對照。

在正式進入考察之前需要先説明的是,宋代駢文句式發展有兩大傾向:一種傾向是更加工整精細,以四字、六字爲律令,在對偶、平仄等各方面都比前代更爲講究,比如楊億的駢文;另一種傾向是不遵循四字、六字的規矩,而依據表意的需要,或長或短,句式豐富多變。這兩種傾向是相輔相成的,是同一個發展過程的兩面表現。正如程杲所言:"唐以前不盡然者,法未備也;唐以後間有不然者,如律詩中之拗句也。"⑦駢文到宋代時,基本體式已經定型並越發成熟,因此有第一種傾向;而在完備的體式基礎上,繼續求新求變,則成爲"律詩中之拗句",亦即駢文之變體。因此,宋代駢文的第二種傾向可以説是以第一種爲基礎的。宋代作者,包括歐陽修、王安石、蘇軾等人,他們的駢文中往往都有工整的一類,然而更能體現他們的新變嘗試、更能體現宋代駢文特色的則是後一類傾向。因此,本文也着重從後一種傾向切入。

鑒於宋代駢文主要集中在表、啓、制詔等文體上,其中制詔類型化制約較明顯,而表、啓的個性化特點較強,故下文論述中多取表、啓爲例。同時,考慮到文體有别,在對比宋以前駢文時,盡量以同類文體爲主要參照物,依據不同的情況也兼及其他文體。

一、六朝駢文的典型節奏

松浦友久在《節奏的美學》中提出了詩歌節奏的理論:詩歌具有"音節節奏"和"拍節節奏"——"音節節奏"是"以一個音節爲單位的素材性的基礎節奏";"拍節節奏"是"以一個拍節爲單位的活的脈搏式節奏";中國詩歌的"拍節節奏"是以二音一拍爲基調的。⑧如:

千里鶯啼綠映紅×,(包含一音即1/2拍的休音)

水村山郭酒旗風×。(杜牧《江南春》)

每兩個音節爲一拍,每句的最後一拍中包含一個1/2拍的休音。所謂"休音"是指"有拍而無音"的狀態,"'拍節流轉'本身雖然存在,但拍節中的某部分却中斷了'聲音的流轉'……因此,在該處便出現了一種節奏'真空'的狀態"。而休音就是試圖填補其"真空"的節奏性存在。這種二音一拍的節奏是古代詩歌主流。

以音節、拍節所形成的節奏綜合起來又被稱爲"韻律節奏"。詩歌在表述意義上的節奏則被稱爲"意義節奏"。詩歌的"韻律節奏"與"意義節奏"雖然在許多情況下相吻合,但並不總是一致的。如《醉後聽唱桂花曲》"莫教不得意人聽",從意義節奏來説,應讀作"莫教/不得意人/聽"。不過,在這種不一致的情況下,詩歌仍然以相對穩定的韻律節奏爲基本前提,仍應讀作:

⌒ ⌒ ⌒ ⌒　（韻律節奏）
莫教不得意人聽×。（意義節奏）

"韻律節奏"本質上是一種"聲音節奏"。而對散文來説,"意義節奏"往往更優先於"聲音節奏",不像韻文節奏那樣具有明確的規定性。⑨

駢文同樣有其特定的節奏。也可以説,特定的節奏方式是構成駢文的一個重要要素。駢文雖非韻文,但"聲音節奏"發揮着重要作用,並在這一點上與散文形成明顯區别。本文將引入松浦友久關於節奏的這些基本概念,對駢文進行分析解讀,考察宋代駢文對傳統駢文的改造和新變。

在探討宋代駢文節奏新變之前,有必要先瞭解宋前駢文的節奏特點。從六朝到唐代形成的典型駢文,在節奏上具有以下特點。

第一,對偶的兩個句子在拍節上一一對應。這可以說是駢文的基礎。因爲駢文的本質特徵在駢對,駢對的句子在字數、詞性、句式、聲律上都有相互呼應。因此,對偶的句子在拍節的劃分上也必然形成對應。下文皆以"⌒"的符號表示一個拍節。

⌒ ⌒ ⌒ ⌒
鍾儀君子,入就南冠之囚;
⌒ ⌒ ⌒ ⌒
季孫行人,留守西河之館。（庾信《哀江南賦序》⑩）
⌒ ⌒ ⌒
妝鳴蟬之薄鬢,
⌒ ⌒ ⌒
照墮馬之垂鬟。（徐陵《玉台新詠序》⑪）

第二,就單句而言,每句通常可劃分爲多拍節,而以每句二、三、四拍爲主流。這一特性與駢文以四六言句式爲主直接相關。二音一拍是中國古代文言的基本拍節類型⑫（關於這一點下文還將有詳細説明）,駢文亦如此。一些拍節雖僅有一字,但在閲讀中往往會

依據節奏補足 1/2 的休音,如:

> 立×明堂之制,奏×大武之樂。(庾信《賀平鄴都表》⑬)

按照這樣的規律,上文所舉的一組六言句補足休音後應爲:

> 妝×鳴蟬之×薄鬢,照×墮馬之×垂鬟。(徐陵《玉台新詠序》)

在二音一拍的基礎上,駢文四言句主要是二二型的兩拍:

> 駕馭風雲,驅馳龍虎。(庾信《賀平鄴都表》)
> 絳鶴晨嚴,銅蠡晝靜。(徐陵《玉台新詠序》)

六言句可以形成的拍節數以三拍爲主。常見者如二二二的句式:

> 席卷天下之心,苞含八荒之志。(庾信《賀平鄴都表》)

另一種常見句式是四拍的一二一二:

> 見×鐘鼎於×金張,聞×弦歌於×許史。(庾信《哀江南賦》)

在只有單字的拍節中補充上了 1/2 的休音,因而讀成四拍。除了四言、六言句,通常還會有三、五、七言句。三言句通常爲一句兩拍:

> 握×天樞,秉×地軸。(庾信《賀平鄴都表》)

同樣要在單字的拍節中補上休音。五言句常見者是一二二、二一二的句式。這些句式基本上也是形成三拍:

> 立×明堂之制,奏×大武之樂。(庾信《賀平鄴都表》)

銜怨而⌢×心悲,聞猿而⌢×下淚。(庾信《爲梁上黃侯世子與婦書》⑭)

七言句的拍節組合相對複雜些,但基本上形成四拍。如二一二二:

金星將⌢×婺女爭華,麝月與⌢×嫦娥競爽。(徐陵《玉臺新詠序》)

或是二二一二:

荊山鵲飛而⌢×玉碎,隋岸蛇生而⌢×珠死。(庾信《哀江南賦》)

或是一二二二:

豈×冤禽之能塞海?非×愚叟之可移山。(庾信《哀江南賦》)

需要稍加說明的是這樣的七言句型:

遵烟洲而謝支伯,迎雲山而捐許由。(江淹《蕭被侍中敦勸表》⑮)

從意義上來看,一些學者會將這類句式視爲三一三的組合:"遵烟洲/而/謝支伯,迎雲山/而/捐許由"。不過這樣的句式從聲音節奏上可以進一步細分,其中的三音組可以成爲:

遵×烟洲、謝×支伯、迎×雲山、捐×許由。

考慮到"而"在這兩句中作爲單音節拍的出現(實際上是 1/2 拍),在實際的閱讀中往往可以跟後面一個單音(同樣是 1/2 拍)組合在一起,而替換了後一個 1/2 拍休音,成爲一拍。因此這一句在習慣上又可以讀爲:

遵×烟洲而謝支伯,迎×雲山而捐許由。(江淹《代蕭侍中敦勸表》)

實際上五、七言句的變化,往往是以四、六言句爲基礎。因此六朝駢文每句拍節大體在四拍之內,並且以四、六言句所形成的二至四拍爲主流。二拍、四拍爲偶數拍節;三拍爲奇數拍節。通過奇數拍節與偶數拍節的排列組合，就可以形成豐富的落差變化。四六駢體的拍節節奏，也就在這些組合中形成。如：

> 釣臺移柳，非玉關之可望；華亭鶴唳，豈河橋之可聞？（庾信《哀江南賦》）
> 東鄰巧笑，來侍寢於更衣；西子微顰，將橫陳於甲帳。（徐陵《玉台新詠序》）

故陳鵬《六朝駢文研究》認爲，"以三拍子爲基調的六言句和以二拍子爲基調的四言句能產生本質不同的節奏"，兩類節奏偶奇相間，單複往還，形成了節奏的豐富性。⑯

第三，意義節奏對聲音節奏的形成有重要影響，但意義節奏與聲音節奏不盡一致時，聲音節奏更優先於意義節奏。

相對於詩歌尤其律詩，駢文句子的拍節節奏是相對自由的，對於每一句的拍節節奏如何，沒有明確的規定性，只是形成了大致穩定的規律。而拍節節奏的劃分，在很大程度上是需要語句意義來支援的。正如上文所提到的六言句的拍節，是二二二還是三一二，其實與語句的含義直接關聯。但在此基礎上，六朝駢文的拍節組合總體上仍是在相對固定的幾種類型的範圍之內。借助其他手段，如平仄間隔的安排、雙音節詞或詞組的使用等，使得句子的拍節節奏形成規律性，就如第二點中所提到的那樣。而在這種規律性相對穩定之後，實際上促使聲音成爲駢文相當重要的節奏依憑。因此，在六朝駢文中，意義節奏與聲音節奏的吻合度相當高。而當偶有不盡符合規律的意義節奏出現時，駢文仍會習慣性地遵循聲音的節奏，以求得整體的和諧。如：

> 二十八宿，止餘吳越一星；千二百國，裁漏麟洲小水。（庾信《賀平鄴都表》）

從意義上來說，應當斷爲"二十八/宿"、"千二百/國"，但在整體的閱讀中，仍然很容易傾向於讀爲二二的拍節形式。這並不影響意義的理解，只是在反復出現的拍節規律中養成的慣性。

第四，整體上看，六朝駢文的聲音節奏具有較強的規律性。聲音節奏取決於拍節節奏的構成和組合方式。從聲音節奏來說，駢文與詩歌有相似也有不同。詩歌的聲音節奏有很強的規律性，而且這種規律性是詩歌韻律的基本特點。駢文的聲音節奏則沒有這麼強的規律性。不過，在與散文相比時，駢文在聲音節奏上的規律性就變得明顯起來：四六言爲主的句式、對句中的拍節呼應、拍節中平仄的要求等，仍然有一系列規則可循，故而在聲音節奏上仍然有着較強的規律性，具有趨近於詩的一面。⑰

以上就是六朝駢文在節奏上的主要特點。唐代駢文對於六朝駢文的這些特點主要是繼承和強化。而宋代駢文的新變，實際上也是以這些特點爲基礎和參照的。其中第一點涉及駢文的本質特徵,因此,這也是宋代駢文的基本特質。無論宋代駢文如何新變,始終未變的就是這一點,這是駢文成其爲駢文的關鍵。而第二、三、四點,則在宋代駢文中有着不同程度的發展變化。下文將由此探討宋代駢文節奏的個性面貌。先從單句的節奏進行討論,再從對句的組合加以考察。

爲了論述的清晰,這裏先對其中一些概念加以說明。"句"指的是單句,駢文中最小的自然句;一組對偶的句子是爲一聯;而一聯中的出句或對句——既可能是單一的句子、也可能是兩句及以上的組合——則稱爲"一扇",以與單句的"一句"相區別。

二、節奏新變之一:句內拍節的增多

與六朝駢文相比,宋代駢文每句的拍節有增多的趨勢。而拍節增多的直接原因就是句子的加長。

從總體上說,六朝到唐代的駢文,句子的長度相對較短。《文鏡秘府論》有系統的總結:"十字已下,三字已上,文之常體。"而其中,"七言已去,傷於大緩,三言已還,失於至促",七言、三言等,使用率並不太高,"看體之將變,勢之相宜,隨而安之"。至於"八言、九言",儘管"時有所值,可得施之",然而"其在用至少"。四言被視爲最宜多用的句型,次之則是五言、六言:

> 至於四言,最爲平正,詞章之內,在用宜多,凡所結言,必據之爲述。至若隨之於文,合帶而以相參,則五言、六言,又其次也。[18]

以偶對而言,四言句更是重要:

> 假令一對之語,四句而成,便用四言,以居其半,其餘二句,雜用五言、六言等。(謂一對語內,二句用四言,餘二句或用五言、六言、七言是也。)或經一對、兩對已後,乃須全用四言,(若一對四句,並全用四言也。)既用四言,又更施其雜體,(還謂上下對內,四言與五言等參用也。)[19]

四句一組的對句,二句用四言,餘二句或用五言、六言、七言等。而在一兩對句以後,仍要"全用四言"。這可以說是駢文的典型句式。陸機《謝平原內史表》:"猥辱大命,顯授符虎。使春枯之條,更與秋蘭垂芳;陸沉之羽,復與翔鴻撫翼。雖安國免徒,起紆青組;張敞亡命,坐致朱軒。"[20]四言句爲主,配合五言、六言,間以"使"、"雖"作爲對句間的銜接。又如任昉《爲范尚書讓吏部侯封第一表》叙述自身經歷的一段:

臣素門凡流，輪翩無取。進謝中庸，退慚狂狷。(1)
固嘗鑽厲求學，而一經不治；篆刻爲文，而三冬靡就。(2)
負書燕魏，空殫菽粟；躡屩齊楚，徒失貧賤。(3)
既而分虎出守，以囊被見嗤；持斧作牧，以薏苡興謗。(4)
赭衣爲虜，見獄吏之尊；除名爲民，知井臼之逸。(5)
百年上壽，既曰徒然；如其誠說，亦以過半。(6)
亂離斯瘼，欲以安歸。閉門荒郊，再離寒暑。(7)
兼以東皋數畝，控帶朝夕；關外一區，悵望鍾阜。(8)
雖室無趙女，而門多好事；祿微賜金，而歡同娛老。(9)
折芰燔枯，此焉自足。(10)[21]

本段共 38 句，基本上形成駢對。其組合方式，確如《文鏡秘府論》所概括的那樣。四字句最多，共 25 句。此段意思的開頭(1)與收束(10)，雖非對偶，仍取用四字句，以使文氣平順。第(4)句的"既而"和第(8)句的"兼以"，主要是起銜接作用，其所引導的句子如"鑽厲求學"、"東皋數畝"其實也是以四字句爲基礎。而從對偶的形式來看，四句一組的對句中，或是兩句用四言，兩句用五言等，如(2)、(4)、(5)、(9)；或是四句皆爲四言，如(3)、(6)、(7)、(8)。兩種對句類型相互錯雜，以形成變化。除了四言，六言句的使用也非常頻繁，尤其在六朝駢文發展過程中，隨着四六隔句對技巧的日趨成熟，六言句也日益成爲駢文的重要句型。

唐時駢體亦多如此。李商隱是重要代表，《爲滎陽公桂州謝上表》："方將虔奉紫泥，恭拜青瑣。豈意遽分專席，叨賜再麾。首南服以稱藩，控西原而遏寇。褰帷廉部，猶恐墜於斯文；橫槊令軍，實致憂於不武。雖期竭力，終懼敗官。"[22]均由四言、六言句子組成。故至李商隱時，直以"樊南四六"爲文集命名。

整體來說，從南朝以至唐時的駢文中，四言到七言的句子佔絕大多數。據莫道才統計，庾信的《哀江南賦序》共 107 句，四言句 63 句，五言句 6 句，六言句 22 句，七言句 10 句，這四種句式約占全文的 93%；而王勃的《滕王閣序》共 146 句，四言句 80 句，六言句 44 句，七言句 16 句，無五言句，四言、六言、七言三種句式共佔全文的 96%。[23] 以四言、六言爲主，輔以五言、七言，這也可以說是宋以前駢文的主要句式。

宋代駢文的句子則有跳出這一傳統範圍、日益趨長的現象。首先，就單句而言，字數多的句子頻繁出現。七言、八言頗爲常見，九言、十言亦有不少。八言句如：

崔琰進而廉儉成風，楊綰用而淫侈改度。(蘇軾《謝中書舍人啓》[24])
蓋爲其謨謀之已審，故不必課試而後知。(王安石《回謝館職啓》[25])

九言句如：

昔仁皇帝旁搜於多士，若韓魏公擢在於一人。（真德秀《回孫狀元啓》㉖）
內之無子産潤色之才，外之無山甫將明之用。（劉敞《謝加學士表》㉗）

十言句如：

敢辭蹈萬死於不測之途，所冀明寸心於受知之地。（陸游《上王宣撫啓》㉘）
此亦由臣陳力就列以來，不能助國立經陳紀之故。（王安石《辭免平章事監修國史表》㉙）

當長句再經過組合，每聯的長度也就愈發拉長。如：

百姓以安平無事之時，而未免流離餓莩；四夷以衰弱僅存之勢，而猶能跋扈飛揚。（王安石《辭免平章事監修國史表》）
直道而行，恐非所以安愚不肖之分；充位而已，又不足以解卿大夫之憂。（蘇軾《謝中書舍人啓》）
謂群臣之善亦王之善，齊人嘗有格言；而衆職之功乃相之功，柳子誠爲確論。（真德秀《江東賑濟無罪可待謝丞相啓》㉚）

　　宋人對於四言句的看法也與前人有所不同。王銍《四六話》認爲："表啓中最以長句中四字爲難。以其語少而意多，因舊爲新，涵不盡無窮意故也。"㉛這種觀點的出現，與駢文技巧的不斷發展有關。四言句在前代的應用可以説到了極其純熟的地步。在宋人手裏，要想在非常有限的字數中容納豐富又新鮮的意藴，並不是一件容易的事。因此四言句反而成爲難以出新的句式類型。這或許也是四言句使用頻率下降的因素之一。
　　隨着長句出現頻率增多，長句在整篇文章中所佔的比例亦隨之上漲。六朝駢文以四至六言句爲多，七言及以上者少。如任昉《爲蕭揚州作薦士表》，全文七言以上的對句，僅"鼫鼠有必對之辯，竹書無落簡之謬"。庾信《謝滕王集序啓》，則無七言及以上對句；《哀江南賦》中有一些七言對句，但佔全文的比例仍不高。唐代李商隱、温庭筠的駢文中，七言句的出現頻率已高於六朝，如李商隱《爲滎陽公桂州謝上表》中有"柔艣載揚於永路，輕舠利濟於大川"、"浮江遇楚澤之萍，望國隔番禺之桂"的七言對句，以及"遐思白鳥，鎮飋音於周圍之中；遠羨仙冀，永固本於堯階之上"這樣的四言與八言的組合對句，但就全篇而言，仍是以四六言句爲主導。但到了宋代駢文中，七言、八言以至九言、十言的句子在整篇文章中所佔比例有明顯的上升。如王安石《謝知制誥啓》，全文共15聯34句，其中，四言12

句,五言 2 句,六言 6 句,七言 8 句,八言 6 句。七言、八言句佔全文比例約 41%。又如陸游《賀葉樞密啓》共 58 句,四言 22 句,五言 4 句,六言 8 句,七言 14 句,八言 2 句,九言 8 句,七言、八言、九言共佔全文比例亦達 41%。真德秀《江東賑濟無罪可待謝丞相啓》,共 66 句,四言 18 句,五言 2 句,六言 14 句,七言 18 句,八言 10 句,九言 4 句,七言、八言、九言共佔全文比例將近 50%;而且七言以上的句子出現得非常集中,如其中一段云:

> 所冀推仁恩而均被,靡遑顧文法以自營。頃當原隰驅馳之時,備睹田野焦熬之實。欲糴則人苦青蚨之寡,欲濟則官無紅粟之儲。抑立視其死歟,既有負求芻之托;苟利專之可也,又難逃矯制之刑。

兩組八言句,一組九言句,再銜接一組六加七言的對句組合,非常突出地體現了宋人駢文對句加長的趨勢。

字數增多、句子加長,反映在節奏上,就形成一句多拍的情形。七言、八言句以至九言、十言句,每句可容納的拍節數往往有四拍、五拍,甚至更多。如:

上體周公煩悉之誥,助成漢家深厚之文。(蘇軾《謝中書舍人表二首(之一)》)（每句四拍）

實恃明主知臣之×有素,故以孤身許國而×無疑。(王安石《手詔令視事謝表》)（每句五拍）

雖曰功名富貴所由之途,亦爲毀譽得喪必爭之地。(蘇軾《謝館職啓》)②（每句五拍）

其志 莫不 欲舉 明主 於× 三代 之隆, 其言 莫不 欲措 天下 於× 泰山 之固。(蘇軾《謝館職啓》)（每句七拍）

儘管每句二拍、三拍,仍然是宋代駢文的重要節奏類型,但四拍、五拍句子的增多,相較於以往以四六言爲主、每句二至三拍的節奏是一種明顯改變。相較而言,一句多拍的拍節相對密集,所帶來的節奏暫停減少,也許不那麼緊湊利落,但具有鮮明的流動感和極強的貫穿性,有利於駢文形成新的節奏美感。

三、節奏新變之二:意義節奏的作用突顯

如前所述,六朝駢文的拍節節奏有很強的規律性,且意義節奏與聲音節奏有着相當高的吻合度。偶有聲音節奏與意義節奏不一致的情況出現時,駢文仍會習慣性地遵循聲音的節奏,以求得整體的和諧。但在宋代駢文中,意義節奏的重要性變得突出起來。一方

面,意義節奏與聲音節奏不盡一致的情況增多,二者之間的關係也更爲複雜;另一方面,當這種不一致出現時,意義節奏似乎更占主導地位。

從總體上説,當意義節奏與聲音節奏不盡一致時,聲音節奏仍然具有明顯的慣性力量。如:

> 憂深/故/任其事者/重,愛極/故/爲之慮也/長。(蘇軾《謝中書舍人表二首》其二㉝)
> 恕以及物者/君之仁,量而受事者/臣之義。(王安石《乞罷政事表(三)》㉞)

從句子表達的意思來看,應當是按"/"劃分的節奏。而從聲音節奏來考慮,則爲:

> 憂深故×任其事者重×,愛極故×爲之慮也長×。
> 恕以及物者×君之仁×,量而受事者×臣之義×。

儘管聲音節奏仍然在拍節劃分上發揮着重要作用,但意義節奏的存在感也越來越强。尤其在較長的句子中,加上虛詞的使用,强化了語法的功能,使得句子在意義表達上愈發突出,在一定程度上突破了聲音節奏的常規表現。如:

> 非不願粗施其×樸學,庶幾以仰副於×鴻私。(王安石《乞罷政事表(三)》)

"非不願"與"庶幾以",很難以"二一"或"一二"的方式切分,而更像是一個整體。

意義節奏的突顯,與句式的複雜有關。每句字數的增多,字詞之間也就有了更多排列組合的可能,因此,隨着句子的加長,宋代駢文的句式有複雜化傾向。

相對而言,六朝駢文的句式更簡單。庾信《哀江南賦并序》的句式頗爲全面,以其爲例,其中有這樣的句子:主語+謂語+(定語)賓語:

> 江淮無(涯岸之)阻,亭壁無(藩籬之)固。(庾信《哀江南賦序》)

主語+謂語+補語:

> 民枕倚{於墻壁},路交横{於豺虎}。(庾信《哀江南賦》)

主語省略,雙謂語並列:

節奏的新變：宋代駢文獨特風貌的語言學闡釋 251

[既]傾蠡[而]酌海,[遂]測管[而]窺天。(庾信《哀江南賦》)
(注：以上句子成分劃分中,主語用雙底綫,謂語用單底綫,賓語用波浪綫,定語用小括弧,狀語用中括弧,補語用大括弧。)

雖不乏變化,但總體來説,以簡單句爲多；偶有複合句,但句子成分不那麽複雜；每一句中由於字數的限制,定語、狀語、補語等也相對簡明。也是這樣的原因,意義節奏與拍節節奏同步率很高。然而宋人駢文好用複合句,如：

憂深‖[故]任其事者重,愛極‖[故]爲之慮也長。(蘇軾《謝中書舍人表二首》其二)

每句實質上都是複合句。如第一句,"憂深"與"任其事者重"是並行的兩個主謂結構,而"故"在中間作爲銜接,表示二者的因果聯繫。而且後一個主謂結構也不單純,"者"在此無實意,主要起停頓作用,"重"爲謂語,而作爲主語的"任其事"其實是一個動賓結構。第二句結構基本相似。類似的複合句又如：

欲糶‖[則]人苦(青蚨之)寡,欲濟‖[則]官無(紅粟之)儲。(真德秀《江東賑濟無罪可待謝丞相啓》)

"則"之前與之後是兩個並行的小句,"欲糶"、"欲濟"略去了主語(按上下文意當指作者)；"人苦青蚨之寡"、"官無紅粟之儲"則爲"主語+謂語+賓語"的結構。"則"的銜接表明前後的承接關係。再如：

[故]上安{於有司之區區糊名}‖以{爲公},[而]士惑{於古人之皇皇載贄}‖以{爲辱}。(晁補之《賀教授陳履常啓》[⑳])

這是雙謂語結構。從第一句來分析,"上"爲主語,"安於有司之區區糊名"、"以爲公"實際上是兩個並行的謂語結構。第一個謂語結構中,"安"爲謂詞,其後爲補語,而這個補語本身也不簡單。"糊名"與第二句中的"載贄"("贄"通"贅",指帶着覲見的禮物,表示急於出仕)。是動賓短語,"有司之區區"、"古人之皇皇"則爲修飾語。句子的後一個謂語結構略去了賓語,如果補全的話當爲"以(之)爲公"、"以(之)爲辱"。由此可見其複雜程度。
一些句子雖非複合句,卻是句子成分相對複雜的句子：

(亂國之)讒[已]蒙{於遠屏},(立朝之)士[皆]保{於自安}。(歐陽修《乞罷政事

第二表》[36])

雖然是比較明晰的"主語+謂語+補語"的結構,但主語包含了修飾的定語,謂語前有修飾的狀語,謂語後還有補語。又如:

[雖]曰(功名富貴所由之)途,[亦]爲(毁譽得喪必争之)地。(蘇軾《謝館職啓》)

從整體上看是簡單的動賓結構,但修飾"途"、"地"的定語頗爲複雜,定語本身又是一個主謂結構。再如:

當退而進者侮[必]及,宜黜而用者傷[必]多。(宋祁《代陳州章相公乞致仕第一表》[37])

主語比較複雜,"當退而進"包含兩個動詞,"當"爲副詞修飾"退","而"爲轉折連詞,與另一個動詞"進"銜接,這已是一個包含轉折關係的複雜成分。"宜黜而用"同理。"侮必及"、"傷必多"則是主謂短語作謂語。宋代駢文中,這類相對複雜的句子出現得非常頻繁。句子越是複雜,其語法意義也就越重要,出於這樣的原因,駢文的意義節奏得到突顯。

宋代駢文虚詞使用頻率的上升,促進了這種現象的形成。在虚詞使用的方式上,六朝駢文與宋代駢文有很大的不同。從使用頻率來看,六朝駢文對虚詞的使用率相對較低,以實詞爲主。從使用方式來看,對句之内的虚詞相對有限,主要集中在"之"、"於"、"而"、"以"等幾種虚詞上。《文鏡秘府論》南卷《定位》云:"然之、於、而、以,間句常頻,對有之,讀則非便,能相回避,則文勢調矣。"儘管論者主張要相互回避,但從這種觀點的出現亦可看出,當時用於對句之内的虚詞的確比較有限。其他虚詞的使用,常出現於對句與對句之間,用於勾連聯與聯之間的句意。如:

若夫咸康之年,四方始定,建武之代,諸侯並朝。(庾信《賀平鄴都表》)

是故免容青閣,願還慈於裂壤;竊步丹墀,希收寵於開賦。(沈約《爲柳世隆讓封公表》[38])

而宋人更多將虚詞用在每一聯之内,使得虚詞所附着的語法含義在單句中得以鮮明表現出來。如:

倘後來因此以得賢,則臣去猶爲於有補。(歐陽修《乞出第二表》[39])

第一句中,"倘"表示假設,"因此"表示因果關聯,"以"表示結果,使得"後來"與"得賢"、"後來得賢"與上下文之間都構成明晰的邏輯關係。同理,第二句中的"則"、"猶爲""於"亦使所在的句子成爲意義明晰、並與上下文銜接的部分。又如:

拔茅茹者以彙而征,附馬棧者必先其直。(蘇軾《謝中書舍人啓》)

"者"表示指代,"以"表示因由,"而"表示承接;"必"表必然,"其"表指代。這些虛詞的存在,使得"拔茅茹彙征,附馬棧先直"的基本含義上添加了豐富的意義層次:拔茅茹會因爲其根部相牽引、故而征吉;綁縛(附)馬廐必當先縛直木。這就有別於"拔茅茹彙征,附馬棧先直"的單純陳述,而附加了邏輯的思考。

虛詞使用頻率增加、並將虛詞更多地納入對句,是宋人駢文非常重要的特點,使得句子內外都有了更緊密的意義關聯,促使意義節奏更爲鮮明,駢句的節奏劃分很自然會受到虛詞的影響,以保證語法意義的傳達:

倘×後來因此以×得賢,則×臣去猶爲於×有補。
拔×茅茹者×以彙而征,附×馬棧者×必先其直。

爲了調和節奏的勻稱感,會在意義的間歇處補足休音。如此一來,休音出現的位置,也就無一定規律可循。休音的使用在虛詞增多的情況下,實際上也會隨之增多。虛詞使用位置的不同、句子語法層次的不同,也都使得意義節奏更加豐富多變。

總之,在宋代駢句中,主語、謂語、定語、狀語、補語等相互組合,實詞、虛詞交替使用,都使句子的語法變得複雜,意義節奏變得突出。松浦友久在《詩‧散文‧散文詩——韓愈的節奏》中指出,在散文中,意義節奏往往優先於聲音節奏,因此看不出韻文那樣明確的規則性。在六朝駢文中,聲音節奏雖不如詩歌那麼嚴格,但也遵循着相對穩定的慣例,因而在聲音節奏上,有趨近於詩歌的一面。而宋代駢文意義節奏的地位日漸突顯,使得聲音節奏的重要性有所下降,從而在這一點上顯示出趨近於散文的地方。

四、節奏新變之三:聲音節奏的複雜化

從廣義的方面看,"二音一拍"是中國古代文言的節奏基礎。這在詩歌上體現得最爲明顯。而散文從根本上來說也屬於"二音一拍"的節奏類型。松浦友久認爲,中國的散文尤其是文言文,以"一詞 = 一字 = 一音"的書寫爲其原則,很容易產生以"2 字(2 音) = 1 拍"的對偶性節奏。當"1 字 = 半拍"時,原則上需要加入"半拍"休音,使之一拍化。如韓

愈《師説》：

> 古之學者‿,必有師×。師者‿,所以傳道受業解惑也×。……
> 吾師道也‿,夫×庸知其年之×先後生於吾乎？

以"二音一拍"爲基調、"散對自在"、"長短自在"的節奏，是中國古代散文所共有的非定型節奏[40]。綜合起來可以進一步認爲，"二音一拍"是古代文言的基本節奏。"二音一拍"節奏的形成，是由中國古代語言的特點決定的。

儘管都以"二音一拍"爲基礎，但不同文體體現出不同的節奏特點。這是因爲，"二音一拍"的拍節實際上存在兩種類型。一種類型不包含休音，拍節中的每一音都對應着一個字；另一種類型則是"1字+休音"。爲了論述的方便，我們將前一種拍節稱爲"實音拍節"，將後一種含有休音的拍節稱爲"休音拍節"。這兩種拍節的組合方式，在不同文體中是有差別的。而不同文體的節奏特色，往往是在這種組合的差別中形成。

就詩歌而言（五七言詩），主要是由"實音拍節"構成，只在每句詩的末尾纔出現"休音拍節"；同時，由於詩行的規律性，不但"實音拍節"具有鮮明的對應性，"休音拍節"的出現也遵循着非常嚴格的規則，基本上只在每句結尾出現。而對散文來説，"實音拍節"與"休音拍節"的出現没有必然的規律性，它們的多與少、出現的位置是完全自由的。

至於駢文的情況，可以説是處於詩歌與散文之間。駢文的"實音拍節"與"休音拍節"的出現頻率與位置，雖然没有必須遵循的規則，但又具有一定的規律性。出於駢對的基本特性，駢文中無論"實音拍節"還是"休音拍節"，在一聯的上下兩扇中都必須是相互對應的。相較而言，六朝駢文由於是伴隨着詩歌格律化過程發展起來，實際上吸收了詩歌尤其是格律詩的許多表現技巧，在拍節組合上以"實音拍節"居主流，"休音拍節"的出現有一定的模式。這與四六言基本句型相挂鈎。而在宋代駢文中，"休音拍節"比例有所上升，"休音拍節"時常穿插於"實音拍節"中，其出現位置更爲自由。就單句而言，其拍節構成更接近散文的類型。如：

> 上×無以副×人主之×憂勤，下×無以申×臣子之×報效。（歐陽修《乞外任第二表》）
> 天地能×覆載之×，而×不能容之於×度外；父母能×生育之×，而×不能出之於×死中。（蘇軾《到黄州謝表》[41]）

與六朝駢文相對規律的拍節類型相比，宋代駢文的"實音拍節"、"休音拍節"組合複雜化了。因此從總體上説,六朝駢文在詩與散文之間,其拍節類型更靠近於詩,而宋朝駢文的拍節類型更靠近於散文。

"實音拍節"、"休音拍節"組合的複雜化,其實與虛詞的使用、語法的複雜有直接關係。正如上一部分提到的那樣,虛詞使用促使語法意義更突出,增强了意義節奏的主導作用。在虛詞使用頻率增加的同時,實詞的使用則相對減少,尤其是雙音節實詞或詞組的使用減少,使"實音拍節"減少,進一步改變了相對穩定的拍節模式。

六朝駢文的發展,與當時雙音詞的大量産生有緊密的聯繫。[42]這些雙音詞及雙音片語成爲駢文語言的主要素材。如:

> 寵聞長樂,陳後知而不平;畫出天仙,閼氏覽而遥妒。至若東鄰巧笑,來侍寢於更衣;西子微顰,得横陳於甲帳。(徐陵《玉臺新詠序》)

> 受連城而見欺;載書横階,捧珠盤而不定。鍾儀君子,入就南冠之囚;季孫行人,留守西河之館。(庾信《哀江南賦》)

雙音詞如"長樂"、"陳後"、"天仙"、"閼氏",雙音片語如"載書"、"横階"等,基本上都是實詞或實詞組合。這些雙音詞和片語,很自然形成二音一拍的"實音拍節"模式。而宋代駢文虛詞使用比例上升,雙音節實詞和片語使用減少,使得句中的"休音拍節"增加,促使句子的拍節節奏變得更爲複雜。

實詞與虛詞表達效果的不同,這是詩歌評論中常見的話題之一。如謝榛《四溟詩話》説道:"實字多則意簡而句健,虛字多則意繁而句弱。"[43]雖然這是針對詩歌而發的議論,但對駢文同樣適用。撇去其中"簡"與"煩"、"健"與"弱"之間的價值判斷,事實上揭示了實詞與虛詞在文句中所帶來的不同效果。實詞有利於直觀呈現,而虛詞有益於表達複雜的感受、傳遞曲折的意思。[44]不僅意思上有不同,它們所帶來的節奏感受也是有區別的。正如上文所説,使得休音拍節與實音拍節組合更多變,意思更爲細密,文氣更加紆徐。如:

> 雖×簪笏久違於×昕謁,乃×姓名猶在於×淵衷。(陸游《嚴州到任謝表》[45])

事實上去掉虛詞,也能成爲非常工整的駢句:

> 簪笏久違昕謁,姓名猶在淵衷。

從意思上説,後者少了上下文意之間的勾連。從節奏上説,後者節奏是典型六言句,由三個實音拍節組成,節奏明朗;原文則包含了兩個休音拍節,不但在拍數上比後者多,而且休音對於句子的流動有着調節的作用,使全句趨於舒緩。

此外,宋人還喜歡化用古語成句,尤其是一些原本就是散文的句子。在將這些古語成句融入駢文時,實際上保留了其中的散文節奏特點:

既得天下之×大老,彼×將安歸×。
以至國人皆×曰賢,夫×然後用×。(蘇軾《右相呂公著拜守司空同平章軍國事制》㊻)
謂×群臣之善亦×王之善×,齊人嘗有格言;
而×衆職之功乃×相之功×,柳子誠爲確論。(真德秀《江東賑濟無罪可待謝丞相啓》)

這種所謂的"散文節奏",實際上也是源自"實音拍節"的"休音拍節"自由組合。

實音拍節與休音拍節組合的複雜化,進而促使駢文聲音節奏有了更豐富的表現。其中一項重要表現是,拍節可依據具體情況產生細微的變化,强弱之分更加鮮明。上一節提到,許多情況下,意義節奏佔主導,促使聲音節奏向意義節奏方向靠攏。爲使意義表達順暢,在閱讀時會隨着意義的理解將文句劃分爲强拍、弱拍(以及次强、次弱等)。這在相對複雜的句式中表現得尤爲突出:

是謂(大有爲)之時,必得(非常人)之佐。(秦觀《賀呂相公啓》㊼)
竊惟(人材進退)之間,實爲(風俗隆替)之漸。(蘇軾《謝中書舍人啓》)

第一聯的"大有爲"、"非常人",第二聯的"人材進退"、"風俗隆替",由於是修飾性的成分,實際上處於弱拍的位置。通常句子的主幹部分爲强拍——往往是從語法上被强調的部分。修飾性、補充性的内容通常屬於弱拍。依據句意的不同,强拍與弱拍的組合也就不同:

弱 次强 强　强 弱 强　弱 次强 强　强 弱 强
上×無以副×人主之×憂勤,下×無以申×臣子之×報效。
次强 弱 次强　强 次强 强　次强 弱 次强 强 次强 强
(謂×時之衆嫉)者×易爲力×,謂×事之陰昧者×易爲誣×。(歐陽修《揚州謝上表》㊽)

當然,依據想要強調部分的不同,這些句子也可以有不同的強弱分配。如把"上"、"下"讀成"次强"的拍子,則更强調"上"、"下"的對比。但無論從哪個層面來讀,都可以將句子劃分成强弱不同的拍子,並在强拍弱拍間形成對照。宋代駢文活用虚詞、語法複雜,在使意義節奏居主導的同時,也就將這些强弱拍的多元組合帶入了駢文中。在一定程度上改變了以往駢文的相對規律節奏模式,從而在單句之中融入了散行的氣息。

五、節奏新變之四:拍節對應方式的發展

駢文對句的組合方式,從節奏的角度來看,就是每一聯之間拍節的對應方式。每一聯的拍節對應,這是駢文在節奏上的基本特徵。宋代駢文當然也遵循着這一基本規則。不過,在具體的對應方式上,宋人有自己的發展。

前面提到了宋代駢文的句子加長、句内拍節的增多,當把這一特點放到一聯中來看時,由於同樣的句式出現兩遍,這一特點就會變得更加明顯。故宋代駢文被認爲具有好以長句爲對的特點。宋人喜好以長句爲對,不僅表現在每一扇長度的增加,同時還體現爲每一扇數的增加。常見的偶對句式,如四六、六四的對偶形式,每一扇都是由兩小句組成,也被稱爲隔句對,這是駢文中一種基本的對句類型。宋代駢文在此基礎上進一步拓展,使得組成每一扇句的小句增多,由此形成更爲複雜的對偶句式。這種情形此前也曾偶爾出現,但在宋代駢文中得到頗爲廣泛的應用。比較常見的是每一扇含有三小句者,如:

> 造謗於下者,初若含沙之射影,但期陰以中人;宣言於廷者,遂肆鳴梟之惡音,孰不聞而掩耳?(歐陽修《亳州謝上表》[49])
> 譬如木之在山,生則荷恩,而死無所怨;水之於地,行則潤下,而止不敢辭。(蘇轍《謝除中書舍人表二首》其二[50])

偶有每一對句含四小句、甚至五小句及以上者:

> 臣聞聖人之行法也,如雷霆之震草木,威怒雖盛,而歸於欲其生;人主之罪人也,如父母之譴子孫,鞭撻雖嚴,而不忍致之死。(蘇軾《乞常州居住表》[51])
> 漢之賈誼,談論俊美,止於諸侯相,而陳平之屬,實爲三公;唐之韓愈,詞氣磊落,終於京兆尹,而裴度之倫,實在相府。(蘇轍《賀歐陽副樞啓》[52])
> 臣按太易之義,坤者柔順之卦,臣之象也,而有履霜堅冰之防,以其陰不可長也;豐者光大之卦,君之象也,而有日中見斗之戒,以其明不可微也。(范仲淹《潤州謝上表》[53])

這樣的例子雖然比較特殊，但反映了宋人改造駢文偶對方式的努力嘗試。從上下兩扇來看，仍維持駢體的偶對原則，但每一扇中的多個小句遵循的却是散文的自由節奏，因而能夠極大程度地趨近於散文。

對偶的一個重要特點，是能夠在兩扇間獲得節奏的呼應，從而形成鮮明的韻律感。不過，由於每一扇拍節的增多，使得對句中同一位置的節奏需要在經過一個較長的時間纔能得到呼應，扇與扇之間的對應關係變得相對疏緩。而如果過於鬆散，容易削弱對偶的力量。對於這種情況，宋人有時會在長對中化用排比、反復的手法，利用相同位置相同的字，來強化扇與扇之間的呼應。如：

> 其道則格於帝而無疑，其政則加乎民而有變。（王安石《乞退表三》）㊴
>
> 爵禄之寵，所以優老而崇賢；退讓之風，所以勵俗而敦化。（歐陽修《除授陳執中行尚書左僕射充觀文殿大學士依舊判亳州加食邑食實封餘如故仍放朝謝制》）㊵
>
> 知寶玉、璵璠難得而易毁，故篋櫝以養其全；知槾楠、豫章積歲而後成，故封殖以待其長。（蘇軾《謝館職啓》）
>
> 其志莫不欲舉明主於三代之隆，其言莫不欲措天下於泰山之固。大則欲興禮樂以範來世，小則欲操數術以馭四夷。（蘇軾《謝館職啓》）
>
> 清心省事，則法可使復結繩之約；強本節用，則貨可使若流泉之長。材無不可範而成也，譬泥之在鈞；俗無不可易而善也，猶風之靡草。（蘇軾《賀時宰啓》）㊶

加點部分均爲上下兩扇同一位置完全相同的字詞。這種重複率相對於宋前駢文來説是很高的。但在宋人的長聯中，却有其作用。這些例子中，許多聯拆開來看，都是節奏自由的散句，但上下聯合起來，仍然能夠給人以鮮明的偶對感。相同字詞的反復，強化了節奏的感受。這裏實際上吸取了古文的表達方式，不計較重複，而是利用這種重複，將上下兩扇連成整體，既維持了駢文在節奏上的基本對應，也吸納了古文排比反復的意味。也可以説是，通過相同位置的相同的字詞，兼用意義與聲音，來使每一扇中相對鬆散的節奏獲得強化。

宋代駢文的這種對應方式，實際上給了駢句更自由的表現空間。從表意來説，能夠容納更多的含義，而從節奏來説，充滿變化與組合，形成了流動多變、自由中有齊整、對應中有靈動的節奏風格。

小　　結

節奏看似平凡，却包含着語言文字最基本的内在規律。通過節奏，可以讀出詩、詞、文的不同，可以發現文學語言的歷史變遷。而一種節奏風格的形成，包含着人們對語言文字的組合習慣和處理方式,可能潛藏着作者未必自覺的傾向,也反映着作者個性化的嘗試。因此,可以透過節奏的不同,來探討宋代駢文所發生的諸多變化,並認識宋代駢文美學風貌的形成。

借助節奏的分析,前人對宋代駢文特點的許多歸納能夠轉化爲更直觀的認識。比如"以文體爲對屬"的判斷、認爲宋人以古文方式來寫作駢文的觀點等。從六朝與宋代駢文的節奏對比中,可以清楚看到散文節奏究竟是以何種方式融入宋代駢文。也是通過這樣的對比,讓我們對不同時代的"駢散結合"有了更清晰的瞭解:六朝駢文的總體傾向是以駢句間雜散句,而宋代駢文則是化散句入駢句。宋代的駢文節奏儘管吸納了散文的許多表現,但仍然保持了與散文的不同,仍然具備自己的一套節奏感。故後人稱宋代駢文"以散行之氣,運對偶之文,在駢體中另出機杼……實足跨越前人"[17]。

這種新型的節奏感,既是宋代駢文新變的結果,也使得宋代駢文在閱讀感受上形成了屬於自己的風格。總體來說,宋代駢文的節奏風格,是一種富於變化的類型。既有整飭感,又有流動感,既有自由感,又有呼應感。這種節奏類型有利於叙事說理,很好地實現了宋代駢文對明暢的追求,不僅豐富了駢文的節奏風格,也是對古代文章節奏類型的新開掘。

(作者單位:北京師範大學文學院)

---

[1] 程杲《四六叢話序》,孫梅《四六叢話》,人民文學出版社,2010年,第7頁。
[2] 如《文體明辨》將表文分爲三體:"一曰古體,二曰唐體,三曰宋體。"(人民文學出版社,1962年,第122頁)又如李兆洛《駢體文鈔》自序云:"而於偶之中,又歧六朝與唐與宋爲三。"(上海古籍出版社,2001年)
[3] 劉麟生《中國駢文史》,東方出版社,1996年,第81—83頁。
[4] 陳寅恪《論再生緣》,《寒柳堂集》,三聯書店,2001年,第72頁。
[5] 瞿兌之《中國駢文概論》,世界書局,1934年,第104頁。
[6] 張仁青《中國駢文發展史》,浙江大學出版社,2009年,第375頁。
[7] 程杲《四六叢話序》,《四六叢話》,第7頁。
[8] 松浦友久的觀點參見《詩歌節奏論的基本關鍵》,[日]松浦友久著,石觀海、趙德玉、賴幸譯《節奏的美學》,遼寧大學出版社,1996年,第8—16頁。
[9] 松浦友久《詩·散文·散文詩——韓愈的節奏》,同上書,第181頁。
[10] 庾信《哀江南賦并序》,《庾子山集注》卷二,中華書局,1980年,第94—176頁。
[11] 《徐陵集校箋》卷三,中華書局,2008年,第223—260頁。
[12] 松浦友久《詩·散文·散文詩——韓愈的節奏》,《節奏的美學》,第180—181頁。
[13] 《庾子山集注》卷七,第504—510頁。
[14] 同上書,卷八,第589—592頁。
[15] 《江文通集彙注》,中華書局,1984年,第267頁。
[16] 陳鵬《六朝駢文研究》,巴蜀書社,2009年,第85—86頁。

⑰ 莫道才《以詩爲文: 駢文文體詩化特徵論》(《廣西師範大學學報》1997 年第 2 期)認爲駢文在句式、聲律、意境等方面具有詩的特點。這一論斷對於宋以前的駢文的確是比較適合的。

⑱ [日] 遍照金剛《文鏡秘府論》南卷《定位》,王利器校注《文鏡秘府論校注》,中國社會科學出版社,1983 年,第 343 頁。

⑲ 同上。

⑳ 陸機《陸機集》卷九,中華書局,1982 年,第 114 頁。

㉑ 嚴可均輯《全梁文》卷四二,商務印書館,1999 年,第 450 頁。

㉒ 李商隱《李商隱文編年校注》,中華書局,2002 年,第 1295 頁。

㉓ 莫道才《以詩爲文: 駢文文體詩化特徵論》,《廣西師範大學學報》1997 年第 2 期。

㉔ 蘇軾《蘇軾文集》卷四六,中華書局,1986 年,第 1331 頁。

㉕ 《王荆公文集箋注》卷四三,巴蜀書社,2005 年,第 1468 頁。

㉖ 真德秀《西山先生真文忠公文集》卷三九,《四部叢刊》影明正德刊本。

㉗ 劉敞《公是集》卷三四,商務印書館,1935 年,第 408 頁。

㉘ 陸游《渭南文集》卷八,中華書局,1976 年,第 2037 頁。

㉙ 《王荆公文集箋注》卷二〇,763 頁。

㉚ 《西山先生真文忠公文集》卷一一(《四部叢刊》影明正德刊本)將此文附於《爲賑濟無罪可待謝表》之後,並無明確標題。魏齊賢《五百家播芳大全文粹》卷四一録此篇題爲《江東賑濟無罪可待謝丞相啓》(《文淵閣四庫全書》本)。

㉛ 王銍《四六話》卷下,商務印書館,1936 年,第 20 頁。

㉜ 《蘇軾文集》卷四六,第 1326 頁。

㉝ 同上書,卷二三,第 663 頁。

㉞ 《王荆公文集箋注》卷二三,第 864 頁。

㉟ 晁補之《雞肋集》卷五八,《四部叢刊初編》影明本。

㊱ 《歐陽修全集》卷九三,中華書局,2001 年,第 1372 頁。

㊲ 宋祁《景文集》卷四一,商務印書館,1936 年,第 513 頁。

㊳ 嚴可均輯《全梁文》卷二七,商務印書館,1999 年,第 295 頁。

㊴ 《歐陽修全集》卷九二,第 1364 頁。

㊵ 松浦友久《詩・散文・散文詩——韓愈的節奏》,《節奏的美學》,第 180—181 頁。

㊶ 《蘇軾文集》卷二三,第 654 頁。

㊷ 參見陳鵬《六朝駢文研究》,第 38 頁。

㊸ 謝榛《四溟詩話》卷一,人民文學出版社,1961 年,第 19 頁。

㊹ 參見葛兆光《漢字的魔方》,復旦大學出版社,2008 年,第 160 頁。

㊺ 《渭南文集》卷一,第 1976 頁。

㊻ 《蘇軾文集》卷三八,第 1094 頁。

㊼ 《秦觀集編年校注》卷二八,人民文學出版社,2001 年,第 624 頁。

㊽ 《歐陽修全集》卷九〇,第 1326 頁。

㊾ 同上書,卷九三,第 1386 頁。

㊿ 蘇轍《欒城集》卷四八,《蘇轍集》,中華書局,1990 年,第 843 頁。

(51) 《蘇軾文集》卷二三,第 657 頁。

(52) 《欒城集》卷五〇,《蘇轍集》,第 858 頁。王銍《四六話》以爲此語出自蘇洵《代人賀永叔作樞密啓》,可能是誤記。
㊸ 范仲淹《范仲淹全集》卷一六,四川大學出版社,2007年,第344頁。
㊹ 《王荆公文集箋注》卷二三,第869頁。
㊺ 《歐陽修全集》卷八四,第1235頁。
㊻ 《蘇軾文集》卷四七,1344頁。
㊼ 程杲《四六叢話序》,《四六叢話》,第6頁。

(上接第110頁)孫權之兄孫策。"下引習見《孫策傳》及《江表傳》所記"孫郎"故事。今按:此處"孫郎"非是孫策,應指孫權。蘇軾所遊之武昌,在今湖北省鄂州市鄂城區。北宋王存《元豐九域志》卷六"荊湖北路·鄂州":"上,武昌。州東北一百八十里。九鄉。金牛一鎮。有西塞山、大江。"此地本爲漢之鄂縣,據《三國志·吳志·吳主傳》,延康二年(221)四月,孫權自湖北公安遷都至此,改名武昌,自是營建王宮都城,留下許多宮殿遺址。南宋王象之《輿地紀勝》卷八一"荊湖北路·壽昌軍·鄂城",記武昌吳王古蹟有吳王城、避暑宮、安樂宮等,又云:"試劍石,在樊山下,其石中斷。洗劍池,在松風閣下,世傳吳王淬劍於此。"考諸史實,孫策與武昌無涉,亦未作吳王,此吳王乃孫權,試劍石即孫權試劍之石。《大明一統志》卷五九"湖廣布政司·武昌府"載當地傳說:"試劍石,在樊山下,其石中斷,相傳吳王試劍於此。"今鄂州西山寺後劍石山巔尚存"吳王試劍石"遺蹟。故此處孫郎應指孫權。

又,《詩集》卷四五《和猶子遲贈孫志舉》:"孫郎表獨立,霜戟交重闉。"《校注》:"霜戟,寒光閃閃之戟。重闉,城曲重門。"又云:"詩中之伯仁蓋指志康,因其爲志舉之兄。"(第8册,第5267頁)未言"孫郎"語典及所指。今按:詩中"孫郎"乃用孫權典故。孫權本傳載其"親乘馬射虎於庱亭,馬爲虎所傷,權投以雙戟",蘇軾用"戟"字,與孫權之關係一目瞭然。至若具體所指,則指孫志康。此詩乃與侄蘇遲唱和,並贈孫志舉。志舉名勵,父立節,字介夫,兄鼣,字志康。試觀"孫郎表獨立"之上下文:

失身墮浩渺,投老無涯垠。回看十年舊,誰似數子真。孫郎表獨立,霜戟交重闉。深居不汝覬,豈問親與鄰。連枝皆秀傑,英氣推伯仁。我從海外歸,喜及崆峒春。新年得異書,西郭有逸民。(自注:陽行先以《登真隱訣》見借。)小孫又過我,歡若平生親。清詩五百言,句句皆絕倫。養火雖未伏,要是丹砂銀。我家六男子,樸學非時新。詩詞各璀璨,老語徒周諄。願言敦宿好,永與竹林均。六子豈可忘,從我屢厄陳。

前言多年南遷,老來北歸。從"孫郎表獨立"至"英氣推伯仁",俱指兄孫鼣。自"小孫又過我"至"要是丹砂銀",俱贊弟孫勵。由"我家六男子"以下,則謂蘇家子侄。孫鼣乃孫立節長子,少從蘇軾學,蘇軾知貢舉,搜其程文於黜籍,終得登進士第,道德、文章、政績均突出儕輩。此前蘇軾《與孫志康二首》其一已稱其"至孝"、"純誠篤至",故詩中許爲表率。以孫權事贊孫鼣,此種"切姓用典"法,蘇軾及宋人慣用,即清趙翼《甌北詩話》卷一二說宋人詩:"與人贈答,多有切其人之姓,驅使典故,爲本地風光者。" (下轉第344頁)

丹霞姊妹昔名盛，仕宦經行有遺篇

——唐宋文士筆下的韶石山

赵晓涛

自中國丹霞地貌成功申報世界自然遺産項目，世界丹霞地貌命名地廣東韶關市丹霞山開始廣爲中外遊客所熟知。可惜現今一般遊客不知韶關市除了丹霞山，還有一座同爲丹霞地貌，"出道""成名"更早，後來聲名却爲丹霞山所掩蓋而逐步式微的韶石山，（特别是自民國以來，由於湞江水路的衰落，韶石山幾乎爲外界徹底冷落遺忘）。韶石山成爲廣爲人知的遊覽勝地，要比明代纔正式開山的丹霞山早六七百年。其自然景觀與文學景觀的共同建構，具有一定借鑒意義，值得我們深入關注和研究。

一、韶石山與韶州地名來由

韶石山坐落在廣東省韶關市曲江區東北方向的仁化縣境内，地處湞江及其支流錦江匯合的三角地帶。韶石山與丹霞山毗鄰，二山同屬一沉積盆地，同爲粤北紅巖景觀，面積也是大體相當，可謂孿生姐妹、平分秋色。韶石山有三十六奇石，奇形怪狀，不一而足，"各爲本末，不相聯屬"[①]。

先看韶石山地名的來由。韶石山因水曲山紅古稱曲紅崗，這一名稱着眼對自然景觀作出客觀概括的描述。韶石山之名最早確定，是據北魏酈道元《水經注》卷三八記載："東江又西與利水合。水出縣之韶石北山，南流逕韶石下，其高百仞，廣圓五里，兩石對峙，相去一里，小大略均似雙闕，名曰韶石。古老言，昔有二仙，分而憩之，自爾年豐，彌歷一紀。"寥寥幾筆記載的便是當地民衆最爲熟悉的韶石山代表性景點蠟燭雙峰（按：也叫雙闕石，雙闕石向被視爲韶石山三十六石之首）。酈道元關於韶石山的這段記載雖有形象比喻之詞，外加援引神仙傳説，使得原來單純屬於自然地理範疇的韶石山開始進入人文（文化）地理範疇，却未傾注一絲感情色彩，缺乏審美觀照態度。唐代李吉甫《元和郡縣圖志》、段成式《酉陽雜俎》（杜光庭撰《神仙感遇傳》卷三"荆州韶石"條即全采自該書）基本沿襲《水經注》此段記載。後北宋初期《太平御覽》和樂史所撰《太平寰宇記》皆引《郡國志》點明"有飛仙衣冠分遊（韶石山）二石上"是在（東晋）"永和二年"，並點明韶石山因"昔舜南遊，登石奏韶樂"得名。②南宋周去非《嶺外代答》卷一《地理門》描述韶石山"雲闕參天,鐘簴蹜地,望之使人肅然想有虞張樂之盛",卷一〇《古蹟門》進一步指明"張循州韶石圖有三十六石名",並一一臚列。清人范端昂《粤中見聞》進而描敘韶石"諸石皆空心,竅穴相通,風入其中,大小聲一時相應,仿佛簫韶遺音"。

相傳上古舜帝創製韶樂,因其德治仁政的典範行爲和集詩、樂、舞爲一體的綜合古典藝術形式(《論語·八佾》記載孔子就認爲韶樂"盡善"兼"盡美"),長久深遠地影響着中國古代禮樂文明,後人甚至譽爲"中華第一樂章"。舜帝南巡韶石山演奏韶樂的傳説,無疑給原本天造地設的自然景觀韶石山,敷抹上了一層指涉道德教化的厚重人文積澱,並使其作爲人文(文化)地理存在物體的意義後來居上,超過其作爲自然地理存在的意義。具有更加重要意義的是,這個傳説對於後世韶石山題材文學創作尤其是文人士大夫的詩詞創作而言,成爲繞不過去、一再浮現的題中應有之義,借用現代學術批評用語來説即是一個構成韶石山文學景觀的母題(motif)。

而韶州(關)這一地名正是來源於韶石山。據按唐代《元和郡縣圖志》稱"隋開皇九年(589)平陳,改東衡州爲韶州,取州北韶石爲名",始以韶字名州。南宋孝宗淳熙年間周去非所撰《嶺外代答》亦指出"因(韶石山)以名州"。南宋中後期王象之《輿地紀勝》卷九〇所據引宋代郡守范端臣作的《望韶亭記》云:"韶之名以山,而山之名以石。"而與王象之《輿地紀勝》幾乎同期問世的祝穆《方輿勝覽》,其卷三五所據引的《郡國志》基本上綜攝了以上幾家關於韶石山與韶州地名來由的記載內容。

二、韶石山與唐宋文人士大夫之緣

"江山如有待","遍觀中國人文山水名勝的形成過程,大量的山水景觀被文人發現和欣賞是在唐宋時期"。③經由文人的目光選擇和心靈感應,書諸筆下便成文學景觀,韶石山也不例外。正如明代文學家鍾惺在爲曹學佺編撰的《蜀中名勝記》所作序言中指出:"山水者,有待而名勝者也。曰事,曰詩,曰文。之三者,山水之眼也。"④唐宋時期一些文人士大夫與韶石山結下不解之緣,以其宦遊經行特別是題詠韶石山的錦繡篇什,爲韶石山"揚名立萬"。

遠在唐代,韶石山就已聞名。韶石山一帶是唐朝張九齡的出生地和成長地,韶石曲江這樣的靈山秀水孕育出了一代賢相,⑤其祖父張子胄墳塋至今仍然完好地保存在與韶石山一江之隔的周田滇水畔。張九齡雖然寫有吟詠曲江山水的《初發曲江溪中》《南還以詩代書贈京都舊僚》等詩篇,其中詩句"層崖夾洞浦"更是寫出包括韶石山在內曲江山水的丹霞地貌比較典型的特徵,可惜未見單獨拈出着力描寫韶石山的詩句甚至詩篇。唐代大文學家韓愈,曾於大曆年間(766—779)隨被貶韶州刺史的長兄韓會南下,其時韓愈年僅十歲。貞元十九年(803)韓愈因激烈上疏爲民請命,觸怒德宗以致一度貶官連州陽山縣令

(任職三年),後來又在元和十四年(819)因諫迎佛骨激怒憲宗,再度被貶嶺南到潮州任刺史(任職八個月)。在前後兩番南來北去之間,就有"曲江山水聞來久"(《將至韶州先寄張端公使君借圖經》)和"暫欲繫舟韶石下,上賓虞舜整冠裾"(《量移袁州張韶州端公以詩相賀因酬之》)的詩句。"曲江山水聞來久",足見在其體驗之前就有人向韓愈介紹過"曲江山水"之妙勝,這一介紹的過程無疑就是時人審美自覺的充分表現。當然韓愈這兩首詩旨在友朋贈答,並非嚴格意義上的山水詩,但確實從某些側面反映了當時唐人眼中包括韶石在内的"曲江山水"。原本中原官吏的韓愈被貶嶺南的不幸,變成了"曲江山水"的幸運。與韓愈同一時期的元稹雖未到過嶺南,但其詩作《送崔侍御之嶺南二十韻》"韶石峻嶄嶄"一句亦是透露出韶石勝景的久負盛名。此外晚唐袁郊所作傳奇《陶峴》記載"陶峴者,彭澤(按:即陶淵明)之子孫也。……曾有親戚爲南海守,因訪韶石,遂往省焉",雖爲傳奇小説材料,亦可爲唐代韶石盛名之一佐證。

不過,由於"唐漢之西都也,遥湘衡而得騎田,故武水最要"(余靖《韶州新修望京樓記》)等交通因素影響,故而在唐代韶石勝景聲名之盛尚不如之後的宋代。進入宋代,隨着嶺南得到進一步開發,嶺南嶺北經濟聯繫和人員往來進一步加強,北方人口向嶺南遷移規模更大,"北江、大庾嶺水陸通道,在北宋初已成爲廣東與嶺北之間的主要通道",廣東北江流域的水陸交通因此尤爲繁盛,有"今天子都大梁,浮江淮而得大庾,故湞水最便"、"故之嶠南雖三道,下湞水者十七八焉"⑥的説法。湞水畔的韶石山因此遠近更加揚名,正如《輿地紀勝》卷九〇所引"韶州佳山水之名聞於天下,而韶石爲之最"⑦,真正迎來它在文化史上蔚爲大觀的"黄金時代"。

宋代爲方便來往遊人觀覽勝景,地方官員在韶石山附近建有韶亭、望韶亭、盡善亭等觀景亭。⑧關於韶亭,最初由宋仁宗慶曆七年(1047)任知韶州的潘夙(字伯恭,北宋開國功臣潘美從孫)主持建造,北宋一代名臣、韶州土生土長的余靖作有《韶亭記》。根據《韶亭記》記載,潘夙知韶州"期年",按照韶州圖牒相土建亭,"越再朏魄(按:指兩個新月)而亭就",潘夙因"亭以山構,而能盡山之美"遂命名"韶亭"。《韶亭記》講述了建造韶亭的由來、經過,描摹了登亭所見韶石山的氣象狀貌。現將該文節錄部分如下:

> 惟韶山去州治八十里,自元精胚胎,陽結陰流,不知爐錘者誰,獨秀兹境。在昔虞舜南狩蒼梧,九韶之樂奏於石上,山之得名起於是矣。
>
> ……(潘夙)乃曰:"山爲州鎮,厥名尤著。自秦開五嶺,迄今千載。憑軾之使,泛舟之賓,大麓之下,往還如織。不知觀矚之地,以爲山榮,豈守土者詳近而略遠哉?"遂按郡牒而相之,背山東渡五里而近,得地曰"靈溪",即道左建亭,而山之奇秀,森然在目矣。
>
> ……越再朏魄而亭就,則兹山具美,纖芥無隱。屹者如闕,圜者如庾,平者如臺,呀者如谷,向者如門,背者如逃。人立鳥蹲,霞明霧暗,碧玉千仞,青螺萬疊。殊形詭

制,紛不可名;驅鬼役物,巧不能備。信塵外之絕區也。

上録第一段交代了韶石山的地理方位、自然孕育及文化背景。第二段交代了建造韶亭的具體來由。第三段是全文中最精彩的一段。第三段開頭三句總起,誇贊韶亭爲觀賞韶石山提供了一個絕佳視角。接下來,通過一組含有明喻、借喻的排比句和對仗句的運用,充分描述了韶石丹霞地貌風光的鬼斧神工,可謂極盡誇贊之詞。這種對於地貌風光的寫法,自然是取法於唐代柳宗元《鈷鉧潭西小丘記》"其石之突怒偃蹇,負土而出,争爲奇狀者,殆不可數。其嶔然相累而下者,若牛馬之飲於溪;其衝然角列而上者,若熊羆之登於山"一段,並踵事增華。第三段最後以一句"信塵外之絕區也"收尾,可謂前後呼應、言簡意賅、乾脆利落、水到渠成,既是作者的總括之詞,又是遊人不禁發出的一聲慨嘆。余靖這篇以丹霞地貌爲描寫題材的美文,其影響所及,後來者如清代陽湖派散文名家惲敬的《經丹霞山記》,即是承襲此文寫法寫出丹霞山的氣象狀貌。

南宋文士方信孺曾在韶州爲官三年,曾寫有《虞泉銘并序》。他在銘文中寫道:"蒼梧之墟,雖舜蹟只。雙闕岧嶢,鎮南國只。山川草□(按:或作"木"),□(按:或作"麗")今昔只。韶□大全,猶仿佛只。"⑨以雍容典雅的語句,對韶石贊譽有加。

徐鉉、余靖、祖無擇、王安石、蘇軾、蔣之奇、郭祥正、向子諲、楊萬里、朱翌、曾豐等文人士大夫,都曾遊覽韶石,留下了不少吟詠贊美的詩詞篇章。

宋初徐鉉曾在嶺南爲官,他在《南都遇前嘉魚劉令言遊閩嶺作此與之》一詩中寫"我持使節經韶石,君作閑遊過武夷。兩地山光成獨賞,隔年鄉思暗相知",將韶石山和武夷山分別視作粤閩兩地勝景之代表。他又在另一首《送李補闕知韶州》詩中,殷殷叮囑赴任韶州知州的臨行友人"曲江宜訪古,韶石好憑欄",希望他取則遠古舜帝和前朝張九齡,成爲一方良牧,讓"民心逐政寬"。

宋仁宗天聖八年(1030)王安石之父王益以殿中丞調知韶州,十歲幼齡的王安石隨行,居留韶州近三載,留下了美好的韶石印象。他後來在《韓持國從富并州辟》詩中寫道:"顧於山水閑,意願多所合。匡廬與韶石,少小已嘗蹋。"將韶石與匡廬對舉,可見韶石作爲一方勝地在他心中的地位之重、憶念之深。在另一首《送子思兄參惠州軍》詩中他詠贊道:"汎汎曲江水,天借九秋色。樓臺飛半空,秀氣盤韶石。"

宋仁宗皇祐二年(1050),解官歸養於故里韶州的余靖,應邀與知韶州潘夙、廣南東路提點刑獄祖無擇連袂郊遊,潘夙與祖無擇均以一首五律唱和(其中潘夙詩作今佚)。三人中,獨獨余靖詩興大發,寫出一長篇五古《遊韶石》(有關分析詳見本文第三部分)。祖無擇未到嶺南之前便知韶石盛名,他在《萬太博知惠州》一詩中寫道:"去路九韶石,鄰封八桂林。"《遊韶石》詩如下:

純音何寂寞,秀色自崔嵬。巖草遺簫在,溪禽學鳳來。余希探禹穴,人似畏軒臺。

登眺秋風裏,煩襟盡日開。

借景抒懷,睹物思人,借描摹韶石景物來緬懷虞舜遺風,同時排遣心中的抑塞不快之情。

蘇軾早年雖未到嶺南,却已是久聞其地名勝,特別是曲江風物。他在《次韻正輔同遊白水山》一詩中寫道:"首參虞舜款韶石,次謁六祖登南華。"及至晚年被貶滴惠州和瓊州(今屬海南)期間,南來北往都曾路經韶石。據清人王文誥《蘇詩總案》卷四五記載:"元符三年(1100),(蘇)軾自儋海内渡,(蘇)迨往迎嶺外,與(蘇)邁、(蘇)過侍於羊城,從遊粵秀、靈洲、峽山、曹溪、韶石諸勝。"《曲江縣誌》載有蘇東坡曾宿建封寺(按:遺址在今韶關市仁化縣周田鎮麻坑,1959 年拆毁),曉登盡善亭望韶石,賦有三首七絶,即《宿建封寺曉登盡善亭望韶石三首》:

> 雙闕浮空照短亭,至今猿鳥嘯青熒。君王自此西巡狩,再使魚龍舞洞庭。
> 蜀人文賦楚人辭,堯在崇山舜九疑。聖主若非真得道,南來萬里亦何爲。
> 嶺海東南月窟西,功成天已錫玄圭。此方定是神仙宅,禹亦東來隱會稽。

詩人借景生情,借物抒懷,思接古今,對韶石勝地嘆賞不已,對上古堯舜禹聖王之道更是再三致意。這三首詩合而觀之,意境開闊,氣勢磅礴,不沾不脱,收放自如。

哲宗元祐元年(1086),改集賢殿修撰的蔣之奇過嶺南下任知廣州兼廣南東路經略安撫使。他未見韶石,已聞大名,遊興大發,在《南雄昌樂驛》一詩中寫道:"我亦編蓬今下瀨,擬尋韶石上崔嵬。"及見韶石,他在《續武溪深》中寫道"韶石仿佛聞舜琴",並不由想到韓愈的記遊詩句,想到韶石得名的美好命意,遂寫下《望韶石》七絶一首:"當日昌黎繫纜初,曾瞻雙闕整冠裾。致君堯舜今誰是,想像聞韶更起予。"撫今追昔,敬慕之情,溢於言表。

南宋紹興二年(1132),出身相門之後、仕宦幾度沉浮的向子諲南下嶺表,任知廣州兼廣南東路經略安撫使,途經韶石遊覽,寫下《減字木蘭花·登望韶亭》詞:

> 兩峰對起,象闕端門雲霧裏。千嶂排空,虎節龍旗指顧中。簫韶妙曲,我試與聽音韻足。借問誰傳?松上清風石上泉。

此詞以寫景爲主,融懷古、抒情於寫景之中,意境開闊靈動,虛實相生,剛柔互補,神完氣足。此詞上片寫眼前景,有點有面,點面結合,既聚焦點到蠟燭雙峰,以威嚴壯觀的象闕端門來作誇張比擬;又放眼開去鋪展寫出千嶂,以赫赫烈烈的虎節龍旗來作生動比擬。上片以虛襯實,氣象雄拔,情感基調高亢。下片轉寫耳畔聲,有虛有實,筆觸柔緩下來,由傳說中的簫韶妙音,通過一句"借問誰傳"的設問,巧妙地引逗出耳畔的松上清風聲、石上泉聲。下片以實襯虛,歸結爲寧静超脱之審美體驗,頗得有餘不盡、一唱三嘆之妙,從而避免了平鋪直叙、一瀉無餘的弊病。

朱翌於紹興十一年（1141）拜中書舍人，權勢熏天的一代姦相秦檜嫌惡他不依附自己，將朱翌逐出朝堂、外放嶺南，朱翌爲此謫居韶州十九年。朱翌《初到曲江六首》（其四）詩云："韶石靜張樂，舜峰高出雲。"曾豐在嶺南多年，歷任廣東經略司曹、德慶知府，他在《看英韶山石》（其二）一詩中詠嘆："參天韶石有餘奇，臣視金精吏武夷。雁蕩天台疑可僕，瞿塘灩澦得非雌。"通過借助廣大地域範圍之内金精、武夷、雁蕩、天台和瞿塘灩澦的陪襯，詩人對韶石之奇的揄揚可謂登峰造極、無以復加。在他的筆下，韶石除了高、奇，還有與余靖、祖無擇、王安石等人筆下一樣秀的一面（如《贈別曲江貢士李安之五羊相訪》詩"舜峰久衰精，韶石俄茁秀"）。除了韶石形貌，他還有對韶石一帶自然聲響的描摹，如他在《行艤韶下石夜聽》一詩中寫道："江響合蠻吹，鳥聲諧越吟。仍收南郭籟，併入大韶音。纏纏聽於耳，徐徐寫以琴。倘猶有餘韻，著語付何瘖。"此外詩句"還過韶石聞舜琴，混融奇怪入古音"（《免解進士應致遠過晉康見謂以上文字而忤權要聽讀藤州十餘年得旨自便賦詩贈行》）更是點明路過韶石因舜奏韶樂傳説，而唤起奇幻樂聲感受的一面。《余入廣始見鄉士劉養正於晉歸》（其一）詩云"子初遊學吾遊宦，一笑相逢韶石邊"，不忘與鄉士劉養正初始結識之時的韶石之遊。

其他一些文人士大夫們雖未至者，不乏向慕之辭。如宋代楊億在《十六兄赴韶州從事》一詩中寄語其族兄"韶石閑尋張樂地"。梅堯臣《送陳殿丞知韶州》詩云"韶州使君行，請問韶石名。傳聞古帝舜，石上奏九成。鳳皇爲之下，朱鳥不復鳴"，並贊許"曲江風物清"。《送儲令赴韶州樂昌》詩："嘗聞韶石下，虞舜古祠深。至樂久已寂，況持陶令琴。"特別是梅堯臣在《送余中舍監韶州錢監》寫道"君爲漢錢官，鑿山取銅鑛。韶石不生銅，留爲千古景"，慶幸韶石不是有銅礦可采掘的礦山，故而得以長留天然美景於人世間，油然表露梅堯臣對於韶石的一片愛重之心。洪芻《贈張道聖》詩云"眼中韶石還家夢"，勸慰開解張九齡後世子孫張道聖之繾綣情意躍然紙上。唐庚《舜祠》詩云："何惜扁舟繫韶石，憶曾萬里叫蒼梧。"李綱自海南貶所北歸，"將自英韶趨江表，因遊清遠峽、碧落洞，謁六祖於曹溪，望韶石渡、庾嶺，皆嶠南絶景也。適江西道梗，遵海而歸，此志不遂，賦五絶見意"（按：此段引文爲《清遠峽》《韶石》等共五首絶句的小序），距離韶石可謂近在咫尺却最終不得一遊，"五絶"之中《韶石》詩云："重華南狩到炎荒，高會群神廣樂張。豈獨有情能率舞，至今峰石亦低昂"，很自然便想起舜帝當年張樂率舞的文德教化之舉，遺澤似乎至今連峰石都爲之感化。李綱在《次韻顧子美見示題曲江畫像》一詩中甚至用韶石來作陪襯，褒揚張九齡"崒兀高名配韶石"。徐鹿卿《贈琴士翁明遠并簡幹教二黄丈》（其二）："秦箏耳畔休拈出，韶石亭前走一遭。"

唐宋文人士大夫們之外，這裏附帶提及宋代一些文士化的禪僧對韶石亦是法眼有加，心中藏之，念兹在兹。如宋代釋重顯《送僧歸永嘉》詩云"韶石曾披此性靈"，釋德洪《題龍王枯木堂》詩云"韶石曾聞傲烟瘴"。更有甚者，韶石進入着重於機鋒禪理的禪偈語中，成了禪可"示"可"悟"的媒介。如宋代釋慧印有偈語"韶石渡頭,舟横野水",釋道行偈語"狗子佛性無,韶石不相辜",釋祖璿有偈語"有指示,無指示,韶石四楞渾塌地"。

三、宋人記遊韶石山詩作的"三鼎足"

在宋代文人士大夫描叙韶石山的如林詩作中,有三首長詩特别值得一提、表而出之。這三首長詩分别是:北宋余靖的《遊韶石》、郭祥正的《韶石行》和南宋楊萬里的《題望韶亭》。下面試爲分别析之。

余靖《遊韶石》全詩二十八聯 280 字,一韻到底(屬於洪亮多采的"江陽韻"),在余靖詩集中爲最長的一首,是其紀遊詩的代表作。該詩將現實與舜帝南巡奏韶樂的傳説完美結合,對韶石一帶的景色作了系統全面的吟誦和贊美:

> 世務常喧囂,物外有真賞。結友探勝概,放情諧素想。韶山南國鎮,靈蹤傳自曩。雙闕倚天秀,一徑尋雲上。長江遠縈帶,衆巒疑負繈。千里眇平視,萬形羅怪像。日影避崐崙,鼇頭冠方丈。青螺佛髻高,群玉仙都敞。霞城晴煜爚,桃溪春浩蕩。仰攀霄漢近,俯瞰神魂悦。澗深溜如織,巖虚動成響。造化與真質,妙畫胡能仿。賤子生海隅,逢辰忝朝獎。靡成彝鼎勳,甘從丘壑往。驚禽戀故林,困驥畏羈鞅。兹遊得幽深,同懷樂清曠。世言帝有虞,朔南聲教廣。丹冥卜巡幸,翠華臨蒼莽。簫韶曾此奏,鐘石無遺像。但覺薰風存,脩然天籟爽。姬公著治典,歷代所遵仗。九野莫山川,萬靈通胖蠁。醫閭與吴嶽,半列戎夷壤。四時迎氣祠,猶煩禮官掌。况乃祝融區,群物資含養。來儀威鳳居,樂育菁莪長。膚寸起成霖,崇高一方仰。躋之佐衡霍,無愧公侯享。

全詩第一段(即起頭四句)交代遊覽韶石的緣起,表達詩人擺脱世務物累,攜友一起尋幽探勝的想法。詩人以"真賞"、"勝概"提契總寫韶石之佳後,第二段(共十聯二十句)以贊美的筆調盡情鋪排開來,描摹、渲染韶石景致之佳絶,充滿了詩人對家鄉山水的無限鍾情,赤子之心躍然紙上。"負繈"、"鼇頭"、"青螺"、"佛髻"等,都是詩人對韶石山形貌的形象比喻。"霞城"是對丹峰插天、紅石綿亘之壯麗景致的描寫稱謂,恰切而有創意,直至今日仍爲人常用。作者的描摹視角是遊動的,移步换景、仰觀俯察。寫完韶石山的佳絶景致後,第三段(共四聯八句)詩人以"賤子"的境遇轉承,由景轉人,由描寫外在景象轉向抒寫個人感遇:"驚禽戀故林,困驥畏羈鞅。兹遊得幽深,同懷樂清曠。"詩人借用"驚禽"、"困驥"來自我比況,隱約表露自己寄情於山水,並非是逃避現實,而是借山水之幽深清曠,尋求個人精神上的慰藉。接着第四段(共十二聯二十四句)轉而聯想並扣緊舜帝南巡傳説和周公山川奠典,在贊美先聖舜帝、周公教化致治之道的同時也在彰顯韶石山藴藏深厚儒家禮儀,結尾進而縮結到自己的使命抱負感。

全詩結構拙樸，體物寓興，前半着力寫出韶石山的特殊勝概，後半緬懷暢想，前實後虛，虛實結合，寫足韶石山的雄奇與瑰麗，同時流露出詩人從容不迫、舒卷自如的情感意緒，實現了主客感應、交流的"真賞"目的。[⑩]在這種"真賞"遊觀之中，詩人的心靈得到撫慰、净化和提升，正如他在前揭《韶亭記》中開宗明義指出"賢人君子樂乎佳山秀水者，蓋將寓閑曠之目，托高遠之思，滌蕩煩緤，開納和粹"，儒家知識分子的淑世情懷由此充分表露。冥冥之中，茫茫世事，似有天意，後來余靖晚年奉命經制安撫嶺海，兩平蠻亂，似乎恰由此詩作了鋪墊安排。

哲宗元祐元年（1086），因新舊黨争在漳州任上頂撞吏部使者被誣陷下獄五年的郭祥正，伸冤平反出獄後以覃恩轉承議郎，元祐二年（1087）九月起爲出知端州。才氣縱横的郭祥正被前輩人物如梅堯臣、鄭毅夫、劉摯和時人視爲"李白後身"，自言"平生厭羈束，樂爲名山遊"的他在赴任途中正可借機訪朋晤友、遊山玩水。次年立春後方離南雄至曲江，路經韶石山，如此心儀美景豈可錯過？自少便有詩聲、勤於作詩的郭祥正更不會無詩作以報答美景，[⑪]一首一氣灌注、一韻到底（屬於洪亮的"言前韻"）的七言古風《韶石行》自然噴薄而出：

> 扁舟未下連虞灘，韶石羅列誰雕刊。化工有意露怪變，待彼虞舜來觀翫。泊舟登岸始遠覽，兩峰直裂諸峰巑。青鸞低徊欲下飲，翠鳳却舞搏修翰。蟄龍钁雷怒奮角，帝子出震初峨冠。日光撲撲散金蕊，蓮花透澈琉璃盤。行衣十里仙霧濕，暝色一抹輕綃寒。我將仙崖想韶樂，北風忽變陰漫漫。松摇長空吼萬壑，溪走石脚涼驚湍。遺音自與天地響，聽不以耳精神完。重瞳一去無復還，隨風波兮陟雲間。瀟湘洞庭亦何有，竹上血淚千年斑。九成不作至道息，紛紛後世疇能攀。登韶石兮情飄飄而未盡，飭彼柴車兮且將造乎蒼梧九疑之深山。

正如王國維在《人間詞話》中所指出："有我之境，以我觀物，故物我皆着我之色彩。"該詩所造之意境即屬於典型的"有我之境"，詩人主體情感充分展露、縱横奔放，其情感綫索大致上呈現的是平穩狀態——跌宕狀態——平穩狀態——跌宕狀態——平穩狀態的脈絡。雖然中間經歷了兩次强烈的情感衝擊，但最終的情感歸於平穩狀態，或者説是超越於悲劇體驗之上。

詩作開頭首先交代詩人此次登臨遊覽一事，以"韶石羅列"、"兩峰直裂諸峰巑"來點明韶石山的整體外在觀感。接下來詩人返虛入渾，運用如椽巨筆盡情渲染韶石山的風物傳説，使得種種"化工"、"怪變"一一奔走筆下："青鸞"、"翠鳳"、"蟄龍"、"帝子"等神話傳説形象飽滿，"搏"、"钁"、"震"、"吼"等詞語表現動態力道十足，"怒"、"驚"等詞語表現心態情感色彩濃烈。其間詩人的浮思斷緒時收時放，自由穿越於遠古神話傳説與眼前現實山水之間，主體情感隨着遊蹤變化不定,時而清醒、時而"抓狂"、時而愴然。詩人爲遠古虞舜這樣的理想聖君不可復現,現實政治與理想"至道"的衝突、對立而長長悲嘆,意猶未盡之下在結尾中一吐自己繼續探尋虞舜之遺蹟的鬱勃忠悃之心,其安置孤獨人生歸宿的自我意志由此更見堅定執著。韶石山水和虞舜"至道",成爲詩人苦悶心靈的慰藉。對現世生活的審視、對生命意義的反思,使得詩人筆下由自然山水的審美境界、生活境界最終實現向生命境界的轉變。全詩"造語豪壯"、"吐言夭拔"[12]、"借他人之酒杯,澆心中之塊壘",可謂"真力彌滿,萬象在旁"(《詩品·豪放》),確實讓人恍然大有詩仙李白再生之感。[13]

南宋淳熙八年(1181)楊萬里到任提舉廣東刑獄,"行部決獄",公務之餘遊覽韶石,寫下《題望韶亭》一詩:

> 新隆寺後看韶石,三三兩兩略依稀。金坑津頭看韶石,十十五五不整齊。一來望韶亭上看,九韶八音堆一案。金鐘大鏞浮水涯,玉瑟瑶琴倚天半。堯時文物也粗疏,禮樂猶帶鴻荒餘。茅茨殿上槌土鼓,葦籥聲外無笙竽。黃能郎君走川嶽,領取后夔搜禮樂。嶧山桐樹半夜鳴,泗水石頭清晝躍。山祇川后争獻珍,姚家制作初一新。帝思南嶽來時巡,宫琛廟寶皆駿奔。曲江清澈碧瓊軟,海山孤尖翠屏展。天顔有喜后夔知,一奏雲韶供亞飯。帝登九疑忘却歸,不知斑盡湘笛枝。后夔一脛跛莫隨,坐委衆樂江之湄。鳳儀獸舞掃無蹟,獨留一狻守其側。至今唤作獅子石,雨淋日炙爛不得。洞庭張樂已莓苔,犍爲獲磬亦塵埃。不如九韶故無恙,虡擊尚可冬起雷。何時九秋霜月裏,來聽湘妃瑟聲美。曲終道是不見人,江上數峰是誰子?

詩人一開頭並没有直奔主題,没有直接寫登望韶亭上所見韶石景致,而是以新隆寺後、金坑津頭兩處作爲觀賞點的不足("略依稀"、"不整齊"),來反襯鋪墊後面望韶亭上所見的佳絶,可謂先抑後揚。正是在望韶亭,詩人獲得了一個最爲恰當的審美觀照距離,並進入了一種審美情感的巔峰體驗狀態。詩人在望韶亭上遊目騁懷,可謂"思接千載"、"視通萬里"(《文心雕龍·神思》),充分打開奇特恣縱、無所挂礙的想象空間。眼前的韶石山水,經他的生花妙筆點染幻化,變得活靈活現、亦真亦幻、氣象萬千、美不勝收,堯、舜、后夔、湘妃、黃能郎君、嶧山桐樹、泗水石頭、(黃帝)洞庭張樂等有關各種神話傳說絡繹奔會,輻湊筆下,誠可謂"吟詠之間,吐納珠玉之聲;眉睫之前,卷舒風雲之色"(同上)。中間詩人以"堯時文物"禮樂的"粗疏"、"鴻荒"來反襯舜帝"姚家制作"禮樂的焕然一新,在兩者一抑一揚之間形成鮮明對比效果。最後詩人以"洞庭張樂"、"犍爲獲磬"的神異故事不再,來反襯韶石樂舞的"故無恙",亦是造成一抑一揚之勢。詩作收尾四句,詩人從當下景象和浮思中跳脱出來,翻空想象一番湘靈鼓瑟的未來場景,以化用唐人錢起《省試湘靈鼓瑟》"曲終人不見,江山數峰青"詩句並在此基礎上翻出一層意思的設問詩句"曲終道是不見人,江上數峰是誰子"作結,進入一種神與物遊、物我交融的審美理想境界,頗收搖曳不盡、餘情悠遠之效。

全詩每二句一韻,每四句一轉韻,平仄聲韻交錯輪換、各占一半,鄰韻通押,屬於圓轉流暢的七言歌行體。詩中"金鐘"、"大鏞"、"玉瑟"、"瑶琴"、"土鼓"、"葦籥"、"笙竽"、"湘笛"、"磬"等樂器,頗似十八般兵器齊上陣。"三三兩兩"、"十十五五"等數量詞,"一來"、"一新"、"一奏"等數量詞加動詞和"一案"、"一脛"、"一狻"、"九韶八音"、"九秋"等數量詞加名詞的運用,或是極力渲染氣氛,或是造成鮮明抑揚效果,或是使得詩句對仗工整富有韻律美,令詩作熠熠生輝。詩中使事用典亦是層見疊出,讓人如行山陰道上,詩人却能做到驅遣自如、從心所欲。

楊萬里的《題望韶亭》和余靖的《遊韶石》、郭祥正的《韶石行》這三篇"大塊文章",都將自然山川之奇瑰與遠古傳說之奇幻打並一處、融匯一體,前後輝映,可稱三鼎足。相較而言,余靖的《遊韶石》風格更爲雍容雅致、紆徐委備,郭祥正的《韶石行》詩人主體情感的抒發更爲慷慨激烈、生命境界的展示更爲顯豁盡致,風格可謂"精邁豪絶"[14],而楊萬里的《題望韶亭》風格上更爲騰挪跌宕起伏、靈動不拘行蹟(借用杜甫詩句來評價正可謂"意愜關飛動,篇終接混茫")。

綜上,韶石山包括以韶石山爲代表的"曲江山水",從唐宋開始不斷地吸引着南來北往的文人士大夫們的審美觀照目光,成爲他們的來往必遊之地,進入其文學審美空間並占據一席之地。唐宋文人士大夫們題詠韶石山的不少錦繡詩詞,則是在無形之中爲韶石山增色生輝,在成爲文人士大夫們自我生命價值的一種實現方式的同時,也成爲韶石山水景觀審美自覺的發軔。誠然"美不自美,因人而彰"(柳宗元《馬退山茅亭記》)。天工人巧,相得益彰。清人汪森在《粤西通載發凡》中云:"唐宋之時,以嶺南爲遷謫所居,然苟非諸君子,則無以開闢其榛蕪,發洩其靈異……或僑居其地,或經行其間,或爲參佐,或則貶謫。登高而賦,遇景而題,甚有搜奇剔隱以表彰之,故當與粤西山水並垂不朽。"如果改易其中"粤西"一詞爲"韶石",正可移用之於唐宋文人士大夫們題詠韶石山這一文化事象,它們在韶石山自然景觀的審美空間之外建構起了一個虚擬的文學審美空間(文學景觀)。

關於文學景觀,北宋滕子京在《與范經略求記書》中講過一段比較經典的話:"竊以爲天下郡國,非有山水瑰異者不爲勝,山水非有樓觀登覽者不爲顯,樓觀非有文字稱記者不爲久,文字非出於雄才巨卿者不成著",根據曾大興先生對這段話的理論闡發[15],結合以上對於韶石山史地文獻和唐宋時期文人士大夫們遊歷題詠韶石山的梳理考察,我們足以認定韶石山既是自然景觀,又是人文景觀,也是文學景觀,更是著名文學景觀。根據曾大興先生對文學景觀類型的進一步劃分,我們可以認定韶石山屬於實體性文學景觀,且屬於其中人文類和自然類兼具的綜合性文學景觀。我們今天重溫唐宋文士有幸流傳下來的詩詞散文這些文學遺產,深切地體味到自然山水因了豐厚人文積淀更能走入我們的心靈世界,並與我們的心靈世界產生強烈的情感共鳴。

最後説句題外話,在中國丹霞地貌成功申報世界自然遺産項目之後,鑒於韶石山這顆昔日明珠"蒙塵"已久、飽受冷遇,希望現今韶關地方政府能夠充分發掘和利用好韶石山自然和文化雙重遺産,"高看一眼,厚愛三分",與其他有關市縣如岳陽、寧遠聯合策劃組織舜帝南巡旅遊綫路、舜帝公祭大典活動等,讓韶石山重新煥發光彩,並與蒸蒸日上的丹霞山開發統籌兼顧(比如納入梅關古道、珠璣巷、丹霞山、南華寺旅遊綫路),實現姊妹攜手、"美美與共"。

(作者單位:廣州大典研究中心)

---

① 范端昂《粤中見聞》地部六。
② 至今韶石山上仍有"奏樂石"、"朝石"。又,由前秦入東晋的苻朗所撰《苻子·家策》一文描述"虞帝遜禹於洞庭,張樂成於洞庭之野,於是望韶石而九奏"(見嚴可均輯《全上古三代秦漢三國六朝文》全晋文卷一五二),這是筆者所見關於韶石與舜帝奏樂之間發生關聯的最早記載。
③ 參見陽國亮、黄偉林《多維視角中的旅遊文化與發展戰略》,中國旅遊出版社,2001年,第101頁。
④ 《隱秀軒集》,上海古籍出版社,1992年,第243頁。
⑤ 蘇軾《遷居之夕聞鄰舍兒誦書欣然而作》詩"九齡起韶石",牟巘《餞潛岡南提舉》詩:"堂堂始興公,亦從韶石起。"
⑥ 參見方志欽、蔣祖緣主編《廣東通史》(古代上册,汪廷奎主編),廣東高等教育出版社,1996年,第738、741—742頁。另:蔡良軍論文《唐宋嶺南聯繫内地交通綫路的變遷與該地區經濟重心的轉移》(《中國社會經濟史研究》1992年第3期)亦可參證。
⑦ 後世如清代屈大均撰《廣東新語》卷五《石語》"大抵韶之山多奇,而韶石爲最。若雙闕又韶石之最。……(大抵)粤之石,韶石最名"可相參證。
⑧ 按照宋代王象之《輿地紀勝》卷九〇《廣南東路·韶州》記載,宋代郡守范端臣曾作《望韶亭記》,惜今遍檢《全宋文》等資料未見該文,當已失傳。
⑨ 《全宋文》卷七〇三八,第308册,第272頁。
⑩ 清人温汝能所輯的《粤東詩海》評價余靖的詩"骨格清蒼,吾粤宋詩無出其右",今人陳永正選注的《嶺南歷史詩選》評價余靖的五言詩"有騷雅遺音",於《遊韶石》詩正可見一斑。
⑪ 宋人鄭獬(字毅夫)《寄郭祥正》詩:"天門翠色未繞雲,姑孰波光欲奪春。怪得溪山不寂寞,江南又有謫仙人。"
⑫ 分别借用南宋胡仔《苕溪漁隱叢話》(前集)卷三七評郭祥正詩《金山行》斷語和清人紀昀《四庫全書總目提要》卷一五四《青山集》提要語。
⑬ 清人曹庭棟《宋百家詩存》評郭祥正詩"沉雄俊偉,如波濤萬疊,一湧而至,莫可控御,不特句調仿佛太白,其氣味竟自逼真"一語可爲參證。
⑭ 王安石《與郭祥正太博書二》,《臨川先生文集》卷七四,中華書局,1959年,第788頁。
⑮ 參見《文學景觀的定義、類型與價值》,《文學地理學研究》第五章,商務印書館,2012年,第127—128、118—121頁。

論李廌襄州之行的民間轉向

李法然

在"蘇門六君子"中,李廌是一個極其特殊的人物。在以科舉士大夫爲主導的北宋文壇,李廌曾經至少四度應舉,却均以失敗告終。但是,不同於林逋、魏野等隱士,李廌始終活動在士大夫周圍。這樣"非官非隱"的生存狀態,本是張宏生先生對南宋江湖詩人的描述,[①]却在北宋後期的李廌身上表現出來,已頗發人深思。此外,李廌本集早已散佚,至清修《四庫全書》時方自《永樂大典》輯出八卷。[②]這仍使李廌可供研究的材料極其匱乏,而有限的材料,也是散亂無序的。但對這些材料略加清理,便可以發現,有兩處材料又相對集中。其一是元祐間在京與士大夫的交往,其二便是紹聖、元符間的襄州之行。而這兩方面,恰好又是"非官非隱"的兩端。鑒於對於元祐間李廌的活動,學界已有較爲充分的研究,[③]筆者在此擬立足於對李廌襄州之行的考察,並結合前揭李廌"非官非隱"的生存狀態,一窺此次遊歷對於李廌心態與創作獨特意義。

一、李廌襄州之行考略

前人有關李廌的論述中,或多或少地提及了李廌曾到過襄州這一事實。但有關李廌襄州之行的起訖時間、行蹤、交往人物等具體信息多未展開。因而,在此有必要首先對此略加考述。

李廌約於紹聖四年(1097)冬初到襄州。《濟南集》卷六《汝陰唱和集後序》在叙述了蘇軾知潁州,與陳師道、趙令畤等人唱和的盛況之後言道:"其後六年,廌適吳越,將道漢沔,浮江而東,遇德麟於襄陽,慨然傾蓋如平生交。"按,蘇軾元祐七年(1092)正月自潁州移知鄆州[④],自此至紹聖四年,正好首尾六年。此外,卷七《濟美堂記》中同樣有"歲丁丑,自箕潁將適吳粵,税駕荆州"之語,"歲丁丑"即紹聖四年。

此行的出發地,據《濟美堂記》所言乃爲"箕潁"。而《濟南集》卷一有《丙子歲三月十有二日,遊嵩山,宿峻極中院。時天氣清朗,山月甚明。因以"陰壑生虛籟,月林散清影"爲韻,詩各六句》,"丙子歲"即紹聖三年(1096),又卷七《郭宣徽祠堂記》同樣有"紹聖三年,公之子忠孝等作堂於其中,繪公像以祠之,屬其友陽翟李廌爲記"之語,署其卜居地陽翟。可知此前一年，李廌尚在其所謂的箕潁，亦可爲紹聖四年初到襄州的旁證。

李廌初到襄州在冬季，則見《濟南集》卷二《鄧城道中懷舊時德麟相拉至江北三縣》詩中"昔從郡丞遊，餘寒春未回"二句。此外，李廌在襄州最早的一首可以明確繫年的詩作，題爲《趙令時德麟作襄陽從事，丁丑季冬，出行南山三邑。某同謝公定、曾仲成、潘仲寶攜酒，自大悲寺登舟，過峴山，宿鹿門。明日，復自峴首目送，緣絕壁而往，上船山下，相與酌酒而去。德麟賦詩，次韻和之》，可知同樣作於紹聖四年冬。

據前引《汝陰唱和集後序》，知此行實往吳越，途經襄州。據《德隅堂畫譜書後》："比自箕潁，將道漢沔，遇於荆州，流連餘半年。"⑤知此次逗留的時間約有半年左右。又此篇末署："元符元年七月既望，襄陽北津舟中，贊皇李廌方叔書。"可以將李廌離開襄州的時間定在元符元年（1098）秋。卷二《曉發鄧城和德麟韻》有"棹舟江南去，白酒謀日醉"、"半生客荆州，兩渡北津水"等句，知作於離開襄州的途中，而"行李念淹留，感此秋蟬嘶"二句，同樣可證此行在是年秋。

至遲在元符二年（1099）冬，李廌又回到襄州，並經此來到西北面的均州，次年正月遊覽了位於均州的武當山。《濟南集》卷五《武當山賦·序》言道："僕聞武當爲名山舊矣。元符改元之二年，屠維單閼，自鄖之平陵。越明年，上章執徐，正歲元日，自平陵往遊。""鄖"原屬光化軍乾德縣，後光化軍歸襄州，改光化縣。⑥這一地名屢見《濟南集》，如卷二《德麟約遊西山，某自鄖來會，行李阻脩，成此詩》、卷三《德麟自南邑至鄖相會，作詩次其韻》、卷四《將至鄖城和德麟韻》，或代指光化縣，卷七有《襄州光化縣重修縣學記》，其中提及光化縣，一律使用"鄖"這一地名。可見，此一階段，李廌在襄州的活動乃是以光化縣爲基點的。

遊覽武當山之後，元符三年（1100）春，李廌又回到了光化縣。前面提到的《襄州光化縣重修縣學記》，末署："元符三年二月十有四日記。"

李廌何時離開襄州尚難確考，據前引《襄州光化縣重修縣學記》，則當在元符三年春以後。又蘇轍《跋馬知節詩草》末署："陽翟李君方叔，公之外玄孫也，以此詩相示。因記所聞於後。辛巳季春丙寅，眉山蘇轍子由題。"⑦丙寅爲建中靖國元年（1101），則此時李廌當已回到潁昌。《宋史》本傳："軾亡，廌哭之慟……即走許、汝間，相地卜兆授其子。"⑧蘇軾去世於建中靖國元年七月⑨，知此時李廌同樣在他卜居的許、汝一帶活動。之後，便未見其返回襄州的證據。

綜上，李廌於紹聖四年冬抵達襄州，約於元符三年春至建中靖國元年春之間離開，前後約三週年。《濟南集》卷四《題唐洲東寺訪友人不值》有"三年漂泊老荆州"一句，以上的考證結果大致與此相符。

在此期間，李廌有準確時間可考的行蹟尚有元符元年六月遊峴山。《（光緒）襄陽府志》卷一八《羊公祠石幢題名》記載道："郡太守岑巖起飲餞前熙帥鍾弱翁於此，吳周臣、趙德麟、魏道輔、李方（淑）［叔］俱至。元符元年六月十日。"⑩此外，《池北偶談》卷九《峴山幢宋人題名》也記載道："又宋人飲餞題名甚多，知名者張唐英、趙德麟、魏道輔、岑巖起、李方叔。"⑪其中趙德麟、魏道輔、岑巖起、李方叔四人皆與上引《(光緒)襄陽府志》相同,所指的,恐是同一次遊覽。

以上題名諸人,岑巖起名象求,時知襄州。《宋史》無傳,蘇軾《次天字韻答岑巖起》詩題下施宿注提及⑫,陸心源《宋史翼》卷四、《元祐黨人傳》卷三有《岑象求傳》⑬,但均未見守襄事蹟。唯曹學佺《蜀中廣記》記其署銜一條:"朝請大夫、知襄州軍州兼管内勸農事、提舉房隨郢州兵馬巡檢公事、柱國、借紫岑象求。"⑭其守襄起訖時間無考,《宋會要輯稿·選舉》記載:"(元符)三年二月十二日,降授承議郎楊畏爲集賢殿修撰、知襄州。"又:"十七日,朝奉大夫、知潭州温益,朝請大夫、新判南京國子監岑象求並直龍圖閣。"⑮知此前已離襄州任。若以三年任期計,則其守襄時間當與李廌在襄大致重合。

又有趙德麟,名令畤,宋宗室,時任襄陽從事。其生平經歷,已見孔凡禮先生的考述。⑯又有魏道輔,名泰,生平事蹟見《宋詩紀事》小傳,⑰《墨莊漫録》記襄人將其與田衍並稱"襄陽二害",⑱並與李廌相提並論。其餘常見於李廌在襄詩文之人尚有謝悰、曾縡等。在此均暫不展開,詳見下文。

二、襄州之行的民間屬性

以上對李廌在襄州的行履、交遊進行了力所能及的考述。筆者首先注意到的是紹聖四年至元符三年這一時間段。此時,李廌在仕途上的進取之心已經消磨殆盡了,應該説,自紹聖以後,便都是如此。元祐間,朝廷三次開科取士,李廌無一例外地參加了,却又無一例外地名落孫山,兩次止步於省試,另一次甚至連發解的資格也没能取得。以至於在元祐八年再次落第之時,李廌寫下了《頃元祐三年春禮部不第,蒙東坡先生送之以詩,黄魯直諸公皆有和詩。今年秋復下第,將歸耕潁川,輒次前韻,上呈編史、内翰先生,及乞諸公一篇,以榮林泉,不勝幸甚》一詩,表達了歸耕田園的志趣,《宋史》本傳稱其"中年絶進取意,謂潁爲人物淵藪,始定居長社,縣令李佐及里人買宅處之"⑲。

不僅是科場上的一次次失利,哲宗親政,新黨興紹述之議,曾經賞識過李廌的元祐諸公紛紛遠竄,恐怕也在消磨着李廌的進取之心。《宋史》本傳載:"軾與范祖禹謀曰:'廌雖在山林,其文有錦衣玉食氣,棄奇寶於路隅,昔人所嘆,我曹得無意哉!'將同薦諸朝,未幾,相繼去國,不果。"⑳可見新黨紹述對李廌的仕途產生的影響。

因此,李廌是以一介布衣的身份來到襄州的。不在官僚體制之内,李廌的活動顯示出來去自由、無拘無束的樣態。考察李廌在襄州的活動,如前文提及,紹聖四年至元符三年,李廌也曾離開襄州,而到吳越、均州等處。即使是在襄州的時候,也並非寓居一處。從李廌在襄州創作的詩歌來看,其行蹟以光化縣爲基點,而幾乎遍佈襄州全境。可見,李廌在襄州的遊歷不是宦遊而是漫遊。可以説,在襄州期間,李廌的身份更像是一個江湖遊士。侯體健先生在研究晚宋"江湖詩派"代表人物劉克莊時曾對"江湖"作過如下定義:

在晚宋時，與"江湖"相對應者有兩個概念：一即"魏闕"（或"廟堂"），二即"山林"。也就是說，晚宋時候的"江湖"是這樣的一個空間：它與官方相對待，是非官方的；它與隱居相對待，是非隱逸的。它是一個存在於民間社會，并於此展開相關社會活動的虛擬空間。㉑

雖然時間提前到了北宋，但李廌在襄陽的活動，大致上是符合上述定義的。如果說元祐年間，李廌在京結交元祐諸公，近似於"魏闕"或"廟堂"，而卜居陽翟的生活相當於"山林"的話，那麼他在襄州的生活，如前所述，遠離了政治，也不具備固定的隱居場所，既不在廟堂，也不在山林，而是在這個存在於民間社會的"江湖"。

由此，我們無法按照討論一般士大夫的方式，沿着宦遊的腳步考察李廌在襄州的活動。而筆者認爲，交遊構成了李廌在襄州活動的基礎，因而可以從李廌在襄州的交往進一步考察此行所處的民間社會，以窺其在轉向民間的過程中的意義。在此，可以對上文提及的"襄陽二害"加以分析，並嘗試討論李廌與之並稱的原因何在。《墨莊漫錄》卷二記載：

田衍、魏泰居襄陽，郡人畏其吻。謠曰："襄陽二害，田衍、魏泰。"未幾，李廌方叔亦來郡居，襄人憎之，曰："近日多磨，又添一廌。"㉒

田衍紹聖間知襄陽縣。鄒浩《道鄉集》卷九有《簡襄陽令田世德通直求餘材》一題。此外，《道鄉集》卷二五《襄州遷學記》云："今直秘閣知荊南府吕公嘉問守襄之明年，紹聖元年也……又委知襄陽縣、右通直郎田衍總其事。"㉓此爲至今可知的田衍任襄陽縣期間的事蹟。按鄒浩兩次均稱田衍爲"通直"，但有"襄陽令"、"知襄陽縣"之別，"通直郎"乃京朝官官階㉔，故作"知襄陽縣"爲確。但作"通直郎"帶"右"，説明田衍並無出身。㉕

魏泰則爲襄陽人。前文提及《宋詩紀事》小傳稱其"爲人無行而有口"。此外，其狂狷也頗引人注目。其最令人瞠目結舌的事蹟，當屬科場上毆打考官。《苕溪漁隱叢話》記載：

魏道輔泰，襄陽人，元祐名士也。與王介甫兄弟最相厚。僕初以謂有隱德，不仕，及試院中，因上請主文，道輔恃才豪縱，不能忍一時之忿，毆主文幾死，坐是不許取應。㉖

這樣的狂狷，自然是極端的特例，非李廌所能比。但從李廌七言古詩中那些不拘一格的雜言、蘇軾對其文章"筆墨瀾翻，有飛沙走石之勢"㉗的評價以及錢鍾書先生"其詩文語粗氣獷，真京東學究醉白酒飽死牛肉"㉘之評來看，"狂"應當也在李廌的性格中佔有一席之地。可見，狂狷是李廌與"襄陽二害"的共性之一。

狂狷可以視爲民間區別於士大夫的行爲與表達方式㉙，鄧子勉先生拈出錢先生所云

"京東學究"出自《東坡志林》:"吾觀杜默豪氣,正是京東學究飲私酒,食瘴死牛肉,醉飽後所發者也。作詩狂怪,至盧仝、馬異極矣,若更求奇,便作杜默矣。"㉚其中盧仝"家貧甚","凡兩備禮徵爲諫議大夫,不起"㉛,可見其民間屬性。杜默亦相仿,《澠水燕談録》稱:"默久不第,落魄不調。"㉜不過,更值得關注的是其所屬的泰山學派,其師石介,被朱剛先生描述爲"慶曆士大夫中最徹底、真誠,毫無保留地認同'民間'學統及其表達方式(古文)的"㉝。可見,從詩風折射出的與魏泰相似的格格不入,正反映出他們身上共同的民間屬性。

李廌與"襄陽二害"的另一共性則在於他們都是科場的失利者。如前文所述,田衍雖有京朝官的官階,但並無出身,魏泰也同樣"坐是不許取應"。如内山精也先生所説:"每三年一開科舉,就有多達十萬人規模的落第者產生,不能升進爲'士'的他們,其結果當然是沉澱在民間了。"㉞李廌與"襄陽二害",便是這一批沉澱在民間的知識份子中的成員。由上述兩點共性,可以説,李廌與"襄陽二害"的交往中,體現出的正是其江湖遊士身份所決定的民間屬性。

三、交往圈的代際轉換

但是,不容忽視的是,在襄州與李廌交往的人中,也不乏像岑象求、趙令時,以及前文未及展開的謝惊、曾繹等人。這些人或爲州郡長官,或爲幕僚,或爲官宦子弟。因而,在此必須考慮,李廌襄州之行的民間屬性在這些人身上能否體現。竊以爲,如果擴大一下觀察的範圍,把李廌在襄州交往的人物的交往圈一併納入視野,便可以發現,其中包含着明顯的代際轉換。嘗試論之。

李廌在襄州的交遊之中,年輩高者當屬岑象求。觀馮山有《和岑巖起莫軒》《和岑巖起見寄》。㉟《四庫全書總目》記載:"山字允南,初名獻能,安岳人,嘉祐二年進士。"㊱又蘇軾有《送岑著作》《次天字韻答岑巖起》,㊲而蘇軾同樣爲嘉祐二年進士。加之李廌之父李惇同樣爲嘉祐二年進士,岑象求似乎與這一年的進士交情不淺。此外,韋驤《錢塘集》中同樣有大量與岑象求的唱和詩。據《四庫全書總目》,韋驤爲皇祐五年進士。㊳岑象求本人登科年份不詳,但據《宋史翼》記載:"熙寧中累官梓州提舉常平。"㊴知其年輩當與蘇軾等人相仿。由此可知,無論是岑象求本人還是他的交往圈,均爲仁宗末年進士。對於李廌來説,他們是前輩。

趙令時生於治平三年㊵,與李廌爲同輩。再看趙令時的交往圈,除建立起其與李廌之間關係的蘇軾外,張耒有《趙德麟有詩言,過萬壽縣得玉芝,乃以供一醉之味。按道書,凡芝,皆神仙上藥,無乃輕用之乎》,李之儀有《宿滴水巖懷趙德麟和壁間韻》《同趙德麟宿長河堰僧房,德麟適相送至此,且約明春再相會,有詩見及,次其韻》《試筆柬趙德麟二絶》㊷,賀鑄有《送趙令時之官陳州兼簡周文清》㊸。此三人,包括趙令時本人及李廌,均可以算在廣義的"蘇門"之中。㊹此外,陸佃有《依韻和趙令畤三首》《依韻和趙令畤》等詩。㊺陸佃爲熙寧三年進士㊻,可知雖派系不同,但與蘇門文人幾乎是同輩。可見,趙令畤的交往圈或在"蘇門"範圍之内,或年輩與"蘇門"相同。

再看謝悰,此人爲謝景初之子。黄庭堅《送謝公定作竟陵主簿》"謝公文章如虎豹,至今斑斑在兒孫"二句任淵注:"謝公謂師厚,公定,蓋其子也。"㊼《長編》記載元祐三年九月"丁卯,上御集英殿,試賢良方正能直言極諫科謝悰。己巳,賜悰進士出身,除初等職官。"㊽此事引發了劉安世的激烈論辯。劉安世屬朔黨,則其對謝悰的論奏,儼然將其算作了蜀黨人物。除黄庭堅外,蘇轍《欒城三集》有《次韻文氏外孫驥,以其祖父與可學士書卷還謝悰學士》㊾,陳師道有《和謝公定觀秘閣文與可枯木》《和謝公定雨行逢賣花》㊿。蘇轍、黄庭堅、陳師道,仍應屬於"蘇門",而黄庭堅、陳師道又屬江西詩派。又饒節有《次韻謝公定,時夏均父招諸客泛舟遊百花洲》《用前韻示謝公定學士》(51),饒節則純然屬於江西詩派。那麽,謝悰本人及其交往圈便體現出從"蘇門"向江西詩派的過渡。

綜上,李廌在襄州的交往,呈現出代際轉换,具體來説,是由"蘇門"向江西詩派的過渡。其實,同一個人的交往圈中包含兩代人也屬正常,但由"蘇門"向江西詩派的過渡却非同一般。朱剛先生指出:

> 作爲八大家中的最後一家,蘇轍的去世標誌着"經典"創作時代的結束。接下去就是八大家作品被"經典化"的時代,即後"古文運動"時代。(52)

"蘇門"落幕之後,接下來便是江西詩派崛起於兩宋之際。那麽,可以説,江西詩派的興起是"後'古文運動'時代"的第一個文學高潮。也就是説,由"蘇門"向江西詩派的過渡,也是兩個文學時代之間的過渡。

不僅如此,由"蘇門"向江西詩派的過渡還體現了士人心態的轉變。岑象求等仁宗末年進士,基本上還是在慶曆士風激勵下崛起的一代士人,他們的心態是外向的,積極進取的。如王水照先生、朱剛先生所言:"雖然'慶曆新政'的具體措施没有得到一一貫徹,但維護政治上的民主因素,倡導士人獨立的政治人格的精神,却收到了社會輿論的熱烈回應。在蘇軾成長的時代裏,正是這種精神在哺育着他。"(53)廣義上的"蘇門"文人,則是在黨争漩渦中掙扎的一代人,他們的心態是矛盾的,既在慶曆士風的激勵下希望有所作爲,又面對殘酷的黨争感到無能爲力。如沈松勤先生所説:"既志在當世,積極參與,又因意氣之争,而'身自不安,危亡是憂',是元祐參政主體的矛盾心理,也是元祐文學主體所普遍具有的心態。"(54)而以江西詩派爲代表的一批元祐後學,被迫遠離了政治,其心態自然也要轉向民間。江西詩派的創始人黄庭堅,便如莫礪鋒先生所説,"不是一個有遠大的政治抱負和强烈的政治主張的人"(55),而對於整個江西詩派來説,如周裕鍇先生所説,其詩風"表現出一種退避社會自我保護的傾向"(56)。

可見，在李廌在襄州交往的士大夫之中，可以梳理出明顯的代際轉換綫索。這一轉换恰好對應着士人心態由外向轉向内斂，興趣由現實政治轉向心性、詩藝，目光由廟堂轉向民間的過程，反映出士人逐漸疏遠政治的脚步。因而從李廌在襄州與士大夫的交遊中，仍然可以看出民間屬性。

四、詩歌創作中的魏闕與江湖

上文論及，無論是李廌在襄州的行蹟還是交往，都體現着士人心態由魏闕轉向江湖，由廟堂轉向民間的過程。這一點在李廌此一時期的詩歌創作中同樣可以得到印證。

在此一時期李廌創作的分韻、次韻、贈答等交際功能强烈的詩歌中，仍能看到元祐詩壇的遺韻，體現着元祐士大夫筆下"詩可以群"的特徵。周裕鍇先生在總結元祐詩歌的交際性時指出：

> 而元祐時期的大量唱和，則幾乎都按照詩人"我"(吾)與酬贈對象"君"(公、子、汝、先生、公子)之間的關係的模式展開，獨白變成了交談。[57]

類似的"君/我"關係在李廌筆下也有着鮮明的體現。如《德麟自南邑至鄭相會作詩次其韻》一詩中的"君行嶺上正穿雲，我向津頭欲呼渡"二句、《趙德麟中秋生日》一詩中的"我雖無能世或取，尚可與君爲詔語"二句、《青泥雪中和德麟韻》一詩中的"君笑吾癡絶，吾知自不癡"二句等。這種寫法，如周先生所説，"是元祐唱和的基本原則和突出特色之一"。那麽在李廌此一時期的作品，便是元祐士大夫交往的餘緒。

同時，在技法上同樣可以看出李廌在襄州的交際詩受到的元祐諸公的影響。如《同諸公餞望元，因宿谷隱，以"何當風雨夜，復此對床眠"爲韻，分得對此二字》中"熠熠螢度幃，泫泫礎流泚"二句，連用四個火旁和四個水旁，頗似蘇軾《書韓幹牧馬圖》一詩中"騅駓駰駱驪騮騵"[58]一句。又如《德麟約遊西山某自鄭來會行李阻脩成此詩》中"君詩如齊楚，凛凛兩大國。吾詩比邾滕，惴惴甘服役"四句，顯然上承黄庭堅"我詩如曹鄶，淺陋不成邦。公如大國楚，吞五湖三江"[59]而來。

因交際功能與寫作技法上的承襲，李廌此類詩中甚至出現了類似元祐詩歌的進取精神。如《趙德麟中秋生日》一詩中"除書令上芸香閣，中秘校讎專筆削"二句，"芸香閣"與"中秘校讎"均指館閣官，以此表達趙令畤當年的榮耀。而元祐間蘇門四學士均任館閣官，因此，李廌詩中這種對館職的重視恐怕也上承元祐諸公而來。

但同時必須注意到，隱逸與江湖同樣是李廌在襄州詩歌創作的主題。以《鹿門寺》詩爲例，其中"德公厭州里，翁媪是中去"二句用龐德公典，龐德公便是襄陽峴山的一名隱士。而"風流可引想，千載豹隱霧"、"寓目宇宙間，猛省忘外慕"、"一爲功名想，悮落塵土污"等，均表達出隱逸情懷。同樣用龐德公典表達隱逸情懷的還有《龐德公宅詩》中"山川意高澹，宜有隱君子。德公卧鹿門，老不踐州里"四句。此外表達隱逸情懷之作尚有《習池詩》"春意物情迷野興，水光天影共青空"，《習鑿齒宅》"著書山水間，秀發胸中奇"等。

除隱逸情懷外，李廌在襄州的詩作中，還表達出強烈的幻滅感與惶恐不安的情緒。這種情緒可以表現爲年華之嘆，例如《鹿門寺》詩中的"兹遊愜於願，春仲忽云暮。杖策升翠麓，喟嘆憐老步"四句，在愜意的遊賞之後，情緒陡然急轉直下，而"云暮"、"老步"，顯然是在嘆息年華易逝。這樣的惶恐，伴隨着吟詠龐德公的詩句寫出，可以很自然地推導出前文論及的隱逸情懷。然而，強烈的幻滅感，使得李廌似乎連歸隱山林也不信任。《習家池詩》中"子孫安在哉，獨樂寧可期。蕭蕭宰上木，長風蕩餘悲"四句表達出了這一點。前文論述過，李廌在襄州的活動，有着"江湖遊士"的特點。侯體健先生提出，"江湖遊士"處於"遊動的、無根的、干求的狀態"[60]。這種極不穩定的身份特徵，恐怕便是導致其詩中惶恐與幻滅的原因。

值得注意的是，這種隱逸情懷與幻滅感在前文述及集中表現元祐詩風遺韻的交際性作品中亦時時顯現。以《同德麟、仲寶過謝公定，酌酒賞菊，以"悲哉秋之爲氣蕭瑟"八字探韻，各賦二詩，仍復相次八韻。某分得哉蕭二字》爲例。詩中多用陶淵明典，如"此非柴桑里，乃有淵明儔"、"松菊徑勿荒，政欲善鋤治"、"堂中老元亮，日賦歸去謠。杖屨樂三徑，爲爾甘折腰"等。此外，"旨酒有妙致，青山多令姿"二句，雖未明確使用陶淵明典，但"旨酒"、"妙致"、"青山"、"令姿"，呈現出的依然是一位把酒看山的隱者形象。

這組詩中同樣體現出惶恐情緒。即以其所分之韻論，"悲哉秋之爲氣蕭瑟"，語出《楚辭·九辯》[61]，其蕭瑟悲秋之感便已經被確定了。這樣的情緒，帶入到詩作中，很自然地勾起李廌的年華之嘆。例如"頹齡恐能制，壽侯安在哉"二句、"白髮諳冷暖"句等。

由此可見，李廌在襄州的詩作中，士大夫寫作性格的孑遺與其自身的江湖遊士心態雜糅在一起。對此筆者以爲不妨這樣看待：李廌詩從元祐諸公那裏繼承來的交際性特徵以及某些寫作技法，猶如一個具有士大夫寫作性格的容器，至於裏面承載的內容，因爲其學習對象和交往對象的士大夫屬性，而滲入了一些進取精神；但是李廌在襄州活動的"江湖遊士"的特徵，同樣將大量江湖的、隱逸的、民間的心態帶入了這個容器；一旦脫離了交往的語境，便連這個士大夫寫作性格的容器也不必使用，則全然是江湖遊士之作。而對這一容器的繼承和抛棄的過程中，同樣可以看出心態由士大夫轉向民間的過程。

結　　語

以上對李廌在襄州的活動進行了簡要考述。李廌於紹聖四年冬初到襄州，盤桓半年有餘，於元符元年秋離開。又於元符二年返回襄州，寓居光化縣，並以此爲基點四處遊走。於元符二年底至元符三年初出遊武當山，又於是年春返回光化縣。至遲於建中靖國元年春離開襄州,返回潁昌。李廌以一介布衣的身份來到襄州,其活動不是宦遊而是漫遊,體現出了"江湖遊士"的特徵。其與"襄陽二害"的交往,體現出鮮明的民間屬性,而即便是在其交往的士大夫中,同樣可以梳理出清晰的由廟堂轉向民間的過程。這一轉變,從李廌在襄州的詩作中同樣可以得到印證。

如前引内山精也先生之言,宋代科舉會造就了大量的落第士人。他們以與士大夫相似的知識和語言進行寫作,却始終沉淪在民間,其作品也因此極易消散。李廌因躋身於"蘇門六君子",其作品方偶然得以爲今人所見。不過,有別於士大夫的民間寫作也並非毫無蹤跡可尋,前文已經提及,盧仝、杜默及泰山學派等,均因其民間屬性而顯得與士大夫寫作格格不入。這一話題非本文所能處理,在此僅略作補充。被譏爲"豪放劇飲,不循禮法"㊷的東州逸黨,據《長編》記録:"……歸齊州持服。諷日飲酒自縱。所與遊者輒慕其所爲,時號東州逸黨。"㊸可將這一群體繫於范諷鄉居之時。同時,所謂"京東學究"云云,同樣被錢鍾書先生用於評價劉過的七古,㊹《兩宋名賢小集》稱其"宋南渡後以詩俠名湖海間"㊺,更可見其民間屬性。

由此可見,自中唐的盧仝至北宋的東州逸黨、泰山學派,再到南宋的劉過,可以梳理出一條有別於士大夫的民間寫作譜系,這一譜系至南宋江湖詩人群體的出現而蔚爲大觀。李廌早年至少四度應舉,元祐間在京廣泛結交士大夫,其心態與創作與一般士大夫並無區別,直到"中年絶進取意,謂潁爲人物淵藪,始定居長社",其心態與創作便匯入了這一有別於士大夫的民間寫作譜系之中。如前文所述,其襄州之行,便正好處在這一轉變的關節。

同時,心態與寫作的民間屬性,又可視爲"近世中國"的標籤。㊻因而李廌襄州之行中表現出的民間轉向,又可以納入兩宋轉型這一更大的視野之中。宋徽宗崇寧以後,實施元祐黨禁,一批士人被强行與政治隔離開來。解除了士大夫身份,這些元祐後學迫切需要一套重新在江湖上安頓心靈的手段。而李廌襄州之行中表現出的民間轉向以及與之相應的"非官非隱"的生存狀態,好像是在紹聖、元符間爲後來人打了一個前站。如此,李廌這樣一個在北宋衮衮諸公當中顯得十分邊緣的人物,一旦納入兩宋轉型的視野,便可窺見這一轉型在哲宗朝便已經悄然進行。

(作者單位:復旦大學中文系)

---

① 張宏生《江湖詩派研究》,中華書局,1995年,第33—37頁。
② 李廌《濟南集》,《文淵閣四庫全書》本。以下引李廌詩文若無特別説明,則皆據此書。
③ 傅璇琮、張劍主編《宋才子傳箋證·北宋後期卷》,遼海出版社,2011年,第317—328頁。曹麗《李廌研究》,浙江大學碩士學位論文,2007年。任美林《李廌及〈濟南集〉研究》,西北大學碩士學位論文,2009年。趙婧《"蘇門六君子"之李廌探究》,復旦大學碩士學位論文,2015年。
④ 李燾《續資治通鑑長編》卷四六九,中華書局,2004年,第11204頁。

⑤ 《全宋文》第132册,上海辭書出版社、安徽教育出版社,2006年,第137頁。
⑥ 参樂史撰、王文楚等點校《太平寰宇記》卷一四五,中華書局,2007年,第2823頁;王存撰,王文楚、魏嵩山點校《元豐九域志》卷一,中華書局,1984年,第23頁。
⑦ 蘇轍撰,曾棗莊、馬德富校點《欒城集》拾遺,上海古籍出版社,2009年,第1740頁。
⑧ 脱脱《宋史》卷四四四,第37册,中華書局,1985年,第13117頁。
⑨ 施宿《東坡先生年譜》卷下,王水照《宋人所撰三蘇年譜彙刊》,中華書局,2015年,第67頁。
⑩ 恩聯、王萬芳等《(光緒)襄陽府志》卷一八,光緒十一年刊本。按,此提名拓片今存,收入北京圖書館金石組編《北京圖書館藏歷代石刻彙編》第41册,中州古籍出版社,1989年,第1頁。
⑪ 王士禎撰、靳斯仁點校《池北偶談》卷九,中華書局,1982年,第208頁。
⑫ 蘇軾撰,施元之、施宿、顧禧注《注東坡先生詩》卷三三,《宋集珍本叢刊》第19册,布衣書局,2004年,第252頁。
⑬ 見陸心源《宋史翼》卷四,中華書局,1991年,第36—41頁。陸心源《元祐黨人傳》卷三,《續修四庫全書》第517册,上海古籍出版社,2002年,第403—408頁。
⑭ 曹學佺《蜀中廣記》卷二三,《文淵閣四庫全書》本。
⑮ 徐松輯《宋會要輯稿》選舉三三,中華書局,1957年,第4765—4766頁。
⑯ 孔凡禮《宋詞瑣考》,《孔凡禮文存》,中華書局,2009年,第405—408頁。
⑰ 厲鶚《宋詩紀事》卷二八,上海古籍出版社,2013年,第726頁。
⑱ 張邦基《墨莊漫錄》卷二,《文淵閣四庫全書》本。
⑲ 《宋史》卷四四四,第37册,第13117頁。
⑳ 同上。
㉑ 侯體健《劉克莊的文學世界——晚宋文學生態的一種考察》,復旦大學出版社,2013年,第90頁。
㉒ 張邦基《墨莊漫錄》卷二,《文淵閣四庫全書》本。
㉓ 鄒浩《道鄉集》卷九、二五,《文淵閣四庫全書》本。
㉔ 龔延明《宋代官制辭典》,中華書局,1997年,第683頁。
㉕ 同上書,第684頁。
㉖ 胡仔纂集、廖德明校點《苕溪漁隱叢話》前集卷一二,人民文學出版社,1962年,第78頁。
㉗ 《宋史》卷四四四,第37册,第13116頁。
㉘ 錢鍾書《容安館劄記》,商務印書館,2003年,第491頁。
㉙ 参朱剛《唐宋"古文運動"與士大夫文學》,復旦大學出版社,2013年,第88—96頁。
㉚ 鄧子勉《錢鍾書論蘇門弟子詩》,高克勤、侯體健主編《半肖居問學錄》,上海人民出版社,2015年,第369頁。
㉛ 傅璇琮主編《唐才子傳校箋》第2册,中華書局,1989年,第268頁。
㉜ 王闢之撰、呂友仁點校《澠水燕談錄》卷八,中華書局,1981年,第87頁。按,關於杜默生平的考訂極複雜,在此不便展開。今知其累舉不第,熙寧間以特奏名得同進士出身,任新淦尉,参陳應鸞《杜默生卒年考及其詩之輯佚》,《文學遺產》2002年第5期。程傑《宋代杜默生卒、籍貫考及其作品輯佚》,《文學遺產》2012年第4期。程傑《濮州杜默、和州杜默及其手植梅考》,《安徽大學學報(哲學社會科學版)》2013年第1期。知其後雖出仕,但仍有別於一般的科舉士大夫。
㉝ 朱剛《唐宋"古文運動"與士大夫文學》,第94頁。
㉞ [日]内山精也《宋末元初的文學語言》,高克勤、侯體健主編《半肖居問學錄》,第178頁。
㉟ 馮山《安岳集》卷一二,《文淵閣四庫全書》本。

㊱ 永瑢等《四庫全書總目》卷一五三，中華書局，1965 年，第 1319 頁。
㊲ 孔凡禮點校《蘇軾詩集》卷七、卷三六，中華書局，1982 年，第 329、1942 頁。
㊳ 《四庫全書總目》卷一五三，第 1318 頁。
㊴ 陸心源《宋史翼》卷四，中華書局，1991 年，第 36 頁。
㊵ 孔凡禮《宋詞瑣考》，《孔凡禮文存》，第 406 頁。
㊶ 李逸安、孫通海、傅信點校《張耒集》卷一五，中華書局，1990 年，第 263 頁。
㊷ 李之儀《姑溪居士全集》前集卷八，後集卷一〇、一二，《文淵閣四庫全書》本。
㊸ 賀鑄《慶湖遺老詩集》卷六，《文淵閣四庫全書》本。
㊹ 楊勝寬《蘇軾於蘇門文人集團的形成》，《樂山師範高等專科學校學報》2000 年第 1 期。
㊺ 陸佃《陶山集》卷二，《文淵閣四庫全書》本。
㊻ 《四庫全書總目》卷四〇，第 342 頁。
㊼ 黄寶華點校《山谷詩集注》卷四，上海古籍出版社，2003 年，第 106 頁。
㊽ 李燾《續資治通鑑長編》卷四一四，中華書局，2004 年，第 10664—10665 頁。
㊾ 曾棗莊、馬德富校點《欒城集》三集卷一，上海古籍出版社，2009 年，第 1453 頁。
㊿ 任淵注、冒廣生補箋、冒懷辛整理《後山詩注補箋》卷一二，中華書局，1995 年，第 424、427 頁。
51 饒節《倚松詩集》卷一、二，《文淵閣四庫全書》本。
52 朱剛《唐宋"古文運動"與士大夫文學》，第 412 頁。
53 王水照、朱剛《蘇軾評傳》，南京大學出版社，2004 年，第 21 頁。
54 沈松勤《北宋文人與黨争》，人民出版社，1998 年，第 303 頁。
55 莫礪鋒《論黄庭堅詩歌創作的三個階段》，《文學遺産》1995 年第 3 期。
56 周裕鍇《江西詩派風格論》，《文學遺産》1987 年第 2 期。
57 周裕鍇《詩可以群：略談元祐體詩歌的交際性》，《社會科學研究》2001 年第 5 期。
58 孔凡禮點校《蘇軾詩集》卷一五，第 722 頁。
59 黄寶華點校《山谷詩集注》卷五，第 117 頁。
60 侯體健《劉克莊的文學世界——晚宋文學生態的一種考察》，第 90 頁。
61 白化文、許德楠、李如鸞、方進點校《楚辭補注》卷八，中華書局，1983 年，第 182 頁。
62 《宋史》卷四四二，第 37 册，第 13087 頁。
63 李燾《續資治通鑑長編》卷一二〇，第 2834 頁。
64 錢鍾書《談藝録》，生活・讀書・新知三聯書店，2007 年，第 320 頁。
65 陳思編、陳世隆補《兩宋名賢小集》卷三二五，《文淵閣四庫全書》本。
66 參[日] 内山精也撰，朱剛譯《宋詩能否表現近世?》，周裕鍇主編《第六屆宋代文學國際研討會論文集》，巴蜀書社，2011 年，第 244—260 頁。

文史之間:《搜神秘覽》的筆記世界與宋代筆記寫作

趙惠俊

《搜神秘覽》三卷,北宋章炳文著。是書模擬干寶《搜神記》而作,收錄了大量神怪故事,故有此名,近代以來多因此將之視爲志怪小説集。是書篇幅與藝術成就在宋代並不突出,章炳文其人更是名蹟不顯,故而並没有得到後世太多重視。由於宋代志怪小説早已被魯迅"宋一代文人之爲志怪,既平實而乏文采,其傳奇,又多托往事而避近聞,擬古且遠不逮,更無獨創之可言矣"[1]的大判斷定性,故而作爲宋代志怪小説次流的《搜神秘覽》當然更加不受關注。然而此書雖多記靈異因果事件,然主要仍以人間事爲主,妖魔鬼怪較少現身,更包括大量的本朝人事,故將其定性爲志怪小説,或有幾分牽强。實際上《搜神秘覽》就是一部含有較多志怪故事的北宋筆記,這也是宋代筆記的通例。隨着宋代社會出現士大夫與庶民的階層分流,二者逐漸成爲相對獨立的社會群體,生活狀態與文化風尚均有不同。這兩個世界的分立可以在宋代筆記中被明顯地察覺到,只是作者會緣於不同的自我身份,在表現二者時各有側重。身處士大夫社會下層的章炳文,一生穿梭往來於兩個世界間,因此《搜神秘覽》的筆記世界對兩者的反映相對等量,較爲全面地體現了士大夫和庶民階層的不同生活狀態、生活趣味和價值取向,這是在高級士大夫筆記中看不到的内容。同時,《搜神秘覽》的文本形態也體現着北宋筆記作者的創作心態,由之可以重新審視筆記與小説之關係,以及二者觀念在北宋時代的承變,從而爲小説史的論述框架提供一些補充。

一、人書概略:章炳文其人與《搜神秘覽》其書

章炳文,生平無傳,陳振孫《直齋書録解題》卷一一著録《搜神秘覽》,題爲"京兆章炳文叔虎撰"[2],知其字叔虎,京兆人。據《宋史·地理志三》"陝西路"所載,知京兆府爲永興軍路治所,即今日陝西西安。[3]《全宋筆記》第三編第三册所撰《搜神秘覽》題解云其爲開封人[4],誤。《搜神秘覽》中有一些條目涉及章炳文家世,可資考訂生平。卷中"郇公"條云其先祖之事,提到其族"至叔祖郇公而始盛"。此叔祖郇公乃章得象,字希言,宋仁宗朝在相位八年,後封郇國公,宋祁爲其撰寫墓志《文獻章公墓志銘》。[5]據墓志所言,章得象曾祖仁

嵩,仕南唐李昇,爲駕部郎中;祖仕廉,汀州寧化縣令;考兊志,耿介以儒術發聞,不樂進取,試禮部一不中,即謝去。章炳文既稱章得象爲叔祖,故章仕廉即其高祖。又《搜神秘覽》卷中"預兆"條有"家府寶文未第時"云云,知本條所載爲其父之事,内容爲其父中狀元前的種種征兆。兩下相較,可知其父爲章衡,嘉祐二年狀元,官至寶文閣待制,《宋史》有傳⑥。宋祁所撰墓志云章得象生於浦城,《宋史》章衡本傳亦云章衡乃浦城人,可知章炳文祖籍實爲福建浦城。然而章炳文所撰《陜府芮城縣題名序》文末云:"七年四月十三日,右承事郎、鼎湖令京兆章炳文序。"⑦可知章炳文任陝西鼎湖令時即以京兆人自稱,陳振孫所云或即本此。然章氏遷居陝西的具體緣故,則概莫可知,或是章衡葬於京兆,故章炳文即以父親墓地所在言己名籍。另嘉靖《建寧府志》章衡傳記有云:"章衡,字子平,浦城人,父訢,潤州長史。"⑧據此可知章炳文祖父名章訢。《搜神秘覽》"預兆"條有云其父"自吳門扶護先祖歸閩中,於浦城昭文鄉上相里卜地以葬",又云其父嘉祐中"寓姑蘇外祖張氏之園齋思古堂",均可與章訢於江南爲官相照應,故《建寧府志》所載應可信。⑨由於章訢與章得象爲同輩,但名姓差別甚異,故更可能是同族兄弟而非同胞兄弟。至此,章炳文家世譜系已大致釐清:高祖章仕廉,曾祖章兊志(或是章兊志的兄弟),祖父章訢,父親章衡。其家族出過宰相、狀元,是一個文教傳家的大族。⑩

雖然父親貴爲狀元,但章炳文本人則岑寂許多,其以狀元之子身份蔭補入官,初任鼎湖令⑪,後任虞城令⑫,崇寧年間任興化軍通判⑬。交遊情況更是寥寥,惟《閩中金石志》"葉彥成等於山金粟臺題名"條有云:"葉彥成,喬叔彥,章叔虎,朱知菽同遊,崇寧五年人日正書在閩縣。"⑭清代學者郭伯蒼輯録之《竹間十日話》"九仙山宋人刻石"條有這幾位同遊者的大致介紹:"葉彥成、喬叔彥、章叔虎、朱知菽同遊。崇寧五年人日。行書,四寸。葉棣,字彥成,浦城人,崇寧四年知福州。喬世材,字叔彥,崇寧四年提點刑獄。朱英,字知菽,提舉學事。"⑮介紹中唯獨少了章炳文,可見其生平材料早已零散。除了《搜神秘覽》,章炳文還著有《壑源茶錄》一卷,《宋史·藝文志》等皆有著録⑯。《全宋文》收録章氏文章三篇⑰,詩作則不見於《全宋詩》。總之,章炳文一生未任官中央,又遍歷山川數十年,使得其本身與庶民階層更爲親近,熟知他們口耳相傳的見聞。又由於叔祖章得象官至宰相,父親章衡高中狀元,他本人又是蔭補入官的貴公子,因此對中央事聞一定也不陌生。而且其父是嘉祐二年狀元,是榜由歐陽修主試,所取進士人才薈萃,人們熟知的蘇軾蘇轍兄弟、曾鞏等人皆是章衡的同年。故而章家與北宋中後期的主流文壇關係密切,與主流士大夫的交往應也緊密,至少章炳文幼年一定能夠聽聞許多關於這些士大夫的掌故。因此章炳文可以算作士大夫與庶民階層之間的溝通性人物,所以他的筆記纔能夠體現出兩個層面的趣味。諸如章氏這樣的中下層官員,應是宋代士大夫數量龐大的群體,只是他們官蹟不顯,生平資料極其匱乏,多是因某一文體的創作纔得以留名後世。然而這一群體的創作却能夠體現出主流士大夫之外的風情,更能反映當時的時代風尚與社會變遷,或該予以相應的重視。

现存最早著録《搜神秘覽》的書目即陳振孫《直齋書録解題》,題爲三卷,馬端臨《文獻通考》及《宋史·藝文志》因之⑱。然而此書不見於宋元之後的官私目録,陶宗儀編纂的大型類書《説郛》也僅録"段化"和"王旻"兩條,後世仍之⑲,故頗疑此書在元末市面即難見到,可能已經大體散佚。然而民國學者發現日本福井氏崇蘭館藏有一種南宋刊印的《搜神秘覽》,共三卷,版記云"臨安府太廟前尹家書籍鋪刊行",可見爲南宋刊本,應基本與原作面貌相同⑳。中華學藝社將此本借照,張元濟在所編《續古逸叢書》中將借照本影印出版。後《叢書集成續編》《續修四庫全書》等所收《搜神秘覽》均影印自《續古逸叢書》本。上海師範大學古籍整理研究所亦以《續古逸叢書》本爲底本點校整理,收入《全宋筆記》第三編第三册㉑。是本共計三卷七十六條,《説郛》所載兩條也在其中。然而《江漢叢談》卷二抄録了一則故事,作者言其出自《搜神秘覽》,然並不見於今本。其文如下:

> 章叔虎炳文《搜神秘覽》云:"三國魏文帝黄初年,清河宋士宗母閉室浴,久不出。家中子女穿壁隙窺,見浴盤水中有一大黿。士宗暨家衆驚啼。黿忽出外走,甚迅,追之不及,便入水。後數日,忽還舍,逡巡而去。"㉒

此條述人黿變化之事,《玉芝堂談薈》卷一一亦節録此條,也云出自《搜神秘覽》。不過此故事亦見於舊本《搜神記》,内容比《江漢叢談》所引詳盡許多:

> 魏黄初中,清河宋士宗母,夏天於浴室裏浴,遣家中大小悉出,獨在室中良久。家人不解其意,於壁穿中窺之,不見人體,見盆水中有一大鱉。遂開户,大小悉入,了不與人相承。嘗先着銀釵,猶在頭上。相與守之啼泣,無可奈何。意欲求去,永不可留。視之積日,轉懈,自捉出户外,其去甚駃,逐之不及,遂便入水。後數日,忽還。巡行宅舍,如平生,了無所言而去。時人謂士宗應行喪治服。士宗以母形雖變,而生理尚存,竟不治喪。此與江夏黄母相似。㉓

此條後注明文獻出處:"本條見《藝文類聚》九六引作《搜神記》。《法苑珠林》四三、《太平御覽》八八八、《太平廣記》四七一引作《續搜神記》。本事亦見《晋書·五行志》《宋書·五行志》。"故李劍國《新輯搜神記》據此將其移出,輯入《新輯搜神後記》卷七。㉔故而此條毫無疑問早已傳世,非《搜神秘覽》原創。然其是否被《搜神秘覽》因襲抄録呢?觀今三卷本《搜神秘覽》,偶見故事情節因襲前代之例,然除"燕華仙"條外,没有像這樣直接摘抄前代文本的例子。而且章炳文在"燕華仙"條開篇即明確交代"黄裳爲《燕華仙傳》,因書其大略曰:……"所以如果章炳文從前代文獻中摘抄宋士宗母故事,他應該會明確注明出處,而不會令後人誤會這是他自己首次撰録的。此外,今本《搜神秘覽》所載條目,無論虛實,全部爲北宋年間事,此符合章炳文自序中所云"予因暇日,苟目有所見,不忘於心,耳有所聞,必誦於口"的體例。因此,發生於魏文帝年間的事斷不會被章炳文記錄到《搜神秘覽》中。綜此兩條,可以明確認定,此宋士宗母的故事非《搜神秘覽》佚文,而是《江漢叢談》由於書名相類所致的誤記。㉕

今本《搜神秘覽》三卷,大半述因果讖緯之事,強調富貴禍福皆有前兆。其他條目則散見奇人異事、鬼怪靈異及仙界傳說。故歷來的研究,皆將其視爲一部志怪小說集而進行評述,並以此視角對其下一整體判斷,基本認爲其在北宋志怪小說中屬於上乘,但在中國志怪小說史中則意義不大。㉖但如前所言,是書內容駁雜,多涉時事,就是一部隨筆而錄的筆記而已,只不過由於章炳文特定的家世身份,使得《搜神秘覽》的筆記世界充滿了庶民趣味的神幻瑰麗。下面即進入《搜神秘覽》呈現之筆記世界的探討,以看其獨特的文本形態及其背後的寫作心態。

二、口耳相傳:《搜神秘覽》中古今承繼的情節

小說的引人入勝,全在於情節之曲折。人們總會津津樂道絕妙之情節,故口耳相傳一多,往往成爲一種套式,被後世小說家不斷采用並注入新意。情節相因是中國小說的重要特點,不過相因的範圍並不局限於小說,而橫亘於凡是有叙事因素的文體之間。典型者莫過於歷朝詩文、戲曲、小說、筆記中不斷出現的唐玄宗與楊貴妃的愛情故事。《搜神秘覽》所記載的故事情節也存在着古今承繼的現象。但需要注意的是,這些情節與後來的小說戲曲不同,章炳文並非有意識地采用前代傳下來的經典情節進行再創作,而只是將聽來的故事隨手記下,尚屬於口耳相傳的階段。有賴於章炳文的記錄,一些經典情節得以保留到後世,成爲小說戲曲家尋找素材的礦藏,同時又在他們手中得以豐富與發展。這也是宋代筆記之通例。情節的古今承繼涵蓋了三種類型,包括承繼、並存、啓下,三者在《搜神秘覽》所錄志怪故事中均有呈現。從現存文獻來看,有些情節還有賴《搜神秘覽》的最早記錄。下面即分而述之。

1. 承繼。所謂承繼,就是指此情節在前代已有類似記錄,章炳文因襲,後世繼續傳承。儘管後世的文本不一定就從《搜神秘覽》而來,但是前後貫通的事實則可以看到情節發展的綫索,兩相比照,也可以看出章炳文所記之本質。卷上"王相公"條云:

> 王旦丞相布衣時,將應詔,歷山川之間,曉色未甚分,頃見一童牧羊數百口。公問曰:"此羊安用耶?"曰:"王旦相公食料。"他日,又逢一人牧牛數頭,雜以豬雛。公復問曰:"汝牧牛而又他牧耶?"曰:"非我所有也,乃王旦相公食料耳。"後公遂登第,果至丞相。

此條述科名前定的神秘故事,是《搜神秘覽》中最主要的故事類型。其主要情節就是文本

中的主人公偶遇大量財產,並得知這些財產是日後某位富貴之人所有。這位日後的富貴之人可以是他者,也可以是主人公自己。《搜神記》感應篇有一則"張車子"故事,應是這個情節所本:

> 有周擥嘖者,貧而好道。夫婦夜耕困臥,夢天公過而哀之,敕外有以給與。司命案錄籍云:"此人相貧,限不過此。惟有張車子應賜錢千萬。車子未生,請以借之。"天公曰:"善。"曙覺言之。於是夫妻勠力,晝夜以治生,所爲輒得,貲至千萬。先時有張嫗者,嘗往擥嘖傭賃塈舍。有身,月滿當孕,便遣出,駐車屋下。產得兒,主人往視,哀其孤寒,作糜粥以食之。問:"當名汝兒作何?"嫗曰:"在車下生,夢天告之,名爲車子。"擥嘖乃悟,曰:"吾昔夢從天換錢,外白以張車子錢貸我,必是子也,財當歸之矣。"自是居日衰減。車子長大,富於周家。㉗

《搜神記》的記載顯然較《搜神秘覽》豐富許多,它將前因後果全部交代清楚了。《搜神秘覽》只是保留了前定的某人財產這一情節,而將前因後果的敘述刪去。如此看來,章炳文的注意點似乎不在情節,而在科名前定。這個情節並非爲了故事生動曲折而記錄,只是宋人以宰相王旦爲話題的閑談,從科名前定的立場隨意説開。如果章炳文是借用此情節來進行重新的文學創作,他斷然不會在前代文本已經首尾俱全的情況下只簡單地保留神秘性情節。如此可見章炳文錄下此條時並非抱着創作的心態。較章炳文時代稍後的施得操,在《北窗炙輠錄》卷下也記錄了一個帶有類似情節的故事:

> 平江有富人,謂之姜八郎,後家事大落,索逋者雁行立門外,勢大窘。謂其妻曰:"無他策,惟有逃耳。"顧難相挈以行,乃偽作一休書遣之,曰:"吾今往投故人某於信州,汝無戚心,事幸諧即返爾。"將逃,乃心念曰:委債而逃,吾負人多矣,使吾事倘諧,他日還鄉,即負錢千緡當償二千緡,多寡進受。遂行。信州道中有逆旅嫗,夜夢有群羊甚富,有人欲驅之,有一人呵之曰:"此姜八郎羊也,毋得驅逐。"遂恍然而覺。明日,姜適至其處問津,嫗問其姓,曰"姜",問其第幾,曰"八"。嫗大驚,遂延入其家,所以館遇之甚厚。㉘

此處所引,只不過是這個故事的開端,其主要內容是講述姜八郎是如何東山再起、重新富貴的。這個情節很好地起到了開篇就吸人眼球的作用,與《搜神記》相比不僅首尾因果完全不同,內容上也更爲動人,在文學創作性上顯然要比章炳文主動得多。

除了"王相公"條,《搜神秘覽》中另一個重要的承繼情節便是女兒國。女兒國在《山海經·大荒西經》中就已經出現:"大荒之中……有女子之國。"郭璞注云:"王頎至沃沮國,盡東界,問其耆老,云:'國人嘗乘船捕魚遭風,見吹數十日,東一國,在大海中,純女無男。'即此國也。"㉙女國的故事即源自郭璞注文,雖然這段文字並沒有明說什麼,但隨波而逝的經歷却使得女國帶有點神秘恐怖色彩。《搜神秘覽》也有女國故事,明顯承此而來。卷中"張都綱"條云:

> 柳州張都綱嘗泛大海,風變弊舟,與數十人扶援頂蓋,飄蕩至一國。人皆婦女,形貌裝束特異。稠雜爭競,拍裂人而餤之,獨都綱哀禱而免。相與驅,遂別至一屋,室中見其主亦婦女也。遂扃閉不使他出,經歷歲時。

此處張都綱也是出海遇風而誤入女國,顯然是從《山海經》郭注而來,不過其明言女國的女人喫人,將《山海經》中使人隱約感到的寒意落實。而後來女子把張都綱關到房間中,或許與《西遊記》的西梁女國一樣,欲與其行周公之禮吧。其實仔細想來,唐僧師徒若不答應西梁女國的徵婚要求,他們的後果應該就和這裏一樣,被她們拍裂而餤之。兩相比較,章炳文記錄女國只是出於對於神秘世界的好奇,是將郭璞注文增廣談之,而《西遊記》的西梁女國情節則在此基礎上充滿了作者的二次想象。

2. 並存。所謂並存,就是指《搜神秘覽》中的故事也在其他北宋人的記載中出現,這最能體現《搜神秘覽》的筆記文本形態,即非有意識的小説創作。同一個故事,甲在江南目睹,乙在四川聽聞,同時感到新奇,故皆在筆記中記下,當時兩人互不相知,所記也是親見之人爲詳,然亦相去不遠,没有情節上的高低之别。或者甲已經記録了某一事件,其後乙從他人處聞之,再次將其記下,以備後忘。後人看之,發現前後記載大致相同。爲何會出現如此情況?這只能是因爲筆記所記,就是一時聞見,爲了增廣見聞、以供談資而記下,所以不必加其他的修飾。如卷上"回山人"條:

> 湖州沈偕秀才父,以其晚年自號曰"東老"。好延賓客,多釀美酒以供穀饌。苟有至者,無問貴賤,悉皆納之,盡歡而去。廣置書史、百家傳記,無不韞藏,以此爲樂,鄉里素所推重。西鄰雖巨富,鄙吝狠墨,竊比東老,固不足侔。一日,有術者造謁,與東老對飲,高談琅琅,洞達微妙,經史佛老,焜耀言表,夜以繼日,酒屢竭壺。術者神色愈若自得,屢詰姓氏,終不答也。因以石榴皮書於壁曰:"西鄰已富憂不足,東老雖貧樂有餘。白酒釀來因好客,黄金散盡爲收書。"又題曰"回山人"。

此條最初見於蘇軾詩題,原云:"回先生過湖州東林沈氏飲醉,以石榴皮書其家東老庵之壁云:'西鄰已富憂不足,東老雖貧樂有餘。白酒釀來因好客,黄金散盡爲收書。'西蜀和仲聞而次其韻三首。東老,沈氏之老自謂也,湖人因以名之。其子偕,作詩有可觀者。"㉚蘇詩流傳之後,趙令畤《侯鯖録》、葉夢得《避暑録話》等均有記載,皆本蘇軾詩題,而略爲擴展,章炳文所記與此二者無甚差異,可見是各自聽聞,轉相承録,不添加其他情節,亦未潤飾。

三者的來源應是各自聽聞東坡故事而當作趣聞軼事在筆記中記下。

卷中"郇公"條更是如此,此條述章得象官至宰相的前緣,主要有兩個故事,其一是其前七代祖母拒絕舊部屠城事,其二是章得象父母於分娩之際夢見神授玉像事。此條記載與宋祁所撰章得象墓誌開篇部分全同,沒有任何添加修改成分。宋祁所據自是章家提供的行狀,章炳文所言可能從墓誌而來,更可能是從長輩口中聽來。這樣看來,我們可以推測,《搜神秘覽》中其他的條目皆言北宋之事,可能就是當時口耳相傳的趣聞,於酒酣耳熱之間隨意談說。當時或許也有其他人將這些談資記下來,只不過惟有《搜神秘覽》保存至今,我們也就只能見到這一種文本了。但我們並不能以此將《搜神秘覽》的筆記性質置換成自覺創作的小說。

3. 啟下。所謂啟下,就是指這一情節現在最早只能追溯到《搜神秘覽》,這應該是《搜神秘覽》所記志怪故事在小說史上最重要的意義。由於沒有更早的材料,因此無法對這部分情節進行文本形態的闡釋,只能列舉於此,爲小說史提供情節源流的參考。

在這些啟下的情節中,對後世影響最大的莫過於卷上的"化蛇"條:

> 杭州雷峰庵廣慈大師,星霜八十有五,戒行清潔,時人所欽重。有孫來章秀才者,其妻素凌虐,積惡左右,鞭棰無虛日。一夕卒。家人旦夕如事生。忽見一蛇有雙眉類婦人,據椅盤屈,若有所歆饗之意,莫不驚懼,遂擲棄他所。孫君因夢其妻告曰:"我以平生不能遵守婦德,已化爲蛇矣,何忍遽見棄耶?今爲岐人所役,幸以青銅贖我,仍於雷峰庵廣慈大師處精修佛事,則我可以離此,免諸苦惱。"既醒,如所言,佛事將畢,遂放於雷峰道傍。一夕因夢曰:"我已往生矣。"乃元豐五年之春也。

很明顯,白蛇故事從這裏開始。[31]今天的作家還在不斷改寫與演繹白蛇故事,使得其情節越來越動人淒美,但它最初的樣貌却是這般質樸,蛇娘子更是凌虐暴戾,不能不令人唏嘘。章炳文與後代癡迷於白蛇的文人騷客不同,因爲這個故事在他眼裏只不過是一個以供教化說理的反面例子罷了,其間可以滋長出的淒美愛情故事,還有待後來的小說戲曲家去挖掘與演繹。

卷上"王旻"條,記載了一個殺人命案,故事中的郡守通過"一石穀搗得三斗米"的卦辭推斷出殺人兇手爲康七。這種類似於拆字組字的謎語遊戲本來就是宋代文人津津樂道的話題,從中可以展現文人的捷智。但是這裏記載的應是廣受庶民階層喜愛的謎語,因此纔被後世的公案小說照搬[32],其中最廣爲人知者,莫過於包公案中"斗粟三升米"一則[33]。此外,卷中"高僧誌"一條記錄了一位好吃豬頭肉的瘋和尚,在這個豬頭和尚的身上,可以看到一些濟公的影子,可謂大開南宋以降瘋僧故事之法門。綜上可言,無論章炳文記錄這些故事的動機如何,也不論《搜神秘覽》的文本形態與小說有多大的差異,就因爲蛇娘子、石穀三斗米和豬頭和尚這三個情節的存在,中國小說史就不得不給《搜神秘覽》留下一席之地。

三、虛實相雜：筆記世界裏的當代士大夫形象

儘管上述古今承繼的情節多神秘虛幻之事，但每件事都涉及明確的時地、真實存在過的歷史人物甚至當世名人，如蛇娘子一事，更是標明"乃元豐五年之春也"，以求讀者相信此事確曾發生。其實，這是北宋及之前所謂志怪小説的共同特徵，這些文本的編撰者是將這些故事當作史料記錄下來的。不過，宋代筆記很少記載前朝之事，大多主要關注本朝風雲，應該是宋人好言本朝事的體現，這也成爲宋代筆記有別前代的重要特色。於是我們可以在宋代筆記中看到大量當世名流巨公的言行，但往往貌似虛實相雜，將它們綜合起來看則會出現一個與主流歷史叙述不太一樣的人物面貌。不同的筆記往往會選擇不同的人物形象集中描寫，儘管相關條目散見於書中各處，但依舊引人注目。對於《搜神秘覽》的筆記世界而言，楊億是其集中塑造的一位名公，不過這裏的楊億已經和正史中的楊億有所區別了。

《搜神秘覽》開篇第一條便是"楊文公"，講述楊億的相人之術。條目中記載楊億曾相面四人，他們後來的官運壽考都應驗楊億之言，讀者覽畢後或許也會發出文末"文公之相一何神哉"的感嘆。楊億是北宋真宗朝的著名文臣，神童出身，以他爲代表的西崑體引領了一代文學潮流。但是正史中完全没有楊億善相面的記載，其他筆記裏也找不到類似的綫索，因此楊億形象中的相術大師成分以現有文獻看，應是章炳文首次記錄的。除了此點，章炳文還關注楊億的早慧，卷中"黄鑒"條云：

> 黄鑒學士，生七歲而不言，其祖愛之，以謂風骨之美，當大吾門，不宜有是也。每遇景物，必道其名，達其理以指教之，然終不言。一日，又謂之曰："楊文公幼不言，文公之父因告之曰：'後園梨落籬，神童知不知？'文公忽發聲對曰：'不是風摇樹，便是鵲驚枝。'汝風骨若是，何爲不言？"鑒竟不對。他日，又攜於河亭之上，顧謂之曰："水馬池中走。"凡三告之，鑒忽對曰："潛龍夢裏驚。"其祖大喜曰："我知此兒不同矣。"

這裏轉述了楊億幼時不言的故事，並將之視爲風骨奇美，有大聰慧的表徵。但是這個故事已經帶有神奇的色彩，因爲小孩子開口説的第一句話便是如此工整的詩句，平常看來，顯然不符合自然常理。但正因爲其不符合常理，纔能突出楊億的聰慧。而楊億擅長相面，也從另一個側面烘托出其超乎常人的風骨。

楊億也是建州浦城人，是章炳文的鄉賢。同時，楊億也對章得象有知遇之恩，其不僅接納未第時的章得象爲門客，更於章得象及第後積極向公卿大臣推薦。其實，楊億本人與章氏家族更有姻親關係。在楊億爲其祖父楊文逸撰寫的《故信州玉山令府君神道表》中有言"府君娶武寧章氏駕部郎中仁嵩之女也"[34]。前文已論，這位章仁嵩就是章得象的曾祖，

所以楊億的祖母即章得象的姑奶奶,楊章二人則是遠房表兄弟。這樣看來,楊億積極提攜章得象便不足爲奇,從而章炳文在《搜神秘覽》中着力渲染楊億的神妙也就很自然,或許這些都是他孩提時代從長輩那裏聽來的故事。於是,另一個問題似乎也可以迎刃而解。"楊文公"條寫道"既而,文公年八十,終於翰林侍讀學士、兵部侍郎",這是一句完全不符合史實的記載,因爲據《宋史》楊億本傳可知,楊億終於工部侍郎任,更重要的是其享年只有 47 歲。⑤那麽爲何會出現這樣的錯誤?如果說把工部侍郎誤記爲兵部侍郎尚能理解,但完全沒有理由相信誰會把 47 錯記成 80,何況還是鼎鼎大名的楊億。其實,章炳文在這裏講述的是楊億爲胡則相面的故事,故事裏的楊億預言胡則的官職壽考將與自己不相上下,故事的結局就是胡則也與楊億一樣終於兵部侍郎,享壽 83。查證《宋史》胡則本傳,他倒確實是以兵部侍郎致仕,得享高壽。⑥而這則故事中的其他要素其實均與楊、胡二人的生平吻合,楊億的享壽成爲混雜在衆多真實中的一條虛假信息。結合楊億與章氏家族的關係,或許章炳文爲了渲染這位遠房外祖的神奇,便順着胡則的履歷編造了這個故事。楊億可能確實曾爲胡則相面,也有過那句預言,可惜最終未能成真。於是章炳文就改動了楊億的官職與享壽,使其符合胡則的生平,此故事便又成爲一條成功的相面案例。但結合上文關於《搜神秘覽》情節的分析來看,章炳文在書中更多是直接轉錄聽聞的故事,而不加自己的修飾。因此這條故事更可能是章炳文從長輩那裏聽來的,他只是不加考辨地把聽來的故事記下而已,畢竟他的血緣與楊億隔得太遠了。這樣説來,章家長輩給楊億增壽,而非將胡則減壽,或許是出於這位對其家族大有功的遠房親戚早逝的遺憾吧。無論如何,這個故事從材料上看是假的,但是它摻雜在其他由真實材料構建的同類故事中間,徽宗朝的中下階層聽者的確難以一下明辨,反而有力地推進了相術大師形象的建立。相術自然是士大夫筆下不言的怪力亂神,却是庶民階層津津樂道的話題。對庶民來説,楊億是誰並不重要,只要知道他是一位神童出身的大官就夠了。至於究竟享壽多少則更不是庶民會糾纏計較的事情,得享高壽的相術大師倒更符合他們的經驗與閱讀期待。因此高壽名人楊億善相的故事,一定會在庶民世界那裏獲得很多的聽衆,摻雜進一些有益於説圓故事的虛假情節更典型地反映出其間的庶民屬性。

　　除了善於相面,章炳文塑造的楊億形象另一個特點就是聰慧。作爲"神童"出身的楊億,其仕履經歷在科舉入仕的北宋士大夫那裏是非常特別的。這麽一位 11 歲便得到太宗賞識,之後便一直位居中央的"神童",這要羨慕死多少困頓場屋而一生不中的士人舉子。"神童"的異常仕途必須有合理性的解釋,他有什麽過於常人的天賦?這些天賦爲何會降於這個人身上?這不僅是士大夫世界的問題,也會勾起庶民的好奇。宋人筆記中時見這些問題的回答。而這些回答也和章炳文所記一樣,是虛實相雜的。求實者或記録下楊億應童子試時的詩句,通過這些成人也難以爲之的詩句證明他確實年少聰慧;或者記録下楊億任翰林學士時寫就的佳言妙句,以展現其過人的天賦與敏捷的才思。而虛幻者則多欲描述一些超自然的神秘現象,如章炳文所記之幼時不言、一言驚人,再如説楊億降生時有仙鶴守護等。㊼虛實兩種答案意味着它們分別來自兩個世界，記錄者的身份左右着色彩的濃淡。身爲下層士人的章炳文就將士大夫與庶民各自之回答相摻雜，在虛實相生的情節裏構建出了一個全新的楊億，一個與事實有所疏離的楊億。而這也是見於《搜神秘覽》的其他當代人物形象的共有特徵。

四、前定叙事：相同話語中的宋人心態與不同階層風尚

人物形象之外，《搜神秘覽》的叙事更加明顯地反映了士大夫與庶民的心態異同，尤其在同樣的叙述模式下，士大夫與庶民往往會發出不盡相同的聲音，可以看到兩個世界面對共同空間時的不同回響。

北宋承五代之亂而來，篡位建國的方式與五代差別不大，却没有重蹈五代王朝短命的覆轍，這在當時就是士大夫特别關注的問題，他們希望能夠解答皇宋與五代有什麽不同。因此在詩文創作中，經常見到將本朝與五代相對比的叙事。史學修養深厚的士大夫就在這些叙事中歸納出了一些經典判斷，特别是對於祖宗朝奠定的立國原則，更是奉爲"祖宗家法"而世代相傳。就是到了南宋，朱熹還在對祖宗朝的事情念念不忘。不過，只有具備高度學養的士大夫纔會莊重謹嚴地分析本朝與五代的區别，一般士人則没有這個能力，至於普通庶民更不會計較究竟是什麽造就了當下的太平盛世。當問題超越了智識的思考能力，人們往往就會將之訴諸神秘力量，這也是中下層士人對這個問題的解答。卷下"瑞應"條就是這樣的例子：

> 天祐中原，誕生聖主，妥定四海，安固宗社，必有命世之才，不羈之器，左右前後，以綏兆民。我五代是也，輔弼大臣，功業顯赫，苟非降神，安若是耶？

章炳文將北宋能妥定四海的原因歸結爲聖主和大臣，但是在他的叙述中，似乎大臣更是本朝能夠安定升平五世的决定因素，五代之所以短命，正因爲缺少了本朝的名臣。高度強調文臣對治國安邦的重要，當然是身爲士大夫的章炳文在北宋的特定時代擁有的群體認同和群體自信。但是他又將這些名臣説成是神星下凡，則又暴露出他與庶民階層的親近性。兩個世界在同一種叙事模式下發生碰撞。高級士大夫的筆記在叙述名臣何以偉大時，往往突出他們的少年苦讀、傑出言行以及道德風範，而神星降世的話語只是帝王的專利。但庶民則往往將神星下凡的權利賦予大臣，畢竟皇帝離他們太遠，大臣纔是會與他們直接發生關係的上峰。不過在此叙事中，我們也可以體認到兩個世界的人都對這個時代有着深深的認同感，覺得能生活於此是一件美好而幸運的事。這種情感也常見於北宋詩文，這是屬於北宋人的集體情感，甚至不惜在筆記文學中拉入鬼怪來現身説法。

無論神星降世爲帝王也好,大臣也罷,這都是一種前定論思想。中國傳統政治倫理本身就認爲祥瑞災異,皆有預兆,再加上佛教的傳入,使得前定思想成爲中國人的一種思維習慣,筆記小説中也就充斥着前定敘事模式。上述之言其實就是以前定論來解釋爲何本朝不會重蹈五代覆轍。不過前定論的敘事話語更多體現在對個人禍福遭際的敘述上,人們也普遍相信禍福成敗早就有預先的注定與安排。《搜神秘覽》主要宣揚的就是因果宿命,因此關於個人禍福前定的敘事在書中比比皆是。對於士大夫而言,他們重視的人間美事集中於科名,因爲有了科名之後,富貴自然隨之而來,於是科名前定成爲筆記世界中屬於士大夫的一道獨特而亮麗的風景,當世名公重臣多有屬於自己的前定事件,《搜神秘覽》中就記載了王旦、王隨、陳堯叟陳堯佐兄弟、文彦博、章得象等六位宰相的科名前定故事,可見科名是士人孜孜追求的頭等要事。不過科名終究屬於物質追求,士大夫還有權力財富之外的精神追求,這方面的成就也會在筆記中以前定敘事的方式談説。但是庶民則没有相似的精神追求,他們追求的往往只是單一的物質財富,於是相關前定敘事話語就與士大夫區别明顯。如卷上"嚴常運"條云:

元豐四年九月,杭州仁和縣湯村鎮百姓嚴常運,葺所居之隙地。治平屢矣,頃方丈尺忽墳起,若小丘垤。疑其有變怪,浚探得一藏,皆白金所成器物數百件。有雕鐫字一行,云:"拾得我藏者,是我後身。嚴子陵記。"因與鄰比競,經官司許歸嚴氏,家遂富有矣。不知常運果後身耶?

這個故事屬於前定敘事中的轉世敘事,是一種非常特别的前定敘事類型。宋人好言前世,乃一代之風氣,其間原因複雜,不能簡單説清。但是當士大夫談及前世的時候,往往關注人物於科名之外的精神風貌,一般不用解釋士大夫物質財富的獲得因緣。如蘇軾爲五祖師戒轉世,圓照禪師爲吴越錢王轉世等故事,就與科名、財富没有任何關係,而只有士大夫超凡出世的人生姿態,甚至風雅閑散的精神面貌。但這些精神追求在庶民世界完全没有市場,他們只着眼於當下利益,於是被用作展示士大夫其他追求的轉世敘事在庶民這裏依然是單調的求富。此條中的嚴子陵是士大夫筆下經常出現的人物,但士大夫的關注點都集中在他隱居富春江畔上,反映着士大夫對於高潔人品的向往。我們很難想象這麽一位垂釣山林的人物與錢財會有什麽聯繫,在士大夫的敘事話語中,一位品行高潔、不慕名利的人物是嚴子陵的轉世後身應更爲合情。但庶民社會却不管這些,高潔的人格遠没有財富來得實在,不管這位名人因何而出名,只要出名就能使他的轉世後身具備天賦之富裕。從而嚴子陵在庶民的敘事話語裏褪去了清高的外衣,成爲了與本身形象南轅北轍的財富化身。

不僅庶民單一地追求財富,一些中下層士大夫自知高位無望,也在如此追求財富的積聚,一旦暴富,便從士大夫世界裏投身到庶民中去。卷上"猝患富"條記載殿中丞鄭某因悟得前日瘋僧所語,尋得寶珠,猝然大富,之後便挂冠退休而去。這也是一個富貴前定的敘事,但體現的却是官員獲得財富之後便不再爲官,完全沒有治國平天下的更高追求。這其實正是章炳文這種中下層士大夫的心態反映,完全可以作爲他們爲何能在兩層文化間怡然自適的注脚。而上下階層的文化差異也使得兩個世界的身後叙事也有不同。雖然中國人鮮言身後之事,但道教羽化登仙之説也會讓人聯想到死後的面貌。但是,筆記關於這方面的叙事透露出的觀點却是只有位居高位的人纔能獲得登仙入道的資格。卷中"蓬萊"條便很明顯地體現了個中差别:

  熙寧中,李秀才者,邅迍場屋,乃泛大海,與舶主交易。夕遇暴風,飄至一山下,漸聞鐘磬聲清澈,不省何所。……李詢侍人:"此何所也?"曰:"蓬萊第三島也。""適紫袍何人也?"曰:"此唐之裴度也。凡人處世功行超具,名繫仙籍,終還於此。"歷數數十人,皆古昔名士,比忘不記。……暨還,僧謂曰:"此非秀才久居,當奉助清風。"一夕,李丐藥種數本,僧曰:"非惜也,但人無行德,可致海神固侍,恐因而爲禍耳。"

困頓場屋的李秀才一時際會,得以遊覽蓬萊仙境,但却得知需要"處世功行超具"纔能來此名繫仙籍,這就意味着取得了功名也不一定能成仙,沒有中舉則更是白日做夢。故事最後的情節最是冷酷無情,秀才希望能獲得一些長生藥草,却被僧人無情拒絶,給出的理由乃是冠冕堂皇的無行德。這對於一生未中的士子來説是絶望的,而不參加科舉考試的庶民階層更是如此。既然這樣,他們爲何還要期待於身後的逍遥呢?那就只着眼當下吧,至少此世人間還有富裕的可能。卷下"劉之問"條記載劉之問與九華仙女聯句的故事,當劉之問以"人間富貴長"對仙女"小路水雲遠"之句時,仙女勃然變色,云:"汝非吾徒,豈得造此。"便把他趕走了。故事裏説的是人仙之别,其實反映的就是市井之民與士大夫的不同趣味。但士大夫是在已然富足的情况下,纔説小路水雲之蕭散閑適,這對市井之民來説實在太不公平了。故而"人間富貴長"一句,看似對此世生活十分自信樂觀,但背後隱藏的却是多少無奈與感傷。

五、筆記與小説:《搜神秘覽》的本質與中國小説史的建構框架

  上文對《搜神秘覽》的筆記世界進行了梳理,試圖强調其文本形態爲筆記而非小説。然而爲何歷來學者都以小説定義《搜神秘覽》?筆記與小説究竟有怎樣的聯繫與不同?小説在宋人那裏究竟是怎樣的概念?爲何其間會交織着士大夫與庶民的聲音?這兩方面的聲音有怎樣的標誌和聯繫?這或許是了解《搜神秘覽》的筆記世界後應該繼續探討的話題。

今日小説一詞的涵義來源於西方，並不符合中國古人的觀念，故而學者不斷從事正本清源的工作。其間以羅寧的論斷最爲明晰："古代小説其實可以分爲廣義與狹義兩個概念，所謂廣義的小説是一個作爲普通語詞使用的概念，指那些與經義大道相違背、内容淺薄不中義理的東西，即小道不經之説，可以僅僅是言説形態，也可以表現爲文字。所謂狹義的小説是指歷代公私書目子部小説家著録的小説，當然不同時代不同書目的著録也有一些差别，但都可以歸入一個文類的小説概念。"⑩羅寧的二分法予人豁然開朗的通透感，本文借助《搜神秘覽》探討的古代小説就是羅寧所云源於官私書目的狹義小説概念。但是羅寧在論述狹義小説的時候反復强調其是一種文類概念，也就是説狹義小説始終是一種文學文本，這就與古人觀念並不完全相符。實際上，狹義小説概念是從廣義小説概念發展而來，是一個由經學文本轉變到文學文本的過程，歷史文本便是溝通其間的橋梁，古人不僅不是一開始就將狹義小説視作文學文本，而且在很長的歷史時期都將之視作一種歷史文本。

如羅寧所論，學者習慣從《漢書·藝文志》尋找狹義小説概念源頭，"小説家者流，蓋出於稗官。街談巷語，道聽塗説者之所造也"⑪云云也一再被小説學家提起。這句話非常明顯地在講小説是一種歷史記述，只不過他的記述者不是王朝的正統史官，而是下層社會的人物。因此，小説本來就帶有庶民的色彩，本身就體現了與上層社會不盡相同的面貌。在《漢書·藝文志》著録的小説類書目中，《虞初周説》應是值得注意的，應劭注云"其説以《周書》爲本"，可見這是一種講史著作，即虞初説周朝事，内容上應該有别於官方文獻《周書》，精神上或與後世講史小説類似，但無論講者還是聽者，勢必認爲這是真實發生過的事。顔師古又注云："《史記》云虞初洛陽人，即張衡《西京賦》'小説九百，本自虞初'者也。"⑫可見後世的小説就是《虞初周説》一類的作品，是一種有别於正史叙史傳統的歷史記載，是屬於下層社會的叙史傳統。但既然是歷史記載，爲何被歸入諸子略？或許和《漢書》時代尚未有獨立的史部密切相關，抑或小説的作者是通過歷史軼聞的講述來達到宣揚其一家之言的目的。總之，狹義的小説在最初是一種歷史記述，本來就不是有意爲之的文學作品，更與今日意義的小説無涉。

到了史部成爲四部之一的南北朝時代，今日所認爲的大量志怪小説集均被歸入史部雜傳類，諸如《搜神記》《幽明録》《異苑》等書均在其列。《隋書·經籍志》的類序明確交代了史部雜傳類的性質：

> 古之史官，必廣其所記，非獨人君之舉。……是以窮居側陋之士，言行必達，皆有史傳。自史官曠絶，其道廢壞。漢初，始有丹書之約，白馬之盟。武帝從董仲舒之言，始舉賢良文學。天下計書，先上太史，善惡之事，靡不畢集。司馬遷、班固，撰而成之，股肱輔弼之臣，扶義倜儻之士，皆有記録。而操行高潔，不涉於世者，《史記》獨傳夷齊，《漢書》但述楊王孫之傳，其餘皆略而不説。又漢時，阮倉作《列仙圖》，劉向典校經

籍,始作《列仙》《列士》《列女》之傳,皆因其志尚,率爾而作,不在正史。後漢光武,始詔南陽,撰作風俗,故沛、三輔有耆舊節士之序,魯、廬江有名德先賢之贊。郡國之書,由是而作。魏文帝又作《列異》,以序鬼物奇怪之事,嵇康作《高士傳》,以敘聖賢之風。因其事類,相繼而作者甚衆,名目轉廣,而又雜以虛誕怪妄之說。推其本源,蓋亦史官之末事也。載筆之士,刪采其要焉。㊸

由此可見,所謂雜傳就是爲帝王將相之外的人物立傳,既可補正史之不足,又能詳見王朝的整體風貌,使得有操守高行之人不因爲幽處民間而埋沒不顯。此外,這些雜傳也可以給史家提供撰史的材料,在此基礎上刪采其要,而成一代之國史。而帝王將相之外的人物都是些什麽人呢?是郡國賢流、山林隱者、高士奇女與鬼怪列仙。鬼怪列仙之所以能夠與前三者相提並論,正是因爲時人認爲鬼怪故事就是真實事件,因爲正史中沒有它們的位置,所以有必要通過雜傳使之流傳後世。隋志所言還可以作進一步的闡釋:帝王將相都是位居中央的人物,那麽記敘他們事蹟的正史反映的是居於中央政治世界的士人歷史。郡國之書記載的是當地名人,在身份性質上與將相類似,因此反映的是地方政治世界的士人歷史。而《高士傳》則記載不合於中央的山林隱逸高士,但他們也是士人,因此這些內容反映的是山林江湖世界的士人歷史。但歷史空間裏並非只有士人,除此之外還有與士人有關的女性以及與士人無關的庶民。既然反映士人世界的女性歷史被《列女傳》等書承擔,那麽剩下的"序鬼神奇怪之事"很可能就是反映庶民世界的歷史,這樣纔符合反映帝王將相之外所有社會階層風貌的雜傳定義。胡寶國指出:"魏晉以來小說對正統史學的影響構成了這一時期史學的一大特色。"㊹所謂小說對正統史學的影響就是庶民敘史傳統對正史敘史傳統的影響。當時庶民與士人還未那麽涇渭分明,中央政權更是各地方門閥相互制衡的產物,於是下層社會的風氣自然會影響到上層社會的文化取向。而等到門閥消失,權力重集中央,士大夫和庶民社會逐漸各成系統後,士大夫纔會格外強調自己身份的純潔性,敘史傳統的堅守只是純潔性的一個表現方面。不管怎樣,上述材料和分析至少都表明這一時期歸在雜傳的小說還是史學論著、史料匯錄,而非文學創作。那麽《隋書·經籍志》又是怎樣定義子部小說類呢:

小說者,街說巷語之說也。《傳》載輿人之誦,《詩》美詢於芻蕘。古者聖人在上,史爲書,瞽爲詩,工誦箴諫,大夫規誨,士傳言而庶人謗。孟春,徇木鐸以求歌謠,巡省觀人詩,以知風俗。過則正之,失則改之,道聽途說,靡不畢紀。《周官》:誦訓"掌道方志以詔觀事,道方慝以詔辟忌,以知地俗";而訓方氏"掌道四方之政事,與其上下之志,誦四方之傳道而觀衣物"是也。孔子曰:"雖小道,必有可觀者焉,致遠恐泥。"㊺

此序與《漢書·藝文志》大體相同,所言即指小說乃下層社會對當下的記述以及他們所認爲的歷史,所謂"可觀者"即指從中可以觀下層社會的風貌。將之與雜傳類對比,其實本質上並没有什麽不同,只不過雜傳類包含了小説類的範圍。因爲小説類將歷史記述限定在了下層社會,這與鬼神之史的範圍一致,而與郡國、高士似乎較爲疏遠。因此它們完全可以合並在一起。或許兩者唯一的區别在於雜傳側重記事,小説側重記言,畢竟同爲劉義慶所作,記言的《世説新語》被歸入小説類,而記事的《幽明録》被歸入雜傳類,但二者都被時人認作是真實歷史記録。不過小説類似乎在補正史之不足、供史官采擇之外還有另一層功能。《史通》有云:"昔漢代有修奏記於其府者,遂盜葛龔所作而進之,既具録他文,不知改易名姓,時人謂之曰:'作奏雖工,宜去葛龔。'及邯鄲氏撰《笑林》,載之以爲口實。"⑯劉知幾提到的邯鄲淳《笑林》,即被《隋書·經籍志》歸入小説類⑰。劉氏"載之以爲口實"之語意味着在其觀念中諸如《笑林》一類的書可以提供閑談之資,這或許是小説類獨有的特徵。畢竟下層民衆所記載的歷史完全不符合上層士人的叙史傳統,因此在上層士人看來,這些記載不是真實的,只能以供談笑而已。劉知幾儘管在《史通》中批評《笑林》不合著史體例,但反過來説他顯然是將《笑林》視作歷史文本,這也可以證明時人觀念中雜傳類和小説類的區别不大。所以,魏晉志人志怪作者並非以今日小説概念創作作品,而是存史的意識驅使寫作,這些條目只是提筆記下的歷史事件,是爲正史服務的歷史材料。

那麽宋人又是如何看待小説呢?我們發現,《舊唐書·藝文志》的編排與《隋書·經籍志》完全相同,還是雜傳和小説的分立。這説明小説觀在五代末期尚未明顯改變。但是到了《新唐書·藝文志》那裏,則發生了重要的變化:鬼神之傳被清除出史部雜傳類,歸併到子部小説類中,同時列女之傳也單列爲女訓類,只不過其尚留在史部。⑱但是這一巨大的變化並不意味着宋人就不再認爲小説是歷史記載而是文學創作了,小説類與雜傳類的史料本質依舊是宋人的共識,將鬼神之傳移出只不過是因爲其間摻雜有太多的虛幻之辭。而這些虛幻之辭反映的不是上層社會的歷史世界,而是下層社會的歷史世界,這有違於日益固定的正史記述傳統。朱弁《曲洧舊聞》卷九就詳細介紹了當時史官修史時所依據的内容:

> 凡史官記事,所因者有四,一曰:《時政記》,則宰相朝夕議政,君臣之間奏對之語也。二曰:《起居注》,則左右史所紀言動也。三曰:《日曆》,則因《時政記》《起居注》潤色而爲之者也。舊屬史館,元豐官制屬秘書省,《國史》案著作郎佐主之。四曰:臣僚《行狀》,則其家之所上也。四者惟《時政記》執政之所自録,於一時政事最爲詳備。左、右史雖二員,然輪日侍立,榻前之語既遠不可聞,所賴者臣僚所申,而又多務省事,凡經上殿,止稱别無所得聖語。則可得而記録者,百司關報而已。《日曆》非二者所有,不敢有所附益。臣僚《行狀》,於士大夫行事爲詳,而人多以其出於門生、子弟也,類以爲虛辭溢美,不足取信。雖然,其所泛稱德行、功業,不以爲信可也。所載事蹟,以同時之人考之,自不可誣,亦何可廢。予在館中時,見重修《哲宗實録》,其舊書於一

時名臣行事既多所略,而新書復因之。於時或急欲成書,不復廣加搜訪,有一傳而僅載歷官先後者,讀之不能使人無恨。《新唐書》載事倍於舊,皆取小説,本朝小説尤少,士大夫縱有私所記,多不肯輕出之。予謂欲廣異聞者,當聽人聚録所聞見,如《段太尉逸事狀》之類,上之史官,則庶幾無所遺矣。㊾

從朱弁的記載可知,正史修纂的史料來源主要包括《時政記》《起居注》《日曆》和《行狀》等,這些都是官方記載,是士大夫特別是上層士大夫的敘史傳統。但是一部好的史書需要全方面地反映時代與社會,故而需要廣加搜訪,使得傳記内容更加全面豐富,這就得依靠小説所記了。所以在朱弁的時代,小説的含義没有發生太大改變,還是指非官方的歷史文本。但值得注意的是,朱弁明確指出所采用的小説是士大夫私所記,這與《漢書》以來的街説巷語已然不同,他的心中一定有着士大夫所記和庶民所記的區别,在采擇小説入正史的時候,一定要加以甄擇與明辨,由庶民主導的小説肯定不在他搜羅的範圍。

如此再來看《搜神秘覽》的筆記世界,上文論述過的種種士庶世界混雜也就能夠得以解釋。因爲北宋時期小説還只是一種歷史文本,是以備史官采擇的材料,那麽它當然不會進行文學加工或現代意義上的小説改寫。那些歷代相傳的情節在筆記作者看來只是一件件新奇有趣的故事,根本没想過可以用來演繹成一篇精美的敘事文字,所以這些故事情節只是簡單從前代繼承下來。至於内容的虚實相雜,則更是史料記録的基本特點。筆記作者在寫作的時候多是將以後的史官作爲潛在讀者的,因此他只需要將所聞所見的事情記下來就可以了,而考辨真偽是史官的任務,即隋志所言的"載筆之士,刪采其要焉"。因此,我們可以想象,編撰有宋正史的史官就把有關楊億的神秘記載基本删掉了。

上文已經提到,宋代社會士大夫與庶民產生分立,持中央敘史傳統的史官在取擇小説時越來越審慎,越來越重視士大夫和庶民的不同,因此宋代越來越不可能出現六朝那樣的小説影響正統史學的現象。正如傅璇琮先生指出的那樣:"宋人筆記,小説的成份有所減少,歷史瑣聞與考據辨證相對加重,這也是宋代筆記的特色與歷史成就。"㊿寫作筆記的士大夫也已經意識到了兩種敘史傳統的日益分離,因此有意識地將自己的筆記内容吻合於正史敘史傳統,因此出現小説成份減少的情況。但是宋代士大夫又不忍完全割舍掉語涉奇幻的内容,雖然它們日後不會被史官采入正史,却畢竟是閑談宴席中的絶妙談資,故而此時作者心目中的潛在讀者已經悄悄地開始變化,而筆記也在存史之外被增添了新的意義。歐陽修就在《歸田録序》中明言:"《歸田録》者,朝廷之遺事,史官之所不記,與士大夫笑談之餘而可録者,録之以備閑居之覽也。"㈤這裏歐陽修明確提出筆記寫作的兩個來源,一個是史官漏記的朝廷遺事,一個是士大夫笑談所言,而筆記的目的是備閑居之覽。因此,筆記的潛在讀者除了史官外還添上了自己與親友,記筆記除了可以補正史之不足,還可供笑談之資。這正是將雜傳的史料傳統和劉知幾認爲的供口實傳統相結合。這種態度轉變在諸如《搜神秘覽》這樣的以志怪故事爲主的筆記作者那裏更爲明顯。曾慥《類説序》

云:"可以資治體,助名教,供談笑,廣見聞。如嗜常珍,不廢異饌,下箸之處,水陸俱陳矣。"㉒曾慥所言數條,較爲全面地體現了宋代士大夫的小説(筆記)創作心態,從中亦可觀他們對志怪内容的態度。所謂廣見聞,正是由士大夫尚博的心理所致。歐陽修曾云:"夫君子之博取於人者,雖滑稽鄙俚猶或不遺。"㉓所謂的滑稽鄙俚正是指庶民社會的文化内容,而宋代士大夫以通過記録志怪來增廣見聞,顯然就是將這些内容視作庶民滑稽鄙俚的一種。所謂"資治體"者,當然是傳統的小説創作目的,即希望史官采擇入史,以供後世帝王資治需要。但是後面增加的"助名教",則是對志怪内容即庶民之史不能入正史的清醒認識,因此他們將資帝王轉變爲名教,通俗説來就是懲惡揚善。如范鎮《東齋記事》序云:"至若鬼神夢卜率收録而不遺之者,蓋取其有戒於人耳。"㉔又如張邦基《墨莊漫録》跋云:"稗官小説雖曰無關治亂,然所書者必勸善懲惡之事,亦不爲無補於世也。"㉕但士大夫的關注點還在他們自身,他們雖然承認這些無法進入國史的庶民叙史内容可以有戒於人,但是他們的教化還是在士大夫的範圍内説的,是用庶民故事來説士大夫的道理。所以我們可以從《搜神秘覽》的筆記世界中發現庶民的生活與心態,也可以發現章炳文的士大夫立場。他並不會在意"蓬萊"條中體現的不公,而只會對被九華仙女趕走的劉之問投以嘲笑。他會在筆記中時時刻刻表明自己是宰相後代、狀元之子,會在故事末尾不忘説教,但不會對這些情節加以潤澤修飾。畢竟,他在自序中也明確表示"類以意推派别之流,旁行合道,則造詭怪之理者,亦屬於勸懲之旨焉,予復何愧"。可見他對於志怪故事的看法與宋代士大夫主流還是一致的。所以,宋代士大夫並不能接受全部志怪内容的筆記,因爲這樣就抛棄了士大夫的立場,而全以庶民叙史傳統來言説歷史了。劉知幾在《史通》中就已經强調這種堅持:"語魑魅之途,則福善禍淫,可以懲惡勸善,斯則可矣。及謬者爲之,則苟談怪異,務述妖邪,求諸弘益,其義無取。"㉖張邦基在肯定志怪情節的同時亦堅決抨擊全部志怪内容的作品:"唐人所著小説家流,不啻數百家,後史官采摭者甚衆;然復有一種,皆神怪茫昧,肆爲詭誕,如《玄怪録》《河東記》《會昌解頤録》《纂異》之類,蓋才士寓言以逞辭,皆亡是公、烏有先生之比,無足取焉。"㉗在這樣的認識下,高級士大夫所著筆記中的志怪情節還是很少的,但這種道德情感束縛對章炳文這樣的中下層官員要弱很多,因此他纔能記録下帶有大量志怪情節、庶民色彩的《搜神秘覽》。其實,通觀宋代以志怪情節爲主爲長的筆記,如徐鉉《稽神録》、劉斧《青瑣高議》、洪邁《夷堅志》等,它們的作者要麽是沉淪下僚的文人,要麽就有史官身份的掩護,這正同時説明了志怪故事的庶民性與史料性。儘管如此,通篇志怪故事的作品還是要到士大夫與庶民社會完全分離的宋元之後纔能大行其道。因爲它們的聽衆讀者是庶民,作者也是庶民,秉持的是庶民叙史傳統,講述的是庶民的歷史和庶民認爲的歷史,是完全的從庶民到庶民的發生機制,構成了一個毫無束縛的發生空間。其實,庶民在聽聞三國、水滸、説唐、包公案等故事的時候,有誰不認爲這就是真實發生過的歷史呢? 小説的歷史性質就是到了話本、章回時代,還是那麽根深蒂固。

綜上所述,狹義的小説概念自始至終都是以歷史文本主導,儘管宋元之後文學色彩漸濃，但真正被增添入文學義項還是要等到近代西方文學觀傳入之後。因此，本文認爲宋元之前的作品，只要不是專門記鬼怪之事的，都應稱作筆記。而其間收錄的志怪情節内容，只能是志怪故事，而非志怪小說。就連被認作魏晉志怪小說高峰的《搜神記》亦是如此。據李劍國《新輯搜神記》所輯，現存《搜神記》文本共343條，其中真正的鬼怪故事不足三分之一。特別是《妖怪篇》六卷89條，全部爲怪異之事兆，干寶皆將其視爲日後某亂事的前驗。這是基於陰陽五行思想的災異說，完全可以采擇入正史之五行志。除此之外，《搜神記》中還多見典章制度的考訂，亦有許多涉及前代名人的事件，更偶見述某詩文本事的詩話體條目，這些都使得《搜神記》的性質更接近於宋代筆記而非唐宋傳奇。干寶於《搜神記序》中也很明確地說道："今粗取足以演八略之旨，成其微說而已。幸將來好事之士，錄其根體，有以遊心寓目而無尤焉。"⑱

不過，文學研究還是得强調文學藝術性，既然要追尋中國文學的小說史脈絡，筆記中的志怪故事當然是基本研究對象。從這個角度來看，以《搜神秘覽》爲代表的北宋筆記中的志怪情節確實藝術性較低，魯迅關於它們的判斷也是基於此點而下。但是魯迅下此判斷後即將宋代筆記從小說史的發展脈絡中刪去，描畫出六朝志怪——唐傳奇——宋話本——話本小說——章回小說的小說史架構。這種架構忽略了小說（筆記）史家立場的創作心態和文本形態。所謂的六朝志怪和唐傳奇性質大爲不同，將二者相繫聯略顯牽强，與唐宋傳奇直接相聯的應該是《穆天子傳》《漢武故事》《趙飛燕外傳》這類被李劍國定義爲雜傳小說的單篇語怪作品。⑲因此中國小說史的發展綫索或爲兩條，一條爲六朝志怪集——唐人志怪集——宋元筆記——文言小說集；一條爲雜傳小說——唐宋傳奇——話本小說——章回小說。第一條綫索中的作品都是短篇故事合集，但是六朝志怪和宋元筆記是帶有志怪故事的歷史記錄，本身沒有主動的文學創造性；而後來的文言小說集則是專門收錄志怪故事的合集，可能也有存史的心態，可能也有以鬼怪故事說教，但小說發展到此時，文學創造的主動性已經很强，和現代意義的小說更加接近了。第二條綫索則是單獨成篇的故事，或集中演繹某位帝王之事，或首尾俱全地講一個故事，或借用故事言說道德、宗教義理，篇幅上較合集所載各條目要長得多，文學藝術性也更强，但它們的庶民叙史色彩同樣也很明顯。

兩條綫索之間又有什麼聯繫呢？這需要回到述史傳統的角度來理解。筆記作者都和干寶一樣，希望有好事之士錄其根體，此好事之士當然是正史的執筆者。在干寶的時代，庶民還未形成與士大夫分立的文化力量，故而史官很有可能將反映庶民世界的志怪故事采擇入史。但隨着歷史變遷，士大夫越來越强調自己的述史傳統，故而這些志怪故事越來越不可能被采擇入正史。甚至高級士大夫也不願意在自己的筆記中記載這些故事，這樣做似乎有失身份，因而斥其爲俗。只有像章炳文這樣的中下層士大夫纔會對庶民世界故事津津樂道，因此我們纔會在《搜神秘覽》中看到那麼多的志怪故事，我們也很難想象司馬光會把這些故事記入他的《涑水記聞》⑳。可是，士大夫史官拒絕這些材料，庶民卻自有史官,他們是小說家,是説話人,他們成了前來録其根體的好事之士。他們將這些筆記中的某些條目演繹鋪陳,創作出一篇篇傳奇,編唱成一個個話本。《搜神秘覽》中的蛇娘子、"石米三斗粟"、豬頭和尚就這樣被采擇去,或鋪陳出前後完整的小説,或充作某篇小説的重要情節。但是庶民的史官對士大夫的論道不感興趣,這些並非他們自己的叙史傳統。於是我們看到他們只保留了楊億的神奇靈異故事,而不管士大夫言楊億背後的士風取向。庶民的史官也有自己認識社會的方式,故而他們用同樣的叙事方式發出了與士大夫史官不一樣的聲音,給出了他們自己對於皇宋有别於五代的回答。因此,這兩條綫的關係就是今日所言之史料筆記與正史的關係。在庶民看來,小説就是歷史;而在士大夫眼中,這些根本不是歷史,只能是文、是小道、是茶餘飯後以供一笑的談資。而今天的我們,正是以士大夫的叙史傳統來看待歷史,看待這些小説(筆記),因此它們的文學性質得以突顯,而史學本質則湮没不聞。在今日的視角下,筆記本身就是文史相雜的,而《搜神秘覽》所處的北宋末年,又是兩種叙史傳統開始劇烈分離的時候,也是今日所謂文史分途的關鍵時期。因此,由士大夫寫就的多記庶民世界内容的《搜神秘覽》,正位於文史之間的分岔口上,不知道會被哪一條路上過來的好事之士采擇而去。

(作者單位:華東師範大學中文系)

---

① 魯迅《中國小説史略》,《魯迅全集》第9册,人民文學出版社,2005年,第115頁。
② 陳振孫撰、陳小蠻、顧美華點校《直齋書録解題》,上海古籍出版社,1987年,第332頁。
③ 脱脱等《宋史》卷八七,中華書局,1985年,第2144頁。
④ 章炳文撰、儲玲玲整理《搜神秘覽》,朱易安、傅璇琮等主編《全宋筆記》第三編第三册,大象出版社,2008年,第105頁。
⑤ 《全宋文》第25册,上海辭書出版社、安徽教育出版社,2006年,第127—131頁。
⑥ 《宋史》卷三四七,第11007—11008頁。
⑦ 《全宋文》第125册,第279頁。
⑧ 《(嘉靖)建寧府志》卷一八,《天一閣藏明代方志叢刊》第28册,上海古籍書店,1981年,第50葉。
⑨ 楊慎《丹鉛總録》卷一二有云:"宋章衡,得象之孫,嘉祐大魁。"然章炳文自稱章得象爲叔祖,章衡爲父,故章衡乃章得象之侄,應更爲可信。又宋祁所撰墓誌云章得象有五子:釋之、約之、介之、延之、修之,並未提到章訴,故《丹鉛總録》所言不確。
⑩ 王明清《揮麈前録》云:"浦城章氏盡有諸元。子平爲廷試魁,而表民望之制科第一,子厚犢封府元,正夫核廳元,正夫子援爲國學元,子厚子援爲省元,次子持爲别試元。其後自閩徙居吴中,族屬既殷,簪裳益茂,至今放榜,必有居上列者。章氏自有登科題名石刻,在建陽。"可證章氏爲閩中文教傳家之大族。而後徙居吴中云云亦可與《搜神秘覽》所記相互印證。見王明清撰、燕永成整理《揮麈前録》卷二,《全宋筆記》第六編第一册,第30頁。
⑪ 據上文所引《陝府芮城縣題名序》語可知章炳文時官右承事郎,其官名前加"右",故其非科舉入仕。又承事郎在元豐改制後爲狀元及第與宰相任子之初官,爲文官第二十九階,因此右承事郎或當是章炳文的初

官。而序文言此題名碑乃縣令褚端於元祐六年所立,故此序文所寫當在元祐六年之後。而宋哲宗之後,北宋年號能符合章炳文所言之七年四月者,惟元祐(共9年)、政和(共8年)、重和(共7年)。徽宗年間,章炳文已官至通判,故結合其初官情況,知此文應寫於元祐七年,乃立碑後一年,故章炳文初官即差遣於陝西,自云京兆章炳文或與此有關。此年據章衡中狀元之時已過了三十五年,故章炳文應是章衡及第後所生,或因章衡於此年致仕或逝世而蔭補爲官。又據《宋史》章衡本傳可知,章衡一生曾任十五個州的知州,足蹟歷經南北東西,獲得蔭補的章炳文應一直跟隨左右,故遍覽山川,而見聞頗廣。

⑫ 《明一統志》歸德府商丘縣名宦條載:"章炳文。爲虞城令。修舉廢墜,盡力於所當爲,采事蹟可行者,刻石記之,必行而後已。"見李賢等編《明一統志》卷二七,明萬壽堂刻本。

⑬ 《八閩通志》卷一九"地理‧章公橋"條云:"宋崇寧二年通判章炳文造,因名。"又卷三五"秩官‧興化府歷官"有載:"通判,章炳文、張祖良,俱崇寧間任。"見《八閩通志》,福建人民出版社,1990年,第379、751頁。

⑭ 馮登府《閩中金石志》卷七,第4冊,文物出版社,1982年,第61頁。

⑮ 郭伯蒼《竹間十日話》卷三,海風出版社,2001年,第53頁。喬世材亦曾官泉州通判,見李復《潏水集》卷五《與喬叔彥通判》。

⑯ 《宋史》卷二〇五,第5206頁。

⑰ 《全宋文》第125冊,第279—281頁。

⑱ 《宋史》卷二〇六,第5229頁。

⑲ 如清代的《龍威秘書》與民國所編《叢書集成》均只收錄此兩條。

⑳ 傅增湘曾著錄此版本的另一個藏本:"搜神秘覽三卷,宋章炳文撰。宋刊本,半葉十行,每行二十字。前有京兆章炳文叔虎自序。目錄後有臨安府太廟前尹家書籍鋪刊行一行。按:此書吾國久未登著錄。余昔年曾得錄副,今幸獲覯祖本。開版工整而具疏爽之氣,是棚本之佳者。(日本狩野直喜博士藏書,己巳十月二十日覯於西京。)"見傅增湘《藏園群書經眼錄》,中華書局,1983年,第794頁。傅增湘對所覯之本的描述與福井氏崇蘭館藏本完全相同,但今之下落則未明。福井氏崇蘭館藏本現即藏於日本天理圖書館,是本爲日僧圓爾辨圓於1241年從中國攜帶回國者。現已被認定爲日本重要文化財。詳見嚴紹璗《日本藏漢籍珍本追蹤紀實——嚴紹璗海外訪書志》,上海古籍出版社,第359—360頁。

㉑ 章炳文撰、儲玲玲整理《搜神秘覽》,《全宋筆記》第三編第三冊,第105—166頁。本文所引《搜神秘覽》文本皆據此本,故不再另爲出注。

㉒ 陳士元《江漢叢談》,《叢書集成初編》本,中華書局,1985年,第19頁。

㉓ 干寶《搜神記》,中華書局,1979年,第175—176頁。

㉔ 陶潛撰、李劍國輯校《新輯搜神後記》,中華書局,2007年版,2012年三印本,第546頁。

㉕ 此段所辯,李劍國已有大致說明,本文廣而言之。見李劍國《宋代志怪傳奇叙錄》,南開大學出版社,1997年,第216頁。

㉖ 如寧稼雨《中國文言小說總目提要》云"本書在北宋志怪小說集中較爲出衆"(齊魯書社,1996年,第135頁)。李劍國《宋代志怪傳奇叙錄》云其"喜言道人道術——這自然和徽宗惑溺道教有關——而又平實乏趣,水平不高"(南開大學出版社,1997年,第15—16頁)。程毅中《宋元小說研究》云:"《搜神秘覽》作爲一部志怪小說集,在北宋的同類作品中還算比較好的,但很少新鮮的構思,也缺乏細緻的描寫,較好的作品是轉錄別人的成果……由此也可以說明北宋的志怪小說,並沒有任何新的發展。"(江蘇古籍出版社,1999年,第49頁)

㉗ 《新輯搜神記》卷九,第154—155頁。

㉘ 施得操撰,虞雲國、孫旭整理《北窗炙輠錄》,《全宋筆記》第三編第八冊,第189頁。

㉙ 袁珂《山海經校注》,巴蜀書社,1992年,第457—458頁。

㉚ 馮應榴輯注《蘇軾詩集合注》卷一二,上海古籍出版社,2001 年,第 561 頁。

㉛ 此條所載之孫來章秀才、化蛇之妻、青銅、雷峰庵廣慈大師即與後世白蛇傳故事之許仙、白蛇、青蛇、法海及雷峰塔一一對應。具體論述詳見陳泳超《〈白蛇傳〉故事的形成過程》一文,載《藝術百家》1997 年第 2 期。

㉜ 洪邁《夷堅甲志》卷二"詩謎"條云:"元祐間。士大夫好事者取達官姓名爲詩謎,如'雪天晴色見虹蜺,千里江山遇帝畿。天子手中朝白玉,秀才不肯着麻衣'。謂韓公絳、馮公京、王公珪、曾公布也。又取古人名而傅以今事,如'人人皆戴子瞻帽,君實新來轉一官。門狀送還王介甫,潞公身上不曾寒'。謂仲長統、司馬遷、謝安石、温彦博也。"此詩謎典故豐贍,要解開不僅需要捷智,更得具備一定的政治、歷史、文化等常識。而"王旻"條所載詩謎則完全不用典故,語言亦直白質樸,以生活農事爲内容。兩相比照,士大夫的詩謎顯然要文雅許多,他們與市民的不同文化趣味體現得十分明顯。見何卓點校《夷堅志》甲志卷二,中華書局,2006 年,第 18 頁。

㉝ 安遇時編《包公案》,寶文堂書店,1985 年,第 226—227 頁。

㉞ 楊億《武夷新集》卷八,福建人民出版社,2007 年,第 136 頁。

㉟ 《宋史》卷三〇五,第 10083 頁。

㊱ 同上書,卷二九九,第 9942 頁。

㊲ 何薳《春渚紀聞》云:"楊文公之生也,其胞蔭始脱,則見兩鶴翅交掩塊物而蠕動。其母急令密棄諸溪流,始出户而祖母迎見,亟啓視之,則兩翅歘開,中有玉嬰轉側而啼。舉家驚異非常器也。余宣和間於其五世孫德裕家,見其八九歲時病起謝郡官一啓,屬對用事如老書生,而筆蹟則童稚也。"(中華書局,1983 年,第 8—9 頁)

㊳ 關於宋代"科名前定"叙事的詳細論述,可參見祝尚書《宋代科舉與文學》第十七章"宋代科舉制度下的社會心態"。祝尚書在此章較爲全面地勾勒了"科名前定"在宋代文獻中的面貌,並討論了這一思想的歷史成因(中華書局,2008 年,第 492—519 頁)。

㊴ 參見戴長江、劉金柱《"前世爲僧"與唐宋佛教因果觀的變遷——以蘇軾爲中心》,見《河北師範大學學報》(哲學社會科學版)2006 年第 3 期。

㊵ 羅寧《中國古代的兩種小説概念》,見羅寧、武麗霞《漢唐小説與傳記論考》,巴蜀書社,2016 年,第 2 頁。

㊶ 班固撰、顔師古注《漢書》,中華書局,1962 年,第 1745 頁。

㊷ 同上。

㊸ 魏徵等《隋書》,中華書局,1973 年,第 981—982 頁。

㊹ 胡寶國《漢唐間史學的發展》,商務印書館,2003 年,第 60 頁。

㊺ 《隋書》,第 1012 頁。

㊻ 劉知幾撰、浦起龍通釋《史通》内篇卷五"因襲第十八",上海古籍出版社,2008 年,第 101 頁。

㊼ 《隋書》,第 1011 頁。

㊽ 《新唐書・藝文志》實際上繼承《崇文總目》的分類,可見北宋初期,人們對小説的觀念就已經發生了變化。詳見凌郁之《走向世俗——宋代文言小説的變遷》,中華書局,2007 年,第 34—36 頁。

㊾ 朱弁撰、張劍光整理《曲洧舊聞》,《全宋筆記》第三編第七册,第 81—82 頁。

㊿ 傅璇琮《〈全宋筆記〉序》,《全宋筆記》第一編第一册,序言第 6 頁。

(51) 洪本健校箋《歐陽修詩文集校箋》居士集卷四四《歸田録序》,上海古籍出版社,2009 年,第 1119 頁。

(52) 曾慥編纂、王汝濤等校注《類説校注》,福建人民出版社,1996 年,第 1 頁。

(53) 洪本健校箋《歐陽修詩文集校箋》居士集卷四三《禮部唱和詩序》,第 1107 頁。

(54) 范鎮撰、汝沛點校《東齋記事》,中華書局,1980 年,自序第 1 頁。

(55) 張邦基撰、孔凡禮點校《墨莊漫録》,中華書局,2002 年,第 281 頁。

(56) 《史通》内篇卷一〇"雜述第三十四",上海古籍出版社,2008 年,第 195 頁。

(57) 《墨莊漫録》,第 281 頁。

(58) 《新輯搜神記》卷九,第 19 頁。

(59) "史氏流變,形成雜傳的小説化。從文體上看,其類傳一體,在漢代形成了雜傳體志怪小説,即《列仙傳》;其單傳一體,繼《穆天子傳》《燕丹子》後又先後出現了《漢武故事》《蜀王本紀》《徐偃王志異》《漢武内傳》等雜傳小説。"見李劍國《唐前志怪小説史》,人民文學出版社,2011 年,第 203 頁。李劍國所言之雜傳小説,即通篇志怪而不涉他事者,以雜傳名之,或受《隋書・經籍志》影響。然此類小説在産生之時依舊被視爲史書,即與《虞初周説》類似的某人説漢武、某人説穆天子等。又同書第 86 頁有云:"由志怪故事到志怪小説的進化過程,表現爲史乘分流過程,也就是志怪小説與史乘的分離過程。當志怪故事完全脱離史書,取得獨立地位的時候,志怪小説便産生了。"此判斷不誤,然志怪故事並非在魏晋即與史乘分流,其在宋代依舊與史乘關係密切,零星的諸如《玄怪録》之類的專收志怪故事作品並不能説明全局。唯有宋代之後,士大夫與庶民社會分離使得庶民開始大規模書寫自己眼中的歷史,纔使得志怪故事完全脱離於史書,取得獨立地位。但需要注意的是,志怪故事脱離的是士大夫傳統中的史書,在庶民那裏,它們依舊是歷史。

(60) 如歐陽修《歸田録》、王曾《筆録》、趙令畤《侯鯖録》、宋敏求《春明退朝録》等被後世書目歸入小説類的筆記,《宋史・藝文志》還將它們列在史部傳記類中。可見在宋人眼中,高級士大夫的筆記與多涉鬼怪的筆記儼然有别。這應該是由於這些筆記作者爲高級士大夫,所述内容又皆中央人事,因此屬於正史叙史傳統,故需要與涉及庶民叙史傳統的筆記區别對待,體現出宋人對於兩種叙史傳統有着很鮮明的區分。見《宋史》卷二〇三,第 5120—5122 頁。

互見與内向轉型：
論范成大的地方書寫觀念

葉 晔

南宋詩人范成大,不僅是文學史上的"中興四大家"之一,還是一位傑出的旅行者和地理學家。他一生創作了十餘部與地理相關的著述,包括"紀行四集"、"石湖三録"和"方志三書"等。其中的《攬轡録》《驂鸞録》《吴船録》《桂海虞衡志》《吴郡志》等,是中國古代著名的地理文獻。其《石湖詩集》編年分卷,收録了大量紀行、紀風的詩歌,且有較清晰的時間繫年和空間定位,體現出明確的編纂意圖。因此,對范成大紀行文學和風土文學的研究,一直以來都是學界熱點。在這其中,尤以對范氏地理書寫的理論性研究成果,最值得留意。其關注點主要在詩歌、行記、志書三種文學類型的體式互參上,代表性觀點如程傑的"以筆記爲詩"説[1]、大西陽子的"補助性散文"説[2]、劉珺珺的"記志一體混融、詩記離中有合"説[3]等,皆重視詩歌、行記、志書三體間的兩兩互動,卓見發明甚多。然以上諸家學説,皆重在文體學的考察,主要強調文體形式對地理空間的容納,而未太多留意於地理空間對文學書寫的選擇。故對詩文之體式、技法、風格的探討日趨精細,而對范成大超越文學之上的地方書寫觀念的整體性把握,依然着墨不多。這裏所説的"超越文學之上",主要有兩層意思,一是用"書寫"的概念替代"文學",泛指一切涉及地方性知識的文本,包括志書;二是將觀察視角從向内轉到向外,適度地關注范成大之地方書寫行爲的社會文化學意義。

現今對范成大的文學研究,有較濃郁的類型研究之趨向。如對詩歌風格的考察,習慣性地聚焦於愛國詩和田園詩兩種類型,側重關注"使金詩"七十二首、《四時田園雜興》六十首這兩組經典作品,其他作品則起到補充闡釋的作用;如對紀行詩文的研究,往往先劃定研究對象的地理範圍,在《北征集》《南征小集》《西征小集》《石湖蜀中詩》[4](以下合稱"紀行四集")等作品中,挑選一個相對獨立的行旅專題,予以較專精的考察,對"石湖三録"的研究,也是類似的情況。如此類型化研究的好處,在邊界清晰,易於把握。但在一定程度上,也因爲對某種風格的特別強調,而忽略了范成大的愛國詩和田園詩在另一維度上的共通性,即它們大多屬於對地方景觀和風土的書寫。即使我們轉變視角,對此作行旅之觀看,雖在風土書寫一事上,與田園詩多有趨同之處,但遊走四方和歸居鄉里兩種生活方式所帶來的不同空間感受,仍能造成詩歌中所包蘊的地方性知識的明顯差異。以上這些,都是慣常的類型研究很少考慮到的。一旦我們將以上共通性與差異性作整體的觀照,則范成大的大多數詩文都體現出了較自覺的地方書寫傾向。再將這一觀念放在更長時段的中國文學史中考量,會發現范成大的相關創作,不僅自成系統,而且顯現出特定時代重要的文學轉型意義。

一、點綫層疊:紀行詩與紀行文的流動書寫

說到地方書寫,我們總熱衷於關注那些系統性、規模化的文獻,認爲它們有更重要的文學史意義。落實到范成大的相關作品,雖分爲詩歌、行記、志書三大類型,但最受關注的一直是"石湖三録",其次是《桂海虞衡志》和《吴郡志》。而他的紀行詩創作,因散見在《石湖詩集》中,雖有程傑、大西陽子等學者的梳理,但總的來說,受關注程度不及前二種。以下根據兩位先生的研究,結合筆者的閱讀所得,列出范成大較清晰的十二組紀行詩。

表1 范成大主要紀行詩歌的時地考察

所在卷數	行程	相關作品	繫年	對應行記	備注
卷1—2	赴金陵漕試	《南徐道中》以下13題	紹興二十三年		
卷3	城西道中	《半塘》以下20題	紹興二十一年		皆地名景觀詩
卷5	溧宣道中	《袞山道中》以下3題	紹興二十五年		皆地名景觀詩
		《高淳道中》以下4題			
		《天平先隴道中》以下7題			
卷7	徽州道中	《新館》以下8題	紹興二十八年		皆地名景觀詩
卷7	嚴杭道中	《淳安》以下15題	紹興二十九年		皆地名、風土詩
卷7	鄱陽道中	《休寧》以下9題	紹興三十年		皆地名景觀詩
卷12	出使金國	《渡淮》以下72題	乾道六年	《攬轡録》	又稱《北征集》
卷13	赴廣西道中	《遊弁山石林先生故居》以下39題	乾道八至九年	《驂鸞録》	又稱《南征小集》
卷15—16	自桂林入蜀	《初發桂林》以下123題	淳熙二年		又稱《西征小集》

（續表）

所在卷數	行　程	相關作品	繫　年	對應行記	備　注
卷18—19	離蜀歸吳	《初發太城留別田父》以下106題	淳熙四年	《吳船錄》	又稱《石湖蜀中詩》
卷21	赴任明州	《秀州門外泊舟》以下7題	淳熙七年		
卷21	赴任建康	《將赴建康出城》以下10題	淳熙八年		皆地名景觀詩

　　先前有學者認爲，詩題自注中的"以下赴金陵漕試作"、"以下二十首，城西道中"、"以後十五首，沿檄嚴杭道中"等文字，帶有標注紀行組詩之性質⑤。但通觀《石湖詩集》可以發現，范成大另有一些詩題，雖自注曰"以下歸昆山作"、"以下自處州再至行在作"、"以下辛卯，自西掖歸吳作"等，內容却停留於一地的交遊吟詠，而非行旅之流動觀看。故筆者以爲，這些題注的功能，與其説是在突顯空間的變化，不如説是用地名來標記時間的變化。

　　在筆者看來，以上十二組紀行詩的最顯著特徵，不是作者的自注形式，而是地名在詩題中的強制出現。在詩題中嵌入途經地名，已經内化爲范成大自覺的寫作習慣。"城西道中"、"徽州道中"、"鄱陽道中"諸篇及《北征集》一卷，全部是地名詩，自不用説；"嚴杭道中"有四首風土詩雜入其中，考慮到地名和風土同屬地方書寫的範疇，亦可等同視之；經略西南的三次長途旅程，創作了《南征小集》《西征小集》《石湖蜀中詩》共268題，雖然詩題豐富多變，但地名從未缺席過，有三首未含地名的題扇送別詩，也在題注中標識"送余遠至瀘之合江"的文字予以補記；至於其他一些短途的行程，詩題雖長短各異，但地名在其中的存在感一直很強烈。

　　以上十二組共436題詩歌，就是436個地理坐標，在很大程度上串聯起了范成大一生的行走經歷。從作品的數量及創作時間不難看出，從乾道六年（1170）至淳熙四年（1177），是范成大紀行詩創作的高峰期，與之對應的四條地理路綫，有三條清晰地反映在了《攬轡録》《驂鸞録》《吳船録》三部行記之中。這種詩歌、行記"對應兼互補"的互見模式，是范成大地方書寫的一大特點。⑥

　　使金的《北征集》，是范成大紀行詩創作的第一個高峰。在這之前雖有一些作品，但在規模和影響上，尚無法與之相比。如上表所示，早期的"城西道中"、"嚴杭道中"等紀行組詩，已是清一色的地名詩，且全部爲七言絶句體式，這一漸次養成的書寫習慣，也被保留到了《北征集》的創作之中。如大西陽子所説，范成大早年紀行詩之所以在形式上高度統一，正是要"使讀者根據詩題所提示的地名體驗到紀行空間移動的連續性"⑦。雖然今本《攬轡録》爲殘本，我們無法深刻地體會二書內容的點綫對應程度，但作爲范成大互見紀行的第一次嘗試，其使金作品的重要性不言而喻。

赴任靜江知府的《南征小集》和《驂鸞錄》，是范成大紀行創作的重要轉變。主要體現在兩個方面。一、自《南征小集》後，其詩歌體式各異，詩題亦長短不一，幾部紀行日錄，皆帶有濃郁的私人色彩。之所以會如此，或因為《攬轡錄》屬使臣的公事記錄，在內容和體例上不能隨意逾矩，所謂的"紀行空間移動的連續性"，及相關歷史文化的承載意義，在某種程度上，是由七十二首地名詩來承擔的。一旦擺脫了公文的約束，書寫的自由度得以拓寬，文學體式的多樣性和隨意性，便得到了較充分地展示。二、地方書寫的對象，從故土轉向邊疆。前者是舊王朝的政治文化中心所在，却淪為異國他鄉；後者屬經濟文化欠發達的邊遠之域，如今是朝廷倚重的後方地區。對南宋士大夫來說，中原故土和西南邊陲，在新奇程度上，帶來的是等同的地理體驗，皆可在創作中呈現陌生化的情境。總的來說，從《北征集》到《南征小集》，是一個由公到私的心境轉變過程，范成大的地方書寫重心，也從對歷史、文化的書寫，逐漸轉向對自然、風土的書寫。其晚年對蘇州風土的興趣，已在此埋下伏筆。

另不難發現，《南征小集》的詩歌數量偏少。范成大使金，自乾道六年（1170）八月十一日渡淮（越過國界），至九月十二日覲見金帝，共計31天，創作詩歌72題；後來的《西征小集》，自淳熙二年（1175）正月二十八日發桂林，至六月七日抵成都，共計127天，創作詩歌123題；《石湖蜀中詩》，自淳熙四年（1177）五月二十九日發成都，至十月三日抵蘇州，共計122天，創作詩歌106題。以上三趟行程，基本上保持著日均一首的創作頻率。但《南征小集》，自乾道八年（1172）十二月七日發蘇州，至次年三月十日抵桂林（中有閏月），共計122天，創作詩歌却只有39題。是什麼原因造成了在這段旅程中，范成大如此低迷的寫作狀態？筆者以為，原因主要有二：一來與《攬轡錄》的公文程式不同，《驂鸞記》是范成大第一次寫作私人行記，他為此投入更多精力，以致未能用心於詩歌，也是很正常的事；二來由蘇州赴桂林，途經的湖州、餘杭、嚴州、鄱陽等地，屬浙江、江南諸路，於范成大而言，實屬舊地重遊，難有熱情，亦可想見。直到進入荊湖南路，其創作方有起色。他在閏正月三十日入湖南，宿潭州醴陵縣，以此日為界，之前82天創作詩歌17題，之後40天創作詩歌22題，考慮到他入桂林城前曾在城北八桂堂休整了10天，那麼，范成大在湘、桂境內的創作頻率並不算低。足見即使是范成大這樣熱衷於地方書寫的作家，也很難避免對陌生世界的偏愛。從另一個角度，也說明此時的范成大，仍停留於對新奇事物的追逐，尚沒有形成很自覺的地方書寫觀念。

范成大的四部紀行詩集，只有赴任四川制置使的《西征小集》沒有對應行記存世，在很大程度上，或由於他忙於《桂海虞衡志》的撰寫，無暇分心於日記。但正是這部赴蜀行記的缺席，給了我們一個參照的機會，即在地方書寫觀念漸趨自覺後，范成大如何進行體例上的微調，來緩解紀行文缺席一事帶給紀行詩創作的無形壓力。細讀《西征小集》可以發現，范成大的這兩卷作品雖以空間的移動為綫索，却已不滿足於若干地名的串聯，而是希望製造出一種以行記入詩的效果。故他沒有回到《北征集》以七絕作地名詩的舊例上去，而是在《西征小集》中采用了新的記錄方式,嘗試一種本該屬於紀行文的綫性書寫。落實到具體細節上,就是對紀行詩中水路、陸路換乘地點的標注。如《孫黄渡》自注"自此登陸至公安",《發荆州》自注"自此登舟至夷陵",《初入峽山效孟東野》自注"自此登陸至秭歸",《人鮓甕》自注"自此復登舟至巫山",《巫山縣》自注"自此復登陸至夔門縣",《萬州》自注"自此後登陸"⑧。如此這段赴蜀的旅途,便不再是一百多個獨立的坐標點,更是七八段水陸交替的流動曲綫。這一寫法,顯然借鑒了先前《驂鸞録》的寫作經驗,因爲在《驂鸞録》中經常出現"陸行,發餘杭"、"復登舟,大雪不可行"、"渡江不如陸,乃改陸行"、"泊信州,自此復登舟"、"將登陸,家屬已行"、"宿櫧洲市,又當舍輿泝江"、"舍舟從陸,登回雁峰"⑨諸句。這些對交通方式的描述短句,放在紀行文中,近乎微不足道,但置於紀行詩的自注中,却是相當矚目的存在。因爲在日記體的紀行文中,時間綫是最直接的表現方式,其次纔是地理綫;但在紀行詩中,因體例之故,時間綫基本上消失了,那麽,地理綫就要發揮其應有的以綫串點之作用。如果嵌地名入詩題的常規做法達不到理想的效果,那麽,就必須使用一些輔助的手段,以更清晰地勾勒出這條地理綫來。對水陸換乘點的強化書寫,就是其中的一種輔助之法。這種技法固然是文體互參的一種表現,但在本質上,更是范成大在流動書寫中形成的點綫層疊觀念的一種體現。

《石湖蜀中詩》是"紀行四集"的最後一部,相對應的《吴船録》,則是"石湖三録"的最後一部。范成大選擇了沿岷江、長江而下的返鄉路綫,故不存在水陸換乘之事。因此,我們對《石湖蜀中詩》《吴船録》的分析,不必太細究於具體的書寫技法,以及相關的文體互參現象,倒可以在地理路綫的規避和創新上做些文章。如此則跳出了范成大個案研究的範疇,進入了比較研究的視野。

《吴船録》二卷,上卷爲岷江行記,下卷爲長江行記,其中又有三分之一記叙州至萬州的行程。也就是説,整部《吴船録》有三分之二的篇幅,介紹了范成大在入蜀途中没有經歷過的見聞,同樣也是陸游《入蜀記》中没有的見聞(《入蜀記》止於夔州)。古人溯江而上入蜀,多在萬州登陸,然後經陸路赴成都;出蜀則習慣出成都西行至新津,然後順岷江、長江而下,此溯流與順流之效率有别⑩。陸游先於范成大入蜀而作《入蜀記》,范成大入蜀後讀過此書的可能性很大⑪,而在范成大出蜀時,陸游尚留居成都,那麽在某種意義上,范成大出蜀的紀行創作,將是一個與陸游一較高下的極好機會。不僅是溯流而上與順流而下在觀感體驗上的不同,還有對岷江及長江上流(叙州至萬州段)風光的獨特描寫⑫。這是《吴船録》爲什麽要用三分之二的篇幅記載萬州以前行程的一個重要原因。蔣寅先生曾舉清人王士禛《蜀道集》與方象瑛《錦官集》作對比,指出刻意的"規避"亦是古典詩歌文本之互文性的一種體現。⑬范成大的《吴船録》和《石湖蜀中詩》,或許還没到與《入蜀記》構成明確互文關係的地步,但他與陸游作文本對話的嘗試,以及在適度規避後希望在内容上有所創新的意圖,還是很明顯的。現今學界對《入蜀記》《吴船録》比較研究的成果甚多,多指出二書在文學風格上的不同,比如陸游重考證,范成大重觀覽等,這些固然没錯,但這只是比較研究中的平行研究之法，沒有涉及影響研究之法，故未能在地方書寫的整體性上把握住二者之聯繫。考證也好，觀覽也罷，這是陸、范二人相對穩定的筆記文風，與行旅路綫並沒有直接的聯繫。但是范成大在書寫的地理重心上對陸游行記的規避，並期以在文本品質上有所超越，却很有可能是有意爲之的一較高下之舉，這更值得引起我們的注意。

另外，陸游在入蜀的時候，不僅創作了《入蜀記》，還寫了58題詩歌[14]。莫礪鋒、吕肖奂等先生已有文章論述二者之關係[15]。范成大的《吴船録》和《石湖蜀中詩》，正是對陸游這一詩文互見之法的同聲呼應。巧合的是，范成大在使金途中，曾與赴蜀的陸游相會於鎮江，如此則二人在紀行詩、紀行文之互見創作一事上，幾乎是同時開始嘗試的。後來的作品證明，范成大在紀行詩的創作上頗爲成功，使金詩七十二首光耀古今，《攬轡録》則限於公文體式，讀來乏善可陳；陸游在紀行文的創作上成爲南宋一絶，但其入蜀詩，學界一直評價不高（特别是夷陵以前作品），而且他也没有强嵌地名入詩題的習慣。若我們將此視爲范、陸二人在紀行文學上的第一次較量（他們自己未必有此意識），則各有勝負；七年後，當范成大離開成都下蘇州的時候，有了與陸游再一次較量的機會。如果説前一次是自選動作，那麽這一次就是規定動作，到底是擬還是避，筆者以爲范成大是經過某些選擇的。不僅在書寫重心有所選擇（側重夔州之前的行程），即使對同一景觀的描寫，也儘量對陸游的文字作出規避或商榷，實可視爲一種競爭性的互文關係。如對黄牛峽的描寫，《吴船録》所引古諺版本便與《入蜀記》稍異；對扇子峽風土的描寫，陸游關注"村人來賣茶菜者甚衆，其中有婦人，皆以青斑布帕首，然頗白皙，語音亦頗正。茶則皆如柴枝草葉，苦不可入口"[16]，范成大則關注"蜀士赴廷對，或挹取以爲硯水，過此，則峽中灘盡矣"[17]。以上雖不過一日見聞，范成大仍力求寫出一些新意來。在某種程度上，我們不妨將《吴船録》視作范成大嘗試趕超《入蜀記》的一部作品，而陸游的《夜讀范至能〈攬轡録〉言中原父老見使者多揮涕感其事作絶句》，則是他晚年對范成大使金詩文的一次致敬[18]，二人可謂惺惺相惜。

二、點面層疊：風土詩與地方誌的結構書寫

清四庫館臣評價《桂海虞衡志》，有一段猜測之辭："成大《石湖詩集》，凡經歷之地，山川風土，多記以詩。其中第十四卷，自注皆桂林作。而詠花惟有《紅豆蔻》一首，詠果惟有《盧橘》一首，至詠遊覽，惟有《棲霞洞》一首，《佛子巖》一首。其見於詩注者，亦僅蠻茶、老酒、蚺蛇皮腰鼓、象皮兜鍪四事，不及他處之詳。疑以此志已具，故不更記以詩也。"[19]程傑先生力證其謬，指出"《桂海虞衡志》是范成大離桂赴蜀途中'追記'而成，此前未曾表示過這方面的寫作願望，也就不可能在平時的登臨遊賞之際有着詩、志分工的預先安排"[20]，並順勢將研究維度轉至范成大詩歌與方志、筆記之間的内在聯繫上，可謂上乘做法。但我們重讀四庫提要，紀昀並非不知道"追記"之事，他在提要開篇就有"是編乃由廣右入蜀之時道中追憶而作"的論辭。那麽，紀昀的本意，或許不是指范成大有詩、志分工的預先安排，

而是暗示他有删選詩歌的事後行爲。不管怎樣,前賢們已留意到,在范成大的静態地方書寫中,同樣存在一定程度的文體互補和互動。在筆者看來,這是范成大維繫各文體功能之平衡的一種嘗試,是一種對地方性知識之多元表達方式的追求。

從表面的辨識度來看,"紀行四集"和"石湖三録",無疑是最能體現范成大之地方書寫特色的作品,可算范氏地理文學的代表著述。而他歸居蘇州後創作的大量詩歌,學界更習慣把它放在古代田園詩的傳統中去考察,如此則偏重范成大對陶潛、孟浩然等人詩風的繼承和發揚。事實上,一旦我們將之切換爲風土詩的視角,則范氏晚年在蘇州的大量作品,也將進入地方書寫的研究範疇。更關鍵的是,范成大在中國風土詩傳統中的定位,將不再是某個時間節點上的繼承和發揚,而具有一種開拓性的里程碑意義。

在詩歌、行記之外,范成大有三部方志著述。《成都古今丙記》早佚,今本《桂海虞衡志》只剩一卷(足本爲三卷),《吴郡志》是他去世前一年編寫的,其原創程度有多高,學界一直有争議。在學科界綫分明的當下,古典文學學者習慣將行記視爲散文的一種,而方志則屬於史籍的一種,故范成大的"方志三書"在文學界的受重視程度,遠不及"紀行四集"和"石湖三録",這是一個不争的事實。綜上種種,都使得我們未能更有效地關注范成大在静態而非流動狀態下的地方書寫情況。

先前紀昀的疑惑,並非無根之談。范成大任官静江、成都兩處西南要地,對一位地理風土學者來説,是難得的一次采風機會。但《石湖詩集》中對桂林、成都之地方性知識的詠介,却實在少得可憐。我們固然可以理解爲范成大任職期間公務繁忙,與行旅途中的身心放鬆不可同語,但詩歌創作上的這兩塊空白,正對應了《桂海虞衡志》《成都古今丙記》兩部志書的出現,應該不是一個巧合。

我們知道范成大晚年寫過《菊譜》《梅譜》,這一書寫傳統,可以追溯至北宋歐陽修的《洛陽牡丹記》等書,體現出士大夫審美生活化的一種趨向。但如果换個角度,以植物學的眼光去看這兩本書,則范成大對花草果木的興趣,在桂林、成都期間多有養成。今本《桂海虞衡志》中有"志花"、"志果"、"志草木"三篇,介紹當地的奇花異木,如果按照孔凡禮的説法,足本《桂海虞衡志》有十萬字略多②,那麽,其中介紹花果草木的文字就有三萬字左右,實不算少。另外,現存《石湖詩集》中,范成大在桂林、成都期間的詩歌並不多,但吟詠花果之作却不少。特别是在成都期間,先後創作了《十二月十八日海雲賞山茶》《雨後東郭排岸司申梅開方及三分》《緑萼梅》《玉茗花》《櫻桃花》《錦亭然燭觀海棠》《寶相花》《太平瑞聖花》《十一月十日海雲賞山茶》《合江亭隔江望瑶林莊梅盛開》《新作官梅莊,移植大梅數十本繞之》《病中聞西園新花已茂》《春晚卧病,故事都廢,聞西門種柳已成,而燕宫海棠亦爛漫矣》《清明日試新火作牡丹會》《垂絲海棠》等十餘首。以上記叙,不僅是審美層面的賞花,更是知識層面的鑒花,如緑萼梅、蜀海棠等品種,後來在《梅譜》中都有直接或間接地寫到。《四時田園雜興》較之以前農事詩的一大突破,就在於對田間各類日常花草果木的描繪,這與范成大在《桂海虞衡志》中紀"花"、"果"、"草木",一直到《吴郡志》中紀"土貢"的植物學興趣與實踐是分不開的。

對一地之地方性知識的全盤考察，當然首推志書。詩歌若想製造出系統觀看的效果，則篇與篇之間的聯繫，需形成一個相對穩定的結構。我們在范成大桂林、成都的創作中，尚没有看到這種自覺性；而在晚年蘇州的創作中，他之所以給人醉心風土的感覺，在很大程度上是因爲運用了組詩的創作手法。如《丙午新正書懷十首》《梅雨五絶》《四時田園雜興六十首》《臘月村田樂府十首》《霜後紀園中草木十二絶》等一系列作品，帶給讀者強烈的風土衝擊。一組作品或許尚不成規模，但若干組同類型的作品魚貫而出，則在一定程度上起到以點綴面的結構書寫效果。這樣的做法，固然可以説在使金詩七十二首中已有體現，但范成大並没有自稱《北征集》爲組詩，且地名組詩的形式，爲南宋地名百詠的典型特徵，與風土詩屬於兩種不同的詩歌類型。筆者以爲，我們應關注的，是學界較少留意的《歸州竹枝歌》《夔州竹枝歌》兩組作品，這是范成大在桂林赴成都途中所作，或許因爲我們更關注《西征小集》的整體價值，而未留意到《夔州竹枝歌》九首，在宋代竹枝組詞中已算不小規模。雖然與明清動輒百首相比實在微不足道，但在范成大之前，創作單組竹枝詞數量最多的，不過劉禹錫、賀鑄的各九首。但劉、賀二人之作並未冠以地名定語，與之相比，范成大的作品在地方書寫上更具自覺性和系統性。

從地方書寫的角度去反思，我們對《四時田園雜興》的常態研究，也存在兩個誤區：一是因"田園"二字而將之歸入田園詩系統，此程傑等先生已有撥正；二是強調六十首的數目之巨，似乎數量越多就意味着創作上的豐富度和自覺性，以及文學史上的突出地位。我們應留意一點，即《四時田園雜興》分爲春日、晚春、夏日、秋日、冬日各十二絶，范成大自云"野外即事，輒書一絶，終歲得六十篇"[②]，則這組詩歌不是在短期内集中創作出來的。一旦我們將《四時田園雜興》視爲五組作品，則可以發現范成大的大多數風土組詩，數量皆在十首左右，每個主題的容量和篇幅大致均等，各個主題之間的關係則鬆緊不一。這種較鬆散的形式，一方面與志書的結構類目有一定的相似之處，另一方面，也確實符合南宋時期風土組詩創作規模尚小的客觀事實。

對地方書寫一事來説，詩歌想要製造出以點綴面的效果，可以有兩個方法，一是組詩，二是長篇。與組詩相比，長篇歌行或排律在地方書寫中的運用，重在結構之設計，在一定程度上有模仿辭賦的痕蹟。在范成大的詩歌中，以晚年在蘇州所作的《上元紀吴中節物俳諧體三十二韻》最爲典型。此詩正文僅320字，作爲副文本的自注却有416字，"補助性散文"的特徵非常突出。而類似的用排律自注之法來進行地方書寫的情況，在范成大的送别詩和紀行詩中皆有體現。早在未登第前，其《烏戍密印寺》中就有自注文本超過詩歌文本的嘗試；紹興二十八年（1158），作長詩《胡宗偉罷官改秩，舉將不及格，往謁金陵丹陽諸使者，遂朝行在，頗有倦遊之歎，作詩送之》，與其説這是一首送别詩，不如説是一條經宣城、當塗、金陵、丹陽、無錫、蘇州、吴江赴杭州的行旅路綫，作爲在一首詩内部以點連綫的嘗試，已經很成功了；後赴桂林途中，又作題爲《謁南嶽》的五言排律，多句尾自注，在這首作品中,范成大或多或少地顯露出了以點綴面的書寫意圖,嘗試用一首詩歌來涵括整個衡山的風貌。這些創作實踐,爲他晚年以大量詩歌涵詠吴中風土的做法,提供了不少有益的經驗。

以上作品,無論組詩還是長詩,皆有鮮明的地方書寫意識。范成大在《上元紀吴中節物俳諧體三十二韻》中説得明白:"掎摭成俳體,諮詢逮里甿。誰修吴地志,聊以助譏評。"他不但是這麼説的,而且確實付諸了行動。此詩中有"萬窗花眼密,千隙玉虹明"、"桑蠶春繭動"、"撚粉團樂意,熬秬膰膊聲"諸句,自注曰:"萬眼燈以碎羅紅白相間砌成,工夫妙天下,多至萬眼"、"琉璃毬燈每一隙映成一花,亦妙天下"、"春繭自臘月即入食次,所以爲蠶事之兆"、"團子"、"炒糯榖以卜,俗名孛婁,北人號糯米花"[21]。以上風俗,在《吴郡志》中亦有記載:"上元燈影巧麗,他郡莫及。有萬眼羅及琉璃球者,尤妙天下。以糖團、春繭爲節食。爆糯榖於釜中,名孛婁,亦曰米花。"[22]再舉一例,其《臘月村田樂府十首》序曰:"余歸石湖,往來田家,得歲暮十事,采其語各賦一事,以識土風。"[23]分《冬春行》《燈市行》《祭灶行》《口數粥行》《爆竹行》《燒火盆行》《照田蠶行》《分歲詞》《賣癡獃詞》《打灰堆詞》十篇,對十種風俗有詳細介紹。在《吴郡志》中,也有類似文字相對應:

> 俗重冬至,而略歲節。臘日並力舂一歲糧,藏之土瓦龕中,經歲不蛀壞,謂之冬春米。十六日,婦女祭廁姑,男子不得至。二十四日祭灶,女子不得預。二十五日食赤豆粥,云辟瘟。舉家大小無不及,下至婢僕貓犬皆有之;家人有出外者,亦貯其分,名曰口數粥。是夕爆竹及儺田間燃高炬,名照田蠶。歲節祭享用,除夜祭畢,則復爆竹,焚蒼朮及辟瘟丹。家人酌酒,名分歲。食物有膠牙餳、守歲盤。夜分祭瘟神,易門神、桃符之屬。夜向明,則持杖擊灰積,有祝詞,謂之打灰堆。[24]

筆者以爲,范成大對地方性知識的静態書寫,分爲詩歌、詩注、志書三個層次。第一層爲詩歌本文,多用組詩、長篇二體;第二層爲自注,對詩歌作補充性闡釋;第三層爲志書,用史籍之體作更客觀地記述。對地方的流動書寫,其實也是類似的手法,只不過將志書這一體式换作行記罷了。在這裏,無論詩注還是行記、志書,都是廣義的"補助性散文",只不過詩注是點對點的補助性書寫,而行記、志書是綫、面對點的補助性書寫。當然,考慮到行記是即時書寫,志書是總結性書寫,志書的補助效果還是遠勝行記。

限於篇幅,筆者只能挑選以上數例,來印證范成大的詩歌與志書在地方性知識上的對應關係。從大處看,我們可借此考察范成大的地方書寫觀念及相關思想體繫;從小處着眼,還可解决一個實證問題,即范成大之於《吴郡志》的署名權。由於《吴郡志》成書的第二年,范成大即離世,時任蘇州知府迫於流言,未能在第一時間將此書付梓[25],直到繼任知府李壽朋"從其家求遺書得數種,而斯志與焉,校學本無少異"[26],加上周必大撰《資政殿大學士贈銀青光禄大夫范公成大神道碑》中著録有《吴郡志》,纔在大體上廓清了疑雲。但無論是范氏遺書，還是周撰碑傳，都只能證明范成大編纂過《吳郡志》，至於他的參與度有多高，是主持編纂，還是具體撰寫，似乎很難確證。當時士人已有類似疑惑，"或疑是書不盡出石湖筆"，對此趙汝談舉《淮南子》《通典》之例，以爲即使出於衆力，亦可獨表主事之人。他也承認"石湖在時，與郡士龔頤、滕晟、周南厚。三人者，博雅善道古，皆州之雋民也。故公數諮焉，而龔薦所聞於公尤多，異論由是作"㉕。則《吳郡志》署名范成大雖無疑問，但署名方式是編還是撰，却是另一椿懸案。本篇通過對范成大詩歌與志書的互文性考察，實可從一個側面印證范成大確實親撰過《吳郡志》的具體文本。以上只是舉《上元紀吳中節物俳諧體三十二韻》《臘月村田樂府十首》二例，若能進一步細讀比對，相信可以發現更多的互見綫索。

三、從四方到地方：南宋地理書寫觀念的内向轉型

探索未知世界，一直是人類不斷前進的動力，它對於文學創作與求索的魅力，遠勝過日常生活諸事，此人之常情，亦可想見。在地理書寫的領域，上古的《山海經》爲之肇端，異域書寫、邊疆書寫一直是文士們津津樂道的話題，上可經國致用，下可聊資閑談。這樣的著述風氣，直到宋代依然興盛，如范成大《桂海虞衡志》、周去非《嶺外代答》等，都是中國古代重要的西南地理典籍。范成大的地方書寫行爲，在使金期間出現第一個高峰，然後在任官靜江、成都的五年中達到了第二個高峰，這絶非偶然。這恰是宋人地方書寫之普遍觀念的一個縮影，即理所當然地認爲"四方"之事重於"地方"之事。

首先，從文學心理的角度來説，陌生的事物更能激起文學創作的熱情和靈感。這在范成大的《西征小集》和《驂鸞録》中，表現得最明顯。在兩浙西路、江南東路、江南西路境内時，多園亭交遊之作，或許因爲風景熟悉，其文字缺乏行旅應有的生氣。一進入湖南地界，再没有一首交遊詩，代之以節奏輕快、色調偏澀的詩歌風格，作詩頻率也加快爲起初的三倍有餘。所有這些變化，皆外在環境的陌生化使然。

其次，范成大作《北征集》《攬轡録》時，其身份爲使臣；作《南征小集》《驂鸞録》《西征小集》《石湖蜀中詩》《吳船録》時，其身份爲在職或剛離任的邊臣。我們必須認識到，與"四方"一詞相對應的，不僅是知識層面的陌生世界，還有政治層面的國家邊界，無論從哪一個角度去看，其重要性都勝過一個普通州縣之於士人知識結構及國家政治事務的意義。范成大的地理文字，當然有他獨特新奇的觀感體驗在其中，但我們不能忽視，他還有更重要的士大夫責任一以貫之。朝廷尊嚴的維護，已失故土的追懷，邊疆社會的治理等，無論它們指向的是外交層面的敵情、文學層面的人情，還是治國層面的邊情，都需要士人付諸書寫實踐。如果説《攬轡録》的撰寫，屬於外交使臣的公文記録，有不得不寫的應命之意，那麼，《桂海虞衡志》這樣的作品，則是一個充滿政治責任感的士大夫的用心之作。在今人看來，此書或許提供了很多稀見史料，但在范成大心中，其首要目的是給後來治邊者留下一

份詳細的風情檔案。一個國家的良性運作,需要士大夫們利用每一次出使、治邊的機會,獲取更多的未知、少知地區的地情、民情信息。這雖然早已不是《山海經》那樣的奇聞怪談,但從對"四方"之事孜孜以求的態度來說,二者之間仍有很多共通之處。

研究范成大田園詩歌的學者,會留意到在他的使金、入桂、入蜀詩中,已有一些鄉土農事的掠影,並認爲這些作品是他田園詩創作的早期嘗試㉚。從詩歌類型的角度去看,這是一條頗爲清晰的發展綫索,二者之間的前後聯繫是客觀存在的。但筆者倒以爲,我們大可換一個角度去看問題:即經歷了異國、邊陲風土之洗禮,從他鄉歸來的范成大,其觀察故鄉的視角,是否有了明顯的變化?一個一輩子耕讀鄉里的文人,與一個在外闖蕩行走的文人,他們看待故鄉風土的態度,是否有明顯的不同,而這種不同又是否體現在范成大的地方書寫之中?到底是范成大的地方鄉土情結,促成了他在行旅中的自覺書寫,還是他在行旅中的見聞,歷練了他觀看故鄉風土的新視角?這些都是有待思考的。

一般認爲,范成大的早期田園詩,一是以《催租行》《後催租行》爲代表的樂府新題,保持着俚中有刺的語言風格,以白居易、張籍等人爲傳統;二如《田舍》《田家留客行》這樣或閑淡、或輕快的近體詩,以陶潛、孟浩然等人爲傳統。這些作品與晚年的《四時田園雜興》相比,文人氣更重些,鄉土氣較淡些。讀者從中體會到的,有農村不同階層之間的矛盾,有出世與入世之間的短暫和諧,却無法體會到田園風貌的區域性差異。從陶潛至王、孟、白、張,無論是美是刺,我們看到的都是一個沒有"地方"的農村。早年的范成大很好地承襲了前代的田園詩傳統,但尚沒有形成自己的風格。從這個角度來說,他中年以後使金、入桂、入蜀的人生經歷,對其田園詩歌之地方性的形成,起到了相當重要的作用。

異域的事物總能帶給觀者陌生化的體驗,對南宋士大夫來說,中原故土也是一種無法見聞的特殊異域。故同樣是鄉村田園的景象,中原那些有別於江南的鄉土元素,帶給范成大頗爲新奇的體驗,並第一時間進入他的創作視野之中。在使金詩中,如《西瓜園》曰:"碧蔓凌霜臥軟沙,年來處處食西瓜。形模濩落淡如水,未可蒲萄苜蓿誇。"《大寧河》曰:"梨棗從來數内丘,大寧河畔果園稠。荆箱擾擾攔街賣,紅皴黃團滿店頭。"㉛都是俚俗輕快的風格,却有非常鮮明的地域辨識度,梨、棗都是北方特有的土物,西瓜更是從西域傳入中原、當時尚未在南方普遍種植的瓜果。使金經歷之於范成大田園書寫的最大收獲,或在於讓他學會了如何去抓住田園風情中那些細微而獨特的地方性元素。

在任職桂、蜀的五年中,范成大的眼界多有開闊。如果說中原是一個情感上的異域,那麽,西南則是一個文化上的異域。田園農事在他的西南書寫亦有流露,由於他的行程以水路爲主,所以主要體現在《桂海虞衡志》而非"石湖三錄"中。另有一些農事詩,也流露出濃郁的邊域風情。如《大丫隘》曰:"峽行五程無聚落,馬頭今日逢耕鑿。麥苗疏瘦豆苗稀,椒葉尖新柘葉薄。家家婦女布纏頭,背負小兒領垂瘤。山深生理却不乏,人有銀釵一雙插。"㉜著名的《夔州竹枝歌》中,既有與使金詩相仿之作:"新城果園連瀼西,枇杷壓枝杏子肥。半青半黃朝出賣,日午買鹽沽酒歸。"也有典型的西南風土之作:"白頭老媪簪紅花,黑頭女娘三鬟丫。背上兒眠上山去,采桑已閑當采茶。"㉝可見范成大在不斷地充實自己農事詩創作的豐富度,並自覺地在風格層面上注入不同的地域元素。這一點,在他的《勞畬耕》長詩中體現得最爲鮮明:

峽農生甚艱,斫畬大山巔。赤埴無土膏,三刀財一田。頗具穴居智,占雨先燎原。雨來亟下種,不爾生不蕃。麥穗黄剪剪,豆苗緑芊芊。餅餌了長夏,更遲秋粟繁。稅畝不什一,遺秉得饜餐。何曾識秔稻,捫腹嘗果然。我知吴農事,請爲峽農言。吴田黑壤腴,吴米玉粒鮮。長腰饱犀瘦,齊頭珠顆圓。紅蓮勝雕胡,香子馥秋蘭。或收虞舜餘,或占白城傳。早秈與晚穤,濫吹甑甗間。不辭春養禾,但畏秋輸官。姦吏大雀鼠,盜胥衆螟蝝。掠剩增釜區,取盈折緡錢。兩鍾致一斛,未免催租瘢。重以私債迫,逃屋無炊烟。晶晶雲子飯,生世不下嚥。食者定遊手,種者長流涎。不如峽農飽,豆麥終殘年。㉞

往常對這首詩的賞析,重在其中的現實批評,這當然是非常值得稱道的地方,筆者不再贅述。但從作家"地方"意識養成的角度來說,這首詩的特殊之處,在於范成大自覺地將吴中、三峽兩地的風土民情作了細緻的對比,如此比較視域下的農事批評,就不再是模式化的階層對立,而有了更爲細膩和深刻的觀照。

這種基於文本的風土互動,其實是雙向的。當范成大在三峽詩歌中植入吴地元素時,他對詩歌中"地方"二字的理解已進入了一個新的境界。再當他結束西征回到故鄉的時候,難免會用這種比較的、寬廣的視域去看待吴中的風物。如《丙午新正書懷》,前九首皆詠姑蘇風俗,第十首却"記桂林、成都元日舊事",其詩曰:"殊方節物記吾曾,海北天西一瘦藤。烏欖雞檳嘗老酒,酥花芋葉試新燈。瘴雲度嶺濃如墨,邊雪窺窗冷欲冰。閑展兩鄉圖畫看,卧遊何必減深登。"㉟其頷聯"上下句分記廣、蜀",與前九首中的吴中風物形成了鮮明的對比。又如《上元紀吴中節物俳諧體三十二韻》,緊接《燈夕懷廣、蜀舊事》而作,也是類似的手法。正是在這種自覺的比較中,其鄉居詩歌中的吴地特徵纔被映襯出來,成爲文本之核心。這纔是真正有地方特性的風土詩、田園詩,不再是普遍意義上趨文人化的風土詩、田園詩。

最後想說的是,中國文學中的地理書寫對象,從"四方"轉至"地方",從"異物"變爲"土物",其實是宋代文化轉型的一個側影。隨着宋人"地方"觀念的興起,郡邑方志的大量編纂,人們對知識的興趣,開始從"廣域"之見聞中分離出來,一部分轉向了"鄉域"之見聞。而同一區域的諸多見聞中,"風"、"物"無疑比"人"、"事"更具穩定性。范成大就是一個很典型的個案。他早期的田園詩少有地方元素的印蹟,後來經過中原、廣西、四川的"四方"遊歷,可以自信地說"余於南、北、西三方,皆走萬里"㊱。但在地理書寫的悠久傳統中,仍不過爲前人的"四方"見聞多作一個注脚而已。現存使金日録並非只有他一部㊲,樓鑰的

《北行日録》比范成大早一年,記載見聞却比他詳細得多;"石湖三録"中篇幅最長的《吴船録》,在文學史意義上,也只是步陸游《入蜀記》之後塵;其《桂海虞衡志》固然在廣西地理研究上有先驅之功,但在更寬廣的視域下,不過是自《山海經》而下的西域、南海書寫的又一部重要作品,何况十餘年後便被周去非的《嶺外代答》取而代之。把范成大的地理書寫放在"四方"的話語體系中,當然有很重要的學術意義,但算不上里程碑式的,反有被范成大的個人體驗牽着鼻子走的嫌疑。但如果我們把范成大的地理書寫放在"地方"的話語體系中,就會發現,雖然南宋文人的地方書寫已相當活躍,如陸游、周必大等人的遊記散文,曾極、阮閲等人的地名百詠,《咸淳臨安志》《嘉泰會稽志》等郡邑志書,但没有一位作家像范成大這樣涵蓋了所有的著述形式和足夠寬廣的地域空間,其前、後期著述所反映出的從"四方"到"地方"的内向轉型,具有非常鮮明且典型的文學史意義。

綜上所述,范成大在中國地理文學史中的突出意義,並不在具體某部作品的文學或文獻價值,而是作爲文人之地方書寫觀念的實踐與轉型意義。一方面,他詩歌、行記、方志三種文體兼擅,採用紀行詩、紀行文相結合的流動書寫之法,及風土詩、地方志相結合的結構書寫之法,構成了點、綫、面三個維度層疊互見的地方書寫模式。另一方面,他結合自身的遊歷體驗,將前代文人的地理書寫觀念,從"四方"書寫内轉至"地方"書寫,進一步挖掘了農事田園詩的鄉土内涵,爲中國風土詩歌的發展開闢了一條日常化的觀看之路。以上這些,皆有待引起學界的進一步重視。

(作者單位:浙江大學中國語言文學系)

---

① 程傑《論范成大以筆記爲詩——兼及宋詩的一個藝術傾向》,《南京師範大學學報》1989 年第 4 期。
② 大西陽子《范成大紀行詩與紀行文的關係》,《南京師範大學學報》1992 年第 2 期。
③ 劉珺珺《范成大紀行三録文體論》,《文學遺産》2012 年第 6 期。
④ 案:對《北征集》《南征小集》《西征小集》《石湖蜀中詩》四部詩歌專集的命名依據,及其所收作品的範圍,大西陽子在《范成大紀行詩與紀行文的關係》中已有考辨,可參看。
⑤ 大西陽子《范成大紀行詩與紀行文的關係》,《南京師範大學學報》1992 年第 2 期。
⑥ 劉珺珺《范成大紀行三録文體論》以爲,范成大的行記在"地志、日記之間"(第一節標目),"對行記而言,記、志關係(記叙與説明)的處理決定了其文體形態"。此處的"地志",主要指功能而非結構。
⑦ 大西陽子《范成大紀行詩與紀行文的關係》,《南京師範大學學報》1992 年第 2 期。
⑧ 范成大《范石湖集》詩集卷一五、一六,上海古籍出版社,1981 年,第 202—204、214、218、221 頁。
⑨ 范成大《驂鸞録》,《范成大筆記六種》,中華書局,2002 年,第 44、46、47、50、54、56 頁。
⑩ 范成大《吴船録》卷下曰:"泝江入蜀者,至此(萬州)即舍舟而徒,不兩旬可至成都,舟行即須十旬。"(《范成大筆記六種》,第 216 頁)
⑪ 雖没有直接材料可證明范成大讀過《入蜀記》,但范、陸二人在成都的交遊詩歌不少,陸游還給范成大的《西征小集》寫過《范待制詩集序》,故同爲入蜀題材,范成大讀過《入蜀記》的可能性很大。

⑫ 小川環樹在《范成大的生平及文學創作》一文中指出,"《吳船録》特意詳盡地描寫了峨眉山等長江上游沿岸的山景,或許有填補《入蜀記》空白的用意也未可知。"見氏著、周先民譯《風與雲:中國詩文論集》,中華書局,2005 年,第 261 頁。

⑬ 蔣寅《擬與避:古典詩歌文本的互文性問題》,《文史哲》2012 年第 1 期。

⑭ 自《將赴官夔府書懷》至《登江樓》,見《劍南詩稿校注》卷二,上海古籍出版社,1985 年,第 131—178 頁。

⑮ 莫礪鋒《讀陸游〈入蜀記〉劄記》,《文學遺産》2005 年第 3 期;吕肖奐《陸游雙面形象及其詩文形態觀念之複雜性——陸游入蜀詩與〈入蜀記〉對比解讀》,《紹興文理學院學報》2011 年第 1 期。

⑯ 陸游《入蜀記》卷六,《渭南文集》卷四八,《四部叢刊初編》本。

⑰ 范成大《吴船録》卷下,《范成大筆記六種》,第 223 頁。

⑱ 今本《攬轡録》中,並無中原父老見使者而揮涕之文字,倒是《北征集》中《州橋》詩曰:"州橋南北是天街,父老年年等駕回。忍淚失聲詢使者,幾時真有六軍來。"《翠樓》詩中亦有"白頭翁媼相扶拜,垂老從今幾度看"之句。至少可證陸游之於范成大的使金紀行詩文,確有致敬之意。

⑲ 《四庫全書總目》卷七〇《桂海虞衡志》提要,中華書局,1965 年,第 625 頁。

⑳ 程傑《論范成大以筆記爲詩——兼及宋詩的一個藝術傾向》,《南京師範大學學報》1989 年第 4 期。

㉑ 孔凡禮《桂海虞衡志·點校説明》,《范成大筆記六種》,第 73 頁。

㉒ 范成大《范石湖集》卷二七《四時田園雜興》小序,第 372 頁。

㉓ 范成大《范石湖集》詩集卷二三《上元紀吴中節物俳諧體三十二韻》,第 325—326 頁。

㉔ 范成大《吴郡志》卷二《風俗》,江蘇古籍出版社,1999 年,第 14 頁。

㉕ 范成大《范石湖集》詩集卷三〇《臘月村田樂府十首》并序,第 409 頁。

㉖ 范成大《吴郡志》卷二《風俗》,第 14—15 頁。

㉗ 趙汝談《吴郡志序》:"初,石湖范公爲《吴郡志》成,守具木欲刻矣。時有求附某事於籍而弗得者,因嘩曰:'是書非石湖筆也。'守憚莫敢辨,亦弗敢刻,遂以書藏學宫。"

㉘ 趙汝談《吴郡志序》,《吴郡志》,卷首,第 1 頁。

㉙ 同上書,第 1—2 頁。

㉚ 李娟《論范成大使金紀行詩的田園内涵》,《江淮論壇》2010 年第 1 期。

㉛ 范成大《范石湖集》詩集卷一二《西瓜園》《大寧河》,第 146、152 頁。

㉜ 同上書,詩集卷一五《大丫隘》,第 208 頁。

㉝ 同上書,詩集卷一六《夔州竹枝歌》其三、其五,第 220 頁。

㉞ 同上書,詩集卷一六《勞畬耕》,第 217—218 頁。

㉟ 同上書,詩集卷二六《丙午新正書懷》其十,第 363 頁。

㊱ 同上書,詩集卷一七《丁酉重九藥市呈坐客》自注,第 240 頁。

㊲ 有關南宋使金行程録的考察,可見劉浦江《宋代使臣語録考》,張希清等編《10—13 世紀中國文化的碰撞與融合》,上海人民出版社,2006 年,第 253—296 頁。

宋代文學文化視野中的朱熹[*]

張萬民

一、思想史與文學史

包弼德(Peter Bol)的《斯文：唐宋思想的轉型》於1992年出版后,其以文學觀念作爲思想史討論核心的做法、試圖改變唐宋思想史寫法的嘗試,引起海外漢學界的矚目。2001年中文版出版,又引起中國學界的熱烈討論。不過,葛兆光先生在贊賞其敏鋭視角的同時,也提出了尖鋭的批評。葛先生指出,"包弼德的相當多的綫索和資料,似乎圍繞着或依據着過去文學批評史或文學思想史理路而來",由此産生的問題是:"以文學史的綫索來替代哲學史的綫索,是否就能夠闡明思想轉型時代的社會背景和知識背景?"[①] 後來,葛先生還進一步提出疑問:"以'文學批評史'爲中心討論'中國思想和文化的轉型',它仍然是精英的,甚至是全國性精英的轉型,而不是普遍的、社會的、整體的轉變,所以它没有真正離開哲學史或者和哲學史叙事。"[②]

從思想史研究的發展來看,葛兆光先生的批評是一針見血的。當思想史已經開始關注各種"非文字類的圖像資料(畫像石、銅鏡、宗教圖像、雕塑、建築)、普遍適用的印刷品(如寺廟中的籤文、一些格式化的祝禱詞、皇曆一類通用手册)",以及"一些歷史學家不注意的文學性資料(如早期的講經、變文以及後來的善書、可供藝人閲讀的唱詞、有固定場所的説書、家族祭祀或村社聚會時的演出)"[③],如果仍然糾結於傳統的精英思想或是精英文學,當然無法描述整個思想史的全景。所以,葛先生説,"以文學史的綫索來寫思想史固然也是一種思路",但是這種思路"可能出現把思想史從'宋代的歷史脈絡中抽離出來'的問題","因此需要追問的是,文學史,究竟是作爲思想史,還是作爲思想史的背景?"[④] 葛先生的言下之意是,文學史只能充當思想史的一個背景。

但是,如果我們换個角度,從文學史本身的角度來看,那麼,能夠作爲唐宋思想轉型背景、作爲宋代歷史脈絡一部分的宋代文學,是否可以借由思想史和宋代歷史脈絡而獲得更

---

[*] 本文的研究受到香港研究資助局的資助(項目號: CityU 11602215)。

大的研究視野呢?是否可以與思想史互爲背景而獲得新的闡發呢?

當然,如果把唐宋文學發展與唐宋思想發展的交集,僅僅理解爲文道關係的爭論,這其實是唐宋文學研究中的一個老問題。這個問題,在中國文學批評史或唐宋古文運動的研究中,已被反復討論,在這種討論中,理學家大多被視爲不太懂文學或不太尊重文學規律,而被劃入另册。

文道關係的爭論,其結局經常被描述爲所謂的"周程、歐蘇之裂",即道統和文統的分離。而這種分離,恰好與現代的學科分類相對應,正如朱剛所説:"這分裂的雙方恰好被20世紀以後的哲學史和文學史各自取爲研究的對象,倍加推崇。"但是,朱剛接着指出:"他們雖然分裂,却没有各自分道揚鑣,互不相關,而是始終保持着在某種共同語境下的對立關係。"朱剛從文學研究者的角度指出,以現代學科分類法,來研究宋代這種"共同語境下的對立關係",造成了方法論上的缺陷:"文學史從近代學科的觀念出發對仿佛屬其他學科的問題採取回避態度,至少就宋代文學研究而言,無疑便是方法論上的重大缺陷。"朱剛提出糾補的方法是"從學科回到人,即把宋代文學家還原爲士大夫進行整體的或個案的研究"。⑤

因此,文道關係之類題目,已天然具有文學史與思想史的雙重身份,但是現代的研究者,往往困於現代學科分類的局限,受到現代的純文學和審美性觀念的影響,過度地孤立和貶抑了其中理學家論述的地位和意義。當然,這種情況,在最近十多年已逐步得到改善。比如,韓經太就説:"作爲理學家而提出的'作文害道'之論,與其説它反映了道學先生不解文學價值(文章價值)的偏執,不如説是從另外一個角度提出了文學主體意識的文化品格問題。"⑥胡曉明則簡潔地將唐宋的文道觀念概括爲"中國人文精神返本開新大趨勢中的一種努力"。⑦近期又有張健將此問題放在宋代整個道德重建和文化重建的歷史背景中,認爲理學家的論述"是中國文學理論傳統中關於道德與文學關係理論的最突出成果,其價值也應該重估"。⑧張健等人的研究,提醒我們不僅僅要作價值上的重估,還要在最大的範圍中重構宋代士人的"共同語境"和"歷史脈絡",以此來重新研究宋代的文學觀念及其與思想的互動。

現代的純文學和審美性觀念,更爲嚴重的負面影響,是縮窄了宋代文學研究的材料範圍和思考領域。朱剛發現,蘇軾終生爲"詩賦取士"辯護,但是因爲"詩賦取士"與"文學自覺"的論題相悖,所以蘇軾對"詩賦取士"的辯護詞在《中國文學批評通史》《中國歷代文論選》《宋金元文論選》等書中都未被提及。更爲可取的研究角度,應該是:"在思想史的視野下,我們關注的是被分在'文學'一科的那類精神現象,在人們的精神教養中佔據何種地位。"⑨

换言之,我們需要從宋代整個"精神教養"的語境出發,研究那些被分類在現代的"文學"學科中的材料,以及那些没有進入現代的"文學"學科、但是與中國古人的"文學"觀念密切相關的材料,研究這些材料在宋代整個思想文化中的作用。

具體地說,本文嘗試從"文學型文化"視角來描述宋代的整體文化語境,然後再以朱熹的經典闡釋和政治論述爲例,分析文學傳統與思想表達之間的互動,從中看到:宋代文學不僅深受宋代思想的影響,宋代思想的表述也深受文學的影響。

二、宋代的"文學型文化"

"文"在中國的思想史和文化史中佔有特別重要的地位。中國古代的"文",在外延和內涵上都與現代意義的"文學"不同,它包含了文獻、文章、文化等種種含義,是一個雜文學或是泛文化的概念。在歷史的演變中,當"文"與文筆、詩文、文章聯繫在一起時,就比較接近現代意義的"文學"概念。⑩

在"文"的觀念演變中,詩文寫作逐漸佔據了核心的地位。宋史專家劉子健說"'有文化'的意義遠不止於能夠寫作常規的書面文件",而是"意味着能夠寫文學作品,更高水準的則要會用高雅的形式寫作具有創意的作品。文人的寫作不僅是一種快樂,是抒情和交流的方式和個人成就的載體,還是豐富文化內涵、推動文化發展的行爲"。⑪包弼德也說:"筆者用英文字'literati'來指在宋代形成的政治、社會、文化菁英。'literati'暗示着那些熟於詩書、能夠寫作的人。"雖然包弼德接着說:"我不是指'文人','文人'只是'literati'中的一小部分。相反地,我會把所有接受過科舉教育、並藉此來追求科名的人當作'literati'。"不過他也說:"'士人'是一種社會群體而不是一種經濟階級;但是經由教育,他們却分享着一種共同的認同感。"⑫在這種"共同的認同感"中,詩文寫作確實有着核心的地位。

詩文或詩賦寫作佔據士人文化生活的核心位置,經由六朝的發展,尤盛於唐朝。劉昫(887—946)在《舊唐書》中曾說"近代重文輕儒"。⑬"文"與"儒"對立,這裏的"文"指詩文創作。陳寅恪進一步從隋唐歷史和文化變遷的角度提出:"經術乃兩晋、北朝以來山東士族傳統之舊家學,詞彩則高宗、武后之後崛興階級之新工具。"⑭"詞彩"也是指唐時流行的詩歌創作。對於唐朝詩文創作地位的尊崇,有學者形容其爲"文學崇拜"。⑮

包弼德也指出,南朝至唐的士人"將文學技巧看作'學'最突出的成就",並且,唐代的思想文化可以說"是一種'文學'文化,在這種文化中,學術是以在文學廣闊領域中的著作的形式出現的",也就是說,"文學寫作是把學、價值和社會實踐聯繫在一起的最常見的方式"。⑯

這種"文學"文化,或可稱爲"文學型"文化,在宋代遭受到最嚴厲的質疑。宋代理學先驅石介(1005—1045),曾著《怪說》,把當時文壇盛行的西崑體與佛、老並列爲三怪,說佛、老是"毁中國之衣冠,去祖宗而祀夷狄",而楊億、劉筠的西崑體是"窮研極態,綴風月,弄花草,淫巧侈麗,浮華纂組,刓鏤聖人之經,破碎聖人之言,離析聖人之意,盡傷聖人之道",並說"然今舉中國而從佛老、舉天下而學楊億之徒,亦雲衆矣"。⑰程頤也總結當時的士學主流爲:"今之學者有三弊,一溺於文章,二牽於訓詁,三惑於異端,苟無此三者,則將何歸,必趨於道矣。"⑱這裏所謂"異端",也就是石介説的佛老。理學家將詩文寫作與佛老並提,可見文學在宋代文化中的核心位置。

理學文化的興起,改變了唐代以來的"文學型文化"的面貌。包弼德從思想史和社會史的角度考察了這個"士人價值觀轉變"的過程,他認爲"這個轉變始於北宋晚期,在12世紀晚期支配了自我反省的'士學'","知識份子越來越拋棄了以往的文學—歷史視角,而代之以倫理—哲學視角"。11世紀的士人開始提出"思想的探詢要優先於文學","文學在這裏顯然不再被作爲一種解決方式……對價值觀的尋求却暗示出,文事實上並不重要"。程頤更直接提出以道學代替文學,成爲"士學"的基礎。⑲

這一段歷史,中國學者早已作了很多研究,常常將其描述爲道統與文統的離合史。一般以爲,在唐宋的儒學復興運動中,古文作爲載道的工具,曾與儒學"交相爲用,相輔相成,一開始便建立了親密的合作關係",但是文道關係的發展使得古文家與理學家分裂爲兩大陣營。陳植鍔將這種道統與文統的分離,描述爲宋代知識分子從"文章型"向"經術型"的轉變,他指出:"柳開在26歲時把自己的名字由'好尚韓之文'的'肩愈'改成'執用先師之道'的'開'、'仲塗',不僅預示了真、仁之際知識分子從文章型向經術型的轉變,而且差不多是北宋中後期所發生的道統與文統逐漸分離之傾向的縮影。"⑳

在文學研究領域,郭紹虞先生早已提出,唐宋時期文學觀念的不同,是由於當時學術風氣的不同:"漢人通其訓詁章句,於是有所謂'漢學';宋人明其義理,於是有所謂'宋學';在唐人則不過重在文辭方面,玩其文章結構而已。研究之對象仍一,不過方法有不同,方面有不同而已。"唐代的"以文爲教"自韓愈開始,"在韓愈以前所謂以文爲教者,不過童子之師授之書而習其句讀而已。韓愈之教,則始有文學的意味,而不復限於習其句讀了"。郭先生將這一段歷史描述爲從"以文爲教"到"以道爲教"的轉變:"進至宋代,遂專重在傳道一方面,而不重在學文一方面。在唐人是二者兼營者,至宋儒則專攻其一端。……宋儒既專攻一端,於是不以文爲教,而以道爲教。"所以,郭先生的結論是"唐學重在文,宋學重在道"。㉑

類似的論述屢見不鮮。不過,這些論述大多局限在古文運動與理學興起的綫索中,圍繞着理學家與古文家這兩種身份的離合。這樣的離合綫索,最終只能充當理學和宋學發展的一個背景而已。相比而言,性情之辯、理學與佛老的關係等問題,纔有資格成爲宋學的中心議題。

包弼德却敏鋭地從另一個角度提出了問題。他在《美國宋代研究的近況》這篇文章中説:"筆者提出兩點意見:第一、我們應該將唐宋士人的思想變遷了解成是從文學轉變到道學而不是從佛學轉變到儒學。第二、道學在士人中得到的勝利和宋代全國性菁英的社會轉型有關。"㉒這兩點意見,其實成爲他的《斯文》一書的立足點。其中,"將唐宋士人的思想變遷了解成是從文學轉變到道學而不是從佛學轉變到儒學",可謂立論獨特,與通行的"從佛學轉變到儒學"的描述不同,唐宋思想轉型的中心問題變成了"從文學轉變到道學"。這個描述和我們的議題尤爲相關,可以提醒我們重新思考文學在宋代文化中的位置。

可以説,在宋代的話語權之爭中,文章之學與佛老並列,俱爲宋代"精神教養"的"共同語境"和"歷史脈絡"。但是,學者大多關注佛老之學如何或隱或現地影響宋代思想發展,很少人關注文章之學的"文學型文化"如何影響宋代思想。以至於宋代文學史被描述爲單向地受理學影響、甚至受理學壓制的歷史。如劉子健就認爲,南宋文學走下坡路的一個原因是"哲學開始受到高度重視,其抽象思維比純文學更具挑戰性;因此,大部分創造性能量不再投向文學"。㉓

在宋代士人重建文學的道德基礎的過程中,大部分士人都强調道德決定文章。理學家進一步提出"作文害道"、爲文玩物喪志之説。㉔程頤(1033—1107)説:"向之云無多爲文與詩者,非止爲傷心氣也,直以不當輕作爾。聖賢之言,不得已也。蓋有是言,則是理明;無是言,則天下之理有闕焉。如彼耒耜陶冶之器,一不制,則生人之道有不足矣。聖人之言,雖欲已,得乎?然其包涵盡天下之理亦甚約也,後之人始執卷則以文章爲先,平生所爲動多於聖人,然有之無所補,無之靡所闕,乃無用之贅言也。不止贅而已,既不得其要,則離真失正,反害於道必矣。"㉕朱熹也有類似的説法,如"古之所謂學文者,非弄翰墨事詞藻如後世之所謂文也",如"用力於文詞,不若窮經觀史以爲義理而措諸事業之爲實也……至於文詞,一小伎耳",再如"今人不去講義理,只去學詩文,已落第二義"。㉖可以説,"程、朱更將這種趨勢向前推進,以道德取代文章,以道德修養代替文章工夫"。㉗

這當然對文學帶來很大的負面影響。㉘有學者説:"把儒家禮樂文化所謂'雜文學'與從中獨立出來的純文學分别對待,擡高前者的地位,而否定後者的地位,否定漢魏以來文學獨立發展的成就。……從中我們可以看到宋人對於文學的看法與漢唐之際人們對於文學的熱情投入有着多麽大的距離。"㉙

南宋人劉克莊(1187—1269)已指出"爲洛學者皆崇性理而抑藝文",他是站在文人的立場來批評這種貶抑文學的趨勢:"近世理學興而詩律壞","近世貴理學而賤詩,間有篇詠,率是語録講義之押韻者耳"。㉚道學家與文人成爲兩個對立的陣營,這種現象延續至元、明時期。㉛清人顧炎武評論這種現象的深遠影響:"典謨、爻象,此二帝三王之言也。《論語》《孝經》,此夫子之言也。文章在是,性與天道,亦不外乎是。故曰:'有德者必有言。'善乎游定夫之言曰:'不能文章,而欲聞性與天道,譬猶築數仞之牆,而浮埃聚沫以爲基,無是理矣。'後之君子,於下學之初,即談性道,乃以文章爲小技,而不必用力。然則夫子不曰'其旨遠,其辭文'乎?不曰'言之無文,行而不遠'乎?曾子曰:'出辭氣,斯遠鄙倍矣。'嘗見今講學先生從語録入門者,多不善於修辭。或乃反子貢之言以譏之曰:'夫子之言性與天道可得而聞,夫子之文章不可得而聞也。'"㉜章太炎也提出宋以後的士學可分爲程、朱和歐陽修、蘇軾兩派,不過他是從批評歐陽修、蘇軾的角度立説。㉝

不過,"貴理學而賤詩"只是現象之一端。宋代的"文學型文化",雖然失去了主導地位，但其依然在宋代文化中發揮着作用。王水照曾指出"政治家、文章家、經術家三位一體，是宋代'士大夫之學'的有機構成"。[34]清人全祖望也曾描述宋代這種士人身份的重疊："因念世之操論者，每言學人不入詩派、詩人不入學派。吾友杭堇浦亦力主之。余獨以爲：是言也蓋爲宋人發也而殊不然。張芸叟之學出於橫渠，晁景迂之學出於涑水，汪青谿、謝無逸之學出於滎陽吕侍講，而山谷之學出於孫莘老、心折於范正獻公醇夫，此以詩人而入學派者也；楊尹之門而有吕紫薇之詩，胡文定公之門而有曾茶山之詩，湍石之門而有尤遂初之詩，清節先生之門而有楊誠齋之詩，此以學人而入詩派者。章泉、澗泉之師爲清江，栗齋之師爲東萊，西麓之師爲慈湖，詩派之兼學派者也；放翁、千巖得之茶山，永嘉四靈得之葉忠定公水心，學派之中但分其詩派者也。安得以後世之詩歧而二之，遂使三百篇之遺教自外於儒林乎。賦詩日工，去道日遠，昔人所以箴後山者，謂其溺於詩也，非遂謂詩之有害於道也。"[35]

從文學發展的角度來看，王水照先生已經指出，南宋雖然没有北宋那麽多的文學大家，但文學創作在南宋依然繁榮。[36]包弼德則從思想史的角度發現，"文"不重要的"這個結論並不容易接受"。[37]他在另一篇文章中指出，朱熹曾試圖綰合王安石代表的禮教治政與蘇軾代表的文人修養，這是南宋士學的一個轉折。[38]南宋人吴子良（1198—1257）曾説，吕祖謙（1137—1181）、葉適（1150—1223）等人努力融合文學和理學："自元祐後，談理者祖程，論文者宗蘇，而理與文分爲二。吕公病其然，思融會之，故吕公之文早葩而晚實。逮至葉公，窮高極深，精妙卓特，備天地之奇變，而隻字半簡無虚設者。"[39]

融會理學和文學的努力，以及南宋文學的發展，都能説明詩文寫作在理學强勢中的生存狀態。但這種生存狀態，主要是揭示了理學對文學的單向影響，以及文學在理學排擠中的掙扎。

我們是否可以换個角度，來看文學對理學的影響？如前所述，詩文之學在很長時間内都是宋代士人最基本的"精神教養"，是宋代思想活動的一個"共同語境"和"歷史脈絡"。理學家在言論和著述中公開抵制這種"文學型文化"，並且尋找一種思想表達的新形式，嘗試用語録體、札記體這些最少文學色彩的文體來取代詩文、表達思想。[40]文學形式與非文學形式，成了話語權的較量場所。但是，宋代思想家在他們的思想表達和經典解讀中，還是能找到作爲基本教養的文學思維的影響。當然，最顯著的例子就是朱熹。接下來以朱熹爲例，試説明之。

三、朱熹與宋代文學傳統的"文字言語之工"

衆所周知，朱熹是理學家中最有文學素養和文學成就的。他一方面以詩文爲"第二義"，另一方面又表現出對詩文的重視。朱熹的詩文創作成就可觀，胡應麟曾指出朱熹是詩名"掩於儒者"。[41]朱熹談論詩文的資料亦十分可觀，明人文徵明爲《晦庵詩話》作序指出:"子朱子之學,以明理爲事,詩非其所好也。而其所爲論詩,則固詩人之言也! 嗚呼,理固無不該也,而況詩乎哉! 世蓋有工於吟諷而不得其故者,或終日論議而諧諸音聲輒不合作,要之其於理於詩皆未爲有得也。練川沈文韜氏,以明經遊學官,而特好爲詩,取凡朱子平日論詩之語,萃而爲書,曰《晦庵詩話》,豈將會理與詩而一之耶。夫自朱氏之學行世,學者動以根本之論却持士習,謂六經之外非復有益,一涉詞章便爲道病。言之者自以爲是,而聽之者不敢以爲非。雖當時名世之士,亦自疑其所學非出於正,而有悔却從前業小詩之語。沿譌踵敝至於今,漸不可革。嗚呼,其亦甚矣! 説者往往歸咎朱氏,而不知朱氏未始不言詩也,觀於文韜之書可概見已。若其所論當自有識者,取之小子何述哉!"[42]錢穆甚至説:"朱子不僅集有宋性理學之大成,即有宋經史文章之學,亦所兼備,而集其大成焉。"[43]

朱熹曾批評"天下之士背本趨末,不求知道養德以充其内,而汲汲乎徒以文章爲事業"。[44]但是,朱熹的很多生活細節,却典型地體現出宋代士人"精神教養"之中"文學型文化"的影響:"先生每觀一水一石,一草一木,稍清陰處,竟日目不瞬。飲酒不過兩三行,又移一處。大醉,則趺坐高拱。經史子集之餘,雖記録雜記,舉輒成誦。微醺,則吟哦古文,氣調清壯。某所聞見,則先生每愛誦屈原楚騷、孔明出師表、淵明歸去來並詩、並杜子美數詩而已。"[45]

朱熹對待文學的矛盾態度,學者多有關注。周予同曾説:"朱熹之於文學,蓋其素嗜,後以專究心性,因而菲薄辭章;然於窮理治經之餘,仍撰著《楚辭集注》《韓文考異》《歐曾文粹》諸書,則其愛好文藝之情固終未能自掩也。"[46]這是從朱熹的文學研究著作方面來説的。張健總結道:一方面,"朱熹站在理學立場上,根據'有德者必有言',認爲只要修德養志,必然有詩,不必講求格律形式";另一方面,"朱熹站在詩家立場上,却最重詩歌體制,要求遵守詩歌法則"。[47]這則是從朱熹的學詩作文思想方面來説的。

其實,朱熹的學詩作文工夫論,重在原則性的論述,而不注重"文字言語之工"。朱熹曾批評韓愈等古文家對於"文字言語之工"的過分重視,他評論韓愈時説:"蓋韓公之學見於《原道》者,雖有以識夫大用之流行,而於本然之全體,則疑其有所未睹,且於日用之間,亦未見其有以存養省察而體之於身也。"接着説:

> 是以雖其所以自任者不爲不重,而其平生用力深處,終不離乎文字言語之工。[48]

朱熹對於韓愈的批評,集中在其"不離乎文字言語之工"。朱熹曾從人生精力有限的角度來討論文章工夫問題。朱熹雖然40歲以前對文章學下過功夫:"某四十以前,尚要學人做文章,後來亦不暇及此矣。"但是,他説中年以後不應花費精力理會文章:"人到五十歲,不是理會文章時節。前面事多,日子少了。若後生時,每日便偷一兩時閒做這般工夫。若晚年,如何有工夫及此!"[49]

相比之下,黄庭堅在承認文學的道德基礎的同時,非常重視文字語言之工,他説:"文章最爲儒者末事,然索學之,又不可不知其曲折。”(50) 所以,“黄氏雖然認爲道德工夫是文章的根本,但他也認爲,道德工夫不能取代文章工夫”。可以説,在文章工夫上面,“系統的論述當屬黄庭堅”。(51)

從這裏,可以看出一個思想家和一個文學家對待文學態度的不同。雖然在理學家之中,朱熹對學詩作文工夫的論述是最多的,但是他的基本立場,決定了他對於學詩作文工夫的正面論述是有限的。(52)

不過,朱熹在很多地方又表達了對於“文字言語之工”的極度重視。他説:“韩柳文好者,不可不看。”問題其實在於如何看,朱熹重視的是如何用“文字言語之工”來表達思想和道理,所以他説:“歐公及三蘇文好,只是平易説道理。”並且把古文家的文字功夫與二程的思想功夫並論:“文字到歐、曾、蘇,道理到二程,方是暢。”説到底,這種“文字言語之工”也是聖人著述的工夫所在:“做文字下字實是難,不知聖人説出來底,也只是這幾字,如何鋪排得恁地安穩!”(53) 朱熹像黄庭堅一樣,好談文章中的“曲折”,不過他是從表達思想的角度着眼:“聖賢於難處之事,只以數語盡其曲折,後人皆不能易者,以其於此理素明故也。”(54) 從這樣的角度,朱熹非常欣賞韓愈的文章,高度稱贊了韓愈某些文章的“文字言語之工”,如:“但其間反覆曲折,説尽事理,便是真文章,它人自不能及耳。”(55)

正因爲朱熹是從語言和意義表達的角度來看待“文字言語之工”,所以唐宋文學傳統的“文字言語之工”深刻地影響了朱熹對於語言和思想之關係的思考,並在朱熹的思想中占據了非常重要的地位。這當然不止體現在朱熹對於學詩作文的正面論述,更體現在朱熹的各類著作和他自己的思想表達中。

朱熹在經典詮釋中非常重視其中的文章曲折,其目的並不全在教人學文章,更重要的是叫人理解文義。對於《詩經》的解讀,他説:“看詩,義理外,更好看他文章。……曲折先後有次第。”他還將毛傳與歐陽修、蘇轍的《詩經》闡釋相比較,認爲歐陽修、蘇轍更加懂得文章技巧,所以他們的闡釋更有價值:“子由《詩解》好處多,歐公《詩本義》亦好”,“毛鄭所謂山東老學究,歐陽會文章,故詩意得之亦多”。(56) 輔廣在《詩童子問》中也記録了朱熹的相關言論:“先生嘗言: 東坡會做文字,曉得文字意脈,所以解經多得其指,以是知解經者亦不可不理會得作文之法。”(57)

程頤曾評論漢唐以來的學術説:“古之學者一,今之學者三,異端不與焉。一曰文章之學,二曰訓詁之學,三曰儒者之學。欲趨道,舍儒者之學不可。”(58) 在這裏,我們看到一個有趣的對比,程頤抵制文章之學與訓詁之學,提倡儒者之學。朱熹當然也提倡儒者之學,他説看詩要看“義理”,但是朱熹同時又説要看《詩經》的“文章”。所以,朱熹是“義理”與“文章”並重。這裏的“文章”,就是在唐宋“文學型文化”中成爲基本教養的“文字言語之工”。這種對於“文章”和“文字言語之工”的重視,在朱熹的《詩集傳》《楚辭集注》和《韓文考異》中隨處可見。

在對“文章”和“文字言語之工”的影響中,朱熹特別喜歡用文勢、語脈、意脈、血脈之類的概念,來探討語言和意義的關係。筆者曾著文指出,朱熹注解《詩經》用"賦比興",其中的"比"不是一般人理解的字詞比喻,而是指全章本意隱藏的一種寫作方式。從這個角度來看"賦比興",朱熹有意將三者放在同一個判斷標準之上,那就是以全章的語脈爲標準。[59]

語脈、血脈作爲文章學的概念,在劉勰《文心雕龍》中已經出現。[60]到了宋代,蘇軾叫人在《檀弓》中分辨意脈,已有文章學的意味:"東坡教人讀《檀弓》,山谷謹守其言,傳之後學。《檀弓》誠文章之模範,凡爲文記事,常患意晦而辭不達,語雖蔓衍而終不能發明。惟檀弓或數句書一事,或三句書一事,至有兩句而書一事者,語極簡而味長,事不相涉而意脈貫穿,經緯錯綜,成自然之文,此所以爲可法也。"[61]蘇轍曾用脈理來評論《大雅·縣》,説它的九章的構成是:"事不接,文不屬,如連山斷嶺,雖相去絶遠,而氣象聯絡,觀者知其脈理之爲一也。蓋附離不以鑿枘,此最爲文之高致耳。"蘇轍還用"脈理爲一"之説來評論杜詩《哀江頭》,並説:"其詞氣如百金戰馬注坡驀澗,如履平地,得詩人之遺法,如白樂天詩詞,甚工然拙於紀事,寸步不遺,猶恐失之此,所以望老杜之藩垣而不及也。"[62]

吕祖謙的《古文關鍵》教人學寫古文,也多次用到血脈的説法:"文字一篇之中須有數行齊整處,須有數行不齊整處,或緩或急,或顯或晦,緩急顯晦相間,使人不知其爲緩急顯晦,常使經緯相通,有一脈過接乎其間也,蓋有形者綱目、無形者血脈也。"[63]吕祖謙在評歐陽修文《縱囚論》時説"精神聚處,詞盡意未盡,此篇反覆有血脈",評東坡文《晁錯論》時説:"前後有意,來用此事,與前相應血脈。"[64]

宋代詩話也經常出現血脈的説法。吴沆(1116—1172)《環溪詩話》説:"詩有肌膚,有血脈,有骨格,有精神。無肌膚則不全,無血脈則不通,無骨格則不健,無精神則不美,四者備,然後成詩。"當然,更早的唐代詩格中,已有類似説法。

更有意思的是,朱熹解讀大部分儒家經典時,也都以文勢、語脈爲標準。他對《孟子·公孫丑上》中的"其爲氣也至大至剛以直養而無害"一句,理解有異於趙岐。趙氏讀其中"至大至剛以直"爲一句,"養而無害"爲一句,但是朱熹認爲"至大至剛"當讀爲一句,而"以直"連下四字讀爲一句,是就養氣工夫而言,他的理由是:"文勢當如此説。若以'直'字爲句,當言'至大至剛至直'。又此章前後相應,皆是此意,先言'自反而縮',後言'配義與道'。""自上下文推之,故知'以直'字屬下句,不是言氣體,正是説用工處。若只作'養而無害',却似秃筆寫字,其話没頭。觀此語脈,自前章'縮''不縮'來。"[65]

朱熹還以文勢、語脈來重新解釋《尚書·洪範》中的"皇建其有極",撰成《皇極辨》,詳細陳述了他對"皇極"的理解,以介入當時的政治論爭。[66]《尚書·洪範》"皇建其有極"一句,孔穎達疏:"皇,大也;極,中也。施政教,治下民,當使大得其中,無有邪僻。"[67]朱熹不同意孔穎達的解釋,提出了自己的解釋:"余獨嘗以經之文義語脈求之,而有以知其必不然也。"這種不同解釋的理由,正是語言文字的"文義語脈"。

從朱熹及宋代的"文學型文化"來看,這種"文義語脈",並不是一個普通的經典詮釋用語,而是與唐宋詩文傳統和詩文教養密切相關。因爲朱熹在《皇極辨》的文末,點明了這種"文義語脈"與文士的關係。他提到,有位名叫馮當可的文士,對於"皇建其有極"的理解是對的,他接着説"專經之士無及之者,而文士反能識之,豈泹没傳注者不免於因陋踵訛,平心涵味者有時而得之文字之外耶?"[68]

理學家對於文士甚爲厭惡,程頤抨擊當時的不良風氣説:"今之學者歧而爲三:能文者謂之文士。"[69]朱熹也曾説:"尤是文士巧於言語,爲人所説,易入邪徑。"[70]但是對照朱熹的《皇極辨》以及前述論《詩經》之語,可見朱熹一方面批評了溺於"文字言語之工"的風氣,另一方面却在語言和意義、語言和解釋的層面上充分吸收和升華了唐宋"文學型文化"中的"文字言語之工"。

吴承學曾在討論"八脚詞"爲八股文的異稱時,認爲這個名稱與宋代儒學密切相關,並以朱熹爲例,説"他的讀書法與文章學是相通的",因爲"他對於經典的分析,就經常使用'脚'這個術語",同時"宋人文章學著作也多次使用'脚'這個概念"。[71]不過,吴承學只是揭示儒學與文章學的相通,並未進一步考究是誰影響了誰。在一篇討論儒學和文章評點學關係的論文中,吴承學強調的主要是儒學對文章學的影響:"宋代儒學的讀書方法對於評點之學更是影響巨大,其中理學大師朱熹及其門徒的讀書方法影響尤大。"[72]在另一篇討論章句之學和文章之學的論文中,吴承學談的也主要是經學對文章學的影響,最後以最簡短的一節作結,談到了"文章學對經學的反哺",不過主要談的是《文心雕龍》對唐代經學的影響,只是在脚注中簡單提及朱熹:"宋代注疏中,朱熹《四書章句集釋》、《詩集傳》、《楚辭集注》等,多分章析句以闡釋經典,並在一定程度上揭示章與章、句與句之間的結構脈絡,是對唐前章句之學與文章之學的綜合運用。"[73]

可以看到,朱熹與宋代文章學、唐宋文學傳統之間的關係,其間雙向影響而不僅僅是理學對文學的單向影響,需要進一步的探索。

(作者單位:香港城市大學中文及歷史學系)

---

① 葛兆光《文學史:作爲思想史,還是作爲思想史的背景——讀包弼德〈斯文:唐宋思想的轉型〉》,載《古代中國的歷史、思想與宗教》,北京師範大學出版社,2006年,第247頁。亦可參考葉毅均《從思想史到文化史的嘗試——包弼德〈斯文〉一書及相關討論述評》,《新史學》(臺灣)第14卷第2期(2003)。
② 葛兆光《思想史研究課堂講録續編》,三聯出版社,2012年,第51頁。
③ 葛兆光《中國思想史》之《導論:思想史的寫法》,復旦大學出版社,2007年,第23頁。
④ 葛兆光《文學史:作爲思想史,還是作爲思想史的背景——讀包弼德〈斯文:唐宋思想的轉型〉》,載《古代中國的歷史、思想與宗教》,第251頁。
⑤ 朱剛《唐宋"古文運動"與士大夫文學》,復旦大學出版社,2013年,第109頁。
⑥ 韓經太《理學文化與文學思潮》,中華書局,1997年,第47頁。

⑦ 胡曉明《中國詩學之精神》,江西人民出版社,2001年,第73頁。
⑧ 張健《知識與抒情:宋代詩學研究》,北京大學出版社,2015年,第283頁。
⑨ 朱剛《唐宋"古文運動"與士大夫文學》,第116頁。
⑩ 關於中國古代"文"與"文學"觀念的演變,可以參考郭紹虞《文學觀念與其含義之變遷》,載《照隅室古典文學論集》,上海古籍出版社,1983年;張少康《中國文學觀念的演變和文學的自覺》,載《慶祝徐中玉教授九十華誕文集》,華東師大出版社,2003年;王水照、慈波《宋代:中國文章學的成立》,《復旦學報》2009年第2期。
⑪ [美]劉子健著,趙冬梅譯《中國向內轉——兩宋之際的文化內向》,江蘇人民出版社,2002年,第19頁。
⑫ [美]包弼德《美國宋代研究的近況》,《新史學》(臺灣)第6卷第3期(1995年9月)。
⑬ 劉昫《舊唐書》卷九七,中華書局,1975年,第3059頁。
⑭ 陳寅恪《唐代政治史述論稿》,上海古籍出版社,1982年,第79頁。
⑮ 龔鵬程《論唐代的文學崇拜與文學社會》,淡江大學中文系主編《晚唐的社會與文化》,臺灣學生書局,1990年。
⑯ [美]包弼德著,劉寧譯《斯文——唐宋思想的轉型》,江蘇人民出版社,第93、29—30頁。
⑰ 石介《怪說》,《徂徠石先生全集》卷五,清康熙五十六年刻本。
⑱ 程頤《二程遺書》卷一八,《文淵閣四庫全書》本。
⑲ 《斯文——唐宋思想的轉型》,第13、185、319頁。
⑳ 陳植鍔《北宋文化史述論》,中國社會科學出版社,1992年,第401、188頁。
㉑ 郭紹虞《文學觀念與其含義之變遷》,載《照隅室古典文學論集》,第101—102頁。
㉒ [美]包弼德《美國宋代研究的近況》,《新史學》(臺灣)第6卷第3期(1995年9月)。
㉓ [美]劉子健著,趙冬梅譯《中國向內轉——兩宋之際的文化內向》,第24頁。
㉔ 程頤《答朱長文書》,《二程文集》卷一八,《文淵閣四庫全書》本。
㉕ 程頤《答朱長文書》,同上書,卷一〇。
㉖ 朱熹《答吳伯豐》,《晦庵先生朱文公文集》卷五二,朱傑人、嚴佐之、劉永翔主編《朱子全書(修訂本)》,上海古籍出版社、安徽教育出版社,2010年,第22冊;《答汪叔耕》,《晦庵先生朱文公文集》卷五九,《朱子全書(修訂本)》,第23冊;黎靖德編《朱子語類》卷一四,中華書局,1986年。
㉗ 張健《知識與抒情:宋代詩學研究》,第301頁。
㉘ 莫礪鋒曾簡要地勾勒了南宋以至明清時期理學對詩文領域的控制、禁錮,以及文學的反抗,參見莫礪鋒《朱熹文學研究》,南京大學出版社,2000年,前言第6—7頁。
㉙ 程傑《北宋詩文革新研究》,臺北文津出版社,1996年,第441頁。
㉚ 劉克莊《題黃孝邁長短句》,《後村集》卷一〇六,《四部叢刊》本;《林子顯》,《後村集》卷九八;《恕齋詩存稿跋》,《後村集》卷一一一。可參考張健《晚宋理學、詩學關係的緊張與融合》,載周憲、徐興無編《中國文學與文化的傳統與變革》,南京大學出版社,2008年,第15—29頁。
㉛ 黃明理指出"文人、道學之對立,是爲明人普遍之感受",參見黃明理《"晚明文人"型態之研究》,花木蘭文化出版社,2011年,第38頁。艾朗諾(Ronald Egan)也觀察到兩個陣營的分裂,參見[美]艾朗諾著,杜斐然、劉鵬、潘玉濤譯《美的焦慮:北宋士大夫的審美思想與追求》,上海古籍出版社,2013年,第278—279頁。
㉜ 顧炎武《修辭》,《日知錄》卷一九,上海古籍出版社,2006年。
㉝ 章炳麟《訄書詳注》之《學蠱第九》,徐復注,上海古籍出版社,2000年,第102頁。
㉞ 王水照《宋代文學通論》,河南大學出版社,1997年,第27頁。

㉟ 全祖望《竇瓢集序》,《鮚埼亭集》卷三二,《四部叢刊》影印清刻姚江借樹山房本。

㊱ 可參考王水照《南宋文學的時代特點與歷史定位》,周裕鍇編《第六届宋代文學國際研討會論文集》,巴蜀書社,2011 年。

㊲ 《斯文——唐宋思想的轉型》,第 185 頁。

㊳ Peter K. Bol, "Chu Hsi's Redefinition of Literati Learning," in *Neo-Confucian Education: The Formative Stage*, Wm. Theodore de Bary and John W. Chaffee ed., University of California Press, 1989.

㊴ 吴子良《篔窗集續集序》,《文淵閣四庫全書》本。

㊵ 可參看劉寧《漢語思想的文體形式》第四章"宋代:'擬聖'與理學文體",華東師範大學出版社,2012 年。

㊶ 胡應麟《詩藪》雜編五:"宋諸人詩掩於文者,宋景文、蘇明允、曾子固、晁無咎;掩於詞者,秦太虚、張子野、賀方回、康與之;掩於書者,石延年、蔡君謨;掩於畫者,王晋卿、文與可;掩於儒者,朱仲晦、吕伯恭;掩於佛者,晁文元、饒德操;掩於學者,徐鼎臣、劉原父;掩於行者,徐仲車、魏仲先;掩於勳者,寇平仲、韓稚圭;掩於節者,胡邦衡、文信國;掩於兄者,王平甫;掩於弟者,蘇才翁;掩於詼者,陳亞;掩於謔者,劉邠;掩於誕者,惠洪;掩於顛者,米芾;掩於姦者,丁朱厓、蔡特正;掩於佞者,夏文莊、曾子宣。"

㊷ 文徵明《晦庵詩話叙》,《甫田集》卷一七,《文淵閣四庫全書》本。

㊸ 錢穆《朱子新學案(五)》,載《錢賓四先生全集》第 15 册,臺北聯經出版社,1998 年,第 167 頁。

㊹ 朱熹《讀唐志》,《晦庵先生朱文公文集》卷七〇,《朱子全書(修訂本)》第 23 册,第 3374 頁。

㊺ 黎靖德編《朱子語類》卷一〇七,中華書局,1986 年。

㊻ 周予同《朱熹》,《周予同經學史論著選集(增訂本)》,上海人民出版社,1996 年,第 171 頁。

㊼ 張健《知識與抒情:宋代詩學研究》,第 393 頁。

㊽ 朱熹《昌黎先生集考異》卷五《與孟尚書》注,《朱子全書(修訂本)》第 19 册,第 494 頁。

㊾ 黎靖德編《朱子語類》卷一三九。

㊿ 黄庭堅《答洪駒父書三首》,《豫章黄先生文集》卷一,《四部叢刊》景宋乾道刊本。

(51) 張健《知識與抒情:宋代詩學研究》,第 251 頁。

(52) 張健從詩可不學而能和詩必須學而能、識體制和换心胸等方面,分析了朱熹的學詩工夫論,見張健《知識與抒情:宋代詩學研究》,第 393—404 頁。

(53) 黎靖德編《朱子語類》卷一三九。

(54) 同上書,卷一八。

(55) 朱熹《昌黎先生集考異》卷五,《朱子全書(修訂本)》第 19 册,第 474 頁。

(56) 黎靖德編《朱子語類》卷八〇。

(57) 輔廣《詩童子問・詩序》,《文淵閣四庫全書》本。

(58) 程頤《二程遺書》卷一八,《文淵閣四庫全書》本。

(59) 張萬民《從朱熹論比重新考察其賦比興體系》,《復旦學報》(社會科學版)2014 年第 1 期。

(60) 錢鍾書曾指出,中國古代文學批評有"把文章通盤的人化或生命化"、"把文章看成我們自己同類的活人"的特點。參見錢鍾書《中國固有的文學批評的一個特點》,《文學雜誌》1937 年第 1 卷第 4 期。

(61) 費衮《梁谿漫志》卷四,《知不足齋叢書》本。

(62) 蘇轍《詩病五事》,《欒城第三集》卷八,《四部叢刊》本。胡仔《苕溪漁隱叢話前集》卷一三引此段評論。張鎡《仕學規範》分爲學、行己、涖官、陰德、作文、作詩六類,作詩部分也録引此説。

(63) 吕祖謙《論作文法》,《古文關鍵》,《文淵閣四庫全書》本。

(64) 同上書,卷七、一一。

(65) 黎靖德編《朱子語類》卷五二。

㊅ 余英時曾揭示了宋孝宗淳熙時期關於"皇極"爭論的政治背景,以及朱熹《皇極辯》的政治用意,見余英時《朱熹的歷史世界》,三聯書店,2006年,第823頁。
㊆ 朱熹《皇极辨》,《晦庵先生朱文公文集》卷七二,《朱子全書(修訂本)》第24册,第3454頁。
㊇ 同上書,第3457頁。
㊈ 程頤《二程遺書》卷六,《文淵閣四庫全書》本。
⑰ 朱熹《答趙昌甫》,《晦庵先生朱文公文集》卷五四,《朱子全書(修訂本)》第23册,第2580頁。
⑱ 吴承學《"八脚詞"與宋代文章學》,《中山大學學報》2005年第4期。
⑲ 吴承學《儒學與評點之學》,《華學》第1期,中山大學出版社,1995年。
⑳ 吴承學、何詩海《從章句之學到文章之學》,《文學評論》2008年第5期。

文本空間與書寫策略

——朱熹《張浚行狀》探微

宋薈彧

行狀及相關史傳文本是評判歷史人物功過是非的重要文獻依據,其史實記叙上的信度歷來備受關注。舉凡歷史上有影響力的大人物,名氣愈大,争議愈多。張浚作爲南宋的中興名相,自不例外。張卒於南宋孝宗隆興二年(1164)八月。乾道三年(1167)十月,朱熹應張家之請,撰《少師保信軍節度使魏國公致仕贈太保張公行狀》,此文後爲《宋史·張浚傳》采擇。故張浚在國史中的概貌,實則本自行狀之記叙。

一、史源批判的不同指向

有關張浚的文獻記叙,從史源學角度看,都應該追溯到朱熹的這篇行狀。南宋李心傳纂修當代史,在遍覽諸書的基礎上,一語道破張浚行狀中的史實訛誤。[①]到清代錢大昕,又進一步指出史傳中張冠李戴的硬傷源自朱熹所作行狀。[②]

李、錢的按語只是純粹的客觀勘誤,把事件與人物各自歸位,以避免張浚的"無功受禄"。相較李、錢,同樣駁辯史源之誤的袁桷,其態度明顯更爲激烈,把這種子虛烏有的記叙上升到誇飾的原則高度加以批判,直指史傳的虚美隱惡,揭示行狀對張浚罪責的隱匿:"符離之敗,陵陽李伯微甫載其事甚詳,云:'符離之役,軍資器械失亡殆盡,張魏公初聞之,疑金人踵至,甚懼。即軍中解所佩魚,遣歸朝官太平州通判劉藴古假朝議大夫使北求和,僚吏有止之者,乃奏乞致仕。又乞朝廷遣使,孝宗不從。既而金人不復南,魏公乃謀再舉,上亦不從。及和議將成,魏公持之甚確。左相湯慶公因白藴古之事,由是魏公遂絀。'李與張俱蜀士,史筆不敢有所隱避。"[③]

從製作用意、文本功能、創作主體諸方面,誇飾是行狀寫作中無法避免的。"墓誌、家傳、行狀之類文獻中,有關墓主、族中列祖、人物之嘉言懿行、美德善事以及廣得擁護、贊頌的記載,相當一部分都可能出自捏造,至少是誇大或出於增飾潤色的需要。"[④]不能否認,源自行狀的國史在史實上確實存在誤記,只是這種錯誤到底是有意爲之還是無心之舉,尚不能斷言;况且,虚美隱惡的行狀在多大程度上端賴朱熹之筆,亦值得仔細考究。

值得注意的是，駁斥《張狀》繪飾失實的袁桷正是當時與張浚政見相左的史浩之後。據袁氏《跋外高祖史越王尺牘》，史浩當日見張浚行狀，頗不以朱熹所記爲然，譏其"可發一笑，識者觀之，必有公論"⑤。身爲史浩之後，袁桷的貶張襃史不免有尊揚先人的私心，而歷史上張浚抗金的敗績恰給袁提供了口誅筆伐的機會。

《張狀》出自朱熹手筆，又載之國史，其二重權威似不可置疑，然袁桷恰是從行狀的作者歸屬入手，剥離了行狀文本與朱熹的所屬關係："朱文公作張忠獻行狀，一出南軒之筆，不過題官位、名姓而已。後考三敗事蹟，始悔昔年不加審覆，歸咎南軒，然亦無及矣。"⑥如此，不僅全面否定了史傳的信度，而且將曲筆歸咎於張浚後裔的刻意誇飾。袁的辨正之所以鑿鑿可信，正因其以朱熹自述爲據。"如某向來《張魏公行狀》，亦只憑欽夫寫來事實做將去。後見《光堯實錄》，其中煞有不相應處，故於這般文字不敢輕易下筆。《趙忠簡行實》，向亦嘗爲看一過，其中煞有與魏公同處。或有一事，張氏子弟載之，則以爲盡出張公；趙氏子弟載之，則以爲盡出趙公。"⑦

朱熹指出張、趙兩家的行狀皆有虛美誇飾之處，子孫後代在文字上的刻意經營已經悖離了信史的標準。通常情況下，榮登國史的光榮榜，既要有生前的立身揚名，又必經死後的蓋棺定論，而且身後名的營造將直接決定一個人以何面目進入歷史書寫的價值譜系，因而更需要子孫後代的刻意稱揚。祖德恩蔭之下，光榮的祖先與賢孝的子孫總能互相支撐，在國史的功德譜系中，他們甚至能夠超越血緣代際攜手並進，構成休戚相關、榮辱與共的聲望共同體。不可否認，張栻在其父身後聲名的製作中，確實存在揚善隱惡的私心，不過，朱熹參校的高宗實錄也未可盡信。"檜乞禁野史。又命子熺以秘書少監領國史……自檜再相，凡前罷相以來詔書章疏稍及檜者，率更易焚棄，日曆、時政亡失已多，是後記錄皆熺筆，無復有公是非矣！"⑧南渡以後的宋廷，政局波雲詭譎，對當代史的撰述影響深刻。當時由權相秦檜所掌控的當代史寫作屢遭篡修諱改，亦非衡斷是非的標尺，凡行狀所記與實錄有出入的，不能簡單視行狀訛誤。

姑且暫不追究行狀內容的真假是非，行狀能否被國史接納，直接取決於狀主的思想行動與當日整個朝政走向及時局風尚的契合度，甚至在這種暗合與相宜面前，客觀真實也要時常讓位。換言之，縱然《張狀》盡出張氏後人之手且極盡誇飾之功，能夠全部爲國史采擇，在很大程度上恰恰顯示出張氏一族當時的實際影響力以及官方認可度。鑒於張浚之子張栻的道學地位，國史纂修官剔除了非議張浚的聲音，這不過是出於爲尊者諱的選擇性遺忘，正所謂"史家以其子爲道學宗，因於浚多溢美之詞"⑨。

不獨張浚父子，後來的史彌遠之於其父史浩的繪飾，以及以上所舉秦檜、秦熺父子，無不通過掌控政治權力以壟斷文化資本，借修史之機，營造宗族內部休戚與共的聲望共同體。錢大昕在《跋清容居士集》中指出，即使如袁桷這樣"以史學自負……勤勤以搜訪遺書爲先"的纂修官，執史筆亦未必能秉持公心。因其"與史、鄭諸族皆姻戚，故所作詩文，從未一寓刺譏之意。使君總裁之任，恐亦未能直筆也"⑩。

行狀爲國史纂修提供藍本，其後的刪削裁奪乃至定稿權掌握在代表官方意志的纂修官之手，史傳中的張浚不過是經由官方認可的張浚某一面向的呈現。歷史的迷人之處正在於活躍其中的人物無比鮮活，經由不同性質的文獻呈現出的毀譽、曲直、是非，構成了各執一詞的衆聲喧嘩，提供了尋聲回望的不同向度。

二、對朱熹剖白的再檢討

回到史傳所本的行狀，文本的創作歸屬仍然是很重要的問題，即對張浚極盡贊美之能的究竟是張家還是朱熹？出自《朱子語類》的一段材料恰好保留了朱熹完成《張狀》後的"夫子自道"：

> 問："《趙忠簡行狀》，他家子弟欲屬筆於先生，先生不許，莫不以爲疑，不知先生之意安在？"曰："這般文字利害，若有不實，朝廷或來取索，則爲不便。如某向來《張魏公行狀》，亦只憑欽夫寫來事實做將去。後見《光堯實錄》，其中煞有不相應處，故於這般文字不敢輕易下筆。《趙忠簡行實》，向亦嘗爲看一過，其中煞有與魏公同處。或有一事，張氏子弟載之，則以爲盡出張公；趙氏子弟載之，則以爲盡出趙公。某既做了魏公底，以爲出於張公，今又如何說是趙公耶？故某答他家子弟，盡令他轉托陳君舉，且要他去子細推究，參考當時事實，庶得其實而無牴牾耳。"⑪

朱熹對拒作趙鼎行狀給出三點理由：行狀類的請托文章要承擔一定的寫作風險，已有《張狀》輕信主家一面之詞而語多不實的前車之鑒，推薦更合適的作狀人選。朱熹本人的這段自述帶有剖白的意味，暗示拒絕作狀的原因——規避文字風險。朱熹在此特別強調，行狀的素材本之張氏子弟，作爲應請者的他只是代人立言，不對文本內容的真實性完全負責。

傳、狀、碑、誌一類的請托文章，既要對當代人物作出品評判斷，又牽涉當代史的方方面面，需要寫作者在表述上實現官私兼顧抑或雙向滿足。文章要有應人之請而成人之美的褒舉溢美，同時必須仔細揣摩並準確把握時政宜忌，以便在私人意願與官方意志的交集內極盡所能地拓展稱揚頌贊的表達空間。此類應請之作完成後，必然還要接受"公議"的檢驗。

以張浚的政治影響力，他的行狀一定受到了各方的密切關注，特別是那些政見相左的同僚，即使他們先於張浚下世，這種關注度也必定爲他們的後裔所保持，如上文所舉史浩與袁桷。況且，張浚行狀的撰寫不僅牽涉錯綜複雜的人際關係，更是涉及對前朝乃至本朝政治人事諸多方面的宏觀把握與深度理解。這種當代史的寫作首先必須符合政治正確的要求，否則稍有不慎就可能招致危險甚至災禍。而揣摩聖意、遵循主流論調、在一定的話語空間内妥善行文，無不需要作者花費心思。

故應請作狀必定不是輕鬆的任務，面臨來自各方的壓力、質疑乃至批評。朱熹的這段剖白很有可能就是對批評的回應。即便尚未遭受這種尷尬，至少他已預料到此文將使他陷入文字風險，故而提前作出不負文責的聲明。因此，朱熹之於"文字利害"的焦慮，源自私著與國史的錯位，這種"私語"與"王言"齟齬而引發的緊張感，主要表現爲擔心朝廷追究文責。所以，撰寫者要特別申明此類請托文章的文字所本，以擺脱造作浮詞的嫌疑。可以說，行狀與官方文本牴牾就像是一種公然挑戰話語權威的文字冒險，是個人寫作在表達空間上的言論越界。私家著述一旦僭越官方規定的表達權限，帶有個人傾向性的褒貶揚抑就很容易觸碰當代史寫作的敏感神經，這也正是朱熹所謂的"文字利害"。

在朱熹的生平創作中，此類關涉"利害"的應請之作集中在傳、狀、碑、誌四種文體。據對《晦庵先生朱文公文集》統計，有神道碑10篇，墓表12篇，墓誌53篇，行狀12篇，事實1篇，年譜1部，遺事1篇，傳1篇。行狀的書寫對象以日常生活中私交甚篤的師友爲主，除張浚外，還有陳俊卿、劉珙、胡憲、朱松、李侗、陳汝楫、羅博文、陳良翰、吳翌、傅自得、朱弁，其中親師友朋，或長於文，或主於學，其間力主對金強硬、倡言恢復、抗拒秦檜，皆是一時清流。⑫朱熹作狀，多就其學術行止反覆發明，極力稱頌，旨在鼓舞當世士風："政、宣以來，公卿大臣荷國寵榮，殊易優渥，又有非前日比者。一旦狂圖誤國招禍，使君父蒙塵，越在沙漠苦寒無人之地，而一時遺臣賣國降虜之餘，接蹤於朝，靦然相視，乃無一人肯奔問官守者。公以草野諸生，平日未嘗沾一命之禄，顧獨奮然出捐軀命，請冒鋒鏑斧質之威，以嘗不測之虜，而守死不屈，至於十有六年之久……其忠義大節，終始凜然。……詔太史氏筆削，以爲萬世臣子忠義之勸。"⑬故狀文偶有疏漏訛誤也不涉及政治取向的大是大非，可謂無傷大雅。根據朱熹的創作實際推測，回避撰寫趙鼎行狀的具體原因，當不僅僅是一事互見而臧否難斷，而是評論趙鼎在當時的輿論環境下尚有風險，朱熹很可能是出於利害關係的考慮，刻意規避了當朝政治的敏感議題。

在紹興政局中，位居宰職的趙鼎因力主持重保守之策受到主戰派張浚與苟和派秦檜的雙重打壓，他的幾度罷相亦説明南宋君主在戰、和、守問題上的遊移不定。以退求進的趙鼎被秦檜所代表的反戰派視爲絕對的對立面，屢遭迫害，晚年終被外放嶺南，標誌朝廷對金政策轉向議和。趙鼎於紹興十七年(1147)故去，死後很長一段時間孤寂無名，尤其是高宗政治後期，對其身後名位的處置一直處於被擱置狀態。懾於權相秦檜的淫威，當時士人亦與趙家保持距離。孝宗承統後一度力主恢復，然抗金屢敗，終導致政策轉向持重保守。朝政發生重大轉向，趙鼎的意義被重新發現，身後哀榮備至。乾道四年(1168)賜謚忠簡、追封豐國公、贈太傅，淳熙十五年(1188)配享高宗廟，至此趙氏後裔纔得朝廷拔擢任用。⑭

趙鼎於乾道四年獲謚，始得官方層面的正名。朱熹完成張浚行狀的時間是乾道三年十月，趙家請狀在此之後，伴隨戰和不定的政策波動，朝廷的態度尚不可知，從政治宜忌的角度，朱熹的拒絕當有蓋棺論未定的顧慮。相比之下，張浚行狀的撰寫不存在政治不正確的風險,言論上也沒有絲毫的不合時宜,張浚力主的恢復也是朝廷需要一直釋放的政治信號,即使這面旗幟並沒有行動上的實際意義,當朝仍需要這種宣傳發揮感召與凝聚作用。加之朱熹與張栻私交甚篤,應請爲其父作狀也就順理成章。

另外,對趙鼎的不認同是拒不作狀的另一層原因,而這又與朱熹秉持節義、重視格局氣象的理學觀念有關。視攘夷爲第一要務的朱熹,難以接受趙在進取大義上的持重保守,如論及南宋中興以後諸相,視趙鼎爲名臣而非賢相,且時有微詞,稱其雖"縝密、無疏失"[15],但自始至終缺乏主戰的堅決意志,於國事無益,在處置僞齊劉豫的問題上更是遠遜張浚。[16]張浚雖成事少、才力短,然大義分明,"擔當大事、竭力向前"[17],力主恢復而矢志不渝,尤爲朱熹推重。

由此可見朱熹拒作趙鼎行狀自有其明確立場和不便明說的隱情。面對極富爭議的人物與極其敏感的議題,撰狀者必須準確把握言論的尺度,必須精準拿捏書寫的分寸,這無疑增加了書寫難度。況張狀在前,趙請在後,取張舍趙的原因不僅僅是寫作在時間上存在先來後到的序列安排,而是"非趙"的態度無法適應行狀褒揚的基調。

反觀袁桷的"照錄題名之說",明顯是帶有攻擊性的意氣之言,實不足信。而朱熹交代輕信主家之言的檢討,絕不僅僅是對自身疏失的辯解,更像是擺脫是非干係的剖白。檢視朱熹存世文獻中的傳、狀、碑、誌之作,反映出的著述態度不可謂不謹嚴,絕非千篇一律的官樣話,也不是無關緊要的門面語;相反,文字細節上的慘澹經營處處可見,下筆造語更是圍繞傳主自身特點生發表微。但是,由於此類應請之作難免要照顧請托者的需求與意願,要在最大程度上體現對方的意志,因此作者對文本的把控力度受到很大限制。故而無論是作爲閱讀者還是寫作者,都需要明白此類文章的素材性質與材料歸屬。就創作實際看,朱熹使用相關素材通常明確交代文獻出處,特別指明撰述者之於文本所發揮的作用,這幾乎形成一種撰述通例。[18]

這種強烈的史源意識在某種意義上更像是作者的文責聲明,即作者不保證所寫的內容直接來自本人的經歷、體驗或認知,也非本人思想意志的全部體現。相較作者本人的認識與意念,文本的某些內容要素,諸如人、時、地等素材構件,可以相對獨立於書寫者的主觀控制。也就是說在材料來源層面,作者無須對文本的可靠性承擔責任,有異議者大可根據作者"本之某某"的交代自行追究,這在很大程度上使寫作者免於是非之爭。換言之,朱熹的剖白將責難《張狀》的矛頭指向請托者張家,更像是避免文責追究的自保。

三、凹凸鏡下的實像:書寫之於材料

以上討論並非旨在撇清《張狀》文本與朱熹的關係,這涉及請托類文章的兩個核心問題——撰述者與文本的離合、文本真實性的實質與尺度。簡言之,從文章製作的角度,作者對文本的掌控程度,即作者朱熹之於行狀成文所發揮的實際作用[19],還需要重點討論。

所謂文本的真實性，主要指素材的可信度。討論文本的真實性，首先要對材料的性質和來源作出清晰的區分，即材料本身的可靠度與材料呈現的客觀性。以往對《張狀》的討論多集中在辨析材料本身，即通過文獻比勘鑒別史料真偽，揭示歷史真相。此方法的根本缺陷在於只重視靜態層面的史料，而忽視了史料編纂的動態過程。近年逐漸興起的歷史書寫學，把歷史文獻看作書寫或編纂行爲的文本呈現，強調文本呈現過程中基於主體意願的去取增删、剪裁佈置，重在對文本意義單元之建構過程的考察，分析其中編纂行爲所發揮的組合嫁接或拆分拼湊的作用。毋庸置疑，在史料處理的過程中存在諸多不可避免的選擇或舍棄——彰顯與隱匿、揭示與遮蔽、強調與淡化、置換與改竄，而最終形成的文獻只是編纂行爲的物化。歷史人類學家王明珂曾借用"凹凸鏡"的隱喻説明文獻之於歷史的作用，區分文獻真實與歷史真實。[21]這一隱喻亦可説明一切基於文本的真實性都是有限的，必須對此作出不同層面的區分。具體而言，文本的可靠性源自史源的信度與編纂的可靠度，討論《張狀》的可靠性，必須涉及狀文文本與作者朱熹的離合關係。

行狀，亦稱"事略"，早期是請諡與察舉的憑據，後逐漸發展成爲一種叙述死者世系、籍貫、生平、事蹟的文體，以便具有一定品級的官員死後其後代借以向朝廷報呈請諡，並作爲私家撰寫墓誌碑銘與官方修纂國史的文獻參考。《文心雕龍》規定行狀之文應該本之事實，取其大要。[22]隨着印刷時代的到來，文獻的紙本呈現漸趨普及，現存宋代文獻，若論單篇巨製，當推朱熹的《張浚行狀》。此文遭到明代楊慎的批評："吾觀在昔文弊，於宋奏疏至萬餘言，同列書生尚厭觀之，人主一日萬幾，豈能閲之終乎？其爲當時行狀碑誌，如將相諸碑，皆數萬字。朱子作《張魏公浚行狀》，四萬字猶以爲少，流傳至今，蓋無人能覽一過者，繁冗故也。"[23]

通過與張浚存世之作檢核比對，知朱文所鋪排的四萬三千餘言，大部分來自張本人自建炎至隆興間的大量奏疏，集中反映了張在高、孝兩朝重大政治活動中的態度與作爲，貫穿始終的是志在抗金、力主恢復的基本主張。行狀以近半的篇幅照録張本人的議政奏疏，無非是要塑造並突顯其作爲肱股之臣勷力王室的形象。從史源學角度，這部分源自張浚的自述材料，内容是否真實可靠並不取決於撰狀者，遊離在作者的主觀意志之外。

除去來自張浚本人的文字，《張狀》中特别列舉強調的還有高宗、孝宗在不同時期不同場合對張浚的禮遇眷顧："上（高宗）未嘗不從容再三問勞"[24]，"隆祐皇太后知卿忠義，欲一識卿面目，適垂簾見卿自庭下過"[25]，"時上（孝宗）對近臣未嘗名'公'，獨曰'魏公'，每遣使來，必令視公飲食多寡，肥瘠何如，其眷禮如此"[26]。張浚上書要求高宗親賢遠小，高宗辯白："朕於直言容受不諱，近有河北武臣上書，不知朝廷事體，詆毁朕躬，亦不加罪。"[27]明君與賢臣兩相遇合，諸如此類，在文字表達上有意構造出理想型的君臣關係。此外，高宗與孝宗還曾屢次賞賜張浚御製詩書，這種恩待對臣子而言無疑是莫大榮耀，朱熹撰狀於此處更是不吝筆墨："（高宗）親書御製《中和堂詩》賜公，有曰：'願同越勾踐，焦思先吾身。'其卒章曰：'高風動君子，屬意種蠡臣。'仍題其後曰：'卿看畢可密藏，恐好議者以朕屬意篇什也。'"㉗"(高宗)手書賜公曰:'卿去國累月,未嘗弭忘,考言詢事,簡在朕心。想卿志在王室,益紆籌策,毋庸固辭,便可就道,夙夜造朝。嘉謀嘉猷,佇公入告。'"㉘"上(高宗)手書賜公曰:'非卿孜孜憂國,不憚勤勞,誰能寬朕憂?……天其以中興之功付之卿乎!'"㉙行狀中或直接點明、或反復暗示張浚與兩代帝王的心契遇合,不斷強調君之倚重臣與臣之效忠君。不僅一再突顯君臣和諧的綱常大義,也使張浚"感上知眷,益思效忠"的忠臣形象躍然紙上。

除此之外,還必須區分出文本材料的另一層次——朱熹自張浚奏疏中抽繹出的微言大義,圍繞張浚一生行蹟的議論與發揮,特別是貫穿全文的對狀主竭力盡忠的極力稱揚,體現了寫作者的意念,是整個文本中與作者本人直接相關的文字表述。"自靖康後,紀綱不振,王室陵夷。公首倡大義,率諸將誅傅、正彥,乘輿返正,復論正瓊罪,而後國法立,人心服。自武夫悍卒、小兒竈婦、深山窮谷、裔夷絕域皆聞公名,盎然歸仰忠義之感。"㉚但這種屬於作者本人的創造發揮畢竟很少,絕大部分的引申都是基於張浚本人或張家子弟提供的一手材料,隱現其中的評議亦可表明,從忠義大節的角度,朱熹對張浚是完全肯定的,這也迎合了南渡政權在秩序崩潰之後,重整朝綱與再建倫常的現實政治需求。朱熹據此裁奪筆削,為張家打造光榮的祖先,同時給朝廷樹立人臣的標杆,實現了官方意志與私家訴求的雙向滿足。

無論如何,張浚所主導的三次大規模對金作戰均以失敗告終,來自反對派的非議造成其政治生涯的跌宕起伏。在行狀撰寫中,如何處理抗金屢敗的尷尬,正是朱熹無法逃避的棘手問題。對此,作者並沒有回避來自張浚政敵的非難,而是適時搬出最具權威的聖訓與之正面交鋒,以不容置疑的"王言"抵擋種種非議,弱化、消弭了來自各方的聲討:"張浚愛君憂國,出於誠心,頃屬多艱,首唱大義,固有功於王室,仍有功於中原。……究所施爲,無愧人臣之義;論其成敗,是亦兵家之常。……然則道路怨謗之言,與夫臺諫風聞之誤,蓋無足怪。……夫使盡忠竭節之臣,懷明哲保身之戒,朕甚愧焉。可令學士院降詔,出牓朝堂。"㉛凡遇張浚戰敗,朱熹在文字處理上或輕描淡寫,或顧左右而言他,以王言權威置換主帥錯失,有意回避對張浚的追責。這種技術性的文字處理,有意把重心放在君臣關係上的敘述策略,不僅有效轉移了聚焦戰敗的閱讀注意力,使處於輿論漩渦的張浚免遭浮議,同時成功地塑造了一位體恤臣子的君主形象,體現出撰狀者行文修辭上的別具匠心。

事實上,以南宋初的實際政局看,這種君倚重臣、臣效忠君的理想型君臣關係不過是一種想象。高宗朝宋對金一直處於被動防範的局面,孝宗登位之初確有強烈的進取之志,然一直受制於高宗意志,在戰和問題上始終遊移不定。縱觀高、孝兩朝的對金作戰,宋廷疲於應付居多,高、孝二帝並非行狀所塑造的那般意志堅定。特別是淮西兵變,極大地摧毀了高宗的進取意志,使其對張浚及抗金徹底失去信心。"張浚措置三年,竭民力、耗國用,何嘗得尺寸之地,而壞事多矣。"㉜紹興三十一年,陳俊卿向高宗舉薦張浚,高宗言:"浚才疏,使之帥一路,或有可觀,若再督諸軍,必敗事。"㉝

行狀的文本功能要求撰狀者必須按照請狀者的訴求，在一個需要褒揚的話語空間裏，尋求公心與私意的平衡，以實現歷史書寫的既美且信，不僅對作者的構思立意、宏觀佈局有較高要求，對其修辭功夫更是極大考驗。通過文本梳理不難發現，《張狀》在材料選擇、書寫側重、修辭造語等行文策略上明顯有刻意經營的痕蹟，極盡所能地提升強化了張浚作爲中興鼎臣的形象。相反，對張浚一生乏善可陳、存在污點甚至是有礙觀瞻的一面，作者又極力規避乃至故意隱匿、巧妙遮掩。總之，張浚倡言恢復、忠君愛國的一面被反復渲染、一再強調，而無法掩蓋的抗金敗績則被弱化，甚至完全過濾。張浚之於富平之敗、淮西之敗、符離之敗負有不可推卸的責任，這一點在行狀文本中是否得到真實全面的呈現，前人對此已有充分的討論。而袁桷指責朱熹於三敗未加詳考，恰恰忽略了撰狀者的爲文匠心。

具體來説，在富平之敗的敘述上，朱熹把書寫重心置於戰前的周密部署，意在展示張浚的統兵之才與愛兵之心，言小勝而隱大敗。每逢敘述戰敗過程、分析戰敗原因分析，或語焉不詳，或一筆帶過，最後突兀地進入戰後反思，行文重心轉向突出張浚的敢於擔當與反躬自省，且不時搬出高宗"王言"以寬宥安撫，巧妙規避了張浚作爲主帥的瀆職之責。叙述淮西兵敗一如富平，不僅刻意隱匿了張浚不可推卸的責任，重點叙述劉光世、吕祉、酈瓊之於淮西兵敗的罪責，且突出張浚在兵變前已有所察覺並采取了有效的防範措施，只是兵變過於突然，應急預案未及付諸實施。叙述符離之敗亦如前，非但對張的戰敗省文略述，反用大量文字鋪陳他在失地問題上的寸土必爭，極言其經營兩淮邊防之功，盛贊其戰略部署的縝密周祥。最後筆鋒一轉，省略細節記叙，突然跳至"俾將士悉歸憇而後還維揚，具奏待罪"。㉞從行文邏輯上説，叙述本無頭緒而又草草收筆，淡化了張浚在符離之敗中的罪責，同時巧妙地轉移了讀者的關注重心。

朱熹確在《張狀》中有意回護張浚，不能不説是受制於行狀這一特殊文體的表述要求。一旦回到日常講學，就可以自由發表見解，論及中興諸相，徑直以志大才疏總括張浚，有弟子所記爲證："張魏公才極短，雖大義極分明，而全不曉事。扶得東邊，倒了西邊；知得這裏，忘了那裏。"㉟學生問淮西兵變始末，朱子亦不回避兵變的關鍵在於張浚對劉光世的軍隊缺乏合理安排：

問："酈瓊之叛，或云因吕安老折辱之，不能安，遂生反心。如不親坐廳，但垂簾露履以受其參之類，恐無此等事。"曰："此亦傳聞之過。"又問："當時皆歸罪魏公，以爲不合罷劉光世，故有此變。"曰："光世在當時貪財好色，無與爲比，軍政極是弛壞，罷之未爲不是，但分付得他兵馬無着落。"㊱

朱熹在不同場合對張浚的評價各有側重，當然不排除其中包含本人在認識上的前後轉變，學生的記錄也難免駁雜舛訛。由於語録材料缺乏詳細的編年信息，在較大的時間尺度上難以明晰講學評論與行狀寫作的先後次第與時差，因此無法據此推斷朱熹對張浚認識的變化過程。但是,通過對存世之作的爬梳比對,基本可以判定就張浚的倡言恢復,朱熹持完全肯定的態度,同時,對其在朝政軍務上的實際表現亦不乏尖鋭批評,而後者並没有如實反映在行狀中。也就是説,朱熹之於張浚,肯定其大節而又不諱言其瑕疵,這一基本態度在不同言論場合或不同文本中得到了各有側重的呈現。

單就行狀文本與語録文本比較,通過相關條目的文本對讀,不難發現朱熹之於張浚認識的差異,很大程度上源自言論場合對表達權限有内在的規定性——行狀必須由諛辭占據主導,而授業問學中形成的語録更强調事實與公理。由此可見,特定的文本空間限定了表達的自由,而這種内在規定有助於某類文本實現其特定的文體功能,而這種功能的實現又必須依托寫作者的爲文之匠心,即作者的修辭技巧。

結　論

學者習慣用豐富複雜來形容文獻中互見而又互異的歷史人物或歷史事件,善於在衆説紛紜的材料中辨僞求真,並以此别除文獻中不夠可靠的那部分材料,這當然是科學且必要的。但是,從某個角度被否定的材料是否一無是處仍需要反思。以信度爲單一標準,很難真正認識文獻本身的性質與價值。通過對《張浚行狀》的個案分析,釐清文本與作者的離合關係,進而從文本功能、文獻性質、表達權限與修辭技巧等方面,可以加深對某一類高度程式化的請托文章的認識。

(作者單位:復旦大學中文系)

---

① "《張浚行狀》云:'尼瑪哈在陝西時病篤,召諸大帥謂曰:"吾自入中國以來,未嘗有敢攖吾鋒者,獨張樞密與我抗。我在猶不能取蜀,爾曹宜悉此意,但務自保而已。"烏珠出而怒曰:"是謂我不能耶?"尼瑪哈死,即合兵來犯。'案諸書,此時尼瑪哈在雲中,實洛索死,行狀誤也。"李心傳《建炎以來繫年要録》卷四八,中華書局,1988年,第862頁。

② "始粘罕病篤,語諸將,曰:'自吾入中國,未嘗有敢攖吾鋒者,獨張樞密與我抗。我在猶不能取蜀,我死爾曹宜絶意,但務自保而已。'兀尤怒曰:'是謂我不能邪?'粘罕死,竟入攻,果敗。按:此語本之朱文公所撰行狀。然粘罕以天會十四年卒,即紹興七年也,而吴玠破敵乃在紹興元年,其時粘罕尚無恙。富平之戰,粘罕亦未入陝,皆不可信。李心傳云:'案諸書,此時粘罕在雲中,實婁宿死,行狀誤也。'"錢大昕著,方詩銘、周殿傑校點《廿二史考異》卷七九,上海古籍出版社,2004年,第1090頁。

③ 袁桷《跋外高祖史越王尺牘》,《袁桷集校注》卷五〇,中華書局,2012年,第2203頁。

④ 魯西奇《何草不黄:〈漢書〉斷章解義》,廣西師範大學出版社,2015年,第72頁。

⑤ 袁桷《跋外高祖史越王尺牘》,《袁桷集校注》卷五〇,第2202頁。

⑥ 同上書,第2203頁。

⑦ 鄭明等校點《朱子語類》卷一三一"問《趙忠簡行狀》"條,《朱子全書(修訂本)》第18册,上海古籍出版社、

安徽教育出版社,2010年,第4101頁。
⑧ 脱脱等《宋史》列傳卷二三二,中華書局,2011年,第13760—13761頁。
⑨ 《廿二史考異》卷七九,第1090頁。
⑩ 錢大昕著、陳文和點校《潛研堂文集》卷三一,上海古籍出版社,1997年,第530頁。
⑪ 鄭明等校點《朱子語類》卷一三一"問《趙忠簡行狀》"條,《朱子全書(修訂本)》第18册,第4101頁。
⑫ 日本學者寺地遵注意到這種士大夫以地域與觀念相聚合的現象,把隆興之初以"鯁亮切直"上位,且力主恢復的士大夫群體概括爲新興政治陣綫,如陳俊卿、張栻、朱熹、劉珙等被稱爲"福建有力官僚"。他們與來自江南太湖周邊的秦檜路綫繼承者們展開激烈對抗。比起實務性官僚,他們是有修養的學者,"因《春秋》之義,主張敵不可許"。他們高標德治,反對能吏,尊重學術與傳統,在秦檜死後成爲强大的政治勢力復歸權力中樞。"在官僚世界或權力中樞内部,重視禮官或言事之職,更甚於財政、法律等實務擔當,並以此爲重點,爲基礎,就有關人事、政策發言,提出政治走向"(《紹興十二年體制之結束與乾道、淳熙制之形成》,見[日]寺地遵著,劉静貞、李今芸譯《南宋初期政治史研究》,台灣稻禾出版社,1995年,第436—440頁)。
⑬ 《奉使直祕閣朱公行狀》,見朱熹著,曾抗美、徐德明點校《晦庵先生朱文公文集》卷九八,《朱子全書(修訂本)》第25册,2010年,第4557頁。
⑭ 周必大《文忠集》卷五四《忠正德文集序》,《文淵閣四庫全書》本。
⑮ 鄭明等校點《朱子語類》卷一三一"問張、趙二公優劣"條,《朱子全書》第18册,第4100頁。
⑯ "問:'趙忠簡、張魏公當國,魏公欲戰,忠簡欲不戰。忠簡以爲劉豫机上肉耳。然豫挾虜人以爲重,今且得豫遮蔽虜人,我之被禍猶小。若取劉豫,則我獨當虜人,難矣。魏公不然之,必欲戰。二策孰是?'曰:'忠簡非是。殺得劉豫了,又却抵當虜人,有何不可?劉豫亦未便是机上肉在。若以趙之才,恐也當未得那机上肉,他亦未會被你殺得,只是胡説。若真個殺得劉豫,則我之勢益强,虜人自畏矣,何難當之!有虜,豺狼犬羊也,見威則畏,見善則愈肆欺侮。若自家真個曾勝劉豫,殺得一兩番贏,他便怕矣。靖康以後,自家只管怕他,與之和,所以他愈肆欺侮。若自家真個能勝劉豫,他安得不懼?虜,禽獸耳,豈可以柔服也!'"(鄭明等校點《朱子語類》卷一三一"問張、趙二公優劣"條,《朱子全書》第18册,第4091頁。)
⑰ 鄭明等校點《朱子語類》卷一三一"問張、趙二公優劣"條,《朱子全書》第18册,第4100頁。
⑱ 詳細交代寫作背景是朱熹此類文章的一種著述義例,表現在墓誌銘中:"時予方以負罪杜門俟譴,不敢復近筆硯爲辭章。然讀其狀,於中若有愧焉,因竊叙而銘之。"(《宣教郎致仕陳公墓誌銘》,《晦庵朱文公文集》卷九四,第4339頁)"謹次公姓系爵里,始終梗概,納諸壙中以識。若經術行誼出處之詳,則將請於先生君子深知公者。"(《范直閤墓記》,《文集》卷九四,第4341頁)"著作君(李寅仲)乃自其家,使人以書致君《行述》一通於予,請以是銘君之墓。予故未得交君父子,間又以病廢書,久欲謝不能。而惟閩、蜀相望數千里,著作君乃近舍其鄉之先生君子,而遠以屬我,是其可以虚辱哉?"(《承務郎李公墓誌銘》,《文集》卷九四,第4335頁)"未及就篇而葬日已迫,謹略叙公始終閥閲如右。"(《劉樞密墓記》,《文集》卷九四,第4346頁)此外,行狀中的例證:"公嗣子忱將葬公於某山之原,以公行事授熹序次,將以求誌於作者。熹謝不能,而其請不已。既不得辭,乃取忱所論纂,具著其大者如右。"(《朝散郎致仕陳公行狀》,《文集》卷九七,第4522頁)"謂熹早蒙公知,晚歲尤篤,授以家傳,使最其蹟以告於太史氏,熹不得辭,直書其事如右,以俟采擇。"(《陳公行狀》,《文集》卷九六,第4484頁)"(諸孤)以公從弟頤所叙官閥梗概一通授熹,使狀次之,將以請銘於作者。熹誼不獲辭,既趣以就事,惟是從遊之晚,於公之行治有不盡知,大懼闕漏放失,將無以備采擇爲罪。伏惟立言之君子有以財之。"(《承議郎羅公行狀》,《文集》卷九七,第4526頁)"熹於三君子之門皆嘗得供灑掃之役,而其事先生爲最久。先生葬時,親仁尚幼,不克銘。乃今屬熹,使狀其行,將以請於當世之君子。熹不敢辭,謹件如右,以俟采擇。"(《籍溪先生胡公行狀》,《文集》卷九七,

第 4505 頁)"用敢追述其平生論議行實之大者如右,以請於當世立言之君子。"(《皇考朱公行狀》,《文集》卷九七,第 4516 頁)"(諸孤)謂熹承學之久,宜知先生之藴,使其具事以請銘於作者,將勒諸幽堂,以告後世知德者,有以考焉。"(《延平先生李公行狀》,《文集》卷九七,第 4520 頁)"訪其家,得公外孫王炳所記行實一編,參以舊聞,第録如右……且詔太史氏筆削,以爲萬事臣子忠義之勸。"(《奉使直祕閣朱公行狀》,《文集》卷九八,第 4557 頁)代作文後專門附録説明:"謹按令甲,考公品秩,實應誄行易名之典,其姓名事蹟,又當得書信史以示來世,故敢狀其鄉里世系、歷官行事之實如右,以告於太常考功,並移太史氏。而其事關國體軍機之重者,猶弗敢盡著,尋第録别上。謹狀。淳熙九年四月日從弟從事郎玶狀。"(《光禄大夫劉公行狀(代平父作)》,《文集》卷九七,第 4503 頁)"元壽等將以是年九月壬申,葬公於義城鄉疊石山之原,以熹辱公知待薦寵之厚,俾次其行事,將以求誌於作者,請諡於太常,且備異時史氏采録。熹不得辭,謹第録如右。"(《敷文閣直學士陳公行狀》,《文集》卷九七,第 4535 頁)"故既歷叙其世家行事之詳,而復具論其本末大致如此。伏惟當世立言之君子幸賜采擇,以垂永世。"(《朝奉大夫直祕閣傅公行狀》,《文集》卷九八,第 4552 頁)

⑲ 束景南認爲行狀是朱、張經過討論共同完成的,並且滲透了二人的學術主張及對當代史的認識:"四萬餘言《張浚行狀》在長沙十月中寫成,此非一般行狀之文,而爲對南宋歷史與現實之總結。其中稱述張浚思想學問大旨單引二條:一爲'學以禮爲本,禮以敬爲先',二爲'學者當清明其心,默存聖賢氣象,久久自有見處'。前一條'以敬爲先'(主敬),爲伊川、上蔡至湖、湘學一脈相傳之指訣;後一條'清明其心,默存氣象'(主静),爲明道、龜山至李侗一脈相傳之指訣,當亦是由二人商量討論後寫入。"(《朱熹年譜長編》,華東師範大學出版社,2001 年,第 374 頁)

⑳ "在過去多年的社會田野及歷史文獻研究中,我嘗試摸索一種研究策略:以移動田野及歷史背景角度,來觀察、分析因此造成的文化表象變化,期望由此可以儘量貼近地認識社會本相。我以一個'凹凸鏡隱喻'來説明這樣的研究策略。簡單地説,若在桌面上放置一物體,用一個凹凸鏡來看他,凹凸鏡面上所呈現的是此物體扭曲的形象——這便是前面所説的,我們難以全然認識事物的本相,我們所見是被我們的文化認同、社會身份與科學知識偏見(也就是那凹凸鏡)所扭曲的'表像'。雖然如此,我們可以得到'近似真相'的一個方法是:移動此透鏡,觀察鏡面上的表象變化,發現其變化規則,以此我們能知道此鏡的性質(凹鏡或凸鏡),以及約略知道鏡下之物的狀貌。"(《反思"歷史"與社會:以凹凸鏡爲隱喻》,見王明珂《父親那場永不止息的戰爭》,浙江人民出版社,2012 年,第 188 頁)正如王明珂所比喻,眼見的"真實"就像是被凹凸鏡(喻指偏見或成見)放大或縮小後的鏡像,欲探究真相,首先必認識面前的凹凸鏡,瞭解它的作用。

㉑ 范文瀾注《文心雕龍注》,人民文學出版社,2008 年,第 214 頁。
㉒ 楊慎《升庵集》卷五二"辭尚簡要"條,《文淵閣四庫全書》本。
㉓ 朱熹著,曾抗美、徐德明點校《晦庵先生朱文公文集》卷九五,《朱子全書(修訂本)》第 25 册,第 4365 頁。
㉔ 同上書,第 4365—4366 頁。
㉕ 同上書,第 4427 頁。
㉖ 同上書,第 4357 頁。
㉗ 同上書,第 4367 頁。
㉘ 同上書,第 4376 頁。
㉙ 同上書,第 4382 頁。
㉚ 同上書,第 4368 頁。
㉛ 同上書,第 4377 頁。
㉜ 李心傳《建炎以來繫年要録》卷一一六"紹興七年閏十月戊子"條,中華書局,1988 年版,1875 頁。

㉝ 同上書，卷一九〇"紹興三十一年六月壬寅"條，第 3181 頁。
㉞ 《晦庵先生朱文公文集》卷九五，《朱子全書（修訂本）》第 25 册，第 4425 頁。
㉟ 《朱子語類》卷一三一"問中興諸相"條，《朱子全書（修訂本）》第 18 册，第 4089 頁。
㊱ 同上書，卷一三一"問酈瓊之叛"條，第 4090 頁。

～～～～～～～～～～～～～～～～～～～～～～～～～～～～～～～～

（上接第 261 頁）不僅蘇軾，孫覿同時人亦多呼之爲"孫郎"。蘇過《斜川集》卷九《孫志康墓銘》載，孫覿爲黄寔（字師是）女婿，張近（字幾仲）帥高陽，精選幕府士，多人請行，幾仲獨曰："吾嘗見師是黄公之婿曰孫郎者，不好面諛。師是有所議論，孫郎從旁輒可否之，未嘗依違也。吾今守邊，賓客中不患吾唱而無和也，特安用之？若得斯人，則吾知過。"遂辟與俱。是日常言談稱孫覿爲"孫郎"者。趙鼎臣《竹隱畸士集》卷三《重陽前數日夜坐不寐偶思江南塞北舊遊作詩呈志康諸友》："風前孟嘉帽欲落，席上孫郎句已成。"卷五《九日張師席上次韻志康》："況有登高能賦客，孫郎聲價擅天台。"是友朋詩中稱孫覿爲"孫郎"者。

蘇軾用"孫郎"指"孫權"尚見於其詞作。《江城子·密州出獵》："爲報傾城隨太守，親射虎，看孫郎。"《傅幹注坡詞》卷六作"江神子"，注引孫權傳，以爲指孫權。《校注》所引與傅注同，並釋曰"此三句以孫權自喻"（第 9 册，第 138 頁）。其説是，蓋孫策並無射虎之事。

用孫權事而稱"孫郎"，不自蘇軾始。唐代大詩人王維早有用例，其《故人張諲工詩善易卜兼能丹青草隸頃以詩見贈聊獲酬之》詩云："屏風誤點惑孫郎，團扇草書輕内史。"趙殿成《王右丞集箋注》卷六注引《歷代名畫記》："曹不興，吳興人也。孫權使畫屏風，誤落筆點素，因就成蠅狀。權疑其真，以手彈之。"蘇軾之外，宋人用例亦多見。中華書局版《張耒集》卷二〇《泛江偶成》："扁舟漾寒水，暫使客心清。天與秋陰合，江連野色平。洪波回赤壁，蒼野帶孤城。更想孫郎戰，臨風動壯情。"詩寫赤壁之戰，"孫郎"必是孫權無疑。葉夢得《石林詞》有《念奴嬌·次東坡赤壁懷古韻》，乃追憶舊遊鎮江北固山之作，中云："聞道尊酒登臨，孫郎終古恨，長歌時發。"亦用孫權事。據《建康實録》卷一《太祖上》及《元和郡縣圖志》卷二五《江南道一·潤州》，孫權於建安十三年自吳遷至丹徒，號曰京城，射虎之地庱亭即在此處，十六年遷都建業，以此置京口鎮。故詠京口而呼"孫郎"者，多是用孫權事，與孫策無涉。

綜上可見，注釋典故，不能僅注出最早出處，而需兼顧三義：一曰事典、語典之源頭，二曰騷人墨客之寫作傳統，三曰於本文中之具體涵義；三者辯證折衷，庶幾求得作者之用心、作品之真意。

（作者單位：上海財經大學人文學院）

論朱熹《楚辭集注》對屈原形象的重新塑造與南宋文學創作風尚

宋立英

《楚辭集注》是繼王逸《楚辭章句》、洪興祖《楚辭補注》之後,《楚辭》整理研究的又一力作,是理學家朱熹爲文學所作的重要貢獻。理學家一向對文學不屑一顧,朱熹之青睞《楚辭》,爲之作注,動因是什麽?這成了後世人們感到好奇和猜測的一個熱門話題。對於朱熹的《楚辭集注》,人們更多地將其與慶元黨禁趙汝愚被貶聯繫起來,認爲是爲趙汝愚鳴不平,或是聯繫朱子自身的遭遇進行分析,認爲《楚辭集注》是朱子爲自己和其道學同黨所作,或是將《楚辭集注》看作朱子理學著作的一部分,認爲"在屈原身上寄托了他的道學理想"。[①]將《楚辭集注》放在南宋文學創作這個大背景上來考察,是被學術界忽略的一個方面,筆者不揣淺陋,試圖從文學創作這個角度來審視朱子的《楚辭集注》。

一、南宋文學創作的愛國主題與南宋文人的瓣香屈原

靖康之難,宋室南渡,一大批文人背井離鄉,漂泊異地。恢復中原,返回故都,一直是他們夢寐以求的心願。南宋朝廷中,倡言恢復與苟安求和勢同水火。宋高宗爲南宋定了主和的國是,主戰派被逐出朝廷。孝宗即位之初,也有志恢復,但符離之敗澆滅了孝宗心中渴望恢復的希望之火。高宗雖退位,但仍操縱朝政,終孝宗一朝,再未提出過北伐。寧宗即位初,趙汝愚總攬朝政,主張恢復的道學一派在朝廷中佔據優勢,朝政出現新氣象,又給人以希望。但權力之爭中,趙汝愚的失敗,致使道學一派被打成僞黨,遭受迫害。

與南宋朝廷的屈膝求和相對照,南宋文學創作的主流是愛國主題,文人們在作品中抒發國破家亡的悲憤、恢復中原的決心、對苟安求和的批判。陸游、辛棄疾、張孝祥、楊萬里、陳亮是南宋中興文學創作的代表人物,同時也是朱熹的好友,他們的文學創作承繼南渡文人吕本中、曾幾、陳與義等的愛國創作,在作品中高揚愛國主題。

陸游是南宋最偉大的愛國詩人,當時却空懷報國之志,抱負無法施展。"辜負胸中十萬兵,百無聊賴以詩鳴"(梁啓超《讀陸放翁集》)。陸游的詩歌孜孜不忘恢復,至死還寫下

那首有名的《示兒》:"死去元知萬事空,但悲不見九州同。王師北定中原日,家祭無忘告乃翁。"

辛棄疾22歲率衆投奔耿京義軍,23歲縛取叛徒張安國南歸,南歸後幾度沉浮,不被重用,當年的少年英雄在投閑置散中老去。但在他的詞裏,稼軒虎嘯生風,表達着他的愛國情感與恢復之志:"了却君王天下事,赢得生前身後名。"(《破陣子·爲陳同甫賦壯詞以寄》)

陳亮伏闕上書,"一日之苟安,數百年之大患也!"(《上孝宗皇帝第一書》)不被採納。陳亮"每詞寫就,輒自嘆曰:'平生經濟之懷,略已陳矣'"(葉適《書〈龍川集〉後》)。在《水調歌頭·送章德茂大卿使虜》一詞中,陳亮對苟安求和極爲憤慨,振臂高呼,以圖唤回士人的愛國士氣。"不見南師久,謾説北群空。當場隻手,畢竟還我萬夫雄。……堯之都,舜之壤,禹之封。於中應有,一個半個恥臣戎。萬里腥膻如許,千古英靈安在?"

張孝祥在詞中悲憤地寫道:"念腰間箭,匣中劍,空埃蠹,竟何成!時易失,心徒壯,歲將零。渺神京。干羽方懷遠,静烽燧,且休兵。冠蓋使,紛馳騖,若爲情。聞道中原遺老,常南望、翠葆霓旌。使行人到此,忠憤氣填膺,有淚如傾。"(《六州歌頭》)

楊萬里曾向時相虞允文、陳俊卿上《千慮策》,陳述自己的治國方略。在朝中任職期間,楊萬里舉薦正直有才幹的道學人士。其《初入淮河四絕句》(其一)寫道:"船離洪澤岸頭沙,人到淮河意不佳。何必桑乾方是遠,中流以北即天涯!"面對着淪陷的國土,詩人觸景傷懷。在第二首中,楊萬里寫道:"劉岳張韓宣國威,趙張二相築皇基。長淮咫尺分南北,淚濕秋風欲怨誰?"對主戰的四大將與趙鼎、張浚二相爲南宋的定鼎之功予以肯定,同時也表達了對主和者的譴責。

南宋文人的愛國忠君之情,圖强奮發之志,遭受小人讒害、受到貶斥的人生經歷都讓他們想起屈原和《離騷》,南宋文人瓣香屈原,讀《離騷》成爲他們生活的一部分,而屈原也成爲他們的異代知己。在陸游、辛棄疾、楊萬里、陳亮的作品中,都寫到對《離騷》的喜愛,陸游詩中數次提到讀《離騷》:

> 醉中亦復讀《離騷》。(陸游《讀書》)
> 從今更何事,痛飲讀《離騷》。(陸游《新涼》)
> 載筆敢言宗史漢,閉門猶得讀《莊》《騷》。(《書志示子聿》)
> 掩關也有消愁處,一卷《騷經》醉後看。(《村居遣興》)
> 一卷楚《騷》細讀,數行晉帖閑臨。(《感事六言》)
> 窮每占《周易》,閑惟讀楚《騷》。(《遣懷》)
> 體不佳時看《周易》,酒痛飲後讀《離騷》。(《雜賦》)

辛棄疾在詞中也多次寫到自己讀《離騷》:

細讀《離騷》還痛飲。(《滿江紅·山居即事》)
手把《離騷》讀遍。(《水調歌頭·賦松菊堂》)
窗前且把《離騷》讀。(《踏莎行·賦木樨》)

楊萬里也自云:"誦詩愛招隱,讀《騷》續湘君。"(《臨賀別駕李子西同年寄五字詩以杜句君隨丞相後爲韻予走筆和以謝焉》)

陳亮更是表示:"亮於今世之詩殊所不解,不解故不好,至於古詩《離騷》,蓋紙敝而不敢釋手。"(《復李唐欽》,《龍川集》卷一九)

吳仁傑"平生《離騷》讀千遍"(陸游《寄題吳斗南玩芳亭》,《劍南詩稿》卷三六)。

痛飲酒、讀《離騷》,雖用了王孝伯的典故,但陸游和辛棄疾所表達的却不是要做名士,而是通過痛飲、讀《離騷》來舒解內心苦悶與抒發"有志不獲騁"的悲憤。

通過上面例子可以看出,《離騷》在南宋受到的喜愛程度。文人們喜愛《離騷》,是因爲屈原,他們與《離騷》中的屈原遭遇相似,心情相似。《離騷》中,屈原人格高潔、希望楚王能變法圖強,却受到小人讒害,被貶謫。但詩人忠君戀闕,不忍離開故土,最後投江殉國。在現實中找不到出路的屈子,感慨君臣遇合之難,行吟澤畔,發出這樣的感嘆:"舉世皆濁我獨清,衆人皆醉我獨醒。"這都讓南宋文人對其心有戚戚。下面結合具體作品看看南宋文人對屈原有哪些共鳴。

1. 獨醒:對現實清醒的認識

辛棄疾南歸後,26歲時向孝宗上奏《美芹十論》,31歲又進獻《九議》,都没有被采納。在這兩部奏劄中,辛棄疾深謀遠慮,指陳任人用兵之道,謀劃恢復中興之計。可是庸弱無能的南宋朝廷要麽苟安求和,要麽草率北伐,對辛棄疾提出的治國方略不以爲然。辛棄疾33歲時就預言金國"六十年必亡,虜亡則中國之憂方大"(周密《浩然齋意抄》),這體現出辛棄疾的遠見卓識。可是衆人皆醉,獨醒的辛棄疾只能徒喚奈何。他在詞中借屈原之獨醒抒發自己的獨醒之痛:

獨醒屈子,未免沉菹。(《沁園春·杯汝知乎》)
靈均千古《懷沙》恨,記當時、匆匆忘把,此仙題品。……弦斷《招魂》無人賦,金杯的皪銀臺潤。愁殢酒,又獨醒。(《賀新郎·賦水仙》)
胸中不受一塵侵,却怕靈均獨醒。(《西江月·和趙晉臣敷文賦秋水瀑泉》)

俞陛雲評辛棄疾《賀新郎·賦水仙》云:"因水仙而涉想靈均,猶白石之《暗香》《疏影》,詠梅而涉想壽陽、明妃,詠花而兼懷古,便有寄托。"[②]這種清醒者的痛苦,魯迅説得最清楚:"假如一間鐵屋子,是絶無窗户而萬難破毀的,裏面有許多熟睡的人們,不久都要悶死了,然而是從昏睡入死滅,並不感到就死的悲哀。現在你大嚷起來,驚起較爲清醒的幾個人,使這不幸的少數者來受無可挽救的臨終的苦楚,你倒以爲對得起他們麽?"(魯迅《〈呐喊〉自序》)

陸游也深感獨醒的痛苦,所以他在詩中對屈原的獨醒有着矛盾的態度。他認識到"屈子所悲人盡醉"(《晚興》),他也要學屈原的獨醒,"逝從屈子學獨醒"(《病酒新愈獨臥蘋風閣戲書》)。但後來他改變了想法,"從今有酒須勤買,莫學騷人要獨醒"(《一齒動搖似不可復留有感》),反映了他在當時找不到出路的憤激。

2. 被妒:忠而被謗的悲憤

屈原受到懷王信任,草擬憲令,却受到小人嫉妒讒害。屈原在《離騷》中寫道:"衆女嫉余之蛾眉兮,謠諑謂余以善淫。""世溷濁而嫉賢兮,好蔽美而稱惡。"

心懷恢復大志的辛棄疾在朝中也一再受到嫉妒中傷。淳熙八年,42歲的辛棄疾被彈劾罷職,此後閑居帶湖十年。彈劾者説他"用錢如泥沙,殺人如草芥"③。52歲起復爲福建提刑,後遷福建安撫使,辛棄疾在任上頗有作爲。紹熙五年,諫官黄艾論列辛棄疾"殘酷貪饕,姦贓狼藉"④,致使辛棄疾被罷帥,主管建寧府武夷山冲佑觀。韓侂胄黨羽謝深甫又誣陷辛棄疾、馬大同"二人交結時相,敢爲貪酷,雖已黜責,未快公論"。⑤辛棄疾再度賦閑八年。人生最好的十八年時間却在閑居中度過,這讓胸懷大志的辛棄疾怎能不憤慨。在詞中他用屈原"蛾眉曾有人妒"一典,來抒寫自己的被妒與憤懑:

> 長門事,準擬佳期又誤。娥眉曾有人妒。千金縱買相如賦,脈脈此情誰訴?君莫舞,君不見、玉環飛燕皆塵土。(《摸魚兒》)

這首詞作於淳熙六年,辛棄疾詞前小序説:"淳熙己亥,自湖北漕移湖南,同官王正之置酒小山亭,爲賦。"梁啓超《稼軒詞疏證》卷一分析這首詞云:"先生本功名之士,惟專閫足以展其驥足,碌碌錢谷,當非所樂。此次去湖北任,謂當有新除,然仍移漕湖南,殊乖本望。故曰'準擬佳期又誤'也。本年《論盗賊劄子》有云:'臣孤危一人久矣,荷陛下保全,事有可危,殺身不顧。'又云:'生平則剛拙自信,年來不爲衆人所容,顧恐言未脱口而禍不旋踵。'則'蛾眉曾有人妒'亦是實情。蓋歸正北人,驟躋通顯,已不爲南士所喜;而先生以磊落英多之姿,好談天下大略,又遇事負責任,與南朝大夫泄遝柔靡風習猶不相容,前此兩任帥府皆不能久於其任,或即緣此。詩可以怨,怨固宜矣。"梁氏之分析可謂切中肯綮。

3. 心阻媒勞——君臣遇合之難

《離騷》中屈原到處求女,却因爲没有好的媒人而導致失敗。屈原以求女來比喻君臣的遇合,以求女受阻來寫君臣遇合之難。而君臣之不能遇合,没有好的媒人是一方面,更主要是君臣之心意難通,是"心不同"。《湘君》中屈原這樣嘆息:"采薜荔兮水中,搴芙蓉兮木末。心不同兮媒勞,恩不甚兮輕絕。"朱熹《楚辭集注》中云:"蓋此篇本以求神而不答,比事君之不偶。"⑥

《喜遷鶯·謝趙晉臣敷文賦芙蓉詞見壽,用韻爲謝》一詞下片中,辛棄疾化用《湘君》中成句,表達的就是這種君臣遇合之難。"休說,搴木末;當日靈均,恨與君王別。心阻媒勞,交疏怨極,恩不甚兮輕絕。千古《離騷》文字,芳至今猶未歇。"而在另一首詞《賀新郎·和徐斯遠下第諸公載酒相訪韻》寫道:"蘭佩芳菲無人問,嘆靈均、欲向重華訴。空壹鬱,共誰語?"在人間無人可訴自己的衷腸,屈原選擇向自己崇敬的古代賢明君主舜訴説,屈原是在想象中完成了一次心靈的釋放,在另一個世界找到了知己,實現了君臣遇合。現實中的辛棄疾却只能"空壹鬱",而無人可訴。辛棄疾主張恢復,而朝廷實行議和,這樣的君臣之間,心意不同,而求君臣遇合,自是不能。

4. 靈均之恨——志士仁人的愛國情懷

屈原含恨投江,以身殉國,這讓千百年來讀其《離騷》者,心意難平,更何況那些和他抱有同樣之志的南宋愛國士大夫呢!陸游在《哀郢》一詩中寫道:"《離騷》未盡靈均恨,志士千秋淚滿裳。"陸游作爲宋代偉大的愛國詩人,在屈原那裏他找到了共鳴。正因同樣壯志難酬,故他讀《離騷》時,會淚滿衣裳。

陸游《寄題吳斗南玩芳亭》中寫吳斗南"平生《離騷》讀千遍","愛國憂君有奇作,坐令壯觀還沅湘"。吳斗南即《離騷草木疏》的作者吳仁傑,在該書《後序》中,吳仁傑云:"仁傑少喜讀《離騷》文,今老矣,猶時時手之。不但覽其言辭,正以其竭忠盡節,凜然有國士之風。每正冠斂衽,如見其人。"吳仁傑之作《離騷草木疏》,其用意也是借疏注《離騷》草木,來闡發他的頌忠反奸,他將香草比附歷史上的忠義之士,而將惡草比爲佞幸、姦臣。

二、朱熹對屈原的知己之感與對屈原形象的重新塑造

1. 朱熹對屈原的知己之感

朱熹這些好友們的遭遇與感慨,朱熹也有,這從朱熹的經歷可以看出。朱熹支持張浚隆興北伐,反對議和,張浚之死,朱熹千里迢迢,趕去哭祭。在南宋謀求議和時,金軍再次渡淮南侵,朱熹在《感事再用回向壁間舊韻二首》(其二)中痛憤和戎誤國:"迷國嗟誰子?和戎誤往年!"恢復中原也是朱熹的畢生之志,直到臨死還對弟子們嘆息:"某要見復中原,今老矣,不及見矣!"⑦朱熹在政治上雖然主張恢復,但是他並不認同匆促北伐,而是主張愛養民力,修明軍政。他對現實政治有着清醒的認識,但在當時並不被人所理解。

在朱熹平生有限的任職地方官期間,他努力革除弊政。淳熙八年,在提舉浙東茶鹽公事時,積極賑災,彈劾貪官豪強;淳熙十六年除知漳州,力推經界;紹熙五年,在湖南安撫任

上,整頓吏治,重振嶽麓書院。朱熹的每一次作爲,謗亦隨之,在浙東六劾唐仲友,得罪宰相王淮,道學受到打擊;在漳州推經界,受到阻撓,謗議紛至;淳熙十四年,朱熹受徵入朝,林栗彈劾朱熹:"熹本無學術,徒竊張載、程頤之緒餘,以爲浮誕宗主,謂之'道學',妄自推尊,所至輒攜門生數十人,習爲春秋、戰國之態,妄希孔、孟歷聘之風。繩以治世之法,則亂人之首也。"⑧慶元黨禁期間,朱熹更被列入僞逆黨籍,受到迫害。

朱熹雖有濟世之志,但也深感君臣遇合之難。朱熹曾有兩次親近君主的機會,一次是淳熙十五年正月,孝宗徵朱熹入臨安奏事。到臨安後,朱熹向孝宗上奏五劄,第五劄批評孝宗"因循荏苒,日失歲亡,了無尺寸之效"。因受到林栗彈劾,罷歸奉祠。一次是紹熙五年十月,朱熹以煥章閣待制的身份入侍經筵,朱熹對寧宗新政多有批評,並以"正心誠意"責君,結果僅四十六日,便被罷宮觀,逐出京師。

朱熹自身雖未被貶,但數次領宮觀,心理與被貶無異。友人同道的被貶也讓他感同身受,尤其是後來黨禁期間趙汝愚、呂祖儉、蔡元定等道學士人的被貶與遭受迫害,更引發了朱熹對屈原的認同。朱熹早在湖南安撫任上,曾修復三閭忠潔侯廟,寫了《修三閭忠潔侯廟奉祝安文》,親自祭奠。祝文寫道:"惟神爲國上謀,遭讒放逐。行吟憔悴,厥有《離騷》。懷沙自沉,勇赴兹水。"⑨這可以説是朱熹最早寫的向屈原致意的文字。慶元元年冬,朱熹作《梅花賦》,序曰:"宋玉之意,蓋以屈原之放微悟王,而王不能用,於是退而獻賦曰……"⑩"'以屈原之放微悟王'也就是以趙汝愚之放微悟趙擴。"⑪這是朱熹的擬騷之作。朱熹弟子楊楫《楚辭集注跋》云:"慶元乙卯,楫侍先生於考亭精舍。時朝廷治黨人方急,丞相趙公謫死於永,先生憂時之意屢形於色。忽一日,出示學者以所釋《楚辭》一篇。"這被看作朱熹注《楚辭》之始,因爲這個時間節點的特殊性,也被人認爲是爲趙汝愚而作。南塘趙汝談在《挽趙忠定》一詩中明確地指出朱熹爲趙汝愚之貶而注《離騷》:"空令考亭老,垂白注《離騷》。"(《困學紀聞》)周密在其《齊東野語》一書中也説:"趙汝愚永州安置,至橫州而卒,朱熹爲之注《離騷》以寄意焉。"(《齊東野語》)而當時人也將趙汝愚目爲屈原,太學生敖陶孫爲趙汝愚之死作詩云:"狼胡無地歸姬旦,魚腹終天痛屈原。"這種簡單的聯想和比附,雖然不無道理,但也掩蓋了朱熹自身對屈原的異代知己之感。

2. 朱熹對屈原形象的重新塑造

屈原的形象,在前人的筆下,褒貶皆有,褒之者,謂其"濯淖污泥之中,以浮游塵埃之外,不獲世之滋垢,皭然泥而不滓者。推此志也,雖與日月爭光可也"⑫。貶之者,謂其"露才揚己"⑬、"顯暴君過"⑭。

忠、怨與人格的高潔是前人論及屈原所關注的三個主要方面。司馬遷在《史記·屈原賈生列傳》中云:"屈平正道直行,竭忠盡智,以事其君,讒人間之,可謂窮矣。信而見疑,忠而被謗,能無怨乎!屈平之作《離騷》也,蓋自怨生也。"司馬遷將"忠"與"怨"聯繫起來論屈原,其實司馬遷自身也是"信而見疑,忠而被謗",因而有感而發。後來文學史上那些受到譭謗的貶謫之士都會與屈原產生共鳴，騷怨成爲貶謫文學的一大特點。而所謂的"露才揚己"、"顯暴君過"顯然都是與其"怨君"分不開的。

朱熹摒棄了前人對屈原及其作品的貶抑，爲屈原正名，強調屈原之忠，去掉"怨"説，並將忠君與愛國並提，將屈原塑造爲一個忠君愛國者形象。朱熹通過以下幾種方式重新塑造了屈原的形象。

（1）通過篇目去取，以正讀者之心，以誠屈原之意。

朱熹在注《楚辭》之前，先對《楚辭》所選篇目重新加以釐定，明確去取的標準。朱熹依據王逸《楚辭章句》，刪去其中的《七諫》《九懷》《九嘆》《九思》四篇，理由是："《七諫》《九懷》《九思》，雖爲騷體，然其詞氣平緩，意不深切，如無所疾痛而強爲呻吟者。就其中《諫》《嘆》猶或粗有可觀，兩王則卑已甚矣。故雖幸附書尾，而人莫之談，今亦不以累篇帙也。"⑮增加了賈誼的《弔屈原賦》《鵩鳥賦》二篇，認爲"賈傅之詞，於西京爲最高，且《惜誓》已著於篇，而二賦尤精，乃不見取，亦不可曉，故今並錄以附焉"。將屈原所作二十五篇定爲"離騷經"，將宋玉等人所作十六篇定爲"續離騷"。

對《楚辭集注》篇目做了這樣一個正本清源的工作，《楚辭集注》的整體思想便一以貫之，不再是蕪雜的集合體。朱熹的去取標準是是否有真情實感，其所表達的感情是否與屈原作品一脈相承。從他的《楚辭後語》對晁補之《續楚辭》《續離騷》的篇目予以增刪，而其在《楚辭後語》中的一段話也可以看出他同樣的去取標準：

> 蓋屈子者，窮而呼天，疾痛而呼父母之詞也。故今所欲取而使繼之者，必其出於幽憂窮蹙怨慕淒涼之意，乃爲得其餘韻，而宏衍巨麗之觀，歡愉快適之語，宜不得而與焉。（《楚辭後語》）
>
> 若《高唐》《神女》《李姬》《洛神》之屬，其詞若不可廢，而皆棄不錄，則以義裁之，而斷其爲禮法之罪人也。

在《楚辭辯證》中，朱熹對屈原之後的楚辭創作有段評論，亦可參證：

> 自屈原之後，作者繼起，而宋玉、賈生、相如、揚雄爲之冠，然較其實，則宋、馬辭有餘而理不足，長於頌美而短於規過，雄乃專爲偷生苟免之計，既與原異趣矣，其文又以摹擬掇拾之故，斧鑿呈露，脈理斷續，其視宋、馬猶不逮也；獨賈太傅以卓然命世英傑之才，俯就騷律，所出三篇，皆非一時諸人所及，而《惜誓》所謂"黃鵠之一舉兮，見山川之紆曲。再舉兮，睹天地之圓方"者，又於其間超然拔出言意之表，未易以筆墨蹊徑論其高下淺深也。此外晁氏所取，如荀卿子諸賦，皆高古，而《成相》之篇，本擬工誦箴諫之詞，其言姦臣蔽主擅權，馴致移國之禍，千古一轍，可爲流涕。⑯

通過這樣的篇目去取原則,朱熹將那些徒有楚辭之形式,而與屈原作品感情基調不諧的作品刪去。這樣讀者讀《楚辭》,不會只把它當作一種文體的作品集來看,而是能體會到此書中所貫穿的忠君愛國之情,使得屈原之志得以彰顯,也就是朱熹在《序》中所說的:"庶幾讀者得以見古人於千載之上,而死者可作,又足以知千載之下有知我者,而不恨於來者之不聞也。"

(2) 在《序》中爲屈原正名。

在《〈楚辭集注〉序》中,朱熹論屈原爲人云:

> 竊嘗論之:原之爲人,其志行雖或過於中庸而不可以爲法,然皆出於忠君愛國之誠心。原之爲書,其辭旨雖或流於跌宕怪神、怨懟激發而不可以爲訓,然皆生於繾綣惻怛,不能自已之至意。雖其不知學於北方,以求周公、仲尼之道,而獨馳騁於變《風》、變《雅》之末流,以故醇儒莊士或羞稱之。然使世之放臣、屏子、怨妻、去婦,抆淚謳吟於下,而所天者幸而聽之,則於彼此之間,天性民彝之善,豈不足以交有所發,而增夫三綱五典之重? 此予之所以每有味於其言,而不敢直以"詞人之賦"視之也。

這段文字,一方面承認屈原之志行有"過於中庸而不可以爲法",其辭旨有"流於跌宕怪神、怨懟激發而不可以爲訓",也就是説朱熹認爲屈原爲人雖然有不合乎中庸之道之處,但出於他"忠君愛國之誠心",他的作品雖然多寫神怪、含有怨懟之意,但都是出於他對國君的忠愛纏綿之至誠,朱熹認爲屈原的楚辭作品還具有儒家教化之功能。朱熹之所以這樣評價屈原及其作品,是因爲他覺得自己是屈原的知己,他是能夠真正瞭解屈原的想法的。

(3) 通過章指、解題、按語等重新闡釋作品旨意,突出忠君愛國主題。

朱熹有感於王逸《楚辭章句》和洪興祖《楚辭補注》主要在於名物訓詁,而對作品大意有曲解、誤解之處,使得屈原之志行不能明白地昭示給後人:

> 顧王書之所取舍,與其題號離合之間,多可議者,而洪皆不能有所是正。至其大義,則又皆未嘗沉潛反復、嗟嘆詠歌,以尋其文辭指意之所出,而遽欲取喻立說,旁引曲證,以強附於其事之已然,是以或以迂滯而遠於性情,或以迫切而害於義理,使原之所爲壹郁而不得申於當年者,又晦昧而不見白於後世。(朱熹《〈楚辭集注〉序》)

朱子要做的就是通過章指、解題重新闡發作品旨意,使得屈原的忠君愛國之情爲世人所瞭解。在《離騷》解題中,對於屈原之死,朱熹認爲屈原"不忍見其宗國將遂危亡,遂赴汨羅之淵自沉而死。"王逸《楚辭章句》中云:"不忍以清白久居濁世,遂赴汨淵自沉而死。"王逸認爲屈原之死是爲了他自己潔白的人格,朱熹則指明屈原是爲國而死,不是爲自身,這就提高了屈原的精神境界。

對於《九歌》，王逸《楚辭章句》認爲屈原"上陳事神之敬，下見己之冤結，托之以風諫"。王逸將屈原之寫作《九歌》，仍然歸結於其自身之憤懣不平。朱熹在《九歌》解題中則説："屈原既放，見而感之，故頗爲更定其詞，去其泰甚，而又因彼事神之心，以寄吾忠君愛國眷戀不忘之意。是以其言雖若不能無嫌於燕昵，而君子反有取焉。"並進一步指明："此卷諸篇，皆以事神不答而不能忘其敬愛，比事君不合而不能忘其忠赤，尤足以見其懇切之意。舊説失之，今悉更定。"將《九歌》解説成同《離騷》一樣，寄寓着屈原"忠君愛國眷戀不忘之意"。在《九歌》中的《東皇太一》《雲中君》《湘君》《山鬼》等詩篇的解題中，朱熹都指出其中寓有的"忠君愛國"之意。

經過朱熹的闡釋，"忠君愛國"貫穿於屈原的所有作品中，也貫穿於屈原的整個生命中。

（4）將"怨"歸入忠君，淡化"怨"的色彩。

下面兩段《朱子語類》中的話經常被人引用説明朱熹反對説屈原怨君。下面就這兩段話分析一下，看朱熹是如何看待屈原的怨君的：

> 《楚辭》不甚怨君，今被諸家解得都成怨君，不成模樣！《九歌》是托神以爲君，言人間隔，不可企及，如己不得親近於君之意。以此觀之，他便不是怨君。（《朱子語類》卷一三九）

這段話，朱熹説"《楚辭》不甚怨君"，是承認《楚辭》中有"怨君"，只是不像後人所説的那樣嚴重。説《九歌》"是托神以爲君，言人間隔，不可企及，如己不得親近於君之意。以此觀之，他便不是怨君"。是説《九歌》所表達的是屈原不能親近於君的遺憾，不是怨君。

> 且屈原一書，近偶閲之，從頭被人解錯了。自古至今，訛謬相傳，更無一人能破之者，而又爲説以增飾之。看來屈原本是一個忠誠惻怛愛君底人。觀他所作《離騷》數篇，盡是歸依愛慕，不忍舍去懷王之意。所以拳拳反復，不能自已，何嘗有一句是駡懷王。亦不見他有褊躁之心，後來没出氣處，不奈何，方投河殞命。而今人句句盡解做駡懷王，枉屈説了屈原。只是不曾平心看他，所以如此。（《朱子語類》卷一三七）

這一段話是朱熹深感屈原的忠君之心被後人誤解而發，後人誤解屈原，一方面説屈原怨君，"訛謬相傳"，而且"增飾之"，這就使得屈原及其作品給人的印象就是"怨君"；另一方面，將屈原的怨君理解爲"駡懷王"。這段話應該是有背景的，《語類》中只記載了朱子的話，朱子應該是針對具體問題有感而發。屈原是有怨君之處，但屈原之怨君不同於後世理解的"駡懷王"。

綜合上面兩段話，可以看出，朱熹承認屈原作品中"怨君"，只是反對後世誇大了屈原的怨君,將怨君作爲屈賦的重要特徵。再者,經過後人對怨君之説的增飾,現今之人將屈賦"句句盡解作駡懷王",是對屈原的誤解,這掩蓋了屈原的愛君,而愛君纔是屈原的本意。

求之於《楚辭集注》,可以看出朱熹並没有回避《楚辭》中的怨君。《天問》解題云:

> 屈原放逐,彷徨山澤,見楚有先王之廟及公卿祠堂,圖畫天地山川神靈,奇偉儵佹,及古賢聖怪物行事,因書其壁,呵而問之,以泄憤懣。

《河伯》:"子交手兮東行,送美人兮南浦。波滔滔兮來迎,魚隣隣兮媵予。"章指:

> 既已別矣,而波猶來迎,魚猶來送,是其眷眷之無已也。三閭大夫豈至是而始嘆君恩之薄乎?

《九章》解題:

> 今考其詞,大抵多直至無潤色,而《惜往日》《悲回風》又其臨絶之音,以故顛倒重復,倔强疏鹵,尤其憤懣而極悲哀,讀之使人太息流涕而不能已。董子有言:"爲人君者,不可以不知《春秋》,前有讒而不見,後有賊而不知。"嗚呼,豈獨《春秋》也哉?

朱熹認爲屈原的怨君是出於其忠君愛君,與後人理解的"駡懷王"不同,也不同於後人提到《楚辭》,必言其怨君,這就淡化了屈賦中的怨君色彩,使其融爲屈原忠君愛國的一部分。

(5) 樹立反面靶子,反襯屈原的忠君愛國。

《楚辭集注》中,漢代揚雄因侍奉王莽新朝而成了朱熹批判的靶子,以揚雄的失節來反襯屈原的忠君愛國。朱熹在《楚辭集注》中多處提到揚雄,都是將其與屈原對比,如:

> 然則雄固爲屈原之罪人,而此文乃《離騷》之讒賊矣。(《反離騷》解題)
> 至於揚雄,則未有議其罪者,而余獨以爲是其失節,亦蔡琰之儔耳。然琰猶知愧而自訟,若雄則反訕前哲以自文,宜又不得與琰比矣。(《楚辭後語》序)
> 雄乃專爲偷生苟免之計,既與原異趣矣。(《楚辭辯證·晁録》)

朱熹之論屈原與揚雄,是從其爲人的"大節"出發,也就是是否忠君愛國,作爲其人是否可取的標準。《楚辭後語·反離騷》中的幾句話最能代表朱熹的心聲:"故君子之於人也,取其大節之純全,而略其細行之不能無弊。"這也是朱熹之所以贊頌屈原之原因所在。

通過以上五方面的工作,朱熹《楚辭集注》一書,將屈原忠君愛國的形象樹立起來,並深入人心。"從'露才揚己'到'忠君愛國',這是屈原人格評價上的一個飛躍,是朱熹《楚辭》研究的最大功績。"[17]

三、《楚辭集注》的文學史意義

《楚辭集注》作爲朱熹晚年傾力研究的一部重要成果,隨着朱熹在歷史上的被尊崇,這部著作引起了廣泛的影響,作爲一部文學文獻整理與研究之作,其在文學史上也有不可忽視的地位。

1. 與南宋文學創作愛國主題相呼應

考察朱熹所塑造的屈原形象之所以能被廣泛接受,一是與異族入侵有關,二是文學創作中愛國主題的弘揚。

靖康之難,北宋滅亡,中原淪陷,背井離鄉的人民懷念故國。恢復中原,還於舊都,是百姓與南宋主戰派的共同心願。主戰派在朝廷受到壓制,遭受迫害,他們在抗爭中,表現得悲壯而無奈,這是保持在南宋士大夫中的一縷民族之魂。朝中姦佞當道,屈原的"忠而被謗",遭受貶謫,引發了人們廣泛的情感共鳴。在朱熹之前,洪興祖作《楚辭補注》、吳仁傑作《離騷草木疏》以寄託自己頌忠反姦的情感。《宋史》洪興祖本傳云:"上疏乞收人心,納謀策,安民情,壯國威,又論國家再造,一宜以藝祖爲法。"⑬

南宋朝廷,倡言恢復與苟安求和勢同水火,反映在文學創作中,愛國主題成爲文學創作的主流,而愛國情感的被壓抑,又使得文人深感抱負難以施展,南宋文人對屈原心有戚戚。朱熹的好友辛棄疾、陸游在詩詞創作中借屈原表達憂國憂民之情、抗金恢復之志以及受到小人讒害、報國無門的悲憤。朱熹《楚辭集注》以注代作,既是向這位異代同道致意,也與南宋文學創作風尚相呼應,就是通過《楚辭集注》來表達、體現他的愛國情感。朱熹高於辛棄疾、陸游等人之處,在於他淡化了屈原的怨君色彩,而將屈原的主體思想鎖定在"忠君愛國"上,爲文壇豎起一面忠君愛國的大旗。

朱熹注《楚辭》之時,中興文壇上的愛國者們或老去或病歿。乾道六年(1170),張孝祥英年早逝;淳熙十四年(1187),韓元吉卒;紹熙四年(1193),范成大卒;紹熙五年(1194),尤袤、陳亮卒。慶元四年(1198),朱熹完成《楚辭集注》時,陸游75歲,在故鄉閑居。辛棄疾54歲,鉛山閑居。楊萬里72歲,挂冠歸隱。而此時,距朱熹的辭世也僅有兩年。

此時的南宋,國勢不振,士氣低迷。在文學創作上,"四靈"與江湖詩人相繼登上文壇,他們的創作以吟詠景物、交遊酬贈爲主,詩學晚唐,文壇上金戈鐵馬之作日少,而山水享樂、日常生活之作日多,朝野已是"直把杭州作汴州",耽於逸樂,不思恢復。陸游在淳熙十六年(1189)所作《行在春晚有懷故隱》一詩中就已經表達了他的擔憂:"舊人零落北音少,市肆蕭疏民力殫。"(《劍南詩稿》卷二一)朱熹也應同樣感受了南宋士氣的消沉,因而在《楚辭集注》中,他也有振起士氣之意。在《楚辭辯證》中他引洪興祖論揚雄作《反離騷》和釋《懷沙》的話,加以品評:

> 洪氏曰:"佩規矩而改錯者,反常而妄作,背繩墨以追曲者,枉道以從時。"論揚雄作《反離騷》,言"恐重華之不累與"而曰:"余恐重華與沉江而死,不與投閣而生也。"又釋《懷沙》曰:"知死之不可讓,則舍生而取義也。所惡有甚於死者,豈復愛七尺之軀哉!"其言偉然可立懦夫之氣,此所以忤檜相而卒貶死也,可悲也哉!近歲以來,風俗頹壞,士大夫間,遂不復聞有道此等語者,此又深可畏云。

朱熹所"深可畏"者,與陸游詩中之擔憂同一機杼。

這種以忠君愛國之情以振奮士氣的用心並沒有白費,江湖詩人中的戴復古、劉克莊受陸游詩歌的影響,在詩中仍然抒寫憂國憂民之情,在詩中仍然表達對屈原的認同,未嘗沒有朱熹《楚辭集注》的影響。而宋末愛國詩人的抗争與遺民詩人的不屈則實現了朱熹的振奮士氣的願望。

2. 屈原作爲偉大的愛國者形象樹立起來,産生了遥遠的歷史回響

愛國作爲一種民族情感,可以説,直至宋代,因異族的入侵,而爲文人們在文學作品中大量吟詠和謳歌,並成爲偉大的民族精神。朱熹《楚辭集注》樹立了屈原的愛國者形象,此後在屈原研究中,雖然其形象被賦予了各種各樣褒貶不一的説法,如巫官、文學弄臣、革命詩人、人民詩人、法家詩人等,但愛國詩人形象深入人心。

1931年9月18日,九一八事變爆發,東北淪陷。1937年7月7日,盧溝橋事變爆發,中國開始長達八年的抗日戰争,中華民族又一次到了危亡關頭,屈原研究也伴隨着時局變化而被賦予了時代内涵。游國恩説其抗日戰争前夕在青島山東大學講授楚辭"是有意在做宣傳工作,宣傳'三户亡秦'的民族主義"[19]。1942年,郭沫若寫成話劇《屈原》,在劇中借屈原之口這樣説:"我受侮辱是絲毫也不芥蒂的,我是不忍看見我們的祖國,就被那無賴的小偷偷了去呀!"1944年6月25日,成都文藝界抗敵協會舉行"詩人節茶會",紀念屈原。1946年,游國恩在《屈原》一書中指出屈原的死旨在"喚起國人","以拯救垂亡的宗國"。

中華人民共和國成立後,對於屈原的研究仍然是學術界的熱點。關於屈原是否有愛國思想,曾經産生過爭論。1953年,郭沫若在《偉大的愛國詩人——屈原》一文中最先提出屈原是一個偉大的愛國詩人,這個稱呼被認可並沿用下來。郭沫若説"他熱愛人民,熱愛祖國,熱愛真理和正義,他的詩是由這種真摯的感情所充溢着的"。1957年詹安泰在《屈原》一書中,稱"屈原是我國兩千多年前一個偉大的愛國詩人"。游國恩在《屈原》(1980年中華書局版)中説:"在過去,屈原這位偉大的愛國詩人却遭到一些人的貶抑。"

上世紀80年代,學術界展開了屈原是否愛國的爭論,有的學者根本否定屈原有愛國思想,如曹大中先後發表了《"屈原——愛國詩人"之我見》《再談"屈原——愛國詩人"之我見》《三談"屈原——愛國詩人"之我見》《從伍子胥事件看屈原愛國觀念的有無》《論先秦無愛國觀》[20]等文章,認爲先秦時期並不存在熱愛祖國的觀念,屈原至死不離開楚國並不能

證明他的愛國,進而認爲屈原只是"忠君",並非"愛國",曹大中的看法頗有代表性。雷慶翼、吳代芳等學者紛紛著文與之商榷,肯定屈原的愛國思想。現在基本的看法是,屈原的忠君與愛國並不矛盾,在屈原的時代,忠君也是其愛國的一部分,是從屬於他的愛國思想的。

對於屈原愛國思想的弘揚及爭論,可以說是七百多年前朱熹提出的屈原"忠君愛國"這一說法所産生的遙遠的歷史回響。關於屈原形象及其思想的爭論,儘管有不同看法,但是,屈原是一位偉大的愛國詩人,在社會上得到廣泛認同。

綜上所述,將《楚辭集注》放在南宋文學創作的背景上看,朱熹通過屈原忠君愛國形象的重新塑造,而與南宋文學創作風尚相呼應,發出那個時代的呼聲,並在其後產生了遙遠的歷史回響。

(作者單位:哈爾濱學院文法學院)

---

① 束景南《朱子大傳》,商務印書館,2003 年,第 1048 頁。
② 俞陛雲《唐五代兩宋詞選釋》,上海古籍出版社,1985 年,第 369 頁。
③ 《宋史》卷四〇一《辛棄疾》。
④ 《宋會要·職官》七三之五八。
⑤ 同上書,七三之五九。
⑥ 朱熹《楚辭集注》,上海古籍出版社,1979 年,第 34 頁。
⑦ 《朱子語類》卷一三三。
⑧ 《建炎以來朝野雜記》乙集卷七。
⑨ 《晦庵集》卷八六。
⑩ 朱傑人、嚴佐之、劉永翔主編《朱子全書》第 26 册《朱子遺集》,上海古籍出版社,2002 年,第 565 頁。
⑪ 束景南《朱子大傳》,第 1014 頁。
⑫ 司馬遷《屈原賈生列傳》,《史記》卷八四,中華書局,1973 年,第 2482 頁。
⑬ 洪興祖《楚辭補注》卷一《離騷敘》。
⑭ 顏之推《顏氏家訓》,中華書局,1993 年,第 237 頁。
⑮ 朱熹《楚辭辯證》上,見《楚辭集注》,第 172 頁。
⑯ 朱熹《楚辭辯證·晁錄》,同上書,第 206—207 頁。
⑰ 莫礪鋒《朱熹文學研究》,南京大學出版社,2000 年,第 271 頁。
⑱ 《宋史·儒林傳》卷四三三。
⑲ 游國恩《屈原》,中華書局,1980 年。
⑳ 曹大中文均見《屈原的思想與文學藝術》,湖南出版社,1991 年。

范仲淹交遊研究：以其書帖爲例

方 健

今考范仲淹的書信——《尺牘》，宋代未編入文集，僅有單行本刊刻行世，陳振孫《書錄解題》著錄爲五卷，《宋史·藝文志》著錄爲二卷。陳氏又云"其家所傳，在正集以外"，可見是在文集之外，由其裔孫據保存孤本底稿而刊行。南宋以來，已有多種刊本行世，惜宋本尺牘今已無一傳世。今存仲淹尺牘，由元代范文英始刊於家塾歲寒堂。他在寫於至元三年(1337)正月的跋中稱："先文正公尺牘，舊刊於郡庠，歲久漫漶，今重命工鋟梓，刊置家塾之歲寒堂，期與子孫世傳之。"可見是據原存於府學的宋刊本重刊的，成爲今存《尺牘》三卷的祖本。不久，書信即被編入歲寒堂本《范文正公文集》而合刻，始被編定爲三卷。同時，元刊單行本《尺牘》則與全集本並行於世。明清刊《尺牘》三卷，多見於全集本，殆從元刊本翻刻而行世無疑。其中流行最廣的則爲《四部叢刊》本的祖本，即明嘉靖間黃姬水刊本，康熙歲寒堂合刻四十六卷本及乾隆時編定的《四庫全書》本。此三本皆存《尺牘》三卷，文字幾乎完全一致。[①]《尺牘》三卷，收家書36通，交遊書信81通，合計117通。其中：上卷乃家書，又分范氏20通和朱氏16通兩個單元，既相區別又互有聯繫；中卷收書信31通，均致韓琦(1008—1075)之札；下卷原收書信50通，其中有《致蔡欽丞殿丞》二首。欽丞乃蔡交之字，爲范仲淹長女之夫婿，純仁之姐夫。嚴格而言，似不能算作交遊，但既已編入交遊而非家書，姑從之。此外，又從今存仲淹的手書真蹟中輯得未收入《尺牘》卷下的交遊書信二通，附於卷末。南宋尤袤(1127—1194)曾跋仲淹致尹洙(1001—1047)二札云："此一卷帖，情義諄諄，不啻兄弟，蓋二公愛君憂國，道合志同，其相與之厚，自應爾爾[②]。"這種評價，亦切合本文未及之仲淹與韓琦、富弼、王素等諸人帖，他們間的關係親如手足，情逾骨肉。還須指出：即使是仲淹今存的交遊書信，也遠不止見於《尺牘》中、下二卷的81通，其《文集》(包括《別集》《補集》)中至少還有20餘通，就交遊書信而言，今存至少已有107通之多。既有手簡短箋，也有長篇大論，如其成於天聖五年(1027)的《上執政書》，即爲逾萬字的政論文章，歷來被視爲"慶曆新政"的藍圖或張本，其重要性更是不言而喻。

書信，是宋人交遊最常見的方式或手段之一。本文以范仲淹交遊書信52通作爲樣本，逐一考釋。此僅爲篇幅較短的手簡，實爲交遊書信中最常見、最典型之例。近年出版的《全宋文》中，輯集宋人書信當數以萬計，但還有相當數量的宋人書簡仍被《全宋文》所失收③。宋人交遊書信的内容之廣泛，堪稱無奇不有，無所不包。今擬先逐篇録范氏書帖原文，然后用最簡潔的語言，對收信者及其内容作必要的考釋，仍以交遊爲主綫，餘則概不闌入。録文據李勇先點校本《范集·尺牘》卷下，僅在每帖末括注頁碼；必要時酌校歲寒堂本《范集》及此點校本每帖后之"又見"參考文獻等；標點欠妥者則徑改之，不再一一出注。

(1) 晏尚書(一)

伏自春初至項城，因使人回，草草上謝。由潁淮而下，越兹重江，四月幾望，至於桐廬。回首大亳，忽數千里，日思奏記，夐於無階。恭惟蕃宣之居，鈞體惟寧；赫赫之瞻，日以增重。某罪有餘責，尚叨一麾，敢不盡心，以求疾苦。二浙之俗，躁而無剛。豪者如虎，示之以文；弱者如鼠，存之以仁。吞奪之害，稍稍而息。乃延見諸生，以博以約，非某所能，蓋〔朝家之條教〕，師門之禮訓也（方按：五字據《嚴陵集》卷八校補）。又郡之山川，接於新定，誰謂幽遐，滿目奇勝。衢歙二水，合於城隅，一濁一清（原注：衢江濁，歙江清），如濟如河。百里而東，遂爲浙江。漁釣相望，鳧鷺交下。有嚴子陵之釣石，方干之隱茅。又群峰四來，翠盈軒窗。東北曰烏龍，崔嵬如岱；西南曰馬目，秀狀如嵩。白雲徘徊，終日不去。嚴泉一支，潺湲齋中。春之晝，秋之夕，既清且幽。大得隱者之樂，惟恐逢恩，一日移去。且有章、阮二從事，俱富文能琴，凤宵爲會，迭唱交和，忘其形體。鄭聲之娛，斯實未暇。往往林僧野客，惠然投詩。其爲郡之樂，有如此者。於君親之恩，知己之賜，宜何報焉！今有郡齋歌詩一軸拜獻，庶明前言之不誣爾。干瀆臺嚴，伏增戰懼。尚遠門下，伏惟尊崇，爲國自重。

(2) 晏尚書(二)

某啓：伏惟參政尚書臺候起居萬福。某伏自(睦)〔蒙恩〕改蘇，首捧鈞翰。屬董役海上，至還郡中，災困之氓，其室十萬。疾苦紛沓，夙夜營救，智小謀大，厥心惶惶。久而未濟，上答斯晚，死罪死罪！早以桐廬鄙述之作，仰黷臺光，伏蒙尚書不以隆壖之高，而應諸遠壑；不以洪鐘之大，而納兹纖筳。謂宣父聖師，嘗稱弟子之善；邢吉真相，或矜小吏之狂。緩其嚴誅，寵以鈞什。霑江海之宏潤，被虹蜺之垂光。夫何猥屑，當此褒賜！某謂葛覃、苤苢，微物也，托於《周召》則不朽矣。又蒙以新著《神御殿頌》《游渦賦》《青社州學記》示於謏聞，俾閱大範。孰量童觀之明，得預宗廟之美。但當金口木舌，以駕説至道之萬一爾。如睨大禮，閱廣樂，豈能形容於造次哉！遥瞻臺屏，伏惟尊崇，爲國自重；卑情不任榮懼感戴激切之至！

(3) 晏尚書(三)

某再拜〔上覆〕參政尚書：恭惟臺候起居萬福。某十七日至京，諸公並未敢請見。蒙賜誨言，敢不佩戴。瞻仰恩館，伏惟爲國自重，卑情祝頌之至。〔謹奉〕手狀，起居。（第682—684頁）

以上三帖,均仲淹上晏殊(991—1055)書。第一通作于景祐元年(1034)秋。明道二年(1033)十二月,時任右司諫的范仲淹與御史中丞孔道輔(986—1039)率領臺諫官請對,力諫廢后爲非是。仲淹被貶知睦州,即日押出國門。於次年之四月抵達江城桐廬。是年之秋,范因當地風光秀麗,章岷、阮逸二從事,俱"富文能琴",公餘常徜徉于山水間,吟詩唱酬,因貶謫導致的鬱悶和苦惱,一掃而空。大自然之勝景撫平了仲淹心頭的累累創傷。他懷着愉悅的心情向恩師晏殊傾訴了"爲郡之樂"的近況。還將半年以來創作的詩一卷,寄呈晏殊,與他分享寄情山水之樂。當時,晏殊已罷參知政事,在知亳州任所。仲淹年初赴任途經時曾拜訪過這位恩師,並在過項城時已致短簡申謝。此信寄呈不久,仲淹就得到了移知鄉郡姑蘇的任命。

第二帖約作於景祐元年冬。仲淹剛到蘇州,即遭逢數十年一遇的大水災。救災事宜十萬火急。他全力以赴投入治水救災之事,乃至延誤了對恩師的復信。晏殊在寄到蘇州的信中附上近作頌、賦、記各一首及詩若干首。十分遺憾,由於晏殊文集的散佚,這些詩文今已蕩然無存,僅賴仲淹此書存其篇目。仲淹在信中除向恩師表達歉意外,還報告了他"董役海上"(修復水利工程)及救災郡中的概況。④

第三簡則明道二年(1033)四月十七日所上。時仁宗親政,召回因力請太后卷簾撤班、還政於"春秋已盛"的仁宗皇帝而被貶外的范仲淹等人。此帖如按上書時間爲序,應置於第一帖,范氏裔孫編書信卷時已失考。當時,范被任命爲右司諫,在未及拜會宰執等百官時,首先以手狀求見恩師——時以禮部尚書任參知政事的晏殊。天聖六年(1028),守母喪期滿的范仲淹得到時相王曾(978—1038)的賞識,王授意晏殊薦舉范應學士院試,仲淹旋被任命爲秘閣校理,躋身館職,是他人生命運中的一大轉折。此後二十餘年來,仲淹對這位比自己還小兩歲的恩師執師禮甚恭,體現了他尊師重道,滴水之恩當湧泉相報的高尚品格。與此形成鮮明對照的是:同樣得到晏殊賞識、薦拔的宋祁(998—1061),却在起草晏殊罷相制詞時對其恣意醜化,以怨報德。兩人人格的高下,判若涇渭。

仲淹與晏殊今存的交遊詩文,還見於天聖八年的《上資政晏侍郎書》、康定元年(1040)秋其在延安時的《上樞密尚書書》(分見《范集》卷一〇、卷一一)。當然,仲淹寫給晏殊的書信遠不止這五封,隨着歲月的流逝均已散佚。他與晏殊的交遊詩今仍存多首,中有師恩難忘的"循循教弗忘"及"半身游此道"之句等⑤。《范集》卷六還有作於慶曆八年(1048)的《獻百花洲圖上陳州晏相公》、皇祐元年(1049)作《過陳州上晏相公》等,其"重來絳帳求師資"句尤爲感人之深。比較令人遺憾的是:有"神童"之譽的名相晏殊與范的交遊文字,今存者唯跋范仲淹手書《伯夷頌》七字詩(并序)一首。見明代朱存理《趙氏鐵網珊瑚》卷二轉錄,其真蹟今藏南京博物院,爲國家一級文物。

(4) 邵餗先生

十月日,右司諫、秘閣校理、知蘇州范某,謹奉短書於先生邵公足下:某今春與張侍御過丹陽，約詣先生，見維舟水邊，聞先生歸山。所謂其室則邇，其人甚遠，惘然愧薄宦之不高矣。暨抵桐廬郡，郡有嚴陵釣臺，思其人，詠其風，毅然知肥遯之可尚矣。能使貪夫廉，懦夫立，則是有大功於名教也。搆堂而祠之，又爲之記，聊以辨嚴子之心，決千古之疑。又念非托之以奇人，則不足傳之後世。今先生篆高四海，或能枉神筆於片石，則嚴子之風復千百年未泯，其高尚之爲教也，亦大矣哉！謹遣郡校奉此，恭俟雅命！（第684—685頁）

此簡乃仲淹景祐元年（1034）十月作。追述是年春，曾過訪其丹陽溪齋而未遇。在睦州，范曾撰有名作《桐廬郡嚴先生祠堂記》，因慕邵餗先生以篆刻名世，譽滿四海，故遣介欲請邵先生"枉神筆於片石"——即煩大手筆篆刻記文於石，使"貪夫廉，懦夫立"的風範長存不朽，發揚光大。范記和邵篆之碑曾被譽爲"雙絕"，聳立在嚴陵釣臺，千百年來，也滋潤着一代又一代志士仁人的心田。這封書信就訴説着這樣一段"有大功於名教"的典實，也記載了享有盛譽的范仲淹與隱士邵餗先生的深摯交情。

這次未能見面的缺憾，很快得以彌補。寶元元年（1038），范仲淹自潤州（治今江蘇鎮江）移知越州（治今浙江紹興），"首途之日，過邵餗逸人溪齋"。兩位心儀已久的神交歡會之餘，邵餗出示友人寄自江夏的唐人許鼎所撰《祖先生墓誌》，"頗言賀監之異"。賀監，即唐賢賀知章（659—約744），字季真，自號四明狂客。越州永興（治今浙江杭州蕭山）人。證聖進士，官至秘書監。性狂放，嗜飲，後回鄉爲道士。工書，尤擅草隸。其《回鄉偶書》等詩膾炙人口，傳誦已久。范仲淹到越州任所後，訪得賀公舊居天長觀，"命工度材而新之"，又刻徐鉉所撰別序，了却邵餗一樁心愿。其事及引文見《范集》卷八《刻唐祖先生墓誌於賀監祠堂序》（第181頁）。

今考邵餗，潤州丹陽人。父遇，兄餝，皆名流。餝再舉不第。范仲淹知潤州，嘗薦邵餗，不報。慶曆初，知州王琪又再薦，遂賜號沖素處士，餗上表固辭。其事略見《至順鎮江志》卷一九《人材·隱逸·土著》（點校本第787頁）等。

(5) 諫院郭舍人

某再拜舍人：遞中得兄金玉之問，情致雅遠，如見古人。恭維遷諫司，奉衮職，忘雷霆之恐以報主，蹈湯火之急以救時，端人之言，固有中矣！某謂志於道者，皆欲殺身成君。及其少屏，則信起獨善之□。又嘉江山滿前，風月有舊，真賞之際，使人愉然，曾不知通塞之如何耶？惟兄自重，勿至相念。（第685頁）

這是仲淹景祐元年（1034）寫給郭勸（980—1051）的回信。明道二年（1033），因仁宗在呂夷簡的支持下廢郭皇后，孔道輔、范仲淹率臺諫官，力諫廢后。時郭勸任殿中侍御史，亦爲伏閣臺官之一。在"廢后風波"中，因是"脅從"而罪輕，僅罰銅錢20斤了當。⑥郭勸既上言稱

"郭氏非有大故,不當廢";又指出:仁宗欲立的陳氏並非出身"世閥"之家,不可母儀天下。立陳氏爲后之議遂罷。郭勸在景祐元年被擢任同知諫院、起居舍人。⑦他寫信安慰貶知睦州的范仲淹。仲淹感到慰藉,又在"真賞之際,使人愉然"的心情下,給他回了這封短信。仍對因諫廢后而遭致的不公正待遇毫無悔意,並表示要"志於道"而盡忠"報君"。

今考郭勸字仲褒,鄆州須城(治今山東東平)人。舉進士,歷外任。仁宗天聖末,已召除殿中侍御史。當時,后族恩濫,郭勸與曹修古(？—1033)、楊偕(980—1049)、段少連(994—1039)等交章論列,觸怒劉太后,均被貶外。聲動朝野,時有"四御史"之譽。此四人,皆仲淹交遊,堪稱"人以群分"。郭勸謫太常博士、濰州監稅。郭勸後歷知延、齊、淄州、鳳翔府、滑、滄、鄆州、成德軍等;累擢侍御史知雜、度支副使,拜天章閣待制。皇祐元年(1049),官至右諫議大夫、權御史中丞。二年,求退。再爲翰林侍讀學士、同知通進銀臺司,管勾御史臺事。三年卒。郭勸先於仲淹在西綫守邊,景祐四年(1037),知延州;寶元二年(1039),因兵敗而落職徙知齊州;明年,再降工部郎中、兵部員外郎。晚年曾預修黄河事;皇祐二年(1050),曾與包拯同放天下欠負。⑧

(6) 王狀元

某再拜狀元正言學士:郵中得來教,喜可知也。某四月半到郡,重江亂山,目不可際;懷想朋戚,寧莫依依。而水石琴書,日有雅味;時得佳客,相與詠歌。古人謂道可樂者,今始信然!惟閣下居喪食貧,聚數百指,前望高遠,宜無動懷?善愛善愛!(第686頁)

此乃仲淹致王堯臣(1003—1058)手簡。亦作於景祐元年(1034)四五月間,時他剛到睦州,因接到堯臣來信而復書。王堯臣則世家子弟,信中又情親依依。時堯臣正居父喪,大家族聚居數十口而"食貧"。信中既有"懷想朋戚"的思念,亦有"時得佳客"、優遊江城的安貧樂道,不以貶逐爲憂,而以"水石琴書"爲樂的情懷。與前幾通書正同一机杼的自然流露。

堯臣天聖五年(1027)狀元及第,進士高科,一般升遷較快。釋褐將作監丞、通判湖州;召試,除著作佐郎、直集賢院、知光州。至遲明道二年(1033)已召爲右正言,旋丁父憂。景祐二年(1035)冬,服除,擢度支判官,官、職仍舊,遷右司諫。四年,知制誥,再擢翰林學士、知審官院。慶曆初(1041—1043),出爲陝西體量安撫使,提出許多切實有效的戰略戰術建議,並爲韓琦、仲淹、滕宗諒等邊帥守臣的大計方略辯解。⑨歸朝,以户部郎中權三司使。又除翰林學士承旨、端明殿學士、群牧使,遷給事中。皇祐三年(1051),拜樞密副使;嘉祐元年(1056),參知政事。三年,終官吏部侍郎。卒諡文安。堯臣才兼文武,掌内外制十餘年,有文集50卷,已佚。與歐陽修同修《崇文總目》66卷。⑩

值得注意的是:《范集·尺牘下》另有《致安撫内翰》一書(即第34首),此乃仲淹慶曆元年(1041)夏所寫。時堯臣安撫陝西，仲淹因私通元昊書而降官户部員外郎、知耀州。《范集》卷一〇今存另有一書《答安撫王内翰書》，與此書迭相先后。令人費解的是：何以《尺牘》的編者將仲淹致同一人的兩封書信分隔前後，不相連屬？我認爲：《尺牘》的編者很可能誤以爲景祐元年(1034)《致王狀元》一書，受信人爲王拱辰(1012—1085)。十分巧合的是：王拱辰繼堯臣而於天聖八年(1030)狀元及第，仁宗還改其原名拱壽爲拱辰。其事劉摯撰《王開府行狀》[11]有十分詳盡的記載。更凑巧的是：王拱辰景祐元年亦在服喪，喪除亦景祐二年，而且景祐五年亦官右正言。不過顯然不同的是：其服喪前僅官通判潁州，服喪期滿後纔除秘書省著作郎、直集賢院；官右正言更是遲在景祐五年(1038)。堯臣因早拱辰三年狀元及第，顯然升遷更快。景祐元年(1034)時已官右正言、學士者必爲王堯臣無疑，王拱辰四年后纔具備同樣的官稱。而編《尺牘》的南宋范氏後裔已夾纏不清，遂將兩位王姓狀元混爲一談，故將二書分置兩人。今特予以考辨。其實，仲淹雖與拱辰也爲同時代人，也有可能相識，却無交情，更非交遊。恰恰是曾經薦舉過蘇舜欽的王拱辰，在慶曆四年(1044)利用其御史中丞(臺長)的身份發難，一手導演了"奏邸之獄"，一石三鳥，導致了宰執杜衍、范仲淹、富弼等的先後罷免，標誌着慶曆新政的失敗。王拱辰還曾得意忘形地説，將改革派一網打盡！仲淹決無可能與這種反復之徒有"懷想朋戚，寧莫依依"的親情。事實上，范仲淹與王拱辰沒有也不可能有這種志同道合的交誼。

(7) 石曼卿

某再拜。去冬以攜家之計，駐贏東郊，朋來相歡，積飲傷肺。賴此閑處，可以偃息。書問盈几，修答蓋稀。足下亦復懶發，絕無惠問，非求存慰，欲知起居之好爾。近詩一軸，寄於足下與滕正言。達於諸公，必笑我也。（第686頁）

此乃范仲淹景祐元年(1034)剛到睦州不久時寫給石延年(994—1041)的信。附詩一卷寄石及同年滕宗諒，滕時官左正言。[12]石延年，字曼卿，一字安仁，其祖籍幽州，后遷居宋州宋城(治今河南商丘)。累舉未第，真宗時録爲三班奉職。天聖四年(1026)，換文職爲太常寺太祝，知金鄉縣。徙通判河東路乾寧軍、永静軍。召爲大理評事、館閣校勘，又歷光禄、大理寺丞。景祐二年，坐事落職，通判海州。康定元年(1040)，奉使河東；還，除秘閣校理、太子中允、同判登聞鼓院。二年卒。延年工詩擅書，尚氣嗜酒。撰有《石曼卿歌詩集》一卷，已佚。今傳本一卷，均後人所編集，已非原本之舊。事見歐陽修《文忠集》卷二《石曼卿墓表》、《宋史》卷四四二本傳等。

仲淹與延年相識並交遊甚早，《范集》卷四有《送石曼卿》詩，似爲送其知金鄉縣之作。《范集·別集》卷一《寄石學士》又有"定卜靚山鄰"句，可見兩人早有卜鄰比屋而居之約。仲淹還爲其監亳州太清宫老子廟時所作的九詠詩作序，贊揚其"詩力之雄"，足以"鑿幽索秘，破堅發奇，高凌虹蜺，清出金石"[13]。共同的道家情愫使其深有知音難得之賞。曼卿卒後,仲淹有祭文:稱其才大而"不登公卿",書法有"顏精柳骨"之精深造詣,詩則"氣雄而奇",可追步杜甫,其胸懷寬廣則"浩然無機";對其英年早逝,未能大用於世深表惋惜。⑭

值得一提的是他們有着共同的交遊,兩人和尹洙(1001—1047)、鄭戩(988—1049)均爲摯交。石延年今存《代意寄師魯》《送鄭十學士戩通理越州》詩等可見一斑。⑮

(8) 曹都官

某再拜:伏念天涯之遠,聲應自接,使介一至,手筆爛然。金石其醇,雪霜見志,斯足以使吾道拳拳矣!其後進之狂者,無明哲以保身。交遊之恩,尚不爲輕;況君父之知,死而當報。暨守桐廬郡,大爲拙者之福,朝廷念其無他,移守姑蘇。以祖禰之邦,別乞一郡,乃得四明。以計司言,蘇有水災,俄命仍舊。鄙陋之才,未飽世務,惟日夜謹事,與衆協力,庶幾萬一可濟耳。願兄歸闕,道出此郡,(按)〔接〕舊□,又所得將多,至望!惟以道自愛,慰此善頌。(第687頁)

此仲淹致曹修睦書,都官,爲當時他任都官員外郎的簡稱。信中明言,此書作於姑蘇,時在景祐二年(1035)六月以前。《長編》卷一一六有載:景德二年六月己巳,以都官員外郎曹修睦爲侍御史,因御史中丞杜衍之薦也。信中有云"交遊之恩"、"雪霜見志",實乃有感而發。仲淹因諫廢郭后而貶外,曹修睦曾來信勸慰,此乃仲淹對其來信的復書。另外,修睦兄修古,天聖末,曾以刑部員外郎爲御史知雜事,上書請還政與仁宗,觸怒頗切於權勢的劉太后,被貶知興化軍。這與仲淹天聖七年(1029)疏請太后撤簾卷班事如出一轍。遺憾的是:其兄曹修古(?—1033)在仁宗親政後欲召回之際,得病暴卒於任所。⑯仲淹與曹氏兄弟均爲交遊。

鑒於《全宋文》未收曹修睦文,《全宋詩》(第3冊,第1625頁)小傳又錯誤頗多,今據宋代可信史料,爲其重新立一小傳如下:曹修睦(987—1046),建安(治今福建建甌)人。大中祥符五年(1012)進士,調撫州軍事推官,移南雄州判官。改大理寺丞、知邵武縣。遷殿中丞、知鬱林州。丁外艱,服除,以太常博士通判越州。再遷尚書、屯田二員外郎,通判泉州。天聖、明道間,知邵武軍。景祐二年(1035),除侍御史。三年,改司封員外郎,出知壽州,尋又移泉州。旋坐舉主事,奪司封,去官。歲餘,起通判信州,改知吉州,皆不赴。康定元年(1040),自請致仕,遂分司南京,歸。慶曆六年卒,享壽六十。同年八月落葬,有文400餘篇,勒成三卷,已佚。事見蔡襄《端明集》卷三八《曹公墓誌銘》,《長編》卷一一六、一一七,《宋史》卷二九七《曹修古傳·附傳》等。

(9) 孫元規

待制吾兄:某伏自東南之役,不復奏記於諸公,誠以久勞之人且欲晏息爾。吾兄由簡在之知,登於清近,薦紳畢賀,吾道相榮。首枉華音,足慰素望。何青云之上,亦莫我遺,感抃感抃!肺疾未愈,賴此幽棲。江山照人,本無他望,以此爲多。未拜睹

間,伏覬爲國自愛!(第 687—688 頁)

此簡爲仲淹景祐元年(1034)致孫沔(996—1066)的賀信。兩人交遊事略及孫沔傳奇式的生平,已詳拙文《范仲淹與江南士人交遊研究》⑰。此僅補敘二事:其一,景祐元年(1034)歲末,孫沔在一封所上的奏疏中,就對孔、范的伏閣請對,直言極諫,表示由衷的贊賞;並指出孔、范貶後,言路閉塞,朝士"盡思緘默",茲事體大,有損國體。⑱其二,《范集》卷六今存《知府孫學士見示和終南宮太保道懷五首因以綴篇》詩,雖孫詩五首已佚,但共同的道家情愫增進了兩人的友誼。這也許是仲淹自青移潁,過徐州而不肯再行,將後事托付給孫沔的原因之一,即道家主張喪事從簡。

(10) 孫明復

某啓:正初奉邀,東門之別翌日,大寒未起,舟人輒移,足下之來,固不可見。至桐廬,聞足下失意,愕乎其且憂矣!足下直方而孤,非求榮之人,嘗言二代未葬,勉身以進也。天與其時,一何吝歟!此交友之情,大鬱鬱然。及得足下河朔二書,且依天章公,猶免屈於不知己者,甚善甚善!某至新定,江山清絕,落魄以歌,自謂得計。及來姑蘇,却修人事,斯亦勞矣!今在海上部役,開決積水,俟寒而罷。足下未嘗遊浙中,或能枉駕,與〔於〕吳中講貫經籍,教育人材,是亦先生之爲政。買山之圖,其在中矣。以來者衆,未易他謀也。之武、公綽二君子皆持服在此。冬景向嚴,萬萬自愛。(第 688 頁)

仲淹此書乃景祐元年(1034)冬致孫復者。信中談到孫復赴禮部試再次落第,深爲其惋嘆,又爲其往河朔依李紘而稱慶。信中還談到在睦州的悠閒和知蘇州時的治水。並告訴他孫之交遊陳之武、朱公綽亦持服在姑蘇。關於孫復(992—1057)的事略及其與范仲淹的密切關係,拙撰《范仲淹評傳》第 338—345 頁已有詳考,可參閱;這裏不再重複。

(11) 滕子京

某再拜:遞中捧來記云,出省後兩賜榮問,一未嘗至,請究之。執事入侍清光,退奉慈聖,可謂美矣!某肺疾尚留,酒量大減,水邊林下,略能清吟。聊書一軸上寄,並簡呈諫院門館諸公,善知我之素爾。(第 689 頁)

是簡亦景祐元年(1034)睦州作,約撰於致石延年書稍晚之際。時其同年滕宗諒(991—1047)似已從左正言遷左司諫,故請他代向諫院昔日同僚致意。對這位有特殊感情的同年十分羨慕,其能"入侍清光,退奉慈聖"。仲淹曾拜識宗諒之母,執子姪之禮,完全是一種親如家人的口吻。寄詩一軸,多爲"水邊林下"的"清吟"之作。范對自己的睦州詩詠是頗爲自負而引以爲重的。故一再寄呈師友共賞。關於范仲淹與滕宗諒的交遊,堪稱心心相印、生死不渝的典範。請參見拙撰《范仲淹評傳》有關章節（見第 41、43、47—49、64、97、99—100、131、136、139、153、177、269、275、329、336、470 頁等）的考述。

(12) 李泰伯(一)

某白秀才李君：在鄱陽勞惠訪，尋以改郡，不敢奉邀。今潤州初建郡學，可能屈節教授？又慮遠來，難為將家。蘇州掌學胡瑗秘校見《明堂圖》，亦甚奉仰。或能挈家，必有經畫，請先示音為幸。保愛保愛！不宣。仲淹上李君奇士足下，八月十九日。

(13) 李泰伯(二)

某頓首秀才仁弟：別來傾渴無已，想至僊鄉拜慶外無恙。此中佳山水，府學中有三十餘人，闕講貫，與監郡諸官議，無如請先生之來，必不奉誤，誠於禮中大有請益處。至願！至願！不宣。仲淹上秀才仁弟，十月十九日。

此地比丹陽又似閑暇，可以卜居，請一來講説，因以圖之。誠眾望也！兒子在蘇州，足下可能早來？今冬欲行鄉飲，俟先生講求也。仲淹上。

(14) 李泰伯(三)

某白：中間辱教，承已拜恩命。雖德業雅遠，未稱人望；而朝廷獎善，鴻漸於時。惟聰明精至，曉知深矣。未相會間，千萬自愛！自愛！不宣。仲淹上太學先生。閏十一月二十八日。

某已受敕改青州，見理舟行次，希善侍加愛。（第 689—690 頁）

范仲淹這三封寫給李覯(1009—1059)的書信，第一封景祐四年(1037)作於潤州，第二封寶元二年(1039)寫於越州，第三封皇祐二年閏十一月二十八日(公元 1051 年 1 月 13 日)寫於杭州，時行色匆匆，準備動身赴知青州新任。前兩封信亦有具體日期，分別邀請他赴潤、越州學執教；第三封則是對他不久前來信的復信和祝賀、勉勵，賀其年逾不惑，始得一官；又勉勵他不要辜負"朝廷獎善"。李覯出仕，多仰仲淹鼎力薦舉，今存仲淹奏表狀疏三通及李覯來信三封可證。關於李覯的生平和思想，及其與仲淹的交遊，二人間的密切關係，拙撰《范仲淹評傳》第 349—358 頁有比較詳盡的考證，可參閱。

(15) 張文定(一)

某再拜端明安道諫議：專使至，特辱緘問，以示恩意，喜慰無量。兼承居易以道，處順而樂，真賢者養浩之宜矣！某此中差煩，亦且勉力。未披睹間，萬萬自重！

(16) 張文定(二)

頒惠醇醖，感刻感刻！公人云，到湖州陸行歸府，別無以致，慶州酥五斤，封記全，乞檢。至韋老昨日〔自？〕鄧州同來宛丘，因且在彼勾當，深懼入川(吳？)。今得晏公辟，在許。田知錄，甚得所也，極清健可愛。運使錢刑部已起，韓學士應未到。見提憲

望致意。或要此中物,希示及。(第691頁)

這二通書簡,其實乃一封,范氏后裔編《尺牘》時,誤析爲二書。⑲乃范仲淹致張方平(1007—1091)書。方平,卒諡文定,故云。關於這一通手簡的作年,從第一封中的稱謂"端明安道諫議"中可考得。"安道",乃方平之字。"端明",爲端明殿學士之簡稱。李燾《長編》卷六五慶曆八年八月丁丑條有載:翰林學士兼端明殿學士、右諫議大夫、知制誥張方平落職,知滁州。落職,指罷去端明之館職。此爲罷知制誥、出知滁州的任命日期,其實際到達滁州的時間已是皇祐元年(1049)的正月,這是張方平女婿王鞏所撰《張方平行狀》⑳有明確記載的:出知滁州,"到官三月,就除端明殿學士、知江寧府"。而張方平守江寧府的任命,則爲皇祐元年四月十七日發表。㉑逆推三月,則爲元年正月到任,至皇祐二年(1050)十一月辛酉,其以端明、龍學二學士、給事中知杭州的任命發表前的這二年間,張所任官、職皆與范信中稱謂完全相合。皇祐元年正月,范仲淹知鄧州的任命發表,故是年自春至夏,范均在自鄧至杭的途中,途經鄉郡姑蘇時籌劃義莊事,至杭交接已是盛夏。此當爲仲淹剛到杭州上任未久時,已在江寧知府任的舊遊張方平特遣專使持書和佳釀拜望恩師;而范仲淹的復信也附上了自鄧州帶來的西北特產慶州酥五斤,作爲酬答,此乃交遊之慣例。因仲淹信中提到的張方平的一些舊識,其宦歷亦可證,此必爲皇祐元年之作,且同爲一書無疑。

又如信中提到隨范自鄧州同來宛丘的韋老,"今得晏公辟,在許"。㉒今考晏公乃晏殊,皇祐元年七月癸卯,禮部尚書、知陳州晏殊爲刑部尚書。同年八月壬戌,陳執中罷相,知陳州,代晏殊,晏殊徙知許州。㉓故仲淹是書應作於皇祐元年夏秋間,時他在知杭州任所。書中字裏行間,透露的親密氣息,無異家書。如對故舊的牽挂,故人宦運的關注,甚至告張可直言不諱向其索要杭州的土特產。正如張方平請蘇頌代撰的祭范仲淹文㉔所述:"昨麾武林,復踵於賢。朋好之篤,晚乃益堅。議論相直,中無間然。"張方平自己也説范仲淹對他有薦舉之恩,故終生以門生自况。兩人政見一致,但有學者據宋代史料中的小説家言,却對張方平在慶曆新政中的表現作出了否定評價。筆者已在拙撰《范傳》第216—222頁中作了考辨,此乃千古奇誣。這封親密無間的交遊書信提供了兩人情誼彌老益篤、從無芥蒂的力證。㉕

(17) 陳水部
某啓:兒子歸,知山陽禮上有少違和。某亦爲風氣發動,不得馳染。人來,特辱真誨,承體候安好,至慰至慰!彼此當路守任,疲於煩撓,惟勉旃自愛。(第692頁)

陳水部,似指陳亞。"知山陽禮上有少違和"句,可知其時知山陽(楚州,治今江蘇淮安)。考景祐三年(1036)五月,歐陽修因支持范仲淹而被貶夷陵(治今湖北宜昌)令。其《于役志》載他離京赴任的行記,是年六月甲戌日有載:在楚州"知州陳亞小飲魏公亭,看荷花,與者隱甫、朱公綽"。㉕朱公綽,爲歐陽修同年,朱長文之父,從學於范仲淹。又據歐陽修同書記載,范仲淹比他早出發數日,赴知饒州,當歐、陳歡會時,范當仍在途中。也許是聽歐說起"四賢一不肖"風波,陳亞致簡仲淹,表達他的慰問或同情,仲淹是書乃對他來信的簡復。"彼此當路守任"云云,是指兩人當時分守楚州、饒州。同時,因"風氣發動"(眩暈癥)而南下赴任時未能"馳染"(拜訪)而深表歉意。

陳亞,字亞之。揚州人。咸平五年(1002)進士,曾爲杭州於潛令,知祥符縣。擢知楚州。慶曆三年(1043),以金部郎中知湖州;六年十二月,以司封郎中知越州。仕至太常少卿。有《藥名詩》一卷,《陳亞之集》三卷,已佚。其人工詩,且不乏幽默感,交遊甚衆。㉖

(18) 謝安定屯田(一)

范某謹齋意西向,復書於先生安定公執事:某自筮仕之初,聞先生在諸侯幕中,高風遠度,已與人異。能禦強族,又嘗正大夫見東夷人之禮,國朝稱之。自是籍籍有清議於四方,咸曰:斯人立天子之庭,其風義如何哉!司命不仁,乃病于□。先生胸中之奇,屈盤虹蜺,然猶不忘國家天下,屢有抗奏。天子嘉其意,進以爲郎。先生謂生平所存,不得著行事而以言受爵,非吾之心,復卷而懷焉。君子謂之有道。某嘗與先生接,而見貽之書,意愛甚隆,非某之可堪也。某早以孤賤,荷國家不次之遇,夙夜不遑,思所以報,故竭其誠心,自謂無隱爾,非有出入於人也。今被罪而來,尚有民人,是亦爲政,豈敢怠哉!餘則閱書思道,希古人萬一,將無用於今,則庶幾不忝下大夫之後而已。尚阻奇論,惟善奉天倪爲禱。

(19) 謝安定(二)

屯田長者:某攝行尹事日,捧執事濮陽之書,以困於聽決,未遑修報。既出江表,杳如天外。近改丹徒,又併獲雅問,豈君子之心不易改棄而然也!某念入朝以來,思報人主,言事太急,貶放非一。然仆觀《大過》之象,患守常經。九四以陽處陰,越位救時,則王室有棟隆之吉。九三以陽處陽,固位安時,則天下有棟橈之凶。非如艮止之時,思不出位者也。吾儒之職,去先王之經,則茫乎無從矣。又豈暇學人之巧,失其故步?但惟精惟一,死生以之。閣下以良相之門,瑚璉命器,與國同其休戚,自當觀群賢以經大運,無孜孜一夫,以隘其守焉,甚善甚善!未拜會間,千萬保愛!

這二通書帖的受信人,遍考不得其人。但有幾點尚可明確:此公於范仲淹爲前輩,其當時之官乃屯田郎中;第一通書作於景祐元年(1034)范知睦州時,第二首則作於寶元元年(1038)范知潤州之際。其人之宦歷,似曾在景祐三年(1036)范仲淹權知開封府時爲濮州知州。㉗此爲二書透露出的信息。宋庠《元憲集》卷一〇有《送謝屯田徙治富順監》詩,時代、官稱相合,或即其人。其第二札則非致胡瑗(993—1059)明甚,自樓鑰《年譜》誤繫於胡

安定后,沿訛踵謬者代不乏人,至今猶然。㉙

(20) 睢陽戚寺丞(一)

某啓知宰寺丞:昨軒車之來,誠喜奉見。以困匱之日,致禮不逮,未能忘情,徒自愧耳!洎於回轅,又失拜餞。自至琴署,諒敦清適。有孫復秀才者,一志於學,方之古人。不知歲寒,何以爲褐?非吾長者,其能濟乎!擬請伊三五日暫詣門館,惟明公與丁侯裁之。造次造次!慚悚慚悚!

小兒藥已服兩日,未應。乞與差人問伊久服得否?以何爲候?又恐此藥宣取多,則不勝其羸。

(21) 睢陽戚寺丞(二)

某再拜寺丞:久違清素之範,頗增鄙吝之懷。京塵多端,驛音鮮寓,慚悚慚悚!伏想監守之外,動履惟寧,其如縻才,識者奉惜。某在館供職,無所爲效。嵇日知已東行,所寄物必已分明交付,亦乞示諭。貴眷各計萬福。凝寒,倍加保衛,別期光寵。虞縣中舍,不及上狀,望言達。

(22) 睢陽戚寺丞(三)

某白:人來,領書問,知孝履無恙。端居不易,秋望如何?許相次見訪,更不云云,惟多愛爲祝。

(23) 睢陽戚寺丞(四)

某再拜寺丞:久闕至誠,頗多渴義。庠序之會,漸有倫次。見講《春秋》,聽衆四十人,試會亦僅三十人矣。公之志也,敢不恭乎!今張兄員外,素爲交遊,亦張知判之同年,蓋丁憂累重,不堪其憂。前日清河云隨後便來,故專投刺。長者之性,不能矯取,惟執事禮之。部夫將回,勞頓不易,乞保重是望。(第694—695頁)

此四帖,皆仲淹致戚舜賓尺牘。第一首,乃薦孫復入南都學舍;第二首有"京塵多端"、"在館供職"等語,乃天聖七年(1029)范仲淹在任秘閣校理時所撰;第三首乃致問候之禮書札;第四首述其講《春秋》,有聽衆40人預會的盛況,似作於景祐二年(1035)秋冬間,時仲淹在京判國子監,又介紹其交遊張兄員外赴睢陽投刺謁見。時任南京留守判官事(以京官充,簡稱知判)的同姓者乃其人之同年。戚舜賓,在大中祥符二年(1009)主應天書院時,與仲淹有師生之誼。四帖可證,兩人相知甚深。

戚舜賓,應天府楚丘(治今山東曹縣東南)人。戚同文(904—976)孫、戚綸(954—1021)子。大中祥符二年,真宗詔命舜賓以奉禮郎主持應天書院學政,天聖中,因獻其父之詩文集20卷、奏議集《論思集》10卷等而官太子中舍。慶曆初,擢淮南提刑。三年,管勾國子監,旋以司勳員外郎同判刑部。舜賓乃"奕世名儒",曾長期任宋初四大書院之一——應天書院山長,享有重名。㉚仲淹四帖均稱其官名爲寺丞,宋有所謂"九寺丞"、"七寺丞"之稱,通常爲正八品。㉛據此四帖,尚可補舜賓早期宦歷。應天府,宋初又稱宋州,別稱睢陽。景德三年(1006),升爲府;大中祥符七年(1014),稱南京,又別稱南都。治今河南商丘。

(24) 知府大卿(一)

某再拜知府大卿仁兄:近辱真誨,伏承下車兗海,起居休泰。吾兄長厚仁政,東魯民淳,比之越上,可偃息矣。未期披會,惟冀自重,以符瞻禱。

(25) 知府大卿(二)

某累患腹肚,不早上記,至悚至悚!東道稍稔,晚田微旱,穀價向春亦應不下。二浙、淮南俱旱,惟蘇、湖有望,而亦有旱處。東山,惟寇盜可虞,常索用心,與南中不侔。鄭下今日得書,甚安。元規改徐州,辭之不允,他有餘力,徐可治矣。自家三人,聚於杭越,今俱來京東。人事何定,却時得通問也。李倅希伸意,不及書。

此二帖,仲淹致王素(1007—1073)信。從信中的內容可以考定此二書的寫作時間。"下車兗海"句,指王素剛到知兗州任所㉜,時爲皇祐二年(1050),仲淹在知杭州任所。"越上",乃泛指浙路,非指越州甚明。第二書則作於皇祐三年七月。時仲淹已到青州知州新任,孫沔"改徐州辭之不允"㉝,可證其作於七月。雖王素知渭州的任命已發表,但此時仍在兗州未行。這種遠途調任,半年數月的延遲未行是常見之事,當然如果是軍情緊急等,又當別論。必須指出:《尺牘》卷下 42、43 二帖,題作仲儀待制者,亦致王素書。南宋時編仲淹交遊書信的裔孫,已不知這位知府大卿爲誰,故分隔兩處,儼然判若兩人,按慣例致同一位交遊的信應編在一起,爲行文之便,後二書的考釋見下文,這裏暫不作次序上的調整。

王素,真宗時名相王旦(957—1017)幼子,旦卒,賜官太常寺太祝。天聖五年(1027),召試學士院,賜進士出身;復召試,擢通判潁州,徙懷州、許州,三遷太常博士;再召試,賜五品服。三試禁林,以例當得館職,因避大臣親嫌而抑。遂出知濮州,徙賓州,未行,中丞孔道輔薦爲侍御史。景祐元年(1034),出知鄂州。徙宿州。慶曆三年(1043),召知諫院。同年十月,除天章閣待制、淮南都轉運按察使。遷涇原路經略使、知渭州。徙華州,又落職右遷江州;未赴,改汝州,徙潞州。丁外艱,起知兗州,再知渭州,就拜龍圖閣直學士。還,領三班院。至和二年(1055),以樞密直學士權知開封府。歲餘,遷龍圖閣學士、知定州兼安撫使。尋又除翰林學士、知成都府。還,復知開封府,領群牧司,出知許州。英宗初,以端明殿學士再知渭州。知成德軍兼真定府路安撫使。又復遷尚書左丞、河東四路經略安撫監牧使兼知太原府。還朝,知通進銀臺司、門下封駁事;以疾請外補,復知汝州。熙寧二年(1069),以工部尚書帶職致仕。卒諡懿敏。王素曾三帥平涼,威震邊庭;又歷撫三路,無一日用兵。其"與遊皆時俊","無城府,善與人交,久而彌篤。早從公遊"者后來居上,"或至將相,而公處之自如也"。㉞

仲淹與王素當定交於慶曆初,兩人爲忘年交。王素除諫官,同時被任命的有歐陽修、余靖、蔡襄,時有"四諫"之譽。東京人因他們銳意改革,支持新法,敢於直言極諫而譴稱其爲"一棚鶻",期望他們直言極諫,除惡務盡。三人對王素説:你相門之子,後臺硬,凡事應多出面,打頭陣,不像我們出身寒微,朝中無人。而王素也無所畏懼,時而單打獨鬥,故又有"獨打鶻"之稱。富弼推薦的出任諸路轉運按察使中,王素是最有辦法和成效的一位,乃至貪官污吏聞風而自動棄官逃避。㉟

(26) 欽聖殿丞(一)

某啓:近辱手筆,承動止安固。示諭賢叔學士被楊儀牽累,衆知無他。昨日聞有袁州之命,何至於此?蓋衆被重譴然也。人事難可擬議,惟君子知命委時,則可致遠而無悶。他或歸許下般家,即專差人賫書去。如即遣人來挈家,則望書中再三致意勉之。未離京間,不敢致書,難爲辭也。悉之悉之!多愛。

(27) 欽聖殿丞(二)

某啓:昨日至許下,行次領真誨,承動止無恙。兼示及省榜,兒子與李教授、謝家弟兄、王七俱過省,親識中得失相半,更三五日必見春榜也。漸遠風音,黯黯爲戀,惟多愛多愛!不宣。仲淹上欽聖殿丞左右,三月十一日。

今日相國筵會,不暇仔細,保愛保愛!或有書入京,遞中即易達也。

此二帖,均仲淹致韓宗彥(?—1060)信。後帖手蹟今存《趙氏鐵網珊瑚》卷二等。其文字,與集本《尺牘》卷下所錄已頗有異同。"欽聖"上,原無"蔡"字。元代柳貫跋云:籤題作蔡欽臣必有所據云云,實乃流傳過程中誤題。第二帖仲淹自署"上欽聖殿丞"可證;第一帖云"示諭賢叔學士被楊儀牽累",尤可證。

今考韓宗彥(?—1060)字欽丞,開封雍丘(治今河南杞縣)人。韓億(972—1044)長子韓綱之子。蔭補將作監主簿,慶曆二年(1042)進士,嘗爲鄧州通判,累官太常博士。召試,除集賢院校理。嘉祐初,除京西提刑;三、四年間,在京東提刑任。終官兵部員外郎、判三司鹽鐵勾院。㊱與歐陽修、尹洙、梅堯臣、司馬光、王安石等交遊。㊲

仲淹與韓億、其次子韓綜及宗彥,乃三世交遊。韓億,字宇魏,真定府靈壽人。咸平五年(1002)進士,歷宦州縣,擢御史,拜中丞,執法甚嚴。景祐二年(1035),知樞密院;四年,參知政事。以太子少傅致仕,卒諡忠憲。有文集10卷,已佚。范仲淹曾薦其任參知政事,又有《祭文》譽其爲"爲國元老,望高中外"㊳。

韓綜(1008—1052),億次子,字仲文。幼以父蔭任將作監主簿。天聖八年(1030)進士。呂夷簡復相,薦其召試,除集賢校理。知太常禮院,開封府推官,擢太常博士、三司戶部判官。使遼還,無過而出知滑州,徙知許州。衛帥許懷德有田在許州屬邑,論久不決。因同僚三司判官楊儀以書囑綜,綜不答。慶曆八年(1048)八月,儀坐別事得罪,累及綜。因其不及時上聞而被落職徙知袁州。綜無故而再被黜,士大夫爲之鳴不平,遂於其皇祐元年(1049)赴任之日即命復職,就除江東轉運使。後召回,賜三品服。事見《樂全集》卷三九《昌黎韓君(綜)墓誌銘》㊴。

張方平撰《墓誌》中稱綜"與朋友交,實篤信義";楊儀事可證。對於同官之托,明知違法,故不予置理;不以上聞,則爲全朋友之義。在情與法之間,韓綜原想兼顧兩全,寧願自己承擔不白之冤而被薄責。仲淹第一帖中已云"衆知無他",是説韓綜不應因此小過失而受奪職改小州知州的處罰;"何至于此?"則將仲淹與士大夫們的同情及傾向和盤托出。這第一帖當作於慶曆八年(1048)秋冬間,而第二帖則爲皇祐元年(1049)三月十一日撰無疑,因書中及范純仁等應是年省試可證。時韓綜官殿中丞,又簡稱爲殿丞。又,後一帖中兩幅,范氏後裔已不知爲三月十一日帖之别幅,遂割裂爲二,編入《補編》,又在題中臆加蔡氏之姓,皆誤。今特詳考併正之。

(28) 工部同年(一)

某啓:至西洛,見蔡郎,得工部同年書。承在闕下,起居康寧。三二年中,不易爲懷,必能知命自遣。雖有交親,無益於事。同年聰明,涉道不淺,且隨緣就一差遣,却學道養性,所得必多。某謫宦中,未嘗動念,此公之所諒。今雖叨竊過量,其風波恐畏,無異當年,賴朝廷寬厚,未至顛覆。樂天守道,亦如鄱陽日。未相見間,萬萬自愛!

(29) 工部同年(二)

工部同年:近日況味如何?須是以道自樂,榮利無窮,千古困人。章郇公非不稱意,今奈之何?兒息未辦事,又無中饋,大可傷痛傷痛!已差人去致祭。明參復然,以此不如知足樂道,浮榮豈足道哉!宅眷郎娘各計安,每每瞻渴瞻渴。王源叔並知此中事,更不煩云。加愛加愛!

此二帖,仲淹致同年魏兼書。魏兼,字介之。大中祥符八年(1015)甲科進士。景祐元年(1034),以屯田員外郎知楚州。二年,充江浙、廣南、荆湖、福建等路提點坑冶鑄錢公事,與提刑資序。康定二年(1041)正月,以三司判官爲兩浙路體量安撫使。慶曆間,爲淮南路轉運使,擢工部郎中,又徙京東。四年,坐詐以女婿名目購置莊田及多收職田斛斗而被勒停。六年,起爲兵部員外郎。㊵

仲淹與魏兼的交遊,今可考見於史料中者,始見於景祐二年(1035),即魏兼除提點坑冶鑄錢公事任命發表之際,《范集》卷六《送魏介之江西提點》詩云"一路春城次第遊",在酷愛自然風光的仲淹看來,主管東南九路的都大提點㊶可乘巡察部内公務之便,漫遊東南名城,是不可多得的美差。景祐三至四年,仲淹知饒州;提點司時置司饒州,故常與這位同年過從唱酬,他不僅爲提點司内魏兼所建的秋香亭作賦㊷,還不時同遊、宴會,留下了多首唱酬之作㊸。范仲淹在州治建有慶朔堂,庭園手植九松,遍栽花木,取古諸侯藏朔之義而命名。仲淹離任後,還懷念這一美木蔥籠的勝境,有詩詠道:"慶朔堂前花自栽,便移官去未

曾開。年年憶着成離恨，只托春風管勾來。"㊹

范此詩乃作於潤州。後魏兼及江東提刑陳希亮、江西提刑曹泾、知饒州畢京等相繼有和詩；㊺本是文壇佳話，孰料在宋代筆記小説中被敷演成了一椿桃色新聞。説仲淹守饒日，看中一色藝雙絶的雛妓，離任后，思念不已，遂寄詩同年魏兼為之贖身又送范云云。㊻小説家言的作者，其想象力也未免太豐富了些，此事純屬子虚烏有。

寶元元年(1038)，仲淹移知潤州。忽一日，他的兩位同年滕宗諒及魏兼從天而降，突然來訪，喜出望外的仲淹置酒款待，傾訴衷情，極盡其歡。《范集》卷三《滕子京魏介之二同年相訪丹陽郡》詩即備述其盛會，又以"莫競貴高路，休防讒嫉夫"相勉。慶曆年間相繼任兩浙體量安撫使、淮南、京東轉運使的魏兼却因貪贓而聲名狼藉，相繼彈劾他的不僅有鐵面御史包拯，更有仲淹慶曆新政有力支持者蔡襄及歐陽修㊼。慶曆四年(1044)六月三日，工部郎中、前任京東漕使魏兼受到勒停的處分，罪名是坐假冒女婿名目購置莊田及超標準收取職田斛斗。㊽魏兼的升遷，據蔡襄奏章稱乃得到時相章得象、晏殊的關照，因為他們有親戚關係。事之有無，無法考實，因諫官許風聞言事，道聽途説便可奏上一本。但魏兼貪官的名聲，却"傳於道路"，他的宦運也每况愈下。這二封尺牘正在魏兼人生低谷之際，仲淹予以諄諄勸慰、開導。其第一帖云"雖有交親，無益於事"，此當作於慶曆四年魏兼被勒停後。范委婉批評了這位同年的有失檢點，自己犯了事，即使親友、交遊官再大，也幫不了你的忙！又勉勵他"學道養性"、"樂天守道"，提高自己的道德素養，想開些，還以自己三謫後，尤其是魏親聞的在饒州日的安貧樂道言傳身教，堪稱煞費苦心。第二帖作年，據"明參復然"句，可考定為慶曆八年(1048)六月以後未久。㊾仍以"榮利無窮，千古困人"相勉，關鍵在於"以道自樂"。立身清廉的仲淹對這位同年可謂語重心長，既怒其不争，又不露聲色，將義正辭嚴寓於和顔悦色的教導之中。從歐、蔡對魏兼的彈劾，也可看出范仲淹從不護短，更不結黨營私，體現了他在交遊中也不失既有情義也不枉法的名臣風範。㊿

(30) 南陽著作

某白：辱手筆，並悉雅意。所留兵士，已於四月三日奏訖，未有指揮。前請聖節，因勾當到州，不至，必修造了，可來相會也。多愛多愛！

此似為致孫甫(998—1057)手簡。考《長編》卷一五四慶曆五年正月甲戌條載：右正言、秘閣校理孫甫為右司諫、知鄧州。鄧州古稱南陽，秘閣校理亦可比附換稱著作佐郎㊿，簡稱著作。仲淹是年十一月繼任知鄧州，兩人為交政，其帖寫於是年四月三日以後，仲淹時知邠州兼陝西四路帥，十一月始罷帥以給事中知鄧。帖中所言乃公事，但仲淹與孫甫的交誼却匪淺。

孫甫，字之翰，許州陽翟(治今河南禹州)人。天聖五年(1027)同學究出身；八年，進士及第。為華州推官，遷大理寺丞、知絳州翼城縣，再遷太常博士。杜衍薦為秘閣校理，改右正言。擢右司諫、知鄧州,徙知安州。歷江東、兩浙轉運使。召還,除三司度支副使。嘉祐元年(1056)爲河北都轉運使,以疾,留爲侍讀。二年卒。孫甫博聞强記,有《文集》7卷,《唐史記》75卷,已佚;今僅存《唐史論斷》92篇,編爲3卷。事詳曾鞏《元豐類稿》卷四七《孫公行狀》、《東都事略》卷六四本傳。孫甫之爲人頗得曾鞏贊賞。《行狀》論其曾爲杜衍所知,又與尹洙最相善,但論保州之變,指劾杜公不留情面;在是否營水洛城事件中,是劉滬而非尹洙,皆出以公心而不偏私誼。於主慶曆新政的范、韓、富等諸大臣,皆同心任事,私交甚篤,但却力論其益兵之議爲非。而當反對派以朋黨借口群起而攻之時,孫甫"争論尤切"㊾。他是一位不徇私情、心懷坦蕩的正人君子。

故范仲淹與其情意甚深。仲淹接替孫甫知鄧州,在交接政務時未免有詩酒歡會,歌詠唱酬。《范集》卷三《依韻和安陸孫司諫見寄》稱:"因逢故人作宴喜,琴樽風月夕不偏。"此交政時慣例。皇祐元年(1049),仲淹移守杭州,孫甫先調任兩浙路轉運使,兩位故友又重逢在東海之濱、西子湖畔。仲秋,兩人同赴錢江觀潮,有詩唱和,仲淹《和運使舍人觀潮》二首詩今存。隆冬共去西湖賞雪,又有《依韻和孫之翰對雪》唱酬之作。㊿慶曆改革期間結成的深厚情誼傲霜鬥雪,歷久彌深。但孫甫一如既往,秉公執法却毫不含糊。轉運使職能之一即監察知州以下地方官員。樓鑰《范仲淹年譜》云:孫甫"一切繩之以法,而常以監司自處,范公遇之無倦色。公遇范公不少下,退而未嘗不稱其賢也"。宋代的監察機制頗有值得今人反思之處,一把手如何防微杜漸,州縣等地方最高行政官員如何自覺置身於監司的督察之下,范仲淹和孫甫,又豈止是宋代的典範!

(31) 知郡職方(一)

某諮上知郡職方:特辱緘誨,備見用心。救濟甚善甚善!一則朝廷重人性命,二則恐姦惡輩誘而聚盜,須賴州長焦勞,使民感惠,則無他慮也。照悉照悉!漸有暑候,保重保重!明贊善請他來,要見青社的有飢民,自四向鄉下萃來,自春亦不得知也。

(32) 知郡職方(二)

某再拜職方知郡仁兄:遠辱誨音,過形恩意,承已禮上,實慰瞻言。某雖屬謫宦,幸得善地,聽決之外,琴籍在焉,無見念也。盛暑,希保重!邢推官已替,如寄家彼中,乞照燭。

(33) 知郡職方(三)

切少煩躁,損氣傷人,亦爲災矣。然人事多端,其實由命,天假手於人爾。奉憂之心,公必悉之。其如參差,無以爲力,奈何奈何!窮達榮辱,人事分別,至終豈復異哉?惟信道養性,浩然大同,斯爲得矣!貴眷上下各安,齋郎應未出官?多愛多愛!

獐肥二個,紅薑四罐子,聊表信意。

此三帖,似爲仲淹致趙槩(996—1083)書。首帖中"須賴州長焦勞",指受信人時爲知州;

"青社的有飢民",當指其時知青州。核仲淹交遊中曾知青州者有多人:如韓億、李迪(971—1047)、王曾、孔道輔、夏竦、張存(984—1071)、葉清臣、富弼等,皆在仁宗朝先後知青州。但結合次、末二帖中所述,最有可能的受信人乃寶元二年(1039)已在知青州任所的趙槩。不妨先考察一下他的生平與宦歷。

趙槩,字叔平。應天府虞城人。天聖五年(1027)進士,授將作監丞、通判海州。召試學士院,除著作郎、知漣水軍。徙知通州,爲開封府推官。景祐二年(1035),出知洪州。四年,以刑部員外郎、集賢校理權同修起居注。約在寶元二年,加直集賢院、知青州。因坐舉張誥之失奪職罷官。逾年,起監密州酒稅,徙楚州糧料院。慶曆元年(1041)南郊恩,還其官、職,徙知滁州。召修起居注,同修玉牒。擢天章閣待制、糾察在京刑獄;擢兵部員外郎、知制誥,勾當三班院。又改知審官院、判秘閣、同判流內銓。慶曆六年(1046),出知蘇州。丁母憂。八年十二月,以刑部郎中、知制誥召拜翰林學士,知禮部貢舉。皇祐三年(1051),使遼;還,加侍讀學士。歷右司郎中、中書舍人、提舉在京諸司庫務。嘉祐三年(1058),以龍圖閣學士、禮部侍郎知鄆州,徙南京留守。五年五月,召拜御史中丞。同年十一月,拜樞密副使,加禮部侍郎。七年三月,除參知政事。英宗即位,遷户部侍郎,又遷吏部侍郎。神宗即位,再遷左丞。熙寧元年(1068)正月罷參政,加吏部尚書、觀文殿學士知徐州。二年五月,以太子少師致仕。卒贈太子太師,謚康靖。撰有《應制集》30卷、《別集》50卷、《集注老子》、《續注維摩經》,編有《諫林》120卷等,皆佚㊿。體現了他出入儒釋道學的深厚學養。

據上考,趙槩在寶元年間知青州無疑,不過他當時知青州時范仲淹稱之爲職方員外郎(簡稱職方),而《長編》卷一三四則稱其知滁州時所恢復的官爲祠部員外郎。兩者雖品級相同,但必有一誤。今已書闕有間,難考其詳。第一帖中提到的明贊善,當爲明鎬,時以贊善大夫任河東轉運使,協助鄰近的青州救濟飢民正是他職責之一。第一帖當撰於寶元二年春夏之際,時仲淹應仍在移知越州途中。第二帖是對他到任賀啓的致謝手簡,"某雖屬謫宦,幸得善地"云云,點明時在越州,從饒至潤,再徙越確爲"善地"。預示着仲淹又將被起用。時間則在"盛暑"(七月)。第三帖,當是趙槩因舉張誥失當牽累,在知青州任上被罷官奪職,對於這官場常有的宦海沉浮,仲淹以自己三度無罪被貶,却能"信道養性"的經歷寬慰這位舊友"窮達榮辱",應置之度外;"損氣傷神",尤無必要。以當時的語境、心境而言,當可基本上肯定乃致趙槩之尺牘。又,第三札末云附"紅薑四罐子",而據《嘉泰會稽志》卷一七,紅薑正爲越州臨海之特產。益可證時仲淹正知越州,爲此書繫時於寶元二年(1039)提供了力證。

(34) 安撫內翰

某再拜安撫內翰:伏惟清重勞頓,克臻萬福。某昨日誥敕到,降戶外,帶職知耀州。方當急難,豈忍安逸!今有謝表本併劄子稿上呈,無他,恐將來未免邊任,不如便且在塞上,所貴茸整不斷絕也。猶恐不濟,奈何罷去?至秋冬危時,又却臨邊,何以處置？此所以憂。官榮即素無心，豈以高下爲意！乞諒之諒之。

是帖亦仲淹致王堯臣者。慶曆元年(1041)四月，范仲淹因元昊來書有侮辱性語言，有損國體，遂焚其書，另外録副上聞；從而觸犯"人臣無外交"之天條，因私通元昊書而降官户部員外郎(簡稱"户外")，帶職貶知耀州。而王堯臣以翰林學士爲陝西體量安撫使，視察軍情邊況，以爲朝廷耳目。仲淹與堯臣乃再世交遊，情好彌篤。故信中直抒胸臆，個人榮辱不足挂齒，唯以塞外防秋軍情爲憂。體現了他一貫的"官榮即素無心"——淡泊明志的高尚情操。無疑，堯臣對這位世叔(仲淹與其父王濆同年)的高風亮節肅然起敬，贊譽有加。餘詳本文第六簡考釋，此與第六帖理應編排在一起，儘管時間跨度稍大；但因范氏裔孫已不明此"安撫内翰"爲何人，故編《尺牘》時分隔在異處。

(35) 翰長學士(一)

某再拜翰長學士：伏惟起居萬福！昨張去惑著作來，捧真誨，備荷勤意。欲其委順保全，不宜擇處也。某非不思之，寒儒之家，世守廉素，恐門户一變，有勃入勃出之禍。況邊上乏人，且勉於從事。或稍寧息，或得將帥，即有丘園之請，以全苦節。養生俟死，此其志也。俞旨一下，魂神來復，久而無營，知非他望，明公諒之。近以北事，渴見賢者。今聞彦國之耗，不復言之，亦甚減憂。未拜奉聞，惟乞自重！不宣。仲淹拜上翰長學士座前，仲秋日。

(36) 翰長學士(二)

某再拜翰長學士：伏惟起居萬福。近乾州秘丞至此，言十三殿丞過，備知風旨。某守邊如式，但關輔之民，被虐無際，國本如此，孰爲固之！環慶籬落，稍有倫序，願得外計，以救瘡痍。或朝廷疑其欲解邊務，則尚可兼之經略，皆得施行，但去都部署、招討之名耳。爲國活民，以植根本，又不敢陳乞，恐廟堂不悉其志。復聞北事已萌，不勝憂。蔡推官甚渴伊分減心力，只爲舉辟二人，已許一員，不敢更煩朝議。或且就一陝幕，必祝計使請伊，況知已甚多，應不久次。少年從事，但輸忠力，且勿以資級爲意，即遠大也。

此二帖，乃致賈昌朝(998—1065)手簡。考賈昌朝慶曆元年(1041)十二月以龍圖閣學士、禮部郎中權知開封府，拜右諫議大夫、權御史中丞。三年三月，擢參知政事。⑤御史中丞又稱臺長、翰長，具彈劾、監察、查究官員之責。宋代屢興臺獄，可見其森嚴一斑。臺長又爲"四入頭"之一，往往能緣此而晋升二府大臣。據賈昌朝任中丞的時間，此第一帖必上于慶曆二年仲(中？)秋，第二帖應在同一年十一月。信中談到："關輔之民，被虐無際，國本如此，孰爲固之！"范仲淹憂國憂民之素志，躍然紙上，即使在風雨如磐的"守邊"歲月中也略不稍減。

賈昌朝在慶曆新政中，與仲淹同爲參知政事，充其量也不過是個態度曖昧的"中間派"。他曾上疏要年滿七十的昏瞶官員致仕，又曾全力支持貢舉改革。仲淹在上疏請大臣兼判各事時主張由賈昌朝負責農業。賈在慶曆初所上的《論邊事疏》中也指出削邊帥之權太甚、矯枉過正之弊。但在整個慶曆改革方針大計方面，他與仲淹多有政見異趣，尤其是他在慶曆五年正月至七年三月拜相執政期間，正是各項新政次第被廢罷之際；但政見的不同並未影響到他們兩人的友誼。在宋代名臣中，往往政見與私交是兩碼事，在以下的篇章中還有更多的例證。從這兩封信看，他和范仲淹的私交十分親密。皇祐五年四月，賈昌朝在范仲淹書法名作《伯夷頌》手卷上留下了如下的題跋："范希文好談古賢人節義，老而彌篤。書此頌時，年六十有三矣。"言簡意賅，闡發了此卷的題外之意，成爲流傳至今唯一的賈氏與范的交遊文字。對這位已故舊友的人格，他相當推許。

(37) 安撫太保（一）
某諮上安撫太保：遠勞書問，深荷意愛。至節別膺寵異。未言會間，惟希保重。

(38) 安撫太保（二）
示及，並悉雅意。甚善甚善！凡有事務，只請手字；所貴易得還答，亦便於事也。

(39) 安撫太保（三）
示及，即日過郡，不更多云。寒涩，道中多愛！

此三帖，乃仲淹致夏竦（985—1051）啓。提起夏竦，人們便會想起他是慶曆新政的反對派，范仲淹及韓琦、富弼等的政敵。當然，這很大程度上應歸結於石介的《慶曆聖德頌》。慶曆三年，新政方興未艾之際，石介（1005—1045）效唐代韓愈《元和聖德頌》之體，譽仲淹、富弼爲"一夔一契"而直斥夏竦爲"大姦"。"芒角太高"、"詆時太過"的石介，以自己獨特的方式，表達了他的愛憎鮮明的立場，不僅爲日後"惹禍"，引出駭人聽聞的政治陷害和報復，而且也成爲導致慶曆新政失敗的原因之一。夏竦在石介歿後，仍對他切齒銜恨。當時，徐州狂徒孔直溫謀反，抄家搜得石介與其書信，夏竦既讓女婢模仿石介筆蹟僞作書信，又到處散布石介詐死，實受富弼指使，潛入契丹，密謀起兵反宋、裏應外合的彌天大謊。乃至朝野震驚，朝廷半信半疑，甚至有開棺驗石介存亡之議。後因故相、時知兗州杜衍及京東提刑呂居簡的擔保和仗義執言，方免開棺驗屍悲劇之發生。臺官張昪（992—1077）、何郯曾痛切上言，其事乃醉翁之意不在酒，實質在於：慶曆三年（1043）時夏竦曾有樞密使之除，爲諫官所格；機心極深的夏竦遂以爲仲淹、富弼等極力報讎昔之宿憾，達到打擊忠義之目的。葉適（1150—1223）也指出：石介"明發機鍵以示小人，而導致報復"。

但范仲淹與夏竦的關係，實際上並非如宋代史料所渲染的那樣是不共戴天的死敵。《范集·別集》卷四今存《謝夏太尉啓》一首，仲淹有云："金石之言，方形於清舉"，"謂某經術粗通，可以識國家之體；謂某愚衷素愨，可以盡兵民之心。"則范仲淹西帥之命，夏竦實有薦舉之功。可見夏竦對仲淹的大義與才能十分欣賞,故薦其至西綫任其副手。又,夏竦早在天聖七年(1029)已除參知政事,因與同日拜相的呂夷簡"不相悦",遂罷參政而代之以陳堯佐。⁶⁰而衆所周知,范仲淹與呂夷簡一度頗相對立,爲了國家大事尚且可以解仇。所以這三通禮節性的書信,顯示了初到陝西、擔任經略招討副使的范仲淹對主帥應有的尊重和禮遇。儘管兩人的交遊僅見此書啓四通,但至少在慶曆初,在對西夏的攻守戰略方面,范仲淹與主守的夏竦有更多的一致,而與一味主戰的韓琦和尹洙却有較大分歧。只是因夏竦的主動請辭西帥而被加上了"怯戰"的惡名,而勇於任責的范仲淹主動請守危城延州而贏得了當時的稱譽和後世的贊美。其實,在對西夏的戰略取向上,兩人並無實質性的政見異趣,而更多殊途同歸。即使是在慶曆新政推行及此後夏竦當政期間,亦未見兩人交惡的文字,充其量不過是政見的不同,而這在與仲淹親如手足的盟友間,也是司空見慣之事。⁶¹

(40) 李節推
某白:近領手筆,知十一月離穰下,今想在道中。寒雪奉親,至是不易,更令此番人去,以備乏使。千萬勉旃,善愛善愛!

此"李節推",乃李姓節度推官之簡稱。信中稱"知十一月離穰下"云云,則應作於皇祐元年或二年歲末。時,仲淹已離鄧州徙知杭州。此李節推似爲因仲淹薦舉而受恩澤或蔭補之人。而鄧州正爲節度州,應是仲淹奏辟其爲推官。仲淹離任後,他或已任滿,只能冒雪奉親離開鄧州。如果這種猜測有些道理的話,則似或即仲淹在另一通家書中提到的李通(李七郎)。⁶²其人爲仲淹已故李夫人的侄兒,仲淹與鄭戬爲連襟,故鄭亦可以南郊恩例奏舉。但因書闕有間,受信人未可確證。故懸此揣測,以俟博洽。

(41) 通理虞部
某啓:近辱書示,承動止安康。咫尺未由奉謁,徒深渴想。長安近有書來,甚樂彼也。初寒,自愛爲祝。

此帖因提供的信息量實在太少,受信人或時間均不可考。僅知受帖者時以虞部員外郎通判某州。又,信中有云"長安近有書來",仲淹摯友鄭戬及葉清臣相繼於慶曆中、慶曆末知永興軍,如信中所指確爲其中之一人,則范氏此帖乃作於知鄧州任,時間在慶曆五年至八年間。此虞部、通判亦當爲鄭戬或葉清臣之交遊。

(42) 仲儀待制(一)
某啓:昨日使臣回,已奉手削。賢侄自陝來,遽於拜觀,不敢駐留。庶事必可上聞。蔣□得甚處,希早示及。保重保重!

(43) 仲儀待制(二)

仲淹啓(歲寒堂《全集》本作"某啓"):前日遣急足齎書並酒去,必未達。昨日邸報,有人奉攻閣親,不言再有責降,不知何人之爲也。臺刻頗深,豈涉親黨,或須理會,亦當款曲,勿令悖戾。昨來謝章,有"事觸權貴,力排姦邪"之語,此必招怨,濟個甚事!所云投鼠傷器,此實詣理而無害也。愚曾落職南行,當時滿朝見怒,惟責己樂道,未始動懷。君子皆有通塞,孔孟不能逃,況吾輩耶!寬中自愛自愛!仲淹於閣下爲罪人,但長者深察本心,乃敢奉勉,悚悵悚悵!專此,不宣。仲淹上仲儀待制左右,六月十三日。

七郎云(?),欲南中置少屋業耳。禮制中更不遷居也,走知之矣。昔年持服,欲歸姑蘇卜葬,見其風俗太薄,因思曾高本北人,子孫幸預縉紳,宜復堂構,乃改卜於洛,思遠圖也。吳中松楸,有數房照管,又與秦官,似兩不失志,仲儀以謂如何?雖立賢無妨豪(間?)傑之謂也,中人則不能逃其俗,其聞見然矣。

本節第(25)帖后之考釋已指出,此兩帖亦致王素書。前帖據"賢侄自陝來"云云,當爲慶曆四年(1044)王素以刑部郎中知渭州、兼涇原路經略安撫使到任後之不久,仲淹給他的復信。當時,仲淹參知政事的任命已經發表。後帖則稱"有人奉攻閣親"等事,今考此事在慶曆五年(1045),王珪《華陽集》卷五八《王懿敏公素墓誌銘》載其事甚詳:王素知渭州,"坐嘗囑河東轉運使劉京市材木,制下御史臺,京自以己坐得罪,而公所市無私明,猶降公知華州。既而,言者又以謂公與監察御史裏行閣詢爲連姻,方置劾時,不以其事聞。既奪詢里行,亦落公職、知江州。未行,改汝州;更潞州"。㊟

仲淹以自己無辜三黜的親自體驗,勸慰這位知己,應胸襟開闊,以德報怨。切忌用"事觸權貴,力排姦邪"等語,又諄諄告誡,"此必招怨,濟個甚事",只能是"投鼠傷器"。王素前爲諫官,曾論罷夏竦,此番夏竦大權在握,無事生非,挾私報復。仲淹却奉勸他以大局爲重,應"責己樂道"。仲淹又滿懷深情地表示歉疚,"某於閣下爲罪人"云然,殆指景祐三年(1036)"四賢一不肖"事件中連累時爲諫官的王素同遭貶責。後帖別幅中,亦將改卜陵墓於洛陽這樣的家事與王素商議,徵求他自己欲不歸宗於姑蘇的意見,足證兩人間手足情深,非同一般的親密關係。

(44) 文鑒大師(一)

某頓首:僕於僧萬千中得師之雅,心期他年作金石遊。師豈知我耶,而遠書加勤。願保清懿,以副所懷。

(45) 文鑒大師(二)

某啓:在饒日,一殿侍來,領問。却令代還者奉書,以道接千萬僧,得師之意,不知達否?李道士、聶支使來,又得書並詩。與有文者觀,莫不賞其難得。尚未知師之經術儒行,然詩意幽遠,如山中人,已可見其清矣。某赴越上,不似謫宦味,多幸多幸!未良聚間,保愛保愛!

  惠酒并藥劑,多荷。急足行,未有奉答。在維城間出入,數年清吉,得不有江湖之興否?

在宋代史料中,曾出現過一位蜀僧文鑒大師。乃張詠(946—1015)之交遊。張師正《倦遊雜錄》《皇宋事實類苑》卷六七引云:"張(逸)[詠]密學知成都,善待僧文鑒大師,蜀中民素所禮重。"釋文瑩《湘山野錄》亦載其兩事:其一,卷上稱:張詠離任召還日,封一紙軸付文鑒,讓其於大中祥符八年(1015)五月二十一日轉交給時知成都者開啓。至日,凌策打開乃所畫像一幀,遂祠於大慈寺閣龕㉒。其二,卷下云:張詠知成都日,彭乘始冠,欲求文鑒薦介,"持所業爲贄"。一日,文鑒以彭文呈上,張遍覽,擲於地,"無一語褒貶"。任滿行前,托文鑒召彭乘云:你的文字極好,真心賞識,之所以不發一語,因你尚年少,經不起表揚,"必凌忽自惰,故擲地以奉激"。他日必前程遠大,"官亦不減老夫"。留鐵錢交鈔(交子)二百緡以助。時宋釋文鑒尚在中年,事或尚有可能。仲淹所交高僧甚多,但對文鑒大師頗爲心許,於萬千僧中"得師之雅",又期盼作金石之交。"遠書加勤"四字,更透露出此文鑒或即上述蜀僧。其第二帖中"某赴越上",可證其帖作於寶元二年(1039)知越州任上。前帖或作於上年知饒州日,因在饒州日曾接到文鑒之復書。當然,此文鑒也有可能爲同名之吴越僧,但如此一位爲范仲淹所心儀的名僧,竟在宋代史料和各種工具索引書中不留痕蹟,未着點墨,頗令人費解。即使如此,仍不能排除此爲同名之另一僧人的可能。

(46) 朱校理(一)

  某啓:領問,知雅意。十六日,被旨赴闕;至二十二日,與韓公同上五章。爲邊事未寧,防秋在近,乞且留任,必得俞旨。入則功遠而未濟,後有邊患,咎歸何人?軍民億萬,生死一戰,得爲小事耶!俟其平定,歸朝未晚。如某則多病健忘,無益於事。如得一閑郡,時復研慮,陳述補益之事,猶庶幾萬一。或處急流,顛沛可待,識者當憫之矣。奈何奈何!翰長必已安好,近已有書。

(47) 朱校理(二)

  石先生芒角太高,常宜寬之。孫必已回,致意致意!(原注:上缺)當時奉贊汝陰之請,令一任清滿,足爲基址。曾勸他,余就洪守,石就汶倅,俱不聽,直至惹禍。亦勸力就小郡守,不然須得一藩。尋亦被桂王中,諸事難爲。今穰下□活,心閑耳静,幸事。

仲淹此二帖,當致朱寀(?—1043)。朱寀,沛(治今江蘇徐州)人。進士及第,景祐三年

(1036),官池州掾曹。慶曆三年(1043),以著作佐郎、國子監直講爲集賢校理。同年十月,詔修兵書,與曾公亮(999—1078)同爲檢閱官。旋卒。范仲淹上奏狀乞推恩與其弟朱寀。⑥方按:仲淹與韓琦,於慶曆三年四月七日同被任命爲樞密副使;前帖中所云"十六日被旨赴闕,至二十二日,與韓公同上五章",當亦指四月之事,則是帖當撰於四月下旬。信中表達了平定西事後"歸朝未晚"的意向。《長編》卷一四四,將朱寀官集賢校理的任命繫於九月,與此四月即稱"校理"似有牴牾,這有兩種可能:一是前此朱寀已任秘閣校理,九月遷集校,秘校、集校均可省稱爲"校理";二是《長編》注文繫時有誤,兩者必居其一。當事人決不會對其官稱有誤。仲淹直到慶曆三年八月十九日,由韓琦接替其陝西宣撫使一職,始離西綫,赴京就任參知政事(其參政之任命爲是年八月十二日)。⑥

其第二帖有云:"石先生芒角太高,常宜寬之。"是說石介爲人偏激,作爲同僚(直講),應常勸慰之。又說"直至惹禍",乃指其《慶曆聖德頌》授人以柄,是頌撰於四月,傳至陝西應在五六月間,則此帖約寫於三年五六月間,時仲淹仍在陝西無疑。仲淹的擔心絕非多餘。仲淹與朱寀的相識,也許是因爲張綸的薦介,從他對朱寀故後所上的奏狀看,其對朱氏《春秋》學的功力相當賞識,與他兄弟的關係也十分親密。

(48) 田元均(正月十八日)

某啟:至郟縣,見王助教,領元均龍圖所賜教墨並誌文三本,不任感刻!且承得請終制,非大孝之節不奪,孰能堅立持於雷霆之際耶!仰服仰服!端居蕭索,惟道可依;日扣聖門,所得多矣。某此去南陽,亦且讀書。涉道貴深,退即自樂,非升沉之可搖也。拜見未期,萬萬加愛。

此帖乃仲淹致田況(1005—1063)書,作於慶曆五年正月十八日,時他正從邠州赴鄧州任所、道經郟縣之際。田況正守制於家,在這封復信中仲淹表達了"日扣聖門"、"涉道貴深"的志向。在西綫及在朝的日子裏,政治的漩渦、軍事的重任,使他無暇探究醉心已久的學術,故發願在鄧州多讀些書,從事學術研究和文學創作,聊以"自樂",堅持仍不以進退升沉爲意的操守。

田況,慶曆初曾在陝西經略司任判官,深得韓琦和范仲淹的信任。在韓范對西夏取主動進攻還是積極防禦的戰略方針有分歧之際,他往來於兩人之間,使兩人求同存異,在促成兩人聯合上奏方面起了積極有效的溝通、協調作用。這是仲淹與田況定交和成爲密友的基礎。田況對慶曆新政的性質和歷史作用有十分清醒的認識,他說:仲淹"謂朝政因循日久,庶事隳敝,志欲刬舊謀新,振興時治"。⑥以改革吏治爲中心的慶曆新政成爲歷史的必然選擇,田況也成爲慶曆改革最堅定的支持者之一;即使在新政失敗後,仍不改初衷。田況後來任三司使,他對權貴之家請托之風深惡痛絕。見其同年歐陽修在《歸田錄》中入木三分的記述。

田況,曾被范仲淹譽爲"朝之端人也"⑱。他與田況亦再世交遊,寶元元年(1038),與其父田紹方(972—1045)相識於潤州,其"剛而質、毅而慕"的凜然正氣給仲淹留下了深刻印象。他還應田況之請,爲其父撰寫了《墓誌銘》⑲。田況與仲淹,確是"周旋歲久,爲志同道合"之再世交遊⑳。

(49) 尹師魯(一)(七月十四日)

某啓:熱中得回問,知漢東尤甚;然西洛、上京皆苦熱,宣下開井救暍者,此可知矣。三兩日來,因雨微涼,彼亦然矣。折支,已差人許州般取,到即走報。不易不易!請見錢者猶煎熬不足,蓋日給外,月月有橫費處,家家如之。郊酒四瓶近寄來,請收檢。鄧醖已竭,候新者送去。合得花蛇散,空心可日一服,甚有功。恐疑之,和方寄上。希多愛多愛!不宣。仲淹上師魯舍人左右,七月十四日。

新牧舊識,候到,即有書去,兼是棋侶也。先托致意。

(50) 尹師魯(二)

某頓首:季(李?)寺丞行,曾奉手削,遞中亦領來教,承動止休勝。某此中無事,但兒子病未得全愈,亦漸退減。田元均書來,專送上。近得揚州書,甚問師魯,亦已報他貧且安也。暑中且得未動,亦佳。惟君子爲能樂道,正在此日矣。加愛加愛!不宣。仲淹上師魯舍人左右,四月二十七日。

(51) 尹師魯(三)

仲淹啓:人回,領誨字,喜慰喜慰!目疾尤不可急治,須漸漸退,急則傷之也。補藥不可熱,熱則損目,亦要和之也。却須惜真氣以補之。或要出外勾當,亦足以就醫。更請相度,多愛!承所要藥並醋,今送去。醋大熱損眼,患人喫之立有效。且學喫淡食,不能,即以水和之,庶減毒力。請問醫者。不宣。仲淹上師魯舍人左右。二月三日。

此三帖,皆仲淹致尹洙(1001—1047)書。第二帖今存真蹟,録文據真蹟影印本改。第三帖諸本《范集》均失收,僅見《寶真齋法書贊》卷九,原題作《問醫帖》,今破例增入一起討論。在第二帖真蹟后,原有宋人尤袤(1127—1194)、樓鑰(1137—1213)、洪邁(1123—1202)、楊萬里(1127—1206)等人之跋。今録淳熙乙巳(十二年,1185)清明日尤袤跋云:"此一卷帖,情義諄諄,不啻兄弟。蓋二公愛君憂國,道合志同,其相與之厚,自應爾爾。"㉑一語道破二人情逾手足、相知極深的關係及其思想基礎。

仲淹與尹洙的交遊,堪稱宋人中的典范,故稍詳而追述之。景祐三年(1036),范仲淹代表朝士中改革派新鋭,向墨守成規把持朝政的元老重臣吕夷簡(979—1044)發起挑戰,史稱"景祐黨爭",仲淹被落職貶知饒州。時任館閣校勘的尹洙挺身而出,上疏稱,自己與仲淹義兼師友,自請同貶,被謫監郢州酒税。集賢校理余靖(1000—1064)仗義執言,奏云:

三逐言官,非太平之政,請追改前命,被落職貶監筠州酒税。歐陽修(1007—1072)則馳書右司諫高若訥(997—1055),責其枉爲諫官却不救仲淹,迎合宰相,爲不復知羞恥二字,被貶夷陵縣令。蔡襄(1012—1067)作"四賢一不肖"詩諷之,天下争相傳頌。共同的政治理念,使仲淹與尹洙等成爲心知莫逆之交。四人中,仲淹相遇最厚者即爲尹洙,對余靖則頗有批評。

宋人交遊又頗講原則,在涉及政見時毫不含糊。慶曆元年(1041),朝廷采取韓琦的攻策,欲主動出兵進攻西夏。仲淹審時度勢,力主在敵强我弱的形勢下采取積極防禦、伺機反擊的戰略。韓琦爲了説服仲淹,策動鄜延一路同時出兵,遂命與韓、范私交極好的經略司判官尹洙赴延州,千方百計,反復陳勸,力圖説服仲淹出兵。仲淹不爲所動,與尹洙再三論難,最后打出王牌稱,存鄜延一路,以備不絶和議之路,也是經過朝廷批準的;尹洙在延州近一月未能動摇仲淹持重用兵的决心。任福兵敗好水川證明了仲淹决策的有識與正確。這種政見分歧,却絲毫未影響范、尹兩人的友誼。

仲淹離開西邊后,滕宗諒(991—1047)超額使用公使錢一案鬧得沸沸揚揚,時相杜衍(978—1057)聽了鄭戩(988—1049)、御史梁堅的意見,認爲是貪賄腐敗,主張嚴懲。而范仲淹認爲不過是鋪張浪費,在西邊備嘗艱險的戰争年代事屬難免,主張闊略細故,不予追究。富弼左右爲難,沉默不表態;石介首鼠兩端,孫甫感慨頗深。即使同一事件,慶曆黨人也各具主張,絶非黨同伐異、結黨營私。這一次,尹洙義無反顧地站在了滕、范一邊,並以自己在涇州也有類似的經歷,而且鄭戩在知涇州時也是如此爲理由,指出沿邊將帥在非常時期將公使錢用於特支犒設已是約定俗成。他和滕宗諒也不過蕭規曹隨而已,實在毋需深文周納,陷人以罪。蘇舜欽更指出:"一旦臺中蓄私憾結黨,繩小過以陷人;審刑持深文以逞志,傷本朝仁厚之風。"不僅道出此案實質,也是内心對"奏邸之獄"的憤懣痛斥。可是因爲臺官梁堅的去世,全臺堅執不下,仁宗以對滕宗諒一貶再貶而了當,實在有欠公允。⑫不久,爲滕宗諒辯護的尹洙亦再嘗苦果。

事出有因,此事起源於是否修水洛城之争。慶曆四年(1044),陝西宣撫使韓琦等言修水洛城未便,奏請罷之;但時任四路帥守的鄭戩固請終役,他罷帥知永興軍后,仍命劉青、董士廉續修。反對修城的知涇州尹洙、涇原副都部署狄青,以違節制的名義,逮捕劉、董繫獄。但范仲淹及諫官孫甫(998—1057)、余靖、歐陽修等皆主張繼續修水洛城,甚至提議,寧可調動尹、狄,也要讓劉、董修城完畢。雙方激烈論争,相持不下,詔命臺官魚周詢(?—1048)會同陝西都轉運使程戡(997—1066)相度。實地考察的結果是:詔釋劉、董,仍命修城;尹、狄調離,另有任用。⑬慶曆四年六月,尹洙移知晋州;八月,以起居舍人、直龍圖閣、徙知潞州;十一月,上《論朋黨疏》,替杜衍、范仲淹等辯護⑭。慶曆五年,因董士廉以水洛城事訟尹洙,且誣告他在渭州有貪贓公使錢入己之事,尹遂於盛夏被下獄,仍以私借公使錢給部將孫用償債事,貶崇信軍(治隨州,又稱漢東)節度副使。已罷政的范、韓等竭力營救未果。慶曆六年十二月,尹洙徙監均州酒税,時已患病。慶曆七年四月六日病重,尹輿至鄧州就醫,將後事托付給范仲淹,旋於四月十日與世長辭。

檢核尹洙《河南先生文集》,其卷七、卷一〇今存尹致范書五通。⑮其作於慶曆二年的《答環慶招討使范希文書》中對仲淹"親總師律、踏履賊境"的忠勇氣概由衷欽佩,對其與仲淹去年在延州議定的環慶、鄜延分兵合進、首尾相應的聯動抗敵之法贊賞有加。同年稍後所作《上環慶招討使范希文書》中對其公忠許國,善謀果斷的精神肅然起敬。慶曆三年六月,仲淹初除參政,除命甫出,尹即上《賀啓》致賀,期之甚殷。慶曆四年,仲淹宣撫河東,又有《答河東宣撫范諫議書》,對河東路防禦契丹的戰略提出自己的建議。慶曆五年夏,尹貶隨州,即上書告范,范即遣李寺丞專程前往探視、慰問。尹又有《上鄧州范資政啓》申謝,深以與李俱出范氏門下感到欣慰,遺憾的是未能追隨范氏於鄧州,"不得陪高宴,預談賓"。

參考上述尹洙致范書,則可確定范三帖之作年,其第一帖作於慶曆五年,時尹洙初到隨州貶所。第二帖則作於六年,繫日可證。五年四月尹洙尚未貶隨,七年四月是日之前12天,尹洙已卒,必爲六年無疑。唯第三帖(即《問醫帖》)不易判斷,或爲六年,或爲七年,兩者必居其一。如是六年,尹洙仍在隨州;如是七年,則已移均州。

尹洙以古文擅名於世,深得仲淹、韓琦等名臣揄揚,但宦運偃蹇,命運多舛,享壽不永。人生最後十年間,三遭貶責,實皆冤案。尤以公使錢、水洛城案爲慘烈,竟賫志以殁。尹洙殁後,范、韓商議,欲請自少即已與尹遊從的孫甫撰行狀,歐陽修撰墓誌銘,范仲淹爲其編定文集並撰序,韓琦則撰墓表,本來這是考慮很周全的安排,且在尹洙臨終之際,得到其本人認可。孰料孫甫因"不知其詳而輕書之",乃至有"爲平生相知者所誣,以惡書之"之嫌。歐氏撰墓誌又本於行狀,必有厚誣古人之處。故韓琦讀稿本後深致不滿,幸得尹洙之侄尹材一一辨正。范仲淹則對韓琦加以勸慰,稱孫甫"醇儒",心無惡意,無非"思之未精,筆力未至"而已。⑯但歐據修訂過的行狀作墓誌,尹材仍深表不滿,乃至歐陽修特地撰《論尹師魯墓志》(《歐集》卷七二)自我辯解,認爲誌文"用意特深而語簡",是以"慰吾亡友",又對尹材等"小子輩"的責難不屑一顧。其法,與日後因撰《范仲淹神道碑銘》而招致范純仁等強烈不滿時所取態度如出一轍,有驚人的相似之處。

因孫甫撰《尹洙行狀》今已佚,無從判斷其是否有加誣、失實之處,但歐陽修《墓誌》與韓琦《墓表》今存,比較而言,確有異同之處。首先,就篇幅論,歐《誌》約僅及韓《表》之半,而通常的墓誌總比墓表要内容豐富許多。更重要的是:在對尹洙的評價方面判然有別。歐《誌》稱其"名重當世","或推其文學,或高其議論,或多其材能。至其忠義之節,處窮達,臨禍福,無愧於古君子"。僅此而已,對具體事例,則未着點墨,有抽象肯定、無的放矢之嫌。對水洛城、公使錢案的是非也含糊其辭。似乎尹洙之貶是罪有應得,大違"掩疵揚善,以安孝子之心"⑰的常規寫法。尤其在對唐宋古文運動開創者的價值判斷上,更是有耐人尋味的不同評價。歐《誌》云:"師魯爲文章,簡而有法,博學強記,通知今古,長於《春秋》。其與人言,是是非非,務窮盡道理乃已……其所以見稱於世者,亦所以取嫉於人,故其卒窮以死。"(《歐集》卷二八)較之韓、范對尹洙的全盤肯定,高度讚賞,確有明顯的不同。

韓《表》曰:"公天性慈仁,內剛外和","及臨大節,斷大事,則心如金石","余居邊久,閱人多矣,如公挺然忘身以爲國家者,天下不知有幾人!"對這樣一位"犖犖然震耀天下"的"文武之才",不得施展平生抱負,"反遭罹讒毀,遂終貶官"而被"指以黨而排去者"深表惋惜和憤慨。兩相對照,判然有別。對於這位宋代古文運動開創者,韓《表》又說:公獨與穆修"矯時所尚,力以古文爲主。次得歐陽永叔以雄詞鼓動之,於是後學大悟,文風一變……公之功爲最多"。在范、韓兩人的通信中,對歐陽修僅稱"師魯爲文章,簡而有法",隻字不及其對唐宋古文運動的開創性貢獻的蓋棺論定深致不滿。自負的歐陽修寫下的上述辯解文章,也許"猶抱琵琶半遮面",隱約透露他內心的不滿,認爲列名於尹洙之後未爲的評。在當時人的心目中,早逝的尹洙、蘇舜欽(1008—1049)無論文學理論、創作成就均高出一籌,尹、蘇的英年早逝,給歐陽修提供了機遇。尹、蘇如與歐陽修同樣長壽,則北宗文壇宗主爲誰似當別論。在嘉祐二年(1057)主持貢試後,作爲主考官的歐陽修纔逐漸確立了其文壇盟主的地位,與曾鞏、王安石、三蘇一起創造了北宋文苑的極盛時期。歐陽修在慶曆末是否有貶低尹洙之嫌,這應是文學史上可以繼續探討的課題。

(52) 與知府刑部

仲淹再拜知府刑部仁兄:伏惟起居萬福。施鄉曲之惠,占江山之勝,優哉樂乎!此間邊事,夙夜勞苦,仗朝廷威靈,即自寧息,亦漸有倫序。鄉中交親,俱荷大庇,幸甚!師道、子奇,尤近(?)教育。乞自重自重!不宣。仲淹拜上知府刑部仁兄左右,三月十日。

此帖僅見《范仲淹研究文集》之二(香港新亞洲出版有限公司,2002年)卷首書影,出處來歷未明。據書中內容考察,當爲慶曆二年或三年,仲淹在陝西守邊時致鄉郡蘇州知州手簡,唯一有可能的受信人乃時知蘇州富嚴。但細審此簡,不免令人疑竇叢生:其一,稱"知府",蘇州在政和五年(1115)始升爲平江府,作爲當時人的范仲淹決無可能對故鄉連州、府也混淆不清;其二,范師道(1005—1063)天聖九年(1031)進士,時已知廣德軍;陳之奇,字虞卿,寶元元年(1038)進士,時爲鄱陽縣尉。皆早已入仕,不在姑蘇;"尤近教育",實無根之詞。其三,"鄉中交親,俱荷大庇"云云,與仲淹向來爲人宗旨不符。他對親屬一貫嚴格要求,見於《范集·尺牘》卷上家書之中,從無有片言隻語的請托之嫌。其四,今存《范集》全部文字中絕無可證范仲淹與富嚴有相識更遑論交遊之蹤蹟可覓。其書蹟風格與仲淹存世手蹟亦頗有差異。據以上數端,是書很可能出於富氏子弟的僞造。如同其攀附富弼爲親一樣,攀附名流,是宋人交遊中的常見現象,弄虛作假也司空見慣。

富嚴,河南府(治今河南洛陽)人。大中祥符四年(1011)進士。慶曆元年(1041),以三司户部判官、守尚書刑部郎中、試秘書監知蘇州,四年,擢兵部郎中,徙知泉州。八年,以太常少卿知越州,皇祐二年(1050)十一月,轉光禄卿,三年任滿。嘉祐中再知蘇州,任滿致仕,卒贈司空。定居德壽坊。子孫遂爲姑蘇人。其居地富郎中巷至今猶存。子臨,官至朝散郎、知池州;孫延年(1072—1136)。⑩

以上,逐篇考釋了仲淹交遊信札凡52通,其中最后一通疑爲僞蹟,另一通則《文集·尺牘》卷下《交遊書帖》及各本《范集》失收,僅見於岳珂《寶真齋法書贊》卷九(原題《問醫帖》)。由於原帖提供的信息或闕如或不清晰,考證其作年及收信人,是面臨的大難題,儘管盡了極大努力,用了各種檢索手段和工具書,包括近年出版的《全宋文》等,但因史闕有間,仍有個别未能考出。這就充分證明,考證不僅需要全面的網羅,更需要學養和才識。這種考釋儘管枯燥乏味、極爲繁難,却是治學的基本手段之一。也將爲較可靠宋人小傳的撰寫,提供堅實的基礎。令人遺憾的是,迄今學界仍無權威性的宋人小傳工具書問世。

值得重視的是:范仲淹在致交遊的短簡中,以極爲樸直真率的語言概述了他的理想信念和人生追求⑪,時至今日,仍發人深思。

(作者單位:蘇州市經濟信息化委員會,上海師範大學兼職教授)

---

① 關於《尺牘》三卷的編刊與流傳,需要説明的問題太多。説詳拙文《范仲淹全集·前言》(下簡稱《范集》),李勇先點校本,四川大學出版社,2002年,卷首。
② 此跋見明·趙琦美編《鐵網珊瑚》卷二(《文淵閣四庫全書》本),跋於淳熙乙巳(十二年,1185)。在此後,還有樓鑰(1137—1213)、洪邁(1123—1202)、楊萬里(1127—1206)等宋人之跋。
③ 這種失收書簡之多,遠出學人的想象。僅舉筆者收藏之書爲例:宋·曾宏父編《鳳墅帖》(殘本,刊《中國法帖全集》第8册,湖北美術出版社,2002年)收87通,另《錢大昕全集》第8册(江蘇古籍出版社,1997年)收《鳳墅帖·釋文》45通,又有清·姚覲元《鳳墅殘帖釋文》10卷,其中4卷,乃上述二種《鳳墅帖》釋文所無,今存《鳳墅帖》佚簡合計已在200通以上。而海峽兩岸今存的宋人書簡真蹟亦不過100餘通。
④ 蘇州是年水灾的嚴重程度及仲淹采取的救灾措施,參閱《范集》卷九《上吕相公並呈中丞諮目》,拙撰《范仲淹評傳》,南京大學出版社,2001年,第55—56頁。
⑤ 分見《范集》卷五《依韻奉酬晏尚書見寄》《又用前韻謝晏尚書以近著示及》。方按:此二詩作於上引范帖(2)之同時或稍後,詩注及晏文三首可證。
⑥ 其事見拙撰《范仲淹評傳》,第51—53頁。
⑦ 諫疏見《宋史》卷二九七本傳。又,擢官未見其確時,但景祐元年十月仲淹已移蘇州,必在是年之夏秋間。同年十二月,其繫銜已爲"兵部員外郎兼起居舍人",見《長編》卷一一五。
⑧ 郭勸生平,據田况《儒林公議》、司馬光《涑水紀聞》卷一二、宋庠《元憲集》卷二二《制詞》,《長編》卷一一〇、一一一、一一三—一一六、一一八、一二三、一六六、一六八、一六九,《宋會要輯稿》食貨六一之六〇及《宋史·本傳》等相關資料考訂。
⑨ 其諸疏今載《全宋文》第28册,第191—200頁。
⑩ 事具《歐陽文忠公集》卷三二《文安王公墓誌銘》、《宋史》卷二九二本傳等。其除右正言據《長編》卷一一

七及仲淹是書考定，《墓誌》失書。

⑪ 考劉敞(1019—1068)撰《公是集》54卷，劉摯(1030—1098)撰《忠肅集》20卷，原本皆佚。今傳本，其祖本爲四庫本，乃館臣輯自《永樂大典》。由於四庫館臣的魯莽滅裂，此兩集均有漏收、誤收的詩文，爲數不少。原誤收入《公是集》卷五一的《王開府(拱辰)行狀》，實爲劉摯所撰，《忠肅集》却失收。清人勞格已據《長編》卷三〇八元豐三年九月乙酉注文判定爲劉摯撰，極是。今考《長編》卷三〇六同年七月丙戌條注文亦已明言"劉摯作《王拱辰行狀》"，即爲誤收無疑。更重要的是：劉敞比王拱辰(1012—1085)早卒十七年，又如何可能爲後死者撰行狀？惜《全宋文·王拱辰小傳》(第47册，第342頁)仍誤稱《行狀》作者爲劉敞；又誤標其出處爲"《公是集》卷五"(應作卷五一)，兩失之矣！

⑫ 據《范集》卷一五《滕君墓誌銘》，宗諒拜左正言，在仁宗親政——即明道二年(1033)三月后不久。而景祐元年(1034)八月，已以祠部員外郎知信州，見《長編》卷一一五、一一六。仲淹是年四月始抵知睦州任，故滕宗諒以正言遷左司諫必在四至八月間。這也成爲考定此信作年的重要依據，信中"賴此閑處"句亦可證。

⑬ 引文見《范集》卷八《太清宫九詠序》(第176頁)。

⑭ 《范集》卷一一《祭石學士文》(第269頁)。

⑮ 分見王闢之《澠水燕談録》卷七、孔延之《會稽掇英總集》卷一一。

⑯ 修古事，分見《長編》卷一一〇，天聖九年十一月丁酉；同書卷一一三，明道二年八月丙申條及蔡襄《端明集》卷三二《曹女傳》等。

⑰ 刊李伯重等主編《江南的城市工業與地方文化》，清華大學出版社，2004年。

⑱ 見《長編》卷一一五，又見趙汝愚《國朝諸臣奏議》卷一八。

⑲ 其後，各種版本《范集》皆誤沿之，《全宋文》(第18册，第366—377頁)亦誤析爲二書。今特據下考合爲一書。

⑳ 《行狀》已刊四庫本《樂全集》附録。

㉑ 知江寧府日期，見《景定健康志》卷一三，但是書稱張方平以端明、龍圖閣學士、給事中知府事，則誤。加龍學、給事中，是皇祐二年十一月移知杭州時所加職、官，見王鞏《行狀》及《乾道臨安志》卷三。因此，皇祐元年至二年張方平的職、官僅爲端明學士、諫議大夫。

㉒ 薛正興點校的《范仲淹全集》竟將下文的"田知録"，誤屬上讀以"在許田知録"成句(鳳凰出版社，2004年，第627頁)，大誤。且又將"許田"誤標地名號。對宋代歷史地理、職官制度太缺乏常識。"知録"，乃宋代"知録事參軍事"職官名的簡稱，若以京官差充録事參軍，則稱"知録"。詳《古今合璧事類備要》卷七八《知録》。令人費解的是：其誤與李勇先點校本《范仲淹全集》(四川大學出版社，2000年)第691頁一模一樣，毫無二致。《全宋文》(第18册，第367頁)亦誤。此外，其上"同來宛丘"，又將"宛丘"下讀，這類點破甚夥，誤之甚矣！

㉓ 見《長編》卷一六七、《宋史》卷三一一《晏殊傳》、《宋宰輔編年録》卷五、《宋史》卷二一一《宰輔表二》。

㉔ 《蘇魏公文集》卷七〇《代張端明祭范資政》。

㉕ 《樂全集》卷三二今存《謝杭州范資政啓》，有"薦更臺閣之要，久依户牖之嚴"等語，確以門生自況。范信或即對此啓的復書歟？

㉖ 歐陽修《文忠集》卷一二五。

㉗ 分見阮閱《詩話總龜》前集卷四〇引《唐宋遺史》，《嘉泰會稽志》卷二，吳處厚《青箱雜記》卷一，董斯張《吳興備志》卷五、《(乾隆)江南通志》卷一九三等。

㉘ 第一帖中"某攝行尹事日，捧執事濮陽之書"可證。

㉙ 方按：各種版本《范集·尺牘》二帖均作致"謝安定屯田"，第二書無題，乃承上省略。其餘有致同一人多

帖者，均作如此編排。《全宋文》卷三八四編作《與謝安定屯田書》(一)、(二)，是。李勇先點校本《范仲淹全集》第693頁誤標爲"《胡安定屯田》"，但仍加按語指出非"胡瑗"。當然此人絶非"胡瑗"，拙考上述三點已明甚，而遠不止未官"屯田"一事。匪夷所思的是：薛正興點校本《范仲淹全集》(628—629)在照抄上舉李校《全集》本標題及校記(一)後，竟又删李之校語，遂至大謬。類似之例甚夥，頗令人費解。

㉚ 戚舜賓的宦歷，請詳拙撰《范仲淹評傳》第31—34頁之考。

㉛ 參見龔延明《宋代官制辭典》，中華書局，1997年，第271、272頁。

㉜ 王珪《華陽集》卷三七《王懿敏公墓誌銘》載：知兗州，復知渭州。《長編》卷一七一注云：皇祐三年四月辛丑，王素自兗州徙知渭州。

㉝ 《長編》卷一七〇皇祐三年七月乙亥，沔求知明州，時京東多盜，乃徙知徐州。與信中所述合。

㉞ 其生平據張方平《樂全集》卷三七《王公神道碑銘(并序)》、王珪《華陽集》卷五八《王懿敏公素墓誌銘》。張，王乃姻親；王珪，素之交遊，故知其事特詳。又，王素宦歷據《長編》等多可考定其歲月。

㉟ 參見拙撰《范仲淹評傳》第212、241—243頁。

㊱ 《長編》卷一一八嘉祐三年閏十二月辛卯，司馬光《温公續詩話》，《宋史》卷三一五《韓億傳・附傳》等。

㊲ 交遊事見《河南集》卷一一《答鄧州通判韓宗彦寺丞》二首、《文忠集》卷一五一《書簡八・答韓欽丞書》二首、《臨川文集》卷八五《祭文》一通及《温公續詩話》，所及交遊還有宋祁(998—1061)、沈遘(1025—1067)等。

㊳ 韓億事具《樂全集》卷三七《韓公神道碑銘》、同書卷三九《韓億墓誌銘》，《范集》卷一一《祭韓少傅文》。范薦韓事，見朱熹《五朝名臣言行録》卷六之五引《名臣傳》。

㊴ 楊儀得罪一案，《長編》卷一六五慶曆八年八月丁丑條載之甚詳，可參閲。受其所累者還有張方平、張昇等。韓綜乃知情不報，時以集賢校理、祠部員外郎知許州，而被奪職改知袁州。

㊵ 魏兼事具宋祁《楚州新建學碑銘》(《江蘇金石記》卷八)、歐陽修《文忠集》卷九七《再論按察官吏狀》、蔡襄《端明集》卷一八《乞罷魏兼館職》，《長編》卷一一七、卷一三〇，《宋會要輯稿》職官五二之二〇、六四之四六等。

㊶ 都大提點坑冶鑄錢司，景祐二年始置司於饒州。置提點一員，主官全稱爲都大提點坑冶鑄錢公事，簡稱爲都大提點、都大坑冶、提點鑄錢等。魏兼爲首任提點。

㊷ 《范集》卷一《秋香亭賦并序》。此仲淹名作之一，"一朝賞心，千里在目"等句尤膾炙人口。

㊸ 詩見《范集》卷五《同年魏介之會上作》，有"寒苦同登甲乙科，天涯相對合如何"，"與君今日真良會，自信粗官樂事多"。《范集・别集》卷一《依韻和魏介之同遊玉仙壇》《依韻和介之未開菊》等皆饒州唱酬詩。

㊹ 《范集》卷六《懷慶朔堂》。

㊺ 四詩收入陳貽範《鄱陽遺事録》(刊《范集》附録)，陳於紹聖二年(1095)任饒州通判時撰。曹涇詩，《全宋詩》並其人失收。

㊻ 見《青箱雜記》卷八第83頁，《西溪叢語》卷下第93頁，均中華書局點校本；《能改齋漫録》卷一一，上海古籍出版社點校本，第307頁。又，參見拙撰《范仲淹評傳》第61、103頁等考辨。

㊼ 分見《包孝肅奏議》卷四《請法外斷魏兼奏》、《端明集》卷一八《乞罷魏兼官職》、《文忠集》卷九七《再論按察官吏狀》。

㊽ 《宋會要輯稿》職官六四之四六。

㊾ 明參，指時任參知政事的明鎬，其信中上述章得象家有親喪事，此必指明鎬已卒未久之際。據《宋史》卷二一一《宰輔二》：慶曆八年四月辛未，明鎬除參知政事，同年六月甲午卒于任，則其在位不過二月。

㊿ 李勇先點校本《范仲淹全集》附録的"人名索引"，却將這"工部同年"的二帖誤繫於龐籍，亟應改正。

(51) 《長編》卷三八九載：元祐元年(1086)十月庚寅，詔："著作佐郎比集賢、秘閣校理，著作郎比直集賢院、直秘閣。”此乃貼職可换稱之證。宋制：著作郎、佐郎均可簡稱爲著作。孫甫以秘校知鄧，故稱之南陽著作。

(52) 孫甫：《唐詩論斷》卷下《辨朋黨》，是回護慶曆黨人最爲得力的文字；關鍵在於他精通唐史，以唐事喻宋事，雄辯服人。

(53) 詩均見宋本《范集》卷六。孫甫原唱已佚。

(54) 趙槩生平，據《長編》卷一二〇、一三四、一九二，《宋會要輯稿》兵一一之一六、同書職官六五之一六、七七之四三，徐自明《宋宰輔編年録》卷五、卷七，洪遵《翰苑群書》卷一〇《學士年表》，王珪《華陽集》卷三八《康靖趙公墓誌銘》，《東都事略》卷五八、《宋史》卷三一五本傳等資料考訂撮述。

(55) 《長編》卷一三四、卷一四〇。

(56) 《徂徠石先生文集》卷一。

(57) 分見《范集・尺牘》卷下《與朱校理帖》、《歐集》卷六六《書簡・與石推官書》。

(58) 參見《長編》卷一五七慶曆五年十一月辛卯、同書卷一六〇慶曆七年六月之末條。

(59) 葉適《習學紀言序目》卷四九，《皇朝文鑒》卷三。

(60) 《宋宰輔編年録》卷四。

(61) 夏竦生平事略見《華陽集》卷四七《夏文莊公竦神道碑》，《宋史》卷二八三《夏竦傳》等。

(62) 此帖見《范集・尺牘》卷上，帖首未具行款，首云“純仁書來”，尺牘編者已誤題爲“忠宣公”（即致純仁）書，《全宋文》卷三八三及點校本《范仲淹全集》就更是誤點爲“純仁：書來”。信中明言“純仁程試長進，更學書札”云，顯非致純仁帖甚明。

(63) 張方平《樂全集》卷三七《王公神道碑銘》則語焉不詳，但云：“有操權者不悦公，伺釁危之。”當指時任樞密使的夏竦。又，參見《長編》卷一五六慶曆五年六月丁巳。稱王素落天章閣待制、知汝州，因其兄雍爲兩浙漕司，卒于官，而素又旦之幼子，故比輕發落。劉京貶監利國監，閻詢落里行，貶監河陽酒税。又累及御史臺主簿楚泰，亦素之姻親。

(64) 預卜生死，事涉迷妄。不過張詠確於景德三年（1006）離任，而祥符八年（1015）知成都也確爲凌策（957—1018），張亦卒於是年，其間正爲十年。

(65) 事見《范集》卷一二《張公（綸）神道碑銘》，朱寀時爲汝州從事，受張綸（962—1036）遺命。朱寀宦歷見《長編》卷一四四慶曆三年十月乙卯條及注；奏狀，見《范集》卷二〇《進故朱寀所撰〈春秋〉文字及乞推恩與弟寘狀》。

(66) 以上日期，據《宋宰輔編年録》卷五推定。

(67) 《儒林公議》卷上。

(68) 《范集》卷七《答竊議》。

(69) 同上書，卷一四《田公墓誌銘》。

(70) 事具《王文公文集》卷八八《田公墓誌銘》、范純仁《范忠宣公集》卷一六《宣簡田公神道碑銘》，《東都事略》卷七〇、《宋史》卷二九二本傳等。

(71) 跋見《文淵閣四庫全書》本趙琦美編《趙氏鐵網珊瑚》卷二等。

(72) 參見拙撰《范仲淹評傳》，第 97—102 頁。

(73) 修水洛城始末，史料極爲豐富，參見《長編》卷一四五—卷一五〇各條，此僅述其梗概。

(74) 分見《長編》卷一五〇、一五一，疏見《河南先生文集》卷一八，《四部叢刊》本。

(75) 范、尹間書信往來，遠不止今存范書三通、尹書五通。這從《河南集》卷七《答范希文書》“蒙賜手教”，《與范純佑書》“前累得尊丈書”；同書卷一〇《答參政范諫議書》“近捧教答”等語，清晰可見。

(76) 分見《安陽集》卷三七《與文正范公論師魯行狀書》、《范集・尺牘》卷中《與韓魏公書》。

⑦ 韓琦《安陽集》卷三七《與文正范公論師魯行狀書》。
⑧ 引文均見《安陽集》卷四七《尹公墓表》；類似之論還見於同書卷四三《祭龍圖尹公師魯文》，范仲淹《范集》卷八《尹師魯河南集序》、卷一一《祭尹師魯舍人》。
⑨ 乾隆《廣德州志》卷七；李之亮《宋江南路郡守易替考》，巴蜀書社，2001年，第267頁。
⑩ 其生平事略，見《吳郡志》卷四、一一、二六、二八，《嘉泰會稽志》卷二，《會稽掇英總集》卷一八，程俱《北山小集》卷三一《富君墓誌銘》，《姑蘇志》卷三、一七、三五、四九等。
⑪ 參見拙撰《范仲淹評傳》，第106—107頁。

《蘇轍年譜》訂補

朱　剛

　　宋人孫汝聽《蘇潁濱年表》，雖簡略，却多今日不可復得之原始資料。今人曾棗莊、孔凡禮先生皆作《蘇轍年譜》（曾譜，陝西人民出版社1986年版；孔譜，學苑出版社2001年版），則以《年表》爲基礎，參以史籍、文集所載行事，排比考證而得。孔譜後出，最爲詳細，故知人論世，必以爲據。予數年以來，閱讀有關蘇轍之資料，略有管見，即附記孔譜之側。今録出以爲《訂補》，意不在糾譜之錯，而在考蘇之實，但臨文辨析，有似摘發，讀者幸見諒焉。

宋仁宗慶曆八年（1048）戊子　　　十歲
譜云：與兄軾亦嘗師事鄉人史清卿。

　　譜引《宋元學案補遺》卷九九《蘇氏蜀學略補遺·東坡師承·史先生清卿》："眉山人。東坡兄弟皆師事之。子炤，字見可，官左宣義郎，博古能文，嘗作《通鑑釋文》三十卷。"又云："嘉慶《眉州屬志》卷十一謂與兄軾師事史炤。"

　　按，《通鑑釋文》有馮時可紹興三十年（1160）序云："見可名炤。嘉祐、治平間，眉州三卿爲縉紳所宗，東坡兄弟以鄉先生事之，見可即清卿之曾孫也……年幾七十，好學之志不衰。"據此，史炤實爲史清卿曾孫，其生已在蘇氏兄弟之晚年，絕無被師事之理。即以史清卿論，所謂"以鄉先生事之"亦不等於"師事"。陸心源《儀顧堂題跋》卷七《宋槧通鑑釋文跋》已辨明此事。

宋仁宗嘉祐元年（1056）丙申　　　十八歲
譜云：五六月間，抵京師，館於興國寺浴室院，時大雨。

　　按，《山谷詩集注·目録》注文，稱"山谷有太平興國寺浴室院題名"，知寺名全稱當作"太平興國寺"。《隆平集》卷一"寺觀"條云："太平興國二年，改新造龍興寺爲太平興國寺，因年號。"田況《儒林公議》卷上："太宗志奉釋老，崇飾宫廟。建開寶寺靈感塔以藏佛舍利，臨瘞爲之悲涕。興國寺構二閣，高與塔侔，以安大像。遠都城數十里已在望，登六七級方見佛腰腹，佛指大皆合抱，觀者無不駭愕。兩閣之間通飛樓爲御道。麗景門內創上清宫，以尊道教,殿閣排空,金碧照耀,皆一時之盛觀。自景祐初至慶曆中,不十年間,相繼災毁,略無遺焉。"

嘉祐二年(1057)丁酉　　　　十九歲
譜云:應省試。

按,試論一首,即《欒城應詔集》卷一一《刑賞忠厚之至論》;試策五道,即《禹之所以通水之法》《修廢官舉逸民》《天子六軍之制》《休兵久矣而國用益困》《關隴游民私鑄錢與江淮漕卒爲盜之由》,見南宋婺州刻本《三蘇先生文粹》卷六五(蘇軾亦有此五策,見《文粹》卷三一),其第一道《禹之所以通水之法》,策問乃歐陽修所擬,見《居士集》卷四八《南省試進士策問三首》之一。

又,蘇轍及第後,僅得"賜歸待選"而已,見《欒城集》卷二二《上樞密韓太尉書》。沈遘《西溪集》卷四《敕賜進士及第朱長文可試秘校守許州司户參軍》制有云:"前日朕詔有司,以天下所貢士來試於廷。爾以文辭之美,得署乙科,屬於吏部。吏部舉限年之法,未即用也。今既冠矣,請命以官。"可見未冠登科者,吏部暫不授官,故蘇轍《上樞密韓太尉書》中有"年少未能通習吏事"、"將歸益治其文,且學爲政"等語。

嘉祐五年(1060)庚子　　　　二十二歲
譜云:上劉敞書。

譜引蘇轍《上劉長安書》"轍亦得進見左右"云云,因《續資治通鑑長編》載劉敞知永興軍在本年九月,故繫於此。

按,《欒城集》卷五《送劉長清敏》詩自注:"劉原甫自長安病歸,余始識之。"可見蘇轍謁見劉敞,不在其始知永興軍時,而在"自長安病歸"時也。據《彭城集》卷三五《故朝散大夫給事中集賢院學士權判南京留司御史臺劉公行狀》,劉敞自長安病歸在嘉祐八年,"是年公以疾自請,八月召赴闕"。此條當繫於嘉祐八年。

譜云:與兄軾寓懷遠驛。

譜據《年表》,並引《欒城集》卷一《辛丑除日寄子瞻》詩"城南庠齋靜"之句,謂"城南"或即指懷遠驛。

按,《玉海》卷一七二有"景德懷遠驛"條云:"景德三年十二月辛巳,作懷遠驛於汴河北,以待南蕃交州、西蕃大食、龜兹、于闐、甘州等貢奉客使。"與《長編》卷六四該日之記載合,當無誤。汴河橫貫北宋東京内城之南部,若以懷遠驛爲"城南",則内城南部也。但蘇轍詩云"城南庠齋","庠"應指太學,仁宗時太學在東京内城之外,外城之南部,與内城南部、汴河北之懷遠驛並非一地。蓋嘉祐五年蘇洵寓居雍丘(見譜),而軾、轍兄弟爲應制科而進京,暫寓懷遠驛,並非居宅也。此後蘇轍侍父居城南(外城南部)太學附近,見下文嘉祐七年訂補。

嘉祐六年(1061)辛丑　　　二十三歲

譜云：以蘇轍爲試秘書省校書郎充商州軍事推官。

譜引《潁濱遺老傳》上："知制誥王介甫意其右宰相，專攻人主，比之谷永，不肯撰詞。宰相韓魏公哂曰：'此人策語，謂宰相不足用，欲得婁師德、郝處俊而用之，尚以谷永疑之乎？'知制誥沈文通亦考官也，知其不然，故文通當制，有愛君之言。"據此判斷云："'宰相不足用'云云，亦蘇轍答策中語，疑以此開罪宰相，宰相欲黜之也。"

按，宰相韓琦所哂者爲王安石，此事不因宰相"欲黜之"，只因王安石不肯撰制，遂造成波折。此實王、蘇交惡之始，兩年後蘇洵作《辨姦論》，或亦受此刺激。呂希哲《呂氏雜記》卷下云："初，歐陽文忠公舉蘇子瞻，沈文通舉蘇子由應制科，兄弟皆中選。時王介甫知制誥，以子由對策專攻上身及後官，封還詞頭，乃喻文通爲之，詞曰：'雖文采未極，條貫靡究，朕知可謂愛君矣。'蓋文與介甫意正相反。子由謝啓云：'古之所謂鄉愿者，今之所謂中庸常行之行；古之所謂忠告者，今之所謂狂狷不遜之徒。'又云：'欲自守以爲是，則見非者皆當世之望人；欲自訟以爲非，則所守者亦古人之常節。'"蓋宋代知制誥有"封駁"之權，王安石用此權力阻抑蘇轍。《呂氏雜記》所引蘇轍謝沈遘啓，今不見於《欒城集》，可供輯佚。轍初入仕途，即遭此波折，故終生在意。《潁濱遺老傳》上又云："是時先君被命修禮書，而兄子瞻出簽書鳳翔判官，傍無侍子，轍乃奏乞養親。三年，子瞻解還，轍始求爲大名推官。"知此事結局爲：雖由沈遘撰制，而蘇轍仍辭官不赴。名爲養親，實則抗議。

譜云：有《謝制科啓》。

譜引宋人孫汝聽《蘇潁濱年表》爲據，又謂"文已久佚"。

按，此《啓》實不佚，見呂祖謙《皇朝文鑒》卷一二二《謝中制科啓》，署名蘇轍，首云"轍以薄材……"，中云"幼承父兄之餘訓"，爲蘇轍作品無疑。但此《啓》未收入《欒城集》，卻被明代以來刊行之蘇軾文集誤收，開篇"轍"字亦改爲"軾"字，而中間"父兄"字依舊，顯見矛盾。蘇軾亦有《謝制科啓》，七集本《東坡集》卷二六只錄一篇，而今《蘇軾文集》卷四六乃錄兩篇，其第二篇即蘇轍文也。

嘉祐七年(1062)壬寅　　　二十四歲

譜云：是歲，與黎錞(希聲)鄰居太學前。

譜據《欒城集》卷七《次韻子瞻寄眉守黎希聲》詩自注："轍昔侍先人於京師，與希聲鄰，居太學前。"

按，《欒城集》卷一《辛丑除日寄子瞻》："城南庠齋靜，終歲守墳籍。"此"庠"當指太學，在東京外城之南部也。知蘇氏兄弟於嘉祐五年暫寓懷遠驛，六年(辛丑)歲末之前已居"城南"太學附近。《欒城集》卷一一《次韻孔平仲著作見寄四首》之一云："昔在京城南，成均對茅屋。清晨屨履過，不顧車擊轂。時有江南生，能使多士服。同儕畏鋒銳，兄弟更馳逐。"

清江三孔（文仲、武仲、平仲）分別登嘉祐六年、八年、治平二年進士第，其爲太學生當在登第前，知蘇轍與三孔始交，約在此時也。《欒城集》卷七《送蔣夔赴代州教授》云："憶遊太學十年初，猶見胡公豈弟餘。"詩作於熙寧十年，上推十年，當在治平四年或熙寧元年，但彼時轍皆不在京師（居喪在鄉），若更上推，則轍識蔣夔亦在此前後；但詩又云："遍閱諸生非有道。"對當時太學生不滿，恐須下推，指熙寧太學而非嘉祐太學也，然則熙寧二年軾、轍至京後，或仍居城南太學前。

宋英宗治平二年（1065）乙巳　　　二十七歲

譜云：爲大名府留守推官。三月到任。

　　按，歐陽修《居士集》卷三四《故霸州文安縣主簿蘇君（洵）墓誌銘》稱蘇轍爲"權大名府推官"，蘇頌《蘇魏公文集》卷三〇有《前權大名府推官蘇轍可西京留守推官》制。

譜云：侍父京師期間，與侄林有唱酬。

　　譜據《欒城集》卷二《用林侄韻賦雪》詩，並謂："作於侍父京師期間。具體作時，轍編集時距作詩已二十餘年，已不能詳，故次於此卷之末。以下自《送張唐英監閬州稅》至《送道士楊見素南遊》五詩同此。"

　　按，《欒城集》詩歌依寫作時間排列，未見訛誤，以上推測雖合情理，但非萬不得已，不作可也。卷二《用林侄韻賦雪》之前，爲治平元年詩，卷三爲治平二年至大名府以後詩，則依排列順序，謂《用林侄韻賦雪》作於元年冬，以下諸詩作於元年末、二年初，於事理並無違礙，不知何須作時不詳、次於卷末之推測？且卷二《送道士楊見素南遊》以下，尚有《利路提刑亡伯郎中挽詞二首》《亡伯母同安縣君楊氏挽詞》二題，譜據轍《伯父墓表》分繫於嘉祐七年八月、八年六月蘇渙、楊氏卒時，與《欒城集》排列順序尤爲不合，譜作以上推測，或爲此故。但《伯父墓表》既明載卒時年月，則蘇轍編集之時，豈能遺忘作時，而將挽詞亦"次於此卷之末"？理不可通。實則所謂挽詞，大抵作於送葬之時，《伯父墓表》云："治平二年二月戊申，合葬於眉山永壽鄉高遷里。"蓋挽詞不作於嘉祐七、八年蘇渙、楊氏卒時，而作於治平二年二月合葬時，與《欒城集》編纂順序遂密合無間。凡蘇轍所作挽詞，譜大抵繫於所挽人物卒時，而與《欒城集》編列順序每多不合，俱當釋爲送葬而作，不得以此反疑《欒城集》編纂不善也。《送張唐英監閬州稅》等五詩詳下。

譜云：京師侍父期間，賦詩送張唐英監閬州稅。

　　譜引《宋史·張唐英傳》："翰林學士孫抃得其《正議》五十篇，以爲馬周、魏元忠不足多，薦試賢良方正，不就。"又引蘇轍《送張唐英監閬州稅》、文同《張次公太博歸閬中》詩，推測張氏曾應制科。

　　按，北宋應制科，須由近臣推薦，於考前一年繳上策論五十篇，謂之"進卷"。《宋史·

張唐英傳》所謂"《正議》五十篇",當即"進卷",其應制科之事,可以無疑。但此"進卷"通過考評後,尚需至秘閣考試六論,六論合格後,方可參加御試對策,對策入等,纔得制科出身。《宋史》叙張唐英應制科事,在"英宗繼大統"前。英宗繼位在嘉祐八年(1063),此年本有制科考試,因仁宗去世而停罷,所謂"不就"或指此。又,文同詩云"制詔頻來試玉京",則張唐英應制科當不止一次。在嘉祐八年之後,英宗治平二年(1065)亦舉行,若張氏再次獲薦,則治平元年須繳納進卷,通過考評後應詔至京,但轍詩云"答策意何闌",則張氏似已無意參加治平二年之御試對策,而就閬州監稅之新選,其事當在元、二年間也。治平二年制科合格者爲李清臣、范百禄二人。

譜云:作《送張師道楊壽祺二同年》詩。作《送家定國同年赴永康掾》。

譜引《全宋詩》卷六二七楊壽祺《將過益昌先寄馮允南使君》詩,出元陳世隆《宋詩拾遺》卷七。又據《送家定國同年赴永康掾》"登科已七年"之句,謂此詩作於治平元年。

按,楊壽祺詩見馮山(字允南)《安岳集》卷一一附錄,題作《將過益昌先寄允南使君》,其中"蒼顏白髮因新選",《四庫全書》本《安岳集》作"因新選",於義爲勝。《安岳集》卷一二又有《寄題合江知縣楊壽祺著作野亭》詩,知楊氏入蜀,實任梓州路瀘州合江知縣。張、楊二人與家定國皆蘇轍同年進士,其仕途之初期,若無特殊事故,則在治平元、二年間同赴"新選",於理甚合,蓋軾轍兄弟亦於治平二年初得新任也。

譜云:作《送霸州司理翟曼》詩。作《送道士楊見素南遊》詩。

按,翟曼見《續資治通鑑長編》卷三五一,元豐八年死於貢院火災。轍詩云:"努力事初宦。"意翟曼於治平二年二月彭汝礪榜登第,而赴此"初宦"也。《送道士楊見素南遊》詩有"黃河春漲"之語,蓋同時所作。以上五詩,依《欒城集》排列次序,俱可得合理之解釋。

譜云:至大名。時王拱辰(君貺)知大名府兼北京留守。强至(幾聖)佐幕。安燾(厚卿)佐幕。姚孝孫(光祖)佐幕。

按,强至《祠部集》卷三二《跋大名縣主簿石亢之東齋卷後》云:"亢之,治平間與予令尉元城者也。"知强至爲大名府元城縣令,非幕府官。姚孝孫登皇祐五年鄭獬榜進士第,見《浙江通志》卷一二三,《欒城集》卷三有《次韻姚孝孫判官見還岐梁唱和詩集》,則姚爲河北路轉運判官,亦不在王拱辰幕府。此數人皆在大名府,故得交往,但非全爲"佐幕"也。

治平四年(1067)丁未　　二十九歲

譜云:長子遲約生於治平間。

譜據轍次子蘇适生於熙寧元年(1068),謂遲應長於适,並云:"兄長弟一歲,尚不多見,長三至五歲,則屬常見。"故如此推測。

按,歐陽修撰蘇洵墓誌,已謂二孫邁、遲(軾、轍長子)。譜載蘇洵下葬在本年十月,墓誌撰成當早於是,故治平四年已有遲,可得確證。但洵卒於治平三年四月,轍不當於四年生子,可知遲長於适,確不止一歲。

宋神宗熙寧元年(1068)戊申　　三十歲

譜云:過益昌,晤鮮于侁(子駿)。時侁漕利路。

譜據《欒城集》卷六《和鮮于子駿益昌官舍八詠》及《蘇軾文集》卷六八《題鮮于子駿八詠後》。又謂"益昌乃宋初之名,時已易名昭化,屬利州路利州"。又引蒲積中《古今歲時雜詠》卷四二錄蘇轍《益昌除夕感懷》詩。

按,據秦觀《淮海集》卷三六《鮮于子駿行狀》,鮮于侁熙寧初爲利州路轉運判官,此後升轉運副使。檢《續資治通鑑長編》卷二二七,其升轉運副使在熙寧四年十月庚申,則蘇轍過利州時,侁尚爲轉運判官。"八詠"爲"官舍"作,當在利州州治綿谷縣,"益昌"乃古郡名,《欒城集》卷二八《李括知洋州制》:"益昌諸郡,莫如梁洋。"卷二九《安宗説知利州制》:"益昌之民,山居而谷飲。"是知蘇轍筆下之"益昌",蓋指利州路或利州而言,非指利州下屬之益昌縣(宋初改名昭化縣)也。轍此年除夕在長安,《古今歲時雜詠》所錄轍詩非是,此詩見唐庚《眉山集》,庚與二蘇同鄉,蒲氏或因此致誤。

熙寧二年(1069)己酉　　三十一歲

譜云:(三月)丙子(初九日),神宗批蘇轍奏付中書,即日召對延和殿。

按,徐度《却掃編》卷上:"蘇黄門子由,熙寧二年以前大名府推官,上書論事。神宗覽而悦之,即日召對便殿,訪問久之,面擢爲條例司屬官。故事,選人未得上殿者,自此遂爲故事云。"時轍尚爲選人,召對便殿乃殊遇。參熙寧十年"改著作佐郎"條訂補。

譜云:秀州僧本瑩來訪,題其浄照堂。

譜引《欒城集》卷三《秀州僧本瑩浄照堂》詩云:"有僧訪我攜詩卷,自説初成浄照堂。"

按,《蘇軾詩集》卷六作"静照堂",是。《至元嘉禾志》卷九:"静照堂一名寂照堂,在招提寺。"卷一〇:"招提院,在郡治西二里。考證:唐光啓四年曹刺史舍宅爲院,賜名羅漢院,宋治平四年改今名。寺有静照堂,今廢。"卷二七錄蘇軾、王安石等同時名公題咏静照堂詩三十餘首,其中王異詩有自注云:"慧空舊主精嚴寺,居安隱閣,經嘉祐丁酉火,鞠爲煨燼。今住招提院,復創此堂。"知本瑩即慧空,其所攜詩卷即來京徵求名公題咏所得也。吳充詩:"人説招提好,師從静照來。親攜玉堂句,徐叩蓽門開。"即描寫其徵求題咏之情形。周孟陽詩:"滿篋朝賢句,孤雲出帝鄉。"可見其徵求之成果。

譜云：遊浄因院，寄懷璉禪師。晤臻長老。

譜引《欒城集》卷六《贈浄因臻長老》詩。

按，浄因道臻(1014—1093)，字伯祥，福州古田戴氏子。傳見《禪林僧寶傳》卷二六，爲南嶽下十二世，嗣法於浮山法遠禪師，"北謁浄因大覺璉禪師，璉使首衆僧於座下。及璉歸吳，衆請以臻嗣焉"。

譜云：除河南府留守推官。

按，文彦博《潞公文集》卷三八《舉蘇轍》，稱其爲"權留守推官"。

熙寧三年(1070)庚戌　　　三十二歲

譜云：正月九日，差充省試點檢試卷官。

按，《欒城集》卷二〇有《南省進士策問一首》云："昔者蓋嘗取經界之舊法，以爲方田；采府衛之遺意，以爲鄉兵；舉黜陟之墜典，以爲考課矣。然而爲方田則民擾而不安，爲鄉兵則民勞而無益，爲考課則吏欺而難信，三者適所以爲患，不若其已也。"討論方田、保甲等法，蓋此年差入貢院時所擬。

譜云：送王恪郎中知襄州，作詩。

譜據《欒城集》卷三詩題，並考王恪當爲王旦之孫，王素之侄。又謂素只有一子鞏。

按，張方平《樂全集》卷三七有王素神道碑銘，稱素有"九男：厚，將作監主簿，早世；固，大理評事；堅，光禄寺丞；鞏、本、碩，大理評事；凝，秘書省正字；常、奥，將作監主簿"。其中王奥與蘇軾有交往，見《蘇軾文集》卷六九《書王奥所藏太宗御書後》，明云其爲王旦之孫，王素之子。素九男中無王恪，恪確爲素侄。考王旦外孫蘇舜欽《蘇學士集》卷一五有《兩浙路轉運使司封郎中王公墓表》，乃旦長子王雍墓表，稱其有"二子：恰，大理丞；整，太常寺太祝"。此"恰"當爲"恪"之訛，恪爲雍之子。

熙寧四年(1071)辛亥　　　三十三歲

譜云：代張方平論時事書。

譜據《欒城集》卷三五《陳州爲張安道論時事書》，宋人孫汝聽《蘇潁濱年表》繫於熙寧三年，而書中有"臣自到任以來，於今一歲"之語，譜改繫於四年春。

按，《宋名臣奏議》卷一一五録張方平《上神宗論新法》，即此書，文末注："熙寧四年五月上，時知陳州，學官蘇轍代作。"

譜云：六月，兄軾除杭州通判。離京師時，李大臨(才元)囑軾向轍及張方平(安道)致意。

譜據《蘇軾文集》卷五九《答李秀才元》簡，又據《東坡續集》卷五校改爲"答李才元"。

簡中有"安道、舍弟,當具道盛意"語,譜以爲"軾赴杭將取道陳州,大臨欲軾向張方平及弟轍問候"。

按,孔凡禮《蘇軾年譜》(中華書局,1998年)第202頁,亦及蘇軾此簡,以同樣理由,繫於熙寧四年。今檢《重編東坡先生外集》卷六四,題亦作"答李才元",且簡末有"即復顯用,以慰士望"語,其非"秀才"甚明,譜考爲李大臨(字才元),甚確。但《外集》編東坡簡牘有時間順序,此簡在"徐州"階段,《蘇軾文集》題下亦注:"以下俱徐州。"而張方平、蘇轍同處一地,亦不僅爲陳州時,熙寧十年(1077)蘇軾在徐州,蘇轍與張方平即同在南京應天府。"徐州"之說既不能推翻,理當尊重,改繫於熙寧四年之證據不足。

譜云:九月丙申(十五日),知制誥、直學士院陳襄(述古)知陳州。蘇轍有迎襄啓。

譜據《長編》卷二二六所載時日,及《欒城集》卷五〇《迎陳述古舍人啓》。

按,陳襄於熙寧三年五月兼直舍人院(見《長編》卷二一一),故稱"陳述古舍人"。除迎啓外,《欒城集》卷五〇尚有《代陳述古舍人謝兩府啓》《又代謝兩制啓》,亦此時代襄作。

熙寧五年(1072)壬子　　三十四歲

譜云:張芻(聖民)知陳州。代芻撰到任謝兩府啓。

譜據《欒城集》卷五〇《代張聖民修撰謝二府啓》,又據《長編》熙寧七年八月有"兵部郎中、集賢殿修撰張芻爲遼主生辰使"之記載,謂蘇轍題中"修撰"云云乃後來編集時改定。

按,《欒城集》決不如此。事關轍之歷史意識與編纂態度,不可隨意厚誣之。張芻墓誌銘見沈括《長興集》卷一七,叙其官歷甚備,知陳州前已"以集賢殿修撰知越州",轍稱"修撰"甚確,非後來改定。

譜云:吕公著罷潁守,退居於陳。蘇轍從公著遊。

譜據《欒城集》卷一六《吕司空挽詞》自注,推測吕罷潁守居陳爲本年事。

按,吕公著自御史中丞出知潁州,在熙寧三年四月,見《長編》卷二一〇;五年閏七月判太常寺,見《長編》卷二三六;八月改提舉崇福宫,見《長編》卷二三七;至熙寧十年二月起知河陽,見《長編》卷二八〇。其退居陳州,當在五年八月後領祠禄時也。譜推測正確。

熙寧六年(1073)癸丑　　三十五歲

譜云:四月己亥(二十六日),文彥博自樞密使以守司徒兼侍中、河東節度使判河陽。轍有賀啓。彥博辟轍爲學官,轍有謝啓。未赴。

譜引蘇轍《謝文公啓》:"尺書自達,方懷冒進之憂;奏牘上聞,遽辱見收之請。"

按,文彥博之奏牘尚存,即《潞公文集》卷三八《舉蘇轍》,題下自注:"熙寧六年六月。"文云:"臣念,伏蒙聖慈從欲,均逸便藩,當求時才,助宣邦教。切見權留守推官蘇轍,博通經術,深知治體,見任陳州州學教授,今已歲滿。欲望聖慈,就差充河陽州學教授。如臣所舉不如狀,及犯正入己贓,甘當同罪。取進止。"州學教授須朝廷任命,正始於此年,見《宋史·職官志七》:"教授。景祐四年詔藩鎮始立學,他州勿聽。慶曆四年,詔諸路州軍監各令立學,學者二百人以上許更置縣學。自是州郡無不有學,始置教授,以經術行義訓導諸生,掌其課試之事,而糾正不如規者,委運司及長吏於幕職州縣內薦,或本處舉人有德藝者充。熙寧六年,詔諸路學官委中書門下選差,至是始命於朝廷。"此與蘇轍之"未赴"相關,見下條。

譜云:改齊州掌書記。蓋爲李師中(誠之)所招。

按,譜以李師中之招解釋蘇轍未赴河陽(孟)州學教授,而改任齊州掌書記之原因。但蘇轍《自陳適齊戲題》詩:"猶欲談經誰復信,相招執篲更須從。"明云其本意仍欲爲教授,而勢有不可,無奈改從掌書記之招也。《宋史·選舉志二》云:"初,内外學官多朝廷特注,後稍令國子監取其舊試藝等格優者用之。熙寧八年,始立教授試法,即舍人院召試大義五道。"蓋"新法"之學校科舉政策已付實施,須贊同王安石"新學"者,方能擔當育成人才之責,"教授試法"即考查應試者對王氏新"經義"理解之程度耳。立法雖在熙寧八年,但自熙寧四年科舉改革後,"新法"政府已開始嚴格控制學官人選,《宋史·神宗紀》熙寧四年二月,"以經義、論策試進士,置京東西、陝西、河東、河北路學官,使之教導",此即所謂"五路學官"之選,乃思想控制之漸。孟州屬京西路,正在上述五路之内,自不容蘇轍擔任教授,故改至離京城稍遠之齊州(濟南)爲掌書記。文彦博薦舉蘇轍爲孟州學官之奏牘,上於六月,則至少到夏秋之際尚在謀求此任;李師中知齊州在九月(見譜),招蘇轍爲齊州掌書記當在其後。

譜云:在陳州,讀《楞嚴經》。

譜引《欒城三集》卷九《書傳燈録後·序》:"頃居淮西,觀《楞嚴經》。"由此推論:"陳州屬京西北路,然爲淮陽郡,屬淮水之西,故亦以淮西稱之。"

按,"淮西"並非泛指淮水之西,而專指蔡州也。此在蘇轍筆下亦有確據,如《欒城後集》卷一《蔡州壺公觀劉道士·引》云:"過淮西,入壺公觀。"《欒城三集》卷一《送遜監淮西酒,並示諸任二首》,譜於大觀元年(1107)下引此,亦自釋爲蔡州。《書傳燈録後·序》作於大觀二年(1108),所謂"頃居淮西",指崇寧二年(1103)居蔡州事,與陳州無涉。

譜云:離陳州,赴齊州,賦詩。

譜依《欒城集》卷五諸詩排列順序,在《自陳適齊戲題》前,詩中已道及秋日景象,故推測蘇轍離陳至齊爲秋日事。

按,據此可謂蘇轍離陳至齊在秋日之後,未可斷爲秋日事也。蘇轍離陳當在十月後,詳下。

譜云：至齊州……陳祐甫爲排保甲。

譜引蘇轍《送排保甲陳祐甫》："君來正此時，王事最勤苦。驅馳黃塵中，勸説野田父。穰穰百萬家，一一連什伍。政令當及期，田間貴安堵。"並云："排保甲云者，乃推行朝廷新法之保甲法。據詩，此法之推行，實有助於田間之安堵。"

按，《長編》卷二四四，熙寧六年四月甲午，"命知青州臨朐縣劉温恭等八人，分往齊、徐、濠、泗等十二州排定保甲"。八人中當有陳祐甫。蓋保甲法先行於開封府界，自此擴展至京東、淮南也。轍詩謂保甲法徒擾鄉村，令田間不得安堵，不知譜何以據此得出相反結論？殊不合蘇轍政見。保甲之教閲，在冬季農閑時，此前宜須排定，故計陳氏完成工作離去，當在冬季也。按《欒城集》卷五編次順序，此詩在熙寧六年末。

譜云：和孔武仲濟南四韻。時與武仲過從甚密。

譜引《欒城集》卷五《和孔教授武仲濟南四咏》詩。又引卷九《答孔武仲》："濟南昔相遇，我齒三十六。"並云："轍今年三十五歲，云'三十六'，知熙寧七年武仲尚在濟南，今並繫此。"

按，《答孔武仲》詩明云蘇、孔在齊州相遇交往之時，蘇三十六歲，則是明年事也。《和孔教授武仲濟南四咏》詩中，已有"雪消平野看春耕"景象，蓋《欒城集》卷五自此以下，已爲熙寧七年之詩，譜誤繫於六年。

譜云：十月，應京西北路轉運副使陳知儉之請，作《京西北路轉運使題名記》。

按，熙寧五年，朝廷將原京西路分爲京西南路和京西北路，而陳知儉以京西路轉運副使專掌北路。故謂之"京西路轉運副使"或"京西北路轉運使"皆可，而謂之"京西北路轉運副使"則不妥。蘇轍《記》文之末自署"熙寧六年十月"，當在其離開陳州之前所作，因陳州正屬京西北路也。李師中九月知齊州，蘇轍應其招，在十月後赴齊，冬日在齊州送別陳祐甫；如此推算，既合情理，又合《欒城集》卷五諸詩編次順序。譜誤斷至齊爲秋日事，又誤認《和孔教授武仲濟南四咏》爲本年詩，故叙事多顛倒。

熙寧七年(1074)甲寅　　　　三十六歲

譜云：四月壬辰(二十五日)，以知青州、右諫議大夫李肅之知齊州。有代肅之撰到任謝上表。有代肅之謝二府、謝免罪。

譜據《宋史·李肅之傳》，謂其"神宗初爲右諫議大夫。以過左遷，知齊州"。

按，李肅之曾先後兩次知齊州，第一次在仁宗嘉祐元年八月，第二次在本年。"以過左遷，知齊州"爲《宋史》本傳之原文，但指嘉祐元年事也。然本年知齊州亦有故，《續資治通鑑長編》卷二五八，熙寧七年十二月丁卯："知齊州李肅之言：'提舉常平等事吳璪，體量臣前任青州違法不公。今璪收鄆州官妓魏在家，及負鄆州官私債數千緡。'詔轉運司案實以聞。後轉運司言有實，詔璪沖替。"可見李肅之從青州移齊州，亦緣被人檢舉"違法不公"。當時神宗特予"免罪"，故到齊州後，蘇轍為其代撰謝表（《欒城集》卷四九《代李諫議謝免罪表》）。但李肅之自感冤枉，不久後遂反咬一口。此後，李肅之獲朝廷給予"昭洗"，轍代撰《謝二府啟》（《欒城集》卷五〇）蓋為"昭洗"而謝，非到任時作也。此《啟》與謝表異，當繫於年末。

譜云：張正彥法曹官滿罷任離齊州，有送行詩。

譜引《欒城集》卷五《送張正彥法曹》詩："憶見君兄弟，相攜謁侍郎。"推測此侍郎為張揆，並云"張正彥或為揆之子侄輩"，而"轍曾拜謁揆，受其教誨"。

按，張揆為齊州歷城人。張正彥在齊州任司法，蘇轍詩為其離任而作，有"歸貲纔滿囊"之句，可見其並非齊州人，與張揆無關。司馬光有《答齊州司法張秘校正彥書》，蓋其人也。《書》云："足下學《春秋》，非徒誦其文，通其義而已，乃能於傳注之外，凡古今治《春秋》之書存可見者，皆遍觀而略記之，評其短長，靡不精當。人或雜舉而猝問之，酬對無滯，袞袞焉如泉源之不窮。年未弱冠，舉明經，為天下第一。"

譜云：九月，兄軾移密州。

譜據蘇轍《超然臺賦敘》，謂因轍在齊州，故軾求為京東路知州，乃得請密州。又謂"《蘇軾文集》卷五十六與周邠（開祖）第三簡亦及此"。

按，軾此簡有"某忝命，甚便其私"之語，譜以為軾知密州，與轍所在齊州近，故"甚便其私"也。《蘇軾年譜》（第301頁）亦繫此簡於熙寧七年自杭州赴密州途中，理由同此。但《重編東坡先生外集》卷六五，則置此簡於"湖州"階段。考周邠原在杭州與蘇軾相熟，簡云"承脫湖北之行而得樂清"，則仍在浙江，又云"一路候問來耗……即遂面話"，明非離杭北行情狀，當是軾從北方南下，故不久可與周氏"面話"也。此簡宜從《外集》，繫於元豐二年軾赴湖州任時。所謂"甚便其私"，非就密州言也。

譜云：十一月辛亥（十七日），有《洛陽李氏園池詩記》。

按，《記》謂李氏家世名將，其世次為："大父濟州"、"烈考寧州"、"李侯"、"其子遵度，官於濟南，實從予遊"。依此推考，"大父濟州"為李謙溥（915—976），宋初名將，開寶三年（970）任濟州團練使，《宋史》有傳；"烈考寧州"為李允則，天聖六年（1028）卒時為寧州防禦使，《宋史》有傳；"李侯"為李中祐，《續資治通鑑長編》卷一六一，慶曆七年八月丙辰"內殿崇班李中祐副之"條注"中祐，允則子"；"其子遵度"為李昭敘，蘇轍《龍川別志》卷下"予後從事齊州，允則之孫昭敘為兵馬都監"，遵度蓋昭敘字。

譜云：題徐正權秀才城西溪亭。正權名遁。

譜引蘇轍《題徐正權秀才城西溪亭》詩自注，證其爲石介之婿，又因詩中有"野外從教簿領疏"，推測"正權亦爲僚齊州"。又謂徐正權名遁，見《龍川略志》。

按，《龍川略志》卷二明云："有一舉子徐遁者，石守道之婿也，少嘗學醫於衛州，聞高敏之遺說，療病有精思。"則其爲舉子、醫生，並非齊州僚屬，"野外"之句乃蘇轍自抒襟懷。

熙寧八年(1075)乙卯　　　　三十七歲

譜云：使者自密州還，攜來軾新詩。次軾病中贈提刑段繹韻。

譜引蘇轍《次韻子瞻病中贈提刑段繹》詩："京東分東西，中劃齊魯半。兄來本相從，路絕人長嘆。"又，譜於熙寧九年"李常(公擇)以赴歷下道中雜咏十二首示轍"條下，引《蘇軾文集》卷五一《與李公擇》第二簡叙其熙寧七年自杭赴密事云："緣舍弟在濟南，須一往見之，然後赴任。濟南路由清河，而冬深即當凍合，須急去乃可行。"並云："此乃蘇軾原來打算，以後未經清河。"

按，蘇轍詩正可解釋蘇軾未按原計劃至濟南之原因。考《續資治通鑑長編》卷二五二，分京東路爲東西兩路，在熙寧七年四月甲午，而蘇軾自杭州通判移密州知州，已在九月(見譜)。蓋當蘇軾行近京東時，分路之令已付實施，密州屬京東東路，齊州屬京東西路，法不許擅至別路，故兄弟不得相見也。

譜云：次韻韓宗弼太祝送遊太山。

譜據《欒城集》卷五詩題，又考韓宗弼乃韓縝之侄。

按，韓縝乃韓億第六子，宗弼乃億第四子韓繹之次子。劉攽《彭城集》卷三九有《金華縣君范氏墓誌銘》云："夫人姓范氏，尚書職方員外郎韓公繹之妻……子男四人：長宗哲，大理評事；次宗弼，太常寺太祝；次宗敏，皆前夫人所生；獨幼子宗謹，夫人所出，而早死不育。"譜於本年又云"韓宗弼罷太祝，作詩送行"，所據爲《欒城集》卷五《送韓宗弼》詩。按，詩未云"罷太祝"，蓋"太常寺太祝"乃官稱，非差遣也。

譜云：次韻劉敏殿丞送春。時有簡與兄軾，軾欲借《法界觀》。

按，《郡齋讀書志》著錄："《法界觀》一卷，右唐僧杜順撰。《華嚴經》最後品名曰《法界》，叙善財參五十三位善知識。經文廣博，罕能通其説，杜順乃著是書，宗密注之，裴休爲之序。"

譜云：李昭叙供備燕別湖亭，次其韻。

按，李昭叙即《洛陽李氏園池詩記》中之李遵度，考見上年訂補。

譜云：作《齊州閔子祠堂記》。

按，閔子廟成，由徐遁作《祭閔子文》，由蘇轍作《祠堂記》，見轍《次韻徐正權謝示閔子廟記及惠紙》詩自注。

譜云：長清令劉敏官滿罷任，作詩送行。

譜引蘇轍《送劉長清敏》詩，謂與"汝州太守"、"曹州"爲兄弟，自注中又及劉敞，故推測劉敏爲"敞、攽之兄弟輩或堂兄弟輩"，又云"曹州謂攽"，而"汝州太守當爲攽等之前輩"。

按，據《宋史·劉敞傳》："疾少間，復求外，以爲汝州。"則汝州太守即謂劉敞。《公是集》卷五一《先考益州府君行狀》稱"五子"：元卿、真卿、敞、攽、放。則敞、攽之同懷無劉敏，當是從兄弟也。

熙寧九年（1076）丙辰　　　　三十八歲

譜云：李常（公擇）寄軾詩，轍次常韻。

譜據《欒城集》卷六《次韻李公擇寄子瞻》詩題。又引蘇軾《次韻劉貢父、李公擇見寄》，謂劉攽、李常、蘇軾詩皆作於熙寧八年，時攽在曹州，常在湖州。

按，蘇軾詩凡二首，第二首與轍此詩同韻，當是和李常者，詩云："何人勸我此間來，絃管生衣甑有埃。綠蟻濡唇無百斛，蝗蟲撲面已三回……"其云"此間"，無疑指密州，軾以熙寧七年移知密州，則"蝗蟲撲面已三回"當在熙寧九年也。第一首蓋和劉攽者，《苕溪漁隱叢話》卷四三節錄《烏臺詩案》所謂"秦字韻詩"也，亦繫於熙寧九年。此與《東坡集》卷七編次順序甚合，而此年李常移知齊州（見譜），與蘇轍同在一地，轍乃得即時次韻其寄軾之詩，於情理亦合。《蘇軾年譜》（第316頁）據朋九萬《東坡烏臺詩案》繫軾詩於熙寧八年，蓋承馮應榴、王文誥注蘇詩之説，未確。

譜云：李常（公擇）以赴歷下道中雜詠十二首示轍，轍和之。

譜據《欒城集》卷六詩題。其第一首《泛清河》，譜謂"誤次"。譜考"清河"爲泗水，屬鄆州，而"長江以北淮南東路境内遍考之，無清河地名"。

按，宋有北清河、南清河，泗水即南清河也，其上游在今山東省境内，下游則在今江蘇省境内入淮。檢《方輿勝覽》卷四六，淮南東路淮安軍有清河，"在淮陰縣北七十里"。轍詩第二首言及"桃園"，譜考在宿遷，而淮陰正居宿遷之南，李常自湖州赴齊州，由南向北，先泛清河，並非"誤次"。

譜云：自齊州回程中，上書論時事，乞罷青苗、保甲、免役、市易。

譜依《蘇穎濱年表》，將《自齊州回論時事書》繫於十月，而以下"至京師，蔣夔寒夜見過"條推測"轍至京師，約爲十二月"，故有"回程中"之説。

按，回程中起草奏章，雖不無可能，但"自齊州回"意謂已至京師，至少奏章之寫定上呈必在京師，此處只當考其上呈時間，其何時起草可以不論也。奏章中明云，自"易置輔相"以來，已"歷日彌月"。則自王安石罷相之十月二十三日（見譜）起，"彌月"（滿一月）已在十一月下旬。此是蘇轍上呈奏章之時間，亦可視爲其回至京師之時間也。王安石之罷相，令蘇轍頗爲振奮，離齊州前所作《喜雪呈李公擇》，疑寓此意。

熙寧十年（1077）丁巳　　　　三十九歲
譜云：（正月）十二日，范鎮訪吳縝，作詩。轍次其韻。

譜引《揮麈錄·後錄》卷二："嘉祐中，詔宋景文、歐陽文忠諸公重修《唐書》，時有蜀人吳縝者，初登第，因范景仁而請於文忠，願預官屬之末；上書文忠，言甚懇切。文忠以其年少輕佻，距之。縝軮軮而去。逮夫《新書》之成，乃從其間指摘瑕疵，爲《糾繆》一書。"並云："詔修《唐書》乃至和元年八月戊申事，則縝登第乃皇祐中事。"又引《直齋書錄解題》卷四"世傳縝父以不得預修書，故爲此"，考慕容彥逢《摛文堂集》卷四有《朝奉郎吳縝可朝散郎制》，而彥逢爲中書舍人乃徽宗崇寧間事，故謂"'世傳縝父'云云，亦不爲無因"。

按，《全蜀藝文志》卷五三"吳氏"氏族譜云，吳縝父吳師孟"第進士"，"王公安石當國，謂師孟同年生也，自鳳州別駕擢爲梓州路提舉常平倉兼農田水利差役事"。則吳師孟生於天禧五年（1021），其子吳縝豈得爲皇祐（1049—1054）進士？清修《四川通志·選舉》列吳師孟爲慶曆（1041—1048）進士，吳縝爲治平（1064—1067）進士，推算年歲，信得其實。吳師孟至熙寧王安石當國，始獲提拔，其人是否曾謀求預修《唐書》，今不可考；但《新唐書》編修時間甚長，其進書表撰於嘉祐五年（1060），則吳縝於修書之末期申請參與，亦尚屬可能，唯不得云"初登第"，而只是一年少舉子耳，歐公拒之，固屬自然。所謂"因范景仁而請於文忠"，則因范鎮與吳氏皆蜀人，由蘇轍詩可見，范鎮與吳縝確有交往，且以鎮身份年輩之尊，而過訪吳縝，其欣賞自不待言。鎮之從孫范祖禹亦有《送廷珍殿丞兄通判閬州》（《范太史集》卷一）、《寄蜀州吳廷珍太守》（同上卷二），廷珍即吳縝字，可證范、吳兩家之世交也。《送廷珍殿丞兄通判閬州》首句云："十年京洛弄殘書。"恐即與吳縝著《糾繆》有關。《揮麈錄·後錄》此條紀事後有自注："張仲宗云。"謂聞自張元幹也。但元幹亦必聞自前輩，《蘆川歸來集》卷九《跋蘇黃門帖》云："蘇黃門頃自海康歸許下安居云久，政和二年，晚生猶及識之。"則張元幹曾於政和二年（1112）拜見蘇轍於潁昌府，頗疑《揮麈錄》此條紀事之最初來源，乃在熟悉范、吳事之蘇轍。所謂"年少輕佻"云云，固有衛護歐公之立場，頗合轍之口吻。若然，則細節容有出入，而大體當屬可信。

譜云：改著作佐郎，有謝啟。

譜引《蘇潁濱年表》："轍以舉者改著作佐郎。"

按，陳襄《古靈集》卷一《熙寧經筵論薦司馬光等三十三人章稿》（譜考陳襄論薦在年初,甚確)言蘇轍"自登第及中制科,凡二十年,尚在選調,未蒙褒擢"。蓋蘇轍自嘉祐二年(1057)登進士第,至此已爲選人二十年,方得京官,仕途升進極爲滯緩。陳襄以此提醒神宗,對此番改官應甚爲有力。但蘇轍《謝改著作佐郎啓》明云所謝者爲"某官二府",知薦舉者爲中書或樞密院之宰執。王安石罷相後,以吴充、王珪並相,馮京知樞密院事,就此三人與蘇轍之關係而言,馮京薦舉之可能性較大。

譜云:六月己丑(十一日),轍保母楊金蟬卒。

按,日本奈良女子大學野村鮎子教授嘗著文,謂楊氏實蘇轍生母(《蘇軾〈保母楊氏墓誌銘〉之謎》,四川大學古籍整理研究所《宋代文化研究》第十二輯,綫裝書局,2003年)。但蘇籀《欒城遺言》云:"曾祖母蜀國太夫人夢蛟龍伸臂而生公。"蜀國太夫人即蘇洵妻程氏,此謂蘇轍生母乃程夫人。

譜云:作詩送交待劉摯(莘老)。九月九日,與(王)鞏送摯,鞏作詩,次其韻。

譜據《欒城集》卷七詩題,又據劉摯《忠肅集》卷一八《次韻趙伯堅令鑠郎中憶南都牡丹兼寄子由》詩"曾憶西軒醉兩春"語,考劉摯爲幕官,在南都凡二年。

按,《宋史·劉摯傳》記其神宗時爲御史,因反對王安石新法,"謫監衡州鹽倉","久之,簽書南京判官",其後"入,同知太常禮院,元豐初改集賢校理"。檢《長編》卷二二五,劉摯謫監衡州鹽倉在熙寧四年七月丁酉;卷二五八,熙寧七年十二月甲戌,"太子中允監衡州在城鹽倉劉摯復館閣校勘簽書判官";卷二九〇,元豐元年六月丙午,"以同知禮院太常丞館閣校勘劉摯爲集賢校理"。可見摯爲南京應天府簽書判官,乃蘇轍之前任,所謂"交代"也。其任期,當自熙寧八年至十年,前後總計三年,但熙寧八年上任或已在夏後,故有"醉兩春"之語,蓋指九年、十年之春也。蘇轍等送別之,在十年九月,此時劉摯當入京,任同知太常禮院。

元豐元年(1078)戊午　　　四十歲

譜云:鮮于侁(子駿)旋以京東西路轉運使攝應天府事。

譜此條繫於五月陳汝羲授南京留守知應天府後,並推測"陳汝羲就任不久即離去"。

按,《欒城後集》卷二一《書鮮于子駿父母贈告後》:"予在應天幕府,子駿以部使者攝府事,朝夕相從也。"未言在何月。《欒城集》卷八《次韻轉運使鮮于侁新堂月夜》,譜繫於本年秋,詩謂"千里共清光",知此時尚未至南都攝事。本年八月十八日有《祭永嘉郡夫人馬氏文》(《欒城集》卷二六),知張方平妻馬氏卒於此時(本年王鞏自京師來南都,當亦爲其岳母亡故而來),《欒城集》卷二六另有《代南京留守祭永嘉郡夫人馬氏文》,蓋同時所作,文稱"某守土於兹",不云攝守,則仍代陳汝羲作也。《欒城集》卷四九《代南京留守謝減降德音表》有"攝守"語,譜判斷爲十二月代鮮于侁作,甚確。卷八《喜雪呈鮮于子駿三首》,譜繫於本年歲末,詩有"卧閣雍容三月餘"之句,則鮮于侁來攝府事,當在九月間也。

譜云:七月癸巳(二十一日),有《同李倅鈞訪趙嗣恭留飲南園晚衙先歸》詩。

譜引轍詩末句"令人更愧東宫師,眷戀溪山棄華屋",推測云:"似趙嗣恭爲東宫太子師,辭而歸田里。"

按,東宫之師位望極隆,而趙嗣恭史籍無載,决無可能。考當時有此身份而居住南都者,實爲趙槩。蘇軾撰《趙康靖公神道碑》云:"以太子少師致仕,居睢陽十五年。"卒於元豐六年。睢陽即南京應天府之郡名也。蘇轍所謂"東宫師"當指趙槩,趙嗣恭蓋爲其家人。《趙康靖公神道碑》云趙槩有孫男四人,名嗣徽、嗣真、嗣賢、嗣光,則嗣恭或爲從孫。但趙槩有一婿,名程嗣恭,或者詩題有文字脱落,亦未可知。

元豐二年(1079)己未　　　　四十一歲

譜云:軾獄中賦榆槐竹柏四首,轍次其韻。

按,《欒城集》卷九《次韻子瞻繫御史獄賦獄中榆槐竹柏》,次《四十一歲歲莫日歌》後,當是明年正月在陳州見蘇軾後作。

譜云:簽書應天府判官期間……嘗代人作《謝黄察院啓》。

譜以《啓》中"廢退已久,慚懼靡遑"與轍不合,故判斷爲代人所撰。

按,《欒城集》代人之作,皆標題明確,而"廢退"之語,亦未嘗與轍不合。《啓》文自稱"進無干世之才,出爲苟禄之仕,强顔未去"等,蓋並未去官,所謂"廢退"只是不獲重用之意。《啓》中又有"方河堤潰决之餘,當流民紛委之地"語,譜謂此"爲熙寧十年末至元豐元年初事",甚確。考《續資治通鑑長編》卷二八四,熙寧十年八月丙戌,"詔監察御史裹行黄廉爲京東路體量安撫",薦蘇轍之"黄察院"即其人也。轍謝啓稱其"有霜臺嚴肅之威而不用,有綉衣擊斷之勢而不施",上句指其身任臺官,下句指其奉旨出使,"體量安撫"也。啓又云:"以東州之廣,才士如林,輒先衆人,豈勝厚愧。"此"東州"即指京東路,益見黄察院所"體量安撫"者爲京東路,則非黄廉莫屬矣。又,《長編》同卷載,熙寧十年八月甲辰,"詔內外待制以上及臺諫官、發運轉運使、提點刑獄、轉運判官,各舉文臣才行堪升擢官一員……從監察御史黄廉奏請也",則黄廉提出建議後,其本人便以蘇轍爲首薦也。《欒城集》此啓在《賀孫樞密啓》(譜繫於元豐元年閏正月)與《賀趙少保啓》(譜繫於元豐二年正月)之間,蓋元豐元年作。

補:《歐陽文忠公集》收《試筆》一卷,有蘇轍跋文云:"余家多文忠公書,然比其没,余於篋中得十數帖耳。今劉君乃能致此,非篤好之不能也。元豐二年正月初吉蘇轍子由題。"時在南京應天府。

元豐三年(1080)庚申　　　　四十二歲

譜云：兄軾與王鞏(定國)、朱壽昌(康叔)簡，報轍來黄行蹤。

譜引《蘇軾文集》卷五九《與朱康叔》第十五簡："與可船旦夕到此……子由到此，須留他住五七日。"

按，蘇轍長婿文務光，扶其父文同靈柩歸鄉，曾過黄州，時蘇軾謫居在黄，作《黄州再祭文與可文》。《蘇軾年譜》(第481頁)繫此事於元豐三年五月蘇轍抵達黄州之前，所據亦爲《與朱康叔》第十五簡以上文字，且云："《欒城後集》卷二〇祭務光文末云在黄相晤，知轍到黄前務光已西去。"今檢《蘇軾文集》卷五九《與朱康叔》共二十簡，其第十八簡有附録"書《國史補》杜羔傳"一段，自署元豐三年九月二十五日，作書時間最爲明確，而第十五簡云及"前曾録《國史補》一紙，不知到否"，顯然作於第十八簡之後。《重編東坡先生外集》卷六七有此二簡，在"黄州"階段，但觀所録次序，則第十五簡固在第十八簡之後也。且《外集》第十五簡文本無"子由"字，只云："與可船旦夕到此，爲之泫然，想公亦爾也，到此須留他住五七日，恐知之。"文義貫通，知《蘇軾文集》"到此須留他住五七日"前誤衍"子由"二字，遂與"前曾録《國史補》一紙"相牴牾也。若無此二字，則此簡並非"報轍來黄行蹤"，不得繫於元豐三年五月蘇轍至黄州前，而文同靈柩過黄州之事亦不在五月前，而必在九月之後，轍與文務光未在黄州相晤，固其然也。實則，《與朱康叔》第十五簡之寫作時間，或者更晚。依《外集》排列順序，第二十簡之後尚有兩簡，即《蘇軾文集》之第十九、第十四簡，此後續以第十五簡。第二十簡可據附録確定在元豐三年九月；第十九簡云及"兩日來武昌……冬深寒溯"，考蘇軾元豐三年冬曾與李常同遊武昌西山(見《蘇軾年譜》第491頁)，可推測爲冬日作；第十四簡、十五簡皆提及張商英(天覺)，而《蘇軾年譜》(第501頁)繫張商英過黄州在元豐四年初，然則第十五簡最可能之寫作時間，乃在元豐四年。如此，則《外集》所録東坡尺牘，非唯文本可信，其次序亦堪依據，而文同喪過黄州及東坡再祭之文，亦以改次元豐四年較爲合理也。

譜云：過江，至京口，遊金山。作詩寄揚州守鮮于侁(子駿)及從事邵光。秦觀有和。

譜據《欒城集》卷九及秦觀《淮海集》卷三詩題云然。

按，鮮于侁亦有和作。《淮海集》卷三《和遊金山》詩後，除附録蘇轍原詩外，亦附録鮮于侁《子由同彥瞻遊金山，子由枉詩，卒章有"使君何時罷，登覽不可失"之句，因繼賦一首》，署名"子駿"，即侁也。其詩云："蓬萊二神山，橫絶倚鼇背。鼇傾海水動，一峰失所在。飛來大江心，盤礴幾千載。化爲金僊居，龍象錯朱貝。夙昔愛山水，江湖不蹔忘。君前或剖竹，飽繫古維揚。隱然勝絶境，旦旦遇相望。不意二君子，招攜一葦航。高攀躡雪梯，闊視瞰溟漲。潮來隱天地，萬里卷白浪。波清霄漢净，澄澈迷下上。更深月正中，山影杳無象。蛟鼉四面穴，形勢三州壯。融結既難窮，丹青殊莫狀。蘇侯韻高遠，邵子雅趣尚。奇觀極無邊，幽尋端未放。浮生閲流水，清話造方丈。畢景趣言歸，侵星摇兩槳。武功真好奇,落筆掃珠璣。持語淮南守,茲遊不可遺。君恩早晚東南下,一棹扁舟信所之。"

譜云:過赤壁,懷古。

《欒城集》卷一〇有《赤壁懷古》詩,在黄州作。譜考爲黄州赤壁磯,即蘇軾三賦赤壁處,非三國時周瑜破曹處。

按,蘇轍在黄期間,蘇氏兄弟寸步不離,所有作品皆相關,轍不當獨遊赤壁,詩亦不當獨作,疑蘇軾一同往遊,而作《念奴嬌·赤壁懷古》詞也。蓋此詞之作年,並無可信記載,傅藻《東坡紀年録》繫於元豐五年(1082),乃與前、後《赤壁賦》簡單歸併,繫於一處而已。此後陳陳相因,非有確鑿之根據也。詞云"故壘西邊,人道是、三國周郎赤壁",似爲蘇軾始遊此地之情形,而詞題與蘇轍詩題相同,當非偶然。

譜云:至筠州鹽酒税任。

按,《欒城集》卷二四《東軒記》云:"余既以罪謫監筠州鹽酒税,未至,大雨,筠水泛溢,蔑南市,登北岸,敗刺史府門。鹽酒税治舍俯江之湄,水患尤甚。既至,弊不可處,乃告於郡,假部使者府以居。郡憐其無歸也,許之。"此所謂"部使者府",乃轉運使行衙,《明一統志》卷五七瑞州府(即北宋筠州)有"皇華館",注云:"在府城内,宋時謂之行衙,元豐中蘇轍謫居筠州,常假以居。"蓋轉運使在所巡路内各州皆有行衙,名皇華館,亦常充過往官員休憩之所。《東軒記》以下又云,十二月始修復鹽酒税官署,則蘇轍本年至筠後,住皇華館約半載。

譜云:州學新修水閣,王適作詩。轍次韻。

按,轍詩云:"何幸幽居近學官。"時轍借居轉運使行衙,可知筠州州學靠近行衙。《江西通志》卷一七"瑞州府儒學"云:"學在府治西、鳳山右,宋治平三年,州守董儀撤皇華館以建,曾鞏記。"蓋原本以行衙之一部分改建,其事甚易也。曾鞏《筠州學記》(《南豐類稿》卷一八)云:"當慶曆之初,詔天下立學,而筠獨不能應詔,州之士以爲病。至治平三年,蓋二十有三年矣,始告於知州事尚書都官郎中董君儀,董君乃與通判州事國子博士鄭君蒨,相州之東南,得亢爽之地,築宮於其上。齋祭之室、誦講之堂、休息之廬,至於庖湢庫廐,各以序。經始於其春,而落成於八月之望。既而來學者常數十百人。二君乃以書走京師,請記於予。予謂二君之於政,可謂知所務矣。"此謂數月間於空地新建一學,誇飾亦甚矣。慶曆詔書頒布後二十餘年,方能撤官衙之一隅,充爲學校,以應士人之需求,而地方官猶欲居大其功,謹厚如曾鞏者,適爲其蒙蔽而已。

譜云:是歲至筠州後,從道全禪師、克文(雲庵)禪師、聖壽省聰禪師遊。

按,黄蘗道全(1036—1084),嗣真淨克文,蘇轍爲其作《全禪師塔銘》;真淨克文

(1025—1102)號雲庵,臨濟宗黃龍派高僧,嗣黃龍慧南(1002—1069),生平見惠洪《石門文字禪》卷三〇《雲庵真淨和尚行狀》;聖壽省聰(1042—1096),雲門宗僧人,嗣慧林宗本(1020—1099),蘇轍爲其作《逍遥聰禪師塔碑》。

元豐四年(1081)辛酉　　　　四十三歲
譜云:五月初九日,作《廬山棲賢寺新修僧堂記》。
　　譜據《記》文,謂"蓋應棲賢寺長老智遷及其徒惠遷之請"。
　　按,棲賢智遷,雲門宗禪僧,嗣天衣義懷(993—1064),見《五燈會元》卷一六。東明惠遷,又作"慧遷",嗣棲賢智遷,見《續傳燈錄》卷一二。

譜云:登郡譙,偶見姜應明(如晦)司馬醉歸,作詩;復作詩送應明。
　　按,程頤《上谷郡君家傳》(《二程文集》卷一三)云:"夫人有知人之鑒。姜應明者,中神童第,人競觀之。夫人曰:'非遠器也。'後果以罪廢。"蘇轍《送姜司馬》詩所謂"七歲立談明主前,江湖晚節弄漁船",正是程頤之母以爲"非遠器"之神童也,果以罪廢而流落至此。考《玉海》卷一一六"淳化童子科"條云:"淳化二年十月十日,賜泰州童子譚孺卿出身,雍熙得楊億,咸平得宋綬,景德得晏殊,祥符得李淑。自淳化至嘉祐三年二十七人(仁宗時童子賜出身者凡十人,寶元元年六月戊寅罷天下舉念書童子)。元豐七年四月賜饒州童子朱天錫五經出身(至政和四年賜出身者七人)。"此北宋神童之總數三十四人,出姓名者僅六人,其餘皆所謂"非遠器"也。姜應明當是仁宗時十名神童之一,其年齡蓋與程頤、蘇轍相近。

譜云:六月十七日,應聖壽院僧省聰請,作《筠州聖壽院法堂記》。
　　譜引《記》文省聰"得法於浙西本禪師",謂《五燈會元》卷一六有東京慧林宗本圓照禪師,"嘗居杭州浄慈寺,杭爲浙西,此浙西本禪師即慧林本禪師"。
　　按,慧林宗本(1020—1099)即所謂"大本",其弟子法雲善本(1035—1109)爲"小本",見於蘇軾詩,雲門宗名僧也。宗本嗣天衣義懷,曾住持杭州浄慈寺。元豐六年,宋神宗在東京大相國寺創慧林、智海兩禪院,命雲門宗之宗本、臨濟宗之常總(1025—1091)爲第一代住持,是朝廷賜封宗教領袖之意,常總堅拒不赴,而宗本則赴之,後來雲門宗衰落而臨濟獨盛於禪林,與此不無關係。蘇轍作此《記》時,宗本尚未赴慧林。

譜云:七月九日,作《吳氏浩然堂記》。
　　《記》爲"新喻吳君"而作,《欒城集》卷一一有《次韻吳厚秀才見贈三首》詩,譜繫於元豐三年。譜推測"新喻吳君"即吳厚。
　　按,《江西通志》卷三九臨江府古迹有"浩然堂",引蘇轍《記》文爲釋,並謂《府志》在縣南濱江,宋隱士吳叔元建,黃庭堅書額",則新喻吳君蓋吳叔元也。黃庭堅《山谷別集》卷一一有《書吳叔元亭壁》，可見確有其人。《范德機詩集》卷七有《題新喻吳氏浩然堂遺事》云："傳得眉山遺記在，吳家子弟更風流。"楊士奇《東里集·續集》卷二三有《跋吳氏族譜後》云："余每讀蘇文定公《浩然堂記》，思識吳氏之後世。"則新喻吳氏至元、明猶爲盛族。

譜云：洞山克文（雲庵）長老作詩。轍次韻。

譜引《欒城集》卷一一《次韻洞山克文長老》詩。

按，克文原詩亦存，見《古尊宿語録》卷四五，《蘇子由闢東軒，有顏子陋巷之説，因而寄之》："才淹居亦弊，道在不爲貧。未灑傅巖雨，且蒙顏巷塵。曠懷隨處樂，大器任天真。半夜東軒月，勞生屬幾人。"此與蘇轍《東軒記》（作於元豐三年十二月）一文相關，克文尚有《留題東軒》詩："佛子異行藏，開軒亦有方。故因迎夜月，仍得待朝陽。群木烟初暖，幽蘭花正芳。坐來禪性澹，蜂蝶自輕狂。"

譜云：八月，入試院，有唱酬十一首。

譜引轍詩《戲呈試官吕防》《次韻吕君見贈》等。

按，《明一統志》卷四三衢州府人物有吕防："龍游人，熙寧中進士，有學行。龍游士子發舉自防始。累官至太中大夫。"

譜云：同月，印施《楞嚴標指要義》十卷贈機長老。

譜據周必大《跋蘇黄門在筠州施楞嚴標指》云然，又引《輿地紀勝》卷二七，謂瑞州淨覺院"在新昌縣西北百十里廣賢鄉五峰山"，舊有蘇轍史夫人印施此書。

按，《五燈會元》卷一六有"瑞州五峰淨覺院用機禪師"，嗣雲門宗天衣義懷，即所謂"機長老"也。

譜云：同月，筠州聖祖殿修成。轍作記。

譜釋云："聖祖謂后稷與老子。"蓋據《記》文首云："維周制天下，邑立后稷祠，而唐禮，州祀老子。"

按，《記》文又云："粵維我聖祖，功緒永遠，肇自皇世，超絕周唐，逾千萬年，威神在天，靈德在下。祥符癸丑，實始詔四方萬國，咸建祠宮，立位設像，歲時朝謁。"蓋后稷爲周之祖，老子爲唐之祖，而趙宋自有"超絕周唐"之另一"聖祖"也。《續資治通鑑長編》卷七九，真宗大中祥符五年閏十月壬申，"詔聖祖名，上曰玄，下曰朗"，癸酉，"詔天下府州軍監天慶觀，並增置聖祖殿"，十一月庚子，"上作《聖祖降臨記》宣示中外"，由此炮製一位子虛烏有之"趙玄朗"，以爲趙氏之"聖祖"，令天下祭祀也。然此實出祥符君臣之病狂，不料數十年後，知筠州毛維瞻又興此工。蓋僻遠小州之長，舍此無迎合之途，但神宗頗具理性，不爲所欺耳。蘇轍爲作此《記》，甚不可取。

譜云：十二月，作《黄州師中庵記》。

譜據《年表》，及《欒城集》卷二四記文。

按，師中乃眉山人任伋，蘇籀《雙溪集》卷一一有《跋任氏東坡詩及所書黄門記》，此"黄門記"當即轍所撰《黄州師中庵記》，東坡書之。

譜云：與兄軾簡，報平安。

譜據蘇軾《與楊元素》第七簡，並云楊繪（元素）時知荆南。

按，《蘇軾年譜》（第526—527頁）繫《與楊元素》第七簡於元豐四年冬，只因簡中云及"筆凍"，而元豐四年有雪大天寒之記載，並無其他確鑿根據。檢《重編東坡先生外集》卷六八，列《與楊元素》八簡，即《蘇軾文集》卷五五《與楊元素十七首》之第二至九首，次序全同，無或淆亂也。孔編《蘇軾年譜》，本不信《外集》編排有序，全憑書簡所涉事蹟推測寫作時間，而仍將此八簡大半繫於元豐六年，唯其第六簡（即《文集》第七簡）因"筆凍"而繫於四年，其第七簡（即《文集》第八簡）因有"近於城中葺一荒園子"語，孔以爲指修葺雪堂，遂繫於元豐五年而已。其實，若依《外集》順序，俱繫於元豐六年，亦並無違礙，當以尊重《外集》爲是。又，《蘇軾年譜》已考明，楊繪於熙寧十年五月責授荆南節度副使，《范太史集》卷三九《天章閣待制楊公墓誌銘》謂其謫居七年，則並非"知荆南"也。

譜云：代軾作《答周郎中啓》。

譜因《啓》中略無時間、人物之綫索，據"近歲以來，遭罹患難"之語，而判斷爲蘇軾謫居黄州時，故繫此。

按，蘇轍親編《欒城集》，詩文排列順序頗爲井然。卷五〇"代人啓事八首"，依次爲《代子瞻答周郎中啓》、《代張公安道答吕陶屯田啓》（譜繫於熙寧三年九月）、《代陳述古舍人謝兩府啓》、《又代謝兩制啓》（以上二啓譜未繫年，但陳襄熙寧四年知陳州，蓋其時代作，見該年訂補）、《代張聖民修撰謝二府啓》（譜繫於熙寧五年秋）、《代齊州李諫議問候文侍中啓》、《代李諫議賀郭宣徽知并州啓》、《代李諫議謝二府啓》（以上三啓譜皆繫於熙寧七年，但順序顛倒），皆依寫作時間排列。最後三啓，譜所次順序顛倒，乃誤認《謝二府啓》在李肅之到任時（考證已見熙寧七年訂補），而以郭逵知并州之時間徑爲賀啓寫作時間，其實賀啓應稍後也。由此觀之，《代子瞻答周郎中啓》當作於熙寧三年之前。其"近歲以來，遭罹患難"之語，不必指烏臺詩案，亦可指喪父返蜀，或議論"新法"等事也。頗疑此"周郎中"爲周表臣，字思道，亦蜀人。《宋名臣奏議》卷一〇〇有其《上神宗論災異不必肆赦》，注："熙寧元年上，時通判利州。"吕陶《浄德集》卷三四有《送周思道郎中通理益昌》詩，"通理益昌"即"通判利州"也，知此時周表臣官爲郎中。元祐三年周表臣知漢州，蘇氏兄弟皆有送行詩，見譜。

元豐五年(1082)壬戌　　　四十四歲

譜云：毛維瞻致仕還鄉，作詩送行。代維瞻者疑爲許長卿。

譜謂維瞻去任後，至元豐六年七月，蘇轍詩中始云及知州賈蕃，相隔一年半，疑毛與賈之間尚有一人。又引蘇轍《龍川略志》卷四"許遵議法雖妄而能活人以得福"條，叙蘇轍在齊州議論許遵事，"後十餘年，謫居筠州，筠守許長卿，遵之子也"，以爲轍以熙寧六年(1073)至齊，元豐七年(1084)離筠，可云"十餘年"，故推測許知筠州，即在毛、賈之間。

按，《江西通志》卷四六列出宋代知筠州官員名單，許長卿爲"紹聖元年任"。此時蘇轍亦貶筠州，譜中提及當時知州爲柳平，而《江西通志》列許長卿在柳平後，可知轍到筠州不久，柳即去任，而許來代。轍所謂"十餘年"乃概數，若從轍離開齊州之熙寧九年(1076)算起，則至紹聖元年(1094)亦未滿二十年也。至於元豐時知筠州者，《江西通志》於毛維瞻後，即列賈蕃，中間並無他人。

譜云：景福順長老來訪，作詩贈之。

譜引蘇轍詩序，謂景福順公"昔從訥於圓通，逮與先君遊……二公皆吾里人，訥之化去已十一年，而順公年七十四"。又引《五燈會元》卷一八，謂順長老居洪州上藍。又云蘇軾詩中曾提及訥長老。

按，《五燈會元》列蘇轍爲上藍順禪師法嗣，《欒城集》卷一三尚有《景福順老夜坐道古人搯鼻語》，元豐七年作(見譜)，即《會元》所引以爲悟道嗣法之因緣者。《欒城後集》卷五有《香城順長老真贊》，紹聖元年作(見譜)，述其生平云："與訥皆行，與璉皆處。於南得法，爲南長子。……我初不識，以先子故，訪我高安，示搯鼻語。"此處"南"謂臨濟宗高僧黃龍慧南，"訥"即圓通居訥，"璉"謂大覺懷璉。釋曉瑩《羅湖野録》卷三引蘇轍詩及《真贊》，解釋云："蓋順、訥偕行出蜀，而順嗣黃龍，訥住圓通，而大覺璉掌記室，則與順同處，惟以仁慈祐物，叢林目之曰順婆婆。公爲表而出之，良有以也。雖嗣法無聞，然有公，則所謂一麟足矣。"釋惠洪《林間録》卷下亦有順禪師事蹟、偈頌。圓通居訥，傳見惠洪《禪林僧寶傳》卷二六、《五燈會元》卷一六，雲門宗僧人。大覺懷璉見《五燈會元》卷一五，亦雲門宗僧人，與三蘇有交往(見譜及《訂補》熙寧二年條)。

譜云：陰晴不定，作詩簡唐覯並敖吳二君。
又云：唐覯離筠州，作詩送行；覯作詩送姜應明(如晦)謁新昌杜簿，轍次韻。

譜據《古今圖書集成》謂唐覯"高安人"。又據蘇轍詩中"泮上講官"語，推測姜應明爲筠州州學教授。

按，《江西通志》卷四九元豐二年(1079)進士名單中有唐覯，注"南昌人"，與蘇轍詩中稱"豫章客"相合。姜應明已見元豐四年譜中，其官稱"司馬"，轍《次韻唐覯送姜應明謁新昌杜簿》詩云："夫子雖窮氣浩然，輕篆短笠傲江天。薄遊到處唯耽酒，歸去無心苦問田。

泮上講官殊不俗,山中老簿亦疑仙。相從未足還辭去,欲向曹溪更問禪。"全首皆就姜氏而言,謂其相從於"泮上講官"而未足,更欲訪"山中老簿"問禪也。依此推測,則"泮上講官"當指唐覯,蓋唐氏元豐二年中進士,其初任即爲筠州州學教授,至此時任滿離去,故不久便有蘇轍兼權州學教授之事,見譜。《古今圖書集成》謂唐氏"高安人",乃誤以初任之地爲其鄉貫也。

譜云:黄庭堅(魯直)寄書來,答書。……黄大臨(元明)寄詩來,轍次韻。……黄庭堅(魯直)寄詩來,轍次韻。……黄庭堅有《秋思寄子由》詩。

譜據《欒城集》卷一二《次韻黄大臨秀才見寄》《次烟字韻答黄庭堅》,按編排順序,皆在元豐五年,以爲黄庭堅寄蘇轍書與轍《答黄庭堅書》在此前,而《秋思寄子由》當在五年或六年秋也。

按,黄庭堅於元豐四年春至太和知縣任,地近筠州,遂得與蘇轍交往,故有關黄庭堅之詩注、年譜等,多繫以上詩文於元豐四年。譜據《欒城集》編次順序,改繫五年,甚是。但黄庭堅寄轍書(譜已引録)有云:"比得報伯氏書詩,過辱不遺,緒言見及……向冷,不審體力何如,惟强飯自重。"此"伯氏"當指黄大臨,則庭堅寄書已在蘇轍答大臨"書詩"之後也。答大臨詩即《次韻黄大臨秀才見寄》,詩語未及庭堅,必同時有答大臨書,問及庭堅也。轍與大臨爲舊識,庭堅因兄長爲介而通書於轍,故晚至元豐五年。轍《答黄庭堅書》末云:"漸寒,比日起居甚安,惟以時自重。"此"漸寒"與庭堅書中"向冷"語相應,當在秋深時際。"烟"字韻詩之唱和,或與書簡往返同時始,而延續至次年(見譜),《秋思寄子由》則繫次年較合理。

譜云:同孔武仲(常父)作張夫人詩。

譜據《欒城集》卷一二詩題,並釋此詩"云張夫人以弱女子獨立'身舉十五喪'。詩末注文謂武仲作詩言其賢,武仲詩已佚。轍詩並據武仲之言,叙嘉祐末身爲尚書郎之王某,親死不葬,其子孫佯狂。作此詩蓋彰善斥惡,意在匡俗"。

按,轍詩云:"昔有王氏老,身爲尚書郎。親死棄不葬,簪裾日翱翔。白骨委廬陵,宦遊在岐陽。一旦有丈夫,軒軒類佯狂。相面識心腹,開口言災祥:'嗟汝平生事,不了令誰當?汝身暖絲綿,汝口甘稻粱。衣食未嘗廢,此事乃可忘?'一言中肝心,投身拜其牀。傍人漫不知,相視空茫茫。終言'汝不悛,物理久必償。兒女病手足,相隨就淪亡'。鄙夫本愚悍,過耳風吹牆。明年及前期,長子憂肝瘍。一麾守巴峽,雙柩還故鄉。弱息雖僅存,蹣跚亦非良。誰言天地寬,網目固自張。"自注:"嘉祐末年,李士寧言王君事於右扶風,其報甚速。張夫人,南都人,孔推官常甫作詩言其賢,邀余同作。並言李生事,或足以警世云。"據此,尚書郎王某之事,乃得自李士寧,非孔武仲之言;詩中"佯狂"者乃警示王某之"丈夫",當即李士寧,而非王某子孫也。李士寧言王某事於嘉祐末,在右扶風,則是對鳳翔府簽判蘇軾言,由軾轉告轍也。

譜云:李昭玘(成季)來書。

譜引李氏《樂静集》卷一〇《上蘇黄門書》。

按,"黄門"字,蓋後來編集時追書,此時蘇轍官"宣德郎",故李氏《書》中稱爲"筠州宣德先生"。此年五月,神宗頒佈新官制,"宣德郎"與從前"著作佐郎"相當。轍於熙寧十年(1077)改著作佐郎,至此五年。其貶筠州似未削官。

元豐六年(1083)癸亥　　　四十五歲

譜云:七月丙辰(十三日),罷蘇轍兼權筠州州學教授。

譜引《續資治通鑑長編》説明其事因,爲國子司業朱服彈劾轍在州學所撰三道策題"乖戾經旨"。又引蘇轍《乞罷蔡京知真定府狀》提及朱服有"不孝事蹟",認爲"服論轍之語,未必公"。

按,朱服子朱彧撰《萍洲可談》卷一云:"先公在元祐背馳,與蘇轍尤不相好。公知廬州,轍門人吳儔爲州學教授,論公延鄉人方素,於學舍講三經義。轍爲内應,公坐降知壽州。"據《長編》卷四八四,朱服知壽州在元祐八年,《長編》未交代原因,朱彧之説可補史闕。"三經義"即王安石主持編修之三經新義,元祐時朱服以講三經義得罪,而元豐時朱服彈劾蘇轍策題"乖戾經旨",則當據三經義爲準也。此事可見王氏新學與蘇氏蜀學之衝突。《欒城集》卷二〇有《私試進士策問二十八首》,必是轍爲教授時所撰策題,其中當有熙寧時任陳州教授日所撰者,但第十四首提及朝廷改革官制事,應在元豐五年以後,則亦有兼權筠州教授時所撰者,被朱服彈劾之三道,當在其中。

譜云:時朱彦博爲本路監司。

譜引《長編》所載紹聖四年蔡蹈彈章,謂朱彦博元豐中任江西監司,曾衛護蘇轍;又引蘇轍佚文《與某提刑》(即《式古堂書畫彙考·書》卷一〇所錄《蘇子由車馬帖》),推測此提刑乃朱彦博。

按,據《長編》卷三四九、三六六,可知元豐七年至元祐元年,朱彦博任江西路轉運判官,其始任不知在何時,雖屬"監司"官員,却非提刑。

譜云:兄軾與滕元發(達道)簡,報轍平安。

譜據《蘇軾文集》卷五一《與滕達道六十八首》之六十:"某屏居如昨,舍弟子由得安問。"此簡又有"久不朝覲,緣此得望見清光"語,譜以爲指元豐六年冬末滕入覲事,故繫此年。

按,僅據"朝覲"一語,頗嫌牽合。《重編東坡先生外集》卷七〇"赴登州"段,有《與滕達道》八簡,其第一簡即《文集》第六十簡也。軾"赴登州"在元豐八年,首云"屏居如昨",可理解爲常州居住之意,與黄州"謫居"有别,當是元豐八年在常州作,其時東坡有起知登州之命,滕達道自湖州移蘇州,二人皆"久不朝覲",但由此或可打算會面,即所謂"望見清光"也。若如此解讀,則《外集》編次不誤,宜可尊重之。

元豐七年(1084)甲子　　　　四十六歲

譜云:作曾布(子宣)母挽詞。

譜據《欒城集》卷一三詩題,並引曾鞏行狀,謂鞏元豐五年九月丁母憂,但鞏有吴氏、朱氏二母,譜推測鞏、布皆吴氏所生。

按,曾鞏(子固)父曾易占,王安石爲作《太常博士曾公墓誌銘》云:"娶周氏、吴氏,最後朱氏,封崇安縣君。子男六人:曄、鞏、牟、宰、布、肇。"又有《曾公夫人吴氏墓誌銘》,敘其三子爲鞏、牟、宰。據此,則周氏生曄,吴氏生鞏、牟、宰,而朱氏乃鞏之繼母,布、肇之生母也。朱氏元豐五年九月卒,曾鞏元豐六年四月卒(見行狀),相去不遠,其下葬當在同時,故《欒城集》卷一三於《曾子宣郡太挽詞二首》後,接次《曾子固舍人挽詞》,皆送葬之作也。譜繫《曾子固舍人挽詞》於元豐六年鞏卒時,未確。

譜云:在筠州時……嘗撰《洞山文長老語録叙》。

按,《叙》文末云:"元豐三年,予以罪來南,一見如舊相識。既而其徒以語録相示,讀之縱横放肆,爲之茫然自失。蓋余雖不能詰,然知其爲證正法眼藏,得遊戲三昧者也。故題其篇首。"可知此《叙》作於元豐三年(1080)或稍後。文長老即真淨克文,《古尊宿語録》卷四二有《寶峰雲庵真淨禪師住筠州聖壽語録》(弟子法深録)、《住洞山語録》,當即蘇轍爲之作《叙》者。

譜云:與劉平伯遊。

譜引同治《瑞州府志》、康熙《高安縣志》,謂劉平伯高安人,二蘇兄弟曾訪之。

按,《江西通志》卷三四記新昌縣有"來蘇渡",注云:"宋蘇轍謫筠,因兄軾過此,同訪劉平伯,唤渡此地。因作唤渡亭,手書三字。今石址猶存,秋冬水涸則見,在金沙臺下。"卷一三三録明陶履中《來蘇古渡記》云:"海内之以來蘇名其地者,實不一處。蓋以眉山兄弟頻罹遷謫,凡僻瘠遐荒之鄉,足蹟幾遍也。嗟乎!當日之忌之者,惟恐其逐之不遠,而後人之慕之者,惟恐其招之不來,不大可感哉。且在他處,每得其一先生見過,即詫爲不朽勝蹟,獨此盈盈一水之濱,能並邀其兄弟,邂逅天涯,壎倡箎和。是日也,似罄眉州之所有,移而之筠州矣。江有嘉客,蜀無居人,山靈幸之,况人群乎?及讀其自黄寄筠虔答數韻,則尤喜小蘇以東軒長老,坐致雪堂師兄也。九京可作,余將轉而質之坡公,公能不啞然作筸簹詩酬我,且以粥飯主人屬清貧太守乎?因記以俟千秋之問津者。"

譜云：過都昌，題清隱禪院。晤長老惟湜。

　　按，惠洪《石門文字禪》卷二三《潛庵禪師序》謂清隱寺"在大江之北，面揖廬山"，而蘇轍題詩有云："北風江上落潮痕，恨不乘舟便到門。"蓋本年末，轍尚在江南，並未親至此寺，當是寄題。詩末自注云："長老惟湜曾識子瞻兄於淨因，有簡刻石。"黄庭堅《南康軍都昌縣清隱禪院記》敘熙寧七年廬山僧建隆住持此寺，始爲清隱禪院，熙寧九年建隆卒，惟湜繼爲住持，"於今八年"。又謂惟湜"出於福清林氏，飽諸方學，最後入浮山圓鑒法遠之室。浮山，臨濟之七世孫，如雷如霆，觀父可以知子矣"。浮山法遠爲臨濟宗高僧，其弟子淨因道臻在東京，與蘇氏兄弟有交往（見譜及《訂補》熙寧二年條），惟湜想必曾至東京淨因院訪同門道臻，故與蘇軾相識。《五燈會元》卷一二亦列惟湜爲浮山之法嗣。蘇軾紹聖二年作《虔州崇慶禪院新經藏記》，有"今長老惟湜"之語，知惟湜後來又住持虔州崇慶禪院也。

元豐八年（1085）乙丑　　　　四十七歲

譜云：至南康。時南康太守爲徐師回。

　　譜據《吴郡志》等，謂師回蘇州人，字望聖。

　　按，徐兢《宣和奉使高麗圖經》書末附録徐兢《行狀》，云"祖師回，皇任朝議大夫贈光禄大夫；祖母林氏，贈咸寧郡太夫人"。李之儀《姑溪居士前集》卷四九有林氏墓銘。

譜云：再遊廬山南麓，有詩。晤瑛禪師。

　　譜引蘇轍《閑禪師碑》，謂瑛居廬山開先寺。

　　按，《五燈會元》卷一七有開先行瑛禪師，嗣東林常總，即其人也。

譜云：至績溪，爲績溪令。……時張慎修爲徽州守，江汝明爲交待，江汝弼爲法曹，郭愿（惇夫）爲尉，汪琛爲監簿。

　　按，北宋績溪縣屬歙州，徽州一名乃後來改稱，《欒城集》卷四九有《代歙州賀登極表》，當是代張慎修作。"交代"謂前任績溪縣令。江汝弼、汪琛見下條。

譜云：汪琛監簿作詩見贈，轍次韻……（在績溪）遊豁然亭、翠眉亭，賦詩。豁然亭乃汪琛建。嘗與汪晫（處微）遊。

　　譜據《欒城集》卷一四詩題，及乾隆《績溪縣志》之記載。

　　按，汪晫（1162—1237，字處微）乃南宋人，《四庫全書》著録其《康範詩集》一卷，附録《宋汪先生世家》云："汪先生名晫，字處微，以字行，績溪人。其先即唐越國公華，今爲忠顯廟神，績溪汪氏皆華後裔。處微世居邑之城西好禮坊，國初有名戩者，以長者聞，自邑達淮泗至於東都，皆知名，於處微爲七世祖。戩之玄孫激，三貢於鄉，以南郊恩授文學。有王淑者貧，常給事書齋，見激所爲文，亦竊爲之，多有警策句。汪氏祖父參軍宗臣公就教之。嘉祐二年,淑與激同試禮部,實蘇、曾登第之年,淑亦登第,名偶在曾鞏上。淑嘗語人曰:'我壓得曾子固。'後汪氏有門生詩云:'欲似君家老王淑,敢將狂語報參軍。'元豐末,蘇公轍高安酒官移宰績溪,與激交遊甚厚,題其家別墅詩,並所與從兄監簿公深詩,並見集中。答激手翰藏汪氏。處微以激爲曾祖,再傳襲儒業不衰。"又附錄蘇轍《次韻汪文通監簿二首》(即《欒城集》卷一四《次韻汪琛監簿見贈》),注云:"按家乘,汪琛一名深,字文通,宋嘉祐丁酉年進士章衡榜。遷承務郎,史館編校。公爲國子監簿歸時,值黃門穎濱先生謫筠陽酒官,作宰績溪。文通公因與之遊,甚相得,家藏先生手澤尚新。"據此,汪深(琛)乃汪晫曾祖汪激之從兄,與蘇轍同年進士也。《康範詩集》又附錄蘇轍《次韻汪法曹山間小酌》詩,注云:"按家乘,宗臣字漢公,熙寧間任將作監主簿,御史蔡承禧試公詳明吏理,保遷潤州司法參軍。"以汪法曹爲汪宗臣。檢轍此詩見《欒城集》卷一三,但題中"汪法曹"作"江法曹",譜又據宋刻大字本,作"江汝弼法曹",與《康範詩集》附錄不同,難以定奪,宜兩存之。

譜云:琳長老嘗來訪。

譜據蘇轍《送琳長老還大明山》,謂琳長老乃育王山懷璉禪師弟子。

按,《續傳燈錄》卷一一之目錄,列育王懷璉法嗣二十三人,法名爲"琳"者僅有徑山維琳(1036—1119)禪師。維琳與東坡交往密切,轍詩之"琳長老"當即此僧。《建中靖國續燈錄》卷一一《杭州臨安徑山維琳無畏禪師》云:"初住大明。"大明山在杭州昌化縣,檢《(乾隆)昌化縣志》卷九,"大明慧照寺"條下,引成化《杭州府志》云:"元祐中,無畏禪師與二蘇遊,留題云:手裏筇枝七八節,石邊松樹兩三株。閒來不敢多時立,恐被人偷作畫圖。"

又,與二蘇交往密切之詩僧道潛(參寥子),亦懷璉法嗣,見陳師道《後山集》卷一一《送參寥序》:"妙總師參寥,大覺老之嗣。"懷璉賜號大覺禪師。

譜云:過京口,……晤了元(元老、佛印)。

譜引《欒城集》卷一四與了元相關詩三首,謂佛印了元住持金山寺。

按,《雲臥紀談》卷下云:"佛印禪師平居與東坡昆仲過從,必以詩頌爲禪悦之樂。住金山時,蘇黃門子由欲謁之,而先寄以頌曰:'粗砂施佛佛欣受,怪石供僧僧不嫌。空手遠來還要否,更無一物可增添。'佛印即酬以偈云:'空手持來放下難,三賢十聖聚頭看。此般供養能歆享,木馬泥牛亦喜歡。'然黃門、佛印以斯道爲際見之歡,視老杜、贊公來往風流則有間矣。"此所引蘇轍頌,即《欒城集》卷一四《將遊金山寄元長老》詩。

補:《古尊宿語錄》卷四五有真淨克文《寄績溪蘇子由》詩:"達人居處樂,誰謂績溪荒。但得雲山在,從教塵世忙。文章三父子,德行二賢良。却恐新天子,無容老石房。"當作於此年。

哲宗元祐元年(1086)丙寅　　　四十八歲

譜云：至南京……題妙峰亭。

譜引蘇轍《題南都留守妙峰亭》詩，並謂元豐八年蘇軾亦有《南都妙峰亭》詩，彼時留守爲王益柔，而轍詩未及，推測"益柔或已離任"。又云"轍詩云及之德雲師，居海上妙高山"。

按，王益柔自江寧移守南都應天府，不久卒，《長編》卷三七八記元祐元年五月"庚午，龍圖閣直學士通議大夫知應天府王益柔卒"。是知蘇轍詩題中之"南都留守"，必非他人。所謂"德雲"，乃《華嚴經·入法界品》善財童子所參之德雲比丘，居勝樂國妙峰山，轍詩云"我登妙峰亭，欲訪德雲師"、"德雲非公歟，相對欲無詞"，乃以德雲比王益柔。

譜云：(閏二月丙午)上《乞牽復英州別駕鄭俠狀》。俠旋放逐。

譜據《長編》卷三六九紀事："詔英州編管人鄭俠特放逐，便仍除落罪名，尚書吏部先次注舊官，與合入差遣。"

按，此條紀事，明言鄭俠恢復舊官，並由吏部給與合適差遣，無"放逐"事。蓋標點當作"特放逐便"，即取消"英州編管"之懲罰，可隨意居住也。

譜云：(五月)哲宗駕幸親賢宅，轍作詩贈隨駕諸公。

按，親賢宅爲神宗弟(哲宗叔父)趙顥、趙頵之府第，《長編》卷三七八，元祐元年五月"己巳，揚王顥、荆王頵遷外第，太皇太后、皇帝幸其第，詔顥二子、頵七子並特轉一官"。己巳蓋十三日，蘇軾有《楊王子孝騫等二人荆王子孝治等七人並遠州團練使》制詞，亦此時作。

元祐二年(1087)丁卯　　　四十九歲

譜云：四月一日、二日，曾肇(子開)扈從，作詩。轍次韻，軾亦次韻。軾、轍皆扈從。

譜自《庚溪詩話》卷下録出曾肇詩殘句，又自蘇頌、范祖禹集中尋得同時次韻詩。

按，《長編》卷三九八："元祐二年夏四月壬午朔，以景靈宮宣光殿奉安神宗皇帝神御禮畢，上詣宮行酌獻之禮。癸未，太皇太后、皇太后親行酌獻，皇太妃、諸妃、大長主、長主及六宮內人等，並赴神御前陪位。"知"扈從"乃隨駕至景靈宮事。陸佃《陶山集》卷一《依韻和曾子開舍人從駕孟饗景靈宮四首》，亦同時次韻詩。陸詩第一首有云："泛濫從誇雨點勻。"又有自注："是時有旨別選日。"蓋因一日有雨，故太皇太后等二日出行也。

譜云：(五月)劉攽(貢父)西掖種竹，作詩。轍次韻，軾、鄧潤甫、曾肇(子開)、孔文仲、孔武仲亦作詩。

譜據查慎行《補注東坡編年詩》注，輯得孔文仲、武仲詩，並云孔文仲詩不見《清江三孔集》，"知查慎行補注蘇詩時，文仲之集尚在，或所見之《清江三孔集》與今本有不同處"。

按,此二詩實見《文淵閣四庫全書》收録三十卷本《清江三孔集》卷二五,題爲《和子瞻西掖種竹二首》,文字小異,而作孔平仲詩。

譜云:(十月)二十三日,書《御風辭》贈鄭州太守觀文孫公。

按,譜據蘇轍《御風辭》附記云然,但"太守"之類乃古稱,宋人雖愛用,今編宋人年譜,則當依宋制稱知州爲妥。此譜中類似問題不少,不一一。《長編》卷三九五,元祐二年二月"己丑,詔知河南府觀文殿學士孫固、知鄭州資政學士張璪兩易其任",則觀文孫公乃是孫固。固字和父,劉攽《彭城集》卷二一有《觀文殿學士知河南府孫固可知鄭州制》。

譜云:是歲,王伯敫(庭老)卒,有祭文。

譜據《欒城集》卷二六《祭王虢州伯敫文》推測。

按,當作"王廷老(字伯敫)"。轍與王廷老相關事,譜分繫元豐元年"王廷老(伯敫)歸,蘇轍與遊"、元祐元年"至南京,晤張方平及王廷老(伯敫)"、"王伯敫(廷老)知虢州,作詩送行"等條,但《祭文》云"親家翁",則與蘇氏聯姻,而譜未及。蘇籀《雙溪集》卷一五有《故中奉敷文閣王公墓誌銘》,乃王廷老子王浚明(字子家)之墓誌,自注"代伯父侍郎作",謂以蘇遲口吻叙述也,節録如下:"某之先伯東坡公、先人欒城公,夙從太原伯敫甫遊,嘉祐文安公猶子也。……子家侍旁,冠而締姻,欒城以妹氏歸焉。蘇宗五女,倫次季壻也。……謹按王氏本姬姓,在太原祁縣者,八世祖項,爲後唐輝州刺史,子孫避亂,徙居單州碭山,去應天不遠。至國朝,移家於應天虞城。曾祖諱漬……祖諱純臣……父諱廷老……公諱浚明,字子家……元祐五年任宿州司法……"據此,知王廷老字伯敫,家居南京應天府,爲宋仁宗時參知政事王堯臣(謚文安)之姪,其子王浚明娶蘇轍第四女。孫汝聽《年表》載轍"五女,文務光、王適、曹焕、王浚明、曾縱,其婿也",與此《墓誌》合。《祭王虢州伯敫文》云:"我遷於南,一往六年。歸來執手,白髮侵顛。遂以息女,許君長子。朋友惟舊,親戚惟始。西虢之行,過我都城。"知聯姻事在元祐元年轍歸朝過南京時。史未載王廷老卒於何年,但《墓誌》謂王浚明元祐五年任宿州司法,此必在終喪後,則譜推爲元祐二年,是也。又,李如篪《東園叢説》卷下"坡詞"條,亦記王浚明語,謂爲"蘇子由之壻也"。

元祐三年(1088)戊辰　　　五十歲

譜云:九月辛亥(初八日),以御史中丞孫覺、户部侍郎蘇轍、中書舍人彭汝礪、秘書省正字張繢考試賢良方正能直言極諫科舉人。轍有贈同舍諸公詩。繢作院中感懷,轍次韻。

譜據蘇轍詩及自注等,考證張繢字去華,亦賢良方正能直言極諫科出身。

按,《長編》卷二一五熙寧三年(1070)九月壬子條載,當年舉制科者五人:孔文仲、吕陶、張繪中選,錢勰、侯溥被黜。此"張繪"當即"張繢"。《長編》載其舉制科時爲太廟齋郎,又注:"張繪不知何許人,登科記以爲成都人,恐誤。"但葉紹翁《四朝聞見録》卷三"賢良"條第三則,亦云張繪成都人,其所應爲"才識兼茂明於體用科"。而范純仁《范忠宣集》卷一二《比部杜君夫人崔氏墓誌銘》則云,夫人第三女"適應茂材異等科張繢"。蓋直言、才識、茂材皆制科名目,易混同也。

譜云:侄千乘、千能自蜀中來……時長婿文務光(逸民)已卒。

譜據蘇轍《次韻子瞻送千乘千能》詩"長女聞婿居"云然,並謂務光噩耗當由二侄傳來。按,《欒城後集》卷二一《王子立秀才文集引》,謂文務光"喪其親,終喪五年而終"。務光父文同(與可)卒於元豐二年(1079)正月,終喪當在元豐四年(1081)夏,則元豐八年(1085)或元祐元年(1086),文務光已卒也。《欒城後集》卷二○《祭亡婿文逸民文》云:"我還京師,幸將見君。一病不復,發書酸辛。女有烈志,留鞠諸孤。"可見元祐元年蘇轍歸朝不久,即聞務光死訊。當時蘇轍長女猶留在文家。至此時作《次韻子瞻送千乘千能》詩則云:"長女聞婿居,將食淚滴槃。老妻飽憂患,悲吒摧心肝。西飛問黃鶴,誰當救飢寒。二子憐我老,輦致心一寬。別久得會合,喜極成辛酸。"觀此語意甚明,"長女聞婿居"等乃追述過去事,今二侄之來,"輦致"蘇轍長女,遂獲"會合"也。《蘇軾文集》卷一○有《文驥字說》,作於元祐三年十月,時文驥(務光子)五歲,始入蘇家,則亦隨其母,由千乘、千能"輦致",可無疑也。文氏母子之來,必在爲務光終喪之後,由此亦可證實務光之卒,至晚在元祐元年。又,文驥之生當在元豐七年(1084),宜爲文務光幼子,而《祭亡婿文逸民文》云"留鞠諸孤",則文驥尚有兄或姊也。考蘇軾《與胡郎仁修》書簡之三云:"小二娘,知持服不易,且得無恙。伯翁一行甚安健,得翁翁二月書,及三月内許州相識書,皆言一宅康安。亦得九郎書,書字極長進。今已到太平州,相次須一到潤州金山寺,但無由至常州看小二娘。有所干所闕,一一早道來,萬萬自愛。"孔凡禮《蘇軾年譜》繫於建中靖國元年(1101)四月,並云書中"伯翁"爲軾自稱,"翁翁"爲蘇轍,"小二娘"當爲轍女,而胡仁修乃其婿,但《蘇潁濱年表》備載轍五女之婿,無此胡仁修,故又當"待考"。今按蘇軾《文驥字說》自署"外伯翁東坡居士",則"伯翁"、"翁翁"云云,爲祖輩而非父輩,"小二娘"非蘇轍之女,而爲孫女或外孫女也。但轍長子蘇遲生於治平間(見譜),當建中靖國元年,尚未滿四十,恐不能有已嫁之女。轍次婿王適有一女,元祐四年(1089)適卒時尚"未能言"(見轍《王子立秀才文集引》),則至建中靖國元年亦不及字人。唯長婿文務光子女,可達如此年齡。軾書中特意提及"九郎",《欒城三集》卷二有《同外孫文九新春五絶句》詩,可見文驥排行第九,"九郎"乃指文驥,則"小二娘"必爲文驥之姊,當建中靖國元年,文驥已十八歲,宜有已字人之姊也。元祐三年轍長女攜文驥至蘇家,"小二娘"或亦隨來,其所嫁胡仁修住常州,極可能爲晉陵胡氏,據歐陽修《贈太子太傅胡公墓誌銘》,胡宿之子名宗堯、宗質、宗炎、宗厚,孫名志修、行修、簡修、世修、德修、安修、奕修、慎修、益修,胡宿侄胡宗愈與蘇氏兄弟同朝交好,其子胡端修,後入黨籍。胡仁修與胡宿孫輩聯名,似爲胡宗愈之子侄,"小二娘"嫁入胡家,當由蘇氏兄弟主持,蓋東坡早有安家常州之願也。

譜云：（十二月）與兄軾同訪王鞏（定國），小飲清虛堂。

譜引《式古堂書畫彙考·書》卷一〇所載蘇轍《雪甚帖》《惠教帖》《曉寒帖》，皆與王鞏者，以爲作於此時。

按，帖稱王鞏爲"承議使君"，則鞏以承議郎而爲知州也。《長編》卷三七一元祐元年三月辛未載"承議郎王鞏爲宗正寺丞"，卷四五四元祐六年正月戊寅載"右承議郎王鞏用蘇轍、謝景溫薦除知宿州"，可見王鞏在此期間官承議郎（不久升朝奉郎，見《長編》卷四五九）。但元祐三年王鞏自揚州通判歸朝，不當稱"使君"，《長編》卷四二四元祐四年三月丁酉載"前通判揚州王鞏知海州"，稱"使君"當在其後。然鞏亦未至海州，六月又改密州，旋復被人攻罷，元祐五年改權判登聞鼓院，又遭朱光庭等彈擊，改差管勾太平觀（《長編》卷四四五、四四六），六年因蘇轍薦知宿州，旋復被御史彈劾，"罷知宿州，仍舊管勾太平觀"（《長編》卷四五九）。《宋史·王素傳》謂鞏"每除官，輒爲言者所議"，蓋指此也。

元祐四年（1089）己巳　　　　五十一歲

譜云：（四月）壬戌略前，轍有《乞裁損浮費劄子》；壬戌略後，有《再論裁損浮費劄子》。時《元祐會計録》編成。

譜因蘇轍二文在《欒城集》卷四二分別編於《論侯俛少欠酒課以抵當子利充填劄子》之前後，而侯俛之事，《長編》卷四二五載元祐四年四月壬戌條，故依編次順序云。

按，譜於元祐三年末已出《乞裁損浮費劄子》，並引《宋史·食貨志》爲證。檢《長編》卷四一九，具載裁損浮費二劄，皆元祐三年閏十二月戶部尚書韓忠彥、侍郎蘇轍、韓宗道三人同上。至於《元祐會計録》，已被《乞裁損浮費劄子》提及，則其編成亦在元祐三年也。此書分收支、民賦、課入、儲運、經費五部分，《欒城後集》卷一五載《元祐會計録叙》《收支叙》《民賦叙》，自注："此本有六篇，時與人分撰。"則尚有課入、儲運、經費三叙爲他人所撰。因蘇轍作總叙，故後世有以此書爲轍所著者，但《宋史·藝文志》則明載其編者爲李常。考《長編》所載事蹟，元祐元年李常爲戶部尚書，二年十一月蘇轍爲戶部右曹侍郎，三年四月韓宗道爲戶部左曹侍郎，至三年九月，李常改任御史中丞，韓忠彥繼爲戶部尚書，《乞裁損浮費劄子》爲韓忠彥、蘇轍、韓宗道三人聯名，但當時《元祐會計録》已編成，領銜人仍爲李常。故蘇轍三叙當受李常委派而作，另三叙之"分撰"者，非李常則韓宗道爾。

譜云：十月戊戌（初二日），轍進呈《神宗皇帝御集》。……戊申（十二日），翰林學士奏上《神宗皇帝御製集》。轍有《進御集表》。

按，《御集》即《御製集》，譜據孫汝聽《蘇潁濱年表》書前一條，又據《長編》書後一條，實則《長編》卷四三四所載，蘇轍於戊戌奏上《御製集》，戊申奏上《進御集表》也。《長編》尚有注文，記新黨所撰"舊録"對此書指責云："神宗聖文神翰，其後編録至九千餘道，是時所集止十分之一，餘八千道不收，姦意何在？"蓋以蘇轍取去之間，含有姦意也。後來南宋初之

"新録"則爲之辯解:"聖文、神翰,豈可混而爲一?聖文者,《御集》是也;神翰者,則凡御筆所書者是也。今編録《御製文集》,而乃以書翰混之,何啻九千餘道?"以收録未全而指責爲"姦",固甚無理,但强分"聖文"、"神翰"爲二物,亦未必符合蘇轍編録取去之實情。神宗御製中,有不合元祐"更化"政策者,想必爲蘇轍所舍棄也。

元祐五年(1090)庚午　　　　五十二歲

譜云:(十月)乙卯(二十四日),龍圖閣學士滕元發卒。轍有《乞優恤滕元發家劄子》。

　　譜據《蘇潁濱年表》及《欒城集》卷四六所載劄子云然。

　　按,王明清《揮麈後録》卷六:"元祐中,公(指滕元發)自高陽易鎮維揚,道卒,喪次國門。先祖自陳留來會哭,朝士皆集舟次。秦少游時在館中,少游辱公之知最早,弔畢來見先祖於舟,因爲少游言其弟凌轢諸孤狀。少游不平,策馬而去。翌日,方欲解維,開封府遣人尋滕光禄舟甚急,乃御史中丞蘇轍劄子言:'元發昔事先帝,早蒙知遇,有弟申,從來無行。今元發既死,或恐從此凌暴諸孤,不得安居。緣元發出自孤貧,兄弟別無合分財産,欲乞特降旨揮在京及沿路至蘇州已來官司,不得申干預家事及奏薦恩澤,仍常覺察。'奉聖旨,令開封府備坐榜舟次。詢之,乃少游昨日徑往見子由,爲言其事,所以然耳。昔人篤於風誼乃爾。今蘇黄門章疏中備載其劄子。"此所引蘇轍劄子,即《乞優恤滕元發家劄子》,事涉秦觀。王明清之"先祖"名莘,字樂道。

元祐六年(1091)辛未　　　　五十三歲

譜云:二月癸巳(初四日),轍爲中大夫、守尚書右丞。……左司諫兼權給事中楊康國不書讀,詔范祖禹書讀。

　　譜據《長編》卷四五五。

　　按,蘇轍自御史中丞擢執政,爲仕途之佳境。譜録楊康國封駁,反對轍任執政。此時反對者尚有范純禮,《范忠宣集補編》有純禮傳云:"進給事中……御史中丞擊執政,將遂代其位,先以諷公。公曰:'論人而奪之位,寧不避嫌耶?命果下,吾必還之。'宰相即徙公刑部侍郎,而後出命。"此但云"御史中丞擊執政",而《吴郡志》卷二六范純禮傳則明云:"中丞蘇轍攻右丞王存去,將用轍代存。"考王存罷執政在元祐四年六月(見《長編》卷四二九),而轍元祐五年方爲御史中丞,顯誤。轍爲中丞後擊去之執政,乃許將,《長編》卷四五二,元祐五年十二月辛卯條云:"中大夫守尚書右丞許將爲太中大夫資政殿學士知定州。御史中丞蘇轍等屢言將過失,而將亦累表陳乞外任。"范純禮爲給事中,在元祐五年九月(見《長編》卷四四八),其徙刑部侍郎在六年正月(見《長編》卷四五四)。前後相參,知純禮以轍擊去許將而欲代爲執政,故揚言欲封駁轍之任命,朝廷遂奪其給事中職也。但權給事中楊康國仍予封駁,故令另一給事中范祖禹書讀。

譜云：(八月)朱服知廬州。服在廬州任中，爲蘇轍門人吳儔所論，降知壽州。

譜謂"綜考《長編》《宋史》，服降知壽州，約爲元祐七年、八年事，暫附於此"。

按，《長編》卷四八四，元祐八年五月戊寅條，明載"知廬州朱服知壽州"。參考本譜元豐六年七月丙辰條訂補。

譜云：(九月)乙卯(三十日)，元淨(辯才)卒。十月庚午(十五日)塔成，蘇轍作《龍井辯才法師塔碑》。

譜據《欒城後集》卷二四碑文。又因碑文稱蘇軾爲"揚州太守"，疑作於元祐七年四月以後。

按，《咸淳臨安志》卷七○"元淨"條下，載此碑情形："門下侍郎蘇轍撰碑，翰林學士蘇軾書，集賢校理歐陽棐書額。"轍爲門下侍郎在元祐七年六月，碑文作於此後可無疑。且《欒城集》編成於元祐六年，而此文編入《後集》，應非六年所作也。

譜云：十月庚午(十五日)，哲宗朝獻景靈宮，幸國子監。蘇轍作《次韻門下呂相公車駕視學》詩。

譜據《長編》卷四六七記事，轍詩見《欒城後集》卷一。

按，明李濂編《汴京遺蹟志》卷二三録《幸太學倡和》詩，注："篇什繁多，不能盡載，略録七八首耳。"所録有呂大防原詩，及蘇頌、韓忠彥、劉奉世、范純禮、吳安持、豐稷、李格非七人和作，共八首，用韻與蘇轍詩同，即當時唱和篇什也。又，劉摯《忠肅集》卷一九《次韻和門下相公從駕幸太學》、范祖禹《范太史集》卷三《和門下相公從駕視學》、張耒《柯山集》卷一九《和門下相公從駕幸學》、陸佃《陶山集》卷二《依韻和門下呂相公從駕視學》，秦觀《淮海集》卷七《駕幸太學》，皆同韻詩，此外厲鶚《宋詩紀事》卷一九顧臨、卷二二王巖叟、卷二六李之純、梁燾、周商、李師德、李階，皆據《中州題詠集》録其《駕幸太學》詩，用韻均同。以上得一時唱和之作二十餘首。

譜云：魯有開(元翰)約卒於今年，有挽詞。

譜據《欒城後集》卷一排列順序，《魯元翰中大挽詞二首》在《滕達道龍圖挽詞》後，《贈司空張公安道挽詞》前，考挽張之作作於元祐七年張氏下葬時，故如此推定。

按，《欒城後集》卷一詩，自元祐六年始，至《大雪三絶句》首云"閏歲窮冬已是春"，是年閏八月，故爲"閏歲"，作詩已在"窮冬"；下一題《和王晉卿都尉荼蘼二絶句》首云"春到都城曾未知"，則已在元祐七年春也；《滕達道龍圖挽詞》排在其後，滕卒於元祐五年，但據蘇軾《故龍圖閣學士滕公墓誌銘》，其下葬在元祐七年八月二十二日，蓋《挽詞》爲下葬而作也；再其次爲《魯元翰中大挽詞二首》，則依順序當亦七年之作。

補：《欒城集》編成於此年。蘇轍自撰《欒城後集引》云："元祐六年，年五十有三，始以空疏備位政府，自是無述作之暇，顧前後所作至多，不忍棄去，乃裒而集之，得五十卷，題曰《欒城集》。"

元祐七年(1092)壬申　　　五十四歲

譜云：(八月)有《祭文與可學士文》。又有《祭亡婿文逸民文》；妻史氏甚憂傷。

譜引蘇軾《與親家母》書簡："舍弟婦自聞逸民之喪，憂惱殊甚，恐久成疾。"

按，文務光(逸民)之卒，不晚於元祐元年，已見上文元祐三年條訂補。蘇軾書簡亦當作於元祐元年也。蘇轍此時作祭文，乃爲準備安葬事，《祭文與可學士文》明云："窀穸有時，送車盈阡。千里寓詞，聞乎不聞。"務光亦當隨父下葬。但下葬之準確時間，則更晚至元祐九年，見文同《丹淵集》卷首范百祿所撰文同墓誌："以元祐九年二月五日，葬於梓州永泰縣新興鄉新興里。"

元祐八年(1093)癸酉　　　五十五歲

譜云：四月甲子(十八日)，以李清臣爲吏部尚書。給事中范祖禹封還詔書，進呈，不允。五月己卯(初三日)，李清臣罷吏部尚書新命，以蘇轍於簾前極論之也。

譜據《長編》卷四八三記李清臣新命、罷免之月日，而據《蘇穎濱年表》記范祖禹、蘇轍對此事之反應，並云諸種史料皆不載范祖禹封還詔書、蘇轍簾前極論事，《年表》記之爲"可貴"。

按，范祖禹於元祐六年九月，自給事中遷禮部侍郎，七年爲翰林學士，至八年四月，已爲翰林學士久矣，焉得"給事中范祖禹封還詔書"事？考蘇轍《穎濱遺老傳下》："比轍爲執政，三省又奏除李清臣爲吏部尚書，給事中范祖禹封還詔書，進呈，不允，祖禹執奏如初。"以下即叙轍"簾前極論"之事。蓋此事在元祐六年閏八月，《長編》卷四六五詳叙之，本譜亦已采錄矣。唯元祐八年四月復有起用李清臣之議，《年表》遂取《穎濱遺老傳》之文，誤繫於此，不當從。范祖禹元祐六年"封還詔書"、"執奏如初"，前後二奏皆見《長編》卷四六五。

譜云：十二月八日，書孫朴(元忠)手寫《華嚴經》後。

譜據《欒城後集》卷二一《書孫朴學士手寫〈華嚴經〉後》。

按，據此文，孫朴(元忠)爲"開府孫公"之子，文中又提及"予兄子瞻所記"。《蘇軾文集》卷六九有《書孫元忠所書〈華嚴經〉後》，當即蘇轍提及者。軾文稱孫元忠父爲"孫溫靖公"，則孫固(1016—1090)也。

譜云：元祐在朝期間，蘇轍有與秦秘校二簡。

譜引《聖宋名賢五百家播芳大全文粹》卷五四蘇轍《與秦秘校》二簡，以爲轍之佚文。

並云秘校乃"虛銜",秦秘校爲轍之晚輩。

按,《淮海集箋注》(上海古籍出版社 2000 年版)附錄收入此二簡,蓋以"秦秘校"爲秦觀也。觀於元祐五年六月始任"秘書省校對黃本書籍",至元祐八年六月遷"正字"(見《長編》卷四四三、四八四)。

紹聖元年(1094)甲戌　　　五十六歲

譜云:正月丁丑(初五日),詔禮部給度牒千,付東京等路體量賑濟司募人入粟。

譜據孫汝聽《年表》記此事,並云"當與蘇轍有涉","惜《長編》佚去紹聖元年,不能得其詳"。

按,此是賑濟災民事。《宋史》卷六一《五行志一》載:"(元祐)八年,自四月雨至八月,晝夜不息,畿內、京東西、淮南、河北諸路大水。"卷一七《哲宗本紀一》載元祐八年十一月"乙未,以雪寒,賑京城民飢",十二月丁巳,"出錢粟十萬賑流民"。至今年正月而給度牒,可補史闕。譜於二月又記"議賑濟相、滑等州流民"事,亦見《年表》。唯《年表》簡略,正月、二月文相連,皆記賑濟事;而本譜詳細,遂令兩條記事隔離耳。轍爲執政官,自應關及朝廷賑濟措施也。

譜云:(三月丁酉)蘇轍除端明殿學士、知汝州。本日改以本官知汝州。

按,鄒浩《道鄉集》卷四〇《馮貫道傳》云:"貫道,壽春人,舉進士不偶,棄去,遊京師,居相國寺東錄事巷,以訓童子爲業。……元祐末,門下侍郎蘇轍罷政斥外,平昔翕翕走其門者,皆諱悔弗顧,惟貫道朝夕往見,且受其所寓錢,及京師凡出納之事。越七年,蘇門下自嶺表歸許昌,貫道即日訪焉,還其向所受者。視其錢,封識如故。……貫道名堯夫。"知轍離京時,以錢付馮氏保管。

譜云:(閏四月)軾旋抵汝州,與轍晤。軾題詩汝州龍興寺吳畫壁。

按,蘇轍捐資修理龍興寺吳道子畫壁,完工在五月,時東坡已離汝州赴貶地英州,《子由新修汝州龍興寺吳畫壁》一詩乃事後寄來,非當時題壁,見下引葛立方《韻語陽秋》。

譜云:(五月)乙丑(二十五日),作《汝州龍興寺修吳畫殿記》。

按,轍文云:"遊龍興寺,觀華嚴小殿,其東西夾皆道子所畫。東爲維摩、文殊,西爲佛成道。"記壁畫內容甚簡略。葛立方《韻語陽秋》卷一四云:"余時隨先文康公至汝州,嘗至龍興寺,觀吳道子畫兩壁。一壁作維摩示疾,文殊來問,天女散花;一壁作太子遊四門,釋迦降魔成道。筆法奇絕。壁用黃沙搗泥築之,其堅如鐵,然土人不知愛重。宣和間,先公到官,始命修整,置關鎖,納匙於郡治。後劉元忠傳得東坡寄子由詩,方知子由曾施百縑,所謂'似聞遺墨留汝海,古壁蝸涎可垂涕。力捐金帛扶棟宇,錯落浮雲卷秋霽'是也。"此處

"先文康公"爲葛勝仲(1072—1144),劉元忠爲劉汸,所引東坡詩即《子由新修汝州龍興寺吴畫壁》也。

譜云:六月甲戌(初五日),上官均論吕大防、蘇轍,轍降左朝議大夫、知袁州。來之邵亦論轍。同日,兄軾謫惠州。

譜據《年表》引右正言上官均彈章,及林希所撰制書。

按,《宋宰輔編年録》卷一〇叙述經過:"自宣仁上賓,改元紹聖,三省首爲上言蔡確新州之冤,累經恩赦,遂追復右正議大夫,尋再追復觀文殿學士贈特進。上以章惇定策有功,召除尚書左僕射。范純仁遂自右僕射出知潁昌府。時吕惠卿亦自建州安置復資政殿學士。於是,詔黄履爲御史中丞,蔡卞爲翰林學士知制誥兼侍讀,林希爲中書舍人。履等交章論吕大防、劉摯、蘇轍,於是大防等皆降授,而蘇軾亦責寧遠軍節度副使、惠州安置,又責授瓊州别駕、昌化軍安置。履等又論梁燾、劉安世、吴安詩、韓川、孫升等,皆落職降授。"此處突出御史中丞黄履之作用。轍事後作《分司南京到筠州謝表》云:"六月十二日再被告,降三官知袁州。"即從太中大夫降爲左朝議大夫。

譜云:蘇轍在汝州,有《汝州楊文公詩石記》及《望嵩樓》《思賢堂》詩。

譜謂轍"搜集散落詩石,刻之於石",並云思賢堂"乃皇祐中郡守王君爲楊大年建"。

按,轍《記》文云:"詩石散落,亡者過半。取公《汝陽編》詩而刻之。"《思賢堂》詩云:"遺編訪諸子,翠石補前廡。"則是從楊億家訪得其《汝陽雜編》(二十卷,見《宋史·藝文志》),據其中詩作補刻,非搜舊石重刻也。《大清一統志》卷一七四,汝州古蹟有"思賢亭",注:"在州治後。宋楊億知汝州,有賢名,後守王珦瑜因建此亭,劉攽爲記。"攽記文今不見,但據此可得"王君"之名。蘇轍《記》文又曰:"仍增廣思賢,龕石於左右壁。"則是將"思賢亭"拓廣爲"思賢堂"也。

又,《古今事文類聚新集》卷三一引陳瓘言行録:"陳忠肅公瓘,字瑩中,爲太學博士,被旨奏對,論稽古造膝之言,遂明繼述之義。泰陵喜所未聞,反復詰問,語遂移時。迫於進膳,公乃引退。上意感悟,約公再見,有變更時事之意。泰陵聖顔英睿,臣下奏對,往往攝於天威,少或契合。公召見,遽以人所難言,逆意開陳,辭達義明,使人主豁然感悟。由是,縉紳士夫罔不欽服。蘇黄門聞之,撫几嘆曰:'吾兄東坡最善論事,然亦不知出此。'以書抵公,嘆譽甚至。"據《宋史·陳瓘傳》,瓘爲太學博士在紹聖元年四月章惇入相後,時蘇轍已出知汝州,其以書抵瓘,當是在汝州事。

譜云:(七月)丁巳(十八日),降授左朝議大夫、知袁州蘇轍守本官,試少府監,分司南京,筠州居住。

譜據《宋史·葉濤傳》:"紹聖初,爲秘書省正字,編修《神宗史》,進校書郎。曾布薦爲起居舍人,擢中書舍人。司馬光、呂公著、王巖叟追貶,呂大防、劉摯、蘇轍、梁燾、范純仁責官,皆濤爲制詞,文極醜詆。"以爲轍貶筠州制當出葉濤之手。

按,哲宗朝大規模貶竄元祐黨人,有前後兩次,一在紹聖元年六七月間,一在紹聖四年二月。據《長編拾補》卷一四、《宋宰輔編年錄》卷一〇等,葉濤所草乃紹聖四年制詞。紹聖元年"責官"中無范純仁,故《宋史·葉濤傳》所云,亦指紹聖四年制詞也。又,《欒城三集》卷一《夏至後得雨》詩,作於大觀二年(1108),云"奪禄十五年",則紹聖元年貶筠州時剥奪俸禄也。

譜云:(九月)二十五日,至筠州。有謝表。時州守爲柳平,平憐轍遠來,吏民相與安之。

譜據轍《古史後叙》書柳平事,又據黄庭堅《書筠州學記後》推考柳平知筠州時間。

按,黄庭堅《江西道院賦序》云:"元祐八年,武陵柳侯子儀守筠之明年也。"則柳始任於元祐七年,至本年,轍至不久,柳即去任,繼任者爲許長卿,考見上文元豐五年條訂補。

譜云:與聰長老遊。

譜據蘇轍《次韻子瞻江西》詩自注:"予與筠州聰長老有十年之舊。"

按,即聖壽省聰禪師,見前元豐三年條訂補。本譜紹聖三年九月所記"逍遥聰禪師",亦此僧。

補:劉才邵《檆溪居士集》卷一二《段元美墓誌銘》云:"父黄,承議郎。承議郎字仲實,學古信道,不以毁譽得失傾其守……門下侍郎蘇公謫居筠州之年,仲實登第爲高安主簿,方書一考,因得摳衣,叩質疑義,大蒙賞接,至親筆爲校正《國語》《戰國策》,其書至今傳寶焉。"檢《江西通志》卷四九,段黄登祐六年馬涓榜進士第,則其"方書一考"之時,正值紹聖元年蘇轍貶筠州時也。段黄有女,亦能讀蘇文,見王庭珪《盧溪文集》卷四三《故段夫人墓誌銘》:"父諱黄,字仲實,官至承議郎……承議公既登第,調筠州高安縣主簿,時蘇太史謫監高安酒税,一見異其材,日與論説古人製作關鍵,手爲校正《國語》等書。承議公由是文章益進……夫人自幼習見其父出入蘇黄之門,言論俊偉,遂能誦蘇黄之文,皆略上口,而通其大意。"蘇轍謫監酒税在元豐三年,時段黄尚未登第。蓋轍兩謫筠州,易致誤也。

紹聖二年(1095)乙亥　　　五十七歲

譜云:正月甲辰(初七日),應南華辯老之請作《曹溪卓錫泉銘》。兄軾爲書之。

譜據《年表》及蘇軾《與南華辯老》書簡。

按,蘇軾另有《書南華長老重辯師逸事》,知"辯老"名重辯。考《續傳燈録》卷一三,南華重辯嗣玉泉謂芳,芳嗣浮山法遠,乃臨濟宗禪僧。又,孔凡禮《蘇軾年譜》於紹聖元年八、九月間,亦叙蘇軾過韶州南華寺,晤重辯長老事,並謂"《筠溪集》卷二十二《福州仁王護老語録序》謂重辯"非凡僧'"。檢李彌遜《筠溪集》此文云:"予舊觀東坡《南華寺》詩,意明上座非凡僧。"云"明上座",則非重辯也。東坡《南華寺》詩云:"云何見祖師,要識本來面。亭亭塔中人,問我何所見。可憐明上座,萬法了一電。飲水既自知,指月無復眩。"蓋用六祖慧能與道明禪師典故,而李彌遜以爲當時南華寺有一"明上座",東坡詩兼指之。考東坡元符三年北歸,再過南華寺,時重辯已化去,新住持爲"明公",見所作《南華長老題名記》及《書南華長老重辯師逸事》。此"明公"或即李彌遜所謂"明上座"。《續傳燈録》卷一三目録有"南華德明禪師",乃雲門宗禪僧,嗣慧林宗本(1020—1099),其年齡當與東坡差近。

譜云:正月十五日夜,兄軾作詩見寄。次韻。

譜據《欒城後集》卷二《次韻子瞻上元見寄》:"問我何時來,嗟哉谷爲陵。"謂東坡"似詢轍來惠之意,而轍云不可能"。

按,兄弟皆遷謫之人,東坡無邀轍赴惠州之理。轍詩原文云:"建成亦巖邑,燈火高下層。頭陀舊所識,天寒髮鬔鬙。問我何時來,嗟哉谷爲陵。"此"建成"即筠州州城之古名(漢建成縣,屬豫章郡),以下皆言筠州事。"頭陀舊所識",當指省聰禪師,則"問我何時來"乃省聰與轍語也。蓋轍兩度貶筠州,故地重遊,故有陵谷之嘆。

譜云:九月辛亥(十九日),饗明堂,大赦天下。轍有賀表。……與兄軾簡,戒作詩。復有簡與軾,謂永不叙復。

譜據蘇軾《與程正輔》簡:"近得子由書報,近有旨,去歲貶逐十五人,永不叙復。"

按,《長編拾補》卷一二載,紹聖二年八月"甲申,詔應吕大防等永不得引用期數及赦恩叙復"。以下追叙:"先是,曾布獨對,既論路昌衡等,又言:'更有一事,大禮恩宥在近,去歲貶謫人不知何以處之?'上應聲曰:'莫不可牽復? 歲月未久,亦不可遷徙。'布曰:'誠如聖諭,蔡確五年不移,惠卿十年止得移居住處,吳居厚等十年不與知州軍,此皆元祐中所起例,自可依此。兼蔡京曾爲臣言,錢勰已曾來京處探問謫降人牽復消息,京答以不知。其黨類日望其牽復。'上曰:'却不知也。'布又曰:'如梁惟簡近押送峽州,九月中未知到否,豈可便移?'上曰:'豈有此理。'又問:'惟簡此行,衆頗善否?'布曰:'此舉固足以警兩端之人,然亦有喜有不喜者,元祐之黨未免以爲過當也。'"同卷又載,"九月壬寅,范純仁在陳州,聞奉議以將近郊禮,吕大防等不當用恩赦期叙復,憂憤累日",遂上疏諫阻,反遭貶謫。蓋九月辛亥有明堂之禮,當大赦,故八月預爲"永不叙復"之詔,以防恩及黨人也。此年蘇轍詩語中曾有北歸之願,實望明堂之恩,戒軾作詩,亦與此有關,自"永不叙復"之旨出,則絶望矣。元符三年(1100)轍作《復官宮觀謝表》云:"將杜其生還之路,遂立爲不赦之文。"即指此。

紹聖三年(1096)丙子　　　五十八歲

譜云：作《寓居六詠》。

按，《欒城後集》卷二《寓居六詠》前列《東西京二絕》與《唐相二絕》，亦此年作，而譜未及。《東西京二絕》其一云："親祀甘泉歲一終，屬車徐動不驚風。宓妃何預詞臣事，指點譏訶豹尾中。"此用《漢書·揚雄傳》事："奏《甘泉賦》以風……是時趙昭儀方大幸，每上甘泉，常法從，在屬車間豹尾中，故雄……言'屏玉女，却宓妃'，以微戒齊肅之事。"其二云："犀箸金盤不暇嘗，更須石上擣黃粱。數錢未免河東舊，不識前朝大練光。"此用《後漢書·五行志一》所載京都童謠："河間姹女工數錢，以錢爲室金爲堂，石上慊慊舂黃粱。"指漢靈帝母永樂太后之貪鄙也。"大練"謂簡樸衣服，《後漢書·后紀上》謂漢明帝馬皇后"常衣大練，裙不加緣"。《唐相二絕》其一云："楊王滅後少英雄，猶自澄思却月中。已得惠妃歡喜見，方頭笑殺曲江公。"其二云："朝中寂寂少名卿，晚歲雄猜氣方橫。心怕無鬚少年士，可憐未識玉奴兄。"此指唐玄宗宰相李林甫，謂其陷楊慎矜、王鉷於死，尚居"月堂"思何以中傷大臣（事見《新唐書》本傳），迎合武惠妃，排斥張九齡（曲江公），獨掌政權，臨終托後事於楊國忠，即"玉奴（楊貴妃）兄"也。以上四詩皆涉后妃，當非偶然。蓋此年九月詔廢孟皇后，《宋史·后妃傳下》謂宰相章惇"陰附劉賢妃，欲請建爲后"，遂與內侍同成此舉。《長編拾補》卷一二載紹聖二年九月貶斥御史常安民，以下敘："及祀明堂，劉美人侍上於齋宮，又至相國寺，用教坊作樂。安民面奏：'衆所觀瞻，虧損聖德。'語直忤旨，章惇從而譖之。"則蘇轍所謂"親祀"之時隨侍"屬車""豹尾中"之"宓妃"，乃暗指劉氏，可無疑也。其謂李林甫迎合武惠妃，則暗指章惇陰附劉氏。又，據《宋史·常安民傳》，安民在元祐中歸朝及任御史，出蘇軾、蘇轍所薦，其後"董敦逸再爲御史，欲劾蘇軾兄弟，安民謂二蘇負天下文章重望，恐不當爾"，至紹聖二年，董揭發此語，安民遂遭貶。

補：九月，佛印了元禪師攜延慶忠上人所繪《華嚴》變相來訪，作跋。

《續藏經》中有《五相智識頌》一卷，乃延慶忠上人所繪《華嚴經·入法界品》變相五十三幅，及頌五十三首，末有蘇轍跋："予聞李伯時畫此變相，而未見也。伯時好學，善楷書、小篆，畫爲今世道子。忠師未識伯時，而此畫已自得其髣髴。當往從之遊，以成此絕技耳。眉山蘇子由題。紹聖三年九月，佛印元老自雲居訪予高安，攜以相示。"又有佛印了元跋："蘇公謂忠師之筆髣髴李伯時，此特見其畫耳。予謂忠師非畫也，直欲追善才影迹，逍遥法界之間耳。後之覽者，不起於座，自於覺城東際，逆睹文殊象王回旋。平生際會，南求善友，遍歷百城，曠劫之功，一時參畢。所謂開大施門於末法之時，畫焉能盡之。紹聖丙子十月二十日臥龍庵佛印大師（了元）跋。"

紹聖四年(1097)丁丑　　　五十九歲

譜云：（二月）庚辰（二十五日），蘇轍責授化州別駕、雷州安置。轍被命即行。時克文來。

譜依《年表》引録制詞,並據《宋史·林希傳》推測此制爲林希所作。又據《欒城遺言》記克文來唁事。

按,《宋史·林希傳》載希爲中書舍人在"紹聖初",且謂其制詞以"老姦擅國"之語陰斥宣仁高后。此"老姦擅國"見紹聖元年蘇轍貶知袁州制詞,實指司馬光,未必陰斥宣仁,但林希所草乃紹聖元年制詞,則無疑焉。據《長編拾補》卷一四、《宋宰輔編年録》卷一〇,紹聖四年二月貶責元祐大臣制詞,皆葉濤作。蘇轍在筠州被命,則爲閏二月事,見《欒城後集》卷一八《雷州謝表》。克文即真淨克文禪師,已見元豐三年譜,爲轍方外友。釋惠洪《石門文字禪》卷三〇《雲庵真淨和尚行狀》云:"紹聖之初,御史黃公慶基出守南康,虛歸宗之席以迎師……三年,今丞相張公商英出鎮洪府,道由歸宗,見師於淨名庵。明年,迎居石門。"《長編拾補》卷一三載張商英權知洪州,在紹聖三年十月丁巳朔。"石門"即洪州泐潭寶峰禪院。蓋克文赴洪州前,先至筠州訪轍也。

譜云:六月丁亥(初五日),至雷州,有《謝到雷州表》。……雷守張逢至門首接見。

譜引乾隆《浮梁縣志》云,張逢治平二年進士,又謂通志、府志"二年"作"四年"。

按,宋人羅願撰《新安志》卷八,治平二年彭汝礪榜下有張逢,婺源人。

譜云:(六月)六日,張逢延蘇軾兄弟入館舍。

譜據曾敏行《獨醒雜志》卷四記此。

按,《獨醒雜志》此條云:"東坡自惠遷儋耳,子由自筠遷海康,二公相遇於藤,因同行。將至雷之境,郡守張逢以書通殷勤。逮至郡,延入館舍,禮遇有加。東坡將渡海,逢出送於郊。復出官錢,僦居以館子由。"交代張逢善遇二蘇事前後,最爲清晰,唯不知所延入之"館舍",究爲何處。《長編》卷四九六,元符元年三月癸酉條,則明謂逢"次日爲會,召軾轍在監司行衙安泊",則此"館舍"乃轉運使在各州之行衙,皇華館也。

譜云:(六月)遠作詩,次其韻。

譜據《欒城後集》卷二《次遠韻》詩。詩有"兄來試謳吟,句法漸翹秀"之句,譜釋爲"兄軾嘗教以詩法"。

按,此詩繼云:"暫時鴻雁飛,迭發壎箎奏。"明謂兄弟唱酬,則"兄來"乃指蘇遠之兄蘇遲來也。故詩末又云:"更念宛丘子,頎然何時覯。"蓋因遲、遠之聚,而念及仲子蘇适也。時适任職於陳州糧料院(見本譜宣和四年條引适墓誌),故曰"宛丘子"。本年在筠州時,轍有《次遲韻二首》,是遲來筠州省親(見譜),而詩云"力耕當及春,無爲久南方",乃命其北歸也。《次遠韻》謂"萬里謫南荒,三子從一幼",則自筠遷雷之日,唯幼子蘇遠隨同。但至五月軾轍相遇於藤州後,軾嘗書《寄鄧道士》一詩贈遲(見譜),此必遲於北歸途中聞轍再貶雷州之訊而折回,伴至雷州也。

元符元年(1098)戊寅　　六十歲

譜云：二月壬辰(十三日)，知虔州鍾正甫疏言朝廷置局編録司馬光、呂公著、蘇軾、蘇轍等"悖逆"罪狀成書。

譜據《長編》卷四九四本日紀事，並謂蹇序辰主其事。

按，《長編拾補》卷一四紹聖四年三月壬午載："中書舍人同修國史蹇序辰言：'朝廷前日追正司馬光等姦惡，明其罪罰，以告中外。惟變亂典刑，改廢法度，讒毁宗廟，睥睨兩宫，交通近習，分布死黨，考言觀事，實狀具明。而包藏禍心，蹤蹟詭秘，相去八年之間，已有不可備究者。至其章疏文字，行遣案牘，又散在有司，莫能會見。若不乘時取索編類，必恐歲久淪失。或邪黨交構，有藏匿棄毁之弊。欲望聖慈特賜指揮，選官，將貶責姦臣所言所行事狀，並取會編類，人爲一本，分置三省、樞密院，以示天下後世之大戒。'從之，仍差給事徐鐸及序辰。"可知置局編録元祐大臣之罪狀，始於紹聖四年三月。但此事至元符三年四月，則不了了之，見《長編拾補》卷一五："癸亥，吏部侍郎徐鐸奏：'準紹聖四年三月二十八日朝旨節文，蹇序辰奏：竊見朝廷前日追正司馬光等姦惡，明其罪罰，以告中外。乞將貶責過姦臣所言所行事狀，並取會編類，仍録一本分置三省、樞密院。又準紹聖五年四月四日朝旨，蹇序辰奏：昨準朝旨編類貶責過司馬光等事狀，俟編類畢，繕寫一本進入，以備省覽。今勘會編類臣僚章疏局，已準朝旨將前後編類章疏並一宗行遣盡納入内。臣契勘上件事狀，多於章疏内節出文意，類編成書，事體一同。今來合與不合依編類章疏局已得朝旨，將一宗行遣進入？'詔並進入。"此因另有一"編類章疏局"，將元豐八年五月至元祐九年四月之臣僚章疏依類編録，自紹聖二年冬置局，至元符三年四月編得一千九百餘册，而被中書舍人曾肇奏罷之，事見《長編拾補》卷一五。"編類章疏"之局既罷，徐鐸遂上奏請示，其編類罪狀之局亦停罷矣。至於元符元年二月知虔州鍾正甫上疏事，不過響應附會，爲編類罪狀之局提供材料而已，其時並未"成書"也。鍾正甫治平二年進士，後入元祐黨籍，見《元祐黨人傳》卷八。

譜云：(二月)二十日，六十歲生日，兄軾以沉香山子寄之，作賦。轍和以答之。

譜據《年表》及《欒城後集》卷五《和子瞻沉香山子賦並引》。

按，《欒城後集》卷二《次韻子瞻寄賀生日》《次韻子瞻寄黃子木杖》，譜繫於元符二年，但依《欒城後集》排列順序，亦當是元符元年作。《次韻子瞻寄賀生日》有句云："上賴吾君仁，議止海濱黜。"此"海濱"指雷州，若至元符二年，則蘇轍已移循州矣，而循州並非"海濱"。蘇軾《子由生日》及《以黃子木拄杖爲子由生日之壽》二詩，即蘇轍所和答者，《蘇軾年譜》亦據《蘇軾詩集》之排列順序，繫於元符二年。《詩集》以王文誥《蘇文忠公詩編注集成》爲底本，而此二詩在《東坡後集》卷六及施注、查注、馮注皆編於元符元年，王文誥因元年已有《沉香山子賦》，以爲重復，改繫於二年，依據不足，不當從。此爲轍六十歲生日，與他年生日不同,故轼尤重視之,詩賦特多也。

譜云：(三月)癸酉(二十四日),移循州安置。

譜據《長編》卷四九六本日記事。

按,《長編》記雷州優待蘇轍之人,如知雷州張逢、海康令陳諤、廣西路提刑梁子美等皆獲處罰。《方輿勝覽》卷四二雷州人物有"吳國鑒"條,注云："海康人,爲太廟齋郎。紹聖中蘇子由貶雷州,僦國鑒宅居,爲創一小閣。元符初……詔轍移循州,知州張逢以下降罰有差,國鑒編管。"知獲處罰者尚有吳國鑒也。同卷"蘇轍"條注云："郡人吳國鑒特築室以處焉。其後黨錮浸密,屋亦漸廢。靖康丙午,海康令買而有之,且開遺直軒,繪二公像於中。"二公謂軾、轍也。又,《長編》謂"本路提點刑獄梁子美,既與蘇轍係婚姻之家,不申明迴避",考《宋史翼・蘇策傳》："以外祖梁子美恩,授將仕郎。"策乃轍長子蘇遲子,則遲娶梁子美女也。梁子美乃梁適孫,《東都事略》卷六六《梁適傳》附其傳較詳。

譜云：第四孫斗老生,兄軾賀以詩。

譜據蘇軾《借前韻賀子由生第四孫斗老》,並推測斗老爲蘇适子蘇範。

按,蘇軾《子由生日》詩有"兒孫七男子"之句,自注："子由三子四孫。"上文已考明此詩爲元符元年作,則此第四孫當生於該年二月轍生日前。《東坡後集》卷六亦列賀生孫詩在生日詩前。據蘇适墓誌(本譜宣和四年下全文引錄)："子四人：曰籀,迪功郎；曰筥,早卒；曰範,承務郎；曰築,未仕。"知适有次子筥,"筥"之字義與"斗"相關(皆容器也),推測斗老爲筥,似更妥。又,據《宋史翼・蘇籀傳》,籀實蘇遲(轍長子)之子,而爲适後。此必因蘇适無子,遂以籀過繼也,益可證"第四孫"當是适初生子筥。

譜云：作《次韻子瞻和陶淵明擬古九首》。

譜謂第四首"夜夢被髮翁,騎麟下大荒"乃指韓愈,引蘇軾《潮州韓文公廟碑》"翩然被髮下大荒"爲證。

按,韓愈《雜詩》："翩然下大荒,被髮騎騏驎。"是轍所本。

譜云：八月,至循州……傾橐易民居。

按,《欒城後集》卷二《求黃家紫竹杖》引："予於龍川買曾氏小宅。"知此民居乃曾氏宅,宅在龍川縣白雲橋,見蘇轍《春秋集解引》及蘇籀《欒城遺言》。同巷有黃氏老,藏書而不能讀,蘇轍常從之借閱,見《龍川略志引》及《求黃家紫竹杖》引,《欒城三集》卷三《兩中秋絕句二首》引。

元符二年(1099)己卯　　　　六十一歲

譜云：正月，眉山人巢谷(元修)自眉山徒步來訪。旋卒於新州訪兄軾途中。

譜據蘇轍《巢谷傳》。

按，《巢谷傳》當作於谷卒後不久，文末提到"予方雜居南夷"，則作傳時轍尚在循州也。轍次年即離循北歸。

譜云：二月二十日，六十一歲生日。兄軾以黃子木拄杖爲壽有詩，轍次韻。

按，此當改繫元符元年，考見上文。

元符三年(1100)庚辰　　　　六十二歲

譜云：離循州。其後，邦人以台隱名其所遊淨名寺之堂；隆興元年(1163)，復建蘇陳堂，祠蘇轍與陳次升。

譜引《輿地紀勝》云然。

按，《廣東通志》卷五十三《古蹟志》有"蘇陳堂"，注云："在白雲橋，舊名台隱堂，宋蘇轍、陳次升謫惠居此。隆興初，循守彭億更曰蘇陳，像而祠之，後廢。嘉泰三年，州守趙善譓改建於縣東五里，曰二賢祠，元至正間復廢於兵燹。有宋王邁記。"王邁《循陽重建蘇陳二公祠堂記》見天一閣藏明代嘉靖《惠州府志》卷一六，今《全宋文》第324冊第七四五八卷已錄出。《記》云："二公去後，邦人慕其遺風餘韻，尸而祀之，於淨名寺則有台隱堂，白雲橋則有蘇陳堂。"四庫輯本陳次升《讜論集》附錄元人所撰《待制陳公行實》亦云："二公既去，邦人即其嘗遊玩之地，爲堂祠之，名曰蘇陳堂。又有台隱堂。至今循民崇奉之惟謹。"據此則台隱堂、蘇陳堂爲二處，後者原是轍之故居，嘉泰後則改在縣東。

譜云：歲暮，抵潁昌。

按，轍北歸後，馮堯夫即來訪，見紹聖元年條訂補引鄒浩《馮貫道傳》。

譜云：授朝議大夫，賜紫金魚袋。

譜據《宋大詔令集》卷二一一《蘇轍降朝議大夫制》，謂當在此年末或明年初。

按，自此年至崇寧元年確定"紹述"政策前，舊黨境遇在好轉中，轍於此年十一月已復官太中大夫，不應突然降貶朝議大夫。譜於崇寧元年下復引《宋大詔令集》此制，題作《蘇轍降朝請大夫制》，以證崇寧元年降官爲朝請大夫之事。制文相同，唯官稱有別。今查中華書局1962年校點本《宋大詔令集》，題作"朝議大夫"。該書分門別類鈔錄詔令，但各類所錄仍有時間順序，此制前後皆爲崇寧元年五月貶責舊黨官員制書，且與《續資治通鑑長編拾補》卷一九崇寧元年五月乙亥條記事相合，其時間當可無疑。至於元符三年，則並無降官事。參以下崇寧元年條訂補。

徽宗建中靖國元年(1101)辛巳　　　　六十三歲

譜云：(二月)二十二日，作簡，托黃寔(師是)寄與兄軾，勸軾歸潁昌相聚。……(五月)兄軾真州兩致簡。

譜據《蘇軾文集》卷六〇《與子由》諸尺牘，謂此時"兄弟音問不絶"。大抵轍決計定居潁昌府，而邀軾同往，軾初從其意，後以爲"決不可往潁昌近地居"，未果往。

按，蘇氏兄弟於元符三年奉旨北歸，轍行甚速而軾行頗遲緩，轍於年底已至潁昌府，而軾尚未過嶺也。其遲速不同，或與政治態度相關，而本年確定居處，亦當關乎朝政局勢。據《長編》卷五二〇元符三年正月乙未條，曾布對蔡卞保證："公但安心，蘇軾、轍輩未必便歸也，其他則未可知耳。"《長編拾補》卷一七建中靖國元年七月壬戌條，記曾布與宋徽宗達成共識："今日之事，左不可用軾、轍，右不可用京、卞。"則當時廟謨可見，蓋以蔡氏兄弟、蘇氏兄弟爲新、舊二黨之極端代表人物，所謂"建中靖國"之政，即以四人同時出局爲代價。軾必聞知此類信息，故決意不往"潁昌近地"也。

譜云：友人劉原之來簡，答之。

譜據《聖宋名賢五百家播芳大全文粹》(宋紹熙原刊本)卷八〇蘇轍《與劉原之大夫二帖》。第一帖有"北歸至許已半年餘"語，故繫此年。第二帖提及"太常博士宋景年、考功高士英"，譜據《長編》考爲元祐間事，附次於此。

按，轍集不收尺牘，劉尚榮《蘇轍佚著輯考》(中華書局1990年標點本《蘇轍集》附録)録此二帖，並推測劉原之爲劉摯之子劉跂。譜不采其説。今考劉跂字斯立，有《學易集》傳世，其非劉原之甚明。檢《江西通志》卷四六，曾任"江南西路都轉運使"名單中有劉敦，注："字原之，大觀間任。"同書卷三五録汪藻《石頭驛記》云："大觀二年，轉運使彭城劉公行府事之明年……公名敦，字厚之云。"與上條記載合，唯劉敦字作"厚之"。《四庫全書》本《五百家播芳大全文粹》卷六四録蘇轍《與劉原之大夫帖》，其第二帖中稱呼對方，亦作"厚之"。李廌《濟南集》卷四有《次韻劉厚之久陰未雨》詩。"厚"、"原"字形相似，易互訛，但其名爲"敦"，則作"厚之"近是。轍第二帖爲朝廷褒獎劉氏"先公"事作，譜考其事在元祐間，甚是。彭城劉氏卒於元祐間之名臣，有劉庠，吕陶《浄德集》卷二一《樞密劉公墓誌銘》云："公諱庠，字希道，世爲彭城人……嘉祐二年擢進士第。"此人是蘇轍同年進士，卒於元祐元年三月，有子名敦夫。文彦博《潞公文集》卷四〇《舉包綬》(題下注：元祐三年十月二十七日)云："臣伏見近獎用劉敦夫、吕由誠，皆以其父吕誨、劉庠之故。"范祖禹《范太史集》卷五五《手記》中有"劉敦夫，元祐四年舉著述科"。疑蘇轍此二帖乃與劉敦夫字厚之者，後來有關記載誤"厚"爲"原"，又脱去"夫"字。又，蘇軾有《答劉沔都曹書》云："蒙示書教，及編録拙詩文二十卷……無一篇僞者，又少謬誤。及所示書詞，清婉雅奥，有作者風氣，知足下致力於斯文久矣……足下詞學如此，又喜吾同年兄龍圖公之有後也。"據吕陶《樞密劉公墓誌銘》，知劉沔爲劉庠孫，所謂"同年兄龍圖公"即指劉庠，以庠曾任龍圖閣學士也。劉沔或即劉敦夫子,其一家三代皆與蘇氏關係密切,理當表出也。

崇寧元年(1102)壬午　　　　六十四歲

譜云:(五月)庚午(十六日),詔蘇軾追貶崇信軍節度行軍司馬,其元追復舊官告繳納;蘇轍更不叙職名。

譜據《年表》云然。

按,此時廟謨已確定繼述神宗新政,遂大貶元祐臣僚。其貶責詔書含司馬光以下四五十人,《長編拾補》卷一九繫於五月乙亥,而《宋史·徽宗紀》、《宋宰輔編年錄》卷一一皆繫其事於庚午日,參《年表》,則庚午是也。《長編拾補》所載詔文,有關蘇氏兄弟者曰:"朝奉郎蘇軾降復崇信軍節度行軍司馬,其元追復官告並繳納"、"太中大夫蘇轍"等"更不叙復職名",並云貶責制詞"皆右僕射曾布所草定"。檢《宋大詔令集》卷二一〇《故責授舒州團練循州安置追復右光祿大夫呂大防特授太中大夫、故觀文殿大學士右正議大夫中太一宮使范純仁落職餘如故制》(題下注"崇寧元年五月庚午"),制文與《長編拾補》所引合,以下有《故朝奉郎蘇軾降授崇信軍節度行軍司馬制》,制文與《長編拾補》所引亦合,由此至卷二一一《蘇轍降朝議大夫制》前後,蓋皆五月庚午貶責制書。轍制云:"稍黜近班,猶復舊職。"以轍於紹聖元年降左朝議大夫,元符三年復太中大夫,此時仍降朝議大夫,所謂"猶復舊職",即詔文"更不叙復"之謂也。

譜云:(五月)乙亥(二十一日),詔蘇轍等令三省籍記姓名,不得與在京差遣。

譜據《年表》及《長編拾補》卷一九。

按,蘇轍等五十餘人令三省籍記姓名,不得與在京差遣,《長編拾補》及《宋宰輔編年錄》皆繫乙亥,《九朝編年備要》卷二六書此事為"籍黨人",蓋所謂"元祐黨籍"之始也。《長編拾補》並記次日丙子詔:"應元祐以來及元符末嘗以朋比附黨得罪者,除已施行外,自今以往一切釋而不問……令御史臺出榜朝堂。"此詔亦曾布所草,《長編拾補》並附注文,引《東都事略》與《宋史》之《陸佃傳》,謂曾布草詔之意乃陸佃啓之也(佃時為執政)。此意本欲結定黨籍,但不久陸佃、曾布相繼去朝,蔡京主政,則黨籍又復擴大重議矣。

譜云:閏六月癸酉(二十日),葬兄軾於汝州郟城縣小峨嵋山。有兄軾墓誌銘。有《再祭八新婦黃氏文》。

譜謂"兄軾與黃氏所葬之處相鄰,黃氏逝世不久,故以告之也"。

按,黃氏元符二年卒於循州,當年十一月四日作《祭八新婦黃氏文》云"五里禪室,頃所嘗寓。土燥室完,密邇吾廬。權厝其間,毋或恐怖",謂暫殯於循州城東之聖壽寺,以期將來"全柩北返,歸安故土"也。《再祭八新婦黃氏文》則云"舉家北返,與柩俱還",又云兄軾"返葬郟山",因"兆域寬深,舉棺從之",則是從伯父葬也。又,《宋史·李廌傳》云:"軾亡,廌哭之慟,曰:'吾愧不能死知己,至於事師之勤,渠敢以生死爲間?'即走許、汝間,相地卜兆,授其子,作文祭之。"據此,則確定蘇軾葬地,李廌與有力焉。廌祭蘇軾文,爲當時所傳誦,其全文見《古今事文類聚》前集卷五四、《五百家播芳大全文粹》卷八二。

譜云:(閏六月)戊寅(二十五日),詔蘇轍降爲朝請大夫。有謝表。

譜據《年表》,並引《宋大詔令集》卷二一一《蘇轍降朝請大夫制》。

按,《宋大詔令集》實作《蘇轍降朝議大夫制》,譜改其標題,而所引詔書正文仍作"朝議大夫"。此制當是五月庚午所降,已見上文訂補。但《年表》所載閏六月戊寅降官朝請大夫,亦是事實。《欒城後集》卷一八有《降授朝請大夫謝表》,題下注"崇寧元年";卷二〇有作於崇寧三年之《遣适歸祭東塋文》,亦自署"降授朝請大夫護軍賜紫金魚袋轍"。謝表云"追削者五官",是自太中大夫降至朝請大夫之謂。《年表》記降官之緣由,謂"以銓品責籍之時差次不倫故也"。"責籍"即五月乙亥所造黨籍。轍自著《潁濱遺老傳下》云:"朝廷易相,復降授朝請大夫。"據《宋宰輔編年錄》卷一一,崇寧元年閏六月壬戌曾布罷相,七月戊子蔡京拜相。轍降官事正在其間,故《宋史·蘇轍傳》云:"崇寧中,蔡京當國,又降朝請大夫。"

又,譜於此條下書"鬻别業以助兄軾之子安家於許昌",引《欒城遺言》爲證,但《欒城遺言》云"時公方降三官,謫籍奪俸",則自太中大夫降至朝議大夫之謂,此條當書於降授朝請大夫之前。

譜云:八月丙子(二十四日),詔司馬光等子弟並不得與在京差遣。

譜據《長編拾補》卷二〇所列,有司馬光等二十人名單,其中含蘇軾,無蘇轍。

按,此是禁錮黨人子弟。五月丙子已有"除已施行外,自今以往一切釋而不問"之詔,但據《長編拾補》卷二〇:"七月乙酉,臣僚上言:準尚書省劄子,三省同奉聖旨,昨行遣裁削責降元祐人數,內輕重失當,或漏落之人,令御史諫職彈劾以聞……"蓋閏六月曾布罷相後,其所結定之黨籍又被復議,七月蔡京拜相,黨籍漸趨擴大,八月乃有禁錮黨人子弟之舉,《宋史·徽宗紀》云"丙子,詔司馬光等二十一人子弟毋得官京師",比《長編拾補》所列名單多一人,疑所漏即蘇轍也。九月乙未,"詔中書籍元符三年臣僚章疏姓名,爲正上、正中、正下三等,邪上、邪中、邪下三等"(《宋史·徽宗紀》文,詳細名單見《長編拾補》卷二〇),蓋所追究之對象自元祐臣僚擴展至元符末上書人,至"己亥,籍元祐及元符末宰相文彥博等、侍從蘇軾等、餘官秦觀等、內臣張士良等、武臣王獻可等,凡百有二十人,御書刻石端禮門"(《宋史·徽宗紀》文,詳細名單見《長編拾補》卷二〇),此即"元祐黨籍碑"之第一版,其"文臣曾任執政官"者自文彥博以下,有蘇轍。此後,仍陸續貶責元祐臣僚及元符末上書邪等人,至崇寧三年六月,遂以兩者通爲一籍,定爲"黨籍碑"之第二版,達三百零九人矣。

譜云：范純禮（彝叟）來守潁昌，常來訪。

譜據蘇轍《祭范彝叟右丞文》"居未逾歲，亦來守邦"語。

按，此語前接范純仁（純禮兄）之喪，純仁卒於建中靖國元年正月（見譜），則"未逾歲"仍當爲建中靖國元年也。純禮以該年六月罷尚書右丞，出知潁昌府，見《九朝編年備要》卷二六、《宋宰輔編年錄》卷一一、《長編拾補》卷一七等。《宋史·范仲淹傳》附純禮傳云："罷爲端明殿學士知潁昌府，提舉崇福宮，崇寧中啓黨禁，貶試少府監分司南京。"可見純禮罷執政知潁昌府不久，即改宮觀。范氏家在潁昌府，其改宮觀後，當仍居此地。至崇寧元年五月庚午貶責元祐臣僚，亦含范純禮，《宋大詔令集》卷二一一有《端明殿學士中大夫提舉西京嵩山崇福宮范純禮落職依前官差遣如故制》，此是落端明殿學士職，而宮觀如故。五月乙亥造黨籍，九月刻黨籍碑，皆有其名。《宋宰輔編年錄》卷一一記純禮"崇寧元年十二月降授朝議大夫試秘書少監分司南京徐州居住"，亦見《長編拾補》卷二〇崇寧元年十二月癸丑條注文，自此改居徐州，故蘇轍《祭范彝叟右丞文》又云："我寓汝南，公旅彭城。"轍遷居汝南事見下年訂補。

崇寧二年（1103）癸未　　　　六十五歲

譜云：（正月）時遷居汝南。

譜據《欒城後集》卷三《補子瞻贈姜唐佐秀才並引》《遷居汝南》《思歸二首》等，推測轍來汝南（蔡州）乃上年末。

按，蘇轍元符三年北歸，即定居潁昌府，而自崇寧元年末至三年初，則離家獨居蔡州，其原因當詳考。譜於此年"三子來汝南探視"條，據《思歸二首》推測此乃"兒輩建議，爲避禍也"；曾棗莊《蘇轍年譜》亦據《寒食》詩"身逃争地差云静"、"耳畔飛蠅看尚在"（《欒城後集》卷三）等句，謂"遷居汝南有政治原因"，但未詳述。考轍於崇寧元年閏六月受降官處罰，並未指定其居處，唯自五月造黨籍至九月刻黨籍碑，已相繼規定籍中人及子弟不得"與在京差遣"。至崇寧二年三月，又重申"黨人親子弟，不論有官無官，並令在外居住，不得擅到闕下，令開封府界各據地分覺察"（《長編拾補》卷二一），則黨人進京被嚴令禁止矣。蘇轍所居潁昌府，原稱許州，據《宋史》卷八五《地理志一》云："京畿路，皇祐五年（1053）以京東之曹州，京西之陳、許、鄭、滑州爲輔郡，隸畿內，並開封府，合四十二縣，置京畿路轉運使，及提點刑獄總之。至和二年（1055），罷京畿路轉運使、提點刑獄，其曹、陳、許、鄭、滑各隸本路，爲輔郡如故。崇寧四年（1105），京畿路復置轉運使及提點刑獄。先是，改開封府界爲京畿路，是年又於京畿四面置四輔郡，潁昌府爲南輔，鄭州爲西輔，澶州爲北輔，建拱州於開封裏邑縣，爲東輔，並屬京畿。"可見許州（元豐三年改名潁昌府）在宋仁宗時一度隸屬京畿路，後又爲汴京"四輔郡"之一，此時雖歸屬京西路，但仍與一般州軍不同，故蘇轍詩中稱之爲"争地"，其是否屬於禁止黨人居住之範圍，有可争議處，遂令"耳畔飛蠅"不斷也。釋居簡《北磵集》卷七《跋趙正字士粦帖》云："山谷貶宜州，全臺攻蘇黃門，元祐籍中子弟在官者黜數百人。正字趙士㮋《報參寥書》中語。"此所引趙書無年月,但黃庭堅貶宜州事,《長編拾補》繫於崇寧二年三月,而黜元祐黨籍子弟至於"數百人"者,當在崇寧三年重定黨籍時。前後相參,則"全(御史)臺攻蘇黃門"事,恰在轍遷居蔡州時。其狼狽遷居之原因,此爲一端。又,《宋史·徽宗紀》崇寧元年十月戊辰,"詔責降官觀人不得同一州居住"(《長編拾補》卷二〇崇寧元年十月丙子條亦提及"不得同在一州指揮"),時蘇轍爲"提舉鳳翔府上清太平宮",亦屬"責降官觀人",若潁昌府有相同身份人居住,則法當相避。《欒城後集》卷三《汝南遷居》詩云:"忽聞鵲返巢,坐使鳩驚飛。"《還潁川》詩云:"東西俱畏人,何適可安者。"疑即爲此而發。此當爲蘇轍遷居之直接原因。《山谷別集》卷一四《與元仲使君書》云:"某以避范德孺,法當遷居,輒欲就貴部,自謀一舍,不敢煩公家。但不知有責降官觀人在貴州否?"此可爲"不得同一州居住"之旁證,蓋范純粹(字德孺)以崇寧元年十月罷知金州,以管勾南京鴻慶宮居住鄂州(見《長編拾補》卷二〇崇寧元年十月丙子條注文),黃庭堅遂不得同居鄂州也。《山谷年譜》卷二九崇寧二年條云:"先生是歲留鄂州。先生有四月二十二日《與張叔和通判書》云:'庭堅罷太平,即寓鄂渚,會范德孺謫來,即謀居漢陽;已而安厚卿來,遂營居九江。將登舟矣,德孺以散官安置,眾議以爲自下礙責降充官觀人不得同州指揮,遂定居耳。'按《國史》,正月己酉范純粹常州別駕鄂州安置。"此以范氏失去官觀人身份,又不妨同居也,《山谷年譜》中"下礙"當爲"不礙"之訛。至蘇轍所居潁昌府,有范純禮同爲"責降官觀人",自亦不得同居一州,法當規避也。譜推測轍遷居在崇寧元年末,甚確。但此年十二月純禮改居徐州,則蘇轍似可歸居潁昌府,崇寧二年所作《三不歸行》云:"客心搖搖如懸旌,三度欲歸歸不成。方春欲歸我自懶,秋冬欲歸事自變。"計純禮奉旨離家當在二年春,是潁昌府已無必須規避之人也。所謂"事自變"者,當指蘇轍罷宮觀事,見下條。轍至蔡州時,或見歐陽棐,崇寧元年五月庚午貶責元祐臣僚時,直秘閣朝奉大夫知蔡州歐陽棐落直秘閣職,差遣依舊(見《長編拾補》卷一九),五月乙亥造黨籍,九月刻黨籍碑,皆有其名,殆十月丙子,"朝奉大夫知蔡州歐陽棐管勾崇道宮……外州軍任便居住"(《長編拾補》卷二〇)。據此則棐罷蔡州而領宮祠,亦不得留此與蘇轍同居一州,轍《遷居汝南》詩有云:"故人樂安生,風節似其父。忻然憮一笑,舍我西南去。"譜謂"安生,不詳,其人蓋爲田園隱逸之士",是以"樂安生"爲人名,未必然也。頗疑此"故人"指歐陽棐,"其父"則歐陽修也。

譜云:十月初三日,賦《將歸》。時罷祠祿。

譜據《欒城後集》卷三《將歸》《罷提舉太平宮欲還居潁川》等詩,並云轍將續乞祠祿。

按,轍自元符三年十一月授提舉鳳翔府上清太平宮,至此已滿三年任。《將歸》詩云:"言歸似有名。"必此時罷官觀,似可不被"責降官觀人不得同一州居住"之詔所困也,故《罷提舉太平宮欲還居潁川》詩有云:"祠官一掃空,避就兩相失。"已不必避人。又云:"餘年迫懸車,奏草屢濡筆。籍中顧未敢,爾後儻容乞。"蓋欲乞致仕,而身在黨籍,未敢便上奏也。

譜理解爲"續乞祠禄",非是。同時所作《次遲韻寄适遜》詩亦云："祠官欲罷無同列。"其不欲續乞甚明。

崇寧三年(1104)甲申　　　六十六歲
譜云：正月五日,自汝南還潁川。

　　譜據《欒城後集》卷三《還潁川》詩自注。

　　按,蘇轍罷祠禄,得歸居潁昌府,但未敢乞致仕,故其身份較曖昧。檢《長編拾補》卷二三,崇寧三年二月"編類元祐臣僚章疏",四月甲辰尚書省勘會黨人居住地,有一清單,其中"落職宮觀居住人"居住京西路者,含"蔡州蘇轍,提舉上清太平宮"。但此時蘇轍實已歸居潁昌府,《欒城後集》卷四有《喜雨》詩,作於次年三月,云"奪官分所甘,年來禄又絶",則亦並未續領祠禄也,故《宋史・蘇轍傳》云："罷祠,居許州。"

崇寧四年(1105)乙酉　　　六十七歲
譜云：施崇寧寺鄉僧道和馬,作詩。夢道和以北苑新茶爲餽。

　　譜據《欒城後集》卷四《施崇寧寺馬並引》《夢中謝和老惠茶》詩。

　　按,道和爲崇寧寺禪僧,《施崇寧寺馬・引》云："西鄰僧道和,禪席之盛,鄉間之所奔走。"《夢中謝和老惠茶》亦稱其爲"西鄰禪師",《欒城後集》同卷《和遲田舍雜詩九首》之六有"試問西寺僧"之句,蓋亦指道和,未言其爲"鄉僧"也。《五燈會元》卷一六有"真州長蘆道和祖照禪師,興化潘氏子",嗣法雲善本,當是此僧。

譜云：七月甲寅(十九日),詔元祐宰執墳寺特免毁拆,不得充本家功德院,並別賜敕額,爲國焚修。

　　譜據《年表》書此條,並引《長編拾補》卷二五本日記事爲證。

　　按,《長編拾補》卷二五記事云："甲寅,御批：'元祐姦惡,即今皆有墳寺,歲度僧行,及紫衣師號等,尚如故,未曾降指揮衝改,可令從今並住罷,更不施行,以戒爲臣之不忠者。'禮部勘會呂大防、韓維、司馬光……蘇轍、張商英、劉摯十九人所管墳寺,詔本身所乞寺額,特免毁拆,不得充本家功德院,並改賜敕額,爲壽寧禪院,別召僧住持。"詳其文意,是剥奪元祐宰執原賜墳寺,但不毁拆,而改作一般禪院也。故《欒城三集》卷一〇《墳院記》云："又五年,前執政以黜去者,皆奪墳上刹。又二年,上哀矜舊臣,手詔復還畀之。"是爲剥奪墳寺甚明,《年表》書此條文意不夠顯豁。手詔畀還在大觀元年正月,見譜。又,《蜀中廣記》卷一二載："又有廣福寺者,乃敕賜門下侍郎蘇轍香火院也。宋故事,宰相得賜寺院薦福,文定入相時有賜,貶官後章、呂盡追奪之,復官手詔再賜,自爲文記之。"據此,墳院名爲廣福寺,但謂追奪者"章、呂",蓋指章惇、呂惠卿,似無據。

譜云：新霜，戲作家釀，冬至盼雪，皆有詩。

譜據《欒城後集》卷四《新霜》《戲作家釀二首》《冬至雪》諸詩。

按，《戲作家釀二首》之二云："月俸本有助，法許吏未俞。"譜疑爲"新乞得祠祿"，未確。蘇轍於崇寧二年罷祠祿，未續乞，已見上文考明。但轍官朝請大夫，未致仕，又在黨籍，身份甚爲曖昧。檢《長編拾補》卷二五，此年七月在京畿四面置四輔郡，以穎昌府爲南輔，九月以鑄九鼎、造大晟樂成，大赦天下，許黨人稍内徙，"惟不得至四輔、畿甸"，其所列内徙名單中無蘇轍，而轍實居穎昌府，在禁止居住之範圍，却安然居之，則其待遇亦甚曖昧也。參下文崇寧五年條訂補。又，《冬至雪》云："旱久魃不死，連陰未成雪。微陽九地來，顛風三日發。父老竊相語，號令風爲節。講武罷冬夫，畿甸休保甲。累囚出死地，冗官去煩雜。手詔可人心，吾君信明哲。風頻雪猶吝，來歲恐無麥。天公聽一言，惟幸早誅魃。"此以停罷保甲之御筆手詔爲"可人心"之風，而因未誅旱魃，故雪尚未降也。此後作《春後望雪》，則仍無雪；至次年作《喜雨》詩乃云："歷時書不雨，此法存《春秋》。我請誅旱魃，天公信聞不？魃去未出門，油雲裹嵩丘。濛濛三日雨，入土如膏流。"崇寧五年二月蔡京罷相，知此"旱魃"當指蔡京也。

譜云：范純禮（彝叟）常來訪。

譜據《祭范彝叟右丞文》"我還舊廬，終歲杜門。公歸訪我，欣然笑言"語。

按，《長編拾補》卷二五載此年九月黨人内徙名單，有"范純禮徐州移單州"，卷二六載崇寧五年正月庚戌追復黨人官，有"靜江軍節度副使軍州安置范純禮叙復左朝議大夫提舉鴻慶宫"，此"軍州"當爲"單州"之訛，知純禮崇寧四年移單州，次年復官祠，方得歸居穎昌府也。故《宋史·范仲淹傳》附純禮傳云："崇寧中啓黨禁，貶試少府監分司南京，又貶靜江軍節度副使徐州安置，徙單州，五年復左朝議大夫提舉鴻慶宫，卒。"叙述甚確。轍祭文亦云："公歸訪我，欣然笑言。三日不見，而以訃聞。"知純禮於崇寧五年歸居不久即去世。

崇寧五年(1106)丙戌　　　六十八歲

譜云：正月丁未（十四日），大赦天下，毀元祐姦黨石刻。

譜據《年表》云然，並云《長編拾補》卷二六記毀石刻在乙巳（十二日）。

按，《年表》簡略，以大赦、毀石刻同書丁未日，實則大赦在丁未，而毀石刻在前，《長編拾補》載乙巳詔書甚明，其注文並詳考此事，與劉逵執政有關。《宋史·徽宗紀》云："（崇寧）五年春正月戊戌，彗出西方，其長竟天。庚子，復置江湖淮浙常平都倉。甲辰，以吳居厚爲門下侍郎，劉逵爲中書侍郎。乙巳，以星變避殿損膳，詔求直言闕失，毀元祐黨人碑，復謫者仕籍，自今言者勿復彈糾。丁未，太白晝見，赦天下，除黨人一切之禁，權罷方田。戊申，詔侍從官奏封事。己酉，罷諸州歲貢供奉物。庚戌，詔崇寧以來左降者各以存殁稍復其官，盡還諸徙者。"其逐日記事，與《長編拾補》俱可互證。《長編拾補》於庚戌條詳列黨人復官名單,如蘇軾追復宣義郎等,但無蘇轍。

譜云:(三月)辛亥(十九日),范純禮(彝叟)卒。作祭文。
　　譜據《年表》。
　　按,《宋宰輔編年録》卷一一載:"(崇寧)五年八月,左朝議大夫提舉南京鴻慶宮范純禮卒。"與《年表》所載月份異,未詳孰是。

譜云:將築室,作詩示三子;又有《諸子將築室以畫圖相示》詩。
　　譜據《欒城後集》卷四詩題。
　　按,《欒城三集》卷五《卜居賦·引》云:"既而自筠遷雷,自雷遷循,凡七年而歸,潁川之西三十里,有田二頃,而僦廬以居。西望故鄉,猶數千里,勢不能返,則又曰,姑寓於此。居五年,築室於城之西,稍益買田,幾倍其故,曰,可以止矣。"據此,轍北歸五年後有築室益田之舉,蓋在崇寧四、五年間也。《欒城後集》卷四載本年所作《閑居五詠》,其四爲《買宅》,買宅後當築室。又有《泉城田舍》詩云:"泉城欲治麥禾囷,五畝鄰家肯見分。"此則所謂"稍益買田"也。

譜云:葉縣楊生爲寫真。
　　譜據《欒城後集》卷四《予昔在京師,畫工韓若拙爲予寫真,今十三年矣,容貌日衰,展卷茫然。葉縣楊生畫不減韓,復令作之,以記其變,偶作》詩,次於秋日。
　　按,《欒城後集》卷五有《自寫真贊》,云"秋稼登場",時令合,當是題此寫真也。

譜云:外孫文驥以其祖父同(與可)書卷還謝悰,作詩,轍次驥韻。
　　譜據《欒城後集》卷四《次韻文氏外孫驥以其祖父與可學士書卷還謝悰學士》詩。
　　按,謝悰字公定,謝絳(字希深)之孫,謝景初(字師厚)之子。徐度《却掃編》卷中云:"元祐初再復制科,獨謝悰中格,特賜進士出身,補大郡職官。……悰字公定,希深之孫。"謝悰應元祐三年制科,見《長編》卷四一四。《范忠宣集》卷一三有《朝散大夫謝公墓誌銘》,謂"公諱景初,字師厚……子四人:忱,知海州懷仁縣;愭,鄆州長壽主簿;悰,蔡州汝陽主簿;悱,假承務郎。女四人:長早夭,次適湖州烏程主簿胥茂諶,次適宣德郎黃庭堅。"《山谷外集詩注》卷四有《次韻奉送公定》,史容注:"謝師厚二子,愭字公静,悰字公定。"轍詩云:"南陽諸謝世有人,此邦亦自非其土。"南陽謂鄧州,《朝散大夫謝公墓誌銘》云:"自君之考陽夏公始葬鄧,今爲鄧人。"陽夏公即謝絳也。據轍詩,謝氏後寓居潁昌府,蓋謝愭娶孫永之女,曾爲潁昌府長社縣尉也(見蘇頌《蘇魏公文集》卷五三《資政殿學士通議大夫孫公神道碑銘》)。轍詩又云:"兩家尚有往還帖。"考文同熙寧四年知陵州(見《四部叢刊》本《丹淵集》卷首附年譜),時謝景初以司封郎中提點成都府路刑獄(見《朝散大夫謝公墓誌銘》及《長編》卷二二〇、二三四等),陵州在其部內,故《丹淵集》卷二九有《謝提刑謝司封啓》,卷一二又有《師厚還朝》《再送師厚》詩,蓋皆爲謝景初作也。

譜云:《歐陽文忠公神道碑》約作於本年或稍後。

　　按,文見《欒城後集》卷二三。據《欒城後集引》,此集凡二十四卷,編成於崇寧五年,其中如卷一八收錄表文,有崇寧五年以後所作者,當爲編集後隨類增入,但其卷數總爲二十四卷未變,《神道碑》在集中獨占一卷,則必編集時已作成,可確定其作於崇寧五年。

　　又,《欒城後集》卷七至一一爲《歷代論》五卷凡四十五篇,爲蘇轍晚年力作,據卷七《歷代論引》云:"元符庚辰,蒙恩歸自嶺南,卜居潁川。身世相忘,俯仰六年。"推算年歲,在崇寧四、五年間,而五年編成《後集》,則《歷代論》當完成於此年也。曾棗莊《蘇轍年譜》亦繫於崇寧五年,可從。

大觀元年(1107)丁亥　　　　六十九歲

譜云:李廌(方叔)建新宅,作詩。

　　譜據《欒城三集》卷一《李方叔新宅》詩,謂"廌之新宅不建於潁昌,或即在其住地陽翟",並據李之儀《濟南月巖集序》謂廌歿後八年乃政和六年(1116),推斷廌卒於大觀二年(1108)。

　　按,潁昌府府治在長社縣,然陽翟縣亦爲其屬縣也。張邦基《墨莊漫錄》卷四云:"許、洛兩都,軒裳之盛,士大夫之淵藪也。黨論之興,指爲許、洛兩黨。崔鷗德符、陳恬叔易,皆戊戌生,田晝承君、李廌方叔,皆己亥生,並居潁昌陽翟,時號戊己四先生,以爲許黨之魁也。"是李廌居陽翟之證,但《宋史·李廌傳》云:"中年絕進取意,謂潁爲人物淵藪,始定居長社,縣令李佐及里人買宅處之。卒,年五十一。"知李廌在長社亦有宅,不知蘇轍所謂"新宅"在何處。己亥(1059)生而年五十一卒,則廌當卒於大觀三年(1109),至政和六年(1116),計首尾爲八年。

譜云:七月初一日,作《苦雨》詩,訴蠶婦、田夫之苦。

　　譜據《欒城三集》卷一《苦雨》詩,題下自注"七月朔"。

　　按,詩云:"出門陷塗潦,入室崩垣牆。覆壓先老稚,漂淪及牛羊。"是嚴重水災之記錄。據《宋史·徽宗紀》載,"是歲秦鳳旱,京東水,河溢,遣官振濟,貸被水戶租。廬州雨豆,汀、懷二州慶雲見,乾寧軍、同州黄河清。"災情、祥瑞並記,實則不止京東,蘇轍所在京西路亦遭水災也。

譜云:遜赴蔡州酒官,作詩送之並示諸任。

　　譜據《年表》並《欒城三集》卷一《送遜監淮西酒並示諸任二首》詩。又據《欒城遺言》謂"諸任"中當有任象先。

按，"監淮西酒"、"蔡州酒官"皆俗稱，當是"監蔡州酒稅"也。蔡州"諸任"乃蘇洵故友任孜(字遵聖)、任伋(字師中)之子孫，伋子大防(字仲微)，孜子伯雨(字德翁)，伯雨子象先、申先。伯雨入黨籍，且受責罰最重，崇寧二年編管昌化軍，崇寧五年正月大赦，特授承務郎，許任便居住(見《長編拾補》卷二六，《宋史·任伯雨傳》亦云其"居海上三年而歸")。轍作詩時，伯雨應在蔡州家中。

譜云：作詩示諸子，勉發揚裕人約己家風。

譜引《欒城三集》卷一《示諸子》詩自注："范五德孺近語遲：'聞君家兄弟善治田。'蓋取其不盡利耳。"謂范純粹(字德孺)時當居潁昌。

按，范純粹崇寧二年正月以散官安置鄂州，已見上文崇寧二年條訂補。據《長編拾補》卷二五，崇寧四年九月內徙黨人，"范純粹鄂州移宣州"，同書卷二六，崇寧五年正月叙復黨人，"范純粹叙復朝請郎、管勾太清宮"，許在外任便居住。此後，純粹當歸居潁昌府。

譜云：是歲，蔡京再相。

譜引朱弁《曲洧舊聞》卷六，云蔡京再相，而蘇轍獨免外徙。

按，《曲洧舊聞》卷六云："元祐初，蔡京首變神宗役法，蘇子由任諫官，得其奏議，因論列其事。至崇寧末，京罷相，黨人並放還，尋有旨黨人不得居四輔，京再作相，子由獨免外徙。政和間，子由訃聞，贈宣奉大夫，仍與三子恩澤。王輔道爲予言，京以子由長厚，必不肯發其變役法事，而疑其諸郎，故恤典獨厚也。"此謂蔡京因疑懼而優待蘇轍。檢《長編拾補》卷二五，建四輔在崇寧四年七月，轍所居潁昌府爲南輔，九月大赦，許黨人內徙，但"不得至四輔、畿旬"，已見上文崇寧四年條訂補。據此，則黨人不得居四輔，早有明文，尚在蔡京罷相之前。然蘇轍實居之。"恤典獨厚"事見譜政和二年條，王輔道名寀，王韶子，《宋史》有傳。其與朱弁議論此事，可見轍受優待事已受時人關注。《朱子語類》卷一三〇載："劉大諫與劉草堂言：子瞻却只是如此，子由可畏。謫居全不見人，一日蔡京黨中有一人來見，子由遂先尋得京舊常賀生日一詩，與諸小孫先去見人處嬉看。及請其人相見，諸孫曳之滿地。子由急自取之曰：'某罪廢，莫帶累他元長去。'京自此甚畏之。"此謂蘇轍設法鉗制蔡京。劉草堂名勉之，朱熹之師，熹爲作《聘士劉公先生墓表》云："道南都，見元城劉忠定公；過毗陵，見龜山楊文靖公，皆請業焉。"謂勉之師劉安世、楊時。劉安世曾官諫議大夫，所謂"劉大諫"當指安世。劉安世爲元祐黨人，蘇轍鉗制蔡京事當由安世親告劉勉之，而勉之又親告朱熹，或非虛構。但以蘇轍之名聲地位，其受法外優待，徽宗勢必與聞，非蔡京所能私自主張也。大觀元年正月蔡京再相，而同月梁子美爲執政(見《宋宰輔編年錄》卷一二)，梁乃蘇轍姻親(梁女嫁蘇遲)，史載其市北珠進奉而受徽宗寵信，其人固不足譽，但蘇轍受優待，或因其故。《宋史翼·蘇策傳》云："以外祖梁子美恩，授將仕郎。"是其蔭及蘇氏，而朝廷亦許之矣。

大觀二年(1108)戊子　　　七十歲

譜云：(正月初一)徽宗受八寶於大慶殿，大赦天下。蘇轍復朝議大夫，遷中大夫，皆有謝表並焚黄文。……六月戊申，詔特授蘇轍朝散大夫。

譜據《年表》、《長編拾補》卷二八、《欒城後集》卷一八《謝復官表二首》。

按，《長編拾補》卷二八載，大觀二年六月戊申，"三省檢會大觀二年正月一日赦書，内一項，'應元祐黨人，不以存亡及在籍，可特與叙官'。勘會前任宰臣執政官見存人韓忠彦、蘇轍、安燾……詔見存人與復一官……降授朝散大夫蘇轍可特授朝散大夫。"據此，則赦書雖降於元日，而"勘會"落實乃在六月。《年表》因復官事緣自慶典，故並記於正月下，非謂兩次叙官皆在正月也。六月準詔"與復一官"，當自崇寧元年降授之朝請大夫叙復爲朝議大夫，《年表》所記準確，而《長編拾補》文字錯訛甚明。朝散大夫在朝請大夫下，既名復官，不應實降。其遷中大夫，則不知在何時，《謝復官表二首》皆提及"八寶"，蓋俱在此年也。謝表第二首又有"連錫二階"之語，則從朝議大夫升二階，當遷至中奉大夫。《欒城三集》卷一〇《墳院記》作於政和二年(1112)九月，其自署官稱即爲"中奉大夫"。此月蘇轍轉太中大夫致仕(見譜)，可見其間未任中大夫一階，《年表》誤。

譜云：二月十三日，讀《傳燈録》，有詩示諸子，書《傳燈録》後。

譜謂詩見《欒城三集》卷一，文見卷九。

按，卷九《書傳燈録後》自署"大觀二年二月十三日書"，但卷一《讀傳燈録示諸子》詩，則作於大觀元年冬，譜已書之，不當復出。

譜云：慨嘆春無雷。

譜引《欒城三集》卷一《春無雷》詩，謂"當雷之時不雷，乃天時不正，天時不正，則疾病叢生，故以爲言也"。又提及同卷《仲夏始雷》詩，"亦謂當雷不雷乃陰陽顛倒"。

按，《春無雷》云："天公愛人何所吝，一春雨作雷不震。雷聲一起百妖除，病人起舞不須扶。"《仲夏始雷》云："號令迍邅人共怪，陰陽顛倒物應猜。一聲震蕩雖驚耳，遍地妖氛未易回。"二詩指斥百妖、妖氛，顯有寓意，不僅謂天時陰陽也。蓋以天時陰陽之"號令"喻朝廷政令，謂此年受八寶、赦天下、復黨人官，乃"一春雨作"，但無雷聲震蕩，不足以掃除妖氛。"百妖"蓋指蔡京集團，與崇寧四年詩中"旱魃"喻意相同。

譜云：十一月一日、冬至日均作詩。

譜引《欒城三集》卷一《十一月一日作》詩自注："覺師識病，善用藥。"謂覺師當居潁昌。

按，《欒城後集》卷四《春深三首》作於崇寧五年，第一首有自注："僧維覺時講《楞嚴》。"此"覺師"當即維覺，時居潁昌府，蘇轍晚年常賴其看病。

大觀三年(1109)己丑　　　七十一歲

譜云：程八信孺表弟知單父相過，歸鄉待闕，作長句贈別。

譜據《欒城三集》卷二詩題，並考蘇轍外祖程濬有五子：之才、之元、之邵、之祥、之儀。之才字正輔，之元字德孺，之邵字懿叔，信孺當爲之祥字。

按，詩云："仲叔已盡季亦老，雙星孤月耿獨存。"據詩末自注"兄弟中，惟僕與程八、程九在耳"，則"雙星孤月"乃指程之祥、之儀與轍三人。《山谷內集詩注》卷首元符三年《謝應之》詩題下注云："山谷在青神，有與眉山程信孺帖。"知黃庭堅至眉州時，與程之祥交往，《豫章先生遺文》卷一有《奉和泰亨詠成孺宅瑞牡丹前韻二首，仍邀再賦，呈成孺昆仲、漢侯賢友》詩，題中"成孺昆仲"恐指程之祥、之儀，則之儀字成孺也。又，轍詩題云"剖符單父"，又云"歸鄉待闕"，蓋程之祥已除知單州，但因單州知州無闕，故須暫時歸家待闕。其自京師開封歸眉州，當西行，却東至穎昌府訪轍，故詩云"回車訪我念衰老"，程氏蓋枉道專程來訪也。詩又云："君行到官我未死，杖藜便是不速賓。"望其赴任時再會晤。

譜云：遂自淮康酒官歸覲。

譜據《欒城三集》卷二詩題，並云此稱"淮康"，與它處稱"淮西"、"汝南"、"蔡州"不同。

按，俱指蔡州也。《元豐九域志》卷一、《宋史·地理志一》皆稱"蔡州汝南郡淮康軍節度"。

譜云：堂成，不施丹艧，唯紙窗水屏，蕭然如野人之居，偶作。

譜據《欒城三集》卷二詩題。

按，《欒城三集》卷五有《堂成》四言詩，謂"築室三年，堂成可居"，自崇寧五年築室城西（見上文該年"將築室"條訂補），至此滿三年也。此後有《雙柳》四言詩，首云"我作新堂"，此前《上巳》《上巳後》六言詩，有"春晚何日堂成"之句，蓋皆此年所作。同卷《種藥苗二首》，第一首言"築室城西"而"三年杜門"，第二首云"閒居九年"，則亦此年作也。

譜云：中秋新堂看月戲作。

譜據《欒城三集》卷二詩題。

按，此詩有自注："聞都下諸家新建甲第壯麗，頃所未有。"刺徽宗朝奢侈世風。此年六月蔡京第二次罷相，《宋史·蔡京傳》載太學生陳朝老"追疏京惡十四事，曰瀆上帝，罔君父，結奧援，輕爵祿，廣費用，變法度，妄制作，喜導諛，箝臺諫，熾親黨，長奔競，崇釋老，窮土木，矜遠略。乞投畀遠方，以禦魑魅。其書出，士人爭相傳寫，以爲實錄"。次年，御史張克公論京，"輔政八年，權震海內，輕錫予以蠹國用，托爵祿以市私恩，役將作以葺居第，用漕船以運花石……凡數十事"。其罪狀之一，有大興土木、以公費營建居第。《長編拾補》卷二八載陳朝老上書事在六月辛巳，蘇轍或已耳聞。

大觀四年(1110)庚寅　　　七十二歲

譜云：同外孫文九樂新春,上元前雪,上元雪,均有詩。

譜據《欒城三集》卷二詩題,又謂《上元前雪三絶句》之"近事傳聞半是非"當指朝政。

按,文九當即文驥。"近事"指朝政,甚確。檢《長編拾補》卷二八、二九,大觀三年十一月己巳蔡京致仕,十二月戊子詔張商英乘驛赴闕,大觀四年正月癸卯(初四日)詔罷鑄大錢,此後因星變而大赦,解除黨禁,蔡京降官出京,張商英拜相,乃徽宗朝政局變動之重大者。轍作詩時,正值蔡、張相權交替之際也。又,轍此年無生日詩,而蘇過《斜川集》卷三有《叔父生日》七律四首,譜以其作年不詳,附於大觀元年轍生日"侄過壽詩"條,而此四律之第二首有"漢庭已致商顏叟"之句,疑指張商英赴闕事,則作於此年也。

譜云：張舜民(芸叟)寄所編樂府詩。蘇轍與舜民簡問手戰之故,答簡憐轍衰病,轍作詩寄之。

譜據《欒城三集》卷二《寄張芸叟》詩引,並云張舜民於徽宗朝任吏部侍郎。

按,詩引云："張芸叟侍郎編樂府詩相示,繼以書問手戰之故,懇懇有見憐衰病意,作小詩謝之。"則是張舜民來書問轍手戰之故也。《東都事略·張舜民傳》云："徽宗即位,除諫議大夫,尋爲吏部侍郎,兼侍讀,以龍圖閣待制知定州,改同州。坐元祐黨,落職知鄂州,又責楚州團練副使,商州安置。凡五年,許自便。累復集賢殿修撰,致仕,以卒。"檢《長編拾補》,舜民入崇寧元年五月乙亥所造黨籍,閏六月責授散官,商州安置(卷一九),九月刻黨籍碑,有其名(卷二〇),崇寧二年正月"責授楚州團練副使張舜民除名勒停,房州居住"(卷二一),崇寧三年六月重定黨籍碑,有其名(卷二四),崇寧四年九月黨人内徙,"張舜民房州移虢州"(卷二五),崇寧五年正月叙復黨人官,"勒停人張舜民叙復朝散郎,管勾洞霄宫"(卷二六),此即《東都事略》所謂"許自便"也。《瀛奎律髓》卷二七録張舜民《次韻賦楊花》詩,方回注云："張芸叟名舜民,關中人,娶陳後山之姊。詩學白樂天,曰《畫墁集》。晚歸長安,名其居曰榆門莊,又嘗自號矴齋。"其與蘇轍通信,當在歸居長安後也。《郡齋讀書志》卷四下著録"張浮休《畫墁集》",晁氏解題云舜民"政和中卒"。《永樂大典》卷三四〇一有舜民《祭子由門下文》(見譜政和二年條引),則其卒在政和二年後也。

譜云：夜坐習禪。

譜據《欒城三集》卷三《夜坐》詩。

按,詩有"一陽來復夜正長"之句,乃冬至夜作。轍晚年有隨節候作詩之習慣。

政和元年(1111)辛卯　　　七十三歲

譜云：正月初四日,題兄軾遺墨。

譜據《西樓帖》所存轍手蹟,文即劉尚榮《蘇轍佚著輯考》所録《與表侄程君觀子瞻遺墨題後》。

按,帖稱程君之父乃"懿叔龍圖",則程君爲程之邵子,《宋史·程子邵傳》載子邵一子名唐,程君當即程唐,有名於南宋初,見史堯弼《蓮峰集》卷一〇《寶文閣學士開國郡公程丈哀詞》。

譜云:悟老住慧林,作詩。

譜據《欒城三集》卷三詩題,又云慧林在京師。

按,元豐六年,宋神宗在東京大相國寺創慧林、智海兩禪院,選高僧住持(見黄庭堅《江州東林寺藏經記》)。此是朝廷料理禪門之標誌,當時東林常總堅辭不赴,良有以也。至此時,轍詩云"慧林虚法席"而悟老"去有遲遲意",蓋亦不欲赴之。然悟老終赴之,《五燈會元》卷一六所載"東京慧林常悟禪師",爲法雲善本之法嗣,當即此悟老也。轍詩又云:"君看净因楷,志以直自遂。殺身竟何益,犯難豈爲智。"言曹洞宗僧道楷冒犯宋徽宗事,見《禪林僧寶傳》卷一七《天寧楷禪師》:"禪師名道楷,沂州沂水人,生崔氏,爲人剛勁孤硬⋯⋯崇寧三年,有詔住東京十方净因禪院。大觀元年冬,移住天寧,差中使押入,不許辭免。俄開封尹李孝壽奏楷道行卓冠叢林,宜有以褒顯之,即賜紫伽黎,號定照禪師。楷焚香謝恩罷,上表辭之⋯⋯上閲之,以付李孝壽,躬往諭朝廷旌善之意,而楷確然不回。開封尹具以聞,上怒,收付有司。有司知楷忠誠,而適犯天威,問曰:'長老枯悴,有疾乎?'楷曰:'平日有疾,今實無。'又曰:'言有疾,即於法免罪譴。'楷曰:'豈敢僥幸稱疾,而求脱罪譴乎?'吏太息,於是受罰,着縫掖,編管緇州。都城道俗見者流涕,楷氣色閑暇。至緇州,僦屋而居,學者益親。明年冬,敕放令自便⋯⋯"轍以道楷爲鑒,勉常悟赴慧林也。釋惠洪《石門文字禪》卷二八有常悟住慧林之請疏。

譜云:十月二十九日雪,作詩。過次韻。

譜據《欒城三集》卷三詩題,及蘇過《斜川集》卷三《次韻叔父小雪二首》。

按,轍詩第一首末句云:"自笑有無今粗足,遥憐逐客過重江。"自注:"時逐客有過湖嶺者。"檢《長編拾補》卷三〇,此年八月張商英罷相,繼而興開封獄,查處黨羽,十月獄成,貶商英崇信軍節度副使、衡州安置,其黨羽郭天信新州安置,僧德洪(覺範惠洪)配朱崖軍,先是,商英門客唐庚竄惠州,轍所謂"過湖嶺",當指此數人也。自張商英敗後,蔡京復入京矣。

譜云:畫學董生畫山水屏風,題詩。

譜據《欒城三集》卷三詩題,謂此詩叙職業畫家生活。又謂"《三集》卷一《畫嘆》之引云及里人重趙、董二生之畫,當即此董生"。

按,不然。《畫嘆》詩引云:"武宗元比部學吴道子畫佛、菩薩、鬼神,燕肅龍圖學王摩詰畫山川水石,皆得其仿佛,穎川僧舍往往見之。而里人不甚貴重,獨重趙、董二生。二生雖工而俗,不識古名畫遺意。"此段畫評,蓋以武、燕與趙、董相比,而取雅貶俗也。既能相比,則作品必已流傳,且趙、董二人必是有一人作佛畫,一人作山水。今檢郭若虛《圖畫見聞志》卷三:"趙光輔,華原人,工畫佛道,兼精蕃馬,筆鋒勁利,名刀頭燕尾。太祖朝爲圖畫院學生,故鄉里呼爲趙評事。許昌開元、龍興兩寺,皆有畫壁;浴室院《地獄變》尤佳。有《功德》《蕃馬》等圖傳於世。"同書卷四:"董貫,潁川長社人,工畫山水、寒林,學志精勤,毫鋒老硬。但器類近俗,格致非高。"此二人皆北宋前期或中期人,一在潁昌府留有壁畫,一則潁昌府人,意蘇轍所謂里人獨重之二生,或爲此二人也。至於"畫學董生",乃徽宗朝創辦"書畫學"之官學生,《畫學董生畫山水屏風》詩開篇云:"承平百事足,鴻都無不有。策牘試篆隸,丹青寫飛走。紛然四方集,狐兔萃林藪。"即指"書畫學"而言,語含譏諷,意甚不以爲然。下叙:"何人知有益,長嘯呼鷹狗。奔逃走城邑,驚顧念糊口。"此必有當權者欲利用"畫學董生"爲其鷹犬,而董生極有骨氣,寧願奔逃四走,決不爲其所用也。此生能爲蘇轍之客,蓋亦因其氣節也。

政和二年(1112)壬辰　　　七十四歲

譜云:遊西湖,泛溴水,作詩。

譜據《欒城三集》卷三詩題。

按,陸游《老學庵筆記》卷七云:"蘇子由晚歲遊許昌賈文元公園,作詩云:'前朝輔相終難得,父老咨嗟今亦無。'蓋謂方仁祖時,士大夫多議文元,然自今觀之,豈易得哉。其感慨如此。"所引詩句,即見《泛溴水》詩,有自注云:"自溴溝泛舟至曲水園,本文潞公舊物。潞公以遺賈魏公,今爲賈氏園矣。"潞公乃文彦博,賈文元(魏公)乃賈昌朝。葉夢得《石林詩話》載:"賈文元曲水園,在許昌城北,有大竹三十餘畝,溴河貫其中,以入西湖,最爲佳處。初爲本州民所有,文潞公爲守,買得之。潞公自許移鎮北門,而文元爲代,一日挈家往遊,題詩壁間云:'畫船載酒及芳辰,丞相園林溴水濱。虎節麟符抛不得,却將清景付閑人。'遂走使持詩寄北門。潞公得之大喜,即以地券歸賈氏,文元亦不辭而受。然文元居京師,後亦不復再至。園今荒廢,竹亦殘毁過半矣。"此事又見朱弁《風月堂詩話》卷下。

譜云:是年未辭世前,晚生猶及識之,衣冠儼古,語簡而色莊。

譜據張元幹《蘆川歸來集》卷九《跋蘇黃門帖》。

按,張跋云:"蘇黃門項自海康歸許下,安居云久。政和二年,晚生猶及識之,衣冠儼古,語簡而色莊,真元祐巨公也。已而與其外孫文驥德稱相遇澶淵,出書帖富甚。"詳文意,"晚生"蓋張氏自稱也。張此年當訪轍於潁昌府,參上文熙寧十年條訂補。

譜云:(九月)壬午(二十八日),蘇轍以中大夫轉大中大夫致仕。

譜據《年表》,並推測轍以疾奏請致仕。

按,轍本月所作《墳院記》(見《欒城三集》卷一〇),猶自稱"中奉大夫",非中大夫也。致仕事除《年表》外,亦見《宋宰輔編年錄》卷一〇"前門下侍郎蘇轍責授化州別駕雷州安置"條下,云"政和二年九月復太中大夫致仕"。然諸書皆未載轍奏請,檢《長編拾補》《九朝編年備要》等史籍,此月徽宗、蔡京有更定官名事,以古三公、三孤等名改易宰執官名,或因此勘及前執政蘇轍等,以其年過七十,而賜致仕也。

譜云:十月三日,卒,年七十四。

譜據《年表》。

按,《宋史全文》卷一四書"(政和二年)十月戊子蘇轍卒",此月乙酉朔,戊子乃初四日,比《年表》差一日。

譜云:十一月乙丑(十二日),追復端明殿學士,特賜宣奉大夫。贈少保。

譜據《年表》、劉安上所撰制文,及《蘇适墓誌銘》。

按,《宋會要輯稿·儀制》一一之五,記"太中大夫蘇轍(政和)二年十月贈宣奉大夫",與《年表》所記差一月,或當以《年表》爲準,但參詳劉安上制文,可知"宣奉大夫"確爲此時追贈之官,則"贈少保"非政和二年事,不當並書也。"贈少保"見《蘇适墓誌銘》,乃蘇遲撰於宣和五年(1123)之文,其事必在政和二年至宣和五年間也。據《宋史·職官一》云,政和二年九月,"詔以太師、太傅、太保,古三公之官,今爲三師,古無此稱,合依三代爲三公,爲真相之任……仍考周制,立三孤,少師、少傅、少保,亦稱三少,爲三次相之任"。蘇轍曾任次相,宜可爲少保,但身在黨籍,故去世時止贈宣奉大夫。《宋史·徽宗紀》載,政和五年三月丁亥,"詔以立皇太子,見責降文武臣僚並與牽復甄叙,凡千五百人",轍贈少保,或在此時。

(作者單位:復旦大學中文系)

旅日高僧一山一寧禪師的偈頌和書法藝術

[日] 衣川賢次

一、一山一寧禪師簡歷

禪僧的説法和對話的集録，一般稱作"語録"，而到唐末五代時期（10 世紀）以後，加以詩偈作品來編輯，就具有一種類似文集的性質。如旅日高僧一山一寧禪師（1247—1317）的《一山國師語録》二卷（日本元禄四年［1691］版），除了他住持的七會語録以外還收録了"拈古"、"頌古"（均對古人事蹟用詩歌形式的評論）、"偈頌"（隨時的詩詠）。示衆説法時也會有采用詩偈形式來表述他的感慨。這些禪僧的偈頌作品，其風格和一般的詩人的詩迥然有異，多有表述帶禪宗思想特點的感慨，我們可以稱作"禪文學"。

一山一寧禪師生活在南宋末期到元代初期的中國，最後的十八年間在日本生活，到 71 歲在京都南禪寺遷化。下面是他的簡略年譜[①]：

1247　生於南宋台州臨海縣（浙江省）。俗姓胡氏。

1272　南宋咸淳八年，於阿育王寺頑極行彌禪師膝下開悟（26 歲）。

1284　元至元二十一年，昌國（浙江省舟山市定海區）祖印寺住持（38 歲）。

1294　元至元三十一年，同普陀山寶陀觀音禪寺住持（48 歲）。

1299　元大德三年，五月作爲妙慈弘濟大師、江浙釋教總統被命令渡航日本。八月從寧波出發，到博多後赴鎌倉達國書。後被編置伊豆修禪寺。十二月赴鎌倉任建長寺住持（53 歲）。

1301　日本正安三年，兼任圓覺寺住持（55 歲）。

1302　日本正安四年，辭建長寺住持，專任圓覺寺住持（56 歲）。

1306　日本德治元年，因患眼疾退圓覺寺，到建長寺養病（57 歲）。

1309　日本延慶二年，任浄智寺住持（63 歲）。

1313　日本正和二年，任京都南禪寺住持（67 歲）。

1317　日本文保元年，十月二十四日於南禪寺示寂（71 歲）。敕立塔"法雨"，贈國師號,贊像有"宋地萬人傑,本朝一國師"之語。

二、《五燈會元一山抄》簡介

一山弟子虎關師鍊撰寫的《一山國師行狀》稱:

> 師性慈和無涯岸。近世執道柄者,嚴莊威重,以爲法助,且柅鞭也。師孤坐一榻,不須通謁,新到遠來,出入無間。人便於參請。禪策中無索隱,僅《事苑》而已。往往漫下雌黄者多,江湖患之。及師至,理闕疑。然言語不通,乃課舥牘,隻字片句,朝誻暮詢。師道韻柔婉,執翰醻之。教乘諸部、儒道百家、稗官小説、鄉談俚語,出入泛濫,輒累數幅,是以學者推博古。又善魯公屋漏之法。攜紙帛乞掃寫者,鐵闡或可折矣。②

這裏虎關師鍊介紹了兩件事:第一,一山禪師爲參問僧解釋禪宗語錄中難解的詞語;第二,對於衆多日本僧俗請求,一山禪師答應揮毫寫字。

一般的情況下,中國禪師來日本後,在上堂説法時,憑着翻譯人傳達表述禪理;③另外,還通過筆談的方式來指導禪僧。筆談的方式雖然可以溝通兩方的意思,但是這不一定能讓兩方滿意,有時候倒是很不自由。日本京都相國寺等保存了一件兩位禪僧通過筆談進行對話的文書,我們從中可以窺見實際情況:

第一紙,京都柳孝一藏

(祖元)但來相叫,老漢足矣。何必有重費,使我不安?
(顯日)顯日特來礼拜和尚,更不揀一莖菜,不費一粒米,供養和尚去。

（祖元）老漢老饕（貪也）承供養，鼻下一坑深萬丈，橫吞羅漢豎吞佛，却道今日欠鹽醬。

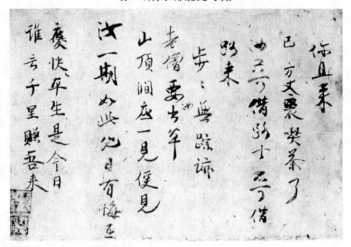

第二紙，京都鹿苑寺藏

（祖元）你且來！
（顯日）已方丈喫茶了。
（祖元）汝只可借路去，不可借路來。
（顯日）步步無踪跡。
（祖元）老僧要汝出草。
（顯日）山頂澗底一見便見。
（祖元）汝一期如此，他日有悔在！
（顯日）慶快平生是今日，誰言千里賺吾來？

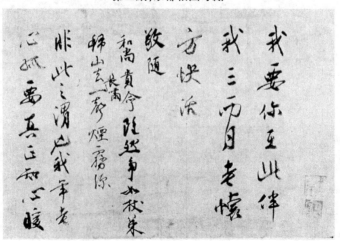

第三紙，京都相國寺藏

(祖元)我要你在此伴我三兩月,老懷方快活。

(顯日)敬隨和尚貴命。雖然爭如杖策歸山去,長嘯一聲烟霧深?

(祖元)非此之謂也!我年老心孤,要真正知心暖……

這是中國禪僧無學祖元(1226—1286)和日本僧高峰顯日(1241—1316)一次筆談的記錄,④顯然可見兩人話說得不對頭,真是莫明其妙。一山禪師則"試以偈頌,遴能作者許挂搭"。⑤這就是說一山禪師53歲時被迫到日本來,他年齡已高,不懂日語,因此他接受門弟時,要求他們寫一首詩(或寫一首和詩),判斷他們有無修行能力。另外,日本禪僧向他請教禪宗語錄中難解的詞語時,一山禪師親切地拿筆寫字給他們解釋。日本京都建仁寺兩足院保存了一本稱作《五燈會元一山抄》的抄本:

抄本外題"五燈會元抄　自一至廿　一山抄　全冊",卷頭寫"五燈會元抄",卷尾寫"一山抄",表紙紙背爲有文明四年(1472)紀年的文書;書尾寫"此一冊者特芳傑和尚之手蹟也。關山—授翁—無因—日峰—義天—雪江—特芳"。全書32張紙,約有900多條對《五燈會元》詞語的說明。⑥

《五燈會元一山抄》是由特芳禪傑(1419—1506,京都龍安寺中興之祖)書寫的。據說這是一山禪師對《五燈會元》的詞語所作的注釋。我看了這本抄本的複印件,就懷疑一山禪師絕不可對《五燈會元》這本禪籍下注釋,而推想這大概是他給提問的僧人用筆談的方式回答解釋《五燈會元》詞語的記錄的一本集成。900多條注釋可能不一定全部是一山禪師所作。現在介紹幾條"山曰"形式的注釋如下:

(1)【俯及卅歲】山曰:"纔及。音甫;甫,始也。"

案:中華書局版《五燈會元》卷三《汾州無業禪師章》:"甫及卅歲,行必直視,坐即跏趺。"(第163頁)校記:"'甫',原作'俯',據續藏本改。"《五燈會元》寶祐刻本、《景德傳燈錄》卷八均作"俯"。駒澤大學藏《景德傳燈鈔錄》謂:"別本'俯'作'甫'。"

《漢語大字典》第1冊"俯"條(第182頁)謂:"用同'甫'。剛剛;才(纔)。宋王安石《答楊忱書》:'又思昔者得見於足下,俯數刻爾。'"一山注"俯"爲"甫"字的同音假借。

(2)【大宜小宜】山曰:"'宜'字與'便'字同用也。'大宜東北角,小宜僧堂後'。"

案:《五燈會元》卷四《趙州從諗禪師章》:"問:'學人有疑時如何?'師曰:'大宜小宜?'曰:'大疑。'師曰:'大宜東北角,小宜僧堂後。'"趙州故意把"疑"通用"宜"(《廣韻》:"疑,語其切",疑母之韻;"宜,魚羈切",疑母支韻。宜=利=便利)來戲弄僧人說:"你要大便就去東北角,要小便就去僧堂後。"僧人本意要說:我對"即心是佛"的説法抱有懷疑,請和尚解惑。趙州認爲"即心是佛"的道理,只能本人承擔,不必懷疑。《趙州録》:"問:'從上至今,即心是佛。不即心,還許學人商量也無?'師云:'即心且置,商量個什麽?'"

可見這兩條注釋對《五燈會元》的詞語研究很有參考價值。因爲這是同時代的禪僧對"禪語"所作的注釋。一般來説,禪僧不會對他們所使用的詞語下注釋,僅僅他在中國國外,受到外國人提問的特殊情况下纔能産生這種注釋。⑦

三、日本留下來的一山一寧禪師書法作品中的偈頌

《書の國寶·墨蹟資料集》⑧所著録的一山一寧禪師書法作品達到115幅之多,但目前下落不明的占多半。⑨去年是一山一寧禪師圓寂七百年,我們作爲遠諱紀念編輯《一山一寧墨蹟集》,收録了30幅的圖版和詳細的譯注。⑩下面我選其中的5首作品介紹給大家共賞。

(1)《園林清暑偈》

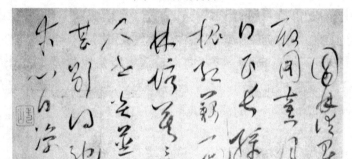

殿閣薰風日正長,緑槐紅藕遍林塘。莫言人世炎蒸甚,歇得馳求心自涼。

【注釋】

○ 本墨蹟爲五島美術館藏(益田純翁舊藏)。圖版據《續禪林墨蹟》第一三二圖。此偈收録於《一山國師語録》卷下偈頌,"遍"作"徧"(《干禄字書》:"徧通,偏正。")。

○ 殿閣薰風日正長　"殿閣薰風"用柳公權續唐文宗的聯句"薰風自南來,殿閣生微涼"。《舊唐書》卷一五一《柳公綽傳附柳公權傳》:

文宗夏日與學士聯句,帝曰:"人皆苦炎熱,我愛夏日長。"公權續曰:"薰風自南來,殿閣生微涼。"時丁、袁五學士皆屬繼,帝獨諷公權兩句,曰:"辭清意足,不

可多得。"乃令公權題於殿壁,字方圓五寸,帝視之,嘆曰:"鍾、王復生,無以加焉。"

"薰風"實際上是夏天五月的熱風,"薰風自南來,皇帝所住的殿閣裏却自然微覺涼爽"。此含諷諭意。宋蘇東坡續之,進一步敷衍:

  一爲居所移,苦樂永相忘。願言均此施,清陰分四方。(周密《齊東野語》卷一八"薰風聯句"條)

柳公權的這兩句很有名,後來禪僧也常常在他們的對話中引用了。

○ **綠槐紅藕遍林塘**　園林池子邊的綠槐、池中的紅蓮互相映發很美。此當爲一山矚目之句。"藕"(上聲)原意爲蓮根,但替"蓮"(平聲)用來合平仄。

○ **莫言人世炎蒸甚**　此句據文宗"人皆苦炎熱"。爲合平仄替"熱"(入聲)用"蒸"(平聲)。

○ **歇得馳求心自涼**　"歇得馳求"就是《臨濟録》常説的"你若能歇得念念馳求心,便與祖佛不别"。作者或許想起《洞山録》中的一次對話:

  僧問:"寒暑到來,如何回避?"師曰:"何不向無寒暑處去?"云:"如何是無寒暑處?"師曰:"寒時寒殺闍黎,熱時熱殺闍黎。"

一山偈後兩句針對柳公權、蘇東坡的諷諭站在禪宗的立場來批評。但這個批評大概不是對别人説教,而是他自己説給自己的口氣。因爲夏天一山自己也覺得很熱。白居易《苦熱　題恒寂師禪室》詩有云:

  人人避暑走如狂,獨有禪師不出房。可是禪房熱無到?但能心静即身涼。(《白氏文集》卷一五)

晚唐杜荀鶴《夏日題悟空上人院》詩又云:

  安禪不必須山水,滅得心中火自涼。(《全唐詩》卷六九三)

現在中國人也常説:"心静自然涼。"這是中國人的生活智慧,一山所説的"歇得馳求"就是"心静"。

(2)《如意輪觀音像贊》

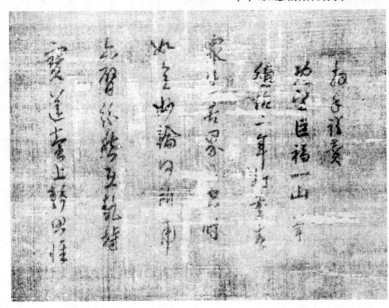

寶蓮臺上静思惟,六臂紛然互執持。如意妙輪何所用?衆生苦界已空時。
德治二年丁未季春既望　巨福山一山一寧拜手謹贊

【注釋】

○ 本墨蹟爲松尾寺(京都府舞鶴市)藏。圖版據《開山千三百年西國二十九番札所松尾寺》,松尾寺發行,2008 年。《一山國師語録》未收此贊。

○ **寶蓮臺上静思惟,六臂紛然互執持**　兩句描寫如意輪觀音像。據《觀自在菩薩如意輪瑜伽》(唐不空譯,《大正藏》第 20 册):"(右)第一手思惟,愍念有情故。第二持意寶(如意寶珠),能滿一切願。第三持念珠,爲度傍生苦。左按光明山,成就無傾動。第二持蓮手,能净諸非法。第三挈輪手,能轉無上法。六臂廣博之體,能遊六道,以大悲方便,斷諸有情苦。"如意輪觀音如此六臂分别持如意珠、法輪等寶器,結印入六道,救濟衆生的苦難。"紛然",形容多手紛亂。"互"爲"各互"而非"互相"意。兩句用禪僧諷刺的目光觀察如意輪觀音的六臂。

○ **如意妙輪何所用**　"如意",如意寶珠,即摩尼寶珠,具有除滅衆生病苦的功德。"妙輪",轉法輪,爲救濟衆生説妙法的譬喻。"何所"是"何"的雙音節口語複音詞。此詞多見東漢以來的漢譯佛典中,得知爲當時的口語詞。"何所用"等於"何用",意爲"無所用"。

○ **衆生苦海已空時**　此句作者站在禪宗的立場上揶揄密教執著於救濟衆生的思想。《金剛般若經》:"所有一切衆生之類……我皆令入無餘涅槃而滅度之。如是滅度無量無數無邊衆生,實無衆生得滅度者。"就是説實際上不會有"佛菩薩救濟,衆生被救濟"。《六祖壇經》謂:"善知識心中衆生,各於自身,自性自度。何名自性自度? 自色身中邪見煩惱、愚癡迷妄,自有本覺性,將正見度。既悟正見,般若之智,除却愚癡迷妄,衆生各各自度。邪來正度,迷來悟度,愚來智度,惡來善度,煩惱來菩提度。如是度者,是名真度。"假如有"救"、"被救",那就是衆生以他本來具有的自性來救濟自己,無須區別佛與衆生。因此臨濟義玄說:"約山僧見處,無佛無衆生,無古無今,得者便得,不歷時節。"當時的日本禪宗帶有濃厚的密教色彩,因爲僧人出家後,一般都去天台宗比叡山學佛,到棄教學禪後也不完全擺脫密教思想的影響。作者是針對此種情況而發言的。

〇 **德治二年丁未季春** 德治二年丁未,公元1307年。一山62歲,巨福山建長寺住持時作。

(3)《鏡堂老子寫金剛般若波羅蜜經序》

金剛般若波羅蜜經

　　此經空生請問,世尊宣演,妙談空慧,乃諸佛衆生心法之本源,所謂一切佛與法皆從此經出,是也。華梵流通,受持書寫,讀誦者極廣。乃至諸菩薩洎諸祖師,造論制疏抄,詮釋亦多。愚智幼艾,莫不敬信之。其功德誠難思議,效驗亦難具述。故唐土稱爲多功德經。

　　今鏡堂老子於一毫端拈出,以廣流通,用資先人張公之冥福。一句一偈,歷落分明;一點一畫,純謹精一。其功真可致。張公以夢幻泡影露電之身,悟離相寂滅、真如無住相之理,必證金剛不壞之身矣。

　　小師義本珍藏之,攜以示余求序其首。余書之以告後之閱者,仍謂本曰:"汝會麼? 空生所問,胡餅覓汁;瞿曇宣演,靈龜曳尾;鏡堂令師所書,陣後兵書;張公承薦,土上加泥。"本因問曰:"一大藏教,古人因甚目爲拭瘡疣底?"余曰:"是則是,不是弄潮人,莫入洪波裏。"時嘉元四年十月十二日,一山比丘一寧書于鹿山之藏密。

【注釋】

〇 本墨蹟爲大阪萬野美術館藏。被指定爲重要文化財。圖版據《國寶・重要文化財大全・第八　書蹟下卷》，每日新聞社，1999 年。《一山國師語録》未收此序。

○ **此經空生請問，世尊宣演，妙談空慧，乃諸佛衆生心法之本源**　鳩摩羅什譯《金剛般若波羅蜜經》是世尊對須菩提問修行者的用心而説出離去執著（空）的智慧的一部經典。僧肇《金剛經注》：“此經本體，空慧爲主。”但不用空的術語，用“不住相”、“不取相”、“無所得”（不妄想，不執著）等的説法來表述。“空生”爲佛弟子中稱作“解空第一”的須菩提之漢譯名字。天台智顗《金剛般若經疏》：“須菩提翻空生，亦名善吉。”

○ **所謂一切佛與法皆從此經出，是也**　此據《金剛經》“一切諸佛及諸佛阿耨多羅三藐三菩提法，皆從此經出”。悟覺此經所説的空慧之人成諸佛，諸佛所説的也是空慧。

○ **華梵流通，受持書寫，讀誦者極廣。乃至諸菩薩洎諸祖師，造論制疏抄，詮釋亦多**　《金剛經》在印度也很流行，梵文原典還遺留在西域、西藏、中國、日本；漢譯有鳩摩羅什、菩提流支、真諦、玄奘、義浄等八譯。到唐代，玄宗分别代表儒道佛三教爲《孝經》《老子道德經》《金剛經》下注釋，禪宗也很重視《金剛經》。⑪廣泛書寫《金剛經》的現象，見於敦煌寫經中《金剛經》占多數，次於《法華經》的地位。隋唐時代對鳩摩羅什譯的注釋活動也很盛旺。

○ **愚智幼艾，莫不敬信之。其功德誠難思議，效驗亦難具述。故唐土稱爲多功德經**　唐代以後産生了多種記録《金剛經》功德的《金剛經》故事，後來集成爲蕭瑀《金剛般若經靈驗記》、孟獻忠《金剛般若經集驗記》、盧求《金剛般若經報應記》、段成式《金剛經鳩異》等書，故事中稱《金剛經》作"功德經"。詳見於衣川賢次《地獄中的救贖——論〈金剛經〉靈驗譚的意義》，《興膳教授退官記念中國文學論集》，汲古書院，2000 年。

○ **今鏡堂老子於一毫端拈出，以廣流通，用資先人張公之冥福**　鏡堂即鏡堂覺圓（1244—1306）。四川人，嗣法環溪惟一。弘安二年（1279）與無學祖元渡日，住持圓覺、建長、建仁寺後，嘉元四年（1306）九月二十一日示寂，敕謐大圓禪師。傳記有虎關師錬撰《大圓禪師傳》，有二卷語録。"老子"是老人之稱。鏡堂比一山大三歲。但"老子"之稱不是尊稱。"張公"是鏡堂的父親。鏡堂在生前爲已故的父親書寫一部《金剛經》供養。

○ **張公以夢幻泡影露電之身，悟離相寂滅、真如無住相之理，必證金剛不壞之身矣**　此引《金剛經》末尾的一首偈："一切有爲法，如夢幻泡影、如露亦如電，應作如是觀。"斷滅如此無常之身的執著，就是"離相寂滅"，也就是"真如無住相之理"。張公當悟此真理時，已經發覺自己獲得"金剛不壞之身"。

○ **小師義本珍藏之，攜以示余求序其首。余書之以告後之閲者**　鏡堂遷化在嘉元四年九月二十一日，之後不久，他的弟子義本向一山示這部寫經求序。大概爲的是懷念自己的師父，他要求一山的序語。

○ 空生所問，胡餅覓汁；瞿曇宣演，靈龜曳尾；鏡堂令師所書，陣後兵書；張公承薦，土上加泥　此一段是作爲禪僧的一山的見解。"須菩提的提問簡直是死皮賴臉地要沒有的東西。""胡餅"是燒餅，不應有汁。須菩提向世尊問修行者的用心，自己的生活方式本來不應該問別人，別人的教誨也不會成爲真正自己的思想，"世尊的說法真不像樣子"。"靈龜"是萬年長壽的神龜，而可惜好像匍匐在泥濘中。世尊說教人，完全是多此一舉。"鏡堂寫經，完全錯過時機"，好像開始打仗後纔翻閱兵書。要救濟已故的父親，徒勞無益，"張公承蒙追薦，這完全是沒有效果"。"土上加泥"譬喻多餘的閑事。《金剛經》明明說到"無衆生可度"。救濟本來無非自己救自己。這些行爲都是執著形相的有爲法，違背《金剛經》的宗旨。

○ 本因問曰：一大藏教，古人因甚目爲拭瘡疣底？　義本聽到一山的話，就反問說："可是禪宗本不相信經典所說的道理嗎？"古人即指德山宣鑒（780—865）。他說："十二分教是鬼神簿、拭瘡疣故紙。"因爲"你莫愛聖，聖是空名。向三界十方世間，若有一塵一法可得，與你執取生解，保任貴重者，盡落天魔外道。是有學得底，亦是依草附木、精魅野狐"（《聯燈會要》卷二〇）。墨蹟原本"底"（上聲）作"低"（平聲）。

○ 余曰：是則是，不是弄潮人，莫入洪波裏　你說的完全對，但是能說這種話，只有具備道眼明亮的人。"不是"一句是錢塘江觀濤（浙江潮）的諺語。《無準師範禪師語錄》卷三《示鑒侍者法語》謂："時紹定癸巳（六年，1233 年）八月十八日。是日，錢塘潮大於常年，觀者如堵，迎潮之人，莫知其數，出沒往來，等兒戲耳。中間也有出不得者。何故？不見道'弄潮須是弄潮人'。"又《碧巖錄》第七九則頌："可憐無限弄潮人，畢竟還落潮中死。"

○ 時嘉元四年十月十二日，一山比丘一寧書于鹿山之藏密　嘉元四年，公元 1306 年。一山 60 歲，來日後第七年。瑞鹿山圓覺寺住持時作。藏密軒爲一山禪師的住房。

另外，《一山國師語錄》卷上《再住巨福山建長興國禪寺語錄》有錄《鏡堂和尚遺書至上堂》：

"甲子六十三"，森羅萬象本同參。"無法與人說"，打刀須邠州鐵。"任運自去來"，南臺與北臺。"天上只一月"，夜夜清光常皎潔。大衆！鏡堂老子末後全提，建長已與解注了也。只如涅槃後有大人相，諸人還見麽？若也未見，未免指出。（卓主丈一下云）打破鏡來親見了，團團依舊輝乾坤。

又卷下"贊佛祖"錄有《鏡堂和尚》：

壯年離蜀走遊唐，藤杖芒鞋遍四方。太白峰前逢瞶老，却傳毒氣向扶桑。

(4)《東福山叟和尚遺書至上堂語》

東福山叟和尚遺書至。上堂云：

　　慧日峰前露一機，翻身拶倒五須彌。照天夜月光輝滿，廓尒無依又獨歸。

　　此猶是東福山叟和尚當面謾人底一着子。若是末後全提，下座同詣靈前，分明聽取。

　　正安辛丑秋暮　　建長一山一寧書

【注釋】

○ 本墨蹟爲新潟貞觀園藏，重要文化財。圖版據每日新聞社《重要文化財》所載圖録。此一場上堂語收録於《一山國師語録》卷上《建長興國禪寺語録》：

　　東福山叟和尚訃音到。上堂："慧日峰前露一機，翻身拶倒五須彌。照天夜月光輝滿，廓尒無依又獨歸。此猶是東福山叟和尚當面謾人底一着子。若是末後全提，下座同詣靈前，分明聽取。"辭世偈有"照天夜月，無依獨歸"語。

還存在有一幅同一時期書寫此上堂語的墨蹟（個人藏），但没有開頭的"東福山叟和尚訃音到"和下面的"東福山叟和尚"15 字。

○ **東福山叟和尚**　山叟慧雲（1227—1301），傳記有虎關師鍊撰《佛智禪師傳》，《濟北集》卷一〇。俗姓丹治氏，武藏飯澤人。17 歲出家，19 歲參東福寺圓爾學禪。正嘉二年（1256）入宋參浄慈寺斷橋妙倫。文永五年（1268）歸國，侍東福寺圓爾，被許分座説法。後在九州承天寺開法，表明法嗣圓爾。經崇福寺、奧州勝滿寺，永仁三年（1295,69 歲）住持東福寺，正安三年（1301）示寂,75 歲。正和三年（1314）敕諡佛智禪師。塔於正覺庵。有《山叟和尚語録》一卷。

○ **遺書至**　山叟慧雲訃報和遺偈從京都東福寺到鐮倉建長寺。遺偈寫"忘去來機，無依獨歸。照天夜月，滿地光輝"。

○ **慧日峰前露一機，翻身拶倒五須彌**　"慧日峰"是東福寺山號。"露一機"，用語言示機鋒。此指寫一首遺偈。下句是表遷化的一種慣用句。即二句説到慧雲的遷化。
《元叟行端禪師語録》卷四《徑山萬壽寺語録・爲玄首座下火》：

摧殘峭峻，銷爍玄微。兜率宮中，了無夢想。勞生路上，永絕驅馳。火裏烏龜頭戴角，翻身觸倒五須彌。（元叟行端，1255—1341）

《續指月録》卷五《江州東林無外宗廓禪師》：

臨終，集衆説偈曰："吾年七十一，世緣今已畢。挨倒五須彌，夜半日頭出。"語畢而逝。（無外宗廓爲靈隱祖聞［1234—1308］法嗣）

○ **照天夜月光輝滿，廓尒無依又獨歸** 二句用慧雲和尚遺偈。即一山上堂四句偈概括慧雲和尚的遷化和遺偈的内容。押韻爲和遺偈的微韻（機、歸）、支韻（彌）通用。《廣韻》脂支之微韻到一山所處的時代合併成同韻。
○ **此猶是東福山叟和尚當面謾人底一着子。若是末後全提，下座同詣靈前，分明聽取** 這是一山對慧雲和尚遺偈的強烈批判。慧雲遺偈似表明了他臨終時的一種澄明的境界，但一山說這是慧雲和尚當面騙人的遺偈。寂淨還原不是禪，似是而非。假如慧雲和尚說到自己如此境地，完全是欺人的行爲。一山認爲他的遺偈是謊言假話。也許他聽到慧雲臨終時的一場鬧事。《佛智禪師傳》有下面的記載：

正安三年孟秋，示微疾。第九之薄暮，告侍僧曰："舁吾向法堂寶華王座，當取滅度。"即令鳴法鼓，兩序海衆皆趨法堂。侍僧之中有議者曰："師若法堂上不取滅，恐貽侮慢。華座之滅，若有定儀，雖函丈，不亦善乎？不如止法鼓。"鼓聲已竭，大衆擁丈室。雲不得已，寫一偈，辭衆曰："忘去來機，無依獨歸。照天夜月，滿地光輝。"放筆而逝。年七十五。

虎關師鍊在傳記末尾的"贊"中，特意加上一段對慧雲很不光彩的話，説慧雲遷化二十一年後的元亨二年（1322），虎關師鍊完成的第一部日本禪宗史書《元亨釋書》中不收慧雲的傳記，但兩年後受丞相命令不得不寫一篇《佛智禪師傳》：

贊曰：壬戌之秋，予表奏釋書於闕廷焉。兹時耆宿之無行狀而不預之者有之矣。予以爲憾之者夥矣。後二年，藤丞相内經以佛智爲憾之者夥之最，令予采拾遺之筆矣。余謂丞相之於智也無生平款晤之舊焉，然而爲憾之夥最者，智之遺德加人者厚乎？又夫丞相承祖道藩翰之累寄，攀追慕於前輩？其幹蠱之蹟，可思見矣。我絕筆之有重濡者,弗爲無以矣耳。

○ **正安辛丑秋暮** 正安三年(1301)九月。慧雲遷化在同年七月九日。一山來日後第三年,55歲時作。

(5)《無關普門和尚十三年忌拈香法語》

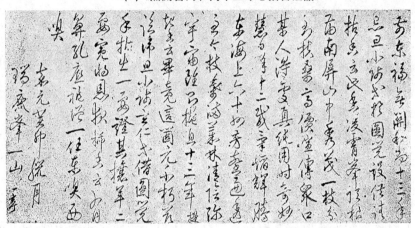

前東福無關和尚十三年忌旦,小師等於圓覺設供,請拈香。云:

    此香凌霄峰頂根苗,南屏山中秀茂。

    一枝分到扶桑,高價喧傳衆口。

    某人得處真純,用時奇妙,

    慧日峰十二載,氣熖輝騰;東海上六十州,芳馨遍透。

    至今枝葉滿叢林,清陰彌宇宙。

雖即掩息十三年,拈起香云:畢竟這個元不朽。

兹臨諱旦,小師玄仁等借圓覺手拈出,一要證其攘羊,二要冤將恩報。插香云:

    有鼻孔底衲僧,一任東嗅西嗅。

        嘉元癸卯臘月瑞鹿峰一山一寧

【注釋】

○ 本墨蹟爲南禪寺藏。伊東卓治《寧一山墨蹟》有圖版和校錄。本法語的押韻:"苗"(宵平)、"茂"(候去)、"口"(厚上)、"妙"(笑去)、"透"(候去)、"宙"(宥去)、"朽"(有上)、"報"(號去)、"嗅"(宥去)通押,詞韻侯尤部、豪宵部合用。參見胡運颷《南宋浙江詞人用韻及其所反映的語音演變現象》,《宋遼金用韻研究》,香港文化教育出版社,2002年。《一山國師語錄》未收此法語。

○ **前東福無關和尚十三年忌旦** 東福寺第三世無關普門(1212—1291,佛心禪師、大明國師),正應四年(1291)十二月十二日遷化。嘉元癸卯(元年,1303)臘月正當十三年忌。無關普門的傳記見《元亨釋書》卷六《釋普門傳》以及《無關和尚塔銘》(應永七年[1400]釋海壽撰,《續群書類聚》第九輯上)。無關普門,信州人。嗣法聖一國師(圓爾)。建長三年(1251)入宋,參淨慈寺斷橋妙倫,有所契悟。在宋十二年後歸國,嗣東福寺聖一國師法席。又平息龜山上皇離宮的妖怪得到信任,在上皇舍爲禪寺的南禪寺任開山祖。後歸東福寺示寂。享年80,法臘62。曆應二年(1339)由法侄虎關師錬起靈光塔,六十年後撰塔銘。

○ **此香凌霄峰頂根苗,南屏山中秀茂** 此句寄托香木表揚無關普門的遺德。無關日本建長三年(1251,南宋淳祐十一年)入宋,經凌霄峰徑山,參南屏山淨慈寺斷橋妙倫(1210—1261)嗣法歸國(弘長元年,南宋景定二年,1261)。

○ **一枝分到扶桑,高價喧傳衆口** 此句言無關把斷橋妙倫的禪法移植到日本,得到了很高的聲譽。

○ **某人得處真純,用時奇妙** "某人"指無關普門其人。他得到的禪法爲真實純粹,其作用絕妙。"處"、"時"互文。

○ **慧日峰十二載,氣焰輝騰;東海上六十州,芳馨遍透** 無關和尚在東福寺住持十二年,遷化後他的遺德廣泛被稱讚在日本全土。"東海上六十州"指日本。

○ **至今枝葉滿叢林,清陰彌宇宙** 無關和尚的法系繁榮,遺德給予後世安息。後句據臨濟義玄"向後穿鑿成一株大樹,與天下人作陰涼去"(《臨濟録·行録》)。

○ **雖即掩息十三年,拈起香云:畢竟這個元不朽** "掩息"謂遷化。"這個"指一山拈取的香片。"不朽"謂他的法身不朽。趙州從諗(778—897)示衆云:"未有世界,早有此性。世界壞時,此性不壞。"僧問:"如何是此性?"師云:"五蘊四大。"云:"此猶是壞。如何是此性?"師云:"四大五蘊。"(《趙州録》卷下)。

○ **一要證其攘羊,二要冤將恩報** 此兩句謂:當無關和尚十三年忌時,使我燒香的弟子們的目的,第一使我告發父親攘羊之罪,第二使我說明以恩報怨。前句據《論語·子路》:"葉公語孔子曰:'吾黨有直躬者。其父攘羊而子證之。'孔子曰:'吾黨直者異是。父爲子隱,子爲父隱,直在其中。'"本法語中,父指作爲師父的無關和尚,子指弟子玄仁。一山認爲弟子請代告師父的罪狀。所謂師父的罪狀是禪宗所説的"教壞"(師父的教導會導致弄壞弟子本來具有的佛性)。這是作爲師父者不能回避的命運,因此弟子不應妄信師父。師資之間不存在教導和受教的關係,這纔是禪宗的思想。《請益録》第11則《雪峰飯羅》謂:"雪峰有玄沙、雲門。豈止家有爭子? 直得證父攘羊,臨機不讓。"後句"冤將恩報"也據《論語·憲問》"以德報怨"。這裏的意思是,儘管弟子有對師父的教壞之怨,還是當師父十三年忌之際營辦報恩法會。

○ **插香云:有鼻孔底衲僧,一任東嗅西嗅** "鼻孔"表鼻子的口語。鼻子在面臉中央,引申有人的主體義。"有鼻孔底衲僧",具備作爲禪僧的自主性的人,即認識到上述的兩件事的禪僧。"東嗅西嗅"謂一山要求法會裏的各位禪僧們充分聞此香,鑒別無關和尚的禪法。

○ **嘉元癸卯臘月瑞鹿峰一山一寧** 嘉元癸卯,公元1303年。"瑞鹿峰",圓覺寺山號。此時一山57歲。《一山國師語錄》卷下"佛祖贊"收有《無關和尚贊》:

> 矯矯龍驤,眈眈虎視。聖一師窮活計,蕩盡無餘。徐師叔無口刀,用得正快。三尺竹篦橫揮,大地風飛雷厲。是謂陵(凌)霄的孫、南屏家嗣。巍巍王臣之師,的的衲僧殃害。慧日峰前,清風未已。

上面所舉的一山一寧禪師五首作品都很明顯地透露了禪宗思想的主張。《建長寺語錄》(1299—1302)《入院法語》中有下面的話:

> 畢竟太平時世,説甚干戈?所以山僧萬里西來,只麼素面相呈,更無勞攘。
> 首山和尚發揚靈山付囑,固是光明,要且只是一期方便。爭如今日有大力量人,親承記莂,向二千年後,於日本國內,續此一燈,直得輝今耀古?諸人還見麼?若也不見,山僧更爲點出:靈山佛法付王臣,今日扶桑話又新。一道恩光遍塵剎,東溟天曉湧金輪。
> 扶桑日輪,依然東出;大洋海水,一日兩潮。是故山僧未離唐土,時時與現前龍象交參;身到海東,步步不離圓通境界。自然東西不異,賓主歷然。
> 今夜忽有人問:"和尚西來傳個甚麼?"只向他道:"傳個口訣。"又問:"和尚乍來言語不通。如何傳得口訣?""瞎漢!要我鼓兩片皮,堪作什麼!"⑫

一山一寧禪師來日本之前和之後,説法始終不異。一山禪師開悟的機緣是他26歲時在阿育王寺頑極行彌禪師膝下,聽到師父説"我無一法與人"的話,"忽然冥契"。⑬禪僧接受弟子、向他説法給予指導,其基本態度都歸於這一句話,相信人人都具有佛性,能覺悟到這一道理,就發現自己與佛祖不異。"佛不度人,我自修行"(南泉語),主張自力更生,絕對不要"受人惑"(臨濟語)。一山禪師的這一信念始終不異。當時日本的禪宗界帶有濃厚的密教色彩,因爲日本的僧人出家後,大都去天台宗的比叡山學佛教,改作禪僧以後也不能完全擺脱密教的影響。一山禪師看到日本禪宗傾向於和密教思想相結合的情況,就特意強調禪宗的特徵。

至於一山禪師對書法的看法,虎關師鍊在《海藏和尚紀年錄》中引述了禪師的話:

> 師(虎關師鍊)又乘閒過山(一山),餘論忽及書畫。山語曰:"四十年前,藏叟珍住育王,一寧亦居座下。此老文高一世,字法亦妙。一字不亂寫。凡發一書,書字時,必

一一檢法帖，摹其體法。方書發一書，或一字不善，必換紙再書。一書非半月寫不成，亦是老子之好事也。其意好古文，欲名行於文也。"

又曰："温玉山畫蒲萄，乃遊戲三昧耳。其爲人甚真率無拘撿，如政黃牛之類，筆畫詞句俱高美。字有晋宋間諸賢筆法遺意，語句有唐時高僧之體，乃一代偉人也。今已死矣。我國之名士皆愛重之。"

又曰："書與畫非取其逼真，大體取其意爾。故古人之清雅好事者，只貴清逸簡古。其人之名德非筆墨之間也。畫以古人高逸者爲重。書以晋宋間諸賢筆法爲妙。故世之所重也。"[14]

一山禪師的書畫觀是如此。他的行書嚴謹而又秀麗，很有品位；草書"善魯公屋漏之法"，（顏真卿草書法）縱心奔放，自然勁健。

最後我想介紹一山一寧禪師晚年在京都南禪寺住持時的有一天的記録。虎關師鍊《煎茶軸序》謂：

一山和尚主龍山（南禪寺）之四年，關西榮侍於香。榮詣余言而曰："老師齋餘緩步倚榮之戶而三呼曰：'春光駘蕩，午寢興濃。吾此一夢，無人之原。得子若展一上神通，可謂不辜負儂乎？'榮應之言：'壑源旗鎗，鋒陣難當。區區睡魔，甚易降邪。'老師莞爾據座。榮汲斛碧之泉，淪瀧壑之茗。松濤漸激而雲濤起，蟹眼已生而魚眼隨。老師怡愉而貽一偈。諸友屬和者數十人，亡慮成軸。願賜序冠之。"余曰："……唯龍山老人，萬乘之所欽嚮，四海之所湊奔；道不爲不高，德不爲不尊，然與群衲相爾汝，燕宴南零之水、北苑之焙，想興味不淺矣。易之所謂上下交其志同邪？龍山其泰之時邪？因是觀之，濟北之道獨在彼邪？然則此軸，和平之音，懽愉之曲，難工而工者也。"[15]

此序寫於"正和第五之春穀雨之前三日"即公元1316年三月十二日，一山禪師遷化之前一年。我們從中可以想象一山禪師有一春天的麗日下，和弟子們煎茶、寫偈唱和進行交流的和平情景。可惜此軸沒有留下來。

（作者單位：日本花園大學文學部）

---

① 中國出版有兩本專著：樓筱環、張家成《元代普陀山高僧一山一寧》，宗教文化出版社，2009年；釋覺多《赴日元使一山一寧禪師及其禪法》，宗教文化出版社，2013年。介紹其研究情況有專文，有霍耀林、車才良《一山一寧研究述評》，《人間生活文化研究》第23號，2015年。
② 《濟北集》卷一〇，上村觀光編《五山文學全集》第一卷，思文閣復刻版，1973年。
③ 館隆志《鎌倉期の禪林における中國語と日本語》，《駒澤大學仏教學部論集》第45號，2014年。

④ 日本弘安四年(1281)。圖版據《解說版　新指定重要文化財 8 書蹟・典籍・古文書Ⅱ》,每日新聞社,1983 年。無學祖元於弘安二年(1279,元至元十六年)應鎌倉幕府執權北條時宗之請來日本任建長寺住持。
⑤ 《夢窗國師年譜》正安元年(1299)條:"師(夢窗疎石)二十五歲,又出洛陽(京都),入東關,以慕一山也。山既領巨福(建長寺)席。海内衲子風望競參,山試以偈頌選能作者許挂搭,且分上中下科。是日召衲子數十人,就方丈試,登上科者二人,師其一也。"《續群書類聚》第九輯下第 233 卷,續群書類聚完成會,1958 年。
⑥ 緒方香州《禪宗史籍の註釋について—五燈會元抄を中心として—》,《禪學研究》第 59 號,1978 年。
⑦ 睦庵善卿《祖庭事苑》是一個例外。他慨嘆當時普遍存在禪僧誤解"禪語"的情況而發憤著這本書,結果受到了禪宗界人士的批評。參見拙論《禪籍的校讐學》,《中國俗文化研究》第 1 輯,巴蜀書社,2003 年。中國人在日本被問漢語詞義就給予解釋,《遊仙窟》的舊注即是其例,參見拙論《遊仙窟舊注辨證》,《日本中國學會創立五十年記念論集》,汲古書院,1998 年。
⑧ 大阪市立美術館、五島美術館編《書の國寶》附錄,讀賣新聞社大阪本社,2006 年。
⑨ 因爲該目錄中的作品多半采自拍賣目錄,所以目前下落不明的佔多半。
⑩ 《一山一寧墨蹟集》,日本静岡縣伊豆歸一寺出版,2016 年 11 月。
⑪ 參見衣川賢次《唐玄宗〈御注金剛般若經〉的復元與研究》,《花園大學文學部研究紀要》第 36 號,2004 年。
⑫ 《大正藏》第 80 册,314a—b 頁。
⑬ 虎關師鍊撰《一山國師行狀》,《濟北集》卷一〇,《五山文學全集》第一卷,思文閣復刻版,1973 年。
⑭ 《續群書類聚》第九輯下第 232 卷。
⑮ 《濟北集》卷八,《五山文學全集》第一卷,思文閣復刻版,1973 年。

中國宋代文學學會理事會名單
（第十届）

顧　　問：曾棗莊　陶文鵬　楊海明　鄧喬彬

名譽會長：王水照

會　　長：莫礪鋒

副 會 長：王兆鵬（常務）　蕭瑞峰　　　周裕鍇　　　鍾振振
　　　　　沈松勤　　　　諸葛憶兵　　朱　剛　　　張　劍

秘 書 長：朱　剛（兼）

副秘書長：徐　濤

理　　事：（按姓氏筆畫排序）
　　　　　王友勝　王利民　王　昊　王　洪　王德明　文師華　方笑一
　　　　　吕肖奐　吴河清　胡傳志　侯體健　馬茂軍　馬東瑶　夏漢寧
　　　　　高利華　陳元鋒　孫克强　張文利　張海鷗　張　鳴　張　毅
　　　　　張興武　彭國忠　程　傑　曾維剛　費君清　楊國安　楊慶存
　　　　　路成文　趙維江　趙曉嵐　鄭永曉　鄧子勉　鞏本棟　劉　石
　　　　　劉成國　劉　培　劉尊明　錢建狀　韓經太　譚新紅

稿　　約

作爲中國宋代文學學會會刊,《新宋學》真誠期待學界同道的支持。本刊並不限於文學領域,其他有關宋代的歷史、哲學、語言、藝術、宗教等專題論文亦在刊登範圍,期待大家的賜稿。茲將相關事宜奉告如下:

1. 本刊每年 6 月 10 日截稿,9 月出版;
2. 本刊文章可長可短,字數五萬字以下即可;
3. 無論史實考訂還是理論闡述,只要言之有物,均屬盼賜之列;
4. 已故學者的遺稿、海外學者的譯稿以及具有學術含量的書評、綜述和學術史資料整理等並所歡迎;
5. 文稿請提供 Word 文檔,用繁體脚注,無需内容摘要、關鍵詞、英文摘要。投稿至郵箱(thenewsong@foxmail.com)即可,不必同時寄送紙本。其他格式參考本書。文稿並請注明真實姓名、所在單位及聯繫方式,如稿件寄達後三個月内未獲錄用函,作者可自行處理;
6. 通信地址:上海市邯鄲路 220 號復旦大學中文系　侯體健　收;郵編:200433;
7. 稿件一經采用,優稿優酬並奉樣書。

《新宋學》編輯部
2017 年 7 月

圖書在版編目(CIP)數據

新宋學.第六輯/王水照,朱剛主編.—上海:復旦大學出版社,2017.10
ISBN 978-7-309-13149-9

Ⅰ.新…　Ⅱ.①王…②朱…　Ⅲ.文化史-研究-中國-宋代-文集　Ⅳ.K244.03-53

中國版本圖書館 CIP 數據核字(2017)第 183192 號

新宋學.第六輯
王水照　朱　剛　主編
責任編輯/王汝娟

復旦大學出版社有限公司出版發行
上海市國權路 579 號　郵編: 200433
網址: fupnet@fudanpress.com　http://www.fudanpress.com
門市零售: 86-21-65642857　團體訂購: 86-21-65118853
外埠郵購: 86-21-65109143　出版部電話: 86-21-65642845
江蘇鳳凰數碼印務有限公司

開本 787×1092　1/16　印張 29.5　字數 579 千
2017 年 10 月第 1 版第 1 次印刷

ISBN 978-7-309-13149-9/K·622
定價: 98.00 元

如有印裝質量問題,請向復旦大學出版社有限公司出版部調換。
版權所有　侵權必究